제8판

친족상속법

THE CIVIL CODE THE CIVIL CODE

송덕수 저

박영사

제 8 판 머리말

저자는 민법의 낱권 교과서로 2011년 「민법총칙」을 필두로 매년 한 권씩 발간하여 2015년에는 「친족상속법」까지 민법 전체에 대하여 5권 전부를 펴냈다. 그리고 그 후 쉬지 않고 개정하여 2025년에는 5권 모두가 제 7 판에 이르렀다. 그런데 제 7 판이 맨 처음 나온 것은 의외로 초판이 가장 늦게 나온 「친족상속법」이었다. 무엇보다도 독자들의 과분한 사랑 덕분이었다. 그리고 제 8 판도 역시 「친족상속법」이 다른 책에 앞서서 나오게 되었다. 신속하게 반영해 주어야 할 사항이 많을뿐더러 독자들의 기대가 느껴져서다.

이 책의 제 8 판에서 크게 달라진 점은 다음과 같다.

이 책의 제 7 판이 나온 뒤 민법 중 친족상속법이 한 차례 개정되었다. 그리고 친족법 · 상속법과 관련된 특별법이 새로 제정되었는가 하면 개정되기도 했다. 관련 부속 법령과 대법원규칙의 개정도 있었다. 이번 판에서는 우선 이와 같은 법령의 변화를 충실하게 소개해 주었다.

지난 2년 동안 대법원 전원합의체 판결을 포함하여 중요한 판례가 많이 나타났다. 또한 이 책 내용과 관련된 중요한 헌법재판소 결정이 선고되기도 했다. 이러한 판례를 모두 조사하여 서술하였다.

저자는 2024년에 김병선 교수와 함께 「민법 핵심판례240선」(박영사)을 펴냈다. 그리고 거기에서는 친족상속법 분야의 최신 판례도 분석하였는데, 이 책에서 해당 판례가 나올 때 쉽게 참고할 수 있도록 「민법 핵심판례240선」의 해당 면수를 찾아 적어주었다.

이렇게 하다 보니 되도록 간결하게 쓰려고 했는데도 본문을 기준으로 14면이 증가하였다. 그래도 추가해야 할 내용의 절대적인 양과 중요도를 생각하면 지나치지 않은 것으로 여겨진다.

이 책이 나오는 데에는 많은 분의 도움이 있었다. 박영사의 안종만 회장님과 안상준 대표는 저자에게 개정을 강력히 권하면서 격려도 해 주셨다. 그리고 박영사 편집부의 김선민 이사는 편집을 총괄하여 책을 훌륭하게 만들어주셨고, 조성호 출판기획이사는 책이 제때 출간될 수 있도록 적극적으로 도와주셨다. 이분들을 포함하여 도와주신 모든 분께 깊이 감사드린다.

2026년 1월

송 덕 수

머 리 말

이 책의 출간을 앞두고 보니 그 어느 때보다 기쁘고 감격스럽다. 여러 모로 부족한 저자가 재산법 부분을 넘어서 친족상속법에 이르기까지 민법 전체를 낱권 교과서로 정리한 것이니 어찌 그렇지 않겠는가. 천신만고 끝에 고봉준령을 넘어 선계(仙界)에 다다른 느낌이다.

저자가 「민법총칙」 책을 펴낼 때 과연 민법 중 재산법 부분만이라도 끝낼 수 있을까 염려가 되었었다. 그러니 친족상속법 부분까지 완료하는 것은 의욕은 있되 희망사항에 지나지 않았다. 그런데 시간의 부족과 여러 제약을 극복하고 드디어 민법 전체를 낱권의 교과서로 집필하는 결실을 보게 된 것이다. 다른 어느 법 분야와 비교할 수 없을 정도로 방대하고 깊이가 있는 민법 전체를 체계적으로 자세하게 기술하는 것은 생각만으로도 어려운 일이다. 더욱이 오래오래 생각할뿐더러 다작형(多作型)이 아닌 저자의 특성에 비추어보면 그 어려움은 몇 배가 된다. 그럼에도 불구하고 그것을 실현했으니 그 기쁨 무엇에 비하랴.

저자의 교과서 집필작업은 2003년에 「민법강의(상)」을 집필하면서 시작되었는데, 이 책의 출간으로 완성하게 되었다. 그러기까지 만 12년이 걸린 것이다. 그리고 이는 저자가 대학의 전임교수가 된 지 만 31년만이다. 한편 이 「친족상속법」 책이 출간됨으로써 저자의 민법 관련 저서의 사이클 또한 완성되었다. 민법을 처음 공부하는 사람들을 위한 「신민법입문」, 5권의 정식 낱권 교과서들인 「민법총칙」·「물권법」·「채권법총론」·「채권법각론」·「친족상속법」, 법학 교육 및 수험생을 위한 「신민법강의」, 이론을 사례에 적용하는 훈련을 위한 「신민법사례연습」을 모두 갖추었기 때문이다.

이 책의 집필방식과 방향은 「민법총칙」 책의 머리말에서 밝힌 것과 같다. 그리고 「채권법각론」 책을 집필할 때처럼 꼭 필요한 사항은 모두 넣되 불필요하게 양이 늘어나지는 않도록 하여 분량도 조절하였다. 그 외에 이 책에 관하여만 특별한 점이 있다. 그것은 – 저자로서는 당연한 것이지만 – 이 책을 민법(재산법) 일반이론의 원칙과 기초 위에서 일관된 논리와 체계에 따라서 서술하였다는 점이다. 그 결과 부분적으로 기존의 친족상속법 교과서들이 당연시하던 내용과 차이를 보이기도 한다. 혼인 · 협의이혼 · 입양 · 협의파양의 성립을 법률행위의 성립요건의 원리에 입각하여 설명한 것이 그 대표적인 예이다.

저자가 대학에서 친족상속법을 처음 대하였을 때 거기에는 현대의 민법이라고 할 수 없을 정도로 고루하고 인습적인 내용이 많이 포함되어 있었다. 그런데 지금은 그 모습이 크게 달라져 있다. 그리고 친권과 같은 분야에서는 미성년 자녀의 복리를 증진해야 하는 당위도 담겨 있다. 이러한 상황에서는 친족상속법의 연구방법에 있어서도 상당한 변화와 주의가 필요하다. 달라진 내용과 원리를 고려하여 연구하여야 하는 것이다. 저자는 이 책을 쓰면서 오랜 기간 단련해 온 민법 재산법의 연구방법론을 바탕으로 하고, 거기에 더하여 친족상속법에 특유한 점을 고려하여 집필을 하였다. 그렇지만 친족상속법 분야에서 깊은 연구를 많이 하지 않은 터라 부족함도 적지 않을 것이다. 그러한 점은 앞으로 지적을 받아가며 차차 보완해 가려고 한다. 선후배 · 동료 교수님들께서 조그만 잘못이라도 지적해 주시기를 바라마지 않는다.

저자의 민법 교과서 출간은 전적으로 박영사 안종만 회장님의 신념과 요청에 기인한 것이다. 이 책이야말로 더욱 그렇다. 저자가 이 책의 집필에 주저하고 있을 때 그 분이 강한 추진력으로 저자를 밀어붙여 결국 계획된 대로 출간을 하게 된 것이다. 이 자리를 빌려 안회장님께 진심으로 감사드린다. 이 책이 출간되는 데에는 그 밖에도 여러 분의 도움이 있었다. 우선 저자의 대학원 제자들인 김지원 박사, 김병선 이화여대 부교수, 홍윤선 박사, 김연지(구명 김영선) 법학석사, 이선미 법무부 전문위원이 원고 중 수정할 곳을 지적해 주었다. 특히 김병선 부교수는 원고 전체를 꼼꼼히 읽고 흠을 있는 대로 모두 찾아내어 고치도록 하였다. 그리고 나의 연구조교인 임희진 양도 도와주었다. 박영사에서는 무엇보다도 편집부의 김선민 부장과 이승현 대리가 크게 수고해 주셨다. 그리고 전략기획팀 조성호 이사도 열심히 도와주셨다. 이 분들을 비롯하여 도와주신 모든 분들에게 깊이 감사드린다.

2015년 1월
송 덕 수

차 례

제 1 장 서 론

제 2 장 친 족 법

제3장 상속법

주요 참고문헌

(괄호 안은 인용약어임)

郭潤直, 相續法, 改訂版, 博英社, 2004 (곽윤직)
金容漢, 親族相續法, 增補版, 博英社, 2004 (김용한)
김주수 · 김상용, 친족 · 상속법, 제11판, 법문사, 2013 (김/김)
박동섭, 친족상속법, 제 4 판, 박영사, 2013 (박동섭)
朴秉濠, 家族法, 韓國放送通信大學, 1999 (박병호)
裵慶淑 · 崔錦淑, 親族相續法講義, 第一法規, 2006 (배/최)
법원실무제요 가사[Ⅱ], 법원행정처, 2010 (가사[Ⅱ])
법원실무제요 민사집행[Ⅲ], 법원행정처, 2003 (민사집행[Ⅲ])
송덕수, 물권법, 제 7 판, 박영사, 2025 (물권법)
송덕수, 민법총칙, 제 7 판, 박영사, 2024 (민법총칙)
송덕수, 신민법강의, 제19판, 박영사, 2026 (신민법강의)
송덕수, 신민법사례연습, 제 7 판, 박영사, 2024 (송덕수, 신사례)
송덕수, 채권법각론, 제 7 판, 박영사, 2025 (채권법각론)
송덕수, 채권법총론, 제 7 판, 박영사, 2024 (채권법총론)
송덕수 · 김병선, 민법 핵심판례240선, 박영사, 2024 (핵심판례)
申榮鎬, 로스쿨 가족법강의, 제 2 판, 세창출판사, 2013 (신영호)
吳始暎, 親族相續法, 학현사, 2006 (오시영)
尹眞秀, 民法論攷 Ⅳ · Ⅴ, 博英社, 2009 · 2011 (윤진수, 민법논고(4) · (5))
윤진수, 친족상속법 강의, 박영사, 2016 (윤진수)
이경희, 가족법(친족법 · 상속법), 제 2 전정판, 法元社, 2012 (이경희)
이화숙, 가족, 사회와 가족법, 세창출판사, 2012 (이화숙)
조승현, 친족 · 상속, 제 3 판, 신조사, 2013 (조승현)
池元林, 民法講義, 第12版, 弘文社, 2014 (지원림)
한봉희 · 백승흠, 가족법, 三英社, 2013 (한/백)

일러두기

독자들로 하여금 이 책을 효율적으로 읽게 하기 위하여 이 책의 특징을 소개하기로 한다.

- 이 책은 독서의 편의를 위하여 각주를 두지 않고, 각주에 둘 사항은 괄호 안에 두 줄의 작은 글씨로 처리하였다.
- 주요 관련사항은 본문에 두되, 글자의 크기를 줄여서 구별되게 하였다.
- 민법 개정법률을 포함하여 모든 법령을 최근의 것까지(2025. 9. 19. 공포 기준) 반영하였다.
- 판례는 최근의 것까지 모두 조사하여 정리 · 인용하였다. 판례는 판례공보에 수록된 것을 중심으로 검토하였으나(2025. 9. 15.자 판례공보까지), 다른 자료에 나타난 판례라도 중요한 것은 반영하였다. 그런데 이 책은 교과서이기 때문에 독서의 편의를 위하여 — 전거를 찾기가 어려운 특별한 사정이 없는 한 — 전거나 자료의 표시는 생략하였다.
- 판례 가운데 특히 중요한 것은 판결이유 중 요지부분을 직접 인용하여 실었다. 그러한 판례는 충분히 익혀야 한다.
- 독자들의 편의를 위하여 교과서(특히 현재 실효성이 있는 것)를 중심으로 하여 학설을 모두 조사하여 정리해 두었다. 그럼에 있어서 교과서 이외의 문헌도 가치가 큰 것은 조사하여 추가하였다.
- 이 책에는 관련부분을 찾아보는 데 편리하게 하기 위하여 본문의 옆에 일련번호, 즉 옆번호를 붙였다. 그리고 참조할 곳을 지시할 때는 이 옆번호를 사용하였다. 색인의 경우에도 마찬가지이다.
- 이 책에 인용된 법령 가운데 민법규정은 민법이라고 표시하지 않고 조문으로만 인용하였다. 그리고 나머지의 법령은 해당 법령의 명칭을 써서 인용하되, 몇 가지 법령은 약칭을 썼다(전부 또는 일부에서). 그러한 법령 중 중요한 것들의 본래의 명칭은 다음과 같다.

  가소: 가사소송법
  가소규: 가사소송규칙
  가족(또는 가족등록법): 「가족관계의 등록 등에 관한 법률」
  가족규칙: 「가족관계의 등록 등에 관한 규칙」
  가족등록예규: 가족관계등록예규
  남북가족특례법: 「남북 주민 사이의 가족관계와 상속 등에 관한 특례법」
  민소: 민사소송법
  후견등기법: 「후견등기에 관한 법률」
- 판결 인용은 양을 줄이기 위하여 다음과 같은 방식으로 하였다.

  (예) 대법원 1971. 4. 10. 선고 71다399 판결 → 대판 1971. 4. 10, 71다399

제 1 장 서 론

I. 친족상속법의 의의 [1]

(1) 민법전은 제 4 편 · 제 5 편에서 친족 · 상속에 관하여 규율하고 있다. 그리고 강학상 이들을 중심으로 하는 법을 통틀어 친족상속법, 신분법 또는 가족법이라고 한다. 그러나 이러한 명칭은 적절하지 않다. 민법전이 친족편과 상속편을 나누고 있듯이, 그 둘은 한 가지가 아닌 것이다. 특히 1990년에 민법이 개정되면서 과거의 호주상속이 호주승계로 명칭이 바뀌어 친족편으로 옮겨진 뒤(호주제도는 2005년 개정시에 폐지되었다)에는 상속편이 재산관계를 규율하게 되어 더욱 그렇다. 「친족상속법」은 정확하게는 이질적인 친족법과 상속법의 결합인 것이다. 이러한 견지에서 보면 이 책에서 논의할 사항은 「친족법」과 「상속법」이라는 별개의 두 책으로 나누어 적는 것이 바람직하다고 할 수 있다. 그러나 이제까지의 우리 문헌이 거의 모두 두 법을 동질의 것으로 파악하여 같이 설명해오고 있고(다만, 곽윤직, 1면 이하는 예외이다), 대학(원)에서 두 법을 합하여 하나의 강좌로 개설하는 경우가 일반적이므로, 이 책에서도 친족법과 상속법을 한 권의 책으로 엮고 또 한꺼번에 기술하기로 한다. 다만, 필요할 때에는 두 가지를 나누어 적을 것이다.

〈상속법의 성격〉 [2]

(ㄱ) 서 설 과거에는 민법학자들이 예외 없이 친족법과 상속법을 일체로 파악하고 그것을 통틀어서 신분법 또는 가족법(여기의 가족법은 친족법과 상속법을 포괄하는 의미임)이라고 일컬었다. 그런데 근래 상속법은 재산법이고 가족법에 포함될 수 없다는 견해가 주장되었다. 그리하여 현재는 상속법의 성격에 관하여 두 가지 견해가 대립하고 있다.

(ㄴ) 학설의 내용 i) 하나의 견해(다수설)는 과거의 통설과 같이 상속법은 여전히 가족법으로 파악되어야 할 것이라고 한다(김/김, 14면; 박동섭, 3면; 박병호, 2면; 신영호, 4면; 이경희, 8면; 한/백, 3면). 이 견해는, 상속법에 재산법적 성격이 있음을 인정하면서도(김/김, 14면 주 7; 박병호, 2면; 신영호, 4면; 이경희, 8면) 「상속편

도 가족관계 · 친족관계에서 일어나는 재산의 귀속관계에 대해서 주로 규정하고 있」다는 점(김/김, 14면) 또는 「상속관계도 일정한 친족적 신분관계를 기초로 하여 전개되는 것으로서 친족적 신분관계의 일종이라고 하여야 한다」는 점(이경희, 8면) 등을 이유로 들어(신영호, 4면은 가사소송법이 상속관계 사건 중 비송사건을 그 밖의 친족관계 사건과 더불어 가정법원의 전속관할로 규정하고 있다는 점을 더 들기도 한다) 위와 같이 주장한다.

그에 비하여 ii) 다른 견해는 상속법을 가족법 속에 포함시키는 것은 옳지 않으며 이제는 상속법은 재산법이라고 하는 것이 옳다고 한다(곽윤직, 27면; 한/백, 3면 주 2. 그런데 한/백, 3면의 본문은 이와 다른 입장이다). 이 견해는, 1990년의 민법개정 전에는 상속법에 호주상속제도가 있었기 때문에 상속법을 가족법이라고 할 만한 근거가 있었다고 할 수 있으나, 1990년 개정 후에는 우리의 상속법이 순전히 재산승계만에 관한 재산법으로 변신했다고 한다(곽윤직, 27면). 그러면서 현행 상속법을 재산법으로 보아야 할 근거로 다음 세 가지의 이유를 들고 있다(곽윤직, 27면-29면). ① 상속은 친족적 공동생활과는 관계없이 죽은 자의 재산이 무주(無主)의 것이 되지 않도록 하기 위한 재산관계에 관한 법에 지나지 않는다. ② 상속법의 성격을 결정하는 요소가 되는 것은 상속에 의하여 일어나는 효과라고 해야 하며, 그러한 효과가 발생하는 요건 중의 하나(즉 누가 상속하느냐)를 가지고 상속법의 성격을 따질 것은 아니다. ③ 상속의 요건으로서 피상속인과 일정한 친족관계에 있는 자가 상속인이 되는 것은 법정상속에 있어서이고, 유언에 의한 유산처분인 유증에 있어서는 그 요건은 유증자의 처분행위라는 재산법적인 것이다. 따라서 상속법이 규제하는 유증에 관한 한 그것을 가족법이라고 할 수는 없다.

(ㄷ) **검토 및 사견** 상속법의 성격을 어떻게 이해하느냐의 문제는 단순히 친족법과 상속법을 이론적으로 어떻게 체계화하고 설명할 것인지에 불과한 것이 아니다. 그에 대한 결론은 구체적인 결과에 직접 영향을 미친다고 할 수 있다. 논리적으로 볼 때, 위 i)설에 따르면 민법총칙의 규정은 상속법에도 원칙적으로 적용되지 않게 될 것이나, ii)설에 따르면 반대의 결과가 될 것이다(곽윤직, 29면 참조). 그리고 만약 i)설을 취하면서 — 상속법상의 특수성이 없음에도 불구하고 — ii)설과 같은 결과를 인정하면 논리적인 정합성을 갖추지 못할 것이다. 그러므로 이 문제는 신중하게 결정되어야 한다.

생각건대, 위 ii)설이 지적하는 바와 같이, 현재의 우리 상속법은 재산의 귀속자가 사망한 경우에 사망한 자의 재산귀속에 관하여만 규율하고 있다(곽윤직, 27면). 그리고 그것에 있어서 — 법정상속의 경우 — 여러 가지 점을 고려하여 사망한 자의 재산을 일정한 친족관계에 있는 자에게 귀속시키고 있을 뿐이다. 그럼에도 불구하고 후자의 점을 의식하여 상속법을 가족법으로 다루어서는 안 된다. 나아가 가령 상속의 승인 · 포기와 같은 상속법상의 행위는 혼인 · 입양과 같은 친족법상의 행위와 달리 당사자의 진정한 의사가 중시될 것이 아니고 원칙적으로 재산법상의 행위처럼 다루는 것이 마땅하다(물론 상속법상의 특수성, 가령 법정상속이나 포괄적 유증의 경우에 재산의 포괄적 승계가 문제되는 점 등이 있을 때 예외가 인정될 수는 있다). 따라서 상속법은 가족법이 아니고 재산법이라고 해야 한다.

(2) 친족법(이는 가족법이라고 할 수 있다. 아직도 많은 문헌은 「가족법」을 친족법 · 상속법을 포괄하는 명칭으로 사용하나, 이는 부적절하다)과 상속법은 그 성격이 다르기 때문에 의의도 나누어 살펴보아야 한다. 그런데 친족법과 상속법은 모두 민법의 일부이다. 따라서 그것들의 의의에는 민법 전체의 의의(민법총칙 [1] 이하 참조)에서와 마찬가지로 실질적인 것과 형식적인 것의 두 가지가 있게 된다. 그리고 그것들의 실질적인 의의는 민법 전체의 의의에 대하여 그것들 각각의 특수성을 부가하는 방법으로 정의되면 충분할 것이다. [3]

실질적 친족법 내지 실질적 가족법은 「친족관계 내지 가족관계를 규율하는 일반사법」이고, 실질적 상속법은 「상속관계를 규율하는 일반사법」이다. 그리고 형식적 친족법 · 상속법은 각각 민법 「제 4 편 친족」 · 「제 5 편 상속」을 가리킨다. 실질적 친족법 · 상속법과 형식적 친족법 · 상속법은 일치하지 않는다. 민법 「제 4 편 친족」 · 「제 5 편 상속」 중에 실질적 친족법 · 상속법이 아닌 것이 있는가 하면(친족편의 예: 813조 · 814조 · 836조 · 881조 · 882조 · 903조(그러나 이들은 실질적 친족법으로 볼 수도 있음), 상속편의 예: 유언규정 중 유증 이외의 사항에 관한 규정), 제 4 편 · 제 5 편 이외의 민법전 가운데 실질적 친족법(예: 4조-14조의 3, 27조-29조, 752조) · 상속법(예: 267조)에 해당하는 규정이 있고, 특별법이나 관습법 등에도 실질적 친족법 · 상속법이 있기 때문이다. 그렇지만 형식적 친족법 · 상속법은 실질적 친족법 · 상속법의 중심을 이루고 있어서 두 법은 중요부분에서 겹친다.

친족상속법 강의에서 논의의 대상으로 삼는 것은 실질적 친족법 · 상속법이다. 그런데 형식적 친족법 · 상속법이 그것의 중요부분을 이루고 있으므로 형식적 친족법 · 상속법을 중심으로 기술하려고 한다. 그리고 그럼에 있어서 필요한 때에는 실체법이 아닌 절차법(가사소송법 등)도 같이 언급하게 될 것이다.

Ⅱ. 친족상속법의 특질 [4]

친족상속법의 특질을 친족법을 중심으로 하여 살펴보기로 한다.

친족법은 친족관계 내지 가족관계를 규율한다. 그런데 혼인관계 · 친자관계 등의 친족관계는 혼인 및 혈연을 기초로 하는 공동사회적인 것으로서 이해타산적인 재산관계(이것은 이익사회적인 것임)와 다르다. 그 때문에 친족법도 재산법과 비교할 때 몇 가지 특질을 보여준다.

1. 비타산성(非打算性) · 비합리성(非合理性)

친족법은 혼인 · 친자관계와 같이 성적 · 혈연적 관계를 규율하는 법이어서 비타산성 · 비합리성을 지니고 있으며(예: 부모가 자녀를 양육하는 것은 이익을 위한 것이 아님), 이 점에서 타산적 · 합리적인 재산법과 차이가 있다.

2. 강행법규성

재산법 특히 계약법은 대부분 임의법규인 데 비하여 친족법(상속법도 유사함)은 대체로 강행법규이다. 가족제도를 유지하게 하기 위하여서는 국가의 관여가 불가피하기 때문이다. 그렇다고 하여 친족법에서는 사적 자치가 원칙이 아닌 것으로 생각해서는 안 된다(우리의 교과서들은 모두 그러한 견지에 있다). 친족법 분야에서도 혼인의 자유 · 입양의 자유처럼 사적 자치가 허용되어 있으며, 그러한 경우에도 제 3 자에게 미치는 영향을 고려하여 일정한 방식으로 하도록 하는 등의 제약이 따르고 있을 뿐이다(그러한 제한은 물권 거래에도 있다). 즉 친족법의 규정이 원칙적으로 강행법규이어서 당사자의 의사로 그 내용을 바꿀 수 없다고 하여 사적 자치가 허용되지 않는 영역으로 치부해서는 안 되는 것이다.

3. 보수성(保守性)

재산법 특히 계약법은 세계적으로 보편화되고 균질화되는 경향을 보이는 데 비해, 친족법은 관습 · 전통에 의하여 지배되는 경향이 강하고 보수적인 성격을 띠고 있다. 그 때문에 친족법 분야에서는 불합리한 내용이 있어도 저항에 부딪혀 쉽게 법개정이 이루어지지 못하는 현상을 보인다.

[5] Ⅲ. 친족상속법의 법원(法源)

1. 서 설

민법의 법원에 관한 설명(민법총칙 [7] 이하 참조)은 친족상속법의 법원에 관하여도 원칙적으로 타당하다. 따라서 친족상속법의 법원은 실질적 친족법 · 상속법의 존재형식이고, 그 법원에는 성문법과 불문법이 있게 된다. 그런데 중요한 것은 성문법이므로, 친족법 · 상속법 각각에 대하여 그에 관하여만 적기로 한다.

2. 성문 친족상속법

가장 대표적인 성문 친족상속법은 민법 제 4 편 친족(767조-996조) · 제 5 편 상속(997조-1118조)이나, 민법전 다른 편의 일부규정([3] 참조)도 이에 해당한다. 그리고 「가족관계의 등록 등에 관한 법률」·「후견등기에 관한 법률」· 혼인신고특례법 ·「양육비이행확보 및 지원에 관한 법률」·「위기 임신 및 보호출산 지원과 아동 보호에 관한 특별법」·「국내입양에 관한 특별법」·「국제입양에 관한 법률」·「보호시설에 있는 미성년자의 후견직무에 관한 법률」· 아동복지법 ·「부재선고에 관한 특별조치법」·「남북주민 사이의 가족관계와 상속 등에 관한 특례법」·「재외국민의 가족관계등록 창설, 가족관계등록부 정정 및 가족관계등록부 정리에 관한 특례법」과 「가족관계의 등록 등에 관한 규칙」·「후견등기에 관한 규칙」 등도 주요한 법원이다. 이들 중 「가족관계의 등록 등에 관한 법률」·「후견 등기에 관한 법률」· 혼인신고특례법 등을 절차법이라고 하여 제외시킬 수도 있으나, 민법의 부속법률로서 법원으로 인정하는 것이 바람직하다(민법총칙 [9]도 참조).

3. 가사소송법 등이 법원인지 여부

친족상속법 교과서들은 한결같이 가사소송법 · 비송사건절차법도 친족상속법의 법원으로 설명한다. 그러나 이들은 권리의무관계를 규율하는 실체법이 아니고 확정된 권리의무관계를 실현하는 절차를 규율하는 절차법이다. 따라서 그것들은 결코 실질적인 친족상속법이라고 할 수 없는 것이다(박병호, 5면은 이들을 신분절차법이라고 한다).

Ⅳ. 「가족관계의 등록 등에 관한 법률」과 가사소송법 [6]

친족상속법의 주요 법원의 하나인 「가족관계의 등록 등에 관한 법률」과 관련 주요 절차법인 가사소송법에 대하여 좀더 살펴보기로 한다.

1. 「가족관계의 등록 등에 관한 법률」

(1) 개 관

사람은 출생하면서부터 사망할 때까지 친족법상의 일정한 지위(가족관계 또는 신분관계라고도 함)를 가지게 된다. 자(子), 부(夫), 처(妻), 부(父) 또는 모(母) 등이 그 예이다. 이 친족법상의 지위는 친족관계의 기초가 되고 타인에게 미치는 영향이 크기 때문에 확실하게 공적으로 기록하고 또 널리 공시하게 할 필요가 있다. 그러한 목적으로 만들어진 제도가 가족관계등록제도이다. 그리고 가족관계등록제도를 규율하는 법이 「가족관계의 등록 등에 관한 법률」(아래에서는 가족등록법이라 함)이다.

과거 호주제도가 시행될 때에는 각 개인의 친족법상의 지위를 등록 · 공시하는 제도로 호적제도를 두고 있었다. 그런데 2005년의 민법개정에 의하여 2008년 1월 1일부터 호주제가 폐지됨에 따라 호적제도를 대체할 새로운 신분등록제도가 필요하게 되었으며, 그러한 제도로 마련된 것이 가족관계등록제도이다.

가족관계등록제도는 국민 개인별로 등록기준지에 따라 가족관계등록부를 편제한다. 이는 과거 호적제도가 개인의 가족관계를 호주를 기준으로 가(家) 단위로 편성하는 방식을 취하고 있었던 것과 다른 점이다. 그리고 사무의 전산화에 맞추어 각종 가족관계의 발생 및 변동사항의 입력과 처리를 전산정보처리조직에 의하도록 하였다. 그리하여 가족관계등록부는 호적부처럼 원부가 존재하는 것이 아니고 등록사항에 관한 전산정보자료를 가리키게 된다(가족 9조 참조).

과거 호적제도에 있어서는 호적등본이라는 하나의 증명서에 본인뿐만 아니라 가족 전체의 신분에 관한 사항이 모두 기재되어 있었고, 그 발급신청인도 원칙적으로 제한이 없었다. 그런데 새 제도에서는 증명하려는 목적에 따라 다양한 증명서, 즉 가족관계증명서 · 기본증명서 · 혼인관계증명서 · 입양관계증명서 · 친양자입양관계증명서를 발급받을 수 있도록 하였으며(이들 증명서에는 각각 일반증명서 · 상세증명서가 있고, 대법원규칙으로 정한 것에 대해서는 특정증명서도 발급한다. 그리고 가족규칙 21조의 3은 영문증명서도 발급할 수 있다고 규정한다)(가족 15조), 증명서의 발급요건도 강화하였다(가족 14조).

[7] (2) 증명서에 표시되는 기록사항

가족등록법은 제15호 제 1 항에서 가족관계등록부 또는 폐쇄등록부(그 법은 이것들을 '등록부 등'이라고 표현함)의 기록사항에 관하여 발급할 수 있는 증명서의 종류와 그 기록사항을 규정하고 있다. 그 규정에 따르면, 증명서에는 가족관계증명서 · 기본증명서 · 혼인관계증명서 · 입양관계증명서 · 친양자입양관계증명서의 5가지가 있고, 그것들 각각에 대하여 일반증명서와 상세증명서로 발급한다(가족 15조 1항). 다만, 외국인의 기록사항에 관하여는 성명 · 성별 · 출생연월일 · 국적 및 외국인등록번호를 기재하여 증명서를 발급하여야 한다(가족 15조 1항 단서). 그리고 위 5가지의 증명서 중 대법원규칙으로 정하는 증명서에 대해서는 해당 증명서의 상세증명서 기재사항 중 신청인이 대법원규칙으로 정하는 바에 따라 선택한 사항을 기재한 특정증명서를 발급한다(가족 15조 4항).

모든 증명서에는 공통적으로 「본인의 등록기준지 · 성명 · 성별 · 본 · 출생연월일 및 주민등록번호」를 기재하도록 하고 있다(가족 15조 2항 각호 · 3항 참조). 그리고 그것 외에 개별적인 기재사항을 규정하고 있다.

아래에서는 각 증명서별로 기재사항을 공통사항은 제외하고 개별사항만 기술하기로 한다. 그러면서 일반증명서와 상세증명서로 나누어 적을 것이다. 그리고 필요한 경우 설명을 덧붙이려고 한다.

1) 가족관계증명서 가족관계증명서의 일반증명서에는 공통사항 외에 개별사항으로 ① 부모의 성명 · 성별 · 본 · 출생연월일 및 주민등록번호(입양의 경우 양부모를 부모로 기록한다. 다만, 단독입양한 양부가 친생모와 혼인관계에 있는 때에는 양부와 친생모를, 단독입양한 양모가 친생부와 혼인관계에 있는 때에는 양모와 친생부를 각각 부모로 기록한다), ② 배우자, 생존한 현재의 혼인 중의 자녀의 성명 · 성별 · 본 · 출생연월일 및 주민등록번호를 기재한다(가족 15조 2항 1호). 그리고 가족관계증명서의 상세증명서에는 전술한 일반증명서의 기재사항에 더하여, 모든 자녀의 성명 · 성별 · 본 · 출생연월일 및 주민등록번호가 추가된다(가족 15조 3항 1호).

가족관계증명서에는 본인을 기준으로 하여 부모와 자녀의 3대만 기재된다. 그 결과 이 증명서는 부모자녀관계를 증명할 필요가 있는 경우에 이용할 수 있다. 그에 비하여 이 증명서에는 본인의 형제자매는 기재되지 않으므로 형제자매관계를 증명해야 할 필요가 있는 경우에는 부모의 가족관계증명서를 발급받아야 한다.

가족관계증명서는 — 사망(실종선고 · 부재선고 · 국적상실 포함)사실을 기재하는 것을 제외하고는 — 증명서 교부 당시의 유효한 사항만을 모아서 발급하기 때문에(가족규칙 21조 6항), 과거의 사항은 기재되지 않는다. 그리하여 가령 본인이 이혼한 경우에 전 배우자에 관한 사항을 확인하려면 가족관계증명서가 아니고 혼인관계증명서를 발급받아야 한다(같은 취지: 김/김, 50면).

2) 기본증명서 기본증명서의 일반증명서에는 개별사항으로 본인의 출생, 사망, 국적상실에 관한 사항을 기재한다(가족 15조 2항 2호). 그리고 기본증명서의 상세증명서에는 일반증명서 기재사항과 함께 국적취득 및 회복 등에 관한 사항을 기

재한다(가족 15조 3항 2호).

기본증명서에는 별도의 증명서가 있는 혼인 · 입양 · 친양자 입양에 관한 사항을 제외한 나머지의 기록사항들이 기재된다. 그리하여 국적 · 개명 · 친권 등도 이 증명서에 기재된다.

기본증명서에는 증명서 발급 당시의 유효한 사항뿐만 아니라 과거의 사항도 함께 기재된다. 그리하여 개명을 한 경우에는 현재의 이름과 개명 전의 이름이 기재되고, 성과 본을 변경한 경우에는 변경 전의 성과 본이 기재되며, 성(性)전환을 한 경우에는 현재의 성과 과거의 성이 기재된다.

3) 혼인관계증명서 혼인관계증명서의 일반증명서에는 개별사항으로 ① 배우자의 성명 · 성별 · 본 · 출생연월일 및 주민등록번호, ② 현재의 혼인에 관한 사항을 기재한다(가족 15조 2항 3호). 그리고 혼인관계증명서의 상세증명서에는 일반증명서의 기재사항과 함께 혼인 및 이혼에 관한 사항을 기재한다(가족 15조 3항 3호).

4) 입양관계증명서 입양관계증명서의 일반증명서에는 개별사항으로 ① 친생부모 · 양부모 또는 양자의 성명 · 성별 · 본 · 출생연월일 및 주민등록번호, ② 현재의 입양에 관한 사항을 기재한다(가족 15조 2항 4호). 그리고 입양관계증명서의 상세증명서에는 일반증명서의 기재사항과 함께 입양 및 파양에 관한 사항을 기재한다(가족 15조 3항 4호).

5) 친양자입양관계증명서 친양자입양관계증명서의 일반증명서에는 개별사항으로 ① 친생부모 · 양부모 또는 친양자의 성명 · 성별 · 본 · 출생연월일 및 주민등록번호, ② 현재의 친양자 입양에 관한 사항을 기재한다(가족 15조 2항 5호). 그리고 친양자입양관계증명서의 상세증명서에는 일반증명서 기재사항과 함께 친양자 입양 및 파양에 관한 사항을 기재한다(가족 15조 3항 5호).

[8] **(3) 가족관계등록부의 신고**

가족관계등록부에의 기록은 대체로 신고의무자의 신고에 의하여 이루어진다(예: 출생 · 사망의 신고, 혼인신고). 그런데 가족관계등록부의 신고에는 성질이 전혀 다른 두 가지가 있다.

그 하나는 창설적 신고로서, 이는 신고의 수리에 의하여 비로소 친족법상의 지위(신분관계)가 창설되는 것이다. 혼인신고(812조 · 814조, 가족 71조 · 72조), 협의이혼신고(836조, 가족 74조), 인지신고(859조, 가족 55조 이하), 입양신고(878조 · 882조, 가족 61조 · 62조), 협의파양신고(904조, 가족 63조) 등이 그에 해당한다. 그리고 판례는 사실상혼인관계 존재 확인재판에 의한 혼인신고에 대하여 창설적 신고라고 한다(대판 1973. 1. 16, 72므25; 대결 1991. 8. 13, 91스6. 그러나 사건은 통설과 같이 보고적 신고라는 입장임. [29] 참조).

다른 하나는 보고적 신고로서, 이는 신고에 의하여 법적 효과가 생기는 것이 아니라, 법적 효과는 사실이 발생하였을 때 이미 생기고 신고는 단지 발생한 사실의 보고에 지나지 않는 것이다. 출생신고(가족 44조 이하), 사망신고(가족 84조 이하), 재판 또는 유언에 의한 인지신고(가족 58조 · 59조), 인지된 태아의 사산신고(가족 60조), 재판에 의한 파양 · 파양취소신고(가족 66조), 재판에 의한 이혼 · 이혼취소신고(가족 78조), 친권변동신고(가족 79조), 미성년후견 개시신고(가족 80조 · 82조), 미성년후견감독 개시신고(가족 83조의 2), 실종신고신고(가족 92조), 실종선고취소신고(가족 92조) 등이 그 예이다.

(4) 가족관계등록부의 정정 [9]

가족관계등록부는 각 개인의 친족법상의 지위(가족관계 또는 신분관계)를 공시하는 기록이다. 따라서 그 기록이 제 기능을 다하려면 실제의 가족관계와 일치하여야 하고 또 적법해야 한다. 그런데 가족관계등록부의 기록이 실제의 가족관계와 불일치하거나 부적법한 경우가 있다. 그러한 경우에 그 기록을 올바르게 바로잡는 것을 가족관계등록부의 정정이라고 한다.

가족관계등록부의 정정절차는 가족등록법이 규정하고 있는데, 그 절차는 우선 ① 시 · 읍 · 면의 장(가족관계의 등록사무는 본래 대법원이 관장하는데(가족 2조), 법률상 대법원장은 그 권한을 시 · 읍 · 면의 장에게 위임하여(가족 3조 1항), 시 · 읍 · 면의 장이 그 등록사무를 처리한다)이 직권으로 정정할 수 있는 경우와 ② 일정한 신청권자의 신청에 의한 경우의 둘로 나누어지며, 그것들 안에서 다시 세분된다. 이는 정정사유가 무엇인지에 따라 나누어지는 것이다.

1) 직권으로 정정할 수 있는 경우　가족관계등록부(폐쇄등록부 포함)의 기록이 법률상 무효이거나 그 기록에 착오 또는 누락이 있음을 안 때에는, 시 · 읍 · 면의 장은 지체 없이 신고인 또는 신고사건의 본인에게 그 사실을 통지하여야 한다(가족 18조 1항 본문). 다만, 그 착오 또는 누락이 시 · 읍 · 면의 장의 잘못으로 인한 때에는 통지할 의무가 없다(가족 18조 1항 단서).

그리고 시 · 읍 · 면의 장이 위의 통지를 할 수 없을 때 또는 통지를 하였으나 정정신청을 하는 사람이 없는 때 또는 그 기록의 착오 또는 누락이 시 · 읍 · 면의 장의 잘못으로 인한 것인 때(이때는 통지의무를 부과하지 않고 직권으로 정정할 수 있는 경우에 포함시키고 있음)에는, 시 · 읍 · 면의 장은 원칙적으로 감독법원의 허가를 받아 직권으로 정정할 수 있다(가족 18조 2항 본문). 다만,

「가족관계의 등록 등에 관한 규칙」(아래에서는 가족규칙이라 함) 제60조 제 2 항이 정한 경미한 사항인 경우에는, 시 · 읍 · 면의 장이 직권으로 정정하고 감독법원에 보고하여야 한다(가족 18조 2항 단서). 이 규정에 의하여 직권으로 정정할 수 있는 경우는 시 · 읍 · 면의 장이 감독법원의 허가를 받아야 하는 경우와 단독으로 정정할 수 있는 경우로 나누어지며, 그중에 전자가 원칙임을 알 수 있다.

한편 국가 또는 지방자치단체의 공무원이 그 직무상 가족관계등록부의 기록에 착오 또는 누락이 있음을 안 때에는, 그는 지체 없이 신고사건의 본인의 등록기준지의 시 · 읍 · 면의 장에게 통지하여야 한다(가족 18조 3항 1문). 그리고 이 경우 통지를 받은 시 · 읍 · 면의 장은 전술한 가족등록법 제18조 제 1 항 및 제 2 항에 따라 처리해야 한다(가족 18조 3항 2문).

[10] **2) 일정한 신청권자의 신청에 의한 경우** 일정한 경우에는 신청권자의 신청이 있어야 정정될 수 있다. 주의할 것은, 신청권자가 정정신청을 하려면 먼저 — 정정사유에 따라 — 가정법원의 허가 또는 법원의 확정판결을 받아야 한다는 점이다(가족 104조 · 105조 · 107조 참조). 이에 따라 신청권자의 신청에 의한 경우는 ① 가정법원의 허가를 받아야 하는 경우와 ② 법원의 확정판결을 받아야 하는 경우로 나누어진다.

㈎ 가정법원의 허가를 받아야 하는 경우 이 경우는 다시 ① 가족등록법 제104조에 따른 정정과 ② 가족등록법 제105조에 따른 정정으로 세분된다.

위 ①에 대하여 본다. 가족관계등록부의 기록이 법률상 허가될 수 없는 것 또는 그 기재에 착오나 누락이 있다고 인정한 때에는, 이해관계인은 사건 본인의 등록기준지를 관할하는 가정법원의 허가를 받아 등록부의 정정을 신청할 수 있다(가족 104조 1항). 이와 관련하여 대법원은, 이 절차에 의한 등록부의 정정은 그 절차의 간이성에 비추어 정정할 사항이 경미한 경우에 허용되는 것이므로, 친족법상 또는 상속법상 중대한 영향을 미칠 수 있는 사항에 대하여는 가족등록법 제107조에 따라 확정판결에 의하여만 가족관계등록부의 정정신청을 할 수 있다고 한다(대결 2024. 6. 13, 2024스536. 호적법 120조에 관한 같은 취지의 판례: 대결 1973. 11. 14, 73마872; 대결 1981. 11. 26, 80스44; 대결 1984. 10. 11, 83스33; 대결 1991. 7. 23, 91스3). 또한 정정하려고 하는 등록부의 기록사항이 신분관계에 중대한 영향을 미치기 때문에 그 기록사항에 관련된 신분관계의 존부에 관하여 직접적인 쟁송방법이 가사소송법 등에 마련되어 있는 경우에는 그 사건의 확정판결 등에 의해서만 등록부의 기록사항을 정정할 수 있으나, 등록부의 기록사항과 관련하여 가사소송법 등에 직접적인 쟁송방법이 없는 경우에는 가족등록법 제104조에 따라 정정할 수 있다고 한 뒤, 가사소송법 등이 사람이 태어난 일시 또는 사망한 일시를 확정하는 직접적인 쟁송방법을 별도로 정하고 있지 않으므로 특별한 사정이 없는 한 등록부의 기록사항 중 출생연월일 · 사망일시는 가족등록법 제104조에 의한 등록부 정정의 대상으로 볼 것이라고 한다(대결 2012. 4. 13, 2011스160). 그에 비하여 자녀의 가족관계등록부에 부의 출생연월일과 본이 기록되지 않은 경우 이를 부의 제적부 기재내용과 동일하게 기록하는 것은 친족법상 또는 상속법상 중대한 영향을 미칠 수 있는 사항이므로 이는 가족등록법 제107조에 따라 확정판결에 의하여 이루어져야 하며, 혼인 중의 출생자는 친생자관계 존재 확인의 확정판결을 받아 가족등록법 제107조에 따른 등록부 정정신청을 할 수 있는데 그 판결에서는 친생자관계의 존부에 대한 판단 외에 부모의 혼인 여부가 주문으로 확정되지는 않으므로 혼인 중의 출생자라는 점은 가족관계등록부 등을 통하여 별도로 인정되어야 한다고 한다(대결 2024. 6. 13, 2024스536). 나아가 대법원은 같은 결정에서, 북한에서 혼인관계가 유효하게 성립하였으나 가족관계등록부에 그 혼인관계가 기록되지 않았다는 사정만으로 그 혼인관계 중에 출생한 자녀가 혼인 외의 출생자가 되는 것은 아니며, 자신이 북한에서 유효하게 성립한 혼인관계 중에 출생한 자녀임을 주장하며 부와의 사이에 친생자관계 존재 확인의 확정판결을 받아 가족관계등록부 정정을 신청하는 경우에는 비록 가족관계등록부 등에 부모의 혼인관계가 기록되어 있지 않아도 북한에서 부모의 혼인관계 성립 여부 또는 이와 관련한 신분관계를 소명하여 가족등록법 제104조에 따른 가정법원의 허가를 받아 정정신청을 함으로써 가족관계등록부를 정정할 수 있다고 한다(대결 2024. 6. 13, 2024스536). 그런가 하면 대법원은, 갑(성명: 금난새)에 관하여 가족관계등록부의 성명 란에 성이 '김(金)'으로 기재되어 있지만('김난새(金난새)') 주민등록표에는 '금(金)'으로 기재되어 있고, 여권과 자동차 운전면허증에도 각각 '금'으로 기재되어 있는 상태에서, 그의 어머니가 사망한 후 그가 상속재산에 관하여 상속등기신청을 하였으나 관할등기소에서 신청서와 가족관계증명서상 상속인의 성명이 다르다는 이유로 신청을 각하하자 갑이 법원에 가족관계등록부상 성(姓)의 정정을 구한 사안에서, 갑이 출생 시 또는 유년시절부터 한자 성 '金'을 한글 성 '금'으로 사용하여 오랜 기간 자신의 공 · 사적 생활영역을 형성하여 왔다면, 그의 가족관계등록부의 성을 '금'으로 정정하는 것이 상당하다고 한다(대결 2020. 1. 9, 2018스40. 이 결정에서 명시하지는 않았지만 이는 가족등록법 104조에 따른 정정에 해당한다). 한편 대법원은 성전환자에 해당함이 명백한 사람에 대하여는 호적법 제120조(가족 104조에 해당함)의 절차에 따라 성별을 정정할 수 있다고 한다(대결(전원) 2006. 6. 22, 2004스42: [26]에 인용된 결정 참조).

위 ②에 대하여 본다. 신고로 인하여 효력이 발생하는 행위에 관하여 가족관계등록부에 기록하였으나 그 행위가 무효임이 명백한 때에는, 신고인 또는 신고사건의 본인은 사건 본인의 등록기준지를 관할하는 가정법원의 허가를 받아 등록부의 정정을 신청할 수 있다(가족 105조 1항). 이 규정은 창설적 신고로 인한 등록부의 기록이 무효인 경우, 가령 사망한 후에 혼인신고가 된 경우에 등록부의 정정방법을 정하고 있는 것이다. 대법원은, 중국 국적의 조선족 여성과 혼인한 것으로 신고한 자가, 혼인할 의사가 전혀 없음에도 그 여성을 한국에 입국시킬 목적으로 혼인신고를 하여 공전자기록에 불실의 사실을 기재하게 하였다는 등의 범죄사실로 유죄판결을 받아 확정된 경우에, 이 혼인은 혼인의사의 합치가 결여되어 무효임이 명백하므로 혼인무효판결을 받지 않았더라도 가족등록법 제105조에 따라 가정법원의 허가를 받아 가족관계등록부를 정정할 수 있다고 하였다(대결 2009. 10. 8, 2009스64).

(나) 법원의 확정판결을 받아야 하는 경우 가족등록법은 제107조에서 「확정판결로 인하여 등록부를 정정하여야 할 때에는 소를 제기한 사람은 판결확정일부터 1개월 이내에 판결의 등본 및 그 확정증명서를 첨부하여 등록부의 정정을 신청하여야 한다」고 규정한다. 그런데 정작 어떤 경우가 「확정판결로 인하여 등록부를 정정하여야 할 때」인지에 대하여는 전혀 언급이 없다.

이와 관련하여 대법원은, 전술한 바와 같이, 가족관계등록부의 기록 중 정정할 사항이 경미한 경우에는 가족등록법 제104조에 따라 가정법원의 허가를 받아 정정할 수 있으나, 정정할 사항이 친족법상 또는 상속법상 중대한 영향을 미칠 수 있는 경우에는 가족등록법 제107조에 따라 확정판결에 의하여만 가족관계등록부를 정정할 수 있다고 하기도 하고(대결 2024. 6. 13, 2024스536. 여기서는 가사소송법 등에 쟁송방법이 있는지는 묻지 않는 것으로 보임), 가족관계등록부의 기록사항에 관련된 신분관계의 존부에 관하여 직접적인 쟁송방법이 가사소송법 등에 마련되어 있는지에 따라, 쟁송방법이 있는 경우에는 가족등록법 제107조에 따라 확정판결 등에 의해서만 정정할 수 있고, 쟁송방법이 없는 경우에는 가족등록법 제104조에 따라 정정할 수 있다고도 한다(대결 2012. 4. 13, 2011스160. 구 호적법에 관하여 같은 취지:

대결(전원) 1993. 5. 22, 93스 14 · 15 · 16; 대결 1995. 4. 13, 95스5).

2. 가사소송법 [11]

가정에 관한 사건은 공개된 법정에서 다루는 것이 좋지 않고 또 가정의 특수한 사정을 구체적으로 조사하기 위하여서는 특별한 절차에 의하는 것이 필요하다. 그리하여 과거에 가사심판법이 제정되어(1963. 7. 31) 시행되었다(1963. 10. 1). 그러다가 1990년의 민법개정으로 여러 제도가 신설됨에 따라 이들 제도의 처리절차를 규정하기 위하여 종래의 인사소송법과 가사심판법을 폐지하고 새로이 가사소송법을 제정(1990. 12. 31)하여 시행하고 있다(1991. 1. 1). 그리고 이 법에 의한 가사사건을 담당하는 기관으로 가정법원이 설치되어 있다(법원조직법 3조 1항 5호).

(1) 재판사항

가사소송법은 가사사건을 크게 가사소송사건(家事訴訟事件)과 가사비송사건(家事非訟事件)으로 나누고, 그 아래에서 다시 성질에 따라 가사소송사건을 가류사건 · 나류사건 · 다류사건으로, 그리고 가사비송사건을 라류사건 · 마류사건으로 세분하여, 그 심리와 재판을 가정법원의 전속관할로 하였다(같은 법 2조 1항)(그 밖에 가소규 2조는 일정한 사항을 가정법원 관장사항으로 정하고 있음. [12] 참조). 그리고 이들 가운데 나류 · 다류의 가사소송사건과 마류의 가사비송사건은 조정전치주의의 적용을 받으므로 재판을 하기 전에 조정절차를 거쳐야 한다(가소 50조).

〈가사소송법상의 가사사건과 조정전치주의 적용 여부(2024. 9. 20. 기준)〉 [12]

(ㄱ) 가사소송사건

① 가류사건(조정전치주의가 적용되지 않음) 혼인의 무효, 이혼의 무효, 인지의 무효, 친생자관계 존부 확인, 입양의 무효, 파양의 무효.

② 나류사건(조정전치주의 적용) 사실상혼인관계 존부 확인, 혼인의 취소, 이혼의 취소, 재판상 이혼, 아버지의 결정, 친생부인, 인지의 취소, 인지에 대한 이의, 인지청구, 입양의 취소, 파양의 취소, 재판상 파양, 친양자 입양의 취소, 친양자의 파양, 상속권 상실 선고.

③ 다류사건(조정전치주의 적용) 약혼해제 또는 사실혼관계 부당파기로 인한 손해배상청구(제 3 자에 대한 청구를 포함한다) 및 원상회복의 청구, 혼인의 무효 · 취소나 이혼의 무효 · 취소 또는 이혼을 원인으로 하는 손해배상청구(제 3 자에 대한 청구를 포함한다) 및 원상회복의 청구, 입양의 무효 · 취소나 파양의 무효 · 취소 또는 파양을 원인으로 하는 손해배상청구(제 3 자에 대한 청구를 포함한다) 및 원상회복의 청구, 재산분할청구권 보전을 위한 사해행위 취소 및 원상회복의 청구.

(ㄴ) 가사비송사건

① 라류사건(조정전치주의가 적용되지 않음) 성년후견개시의 심판과 그 종료의 심판, 취소할 수 없는 피성년후견인의 법률행위의 범위 결정 및 그 변경, 한정후견개시의 심판과 그 종료의 심판, 피한정후견인이 한정후견인의 동의를 받아야 하는 행위의 범위 결정과 그 변경 및 한정후견인의 동의를 갈음하는 허가, 특정후견의 심판과 그 종료의 심판, 부재자 재산의 관리에 관한 처분, 제909조의 2 제 5 항에 따라 친권자 또는 미성년후견인의 임무를 대행할 사람의 제25조에 따른 권한을 넘는 행위의 허가, 실종선고와 그 취소, 성(姓)과 본(本)의 창설 허가, 자녀의 종전 성과 본의 계속사용 허가, 자녀의 성과 본의 변경허가, 부부재산약정의 변경에 대한 허가, 친생부인의 허가, 인지의 허가, 미성년자의 입양에 대한 허가, 피성년후견인이 입양을 하거나 양자가 되는 것에 대한 허가, 제871조 제 2 항에 따른 부모의 동의를 갈음하는 심판, 양자의 친족 또는 이해관계인의 파양청구에 대한 허가, 친양자 입양의 허가, 친권 행사 방법의 결정, 제909조의 2 제 1 항부터 제 5 항까지(같은 법 제927조의 2 제 1 항 각 호 외의 부분 본문에 따라 준용되는 경우를 포함한다)에 따른 친권자의 지정과 미성년후견인의 선임 및 임무대행자의 선임, 제909조의 2 제 6 항에 따른 후견의 종료 및 친권자의 지정, 제918조(같은 법 제956조에 따라 준용되는 경우를 포함한다)에 따른 재산관리인의 선임(選任) 또는 개임(改任)과 재산관리에 관한 처분, 제921조(제949조의 3에 따라 준용되는 경우를 포함한다)에 따른 특별대리인의 선임, 친권자의 법률행위 대리권 및 재산관리권의 사퇴(辭退) 또는 회복에 대한 허가, 제927조의 2 제 2 항에 따른 친권자의 지정, 제931조 제 2 항에 따른 후견의 종료 및 친권자의 지정, 미성년후견인 · 성년후견인 · 한정후견인 · 특정후견인의 선임 또는 변경, 성년후견인의 법정대리권의 범위 결정과 그 변경 및 성년후견인이 피성년후견인의 신상에 관하여 결정할 수 있는 권한의 범위 결정과 그 변경, 미성년후견감독인 · 성년후견감독인 · 한정후견감독인 · 특정후견감독인의 선임 또는 변경, 미성년후견인 · 성년후견인 · 한정후견인 · 특정후견인 · 미성년후견감독인 · 성년후견감독인 · 한정후견감독인 · 특정후견감독인 · 임의후견감독인의 사임에 대한 허가, 후견인의 재산 목록 작성을 위한 기간의 연장허가, 피성년후견인 또는 피한정후견인의 격리에 대한 허가 및 피미성년후견인, 피성년후견인 또는 피한정후견인에 대한 의료행위의 동의에 대한 허가, 피미성년후견인, 피성년후견인 또는 피한정후견인이 거주하는 건물 또는 그 대지에 대한 매도 등에 대한 허가, 여러 명의 성년후견인 · 한정후견인 · 특정후견인 · 성년후견감독인 · 한정후견감독인 · 특정후견감독인 · 임의후견감독인의 권한 행사에 관한 결정과 그 변경 또는 취소 및 성년후견인 · 한정후견인 · 특정후견인 · 성년후견감독인 · 한정후견감독인 · 특정후견감독인 · 임의후견감독인의 의사표시를 갈음하는 재판, 미성년후견감독인 · 성년후견감독인 · 한정후견감독인의 동의를 갈음하는 허가, 피미성년후견인, 피성년후견인, 피한정후견인 또는 피특정후견인의 재산상황에 대한 조사 및 그 재산관리 등 후견임무 수행에 관하여 필요한 처분명령, 미성년자의 재산상황에 대한 조사 및 그 재산관리

등 임무대행자의 임무 수행에 관하여 필요한 처분명령, 미성년후견인 · 성년후견인 · 한정후견인 · 특정후견인 · 미성년후견감독인 · 성년후견감독인 · 한정후견감독인 · 특정후견감독인 · 임의후견감독인에 대한 보수(報酬)의 수여, 후견 종료시 관리계산기간의 연장허가, 한정후견인에게 대리권을 수여하는 심판과 그 범위 변경 및 한정후견인이 피한정후견인의 신상에 관하여 결정할 수 있는 권한의 범위 결정과 그 변경, 피특정후견인의 후원을 위하여 필요한 처분명령, 특정후견인에게 대리권을 수여하는 심판, 임의후견감독인의 선임 또는 변경, 임의후견감독인에 대한 감독사무에 관한 보고 요구와 임의후견인의 사무 또는 본인의 재산상황에 대한 조사명령 또는 임의후견감독인의 직무에 관하여 필요한 처분명령, 임의후견인의 해임, 후견계약 종료의 허가, 제1004조의 2 제 7 항에 따른 상속재산의 보존 및 관리를 위한 처분, 상속의 승인 또는 포기를 위한 기간의 연장허가, 상속재산 보존을 위한 처분, 상속의 한정승인 신고 또는 포기신고의 수리(受理)와 한정승인 취소신고 또는 포기 취소신고의 수리, 감정인(鑑定人)의 선임, 공동상속재산을 위한 관리인의 선임, 상속재산의 분리, 상속재산 분리 후의 상속재산 관리에 관한 처분, 제1053조에 따른 관리인의 선임 및 그 공고와 재산관리에 관한 처분, 상속인 수색(搜索)의 공고, 상속재산의 분여(分與), 유언의 검인(檢認), 유언의 증서 또는 녹음(錄音)의 검인, 유언증서의 개봉, 유언집행자의 선임 및 그 임무에 관한 처분, 유언집행자의 승낙 또는 사퇴를 위한 통지의 수리, 유언집행자에 대한 보수의 결정, 유언집행자의 사퇴에 대한 허가, 유언집행자의 해임, 부담(負擔) 있는 유언의 취소.

② 마류사건(조정전치주의 적용) 부부의 동거 · 부양 · 협조 또는 생활비용의 부담에 관한 처분, 부부재산계약상의 재산관리자의 변경 또는 공유재산의 분할을 위한 처분, 자녀의 양육에 관한 처분과 그 변경이나 면접교섭권의 처분 또는 제한 · 배제 · 변경, 재산분할에 관한 처분, 친권자의 지정과 변경, 친권자의 동의를 갈음하는 재판, 친권의 상실 · 일시정지 · 일부제한 및 그 실권회복의 선고 또는 법률행위의 대리권과 재산관리권의 상실 및 그 실권회복의 선고, 부양에 관한 처분, 기여분의 결정, 상속재산의 분할에 관한 처분.

〈가정법원 관장사건에 관한 가사소송규칙 제 2 조〉

가정법원은 가사소송법 제 2 조 제 1 항 각호의 사항 외에, 다음 각호의 사항에 대하여도 심리 · 재판한다(가소규 2조 1항). 미성년후견인의 순위 확인(1호), 민법 제1014조의 규정에 의한 피인지자 등의 상속분에 상당한 가액의 지급청구(2호), 양친자관계 존부 확인(3호), 민법 제924조 제 3 항에 따른 친권의 일시정지기간 연장 청구(4호).

그리고 가사소송규칙 제 2 조 제 1 항 제 1 호 · 제 3 호의 사건은 가사소송법 및 이 규칙이 정한 가류 가사소송사건의 절차에 의하여, 제 2 호의 사건은 다류 가사소송사건의 절차에 의하여, 제 4 호의 사건은 마류 가사비송사건의 절차에 의하여 심리 · 재판한다(가소규 2조 2항).

〈판 례〉

(ㄱ) 「친생자관계의 존부확인과 같이 현행 가사소송법상의 가류 가사소송사건에 해당하는 청구는 성질상 당사자가 임의로 처분할 수 없는 사항을 대상으로 하는 것으로서 이에 관하여 조정이나 재판상 화해가 성립되더라도 효력이 있을 수 없」다(대판 1999. 10. 8, 98므1698).

(ㄴ) 「가사소송법 제 2 조 제 1 항 소정의 나류 가사소송사건과 마류 가사비송사건은 통상의 민사사건과는 다른 종류의 소송절차에 따르는 것이므로, 원칙적으로 위와 같은 가사사건에 관한 소송에서 통상의 민사사건에 속하는 청구를 병합할 수는 없다.

기록에 의하면, 원고는 당초 나류 가사소송사건 및 마류 가사비송사건인 이혼청구 및 재산분할청구를 병합한 가사소송을 서울가정법원에 제기하였다가 제 1 심에서 원고 패소판결이 선고되자 원심에 이르러, 주위적으로 위와 같은 취지의 청구를 유지하는 한편, 부부간의 명의신탁 약정의 해지에 관한 법리에 의하거나 민법 제829조 제 3 항의 부부 공유의 재산분할청구권에 관한 규정이 혼인 전 부부재산약정이 없는 경우에도 유추적용될 수 있음을 전제로 하여, 제 1 차 예비적 청구로, 피고 명의의 부동산들 중 1/2 지분에 관하여 명의신탁 해지를 원인으로 한 소유권이전등기 절차의 이행을 구하고, 제 2 차 예비적 청구로, 부부 공유재산인 피고 명의의 부동산들을 경매에 붙여 그 대금을 원 · 피고에게 1/2씩 분할할 것을 구하는 추가적 · 예비적 청구변경신청을 한 사실을 알 수 있다. 그런데 부부간의 명의신탁 해지를 원인으로 한 소유권이전등기 청구나 민법 제829조 제 2 항에 의한 부부재산약정의 목적물이 아닌 부부공유재산의 분할청구는 모두 통상의 민사사건으로, 그 소송절차를 달리하는 나류 가사소송사건 또는 마류 가사비송사건인 이혼 및 재산분할청구와는 병합할 수 없다.」(대판 2006. 1. 13, 2004므1378)

[13] (2) 조정절차

조정전치주의의 적용을 받는 사건에 대하여 가정법원에 소를 제기하거나 심판을 청구하고자 하는 자는 먼저 조정을 신청하여야 하며(가소 50조 1항), 만약 조정을 신청하지 않고 소를 제기하거나 심판을 청구한 때에는 가정법원은 예외적인 특별한 사정(가소 50조 2항 단서)이 없는 한 그 사건을 조정에 회부하여야 한다(가소 50조 2항). 가사조정사건은 조정장 1명과 2명 이상의 조정위원으로 구성된 조정위원회가 처리한다(가소 52조 1항). 조정은 당사자 사이에 합의된 사항을 조서에 적음으로써 성립하며(가소 59조 1항), 그것은 재판상 화해와 동일한 효력이 있다(가소 59조 2항 본문). 다만, 당사자가 임의로 처분할 수 없는 사항에 대하여는 재판상 화해와 동일한 효력이 있지 않다(가소 59조 2항 단서).

(3) 재판절차

가사사건에 관하여 조정을 하지 않기로 하는 결정이 있는 때, 조정이 성립되지 않은 것으로 종결된 때, 조정에 갈음하는 결정에 대하여 이의신청이 있는 때에는, 조정신청을 한 때에 소를 제기하거나 심판을 청구한 것으로 본다(가소 49조, 민사조정법 36조 1항).

V. 민법 친족편 · 상속편의 개정과 그 내용 [14]

1. 민법 친족편 · 상속편의 개정

민법전이 제정된 후 친족편 · 상속편은 여러 차례 개정이 있었다.

(1) 1962년의 개정

우선 1962년에 민법을 일부개정하여 법정분가제도를 신설하였다(789조 1항).

(2) 1977년의 개정

1977년 개정시에는 ① 성년자의 혼인에는 부모의 동의가 필요없다는 것(808조), ② 성년의제제도 도입(826조의 2), ③ 부부간의 소속불분명한 재산을 부부 공유로 추정한 것(830조 2항), ④ 협의이혼의 경우 가정법원의 확인을 얻도록 한 것(836조), ⑤ 부모의 친권공동행사를 인정한 것(909조), ⑥ 법정상속분의 조절(1008조 · 1009조), ⑦ 유류분제도의 신설(1112조-1118조)이 있었다.

(3) 1990년의 개정

1990년에는 개혁적인 개정이 있었다.

그 내용은 ① 친족의 범위를 합리적으로 조정함(777조 · 768조 · 769조 · 775조 2항), ② 호주제도를 존치하되 호주상속제도를 호주승계제도로 하고 유명무실한 호주권과 남녀불평등 조항을 대폭 삭제함(980조 등), ③ 적모서자 관계와 계모자 관계를 시정함(773조 · 774조), ④ 약혼 해제사유를 일부 개정함(804조 3호 · 6호), ⑤ 부부 동거장소규정을 개정함(826조 2항), ⑥ 부부 공동생활비용을 부부가 공동부담하도록 함(833조), ⑦ 이혼시 자녀의 양육책임규정을 시정하고 면접교섭권을 신설함(837조 1항 · 837조의 2), ⑧ 이혼배우자의 재산분할청구권을 신설함(839조의 2), ⑨ 입양제도를 조정함(871조 · 872조 · 874조), ⑩ 가를 위한 양자제도를 폐지함(867조 · 875조 · 876조 · 880조), ⑪ 부모의 친권행사를 조정함(909조 4항), ⑫ 기혼자의 후견인의 순위규정을 조정함(934조), ⑬ 상속제도를 합리적으로 조정함(1000조 1항 · 1003조 1항 · 1009조 1항 2항 · 1008조의 2 · 1057조의 2) 등이다.

(4) 2002년의 개정

2002년에는 헌법재판소의 위헌결정을 받은 제999조(상속회복청구권) 제 2 항이 개정되고, 헌법불합치 결정을 받은 제1026조(법정 단순승인) 제 2 호가 이전의 모습으로 신설되면서 아울러 특별한정승인에 관한 제1019조 제 3 항이 신설되었다.

(5) 2005년의 개정

그 뒤 2005년에 다시 큰 폭의 개정이 있었다(2005. 3. 31. 공포 · 시행. 다만, 개정된 사항 중 호주제도의 폐지, 친양자제도의 신설 등을 2008. 1. 1.부터 시행하기로 하였다).

2005년에 개정된 주요내용은 ① 호주제도를 폐지하고(778조 등) 가족의 범위에 관한 규정을 새롭게 정함(779조), ② 자녀의 성과 본에 관한 사항을 개정함(781조), ③ 동성동본불혼 제도를 폐지하고 근친혼금지 제도로 전환함(809조), ④ 여성의 재혼금지기간을 삭제함(811조), ⑤ 친생부인의 소 제도를 개선함(846조 · 847조), ⑥ 친양자제도를 신설함(908조의 2-908조의 8), ⑦ 친권행사의 기준(자의 복리우선)을 신설함(912조), ⑧ 기여분제도를 개선함(1008조의 2), ⑨ 특별한정승인제도를 보완함(1030조 · 1034조 · 1038조) 등이다.

(6) 2007년의 개정

2007년에는 친족법을 중심으로 하여 약간의 민법개정이 있었다(2007. 12. 21. 개정함. 시행일은 규정에 따라 공포한 날, 공포 후 3개월이 경과한 날, 공포 후 6개월이 경과한 날 등 세 가지임).

친족법의 개정내용은 ① 약혼연령 및 혼인연령을 남녀 모두 만 18세로 조정함(801조 · 807조), ② 협의이혼시 전문상담인의 상담 권고(836조의 2 1항 신설)와 이혼 숙려기간 도입(836조의 2 2항 · 3항 신설), ③ 협의이혼시 자녀 양육사항 및 친권자 지정 합의 의무화(836조의 2 4항 신설), ④ 자녀의 면접교섭권 인정(837조의 2 1항), ⑤ 재산분할청구권 보전을 위한 사해행위취소권 신설(839조의 3 신설) 등이다.

(7) 2009년의 개정

2009년에는 제836조의 2(이혼의 절차)에 양육비 부담조서에 관한 제 5 항을 신설하였다.

[15] ### (8) 2011년 3월 7일의 개정

2011년 3월 7일에는 이른바 성년후견제 민법개정이 있었다(2013. 7. 1. 시행).

그 주요내용은 다음과 같다. ① 성년 연령을 19세로 하향(4조), ② 기존의 금치산 · 한정치산제도 대신 성년후견 · 한정후견 · 특정후견제도의 도입(9조 · 12조 · 14조의 2), ③ 제한능력자 능력의 확대(10조 · 13조), ④ 후견을 받는 사람의 복리 · 치료행위 · 주거의 자유 등에 관한 신상보호 규정의 도입(947조 · 947조의 2), ⑤ 후견인의 법정순위를 폐지하고, 복수(複數) · 법인(法人) 후견 도입 및 동의권 · 대리권의 범위에 대한 개별적 결정(930 · 938조 · 959조의 4 · 959조의 11), ⑥ 친족회를 폐지하고 그 대신 후견감독인제도를 도입(940조의 2부터 940조의 7까지, 959조의 5 · 959조의 10), ⑦ 후견계약 제도의 도입(959조의 14부터 959조의 20), ⑧ 제 3 자 보호를 위하여 성년후견을 등기를 통하여 공시(959조의 15 · 959조의 19 · 959조의 20).

(9) 2011년 5월 19일의 개정

2011년 5월 19일에는 친권제도의 개선을 위한 약간의 개정이 있었다(2013. 7. 1. 시행).

그 주요내용은 나음과 같나. ① 난독 친권자가 사방한 경우, 입양 취소 · 파양 또는 양부모 사망의 경우 가정법원에 의한 미성년자 법정대리인의 선임(909조의 2), ② 친권자 지정의 기준 제시(912조 2항), ③ 단독 친권자에게 친권 상실 · 소재불명 등 친권을 행사할 수 없는 중대한 사유가 있는 경우 가정법원에 의한 미성년자 법정대리인의 선임(927조의 2), ④ 단독 친권자가 유언으로 미성년자의 후견인을 지정한 경우에도 필요시 가정법원이 친권자를 지정할 수 있도록 함(931조 2항 신설).

(10) 2012년의 개정

2012년 2월 10일에는 양자법에 관하여 상당히 많은 개정이 있었다(이 개정규정은 대부분 2013. 7. 1.부터 시행되었으나, 일부규정은 공포한 날부터 시행됨).

그 주요내용은 다음과 같다. ① 미성년자 입양에 대한 가정법원의 허가세 도입 등(867조 · 898조), ② 부모의 동의 없이 양자가 될 수 있는 방안 마련(870조 · 871조 · 908조의 2 2항), ③ 친양자 입양 가능 연령 완화(908조의 2 1항 2호).

(11) 2014년의 개정

2014년 10월 15일에는 친권에 대하여 약간의 개정이 있었다(2015. 10. 16. 시행).

그 주요내용은 ① 친권자의 동의를 갈음하는 법원의 재판제도의 도입(922조의 2 신설), ② 친권의 일시정지 제도의 도입(924조), ③ 친권의 일부제한 제도의 도입(924조의 2 신설)이다.

(12) 2016년 12월 2일의 개정

2016년 12월 2일에는 면접교섭권에 대하여 약간의 개정이 있었다(2017. 6. 3. 시행).

그 내용은 다음과 같다. ① 자(子)를 직접 양육하지 않는 부모 일방의 직계존속에게 면접교섭권 부여(837조의 2 2항 신설), ② 가정법원이 면접교섭을 변경할 수 있도록 함(837조의 2 3항).

(13) 2016년 12월 20일의 개정

2016년 12월 20일에는 후견인의 결격사유 규정(937조)이 약간 개정되었다(공포한 날부터 시행).

(14) 2017년 10월 31일의 개정

2017년 10월 31일에는 제844조의 표현을 수정하였고, 친생부인의 허가청구제도(854조의 2)와 인지의 허가청구제도(855조의 2)를 신설하였다(2018. 2. 1. 시행).

(15) 2021년 1월 26일 개정

2021년 1월 26일에는 친권자의 징계규정(915조)을 삭제하였다(공포한 날부터 시행).

(16) 2022년 12월 13일 개정

미성년자 상속인을 위한 특별한정승인 제도(1019조 4항)를 신설하고, 그에 맞추어 관련 규정을 정비하였다.

(17) 2022년 12월 27일 개정

나이를 만 나이로 계산함을 분명히 하면서(158조), 친족편 · 상속편에 있는 나이 관련 규정에서 연령을 「나이」라고 고치고(801조 · 817조의 제목과 837조 3항) 나이 표시에서 「만」자를 삭제하였다(807조 · 1061조).

(18) 2024년 9월 20일 개정

피상속인의 직계존속으로서 상속인이 될 사람이 피상속인에 대한 부양의무를 중대하게 위반하거나 중대한 범죄행위 또는 그 밖에 심히 부당한 대우를 한 경우 등에는 피상속인의 유언 또는 공동상속인 등의 청구에 따라 가정법원이 상속권의 상실을 선고할 수 있도록 하였고(1004조의 2. 세칭 '구하라'법), 형제자매의 유류분권 규정(1112조 4호)을 삭제하였다(이는 헌법재판소의 위헌결정에 따른 것임. 헌재 2024. 4. 25, 2020헌가4 등 참조).

2. 민법 친족편 · 상속편의 내용

민법 「제 4 편 친족」은 제 1 장 총칙, 제 2 장 가족의 범위와 자의 성과 본, 제 3 장 혼인, 제 4 장 부모와 자, 제 5 장 후견, 제 7 장 부양으로 구성되어 있다(제 6 장 친족회는 삭제됨).

그리고 「제 5 편 상속」은 제 1 장 상속, 제 2 장 유언, 제 3 장 유류분으로 이루어져 있다.

Ⅵ. 친족상속법상의 권리와 법률행위 [16]

1. 친족상속법상의 권리

종래부터 문헌들은 친족법·상속법상의 권리를 통틀어서 신분권이라고 한다(김용한, 9면; 박병호, 6면). 그러나 여러 번 언급한 바와 같이 친족법과 상속법은 다르게 다루어져야 하며, 따라서 포괄적인 권리도 친족권(가족권)과 상속권으로 나누어야 한다. 그 경우 친족권은 친족관계에 있어서 일정한 지위에 따르는 이익을 누리는 것을 내용으로 하는 권리이다. 구체적으로는 친권(913조)·미성년후견인의 권리(945조)·배우자가 가지는 권리(826조 1항)·인지청구권(863조)·부양청구권(974조) 등이 그에 해당한다. 그리고 상속권은 상속이 개시된 후 상속인이 가지는 권리이다.

친족권과 상속권은 일신전속권이다. 따라서 원칙적으로 대리가 허용되지 않으며, 임의로 양도·처분하지 못한다. 그리고 친족권은 일반적으로 배타성이 있기 때문에 그것이 침해된 경우에는 방해배제청구나 손해배상청구가 인정되며(박병호, 6면), 상속권이 침해된 경우에는 상속회복청구를 할 수 있다(999조).

2. 친족상속법상의 행위

친족법상의 법률행위를 친족행위 또는 가족행위라고 할 수 있고, 상속법상의 법률행위를 상속행위라고 할 수 있다(문헌들은 이 둘을 합하여 신분행위라고 한다. 그런데 윤진수, 13면은 신분행위라는 개념을 인정할 필요가 없다고 한다).

친족행위에는 ① 형성적(기본적) 친족행위(예: 혼인·협의이혼·입양·협의파양·임의인지), ② 지배적 친족행위(예: 친권의 행사·후견권의 행사), ③ 부수적 친족행위(예: 부부재산계약)가 있다. 친족행위는 요식행위임을 원칙으로 한다. 특히 형성적 친족행위는 법률이 정하는 바에 따라 신고하지 않으면 효력이 생기지 않는 요식행위로 되어 있다. 그 친족행위는 친족법상의 지위(신분관계)의 변동을 가져오기 때문에 신중하고 확실하게 하도록 하여야 하고 또 이를 제 3 자에게 공시하여야 할 필요가 있기 때문이다.

상속행위의 예로는 상속의 한정승인·포기·유언 등이 있다. 이들 중 앞의 둘은 법원에 신고하는 방식으로 하여야 하며(1030조·1041조), 유언도 일정한 방식에 따라서 하여야만 한다(1060조·1065조 이하). 그러나 상속의 승인 등은 방식의 제한이 없다.

[17] Ⅶ. 친족상속법과 민법총칙

민법전은 전체를 모두 다섯 편으로 나누고 그중 제 1 편을 총칙이라고 하여 나머지 모든 편에 일반적으로 적용되는 규정을 정리하여 두었다. 이러한 형식으로 보면 제 1 편 총칙은 친족법 · 상속법에도 당연히 적용되어야 한다. 민법의 입법자도 총칙규정의 적용이 부적당한 경우에는 별도의 특별규정(예: 801조 · 802조 · 807조 · 835조 · 1061조 · 1063조)을 두거나 총칙규정을 적용하지 않는다는 규정(예: 1062조)을 둔 것으로 보아, 특별규정을 두지 않은 때에는 총칙규정을 적용하려는 의도였던 것으로 보인다.

그런데 민법 친족편 · 상속편을 면밀히 살펴보면 꼭 필요한데도 특별규정이 두어져 있지 않은 곳이 많이 있다. 그럼에도 불구하고 특별규정이 없는 경우에 언제나 총칙규정의 적용을 강요하게 되면 특히 당사자의 진의가 존중되어야 하는 친족행위의 경우 용인하기 어려운 결과가 발생할 수 있게 된다. 따라서 현재의 입법상황 하에서는 부득이 특별규정이 없는 때에도 친족법상의 행위에는 원칙적으로 총칙규정이 적용되지 않는다고 새겨야 한다. 그에 비하여 상속법상의 행위에는 — 상속법의 특수성 때문에 특별한 고려가 필요하지 않는 한 — 원칙적으로 총칙규정이 적용된다고 해야 한다. 우리의 다수설은 상속법상의 행위에 대하여도 친족법상의 행위와 마찬가지로 원칙적으로 총칙규정이 적용되지 않는다고 하나(가령 김/김, 18면; 박동섭, 8면; 이경희, 10면 등), 재산법이라는 상속법의 성격상(위 [2] 참조) 상속법상의 행위는 친족법상의 행위와는 다르게 다루어져야 하기 때문이다(같은 취지: 곽윤직, 29면)(다수설도 자세히 살펴보면 상속행위에 대하여는 대부분의 총칙규정을 그대로 적용하려는 입장에 있다).

한편 장차에는 모든 총칙규정이 적용될 수 있도록 친족법 · 상속법의 정비에 노력을 기울여야 한다. 친족상속법은 민법과는 다른 독자적인 법이 아닐 뿐더러 독자적인 법으로 되는 것이 적절하지도 않기 때문이다. 그것은 민법의 일부로서 거기에는 민법의 기본원리가 당연히 적용되어야 하는 것이다.

제 2 장 친족법

제 1 절 혼 인

I. 약 혼 [18]

1. 약혼의 의의

약혼은 1남(男) 1녀(女)가 장차 혼인하기로 하는 합의이다. 즉 약혼은 혼인예약이다(과거의 판례는 일본판례를 따라 사실혼과 약혼을 구별하지 않고 「혼인예약」이라고 하였다).

약혼은 실질적으로 부부공동생활을 하고 있으나 혼인신고를 하지 않아서 법률상 혼인으로 인정받지 못하고 있는 사실혼과 구별된다.

〈판 례〉

「일반적으로 약혼은 특별한 형식을 거칠 필요 없이 장차 혼인을 체결하려는 당사자 사이에 합의가 있으면 성립하는 데 비하여, 사실혼은 주관적으로는 혼인의 의사가 있고, 또 객관적으로는 사회통념상 가족질서의 면에서 부부공동생활을 인정할 만한 실체가 있는 경우에 성립한다.」(당사자가 결혼식을 올린 후 신혼여행까지 다녀왔으나 부부공동생활을 하기에까지 이르지 못한 단계에서 일방 당사자에게 책임있는 사유로 파탄에 이른 경우라면 다른 당사자는 사실혼의 부당파기에 있어서와 마찬가지로 책임있는 일방 당사자에 대하여 정신적인 손해의 배상을 청구할 수 있다고 함)(대판 1998. 12. 8, 98므961)

2. 약혼의 성립 [19]

(1) 약혼은 장차 혼인을 하려는 당사자 사이의 합의가 있으면 성립하며, 혼인에 있어서의 신고와 같은 특별한 방식이 요구되지 않는다(대판 1998. 12. 8, 98므961). 혼인을 하려는 당사자가 아니고 주혼자(主婚者)(혼사를 맡아 주관하는 사람) 사이의 혼인약속인 정혼(定婚)은 약혼이 아니고, 무효이다.

(2) 성년자(19세에 이른 자. 4조)는 의사능력이 있으면 자유로이 약혼할 수 있다(800조).

1) 미성년자가 약혼을 하려면 남녀 모두 18세가 되어야 하고, 부모나 미성년

후견인의 동의를 받아야 한다(801조).

약혼 나이가 되지 못한 자의 약혼은 유효한가? 여기에 대하여 통설은 혼인에 관한 규정을 유추하여 그러한 약혼은 취소할 수 있다고 해석한다(김/김, 73면; 박동섭, 74면; 박병호, 63면; 배/최, 42면; 신영호, 79면; 이경희, 142면; 한/백, 75면). 생각건대 혼인은 혼인신고가 되어 가족관계등록부에 기록되고 또 일반에게 공시되어 있는 데 비하여 약혼은 신고가 요구되지도 않고 또 외부에 공시되어 있지도 않다. 따라서 약혼은 혼인과는 다르게 다루어져야 한다. 약혼할 수 없는 자의 약혼에 관한 합의는 — 유언능력 없는 자의 유언과 마찬가지로 — 오히려 무효라고 새기는 것이 더 적절하다.

2) 피성년후견인은 부모나 성년후견인의 동의를 받아 약혼할 수 있다(802조).

3) 미성년자나 피성년후견인이 약혼을 함에 있어서 부모 중 한쪽이 동의권을 행사할 수 없는 때에는 다른 한쪽의 동의를 얻어야 하고, 부모가 모두 동의권을 행사할 수 없는 때에는 미성년후견인 또는 성년후견인의 동의를 얻어야 한다(801조 · 802조 · 808조 1항 2항).

4) 동의를 요하는 약혼에서 동의가 없는 때에는 혼인(816조 1호)에 준하여 취소할 수 있다고 할 것이다(통설도 같음).

5) 피한정후견인은 한정후견인의 동의 없이 약혼할 수 있다.

(3) 가령 배우자가 사망하면 혼인하겠다는 약혼, 법률상 또는 사실상 혼인관계에 있는 자의 약혼과 같이 사회질서에 반하는 약혼은 무효이다. 그런데 배우자가 있는 자의 약혼이라도 혼인관계가 파탄되어 오랫동안 사실상 이혼상태에서 이혼절차를 밟은 후에 혼인하겠다는 합의는 약혼으로 인정될 수 있을 것이다(통설도 같다. 김/김, 74면; 신영호, 80면; 이경희, 142면; 한/백, 76면).

(4) 법률상 혼인이 무효로 되는 근친자 사이의 약혼은 불능을 목적으로 하는 것이어서 무효이다(이설 없음). 그리하여 가령 8촌 이내의 혈족 사이의 약혼은 무효이다(809조 1항 참조).

이미 약혼을 한 자가 다른 자와 또 약혼을 한 경우인 2중약혼에 대하여는 견해가 대립한다. i) 하나의 견해는 2중약혼은 사회질서에 위반되는 것으로서 원칙적으로 무효라고 하나(김/김, 74면; 박동섭, 74면; 한/백, 76면. 배/최, 42면은 이유는 명시하지 않고 원칙적으로 무효라고만 한다), ii) 불능을 목적으로 하는 것이며 사회질서 내지 강행법규에 위반되므로 무효라는 견해(박병호, 63면), iii) 원칙적으로 유효하다는 견해(이경희, 142면; 지원림, 1845면)도 주장되고 있다. iii)설은 그 이유로, 약혼에는 아무런 신분적 효과가 부여되지 않으므로 일시적인 2중약혼의 상태를 반드시 무효로 할 필요는 없고, 또 어차피 약혼해제사유가 될 것이라는 점을 든다(이경희, 142면). 이들 가운데 iii)설에 대하여 살펴본다. 약혼에 의하여 친족법상의 지위가 변동되지는 않으나, 약혼이 유효인지 여부는 구체적인 법률관계에 영향을 주기 때문에 유효 여부를 분명히 하여야 할 필요가 있다. 그리고 민법상 약혼 후 다른 사람과 약혼을 한 경우가 약혼해제사유로 규정되어 있으나(804조 4호 참조), 그 규정에 의하여 해제할 수 있는 것은 제 1 약혼이며 제 2 약혼이 아니다. 즉 약혼해제규정에 의하여 제 2 약혼(2중약혼)을 해제할 수 있는 것이 아니다. 결국 iii)설이 드는 이유는 적절하지 않다. 그리고 친족법상의 계약인 약혼은 재산법상의 계약과는 달리 보아야 한다. 토지를 2중으로 매매하는 것은 허용할 수 있지만, 2중으로 약혼하는 것은 — 2중으로 혼인하는 것처럼 — 허용되지 않아야 한다. 그것은 우리의 윤리질서에 반하기 때문이다. 즉 2중약혼은 선량한 풍속 기타 사회질서에 반하여 무효라고 하여야 한다. 논자에 따라서는 중혼의 경우처럼 취소할 수 있도록 하는 것이 바람직하다고 주장할지 모른다. 그러나 혼인에 있어서는 그 특수성을 고려하여 혼인이 이미 성립한 후에는 무효로 되는 경우를 되도록 줄이기 위하여 중혼을 취소사유로 규정한 것이므로, 혼인과 매우 다른 약혼을 굳이 혼인처럼 다룰 필요는 없다.

(5) 조건부 또는 기한부 약혼은 사회질서에 반하지 않는 한 유효하다(이설 없음). 그리하여 가령 '3년 후 5월 30일에 혼인하기로 하자' 또는 '군대제대 후 혼인하기로 하자'는 약속은 일종의 시기부(始期附) 약혼으로서 유효하다. 그에 비하여 '동거를 해보고 임신이 되면 혼인하기로 하자' 또는 '앞으로 3년간만 혼인하기로 하자'는 약속은 각각 정지조건부 약혼(김/김, 74면; 박동섭, 75면은 이러한 경우를 해제조건부 약혼이라고 하는데, 그것은 잘못 기술한 것이라고 생각된다), 종기부(終期附) 약혼인데, 그것들은 모두 선량한 풍속 기타 사회질서에 반하여 무효라고 해야 한다.

3. 약혼의 효과 [20]

(1) 약혼이 성립하면 당사자는 성실하게 교제하고 가까운 장래에 혼인을 할 의무를 부담한다. 그러나 혼인의 의사가 없는 자에게 혼인을 강제하는 것은 혼인의 본질에 반하므로, 혼인을 하지 않더라도 혼인의무의 강제이행은 청구하지 못

한다(803조). 혼인의무의 이행이 없을 경우 약혼당사자는 손해배상을 청구할 수 있을 뿐이다.

(2) 약혼상의 권리를 제3자가 침해한 경우에는 불법행위가 성립한다. 그리하여 가령 제3자가 약혼 중의 여자를 간음하여 남자로 하여금 혼인할 수 없게 한 경우에는 남자에 대한 불법행위가 된다. 그리고 약혼당사자의 부모가 약혼당사자의 약혼 부당파기에 가담한 경우에는 그 부모도 손해배상을 해야 한다(대판 1975. 1. 14, 74므11 참조).

(3) 약혼만에 의하여는 친족법상의 지위가 인정되지 않는다.

(4) 약혼당사자 사이에 출생한 자(子)는 혼인 외의 출생자로 된다. 그런데 그 후 약혼당사자가 혼인하면 그 자는 준정(準正)이 되어 혼인 중의 출생자가 된다(855조 2항).

[21] ## 4. 약혼의 해제

(1) 해제사유

민법은 당사자 한쪽에 일정한 사유가 있는 경우에는 상대방이 일방적으로 정당하게 약혼을 해제할 수 있도록 하고 있다(804조)(김/김, 78면은 특별한 사유가 없어도 당사자가 언제든지 약혼을 해제할 수 있다고 하나, 그 경우는 「해제」가 아니고 일방적 파기일 뿐이다). 민법이 정하고 있는 약혼의 해제사유는 다음과 같다.

1) 약혼 후 자격정지 이상의 형을 선고받은 경우(804조 1호) 이 사유와 관련하여 「형의 확정」까지 있어야 하는지에 대하여 논란이 있으나, 「형의 확정」까지는 필요하지 않다고 할 것이다(같은 취지: 김/김, 76면; 박동섭, 78면. 반대 견해: 윤진수, 26면). 그리하여 하급심에서 형을 선고받았지만 그 후에 항소나 상고를 하여 무죄선고가 확정되었더라도 약혼은 해제할 수 있다고 하여야 한다. 약혼은 아직 혼인이 있기 전이기 때문에 당사자가 그로부터 비교적 쉽게 벗어날 수 있도록 하는 것이 바람직하기 때문이다.

2) 약혼 후 성년후견개시나 한정후견개시의 심판을 받은 경우(804조 2호)

3) 성병, 불치의 정신병, 그 밖의 불치의 병질(病疾)이 있는 경우(804조 3호)

1990년의 민법개정 전에는 폐병도 열거하고 있었으나 오늘날에는 폐병은 불치의 질병이라고 볼 수 없어 삭제하였다. 이러한 질병의 발병시기가 약혼 전인지 후인지는 묻지 않는다.

4) 약혼 후 다른 사람과 약혼이나 혼인을 한 경우(804조 4호) 학자들은 여기의 「혼인」에 사실혼도 포함된다고 한다(김/김, 77면; 박동섭, 78면; 배/최, 45면; 윤진수, 26면). 그러나 법률에서 「혼

인」이라고 규정하였으면 그것은 특별한 사정이 없는 한 법률상 혼인만을 가리킨다고 새겨야 한다. 그리하여 사실혼은 여기의 혼인에는 해당하지 않는다고 할 것이다. 그 경우는 아래에서 설명하는 제804조 제 8 호의 「그 밖에 중대한 사유가 있는 경우」에 해당하여 해제할 수는 있을 것이다.

5) 약혼 후 다른 사람과 간음(姦淫)한 경우(804조 5호) 약혼 전의 간음사실은 이 해제사유에 포함되지 않는다.

6) 약혼 후 1년 이상 생사(生死)가 불명한 경우(804조 6호) 생사불명은 생존도 사망도 증명할 수 없는 상태를 가리킨다. 그리고 1년이라는 기간의 기산점은 상대방 약혼자에게 알려져 있는 본인의 최후 생존일이다(같은 취지: 김/김, 77면; 박동섭, 79면 주 1).

7) 정당한 이유 없이 혼인을 거절하거나 그 시기를 늦추는 경우(804조 7호) 학자들은 여기의 「혼인」에도 사실혼이 포함된다고 하나(김/김, 77면; 박동섭, 79면; 배/최, 45면), 제804조 제 4 호에서와 마찬가지로 여기서도 사실혼은 제외되어야 한다(같은 취지: 윤진수, 27면).

정당한 이유가 있으면 약혼을 해제할 수 없는데, 가령 학업 중인 경우, 갑자기 경제사정이 나빠진 경우, 건강이 악화되어 당분간 치료를 받아야 하는 경우에 정당한 이유가 인정될 수 있을 것이다.

8) 그 밖에 중대한 사유가 있는 경우(804조 8호) 「그 밖에 중대한 사유」에 해 [22]
당하는지 여부는 구체적인 경우의 사정을 종합하여 사회관념에 비추어 판단하여야 하나, 학력 · 경력 · 직업을 속인 경우(대판 1995. 12. 8, 94므1676 · 1683(아래에 인용): 중매로 만난 뒤 10일간 교제를 거쳐 약혼한 경우에 학력(전주고 부설 방송통신고→전주고)과 직장에서의 직종 · 직급(세종문화회관 기능직 8등급→서울시 행정직 7급으로서 파견근무 중)을 속인 경우임), 재산상태의 중대한 작오, 심한 불구자로 된 경우, 약혼 중의 폭행 · 모욕, 간음 외의 부정행위 등이 그에 해당할 수 있다. 그러나 임신불능은 해제를 할 수 있는 중대한 사유가 아니다(대판 1960. 8. 18, 4292민상995).

〈판 례〉

「혼인이란 법률상, 사회생활상 중요한 의미를 가지는 신분상 계약으로서 그 본질은 양성간의 애정과 신뢰에 바탕을 둔 인격적 결합에 있다고 할 수 있고 약혼은 혼인할 것을 목적으로 하는 혼인의 예약이므로 당사자 일방은 자신의 학력, 경력 및 직업과 같은 혼인의사를 결정하는 데 있어 중대한 영향을 미치는 사항에 관하여 이를 상대방에게 사실대로 고지할 신의성실의 원칙상의 의무가 있다고 할 것이다.

원심이 인정한 바와 같이 종전에 서로 알지 못하던 원고와 피고가 중매를 통하여 불과 10일간의 교제를 거쳐 약혼을 하게 되는 경우에는 서로 상대방의 인품이나 능력에 대하여 충분히 알 수 없기 때문에 학력이나 경력, 직업 등이 상대방에 대한 평가의 중요한 자료가 된다고 할 것인데 원고가 위 인정과 같이 학력과 직장에서의 직종 · 직급 등을 속인 것이 약혼 후에 밝혀진 경우에는 원고의 말을 신뢰하고 이에 기초하여 혼인의 의사를 결정하였던 피고의 입장에서 보면 원고의 이러한 신의성실의 원칙에 위반한 행위로 인하여 원고에 대한 믿음이 깨어져 원고와의 사이에 애정과 신뢰에 바탕을 둔 인격적 결합을 기대할 수 없게 되었다 할 것이므로 원고와의 약혼을 유지하여 혼인을 하는 것이 사회생활관계상 합리적이라고 할 수 없다. 따라서, 이 사건의 경우에는 민법 제804조 제 8 호 소정의 '기타 중대한 사유가 있는 때'에 해당한다고 할 것이므로 피고의 원고에 대한 이 사건 약혼의 해제는 적법하다고 할 것이다.

그러므로 위와 같은 취지에서 피고의 약혼해제가 부당하다는 이유로 그로 인한 손해배상 및 위자료의 지급을 구하는 원고의 본소청구를 기각하고, 위와 같이 약혼관계가 해소됨으로 인하여 피고가 상당한 정신적 고통을 받았을 것임은 경험칙상 명백하므로 피고는 원고에게 금 3,000,000원의 위자료를 지급할 의무가 있다고 하여 피고의 반소청구를 일부 인용한 제 1 심판결을 유지한 원심의 판단은 정당한 것으로 보이고, 피고로서도 원고의 학력이나 직급 등을 시간을 갖고 정확히 확인하여 보지 아니한 채 경솔히 약혼을 한 잘못은 있다고 할 것이지만, 이를 가리켜 피고에게 중대한 과실이 있다고 할 수 없고 앞에서 본 바와 같이 이 사건 약혼의 해제에 대한 귀책사유가 원고에게 있는 이상 이러한 피고의 잘못은 원고의 피고에 대한 위자료 액수를 산정함에 있어 참작할 사정에 불과하다고 할 것이고 원심이 인용한 제 1 심판결도 이를 참작하여 위자료 액수를 정한 것으로 보여지므로, 원심의 위와 같은 판단에 무슨 잘못이 있다고 할 수 없고 상고이유의 주장은 모두 이유 없다고 할 것이다.」(대판 1995. 12. 8, 94므1676 · 1683)

[23] (2) 해제방법

약혼의 해제는 상대방에 대한 의사표시로 한다(805조 본문). 그러나 상대방에 대하여 의사표시를 할 수 없는 때(예: 804조 6호의 경우)에는 그 해제의 원인 있음을 안 때에 해제된 것으로 본다(805조 단서).

(3) 해제의 효과

1) 약혼의 소급적 무효 약혼의 해제가 있으면 약혼은 처음부터 없었던 것으로 된다. 이는 법률에 규정이 없으나, 당연한 것이다.

2) 손해배상의 청구 약혼을 해제한 때에는 당사자 일방(이는 해제자가 될 것이다)은 과실있는 상대방에 대하여 이로 인한 손해배상을 청구할 수 있다(806조 1항). 그 손해에는 재산상의 손해 외에 정신상 고통에 대한 것도 포함된다(806조 2항).

약혼해제로 인한 재산상 손해의 예로는 약혼식 비용, 중매 사례금, 쓸모없게 된 혼인준비 손해를 들 수 있다.

정신상 고통에 대한 배상청구권 즉 위자료청구권은 양도 또는 승계되지 않는다(806조 3항 본문). 그러나 당사자 사이에 이미 그 배상에 관한 계약이 성립되거나 소를 제기한 후에는 승계된다(806조 3항 단서).

약혼해제사유에 해당하여 약혼이 해제된 경우에 해제자의 상대방뿐만 아니라 해제자에게도 과실이 있는 때에는 과실상계의 법리가 적용되어야 한다(396조·763조 참조).

약혼해제로 인한 손해배상청구는 다류 가사소송사건으로서(가소 2조 1항 다류사건 1) 참조) 소를 제기하기 전에 조정을 거쳐야 한다(가소 50조).

3) **예물 등의 반환문제** 약혼을 하는 경우 당사자가 보통 예물 등을 교환하게 되는데, 약혼이 해제되는 때에 이를 반환하여야 하는지가 문제된다.

이에 대하여 학설은 i) 약혼예물의 수수를 혼인의 불성립을 해제조건으로 하는 증여라고 보고, 약혼이 해제되면 예물은 부당이득 반환의 법리에 따라 반환되어야 하나, 과실이 있는 당사자는 신의칙상 자신이 제공한 예물의 반환청구권이 없다는 견해(김/김, 80면·81면; 박동섭, 82면; 배/최, 50면; 오시영, 53면; 이경희, 146면; 지원림, 1848면; 한/백, 80면), ii) 유책당사자도 반환청구권이 있다는 견해(박병호, 66면)로 나뉘어 있다.

그리고 판례는 약혼예물의 수수는 혼인불성립을 해제조건으로 하는 증여와 유사한 성질의 것이기는 하나, 약혼의 해제에 관하여 과실이 있는 유책자는 그가 제공한 약혼예물은 이를 적극적으로 반환을 청구할 권리가 없다고 한다(대판 1976. 12. 28, 76므41·42).

생각건대 i)설과 판례는 예물의 반환청구 금지로 유책당사자에 대하여 일종의 제재를 가하는 입장인데, 민법상 그렇게 새길 근거는 없으며, 제재는 손해배상책임의 부과만으로 하여야 한다. 따라서 어떤 경우이든 부당이득으로 반환하여야 한다. 양 당사자에게 유책사유가 있거나 일방이 사망한 때(이때는 약혼은 당연히 해소된다)에도 같이 새길 것이다.

〈혼인이 성립하였다가 해소된 경우의 예물 반환 문제〉

일단 혼인이 성립하였다가 혼인이 파탄되어 이혼한 경우에 예물을 반환하여야 하는가?

여기에 관하여 판례는 다음과 같이 판시한다. 즉 약혼예물의 수수는「혼인의 불성립을 해제조건으로 하는 증여와 유사한 성질을 가지므로 예물의 수령자 측이 당초부터 성실히 혼인을 계속할 의사가 없고 그로 인하여 혼인의 파국을 초래하였다고 인정되는 등 특별한 사정이 있는 경우에는 신의칙 내지 형평의 원칙에 비추어 혼인 불성립의 경우에 준하여 예물반환의무를 인정함이 상당하다고 할 것이나, 그러한 특별한 사정이 없는 한 일단 부부관계가 성립하고 그 혼인이 상당시간 지속된 이상 후일 혼인이 해소되어도 그 반환을 구할 수는 없다」고 한다(대판 1996. 5. 14, 96다5506: 혼인이 1년 6개월 지속된 경우에 예물 수령자에게 혼인파탄의 원인이 있음에도 예물의 반환청구를 부정한 사례). 그리고 학설도, 판례와 유사하게, 일단 혼인(사실혼 포함)이 성립한 경우에는 그 후에 혼인이 해소되더라도 예물 등의 반환문제는 생기지 않으나, 혼인성립 후 극히 짧은 기간 내에 해소된 경우에는 혼인이 성립하지 않은 경우에 준하여 해결하는 것이 타당하다고 한다(김/김, 81면; 박동섭, 81 · 82면; 신영호, 83면; 이경희, 147면; 한/백, 81면).

생각건대 혼인이 성립한 경우는 혼인이 성립하지 않는 경우와는 다르게 다루어야 하며, 그 점에서 볼 때 판례의 입장을 따라도 무방할 것이다.

[24] Ⅱ. 혼인의 성립

1. 혼인의 의의

혼인은 1남(男) 1녀(女)가 평생 부부로서의 생활공동체를 형성하기로 하는 친족법(가족법)상의 합의이다.

혼인은 넓은 의미의 계약에 해당한다. 그런데 친족법상의 계약이어서(그리하여 채권계약과 구별하여 「합의」라고 하였음) 채권계약과는 다른 특수성이 인정된다. 그리고 혼인은 「가족관계의 등록 등에 관한 법률」에 의하여 일정한 방식으로 신고하여야 성립하는 요식행위이다(812조 참조).

〈혼인성립 문제의 기술방법〉

우리의 교과서들은 대부분 혼인의 성립에 관하여, 민법상 혼인이 유효하게 성립하기 위하여는 실질적 요건과 형식적 요건이 갖추어져야 하며, 실질적 요건은 ① 당사자 사이에 혼인할 의사의 합치가 있을 것, ② 혼인적령에 달하였을 것, ③ 미성년자와 금치산자(피성년후견인)는 부모 등의 동의가 있을 것, ④ 일정한 근친자 사이의 혼인이 아닐 것, ⑤ 중혼이 아닐 것 등이고, 형식적 요건은 「가족관계의 등록 등에 관한 법률」(또는 호적법)이 정한 바에 따라 신고하는 것이라고 설명한다(김용한, 106면 이하; 김/김, 82면 이하; 박동섭, 83면 이하; 박병호, 67면 이하; 배/최, 53면 이하; 신영호, 84면 이하; 오시영, 54면 이하; 조승현, 85면; 지원림, 1849면 이하; 한/백, 86면 이하. 이경희, 61면 이하는 통설의 실질적 요건 중 ②-⑤를 혼인성립의 장애사유로 다루고 있다. 그런데 실질적 성립요건이라고 하는 「혼인의사」에서 무효인 경우도 다루고 있고, 또 혼인의 장애사유를 「성립」에 관한 장애사유라고 하는 점에서 통설과 맥을 같이 한다).

우리의 교과서들이 혼인의 성립을 이와 같이 기술하는 것은 우리 민법의 규율모습에 그 원인이 있는 것으로 추측된다. 민법은 제 4 편(친족) 제 3 장(혼인) 제 2 절의 제목을 「혼인의 성립」이라고 하고, 그 아래에서 혼인을 하자 있게 하는 사유(807조-810조)와 함께 혼인신고(812조-814조)를 규정하고 있다. 이 때문에 문헌들은 이들 모두를 성립요건으로 설명하려고 했던 것이 아닌가 싶다. 그런데 민법이 다른 한편으로 제 4 편 제 3 장

제 3 절(혼인의 무효와 취소)에서 혼인이 제807조 내지 제810조에 위반한 경우에는 혼인이 불성립이 아니고 무효(815조 2호) 또는 취소할 수 있는 것(816조 1호)으로 규정하고 있는 점에서 혼란스러워하기도 한다(박동섭, 84면은 혼인의 성립요건과 혼인의 유효·무효는 동전의 양면과 같은 성질을 가지고 있다고 한다). 어떤 문헌은, 가령 당사자 사이에 혼인의 합의가 없는 때에는 무효이므로 혼인이 유효하게 성립하기 위해서는 양 당사자 사이의 혼인에 대한 합의가 있어야 한다고 하여 혼인의 무효와 성립을 동일시하기도 한다(신영호, 85면. 이 책, 93면은 혼인의 무효·취소의 경우를 설명하면서 「혼인의 성립요건에 하자가 있어서 완전히 유효한 혼인으로 성립되지 않는 경우」라고 하여, 역시 무효와 성립을 구별하지 않고 있다)(최근에 발간된 윤진수, 30면은 혼인의 요건은 형식적 요건과 실질적 요건으로 분류할 수 있다고 한 뒤, 형식적 요건은 혼인신고인데 그것은 혼인의 성립요건이라고 할 수 있다고 한다).

생각건대 혼인은 넓은 의미에서 계약, 그리하여 법률행위에 해당한다. 그리하여 혼인에도 법률행위의 성립과 효력발생에 관한 민법총칙의 이론이 적용되어야 한다. 법률행위의 이론에 의하면, 법률행위의 요건은 성립요건과 효력요건(유효요건)으로 나누어지고, 그 각각은 다시 일반적인 것과 특별한 것으로 세분된다(민법총칙 [81]·[82] 참조). 이 가운데 성립요건은 법률행위의 존재가 인정되기 위하여 필요한 최소한의 외형적·형식적 요건이고, 효력요건은 「이미 성립한」 법률행위가 효력을 발생하는 데 필요한 요건이다. 그리고 계약의 일반적 성립요건은 당사자의 의사표시의 일치 즉 합의이다. 이러한 이론에 비추어 보면, 혼인에서의 신고는 특별성립요건이고, 혼인의 장애사유는 유효요건의 문제이어서, 두 가지는 같은 평면에서 특히 성립요건으로 논의될 수가 없다. 그래서 이하에서는 혼인의 성립요건과 혼인의 장애사유를 나누고, 전자에서는 본래의 의미의 성립요건에 관하여서만 설명하려고 한다. 그리고 후자에서는 혼인의 무효·취소사유와 관련지어 논의할 것이다.

2. 혼인의 성립요건 [25]

(1) 서 설

민법은 혼인의 성립에 관하여는 제812조만을 두고 있다(807조 내지 810조에 관하여는 혼인신고시에 그 위반 여부를 심사하기는 하나, 일단 신고가 되면 그 규정들에 위반되었더라도 불성립으로 되지 않고 유효·무효의 문제가 될 뿐이다). 그런데 그 규정 제 1 항은 「혼인은 '가족관계의 등록 등에 관한 법률'에 정한 바에 의하여 신고함으로써 그 효력이 생긴다」고 규정한다. 여기서 혼인신고가 어떤 의미를 가지는지가 문제되는데, 통설은 혼인신고는 혼인의 성립요건이라고 한다(김용한, 116면; 김/김, 103면; 박동섭, 95면; 박병호, 75면; 배/최, 80면; 이경희, 55면). 즉 당사자가 신고하는 방식에 따라서 혼인의사를 표시해서 이를 합치시킴으로써 혼인이 성립한다는 것이다(김/김, 103면; 박병호, 75면). 판례도 통설과 같다(대판 1959. 2. 19, 4290민상749). 생각건대 제812조의 제목이 「혼인의 성립」으로 되어 있는 점, 민법이 기초적 친족행위인 혼인의 사회적인 영향을 고려하여 혼인 여부를 형식적으로 획일화하기 위하여 법률혼주의(혼인의 성립에 일정한 법적 절차를 필요로 하는 주의. 사실혼주의와 대비됨)를 채택한 점 등에 비추어 볼 때, 이와 같은 통설 · 판례는 타당하다.

다른 한편으로 혼인은 계약에 해당하므로, 그것이 성립하기 위하여서는 당사자의 의사표시의 일치 즉 합의가 필요하다.

혼인의 성립요건 두 가지를 구체적으로 살펴보기로 한다.

[26] (2) 당사자의 혼인의 합의

혼인이 성립하려면 당사자 사이에 혼인의 의사표시의 일치 즉 합의가 있어야 한다.

1) 그 합의를 하는 당사자는 1남(男) 1녀(女)이어야 하며, 동성(同性)의 자의 의사표시는 여기의 합의로 인정되지 않는다. 이는 민법이 당연히 전제하고 있는 것이다. 성전환자(性轉換者)는 법적으로 전환된 성(性)으로 인정되는 때에는(판례는 성전환자의 호적(현행 가족관계등록부에 해당함)상의 성별정정도 허용되고, 그 정정허가는 진정한 성별을 확인하는 취지의 결정이라고 한다. 대결(전원) 2006. 6. 22, 2004스42), 다른 성의 사람과 혼인을 할 수 있다.

〈판 례〉

(ㄱ) 「성전환자의 경우에는 출생시의 성과 현재 법률적으로 평가되는 성이 달라, 성에 관한 호적의 기재가 현재의 진정한 신분관계를 공시하지 못하게 되므로, 현재 법률적으로 평가되는 성이 호적에 반영되어야 한다.

현행 호적법에는 출생시 호적에 기재된 성별란의 기재를 위와 같이 전환된 성에 따라 수정하기 위한 절차 규정이 따로 마련되어 있지 않다. 그러나 진정한 신분관계가 호적에 기재되어야 한다는 호적의 기본원칙과 아울러 아래에서 보는 여러 사정을 종합하여 보면, 위와 같이 성전환자에 해당함이 명백한 사람에 대하여는 호적정정에 관한 호적법 제120조의 절차에 따라 호적의 성별란 기재의 성을 전환된 성에 부합하도록 수정할 수 있도록 허용함이 상당하다. …

성전환자에 해당함이 명백한 사람에 대하여 호적법 제120조에서 정한 절차에 따라 성별을 정정하는 호적정정이 허가되고 그에 따라 전환된 성이 호적에 기재되는 경우에, 위 호적정정 허가는 성전환에 따라 법률적으로 새로이 평가받게 된 현재의 진정한 성별을 확인하는 취지의 결정이므로 호적정정허가 결정이나 이에 기초한 호적상 성별란 정정의 효과는 기존의 신분관계 및 권리의무에 영향을 미치지 않는다고 해석함이 상당하다.」(대결(전원) 2006. 6. 22, 2004스42)

(ㄴ) 「3. 미성년 자녀가 있는 성전환자의 성별정정 허가 여부 및 그 판단 기준

인간은 누구나 자신의 성정체성에 따른 인격을 형성하고 삶을 영위할 권리가 있다. 성전환자도 자신의 성정체성을 바탕으로 인격과 개성을 실현하고 우리 사회의 동등한 구성원으로서 타인과 함께 행복을 추구하며 살아갈 수 있어야 한다. 이러한 권

리를 온전히 행사하기 위해서 성전환자는 자신의 성정체성에 따른 성을 진정한 성으로 법적으로 확인받을 권리를 가진다. 이는 인간으로서의 존엄과 가치에서 유래하는 근본적인 권리로서 행복추구권의 본질을 이루므로 최대한 보장되어야 한다.

한편 미성년 자녀를 둔 성전환자도 부모로서 자녀를 보호하고 교양하며(민법 제913조), 친권을 행사할 때에도 자녀의 복리를 우선해야 할 의무가 있으므로(민법 제912조), 미성년 자녀가 있는 성전환자의 성별정정 허가 여부를 판단할 때에는 성전환자의 기본권의 보호와 미성년 자녀의 보호 및 복리와의 조화를 이룰 수 있도록 법익의 균형을 위한 여러 사정들을 종합적으로 고려하여 실질적으로 판단하여야 한다. 따라서 위와 같은 사정들을 고려하여 실질적으로 판단하지 아니한 채 단지 성전환자에게 미성년 자녀가 있다는 사정만을 이유로 성별정정을 불허하여서는 아니 된다. …

4. 판례 변경

그러므로 성전환자에게 미성년 자녀가 있는 경우 성전환자의 가족관계등록부상 성별정정이 허용되지 않다는 취지의 대법원 2011. 9. 2. 자 2009스117 전원합의체 결정을 비롯하여 그와 같은 취지의 결정들은 이 결정의 견해에 배치되는 범위에서 모두 변경하기로 한다.」(대결(전원) 2022. 11. 24, 2020스616[핵심판례 416면]. 대법관 1인의 반대의견도 있음)

2) 문헌들은 혼인의 실질적 요건의 하나로 「당사자 사이에 혼인할 의사의 합 [27]
치가 있을 것」을 들면서, 거기에서 혼인할 의사(혼인의사)의 의미가 무엇인지에 관하여 논의하고 있다. 여기에 관하여 학설은 i) 부부로서 정신적 · 육체적으로 결합하여 생활공동체를 형성할 의사라고 하는 실질적 의사설(김/김, 83면; 박동섭, 84면; 한/백, 87면), ii) 혼인의사는 효과의사 속에 신고의사(혼인신고에 의하여 법률상의 부부관계를 형성하려는 의사)가 당연히 내포되어 있다고 하는 견해(김용한, 108면; 박병호, 68면), iii) 사회습속적 유형과 법정책적 가치판단을 종합적으로 고려하여 혼인의사를 판단하여야 한다는 견해(이경희, 50면)로 나뉘어 있다. 그리고 판례는 i)설과 같다(대판 1983. 9. 27, 83므22; 대판 1985. 9. 10, 85도1481; 대판 1996. 11. 22, 96도2049; 대판 2010. 6. 10, 2010므574; 대판 2021. 12. 10, 2019므11584 · 11591; 대판 2022. 1. 27, 2017므1224).

생각건대 혼인의 성립과 유효 · 무효는 구별되어야 하며, 혼인을 성립시키기 위한 합의는 외형적인 의사표시의 일치로서 충분하다고 하여야 한다. 그리고 그러한 의사표시와 그것들의 일치인 합의는 혼인신고가 있을 때 그것에 포함되어서 행하여지게 된다. 따라서 혼인이 성립하기 위하여 합의가 따로 행하여질 필요는 없다. 실질적 의사의 일치(또는 그것을 포함한 의사의 일치)를 요구하는 우리의 학설은 모두 혼인의 유효 · 무효를 혼인의 성립에서 다루는 것으로서 적절하지 않다.

3) 혼인의 합의는 당연히 생존하고 있는 자들만 할 수 있고, 사망자 사이의 혼인이나 생존한 자와 사망한 자 사이의 혼인은 인정되지 않는다. 판례도 그러한

경우에는 혼인이 인정되지 않으므로 혼인신고도 할 수 없다고 한다(대결 1991. 8. 13, 91스6; 대판 1995. 11. 14, 95므694).

[28] (3) 혼인신고

1) 보통의 경우의 혼인신고 보통의 경우 혼인이 성립하려면 「가족관계의 등록 등에 관한 법률」에 정한 바에 의하여 신고하여야 한다(812조 1항). 즉 민법은 법률혼주의, 그중에서도 신고혼주의를 채용하고 있다. 혼인신고가 혼인의 효력발생요건이 아니고 성립요건이라는 점은 앞에서 설명하였다([25] 참조).

혼인신고는 출생신고나 사망신고와 같이 단순히 사실을 보고하는 것 즉 보고적 신고가 아니고 새로운 부부관계(친족관계)를 형성하는 창설적 신고이다. 다만, 후술하는 조정혼인과 재판혼인의 경우에는 보고적 신고라고 할 것이다([29] 참조).

〈판 례〉

구 조선호적령(1922. 12. 8. 총독부령 제15호) 시행 이후 처와 혼인식을 거행하고 사실상 동거를 하였다 하더라도 사망 당시까지 위 호적령에 의한 혼인신고를 한 바 없다면 망인은 상속에 관한 구 관습상 기혼자가 아니라 미혼자로 보아야 할 것이고, 따라서 호주로서 미혼자인 망인이 사망하였다면 상속에 관한 구 관습에 따라 차제가 호주상속과 동시에 망인의 재산을 모두 상속한다(대판 2000. 6. 9, 99다54349).

㈎ 신고의 절차 민법은 혼인신고를 당사자 쌍방과 성년자인 증인 2인의 연서(連署)한 서면으로 하여야 한다고 규정하나(812조 2항), 「가족관계의 등록 등에 관한 법률」은 말로도 할 수 있다고 한다(가족 23조 1항). 서면으로 신고하는 경우에는 신고서에 당사자가 서명날인한 이상 그 신고를 반드시 본인이 제출할 필요는 없으며, 우송을 하거나(가족 41조 참조) 타인에게 제출하게 하여도 무방하다(가족 23조 2항). 그러나 구술신고는 타인이 대리할 수 없다(가족 31조 3항 · 71조).

「가족관계의 등록 등에 관한 법률」은 혼인신고와 같이 신고로 인하여 효력이 발생하는 등록사건, 즉 창설적 신고에 관하여는 그것이 신분에 관한 사항에 중대한 영향을 미치는 점을 고려하여 다른 요건을 부가하고 있다. 그에 의하면, 신고사건 본인이 시 · 읍 · 면에 출석하지 않는 경우에는 신고사건 본인의 주민등록증 · 운전면허증 · 여권, 그 밖에 대법원규칙이 정하는 신분증명서를 제시하거나 신고서에 신고사건 본인의 인감증명서를 첨부하여야 하며, 이 경우 본인의 신분증명서를 제시하지 않거나 본인의 인감증명서를 첨부하지 않은 때에는 신고서를 수리하여서는 안 된다(가족 23조 2항. 이는 구 호적법에는 없었던 것임).

(나) **신고의 수리** 혼인신고는 가족관계 등록사무를 담당하는 공무원이 그 신고서를 수리함으로써 효력이 발생하며, 가족관계등록부에 기록하는 것은 그 효력요건이 아니다(호적부에 관한 판례: 대결 1981. 10. 15, 81스21; 대결 1988. 5. 31, 88스6; 대판 1991. 12. 10, 91므344). 따라서 수리된 혼인신고가 가족관계등록부에 기록되지 않은 경우, 가족관계등록부에 허위로 기록된 경우(대판 1991. 12. 10, 91므344 참조)에도 혼인은 유효하다.

혼인신고서가 접수되면 가족관계 등록사무 담당공무원은 신고된 혼인이 제807조 내지 제810조 및 제812조 제 2 항 기타 법령에 위반함이 있는지를 심사하여 수리 여부를 결정하여야 한다(813조). 그러나 가족관계 등록사무 담당공무원의 혼인신고에 대한 심사는 신고인이 제출하는 법정의 첨부서류만에 의하여 법정의 요건을 구비하고 있는지, 절차에 부합하는지의 여부를 형식적으로만 심사하는 것이고, 그 신고사항의 실체적 진실과의 부합 여부를 탐지하여 심사하여야 하는 것은 아니다(대판 1987. 9. 22, 87다카1164 참조). 그리고 가족관계 등록사무 담당공무원은 혼인신고가 법령에 위반함이 없으면 수리하여야 한다(813조).

사망자 사이 또는 생존하는 자와 사망한 자 사이에서는 혼인이 인정될 수 없으므로 특별규정(예: 혼인신고특례법)이 없는 한 그러한 혼인신고는 수리될 수 없다(대결 1991. 8. 13, 91스6; 대판 1995. 11. 14, 95므694). 다만, 혼인신고인이 생존 중에 우송한 신고서는 그 사망 후라도 시 · 읍 · 면의 장은 이를 수리하여야 하며(가족 41조 1항), 그 경우 신고인의 사망시에 신고한 것으로 본다(가족 41조 2항).

(다) **신고의 효과** 혼인신고가 일단 수리되면 설사 그것이 법령에 위반되는 것이라도 효력이 발생하며, 단지 혼인의 무효 · 취소의 문제가 생길 뿐이다(대판 1978. 2. 28, 78므1도 같은 취지임). [29]

(라) **재외한국인의 혼인** 외국에 있는 본국민 사이의 혼인은 그 외국에 주재하는 대사 · 공사 또는 영사에게 신고할 수 있고(814조 1항, 가족 34조), 그 신고를 수리한 대사 · 공사 또는 영사는 지체 없이 그 신고서류를 본국의 등록기준지를 관할하는 가족관계등록관서에 송부하여야 한다(814조 2항, 가족 36조). 이를 영사혼(領事婚)이라고 한다. 그런가 하면 국내에서 하는 것과 마찬가지로 혼인신고서를 등록기준지의 시 · 읍 · 면의 장에게 송부하는 방법으로 신고할 수도 있다(같은 취지: 김/김, 107면). 그 밖에 재외한국인이 외국의 법률이 정하는 방식으로 혼인(혼인거행지법에 따른 혼인)을 할 수도 있다(국제사법 63조 2항, 가족

35조 1항). 그때에는 외국의 방식에 따라 작성한 신고사건에 관한 증서를 3개월 이내에 그 지역을 관할하는 재외공관의 장에게 그 증서의 등본을 제출하여야 하며(가족 35조 1항), 재외한국인이 있는 지역이 재외공관의 관할에 속하지 않는 경우에는 3개월 이내에 등록기준지의 시·읍·면의 장에게 증서의 등본을 발송하여야 한다(가족 35조 2항). 이 경우에는 그 나라의 법이 정하는 방식에 따른 혼인절차를 마치면 혼인이 유효하게 성립하고, 당사자가 혼인신고를 하더라도 이는 창설적 신고가 아니라 이미 유효하게 성립한 혼인에 관한 보고적 신고에 불과하다(대판 1991. 12. 10, 91므535; 대판 1994. 6. 28, 94므413).

2) 혼인신고특례법에 의한 신고 혼인신고의무자의 일방이 전쟁 또는 사변에 있어서 전투에 참가하거나 전투수행을 위한 공무에 종사함으로 인하여 혼인신고를 당사자 쌍방이 하지 못하고 그 일방이 사망한 경우에는, 생존하는 당사자가 가정법원의 확인을 얻어 단독으로 혼인신고를 할 수 있다(같은 법 1조·2조)(판례에 의하면 이에 의한 혼인신고를 한 경우, 그 혼인당사자가 배우자의 사망 후에 타인과 동거하였더라도 그 이전의 혼인관계는 유효하다. 대판 1986. 11. 11, 86므97). 그리고 이 신고가 있는 때에는 신고의무자 일방의 사망시에 신고가 있는 것으로 본다(같은 법 4조).

3) 조정혼인과 재판혼인의 경우 사실상 혼인관계에 있는 자는 사실상 혼인관계 존재 확인의 청구를 하여 혼인신고를 할 수 있다. 이 경우 조정 또는 재판에 의하여 혼인이 성립하면, 청구자는 1개월 이내에 혼인신고를 하여야 한다(가족 72조). 이 신고는 보고적 신고라고 볼 것이다(같은 취지: 김/김, 109면; 박병호, 78면. 창설적 신고라는 견해: 박동섭, 98면). 그런데 판례는 창설적 신고라고 한다(대판 1973. 1. 16, 72므25; 대결 1991. 8. 13, 91스6).

〈판 례〉

「사실혼관계의 존재를 확인하는 심판이 확정되더라도 이로써 그 일방당사자가 호적법 제76조의 2의 규정에 의하여 단독으로 혼인신고를 할 수 있는 길이 열리는 것일 뿐이고 그 심판확정으로 곧 그 당사자 간에 법률상의 혼인관계가 형성되는 것은 아니며 신고혼주의를 취하는 우리 법제 아래서는 혼인신고가 있어야만 비로소 법률상 혼인이 성립되는 것인바(같은 취지의 당원 1973. 1. 16 선고 72므25 판결 참조) 우리 법상 사망자 간이나 생존한 자와 사망한 자 사이의 혼인은 인정되는 것이 아니므로 사망자와의 사실혼관계 존재 확인의 심판이 있다 하더라도(사망자와의 사실혼관계 존재 확인을 구할 수 있는지 여부는 별론으로 한다), 이미 당사자의 일방이 사망한 경우에는 혼인신고특례법이 정하는 예외적인 경우와 같이 그 혼인신고의 효력을 소급하는 특별한 규정이 없는 한 이미 그 당사자 간에는 법률상의 혼인이 불가능하므로 이러한 혼인신고는 받아들여질 수 없다. 그리고 혼인이 생존한 사람들 간에서만 이루어질 수 있는 것인 이상 호적공무원의 형식적 심사권의 대상에는 그 혼인의 당사자가 생존하였는지 여부를 조사하는 것도 당연히 포함된다고 할 것이다.」(대결 1991. 8. 13, 91스6)

3. 혼인의 장애사유 [30]

제807조 내지 제810조에는 혼인의 장애사유가 규정되어 있다. 통설은 이들을 혼인의 실질적 성립요건의 문제로 다루고 있으나, 그것이 혼인의 성립과 관련되는 것은 그러한 사유가 있을 때에 가족관계 등록사무 담당공무원이 혼인신고를 수리하지 않는다는 정도밖에 없다(813조). 그리고 그러한 사유가 있더라도 신고가 수리되면 혼인은 성립하며, 단지 혼인의 무효 또는 취소의 문제가 생길 뿐이다(815조·816조 참조).

(1) 혼인적령의 미달

남녀 모두 18세가 되면 혼인할 수 있다(807조). 18세가 되었는지를 계산할 때에는 출생일을 산입한다(158조). 이 나이에 미달한 자의 혼인신고는 가족관계 등록사무 담당공무원이 수리하지 않아야 한다(813조). 그러나 그럼에도 불구하고 신고가 수리되었으면 혼인은 성립하되, 당사자 또는 그 법정대리인이 법원에 혼인의 취소를 청구할 수 있다(816조 1호·817조). 당사자 등이 일방적 의사표시로써 취소할 수 있는 것이 아니다. 한편 혼인의 취소는 나류 가사소송사건이므로(가소 2조 1항 나류사건 2) 참조) 먼저 조정을 거쳐야 한다(가소 50조).

혼인적령에 미달한 자가 혼인신고를 한 후 시간이 지나 혼인적령에 달한 때 또는 임신한 때에는 제819조를 유추하여 혼인의 취소청구를 할 수 없다고 해야 한다(같은 취지: 김/김, 89면; 이경희, 68면).

(2) 부모 등의 동의의 결여

미성년자와 피성년후견인이 혼인을 할 경우에는 혼인적령에 달하였더라도 부모의 동의를 받아야 하며, 부모 중 한쪽이 동의권을 행사할 수 없을 때에는 다른 한쪽의 동의를 받아야 하고, 부모가 모두 동의권을 행사할 수 없는 때에는 후견인(미성년후견인·성년후견인)의 동의를 받아야 한다(808조 1항·2항). 그러나 피한정후견인은 단독으로 자유로이 혼인할 수 있다.

여기의 부모는 문자 그대로 부모를 의미하며, 따라서 친권자일 필요는 없다.

그러나 부 또는 모가 친권이 박탈된 경우에는 동의권을 행사할 수 없다고 새겨야 한다(같은 취지: 김/김, 90면; 박병호, 75면; 이경희, 52면. 반대 견해: 박동섭, 89면). 그에 비하여 이혼을 한 경우에는 — 친권이 박탈되지 않는 한 — 부모 모두 여전히 동의권을 가진다(김/김, 90면은 이혼 후 자녀와 관계가 단절된 경우에는 동의권을 가지는 것이 문제가 있다고 한다). 그리고 양자의 경우에는 친생부모가 있더라도 양부모의 동의만 있으면 된다(「가족관계 등록 예규」 143호).

부모 등의 동의가 필요한 경우에 동의가 없으면 혼인신고가 수리되지 않을 것이나(813조), 일단 수리되면 혼인은 성립하고(대판 1966. 5. 31, 66므1) 당사자 또는 그 법정대리인이 법원에 혼인의 취소를 청구할 수 있을 뿐이다(816조 1호 · 817조). 혼인의 취소는 나류 가사소송사건이므로(가소 2조 1항 나류사건 2) 참조) 이 경우에도 먼저 조정을 거쳐야 한다(가소 50조).

[31] (3) 근 친 혼

동성동본인 혈족 사이의 혼인을 금지하고 있던 개정 전의 제809조 제 1 항이 헌법재판소에 의하여 헌법불합치 결정을 받아 즉시 적용이 중지되고 1999. 1. 1.에 그 효력을 상실하게 되자(헌재 1997. 7. 16, 95헌가6 내지 13), 이를 대체할 민법개정안이 제출되어 그 규정이 개정되었다(2005. 3. 31).

개정된 제809조는 일정한 범위의 근친자 사이의 혼인을 금지하고 있다. 자연혈족 사이에서는 우생학적 · 사회윤리적 이유에서, 그 이외의 자 사이에서는 사회윤리적 이유에서이다.

1) 8촌 이내의 혈족 사이의 혼인(809조 1항) 여기의 혈족에는 자연혈족 · 법정혈족(양부모계의 혈족), 부계혈족 · 모계혈족(모계혈족은 모계의 부계혈족만을 의미함), 직계혈족 · 방계혈족이 모두 포함된다.

2) 친양자의 입양 전에 8촌 이내의 혈족이었던 자 사이의 혼인(809조 1항) 친양자 입양이 확정되면 입양 전의 친족관계는 종료된다(908조의 3 2항). 따라서 이에 대하여 특별규정을 두지 않으면 친양자가 입양 전의 8촌 이내의 혈족과 혼인을 할 수 있게 된다. 이러한 혼인은 금지되어야 한다. 그래서 민법은 명문의 규정(809조 1항 괄호)을 두어 이를 금지시키고 있다.

3) 일정범위의 인척이거나 인척이었던 자 사이의 혼인 6촌 이내의 혈족의 배우자, 배우자의 6촌 이내의 혈족, 배우자의 4촌 이내의 혈족의 배우자인 인척이거나(배우자가 사망하여 혼인관계는 종료되었으나 생존배우자가 재혼하지 않은 경우. 775조 2항 참조) 인척이었던 자(혼인의 취소, 이혼, 부부 일방의 사망 후 재혼, 친양자 성립(908조의 3 2항 참조) 등이 인척관계의 종료원인이다) 사이에서는 혼인하지 못한다(809조 2항).

〈형부와 처의 자매 사이, 형수(또는 제수)와 시동생(또는 시숙) 사이에 혼인이 가능한지〉

형부의 입장에서 볼 때 처제는 배우자(언니)의 2촌의 방계혈족이고, 처제의 입장에서 볼 때 형부는 2촌의 방계혈족(언니)의 배우자이어서, 제809조 제 2 항의 규정상 형부는 처가 사망한 후 처의 자매와는 혼인할 수 없다(가족관계 등록예규(가족예규라 함) 150호도 같은 결과를 규정함).

이 점은 형수(또는 제수)와 시동생(또는 시숙) 사이에도 마찬가지이다. 그리하여 가족예규도 남편 사망으로 혼인이 해소된 여자가 사망한 전 남편의 형과는 제809조 제 2 항에 따라 혼인을 할 수 없고, 이러한 자와 혼인신고에 의한 가족관계등록부 기록은 제816조 제 1 호가 적용되어 혼인취소사유에 해당된다고 규정하고 있다(가족예규 151호).

4) **6촌 이내의 양부모계의 혈족이었던 자와 4촌 이내의 양부모계의 인척이었던 자 사이의 혼인**(809조 3항) 이들 사이에 입양관계가 존속하고 있을 때에는 제809조 제 1 항 · 제 2 항에 의하여 자연혈족과 마찬가지로 혼인이 금지되나, 입양관계가 종료(원인: 입양의 취소 · 파양. 776조 참조)된 후에도 일정범위에서는 혼인을 금지하는 것이다.

5) 제809조에 위반된 혼인신고는 수리되지 않으나(813조), 일단 수리되면 혼인은 성립하게 되고, 경우에 따라 혼인이 무효로 되거나(815조 2호-4호 참조) 취소를 청구할 수 있는 것(816조 1호 · 817조 참조)으로 된다. 즉 당사자가 8촌 이내의 혈족인 경우(815조 2호), 당사자 사이에 직계인척관계에 있거나 있었던 때(815조 3호), 당사자 사이에 양부모계의 직계혈족관계에 있었던 때(815조 4호)에는 혼인이 무효로 된다. 그리고 제809조에 의하여 금지된 혼인 중 무효사유에 해당하지 않는 경우에는, 당사자, 그 직계존속 또는 4촌 이내의 방계혈족이 법원에 혼인의 취소를 청구할 수 있다(816조 1호 · 817조). 한편 혼인무효는 가류 가사소송사건이어서(가소 2조 1항 가류사건 1) 참조) 조정전치주의가 적용되지 않으나, 혼인취소는 나류 가사소송사건이어서(가소 2조 1항 나류사건 2) 참조) 조정을 거쳐야 한다(가소 50조).

(4) 중혼(重婚) [32]

배우자가 있는 자는 다시 혼인하지 못한다(810조). 즉 중혼은 금지된다. 그런데 금지되는 혼인은 법률혼만을 가리키며 사실혼은 포함되지 않는다. 따라서 사실혼관계에 있는 자가 다른 자와 법률혼을 하는 경우(이때 손해배상 문제는 남음)나 법률혼의 당사자 일방이 다른 자와 사실혼관계를 맺는 경우(이때는 이혼청구를 할 수 있음. 840조 1호 참조)는 중혼이 아니다.

이미 혼인신고를 한 자가 다시 혼인신고를 하면 그 신고의 수리가 거부될 것이나(813조), 신고가 수리되면 혼인이 성립하고(대판 1991. 12. 10, 91므344) 취소를 청구할 수 있는 것으로 된다(816조 1호 · 818조).

중혼이 두 번째의 혼인신고에 의하여 발생하는 경우는 드물다. 중혼은 오히려 ① 이혼 후 재혼하였는데 이혼이 무효이거나 취소된 경우, ② 실종선고 후 실종자의 배우자가 재혼하였는데 실종선고가 취소된 경우(29조 1항 단서 참조. 민법총칙 [313]도 참조), ③ 부재선고를 받은 사람의 배우자가 재혼하였는데 부재선고가 취소된 경우(「부재선고에 관한 특별조치법」 5조 1항 단서 참조) 등에 불가피하게 발생한다. 그리고 ④ 국내에서 혼인한 후 외국에서 2중으로 혼인한 경우에도 중혼이 발생한다.

중혼의 경우에는 당사자 및 그 배우자, 직계혈족, 4촌 이내의 방계혈족 또는 검사가 법원에 혼인의 취소를 청구할 수 있다(816조 1호 · 818조). 그런데 혼인취소를 청구하기 전에 먼저 조정을 거쳐야 한다(가소 2조 1항 나류 사건 2) · 50조 참조).

〈여자의 재혼금지기간의 폐지〉

2005년의 민법개정 전에는 여자의 경우 혼인관계가 종료한 날로부터 6개월이 경과하지 않으면 혼인하지 못하도록 하고(구 811조), 이를 위반한 혼인은 취소할 수 있도록 하고 있었다(구 821조). 이는 출생자의 부성추정(父性推定)의 충돌을 막기 위한 것이라고는 하지만, 남녀평등 이념에 반하고 과학적 방법에 의하여 해결이 가능하며 그 실효성도 의문시되었다. 그리하여 위의 규정들은 2005년 민법개정시에 삭제되었다.

[33] Ⅲ. 혼인의 무효와 취소

1. 서 설

혼인의 무효 · 취소는 혼인에 일정한 흠이 있을 때 그 혼인관계를 종료시키는 제도이다. 그런데 혼인이 무효 또는 취소되는 경우에는 재산상의 법률행위와는 달리 원상회복이 불가능하기 때문에(특히 자녀가 출생한 때), 민법은 혼인에 흠이 있을지라도 극히 제한된 범위에서만 혼인을 무효로 하고 나머지는 취소할 수 있는 것으로 규정하며, 혼인취소에 대하여도 소급효를 인정하지 않는다.

[34] 2. 혼인의 무효

(1) 무효원인

1) 당사자 사이에 혼인의 합의가 없는 때(815조 1호) 혼인신고가 되었더라도 당사자 사이에 혼인의 합의가 없으면 혼인은 무효로 된다. 여기서 「혼인의 합의」

란 부부로서 정신적 · 육체적으로 결합하여 생활공동체를 형성할 의사라고 이해된다(실질적 의사설)(대판 2010. 6. 10, 2010므574; 대판 2021. 12. 10, 2019므11584 · 11591; 대판 2022. 1. 27, 2017므1224 등). 문제되는 경우를 살펴본다.

(가) 합의된 내용이 사회통념상 혼인의 본질에 반할 때에는 무효이다. 조건부 혼인, 기한부 혼인, 동거하지 않겠다는 혼인이 그 예이다.

(나) 당사자 사이에 부부로서의 생활공동체를 형성할 의사 없이 다른 목적을 달성하기 위한 방편으로 혼인신고를 한 경우인 가장혼인도 무효이다. 가령 피청구인으로 하여금 교사직으로부터 면직당하지 않게 할 수단으로 혼인신고를 한 경우(대판 1980. 1. 29, 79므62 · 63), 해외이주의 목직으로 위장결혼을 하고 혼인신고를 한 경우(대판 1985. 9. 10, 85도1481), 중국 국적의 조선족 여자들의 국내취업을 위한 입국을 가능하게 할 목적으로 형식상 혼인하기로 한 경우(대판 1996. 11. 22, 96도2049)에 그렇다.

〈판 례〉

(ㄱ) 「민법 제815조 제 1 호가 혼인무효의 사유로 규정하는 '당사자 간에 혼인의 합의가 없는 때'란 당사자 사이에 사회관념상 부부라고 인정되는 정신적 · 육체적 결합을 생기게 할 의사의 합치가 없는 경우를 의미하므로, 당사자 일방에게만 그와 같은 참다운 부부관계의 설정을 바라는 효과의사가 있고 상대방에게는 그러한 의사가 결여되었다면 비록 당사자 사이에 혼인신고 자체에 관하여 의사의 합치가 있어 일응 법률상의 부부라는 신분관계를 설정할 의사는 있었다고 하더라도 그 혼인은 당사자 간에 혼인의 합의가 없는 것이어서 무효라고 보아야 한다.」(외국인 을이 갑과의 사이에 참다운 부부관계를 설정하려는 의사 없이 단지 한국에 입국하여 취업하기 위한 방편으로 혼인신고에 이르렀다고 봄이 상당한 사안에서, 설령 을이 한국에 입국한 후 한 달 동안 갑과 계속 혼인생활을 해왔다고 하더라도 이는 을이 진정한 혼인의사 없이 위와 같은 다른 목적의 달성을 위해 일시적으로 혼인생활의 외관을 만들어 낸 것이라고 보일 뿐이므로, 갑과 을 사이에는 혼인의사의 합치가 없어 그 혼인은 민법 제815조 제 1 호에 따라 무효라고 판단한 사례)(대판 2010. 6. 10, 2010므574)

(ㄴ) 「나. 민법은 혼인성립 이전의 단계에서 성립요건의 흠결로 혼인이 유효하게 성립하지 않은 혼인무효(민법 제815조)와 혼인이 성립한 후 발생한 사유로 혼인이 해소되는 이혼(민법 제840조)을 구분하여 규정하고 있다. 또한 혼인무효는 이혼의 경우에 비하여 가족관계등록부의 처리 방식이 다르고, 이혼과 달리 혼인무효의 소가 제기되지 않은 상태에서도 유족급여나 상속과 관련된 소송에서 선결문제로 주장할 수 있어 유리한 효과가 부여된다. 따라서 가정법원은 상대방 배우자에게 혼인신고 당시 혼인의사가 없었던 것인지, 혼인 이후에 혼인을 유지할 의사가 없어진 것인지에 대해서 구체적으로 심리 · 판단하여야 하고, 혼인의사라는 개념이 다소 추상적이고 내면적인 것이라는 사

정에 기대어 상대방 배우자가 혼인을 유지하기 위한 노력을 게을리 하였다거나 혼인관계 종료를 의도하는 언행을 하는 등 혼인생활 중에 나타난 몇몇 사정만으로 혼인신고 당시 혼인의사가 없었다고 추단하여 혼인무효 사유에 해당한다고 단정할 것은 아니다.

다. 우리나라 국민이 외국인 배우자에 대하여 혼인의 의사가 없다는 이유로 혼인무효 소송을 제기한 경우, 가정법원은 위 법리에 더하여 통상 외국인 배우자가 자신의 본국에서 그 국가 법령이 정하는 혼인의 성립절차를 마친 후 그에 기하여 우리나라 민법에 따른 혼인신고를 하고, 우리나라 출입국관리법령에 따라 결혼동거 목적의 사증을 발급받아 입국하는 절차를 거쳐 비로소 혼인생활에 이르게 된다는 점, 언어장벽 및 문화와 관습의 차이 등으로 혼인생활의 양상이 다를 가능성이 있는 점을 고려하여 외국인 배우자의 혼인의사 유무를 세심하게 판단할 필요가 있다.」(대판 2021. 12. 10, 2019므11584 · 11591. 같은 취지: 대판 2022. 1. 27, 2017므1224(베트남 배우자와 혼인한 경우))

(다) 혼인의 합의는 혼인신고서 작성시에는 물론이고 혼인신고서를 담당공무원에게 제출할 때에도 존재하여야 하므로, 혼인신고서 작성 후 그 제출 전에 혼인의사를 철회한 경우에는 혼인은 무효이다(대판 1983. 12. 27, 83므28).

(라) 혼인신고에 흠이 있을지라도 그것이 일단 수리된 때에는, 재산법에서의 등기의 경우와 마찬가지로, 그 흠만을 이유로 언제나 혼인이 무효라고 할 것이 아니고, 그 신고에 부합하는 실체적인 혼인관계가 존재하는지 여부에 의하여 혼인의 유효 여부를 결정하여야 한다. 판례도 같은 견지에 있는 것으로 보인다.

[35] 〈당사자 일방이 혼인신고를 한 경우에 관한 판례〉

판례는 혼인(특히 사실혼)의 당사자 일방이 혼인신고를 한 경우에 관하여, 때로는 혼인의 합의를 인정하거나 무효행위의 추인이론을 적용하여 혼인이 유효하다고 하고, 때로는 혼인의 합의가 없다는 이유로 무효라고 한다.

(ㄱ) 혼인의 합의를 인정한 예

① 관례에 따라 결혼식을 하고 상당기간 동거하며 그 사이에 자녀까지 출산하여 혼인의 실체는 갖추었으나 혼인신고만 되어 있지 않은 관계에서 당사자 일방의 부재 중 혼인신고가 이루어졌다고 하여도 그 당사자 사이에 기왕의 관계를 해소하기로 합의하였거나 당사자의 일방이 혼인의사를 철회하였다는 등의 특별한 사정이 있는 경우를 제외하고는 그 신고에 의하여 이루어진 혼인을 당연히 무효라고 할 수는 없다(대판 1980. 4. 22, 79므77).

② 결혼식을 하고 동거하면서 딸까지 출산하였으나, 청구인이 승려라는 신분상 결혼사실이 알려질 경우 유학에 지장이 있다 하여 혼인신고만은 유학이 끝나는 8년 후

에 하기로 합의하였는데, 청구인이 8년이 지나도록 돌아오지 않자 딸의 취학관계로 시모와 상의하여 혼인신고를 마치고, 이 사실을 시동생을 통해 청구인에게 알렸으나 청구인이 아무런 이의를 하지 않은 경우에는, 혼인은 유효하다(대판 1984. 10. 10, 84므71).

③ 청구인과 근 30년간 부첩관계를 맺고 그 사이에서 2남 2녀를 출산한 피청구인이 청구인의 본처가 사망하자 청구인에게 혼인신고를 요구하여, 청구인이 이를 응낙하고 혼인신고를 하도록 딸에게 교부한 인장을 피청구인이 사용하여 혼인신고를 한 것이라면, 설사 당사자 사이에 이후 동거하기로 하는 합의가 따로 없이 혼인신고 후에도 계속 별거하면서 왕래하려는 의사만 있었더라도 혼인의 실질적 합의가 없었다고 할 수 없다(대판 1990. 12. 26, 90므293).

④ 「혼인의 합의란 법률혼주의를 채택하고 있는 우리나라 법제 하에서는 법률상 유효한 혼인을 성립하게 하는 합의를 말하는 것이므로 비록 사실혼관계에 있는 당사자 일방이 혼인신고를 한 경우에도 상대방에게 혼인의사가 결여되었다고 인정되는 한 그 혼인은 무효라 할 것이나, 상대방의 혼인의사가 불분명한 경우에는 혼인의 관행과 신의성실의 원칙에 따라 사실혼관계를 형성시킨 상대방의 행위에 기초하여 그 혼인의사의 존재를 추정할 수 있으므로 이와 반대되는 사정, 즉 혼인의사를 명백하게 철회하였다거나 당사자 사이에 사실혼관계를 해소하기로 합의하였다는 등의 사정이 인정되지 아니하는 경우에는 그 혼인을 무효라고 할 수 없다.」(대판 2000. 4. 11, 99므1329)

⑤ 청구인이 피청구인 A(남자)를 상대로 한 사실혼관계 확인 청구사건에서 청구인이 승소하여 항소심에 계속 중, 피청구인 B(여자)가 청구인의 장래에 확정될 판결에 기하여 피청구인 A와의 혼인신고를 방해할 목적으로 혼인신고를 하였더라도 당연무효라 할 수 없다(대판 1973. 1. 16, 72므25).

⑥ 원고가 피고와 결혼식을 하고 혼인신고는 하지 않은 상태에서 피고가 임신까지 하게 되었으나, 성격차이 등으로 인한 잦은 부부싸움 끝에 서로 별거를 하게 되고, 별거 후 1년도 못되어 다른 여자와 동거생활을 해오면서 그 사이에 자녀 넷을 출산하였고, 그 동안 피고와는 교통을 두절한 채 별거상태를 계속하였는데, 피고는 원고와 별거 후 출산한 아들의 출생신고를 계기로 사실혼기간 중에 보관하고 있던 원고의 인장을 임의로 날인하여 혼인신고를 한 경우에 관하여, 원고가 혼인신고 후 얼마 지나지 않아 그 사실을 알게 되었으면서 24년여가 경과한 이 사건 제소시까지 아무런 이의도 제기하지 않았을 뿐만 아니라, 오히려 다른 여자와의 사이에 낳은 네 자녀를 모두 원·피고가 부부로 된 호적에 혼인 외 출생자로 출생신고를 하는 등의 사실 등에 비추어 보면 이 혼인신고가 반드시 원고의 혼인의사가 철회된 상태에서 피고에 의하여 일방적으로 이루어진 것이라고 단정할 수는 없다고 한다(대판 1994. 5. 10, 93므935).

(ㄴ) 혼인을 무효라고 한 예 [36]

① 피청구인이 청구인과 합의 없이 청구인의 인장을 위조하고 이로써 청구인 명의의 혼인신고서를 위조 행사함으로써 청구인과 피청구인이 혼인한 것처럼 신고한

혼인의 효력은 당사자 사이에 혼인의 합의가 없는 때에 해당되어 무효라 할 것이다(대판 1983. 9. 27, 83므22).

② 청구인과 피청구인이 8. 15. 결혼식을 하고 8. 23. 일단 혼인신고서를 작성하였으나, 그날 밤 청구인이 피청구인에게 혼인의사를 철회하고 또 신고서의 제출의뢰를 받은 피청구인의 아버지에게 8. 25. 혼인신고서를 제출하지 말라고 말한 경우에는, 혼인의 의사 합치가 없어서 그 신고서가 제출되었더라도 그 혼인은 무효이다(대판 1983. 12. 27, 83므28).

③ 고소인이 피고소인의 인장을 임의로 새겨 일방적으로 혼인신고를 하고 동일 이혼심판청구를 한 후 간통고소를 제기하였다면 그 혼인신고는 당사자간의 합의에 따른 것으로 볼 수 없으므로 간통고소는 부적법하다(대판 1983. 6. 28, 83도431).

④ 결혼식을 올린 다음 동거까지 하였으나 성격의 불일치 등으로 계속 부부싸움을 하던 끝에 사실혼관계를 해소하기로 합의하고 별거하는 상황 하에서 당사자 일방이 상대방의 승낙 없이 자기 마음대로 혼인신고를 하였다면 그 혼인은 무효이다(대판 1986. 7. 22, 86므41).

⑤ 사실혼관계가 해소된 상태에서 혼인신고가 일방적으로 이루어졌다면 이는 당사자간에 혼인의 합의가 없는 경우에 해당하여 무효라고 보아야 한다(대판 1989. 1. 24, 88므795).

(ㄷ) 무효행위의 추인이론을 적용한 예

① 민법 제139조는 재산법에 관한 총칙규정이고 신분법에 관하여는 그대로 적용될 수 없는 것인바, 혼인신고가 사실혼관계에 있는 당사자 일방이 모르는 사이에 이루어짐으로써 그것이 무효라 할지라도 그 후 양 당사자가 그 혼인에 만족하고 그대로 부부생활을 계속한 경우에는 그 혼인을 무효로 할 것이 아니다(대판 1965. 12. 28, 65므61).

② 일방적인 혼인신고 후 혼인의 실체가 존재하지 않았다면 몇 차례의 육체관계로 아들을 낳았다고 하더라도 이로써 곧 무효인 혼인을 추인한 것이라고는 보기 어렵다(대판 1993. 9. 14, 93므430).

③ 협의이혼한 후 배우자 일방이 일방적으로 혼인신고를 하였더라도 그 사실을 알고 혼인생활을 계속한 경우에는, 상대방에게 혼인할 의사가 있었거나 무효인 혼인을 추인한 것이라고 보아야 한다(대판 1995. 11. 21, 95므731).

(ㄹ) 혼인신고 당시 당사자 일방에게 의사능력이 없었던 경우

혼인의 합의는 혼인신고를 할 당시에도 존재하여야 하므로, 혼례식을 거행하고 사실혼관계에 있었으나 일방이 뇌졸중으로 혼수상태에 빠져 있는 사이에 다른 일방이 혼인신고를 하였다면 그 혼인은 무효라고 보아야 한다(대판 1996. 6. 28, 94므1089).

[37] (ㅁ) 판례는 혼인신고를 하지 않은 남녀가 군정법령 제179호에 의하여 가호적을 취적하면서 이미 혼인하고 있는 부부인 양 허위신고하여 가호적에 등재된 경우(대판 1969. 2. 18, 68므19; 대판 1970. 7. 28, 70므9; 대결 1991. 7. 23, 91스3; 대판 1992. 1. 21, 91므238)와 원래의 호적(현행 가족관계등록부에 해당)에 혼인사유의 기

재가 없었고 또 따로이 적법한 혼인신고도 없었음에도 이중호적을 취적하면서 마치 원래의 본적지에서 이미 혼인신고를 마친 법률상 부부인 양 허위의 신고를 한 경우(대결 1998. 2. 7, 96마623)에 관하여, 호적상 기재되어 있는 혼인은 무효라고 한다. 그런데 이러한 경우에는 혼인이 아예 성립하지 않았다고 보아야 한다.

2) 당사자 사이에 8촌 이내의 혈족(친양자(親養子)의 입양 전의 혈족을 포함한다)관계가 있는 때(815조 2호 · 809조 1항) 여기의 「혈족」의 의미에 관하여는 앞에서 설명하였다([31] 참조).

3) 당사자 사이에 직계인척관계가 있거나 있었던 때(815조 3호) 인척은 혈족의 배우자, 배우자의 혈족, 배우자의 혈족의 배우자이다(769조). 그리고 거기의 「혈족」이 직계혈족인 경우에 인척이 직계인척이므로 어떤 자가 그러한 인척과 한 혼인은 무효이다. 예를 들면 남자의 경우 계모 · 할아버지의 후처 · 며느리 · 손자며느리(혈족의 배우자임), 처의 모(장모)나 조모 · 의붓딸(전남편의 딸)(배우자의 혈족임), 처의 계모 · 처의 할아버지의 후처(배우자의 혈족의 배우자임)와의 혼인은 무효이고, 여자의 경우 계부 · 할머니의 두 번째 남편 · 사위 · 손녀사위(혈족의 배우자임), 시아버지 · 시할아버지 · 계자(繼子)(전부인의 아들) · 남편의 혼인 외 출생자(배우자의 혈족임), 남편의 계부 · 남편의 할머니의 두 번째 남편(배우자의 혈족의 배우자임)과의 혼인은 무효이다. 그리고 여기의 직계인척에는 규정의 문언으로 보나 타당성으로 보나 그 인척이 존속인지 비속인지 묻지 않는다고 해석해야 한다(같은 취지: 박동섭, 107면).

4) 당사자 사이에 양부모계의 직계혈족관계가 있었던 때(815조 4호)

(2) 혼인무효의 성질과 혼인무효의 소 [38]

1) 혼인무효사유가 있는 경우 그 혼인이 당연무효인지 아니면 무효판결에 의하여 비로소 무효로 되는지가 문제된다. 여기에 관하여 학설은 i) 당연무효설(김용한, 124면; 김/김, 114면; 박병호, 82면; 배/최, 89면; 윤진수, 48면; 지원림, 1862면; 한/백, 105면)과 ii) 무효판결에 의하여 비로소 무효로 된다는 견해(이경희, 75면; 이시윤, 신민사소송법(2013), 195면)로 나뉘어 있다. i)설은, 혼인무효사유가 있을 경우, 혼인무효 확인의 소를 제기할 수 있음은 물론이고, 그러한 소가 제기되지 않은 상태에서도 이해관계인은 다른 소송(예: 상속회복청구의 소)에서 선결문제로서 혼인의 무효를 주장할 수 있다고 한다. 그에 비하여 ii)설은 혼인무효는 소송을 통한 판결에 의하여 확정된다고 한다. 그리고 판례는, 「혼인의 무효에 관하여는 그 사유만을 제815조에 규정하고 있을 뿐이므로, 혼인무효사유가 있는 경우 혼인무효의 소를 제기할 수 있음은 물론, 이러한 소가 제기되지 않은 상태에서도 이해관계인은 다른

소송에서 선결문제로서 혼인의 무효를 주장할 수 있다」고 하여(대판 2013. 9. 13, 2013두9564), i) 설과 같다.

생각건대 민법이 혼인무효를 소제기의 방법으로만 주장할 수 있도록 하고 있지는 않으나, 혼인무효는 여러 법률관계에 영향을 미칠뿐더러 혼인무효 여부가 불분명한 경우도 많으므로 무효 여부를 판결에 의하여 확정하게 하는 것이 나을 것으로 보인다.

2) 혼인무효의 소는 당사자 · 법정대리인 또는 4촌 이내의 친족이 언제든지 이를 제기할 수 있다(가소 23조). 그리고 이 경우에는 조정전치주의가 적용되지 않는다(가소 2조 1항 가류사건 1) 참조). 혼인무효의 소는 누구를 상대방으로 하여야 하는가? 부부 중 어느 한쪽이 혼인무효의 소를 제기할 때에는 배우자를 상대방으로 한다(가소 24조 1항). 그리고 제3자가 소를 제기할 때에는 부부를 상대방으로 하되, 부부 중 어느 한쪽이 사망한 때에는 그 생존자를 상대방으로 한다(가소 24조 2항). 만약 이들 규정에 의하여 상대방이 될 사람이 사망한 때에는 검사를 상대방으로 한다(가소 24조 3항).

과거의 혼인관계의 무효확인을 구할 수 있는가에 관하여 판례는, 신분관계인 혼인관계는 그것을 전제로 하여 수많은 법률관계가 형성되고 그에 관하여 일일이 효력의 확인을 구하는 절차를 반복하는 것보다 과거의 법률관계인 혼인관계 자체의 무효 확인을 구하는 편이 관련된 분쟁을 한꺼번에 해결하는 유효 · 적절한 수단일 수 있으므로, 특별한 사정이 없는 한 혼인관계가 이미 해소된 이후라고 하더라도 혼인무효의 확인을 구할 이익이 인정된다고 한다(대판(전원) 2024. 5. 23, 2020므15896). 그리고 단순히 친모의 상속권을 회복할 목적으로(대판 1987. 4. 28, 86므130) 또는 상속재산을 탐하여(대판 1983. 4. 12, 82므64) 혼인이 무효의 것이라고 주장한 것은 신의에 좇은 권리행사라고 볼 수 없어 권리남용에 해당한다고 한다.

혼인무효판결이 확정된 경우에는 소를 제기한 사람이 판결확정일부터 1개월 이내에 판결의 등본 및 그 확정증명서를 첨부하여 가족관계등록부의 정정을 신청하여야 한다(가족 107조. 앞의 [10]도 참조). 소 제기자가 사망한 때에는 그 사람의 배우자나 그의 4촌 이내의 친족이 신청할 수 있다(가족등록 예규 85호).

〈판 례〉

중국 국적의 조선족 여성과 혼인한 것으로 신고한 자가, 혼인할 의사가 전혀 없음에도 그 여성을 한국에 입국시킬 목적으로 혼인신고를 하여 공전자기록에 불실의 사실을 기재하게 하였다는 등의 범죄사실로 유죄판결을 받아 확정된 사안에서, 위 혼인은 혼인의사의 합치가 결여되어 무효임이 명백하므로 혼인무효 판결을 받지 않았더라도 가족관계의 등록 등에 관한 법률 제105조에 따라 가정법원의 허가를 받아 가족관계등록부를 정정할 수 있다고 한 사례(대결 2009. 10. 8, 2009스64).

(3) 혼인무효의 효과 [39]

1) 일반적인 효과 혼인무효판결이 확정되면 당사자 사이에 처음부터 혼인이 없었던 것과 같이 된다(당연무효설에서는 판결이 없어도 아무런 효과가 생기지 않는다고 한다). 즉 혼인무효판결은 소급효가 있다. 그리하여 혼인에 기한 상속 등 권리변동은 무효로 되고, 출생자(出生子)는 혼인 외의 자(子)로 된다(855조 1항 2문)(출생자에 대한 출생신고는 인지의 효력이 있다. 대판 1971. 11. 15, 71다1983). 그리고 당사자는 재산분할청구도 할 수 없다. 한편 혼인이 무효로 된 경우 당사자 일방은 과실 있는 상대방에 대하여 이로 인한 손해배상(정신적 손해배상 포함)을 청구할 수 있다(825조 · 806조). 그런데 혼인무효를 원인으로 하여 손해배상을 청구하는 때에는 먼저 조정을 거쳐야 한다(가소 2조 1항 다류사건 2) · 50조).

무효로 된 혼인에서 출생한 자가 미성년자인 경우에는 친권자를 지정하여야 하는데, 그때에는 재판상 이혼의 경우와 마찬가지로 다루는 것이 타당하다. 그리하여 가정법원은 먼저 친권을 행사할 사람에 관하여 협의하도록 권고해야 하며(가소 25조 1항 · 2항), 협의를 할 수 없거나 협의가 되지 않은 때에는 가정법원이 직권으로 친권자를 정해야 한다(909조 5항의 유추적용).

2) 제 3 자에 대한 효과 혼인무효의 효과는 당사자에게는 물론이고 제 3 자에게도 발생한다(가소 21조 1항). 그 결과 제 3 자는 무효혼의 당사자에 대하여 일상가사에 대한 연대책임을 물을 수 없다(김/김, 116면은 이에 대하여 입법론적인 조치가 필요하다고 한다).

3) 무효인 혼인의 추인 판례는 혼인이 무효인 경우라도 혼인의 실체가 있는 때에는 무효인 혼인의 추인을 인정할 수 있다고 한다. 구체적으로 대법원은, 협의이혼한 후 배우자 일방이 일방적으로 혼인신고를 하였더라도 그 사실을 알고 혼인생활을 계속한 경우, 상대방에게 혼인할 의사가 있었거나 무효인 혼인을 추인하였다고 인정하였다(대판 1995. 11. 21, 95므731. 그 밖에 대판 1993. 9. 14, 93므430(일방적인 혼인신고 후 혼인의 실체 없이 몇 차례의 육체관계로 자를 출산하였다 하더라도 무효인 혼인을 추인하였다고 보기 어렵다고 한 사례)도 참조). 그리고 이 추인에는 제139조가 적용되지 않고 추인의 소급효가 인정된다고 한다(대판 1991. 12. 27, 91므30(입양에 관한 사건)).

[40] ## 3. 혼인의 취소

(1) 취소의 원인

혼인의 취소는 일정한 사유가 있는 경우에 취소청구권자가 일방적으로 혼인의 효력을 소멸하게 하는 제도이다. 혼인의 취소는 재산법상의 법률행위의 원칙적 취소와는 다른 여러 가지의 특징을 가지고 있다. 우선 취소청구권자의 일방적인 의사표시만 있으면 취소되는 것이 아니고 취소청구권자가 법원에 취소를 청구하여야 하며(816조 본문), 취소판결이 확정되어야 혼인이 취소된다. 그리고 혼인취소의 효력은 혼인이 성립한 때로 소급하지 않고 장래에 향하여서만 생긴다(824조 · 141조 참조).

1) 혼인적령의 미달 혼인적령(남녀 모두 18세)에 달하지 않은 자의 혼인은 당사자 또는 그 법정대리인이 법원에 그 취소를 청구할 수 있다(816조 1호 · 807조 · 817조 전단).

〈여기의 「법정대리인」의 의미 〉

여기의 「법정대리인」은 당연히 혼인한 미성년자의 혼인 전의 친권자 또는 미성년후견인을 가리킨다. 이에 대하여 하나의 문헌(김/김, 89면)은 「당사자는 혼인으로 성년자가 되었으므로(826조의 2), 혼인 전의 친권자는 취소권이 없다」고 한다(그리고 미성년자가 부모의 동의를 얻지 않고 혼인한 경우에도 마찬가지로 설명한다. 김/김, 93면). 이 견해에 따르면 여기의 「법정대리인」은 가령 미성년자가 피성년후견인인 경우에 그의 법정대리인인 성년후견인만을 가리킬 것이다. 이 견해를 검토해 본다.

취소청구권자에 관한 제817조는 혼인에 의한 성년의제규정(826조의 2)이 신설(1977년)되기 전부터 「법정대리인」을 취소청구권자로 규정하고 있었고 그것이 현재에도 그대로 유지되고 있다. 성년의제 규정이 없는 경우에는 제817조의 「법정대리인」은 당연히 미성년자의 친권자 등을 가리키게 되고, 그러한 규정은 꼭 필요하게 된다. 그에 비하여 성년의제규정이 신설된 경우에는 — 성년의제규정을 중시할 때 — 혼인한 미성년자가 성년자로 의제되기 때문에 「법정대리인」이라는 규정은 불필요하게 된다. 그리하여 거기의 「법정대리인」은 기껏해야 미성년자의 성년후견인과 같은 자만을 가리키게 되는 것이다. 그런데 성년후견인 등을 포함시키기 위하여 「법정대리인」을 명시할 필요는 없으며, 다른 규정에서 그렇게 하고 있지도 않다. 즉 「법정대리인」이라는 규정은 제한능력이 혼인의 장애사유로 되어 있는 경우에 관하여만 두어져 있고(817조 전단 참조), 비록 제한능력자의 혼인이 문제될 수 있을지라도 제한능력이 장애사유로 되고 있지 않는 경우(예: 피성년후견인의 8촌 이내의 혈족과의 혼인 또는 중혼)에 관하여는 두어져 있지 않다(817조 후단 · 818조 참조). 후자의 경우에는 취소청구권자의 법정대리인이 당사자를 대리하여 취소청구를 하게 될 것이다. 이러한 점에서 볼 때, 단순하게 논리적으로만 생각하면 제817조 전단에 있는 「법정대리인」의 규정은 성년의제규정이 신설되는 경우에는 삭제되었어야 하는 것이다.

그럼에도 불구하고 「법정대리인」 규정을 삭제하지 않은 이유는 무엇일까? 그 이유를 알기는 어렵다. 즉 입법자의 단순 누락일 수도 있고 아니면 그 규정에 여전히 의미를 부여하기 위한 것일 수도 있다. 사견으로는 — 개정 당시에는 혹시 단순 누락이었을지라도 — 그 규정을 의미 있게 새겼으면 한다. 왜냐하면 가령 15세밖에 되지 않은 자가 혼인을 한 경우에, 그 자가 성년자로 의제되기 때문에 취소청구 여부를 그에게만 맡겨 놓게 되면, 성년의제에 의해 미성년자를 보호하게 되기는커녕 정신능력이 부족한 미성년자를 보호하지 못하게 되기 때문이다. 그러므로 그러한 경우에는 그의 법정대리인에게 취소청구권을 주어서 그를 보호해야 할 필요가 있다. 그러기 위하여 제817조 전단의 「법정대리인」의 규정을 유지한 것으로 보아야 한다. 그렇게 이해할 경우 거기의 「법정대리인」은 미성년자의 혼인 전의 법정대리인이고, 그리하여 친권자 또는 미성년후견인이 그에 해당한다고 할 것이다(그리고 이 점은 미성년자가 부모의 동의를 얻지 못한 경우 즉 808조를 위반한 때에도 동일하다고 해야 한다). 더 나아가 사견으로는 혼인적령에 미달한 경우나 그로 인하여 혼인이 취소된 경우에는 모두 성년의제를 인정하지 않아야 한다는 의견인데([50] 참조), 그럴 경우에는 여기의 「법정대리인」은 당연히 친권자나 미성년후견인을 가리키게 된다.

혼인적령에 미달한 자가 혼인적령에 달한 때 또는 임신한 때에는 혼인의 취소청구를 할 수 없다고 해야 함은 앞에서 설명한 바와 같다([30] 참조).

혼인취소의 소의 원고는, 위에서 본 바와 같이, 당사자 또는 그 법정대리인이다. 그리고 상대방(피고)은 배우자이나(가소 24조 1항 · 4항), 상대방이 될 사람이 사망한 경우에는 검사가 상대방이 된다(가소 24조 3항 · 4항).

2) 부모 등의 동의를 결여한 혼인 미성년자 또는 피성년후견인이 부모 [41]
또는 후견인의 동의를 받지 않고 혼인한 경우에는, 당사자 또는 그 법정대리인이 혼인의 취소를 청구할 수 있다(816조 1호 · 808조 · 817조 전단). 그러나 혼인의 당사자가 19세가 된 후 또는 성년후견종료의 심판이 있은 후 3개월이 지나거나 혼인 중에 임신한 경우에는 그 취소를 청구하지 못한다(819조).

혼인취소의 원고와 상대방(피고)은 위 1)의 경우와 같다.

3) 근 친 혼 제809조에 위반한 혼인 가운데 제815조에 의하여 무효로 되지 않는 혼인은, 당사자 · 직계존속 또는 4촌 이내의 방계혈족이 그 취소를 청구할 수 있다(816조 1호 · 817조 후단). 그러나 그 당사자 사이에 혼인 중 포태한 때에는 그 취소를 청구하지 못한다(820조).

(가) 취소청구를 할 수 있는 혼인의 범위 제809조에 위반한 혼인 중에 제815

조에 의하여 혼인의 무효사유에 해당하지 않는 것이 취소를 청구할 수 있는 혼인이다(816조 1호). 그런데 제809조 제 1 항에 위반한 혼인은 언제나 무효로 되므로(815조 2호), 취소청구를 할 수 있는 것이 없다. 제809조 제 2 항에 위반한 혼인 중에는, 당사자 간에 직계인척관계에 있거나 있었던 때에는 무효로 되므로(815조 3호), 이들을 제외한 인척 즉 6촌 이내의 혈족의 배우자, 배우자의 6촌 이내의 혈족, 배우자의 4촌 이내의 혈족의 배우자인 인척이거나 이러한 인척이었던 자 사이의 혼인이 취소청구를 할 수 있는 혼인이 된다. 따라서 형부와 처제 사이의 혼인도 취소청구를 할 수 있는 혼인이다(대판 2010. 11. 25, 2010두14091. 2005년 민법 시행 이후에는 그 부칙 4조의 규정상 1990년 민법이 시행되던 당시의 형부와 처제 사이의 사실혼관계에 대하여 이를 무효사유 있는 사실혼관계라고 주장할 수 없다)([31]도 참조). 그리고 제809조 제 3 항에 위반한 혼인 중에는, 우선 당사자 간에 양부모계의 직계혈족관계에 있었던 때에는 무효로 되므로(815조 4호), 이들을 제외한 6촌 이내의 양부모계의 혈족이었던 자 사이의 혼인이 취소청구의 대상이 되고, 나아가 당사자 간에 직계인척관계에 있었던 때에는 무효로 되므로(815조 3호), 이들을 제외한 4촌 이내의 양부모계의 인척이었던 자 사이의 혼인이 대상이 된다.

(나) 혼인취소의 소의 당사자 혼인취소의 소의 원고는 당사자 · 직계존속 또는 4촌 이내의 방계혈족이다(817조 후단). 상대방(피고)은 부부 중 어느 한쪽이 소를 제기할 때에는 배우자가 된다(가소 24조 1항). 그런데 제 3 자가 소를 제기할 때에는 부부가 상대방이 되고, 부부 중 어느 한쪽이 사망한 때에는 그 생존자가 상대방이 된다(가소 24조 2항). 그리고 이 두 경우에 상대방이 될 사람이 사망한 때에는 검사가 상대방이 된다(가소 24조 3항).

[42] **4) 중 혼** 배우자 있는 자가 다시 행한 혼인(중혼)은 당사자 및 그 배우자 · 직계혈족 · 4촌 이내의 방계혈족 또는 검사가 그 취소를 청구할 수 있다(816조 1호 · 810조 · 818조). 여기의 취소청구권자 중 「직계혈족」은 2012년 민법 개정 전에는 「직계존속」이었다. 그런데 헌법재판소가 2010년에 제818조의 취소청구권자에서 직계비속을 제외한 것은 평등원칙에 위반된다고 하면서 입법자의 개선입법이 있을 때까지 잠정적인 적용을 명하는 헌법불합치 결정을 하였다(헌재 2010. 7. 29, 2009헌가8). 그 후 2012년에 민법을 개정하면서 제818조의 「직계존속」을 「직계혈족」으로 수정하여 현재와 같이 되었다.

중혼의 경우에 취소청구를 할 수 있는 것은 나중에 한 혼인 즉 후혼만이며 전혼은 취소청구의 대상이 아니다.

중혼은 혼인신고를 한 자가 다시 혼인신고를 한 경우에 성립하는데, 그러한 신고는 수리되지 않을 것이어서(813조), 실제로는 이혼이 무효 · 취소로 되는 경우와 같이 특별한 사정이 있는 때에 중혼이 성립한다(자세한 내용은 [32] 참조).

〈남북 주민 사이의 중혼 문제〉

남북가족특례법(정식 명칭:「남북 주민 사이의 가족관계와 상속 등에 관한 특례법」. 2012. 2. 10. 제정, 2012. 5. 11. 시행)에 따르면, 북한에 배우자를 둔 사람이 남한에서 다시 혼인을 한 경우에는 중혼이 성립하되(같은 법 6조 1항), 민법규정에도 불구하고 — 후혼 배우자 쌍방 사이에 중혼 취소에 대한 합의가 없는 한 — 혼인의 취소를 청구할 수 없다(같은 법 6조 2항). 그리고 북한에 배우자를 둔 사람이 그 배우자에 대하여 실종선고를 받고 남한에서 다시 혼인을 한 경우에는 실종선고가 취소되더라도 전혼은 부활하지 않고(같은 법 7조 1항 본문), 다만 혼인 당사자의 일방 또는 쌍방이 실종선고 당시 북한에 있는 배우자의 생존사실을 알고 있었던 경우에는 전혼이 부활하여 전혼이 성립한다(같은 법 7조 1항 단서). 그런데 이 단서의 사유로 중혼이 성립하는 경우에도 위에서와 같이 원칙적으로 혼인의 취소를 청구할 수 없다(같은 법 7조 2항 · 6조 2항).

〈중혼의 성립이 인정되는 경우(판례)〉 [43]

판례에 의하면, ① 협의이혼 후 재혼하였는데, 그 협의이혼의 무효(대판 1964. 4. 21, 63다770) 또는 취소(대판 1984. 3. 27, 84므9)의 심판이 확정된 경우, ② 이혼심판청구 사건의 승소확정심판에 따라 이혼신고를 마치고 다른 자와 재혼하였는데, 재심청구에 의하여 이혼심판의 취소 및 이혼심판청구의 기각의 심판이 확정된 경우(대판 1985. 9. 10, 85므35; 대판 1987. 1. 20, 86므74; 대판 1987. 2. 24, 86므125; 대판 1991. 5. 28, 89므211; 대판 1994. 10. 11, 94므932), ③ 재일교포가 일본에서 결혼식을 하고 일본국법에 따라 혼인신고를 마쳤으나 우리나라 민법 · 호적법에 따라 이를 신고하지는 않고 있었고, 그 교포가 제주도에서 다른 여자와 내연관계를 맺고 그 사이에 아들을 낳자 이 여자와 혼인신고를 한 경우(대판 1991. 12. 10, 91므535), ④ 청구인(여자)이 혼인을 하여 그 상태가 유지되고 있음에도 불구하고 청구인의 어머니가 다시 출생신고를 하여 친가의 호적에 2중으로 등재되었으며 이 이중의 호적에 기하여 청구인 단독으로 분가한 후 피청구인과 혼인신고를 하고 이 이중의 호적에 기하여 피청구인의 호적에 입적한 경우(대판 1991. 12. 10, 91므344), ⑤ 배우자가 있는 자가 타인과 혼인하기 위하여 이름을 바꾸어 새로이 취적함으로써 이중호적을 만들어 그 호적에 타인과의 혼인신고를 마친 경우(대판 1986. 6. 24, 86므9: 혼인신고만 했을 뿐 실제 동거한 일이 없더라도 마찬가지라고 함), ⑥ A가 혼인신고 후 딸을 낳은 뒤 사실상 이혼상태에 있으면서 B(여자)를 만나 혼인사실을 숨긴 채 동거에 들어가 2남 2녀를 낳았는데, B가 중혼에 대하여 항의하자 A가 자신이 재외국민인 것처럼 가장하여 새로운 호적을 편제하게 한 후 B와의 혼인신고를 하여 그 새로운 호적에 등재하게 한 경우(대판 1993. 8. 24, 92므907)에는 중혼으로 된다.

중혼은 취소하지 않는 한 유효한 혼인으로서 혼인의 일반적 효력이 모두 인정된다. 그리고 중혼자가 사망하면 두 혼인의 배우자 모두가 상속권을 가지며, 중혼자도 두 배우자 사망시 상속권을 갖는다. 그리고 중혼 중의 출생자는 혼인 중의 출생자이다.

혼인취소의 소의 원고는 당사자 및 그 배우자, 직계혈족, 4촌 이내의 방계혈족 또는 검사이다(818조). 그 상대방은 위 3)의 경우와 같다(위 3) (나) 참조).

중혼의 경우의 취소권 행사에 대하여는 기간의 제한이 없으므로 언제든지 취소할 수 있다. 중혼자가 사망한 후에도 같다(대판 1991. 12. 10, 91므535: 이때의 상대방은 생존한 중혼의 일방 당사자이다). 그러나 사정에 따라서는 취소권의 행사가 권리남용에 해당될 수 있다(대판 1993. 8. 24, 92므907(위에 인용)은 A의 이복동생인 C가 모든 사정을 알고 A의 집에서 4년간 기거하였고 혼인신고 후 10여년간 취소할 수 있었는데도 하지 않다가 이제 와서 취소청구권을 행사하는 것은 권리남용이라고 한다).

〈판 례〉

(ㄱ) 「혼인이 일단 성립되면 그것이 위법한 중혼이라 하더라도 당연히 무효가 되는 것은 아니고 법원의 판결에 의하여 취소될 때에 비로소 그 효력이 소멸될 뿐이므로 아직 그 혼인취소의 확정판결이 있지 아니한 이 사건에 있어서는 청구인과 피청구인은 법률상의 부부라 할 것인즉 재판상 이혼의 청구도 가능하다.」(대판 1991. 12. 10, 91므344)

(ㄴ) 「중혼자가 사망한 후에라도 그 사망에 의하여 중혼으로 인하여 형성된 신분관계가 소멸하는 것은 아니므로 전혼의 배우자는 생존한 중혼의 일방 당사자를 상대로 중혼의 취소를 구할 이익이 있다고 할 것이므로, 청구인이 위 망 ○○○과 이미 사실상 이혼상태에 있었다든가 그 혼인사실을 뒤늦게 공관장에게 신고하였다는 사정이 있다 하여 그 사실만 가지고 이 사건 혼인취소청구가 오로지 피청구인을 괴롭히기 위한 소송으로 권리남용에 해당하거나 신의칙에 반하여 위법한 것이 된다고 할 수 없」다(대판 1991. 12. 10, 91므535).

[44] **5) 악질(惡疾) 기타 중대한 사유가 있는 혼인** 혼인 당시 당사자 일방에 부부생활을 계속할 수 없는 악질 기타 중대한 사유 있음을 알지 못한 때에는, 그 사유 있음을 안 날로부터 6개월 이내에 그 취소를 청구할 수 있다(816조 2호 · 822조).

판례는, 특별한 사정이 없는 한 임신가능 여부는 제816조 제 2 호의 부부생활을 계속할 수 없는 악질 기타 중대한 사유에 해당하지 않으며, 제840조 제 6 호의 이혼사유와는 다른 문언내용 등에 비추어 그 사유는 엄격히 제한하여 해석할 것이라고 한다(대판 2015. 2. 26, 2014므4734: 그 사안에서 성염색체 이상과 불임 등의 문제를 816조 2호에 해당하지 않는다고 함).

민법은 이 경우에 취소청구권자에 대하여는 규정하고 있지 않으나, 상대방

배우자라고 새기는 데 다툼이 없다(822조의 「상대방」이 취소청구권자를 함께 규정한 것으로 이해하는 지원림, 1863면도 참조). 그렇게 새길 경우에 혼인취소의 소의 상대방(피고)은 원고의 배우자이나(가소 24조 1항 · 4항), 상대방이 될 사람이 사망한 때에는 검사가 상대방이 된다(가소 24조 3항 · 4항).

6) 사기 또는 강박에 의한 혼인 사기 또는 강박으로 인하여 혼인의 의사표시를 한 때에는, 그는 사기를 안 날 또는 강박을 면한 날로부터 3개월 이내에 혼인의 취소를 청구할 수 있다(816조 3호 · 823조). 사기 또는 강박은 상대방뿐만 아니라 제 3 자(친척 · 중매인 등)가 하였어도 무방하며, 제 3 자의 사기 · 강박의 경우 상대방의 선의 · 악의, 과실 · 무과실을 묻지 않아야 한다(같은 취지: 김/김, 121면; 박동섭, 117면; 이경희, 79면; 지원림, 1864면).

그리고 판례(대판 2016. 2. 18, 2015므654 · 661: 아내가 베트남에서 만 13세에 아동성폭력범죄의 피해를 당해 임신을 하고 출산을 하였으나 곧바로 그 자녀와의 관계가 단절되고 이후 8년 동안 양육이나 교류 등이 전혀 이루어지지 않았다고 주장한 경우에, 816조 3호 소정의 혼인취소사유가 존재한다고 쉽게 단정하여 남편의 혼인취소청구와 위자료청구의 일부를 인용한 원심을 파기함)는, 제816조 제 3 호가 규정하는 「사기」에는 혼인의 당사자 일방 또는 제 3 자가 적극적으로 허위의 사실을 고지한 경우뿐만 아니라 소극적으로 고지를 하지 않거나 침묵한 경우도 포함되나, 불고지 또는 침묵의 경우에는 법령, 계약, 관습 또는 조리상 사전에 그러한 사정을 고지할 의무가 인정되어야 위법한 기망행위로 볼 수 있다고 한다. 그런 뒤에 관습 또는 조리상 고지의무가 인정되는지 여부는 당사자들의 연령, 초혼인지 여부 등의 구체적 · 개별적 사정과 더불어 혼인에 대한 사회일반의 인식과 가치관, 혼인의 풍속과 관습, 사회의 도덕관 · 윤리관 및 전통문화까지 종합적으로 고려하여 판단하여야 하고, 따라서 혼인의 당사자 일방 또는 제 3 자가 출산의 경력을 고지하지 않은 경우에 그것이 상대방의 혼인의 의사결정에 영향을 미칠 수 있었을 것이라는 사정만을 들어 일률적으로 고지의무를 인정하고 제 3 호 혼인취소사유에 해당한다고 하여서는 안 되며, 특히 당사자가 성장과정에서 본인의 의사와 무관하게 아동성폭력범죄 등의 피해를 당해 임신을 하고 출산까지 하였으나 이후 그 자녀와의 관계가 단절되고 상당한 기간 동안 양육이나 교류 등이 전혀 이루어지지 않은 경우라면, 단순히 출산의 경력을 고지하지 않았다고 하여 그것이 곧바로 제816조 제 3 호 소정의 혼인취소사유에 해당한다고 보아서는 안 된다고 한다. 그리고 이는 국제결혼의 경우에도 마찬가지라고 한다.

민법은 이 경우에도 취소청구권자를 규정하지 않았다. 그런데 학자들은 사기나 강박을 당한 당사자(일방 또는 쌍방)가 취소청구권자라고 새긴다. 그렇게 새길 경우 혼인취소의 소의 상대방은 위 5)에 있어서와 같다.

[45] (2) 취소의 소

혼인에 취소사유가 있는 때에는 취소청구권자가 가정법원에 혼인취소청구를 하여야 한다(816조). 그런데 혼인취소는 나류 가사소송사건이어서 조정전치주의가 적용된다. 그리하여 먼저 조정을 거쳐야 한다(가소 2조 1항 나류사건 2)·50조). 주의할 것은, 혼인취소는 본인이 임의로 처분할 수 없는 사항이어서 법원의 판결에 의하지 않고 조정에 의하여 종결될 수 없다(가족예규 170호, 가소 59조 2항 단서). 그러므로 여기의 조정은 혼인취소라는 소송물 자체에 관한 것일 수 없고, 혼인관계를 유지하기로 합의하여 소 또는 조정신청을 취하하게 하거나, 혼인을 취소하는 대신에 위자료를 지급하고 협의이혼을 하도록 하는 것과 같이 간접적이고 우회적인 것이어야 한다(가사[Ⅱ], 2010, 18면; 박동섭, 117면).

취소의 소는 형성의 소로서 그 판결의 확정으로 혼인이 취소되며, 다른 소의 전제로서 혼인의 취소를 주장할 수는 없다. 취소판결의 효력은 제 3 자에게도 효력이 있다(가소 21조 1항).

혼인취소의 재판이 확정되면 소를 제기한 자는 재판확정일부터 1개월 이내에 그 취지를 신고하여야 한다(가족 73조·58조 1항). 그런데 그 신고는 그 소의 상대방도 할 수 있다(가족 73조·58조 3항). 그리고 이 두 경우의 신고서에는 재판확정일을 기재해야 한다(가족 73조·58조 2항 3항). 한편 그 신고가 없으면 시·읍·면의 장이 상당한 기간을 정하여 신고의무자에 대하여 그 기간 내에 신고할 것을 최고해야 하고(가족 38조 1항. 38조 2항도 참조), 다시 최고를 할 수 없는 때 또는 다시 최고를 하여도 신고가 없는 때에는 시·읍·면의 장은 감독법원의 허가를 받아 직권으로 가족관계등록부를 정정할 수 있다(가족 38조 3항·18조 2항).

[46] (3) 혼인취소의 효과

취소원인이 있는 혼인도 법원의 판결에 의하여 취소될 때까지는 유효한 혼인으로 다루어진다(대판 1991. 12. 10, 91므344: 중혼의 경우). 혼인취소의 효력은 취소판결이 확정된 때에 발생한다. 그리고 혼인취소의 효력은 소급하지 않는다(824조). 따라서 그 혼인에서 출생한 자는 혼인 중의 자로 되고, 취소할 수 있는 혼인 중에 부부 일방이 사망하여 상대방이 배우자로서 망인의 재산을 상속받은 후에 그 혼인이 취소되었더라도 상속관계가 소급하여 무효로 되거나 그 상속재산이 법률상 원인 없이 취득한 것이라고 할 수 없다(대판 1996. 12. 23, 95다48308). 한편 미성년자가 혼인한 후 성년연령에 달하기 전에 취소된 때에도 성년의제는 유지된다고 새겨야 한다.

혼인이 취소되면 혼인관계 및 인척관계는 종료한다(775조 1항). 그리고 당사자 일방은 과실있는 상대방에 대하여 이로 인한 재산상 · 정신상의 손해배상을 청구할 수 있다(825조 · 806조)(조정전치주의. 가소 2조 1항 다류사건 2) · 50조)(판례는 사기 · 강박으로 혼인한 자는 협의이혼시에도 손해배상을 청구할 수 있다고 한다. 대판 1977. 1. 25, 76다2223). 혼인이 취소된 경우 일방은 상대방에 대하여 재산분할을 청구할 수 있다(가소 2조 1항 마류사건 4) · 50조)(조정전치주의가 적용됨).

혼인취소의 경우 가정법원이 직권으로 친권자를 정한다(909조 5항). 그리고 자의 양육책임에 관한 제837조와 면접교섭권에 관한 제837조의 2를 혼인취소의 경우에 준용한다(824조의 2, 가소 2조 1항 1호 마류사건 3) · 50조)(조정전치주의가 적용됨).

〈판 례〉

「민법 제824조는 "혼인의 취소의 효력은 기왕에 소급하지 아니한다"고 규정하고 있을 뿐 재산상속 등에 관해 소급효를 인정할 별도의 규정이 없는바, 혼인 중에 부부 일방이 사망하여 상대방이 배우자로서 망인의 재산을 상속받은 후에 그 혼인이 취소되었다는 사정만으로 그 전에 이루어진 상속관계가 소급하여 무효라거나 또는 그 상속재산이 법률상 원인 없이 취득한 것이라고는 볼 수 없다.」(대판 1996. 12. 23, 95다48308. [238]도 참조)

Ⅳ. 혼인의 효과 [47]

혼인에 의하여 발생하는 효과는 여러 가지이다. 이러한 혼인의 효과를 어떻게 분류하여 기술하는 것이 바람직한가에 관하여는 여러 견해가 있을 수 있다. 그런데 개인적으로는 혼인의 효과 중 상당부분을 차지하는 재산적 효과를 따로 분리하여 논의하는 것이 좋다고 생각한다. 그리하여 아래에서는 혼인의 효과 가운데 재산적 효과를 제외한 것들을 일반적 효과라고 하여 먼저 기술하고, 그 뒤에 재산적 효과를 설명하려고 한다. 이는 문헌들이 일반적으로 취하고 있는 태도이기도 하다.

1. 일반적 효과

(1) 친족관계의 발생

혼인을 하면 부부는 서로 배우자로서 친족이 된다(777조 3호). 민법이 배우자를 친족에 포함시키는 것에 대하여 우리의 문헌들은 일치하여 그러한 태도가 실제로 의미가 없다고 한다(문헌들에 대하여는 [216] 참조). 배우자에게 친족의 지위에서 발생하는 법률효과가 전혀 없다는 등의 이유에서이다. 그러나 뒤에 기술하는 바와 같이, 민법이나 그 밖의 법률에서 배우자가 포함된 의미로 「친족」이라고 규정되어 있는 경우가 많이 있기 때문에 친족에 배우자를 포함시키는 것이 반드시 필요하다(자세한 것은 [216] 참조).

부부는 서로 상대방의 4촌 이내의 혈족, 상대방의 4촌 이내의 혈족의 배우자와 인척이 된다(777조 2호 · 769조). 이로 인해 계모자(繼母子)관계 즉 계모와 전처의 자 사이와 적모서자(嫡母庶子)관계 즉 남편의 처와 남편의 혼인 외의 자 사이도 인척관계로 된다. 1990년의 민법 개정 전에는 계모자관계와 적모서자관계는 법정혈족관계이었던 것이 민법이 개정되어 인척관계로 된 것이다.

(2) 가족관계등록부에의 기록

혼인이 성립하면 혼인신고에 기하여 가족관계등록부에 혼인에 관한 사항이 기록(전산정보처리조직에 의하여 입력)된다(가족 9조 2항 3호 · 71조 참조). 그에 따라 가족관계증명서에 배우자의 성명 · 출생연월일 · 주민등록번호 · 성별(남 또는 여) · 본 등이, 혼인관계증명서에 배우자의 인적 사항과 함께 혼인신고일 등이 표시된다.

(3) 부부의 성(姓)

부부는 혼인 후에도 각자 본래의 성을 그대로 가진다.

[48] (4) 동거 · 부양 · 협조의 의무

부부는 동거하며 서로 부양하고 협조하여야 한다(826조 1항 본문).

1) 동거의무　동거의무는 동일한 거소에서 부부로서 공동생활을 하는 것이다. 이는 단순히 장소적으로 같은 공간 안에 있으면 된다는 것이 아니고 생활공동체를 형성해야 한다는 의미이다.

부부는 동거의무가 있으나, 정당한 이유로 일시적으로 동거하지 않는 경우에는 서로 인용하여야 한다(826조 1항). 정당한 이유의 예로는 해외근무 · 요양 · 자녀교육을 들 수 있다. 그에 비하여 전처의 장남과의 불화는 정당한 이유라고 할 수 없다(대판 1991. 12. 10, 91므245). 한편 가령 부부의 일방이 다른 일방이나 자녀를 폭행하거나 학대하는 경우, 징역형을 선고받아 복역하는 경우, 부부관계가 회복할 수 없을 정도로 파탄되어 있거나 이혼소송 중에 있는 경우, 불륜관계에 있는 다른 이성과 동거하고 있는 경우에는 동거의무가 없다고 할 것이다.

부부의 동거장소는 부부의 협의에 따라 정하되(826조 2항 본문), 협의가 이루어지지 않는 경우에는 당사자의 청구에 의하여 가정법원이 정한다(826조 2항 단서).

부부의 일방이 정당한 이유 없이 동거를 거부하는 경우 상대방은 가정법원에 동거에 관한 심판을 청구할 수 있다(가소 2조 1항 마류사건 1)·50조)(조정전치주의가 적용됨). 그러나 동거를 명하는 심판에 대하여는 직접강제는 물론 간접강제도 허용되지 않는다(이설 없음). 그것은 혼인관계의 본질에 반하기 때문이다. 부당한 동거의무의 위반은 악의의 유기로서 이혼원인이 될 뿐이다(840조 2호). 그런데 판례에 의하면, 부부의 일방이 동거의무를 위반한 경우에 다른 일방은 이혼을 청구하지 않고 위자료를 청구할 수 있다고 한다(대판 2009. 7. 23, 2009다32454). 그리고 부당하게 동거를 거부하는 배우자 일방은 상대방에 대하여 부양료의 지급을 청구할 수 없다(대판 1976. 6. 22, 75므17·18; 대판 1991. 12. 10, 91므245).

〈판 례〉

「부부의 일방이 상대방에 대하여 동거에 관한 심판을 청구한 결과로 그 심판절차에서 동거의무의 이행을 위한 구체적인 조치에 관하여 조정이 성립한 경우에 그 조치의 실현을 위하여 서로 협력할 법적 의무의 본질적 부분을 상대방이 유책하게 위반하였다면, 부부의 일방은 바로 그 의무의 불이행을 들어 그로 인하여 통상 발생하는 비재산적 손해의 배상을 청구할 수 있고, 그에 반드시 이혼의 청구가 전제되어야 할 필요는 없다고 할 것이다. 비록 부부의 동거의무는 인격존중의 귀중한 이념이나 부부관계의 본질 등에 비추어 일반적으로 그 실현에 관하여 간접강제를 포함하여 강제집행을 행하여서는 안 된다고 하더라도, 또 위와 같은 손해배상이 현실적으로 동거의 강제로 이끄는 측면이 있다고 하더라도, 동거의무 또는 그를 위한 협력의무의 불이행으로 말미암아 상대방에게 발생한 손해에 대하여 그 배상을 행하는 것은 동거 자체를 강제하는 것과는 목적 및 내용을 달리하는 것으로서, 후자가 허용되지 않는다고 하여 전자도 금지된다고는 할 수 없다. 오히려 부부의 동거의무도 엄연히 법적인 의무이고 보면, 그 위반에 대하여는 법적인 제재가 따라야 할 것인데, 그 제재의 내용을 혼인관계의 소멸이라는 과격한 효과를 가지는 이혼에 한정하는 것이 부부관계의 양상이 훨씬 다양하고 복잡하게 된 오늘날의 사정에 언제나 적절하다고 단정할 수 없고, 특히 이 사건에서와 같은 제반 사정 아래서는 1회적인 위자료의 지급을 명하는 것이 피고의 인격을 해친다거나 부부관계의 본질상 허용되지 않는다고 말할 수 없다.」(대판 2009. 7. 23, 2009다32454)

2) 부양의무 부부의 부양의무는 부부로서의 공동생활에 필요한 상대방의 의식주 생활을 서로 보장하는 의무이다. 부양의 정도와 내용은 부부의 사회적 [49]

지위나 재산상태를 고려하여 서로 자기의 생활과 같은 수준으로 보장하여야 한다. 부부의 부양의무는 이 점에서 미성년의 자에 대한 부모의 부양의무와 같고, 자기의 생활수준을 유지하면서 여유가 있을 때 상대방의 최저한도의 생활을 보장하는 친족간의 부양의무(974조 이하)와 다르다. 그리하여 부부 사이의 부양의무를 1차적 부양의무, 친족간의 부양의무를 2차적 부양의무라고 부른다(같은 취지: 대판 2012. 12. 27, 2011다96932; 대결 2013. 8. 30, 2013스96). 한편 혼인관계가 파탄되거나 이혼소송이 제기된 경우에도 파탄에 책임없는 배우자는 상대방에게 부양청구를 할 수 있다. 그러나 파탄에 주된 책임이 있는 자는 신의칙상 부양청구를 할 수 없다. 판례도, 혼인이 사실상 파탄되어 부부가 별거하면서 서로 이혼소송을 제기하는 경우라고 하더라도, 특별한 사정이 없는 한 이혼을 명한 판결의 확정 등으로 법률상 혼인관계가 완전히 해소될 때까지는 부부간 부양의무가 소멸하지 않는다고 한다(대결 2023. 3. 24, 2022스771).

부부의 일방이 부양의무를 이행하지 않는 경우 상대방은 가정법원에 부양에 관한 심판을 청구할 수 있다(가소 2조 1항 마류사건 1) · 50조)(조정전치주의가 적용됨). 가정법원의 부양료지급 심판은 강제이행도 할 수 있다(가소 62조-64조 · 67조 · 68조). 그리고 부양의무 위반은 악의의 유기(840조 2호) 또는 기타 혼인을 계속하기 어려운 중대한 사유(840조 6호)에 해당하여 이혼원인이 될 수 있다.

〈판 례〉

(ㄱ) 「민법 제826조가 규정하고 있는 부부간의 상호부양의무는 부부 중 일방에게 부양의 필요가 생겼을 때 발생하는 것이기는 하지만 이에 터잡아 부양료의 지급을 구함에 있어서는 그 성질상 부양의무자가 부양권리자로부터 그 재판상 또는 재판 외에서 부양의 청구를 받고도 이를 이행하지 않음으로써 이행지체에 빠진 이후의 분에 대한 부양료의 지급을 구할 수 있음에 그치고 그 이행청구를 받기 전의 부양료에 대하여는 이를 청구할 수 없다고 해석함이 형평에 맞는다고 할 것이다.」(대판 1991. 10. 8, 90므781 · 798. 같은 취지: 대판 1991. 11. 26, 91므375 · 382; 대결 2008. 6. 12, 2005스50; 대결 2017. 8. 25, 2014스26(특별한 사정이 없는 한 그렇다고 함))(대판 2012. 12. 27, 2011다96932가 특별한 사정이 있는 경우에는 예외를 인정하고 있음을 주의. [209] 참조)

(ㄴ) 「민법 제826조 제 1 항이 규정하고 있는 부부간의 동거 · 부양 · 협조의무는 정상적이고 원만한 부부관계의 유지를 위한 광범위한 협력의무를 구체적으로 표현한 것으로서 서로 독립된 별개의 의무가 아니라고 할 것이므로, 부부의 일방이 정당한 이유 없이 동거를 거부함으로써 자신의 협력의무를 스스로 저버리고 있다면, 상대방의 동거청구가 권리의 남용에 해당하는 등의 특별한 사정이 없는 한, 상대방에게 부양료의 지급을 청구할 수 없다.」(부가 전처와 사별 후 재혼하였다가 이혼한 후, 이혼하

였던 처와 다시 혼인을 하였는데, 당시 이미 65세가 넘은 노인으로서 이혼 후 전처 소생의 장남 가족과 함께 생활하여 온 부가 처에게 자신의 주소에서 동거하자고 요구하는 것이, 부부의 나이 및 가족관계 등과 다시 혼인을 할 당시 시행되던 민법 제826조 제 2 항(1990. 1. 13. 법률 제4199호로 개정되기 전의 것)과, 노부부를 자식이 모시고 봉양하는 것이 우리나라의 전통적인 미풍양속인 점 등을 종합하여 참작하면, 동거청구권의 남용에 해당한다고 보여지지 아니하므로, 부의 전처 소생의 장남과 처의 사이가 과거에 좋지 않았다는 사유만으로는, 처가 부의 동거요구를 거절할 수 있는 정당한 이유가 있었다고 볼 수 없다고 한 사례)(대판 1991. 12. 10, 91므245)

3) **협조의무** 협조의무는 부부로서의 공동생활에 있어서 분업에 기초하여 협력하여야 할 의무이다. 부부의 일방이 협조의무를 이행하지 않는 경우 상대방은 가정법원에 심판을 청구할 수 있으나(가소 2조 1항 마류사건 1) · 50조)(조정전치주의의 적용을 받음), 협조의무의 성질상 강제이행은 허용되지 않으며, 이혼원인(840조 6호)이 될 뿐이다.

4) **성적**(性的) **성실의무**(정조의무) 부부는 정신적 · 육체적 · 경제적으로 결합된 공동체로서 서로 협조하고 보호하여 부부공동생활로서의 혼인이 유지되도록 상호 간에 포괄적으로 협력할 의무를 부담하고 그에 관한 권리를 가진다. 이러한 동거의무 내지 부부공동생활 유지의무의 내용으로서 부부는 부정행위를 하지 않아야 하는 성적 성실의무를 부담한다(대판 2015. 5. 29, 2013므2441). 부부의 일방이 이 의무를 위반하여 부정행위를 한 경우에는 상대방은 이혼을 청구할 수 있고(840조 1호), 또 그로 인하여 입은 정신적 고통에 대하여 불법행위를 이유로 손해배상도 청구할 수 있다(843조 · 806조). 부정행위를 한 제 3 자도 배우자가 있음을 알고 정을 통한 때에는 공동불법행위책임(760조)을 진다(대판 2005. 5. 13, 2004다1899; 대판(전원) 2014. 11. 20, 2011므2997(비록 부부가 아직 이혼하지 아니하였지만 실질적으로 부부공동생활이 파탄되어 회복할 수 없을 정도의 상태에 이르렀다면 예외임); 대판 2015. 5. 29, 2013므2441; 대판 2023. 12. 21, 2023다265731(부부의 일방과 부정행위를 한 제 3 자가 실질적으로 부부공동생활을 파탄 상태에 이르게된 원인을 제공한 경우라 하더라도, 그와의 성적 행위가 부부공동생활이 실질적으로 파탄된 상태에서 이루어졌다면 마찬가지라고 함); 대판 2024. 6. 27, 2023므1278. [94]도 참조).

(5) 성년의제 [50]

1) **내 용** 미성년자가 혼인을 한 때에는 성년자로 본다(826조의 2). 이는 혼인의 당사자 일방 또는 쌍방이 미성년자일 경우 혼인의 독립성을 해치고(친권 또는 후견에 따라야 하기 때문에) 또 부부의 실질적 평등에 반하게 되는 문제(일방이 미성년자인 경우 상대방이 후견인이 됨)가 생기기 때문에 둔 제도이다(1977년 개정 시에 신설). 여기의 혼인의 의미에 관하여는 i) 법률혼만을 의미한다는 견해(다수설)와 ii) 사실혼도 포함된다는 견해가 대립되나(문헌들에 대하여는 민법총칙 [101] 참조), 법률관계를 획일적으로 정하는 의제제도의 취지를 살리려면 법률혼만을 의미한

다고 새겨야 한다.

혼인이 성립하였더라도 혼인적령에 달하지 못한 자에 대하여는 성년의제를 인정하지 않아야 한다. 성년의제제도는 적어도 혼인을 할 수 있는 연령에는 이른 자를 대상으로 한 것이고, 또한 혼인적령에 이르지 못한 자는 정신적 능력이 현저히 부족하므로 두텁게 보호되어야 하기 때문이다.

2) 적용범위 혼인한 미성년자는 사법상(私法上)의 모든 관계에서 성년자와 같은 행위능력을 가진다. 따라서 친권 · 후견은 종료하고, 자기의 자에 대하여 친권을 행사할 수 있으며(910조는 적용되지 않음), 타인의 후견인이 될 수도 있다. 그리고 스스로 유효하게 법률행위를 할 수 있음은 물론, 소송능력도 가진다(민소 55조). 입양을 할 수 있는가에 관하여는 견해가 나뉘나, 긍정하여야 할 것이다(같은 취지: 김용한, 131면; 박동섭, 127면; 박병호, 91면. 반대 견해: 김/김, 132면; 이경희, 83면; 지원림, 1868면). 그러나 성년의제제도는 사법상의 행위능력 인정제도이기 때문에, 공법관계에는 원칙적으로 적용되지 않는다(예: 공직선거법 15조, 근로기준법 64조 이하).

성년의제를 받은 자가 미성년의 상태에서 혼인이 해소(이혼, 일방의 사망)되거나 혼인이 취소된 때에는 여전히 성년자로 보아야 한다(이설 없음). 그러나 혼인적령의 미달을 이유로 혼인이 취소된 경우에는 미성년자로 보아야 한다. 그리고 혼인이 무효인 경우에도 같다. 이 경우에는 성년자로 된 적이 없기 때문이다.

(6) 상속권 등

부부 간에는 서로 상속권이 있다(1003조). 한편 민법은 과거에는 제828조에서 「부부 간의 계약은 혼인 중 언제든지 부부의 일방이 이를 취소할 수 있다. 그러나 제 3 자의 권리를 해하지 못한다」고 규정하고 있었다. 그런데 이 규정에 대하여는 실효성에 의문을 제기하면서 입법론으로 삭제하자는 의견이 주장되었다(박병호, 91면). 그러한 의견을 받아들여 이 규정은 2012. 2. 10. 개정 시에 삭제되었다.

[51] **2. 재산적 효과**(부부재산제)

혼인을 한 당사자가 혼인 당시에 재산을 가지고 있거나 혼인 후에 새로이 재산을 취득하는 경우 그 재산의 귀속과 관리가 문제된다. 여기에 관하여 민법은 우선 그들의 합의에 의하여 재산관계를 정하도록 하고(829조. 부부재산계약), 그러한 합의가 없는 경우에는 민법이 규정하는 부부재산제(별산제)를 일률적으로 적용하도록 하고 있다(830조 이하).

(1) 부부재산계약

1) **부부재산계약의 의의** 부부로 될 자는 혼인이 성립하기 전에 그 재산에 관하여 자유롭게 계약을 체결할 수 있다(829조 1항 참조). 그 계약을 부부재산계약이라고 한다. 부부재산계약이 혼인이 성립한 후에 부부가 체결한 것이 아님을 주의해야 한다. 이 제도는 아직까지는 거의 이용되지 않고 있으나(2013년에 26건, 2014년에 28건이었다고 함), 앞으로 특히 재혼하는 사람들 사이에 어느 정도 이용될 가능성이 있다.

2) **부부재산계약의 변경** 부부재산계약이 체결되면 혼인 중에는 원칙적으로 변경할 수 없다(829조 2항 본문). 다만, ① 정당한 사유가 있는 때에 법원의 허가를 얻어 변경할 수 있고(829조 2항 단서), ② 부부재산계약에 의하여 부부의 일방이 다른 일방의 재산을 관리하는 경우에 부적당한 관리로 인하여 그 재산을 위태롭게 한 때에는 다른 일방은 자기가 관리할 것을 법원에 청구할 수 있고 그 재산이 부부의 공유인 때에는 그 분할을 청구할 수 있으며(829조 3항), ③ 부부재산계약에서 혼인 중의 관리자의 변경이나 공유재산 분할에 관하여 미리 정한 경우에는 혼인 중에 법원의 허가 없이도 이들을 할 수 있다(829조 5항). 그런데 가정법원이 위의 ②에 대하여 처분을 할 때에는 먼저 조정을 거쳐야 한다(가소 2조 1항 마류사건 2)·50조).

3) **부부재산계약의 방식과 등기** 부부재산계약의 방식은 제한이 없어서 자유롭게 체결할 수 있다. 그리하여 구두로 체결할 수도 있나(그런데 입법론으로는 적어도 서면에 의하여 체결하도록 해야 한다. 같은 취지: 김/김, 134면). 그러나 혼인 성립시까지 그 등기를 하지 않으면 이로써 부부의 승계인(예: 상속인·포괄적 수증자) 또는 제 3 자에게 대항하지 못한다(829조 4항). 혼인 중 계약내용의 변경, 관리자의 변경, 공유재산의 분할이 있는 때에도 마찬가지이다(829조 5항).

여기의 등기를 부부재산약정의 등기라고 하는데, 그 등기는 부부재산약정 등기부라는 별도의 등기부에 의하여 기록·관리된다(「부부재산약정 등기규칙」, 「부부재산약정 등기 사무처리 지침」(등기예규 1416호) 참조). 부부재산약정의 등기는 남편이 될 사람의 주소지를 관할하는 지방법원, 그 지원 또는 등기소에 약정자 양쪽이 신청한다(비송 68조·70조).

4) **부부재산계약의 효력발생과 소멸** 부부재산계약은 혼인이 성립하였을 때 효력이 발생하고 혼인이 종료하면 효력을 상실한다. 그러므로 부부재산계약으로 혼인 성립 전이나 혼인종료 후의 재산관계를 정할 수는 없다(같은 취지: 김/김, 135면; 박동섭, 130면).

5) **부부재산계약의 종료** 부부재산계약의 종료에는 두 가지가 있다. 혼인 중에 종료하는 것과 혼인관계 소멸로 종료하는 것이 그것이다.

혼인 중에 부부재산계약이 종료되는 경우가 있다. 가령 법원의 허가를 받아 재산관리자를 변경하고 공유재산을 분할하여 부부재산계약을 종료시키는 경우, 사기 · 강박을 이유로 계약을 취소하는 경우(이때는 816조 3호를 유추하여 취소를 인정함), 계약이 사해행위에 해당하여 제406조에 따라 취소하는 경우가 그렇다. 이러한 경우에는 부부재산계약은 효력을 잃고 법정재산제로 전환된다(같은 취지: 김/김, 135면; 박동섭, 130면).

혼인관계가 소멸하면 부부재산계약이 종료하는데, 혼인관계 소멸의 원인에는 이혼, 혼인취소, 배우자의 사망이 있다. 이들 중 특히 배우자의 사망이 있으면 상속이 개시된다.

[52] (2) 법정재산제

부부재산계약이 체결되지 않거나 그것이 효력을 잃은 때에는 부부의 재산관계는 민법이 정한 바에 의한다.

1) 재산의 귀속과 관리 법정재산제의 종류 즉 입법태도에는 ① 부부가 각자 별도로 재산을 소유 · 관리하는 부부별산제(한국 · 영국 · 미국의 다수의 주), ② 부부의 재산을 부부의 공유로 하는 부부공유제(프랑스 · 미국의 일부의 주), ③ 부부 각자의 재산을 인정하면서 재산의 관리(경우에 따라서는 처분까지도)는 남편이 하는 관리공통제(의용민법) 등 여러 가지가 있다.

민법은 이러한 법정재산제 가운데 별산제(別産制)를 채용하고 있다. 즉 ① 부부의 일방이 혼인 전부터 가진 고유재산과 ② 혼인 중 자기의 명의로 취득한 재산은 그 특유재산으로 한다(830조 1항). 그중에 ②의 예로는 상속 또는 증여받은 재산, 그로부터 생긴 수익, 의복 · 장신구를 들 수 있다. 그리고 이러한 특유재산은 부부가 각자 관리 · 사용 · 수익한다(831조). 한편 부부의 누구에게 속한 것인지 분명하지 않은 재산은 부부의 공유로 추정한다(830조 2항). 그런데 이러한 부부공유재산의 추정(민사집행법 190조에 의한 부부공유의 유체동산에 대한 압류도 같음)은 혼인관계가 유지되고 있는 부부를 전제로 하는 것이며, 협의이혼의 경우에는 인정되지 않는다(대판 2013. 7. 11, 2013다201233).

〈판 례〉

판례에 의하면, 부부의 일방이 혼인 중 자기 명의로 취득한 재산은 그 명의자의 특유재산으로 추정되나, 실질적으로 다른 일방 또는 쌍방이 그 재산의 대가를 부담하여 취득한 것이 증명된 때에는 특유재산의 추정은 번복되어, 그 다른 일방의 소유이거나 쌍방의 공유로 보아야 할 것이라고 한다(대판 1992. 8. 14, 92다16171; 대판 1992. 12. 11, 92다21982; 대판 1994. 12. 22, 93다52068 · 52075; 대판

1995. 10. 12, 95다25695). 그러나 재산을 취득함에 있어서 상대방의 협력이 있었다거나 혼인생활에 있어서 내조의 공이 있었다는 것만으로는 추정을 번복할 수 없다고 한다(대판 1986. 9. 9, 85다카1337 · 1338; 대판 1992. 7. 28, 91누10732; 대판 1992. 12. 11, 92다21982). 한편 다른 일방이 실제로 당해 재산의 대가를 부담하여 취득하였음을 증명한 경우에는 그 추정이 번복되고, 그 대가를 부담한 다른 일방이 실질적인 소유자로서 편의상 명의자에게 이를 명의신탁한 것으로 인정할 수 있다고 한다(대판 1995. 2. 3, 94다42778; 대판 2007. 4. 26, 2006다79704). 그런데 이때 단순히 다른 일방 배우자가 그 매수자금의 출처라는 사정만으로는 무조건 특유재산의 추정이 번복되어 당해 부동산에 관하여 명의신탁이 있었다고 볼 것은 아니고, 관련 증거들을 통하여 나타난 모든 사정을 종합하여 다른 일방 배우자가 당해 부동산을 실질적으로 소유하기 위하여 그 대가를 부담하였는지 여부를 개별적 · 구체적으로 가려 명의신탁 여부를 판단할 것이라고 한다(대판 2008. 9. 25, 2006두8068; 대판 2013. 10. 31, 2013다49572).

구체적으로 대법원은 아파트의 분양대금을 명의자인 남편이 아니고 처가 부담한 경우 처의 단독소유라고 하고(대판 1992. 8. 14, 92다16171), 부동산의 취득대가를 부부 쌍방이 부담한 경우 그들이 그 취득대가의 부담비율에 따라 공유한다고 하며(대판 1994. 12. 22, 93다52068 · 52075(사실혼관계에 있는 자들임); 대판 1995. 2. 3, 94다42778(절반씩 부담)), 처 명의 부동산의 주된 매입자금이 부의 수입이지만 처의 적극적인 재산증식 노력이 있었던 경우에 대하여 부부의 공유재산으로 볼 여지가 있다고 한다(대판 1990. 10. 23, 90다카5624; 대판 1995. 10. 12, 95다25695). 그에 비하여 처 명의의 건물에 관하여 생활력이 없는 부와의 공유를 인정하지 않으며(대판 1992. 12. 11, 92다21982), 부 명의의 재산에 관하여 처가 가정주부로서 남편의 약국 경영을 도왔다는 것만으로는 부의 특유재산 추정을 번복하기가 어렵다고 한다(대판 1998. 6. 12, 97누7707).

2) 혼인생활비용의 공동부담 부부의 공동생활에 필요한 비용은 당사자 [53]
간에 특별한 약정이 없으면 부부가 공동으로 부담한다(833조). 부부의 공동생활에 필요한 비용의 예로는 가족의 의식주 비용, 자녀의 출산 · 양육 · 교육에 필요한 비용을 들 수 있다. 한편 판례는, 제833조는 제826조 제 1 항이 정한 부양 · 협조 의무 이행의 구체적인 기준을 제시한 조항이고, 따라서 제833조에 의한 생활비용 청구가 제826조와는 무관한 별개의 청구원인에 기한 청구라고 볼 수는 없다고 한다(대결 2017. 8. 25, 2014스26).

부부가 공동으로 부담한다는 것이 반드시 액수를 동일하게 해야 한다는 의미는 아니다. 이는 본질적으로 부양의무의 이행문제이므로 각자의 경제적 능력에 따라 비용분담을 정해야 하며, 부부의 일방에게 경제적 능력이 없는 경우에는 다른 일방이 모든 비용을 부담해야 한다. 그런데 가사노동도 생활비용의 부담으로 인정되어야 한다(같은 취지: 김/김, 141면; 이경희, 87면).

비용분담액은 구체적인 조건을 고려하여 부부의 협의에 의하여 정하되, 협의가 되지 않으면 가정법원에 심판을 청구할 수 있다(가소 2조 1항 마류사건 1)·50조)(조정전치주의가 적용됨).

[54] 3) 일상가사대리권과 일상가사채무의 연대책임

(가) **서 설** 부부는 일상(日常)의 가사(家事)에 관하여 서로 대리권이 있으며(827조 1항), 부부의 일방이 일상의 가사에 관하여 제 3 자와 법률행위를 한 때에는 다른 일방은 이로 인한 채무에 대하여 연대책임이 있다(832조 본문).

(나) **일상가사대리권의 의의** 일상가사대리권은 부부의 일방이 일상의 가사에 관하여 서로 다른 일방을 대리할 수 있는 권리(권한)이다. 부부는 민법규정에 의하여 서로 일상가사대리권을 가진다(827조 1항 참조).

(다) **일상가사대리권의 법적 성질** 일상가사대리권의 법적 성질에 관하여는 학설이 대립한다. i) 다수설은 일상가사대리권은 일종의 법정대리권이라고 한다(박동섭, 134면; 배/최, 125면; 조승현, 113면; 지원림, 1869면). 그리고 ii) 일종의 대표라고 보는 견해도 있다(김/김, 151면; 오시영, 115면). 이 견해는 일상가사에 관한 법률행위의 효과가 귀속하는 효과 면에서 볼 때(그러한 행위로 인하여 발생한 채무에 대하여 부부는 연대책임을 진다고 한다) 단순한 법정대리로 보기 어렵다는 이유를 든다. 그런가 하면 iii) 일상가사에 관한 법률행위는 그 특성상 자기를 위한 법률행위와 상대방배우자를 위한 대리행위의 복합행위로 보는 견해도 있다(이경희, 90면). 이 견해는 일상가사에 관한 법률행위가 있으면 행위자 스스로의 책임이 발생함은 물론, 대리행위의 본인으로의 상대방배우자의 책임이 병존적으로 발생하게 된다는 점을 이유로 든다.

여기에 관한 판례의 태도는 분명하지 않다.

학설들을 검토해본다. 학설 중 ii)설과 iii)설은 일상가사에 관한 법률행위의 효과가 행위를 하지 않은 부부 일방뿐만 아니라 행위를 한 부부 일방에게도 귀속한다는 입장에 있는 것으로 보인다. 그리고 그 근거를 제832조에서 찾는 듯하다. 그러나 제832조는 부부의 일방이 「자신의 명의로」 일상의 가사에 관하여 제 3 자와 법률행위를 한 경우에 그로 인한 「채무」에 대하여 연대책임을 지우고 있다. 부부의 일방이 「다른 일방을 대리하여 즉 다른 일방의 명의로」 한 경우에 대한 것이 아니며, 또 그 행위의 모든 효과가 아니고 「채무」에 대하여만 연대책임을 부담시키고 있는 것이다(뒤의 [58] 도 참조). 따라서 제832조가 일상의 가사에 관하여 「다른 일방을 대리하여」 한 경우에는 적용되지 않는다. 일상가사대리의 경우에는 — 일상가사의 범위 내에 있는 한 — 본인인 다른 일방만이 책임을 지고(권리도 취득함)

행위를 한 일방은 권리를 취득하지도 의무를 부담하지도 않는다(같은 취지: 조승현, 113면). 나아가 ii)설의 경우에 「대표」라고 하면 행위자는 행위의 효과를 받을 여지가 없고 효과는 본인(법인이나 법인 아닌 사단)에게만 귀속하게 되어, ii)설이 원하는 결과가 생기지 않는다. 그리고 iii)설이 복합행위라고 하는 점은 위에서 본 것처럼 부적절한데, 그 외에 그 견해는 복합행위 중 「대리행위」가 어떤 성질의 것인지를 밝히지 않아서도 문제이다. 사견으로는 부부의 일상가사대리권도 일종의 대리권이고, 그것이 제827조에 의하여 생기므로 일종의 법정대리권이라고 이해할 것이다.

㈑ **일상가사대리행위와 현명주의** 일상가사대리도 대리행위인만큼 거기에는 현명주의(114조)가 적용된다. 그리하여 일상가사대리로 되려면 행위를 하는 부부의 일방이 다른 일방의 명의로 행위를 했어야 한다. 만약 다른 일방의 명의로 하지 않은 때에는 행위자 자신을 위한 것으로 의제(간주)된다(115조 본문). 그러나 상대방이 부부 일방의 대리인으로서 한 것임을 알았거나 알 수 있었을 때에는 대리행위로 인정된다(115조 단서).

〈참 고〉

일부 문헌은 일상가사에 관한 법률행위는 부부가 연대책임을 지는 것이 민법의 명문규정상 명백하므로 보통의 대리와 같이 현명주의는 엄격하게 요구되지 않는다고 한다(김/김, 151면; 박동섭, 134면). 그리하여 부부의 일방은 자신의 이름으로 법률행위를 할 수 있고(832조), 다른 일방을 대리해서 할 수도 있다(827조 1항)고 한다(박동섭, 134면). 이 견해는 제832조와 제827조를 실질적으로 같은 규정으로 이해하는 견지에 있다. 그러나 민법 규정상 그렇게 이해할 근거가 없고, 또 위의 견해에 따르면 정당한 이유 없이 부부의 책임이 확대되는 문제가 생긴다. 즉 현명주의의 원칙은 일상가사대리에도 적용되는 것이 이론적으로 옳고 실질적으로도 타당하다.

일상가사대리의 경우에 현명이 유효하기 위하여 본인이 부부의 다른 일방이라는 것이 명시될 필요는 없다. 그리고 그 법률행위가 일상가사에 속하는 것이라고 밝힐 필요도 없다. 또한 행위의 상대방이 반드시 일상가사에 관한 것임을 알았어야 하는 것도 아니다(그러나 김/김, 151면은 상대방이 일상가사에 관한 것이라는 점을 알기만 하면 된다고 한다).

㈒ **일상가사의 범위** 여기서 「일상의 가사」란 부부의 공동생활에서 필요로 하는 통상의 사무를 가리키며, 그 구체적인 범위는 부부공동체의 사회적 지위 · 직업 · 재산 · 수입능력 등 현실적 생활상태뿐만 아니라 그 부부의 생활장소인

지역사회의 관습 등에 의하여 정하여진다(대판 1997. 11. 28, 97다31229; 대판 1999. 3. 9, 98다46877; 대판 2000. 4. 25, 2000다8267 참조). 그런데 일상의 가사인지 여부를 판단함에 있어서는 부부공동체의 내부사정만을 중시할 것이 아니라 해당 사무의 객관적 성질도 충분히 고려하여야 한다.

위에서 본 바와 같이 일상의 가사인지 여부는 개별적인 각각의 부부에 따라 차이가 있으나, 일반적으로 식료품 · 연료 · 의복의 구입, 주택의 임차, 집세 · 방세의 지급과 수령, 가재도구의 구입, 전기 · 수도 · 가스의 공급계약체결 및 비용지급, 자녀의 양육비 · 교육비의 지급 등은 일상가사의 범위에 속한다. 그리고 금전차용행위는 그 목적에 따라 다르다. 만약 부부의 공동생활에 필수적인 비용으로 사용하기 위한 것이라면 일상가사의 범위에 속하나, 그렇지 않으면 제외된다.

〈참 고〉

일부 문헌은, 가령 남편이 의식불명 상태로 장기간 입원해 있는 상태에서 처가 가족공동체를 유지하기 위하여 반드시 필요한 생활비 · 입원비 등을 마련할 목적으로 남편 명의의 부동산을 처분하거나 거기에 저당권을 설정하는 행위는 일상가사의 범위 내의 법률행위라고 보자고 한다(김/김, 149면; 박병호, 100면; 오시영, 114면). 이는 처에게 비상가사처리권한을 인정하자는 것이다. 이에 대하여는 어떠한 경우가 비상인지를 확정하기가 곤란하다는 이유로 반대하는 견해도 있다(박동섭, 135면; 신영호, 112면). 그리고 판례도 부정적인 입장이다(대판 2000. 12. 8, 99다37856. [57]에 직접 인용함). 부정설에 찬성한다.

[55] 〈판 례〉

(ㄱ) 판례에 의하면, 부인이 남편 명의로 분양받은 45평 아파트의 분양금을 납입하기 위한 명목으로 금전을 차용하여 분양금을 납입하였고, 그 아파트가 남편의 유일한 부동산으로서 가족들이 거주하고 있는 경우, 그 금전차용행위는 일상가사에 해당한다고 한다(대판 1999. 3. 9, 98다46877). 그러나 ① 아내가 남편 소유의 부동산을 매각하는 행위(대판 1966. 7. 19, 66다863), ② 처가 자가용차를 구입하기 위하여 타인으로부터 금전을 차용하는 행위(대판 1985. 3. 26, 84다카1621), ③ 처가 외국에 체류 중인 부의 재산을 처분한 행위(대판 1993. 9. 28, 93다16369), ④ 부인이 교회에의 건축헌금, 가게의 인수대금, 장남의 교회 및 주택임대차보증금의 보조금, 거액의 대출금에 대한 이자지급 등의 명목으로 금원을 차용한 행위(대판 1997. 11. 28, 97다31229), ⑤ 남편의 돈과 은행으로부터 차용한 금원으로 의류매장을 경영하면서 경영부진으로 거액의 채무를 부담하고 있는 처가 4,000만원의 계금채무를 부담한 행위(대판 2000. 4. 25, 2000다8267)는 일상의 가사에 속하지 않는다고 한다.

(ㄴ) 「민법 제832조에서 말하는 일상의 가사에 관한 법률행위라 함은 부부가 공동생활을 영위하는 데 통상 필요한 법률행위를 말하므로 그 내용과 범위는 그 부부공동체의 생활구조, 정도와 그 부부의 생활장소인 지역사회의 사회통념에 의하여 결정되

며, 문제가 된 구체적인 법률행위가 당해 부부의 일상의 가사에 관한 것인지를 판단함에 있어서는 그 법률행위의 종류 · 성질 등 객관적 사정과 함께 가사처리자의 주관적 의사와 목적, 부부의 사회적 지위 · 직업 · 재산 · 수입능력 등 현실적 생활상태를 종합적으로 고려하여 사회통념에 따라 판단하여야 할 것이다(대법원 1997. 11. 28. 선고 97다31229 판결 참조).

그리고 금전차용행위도 금액, 차용목적, 실제의 지출용도, 기타의 사정 등을 고려하여 그것이 부부의 공동생활에 필요한 자금조달을 목적으로 하는 것이라면 일상가사에 속한다고 보아야 할 것이므로, 아파트 구입비용 명목으로 차용한 경우 그와 같은 비용의 지출이 부부공동체를 유지하기 위하여 필수적인 주거공간을 마련하기 위한 것이라면 일상의 가사에 속한다고 볼 여지가 있다고 할 것이다. 그런데 기록에 의하면, 피고 명의로 분양받은 위 아파트(45평형)는 현재 피고의 유일한 부동산으로서 피고 가족들이 거주하고 있는 것이므로 위 아파트 분양금을 납입하기 위한 명목으로 하는 금전을 차용하여 이를 납입하였다면 그와 같은 금전차용행위는 일상가사에 해당한다고 보아야 할 것」이다(대판 1999. 3. 9, 98다46877).

(바) **일상가사대리권의 제한** 부부의 일방은 일상가사대리권을 제한할 수 [56] 있다. 그런데 일상가사대리권의 전부를 부정하는 것은 규정의 명문(「제한할 수 있다」)에도 반하고 부부생활의 본질에 비추어 보아도 허용될 수 없다(같은 취지: 김/김, 151면). 그리고 일상가사대리권을 제한하는 경우에는 매수금액의 한도를 정하거나 매수할 수 있는 물건의 종류를 제한하는 것과 같이 제한의 범위를 특정해야 한다.

한편 일상가사대리권의 제한은 선의의 제 3 자에게 대항하지 못한다(827조 2항).

(사) **일상가사대리권과 표현대리** 부부 일방의 행위가 일상가사에 관한 대리행위로 인정되는 경우에는, 다른 배우자인 본인이 책임을 지게 된다. 그런데 부부 일방의 행위가 일상가사에 관한 법률행위로 인정되지 않는 경우에는 다른 일방의 책임은 생기지 않는다. 그 경우에 일상가사대리권을 기초로 하여 제126조의 표현대리가 성립할 수 있는지가 문제된다. 이것이 긍정된다면 상대방은 행위를 하지 않은 부부의 일방에게 대리행위의 책임을 물을 수 있을 것이다(그러나 연대책임을 부담하는 것은 아님).

여기에 관하여 학설은 i) 일상가사대리권을 기본대리권으로 하여서도 제126조의 표현대리가 성립할 수 있다는 견해(김용한, 137면; 박동섭, 135면; 배/최, 129면), ii) 일반적 · 추상적인 일상가사의 범위와 개별적 · 구체적인 일상가사의 범위가 어긋날 경우에 일반적 · 추상적인 일상가사의 범위 내에서만 표현대리의 규정이 유추적용되고 그 밖의 행위에 대하여는 대리권의 수여가 있는 경우에 한하여 그것을 기초로 하여 제

126조가 적용된다는 견해(김/김, 149면; 오시영, 112면; 이경희, 90면), iii) 일상가사대리권에 제126조를 적용할 필요가 없다는 견해 등으로 나뉘어 있다(자세한 점과 민법총칙의 문헌에 대하여는 민법총칙 [223] 참조).

사견으로는 일상가사대리권도 일종의 대리권으로서 표현대리에 있어서의 기본대리권이 된다고 하여야 한다. 그 결과 일상가사대리권을 기초로 하여서도 제126조의 표현대리가 성립할 수 있다. 다만, 제126조의 표현대리의 요건 중 정당한 이유가 존재하는지를 판단함에 있어서 「일상가사범위 내에 속한다고 믿을 만한 정당한 이유」가 있는지 검토하여야 한다. 그리하여 일상가사의 범위 내에 속한다고 믿을 만한 정당한 이유가 있으면 곧바로 제126조의 표현대리가 성립한다. 그러나 그러한 정당한 이유가 없는 경우에는 다른 대리권이 있어야 하고, 그렇지 않으면 제126조의 표현대리는 성립할 수 없다.

판례는, 처가 특별한 수권 없이 남편을 대리하여 부 소유의 부동산을 양도하거나 근저당권을 설정한 경우(대판 1968. 11. 26, 68다1727 · 1728) 또는 타인의 채무에 대하여 보증행위를 한 경우(대판 1998. 7. 10, 98다18988)에 그것이 제126조 소정의 표현대리가 되려면 그 처에게 일상가사대리권이 있었다는 것만이 아니라 상대방이 처에게 남편이 그 행위에 관한 대리의 권한을 주었다고 믿었음을 정당화할 객관적 사정이 있어야 한다고 한다. 그리하여 얼핏 보면 사견과 다른 것으로 보인다. 그러나 대법원은 일상가사의 범위 내라고 오인될 수 있는 경우에 한하여 일상가사대리권에 기초하여 표현대리의 성립을 인정하였고(대판 1967. 8. 29, 67다1125; 대판 1970. 10. 30, 70다1812; 대판 1980. 12. 23, 80다2077; 대판 1981. 6. 23, 80다609), 일상가사의 범위 내라고 오인될 수 있지 않음에도 불구하고 처의 행위에 대하여 표현대리의 성립을 인정한 경우는 처의 다른 대리권을 기초로 한 것이다(대판 1968. 8. 30, 68다1051; 대판 1984. 11. 27, 84다310, 84다카1283; 대판 1987. 11. 10, 87다카1325; 대판 1991. 6. 11, 91다3994; 대판 1995. 12. 22, 94다45098). 이러한 점에 비추어 볼 때, 판례는 실질적으로 사견과 같은 것으로 생각된다.

[57] 〈판 례〉

(ㄱ) 일상가사대리권을 기초로 표현대리의 성립을 인정한 예

① 처가 계를 하다가 부채를 지게 되자 부가 근무지 관계로 타처에 유숙하면서 맡겨둔 부 소유 부동산에 관한 문서 등을 이용하여 타인에게 저당권을 설정하고 돈을 빌려 쓴 경우(대판 1967. 8. 29, 67다1125).

② 남편이 정신이상으로 10개월 동안 입원하였고 입원 중 아내와의 면회가 금지되어 있었으며, 당시 남편이 사리를 판단할 능력이 없어서 가사상담에 응할 처지가 아니었고, 입원 전후 입원비나 가족들의 생활비 · 교육비 등을 준비해 둔 바가 없었던

경우에 아내가 입원비 · 생활비 · 교육비 등에 충당하기 위하여 남편 소유의 부동산을 적정가격으로 매도한 때(매수인의 선의 · 악의 불문)(대판 1970. 10. 30, 70다1812).

③ 갑이 그 처와 15년 전부터 별거하고 9년 전부터 을을 만나 사실상 부부관계를 맺고 대외적으로도 부부로 행세해 온 경우에 갑이 을을 대리하여 을 소유의 부동산에 관하여 근저당권 설정계약을 체결한 때(대판 1980. 12. 23, 80다2077).

④ 처 을이 남편 갑 몰래 인감과 인감증명서를 소지하고 갑의 대리인인 것처럼 행세하여 병으로부터 돈을 빌리면서 그 담보로 갑 소유의 부동산에 관하여 소유권이전청구권 보전의 가등기를 해 준 경우(병이 을의 친척으로부터 갑의 집안이 여유가 있고 완고하며, 을 역시 검소하고 갑과도 원만하고, 갑 집안에 일시적으로 돈 쓸 일이 생겨 갑이 을을 통하여 돈을 빌리려고 한다는 말을 듣고 있었던 때)(대판 1981. 6. 23, 80다609).

(ㄴ) 처의 다른 대리권을 기초로 표현대리를 인정한 예

① 친권자인 부가 미성년자인 자 소유의 부동산에 관한 권리증과 자신의 인장을 처에게 보관시키고 다년간 별거를 하고 있었다면 이는 처에게 어떠한 대리권을 수여한 것이라고 봄이 타당하고, 처가 타인으로부터 금전을 차용하면서 보관 중인 위 인장과 권리증을 이용하여 남편의 대리인이라고 칭하여 담보 의미로 소유권이전등기를 한 경우 처의 행위는 표현대리행위에 해당한다(대판 1968. 8. 30, 68다1051).

② 갑의 처 을이 당시 해외 체류 중이던 갑의 대리인으로서 부동산을 매수하고 갑의 이름으로 그 소유권이전등기를 하였고, 병은 을로부터 갑의 인감도장과 위 부동산의 등기권리증 및 부동산 명의변경용으로 된 인감증명서를 교부받아 그 명의의 소유권이전등기를 하였다면, 병으로서는 을에게 이 부동산에 관하여 원고를 대리할 대리권이 있다고 믿을 만한 정당한 이유가 있다(대판 1984. 11. 27, 84다310, 84다카1283).

③ 처 을이 부 병의 해외 취업 중 병으로부터 경영권을 위임받아 공장을 경영하면서 공장운영자금의 조달을 위하여 금원을 차용하고 이를 담보하기 위한 가등기를 경료함에 있어 채권자 갑이 을로부터 병 명의의 가등기설정용 인감증명서를 교부받고 을이 병의 인감을 소지하고 있는 것을 본 경우(대판 1987. 11. 10, 87다카1325).

④ 처 을이 남편 갑이 경영하는 가스 상회의 경리업무를 보면서 1988년경부터 약 2년간에 걸쳐 갑이 당좌를 개설한 은행으로부터 갑의 수표용지를 수령해 갑이 별도로 경영하는 가스 대리점에서 사용하는 인장이나 은행에 신고된 인장을 사용하여 모두 100여장의 갑 명의의 수표 및 어음을 발행하였으며, 갑도 1988. 10.경부터는 이를 알았으나 방치하였고, 갑이 피사취계를 내기 전까지는 대부분의 어음과 수표가 정상적으로 지급되어온 상태에서, 을이 1989. 9.경부터 수표할인을 받기 위하여 은행에 신고된 갑의 인감도장을 이용하여 수표를 발행한 경우(대판 1991. 6. 11, 91다3994).

⑤ 일상가사대리권 외에 저당권설정의 기본대리권이 있는 처가 그 범위를 넘어서 남편의 부동산에 관하여 근저당권설정을 해 준 경우(대판 1995. 12. 22, 94다45098).

(ㄷ) **표현대리의 성립을 부정한 예**

대법원은 부부의 일방이 다른 일방의 명의로 법률행위를 한 많은 경우에 관하여, 때로는 일상가사대리권을 언급하면서, 때로는 그것의 언급이 없이 표현대리의 성립을 부정하였다. 그 사안들은 처가 부 소유의 부동산을 타인에게 양도하거나 금전을 빌리면서 부 소유의 부동산에 근저당권을 설정한 경우가 대부분이고(대판 1968. 11. 26, 68다1727 · 1728; 대판 1969. 6. 24, 69다633; 대판 1970. 3. 10, 69다2218; 대판 1971. 1. 29, 70다2738; 대판 1981. 8. 25, 80다3204; 대판 1984. 6. 26, 81다524; 대판 2002. 6. 28, 2001다49814(처가 제 3 자를 남편으로 가장시켜 관련서류를 위조하여 남편소유의 부동산을 담보로 대출을 받은 경우에 126조의 표현대리의 책임을 부정함)), 그 밖에 처가 남편의 채무에 관하여 채권자들과 채무금 확정 및 분할변제약정을 한 경우(대판 1990. 12. 26, 88다카24516), 남편이 처의 명의로 사업상의 채무(2억원)를 보증한 경우(대판 1997. 4. 8, 96다54942), 처가 남편 명의로 친정 오빠의 자동차 할부판매 보증보험계약상의 채무에 대하여 연대보증계약을 체결한 경우(대판 1998. 7. 10, 98다18988)도 있다.

(ㄹ) 「대리가 적법하게 성립하기 위하여는 대리행위를 한 자, 즉 대리인이 본인을 대리할 권한을 가지고 그 대리권의 범위 내에서 법률행위를 하였음을 요하며, 부부의 경우에도 일상의 가사가 아닌 법률행위를 배우자를 대리하여 행함에 있어서는 별도로 대리권을 수여하는 수권행위가 필요한 것이지, 부부의 일방이 의식불명의 상태에 있어 사회통념상 대리관계를 인정할 필요가 있다는 사정만으로 그 배우자가 당연히 채무의 부담행위를 포함한 모든 법률행위에 관하여 대리권을 갖는다고 볼 것은 아니다.」(대판 2000. 12. 8, 99다37856)

[58] (아) **일상가사채무의 연대책임** 부부의 일방이 일상의 가사에 관하여 제 3 자와 법률행위를 한 때(이는 부부의 일방이 자기의 이름으로 법률행위를 한 경우임을 주의)에는 다른 일방은 이로 인한 채무에 대하여 연대책임이 있다(832조 본문). 통설은 여기의 연대책임은 제413조 이하의 연대채무보다 더 밀접한 부담관계라고 새긴다. 그리하여 부부는 동일내용의 채무를 병존적으로 부담하고, 제 3 자와의 관계에서는 부담부분에 관한 연대채무의 규정(418조 2항 · 419조 · 421조)이 적용되지 않아 일방은 다른 일방의 채권 전액으로 상계할 수 있고 일방에 대한 채무면제나 시효소멸의 효과는 그 전액에 관하여 발생한다고 한다(김/김, 152면; 박동섭, 139면; 박병호, 102면; 이경희, 92면; 지원림, 1874면).

이러한 부부의 연대책임은 혼인이 해소된 후에도 소멸하지 않지만, 그 경우에는 혼인의 공동생활이 종료하므로 보통의 연대채무로 변하여 존속한다고 할 것이다(같은 취지: 김/김, 152면; 박동섭, 139면; 지원림, 1874면).

일부 문헌(김/김, 152면; 신영호, 111면; 오시영, 117면; 지원림, 1874면)은 일상가사에 관한 법률행위의 효과는 부부 쌍방에게 귀속하므로, 부부는 그 법률행위에서 발생한 채무에 대해서 연대책임을 질뿐만 아니라 권리도 취득한다고 한다. 그리하여 가령 부부의 일방이 주택임대차계약을 체결한 경우에 다른 일방에게도 주택의 임차권이 귀속한다고 한다. 그러나 민법 제832조는 법률행위로 인한 「채무」에 관하여만 다른 일방의 연대책임을 규정했을 뿐 권리취득을 규정한 바가 없다. 그리고 권리귀속도 인정할 경우에 임대인이 임차보증금의 반액을 2중으로 변제하게 될 위험, 법률행위의 당사자인 부부의 일방으로부터 임차권을 양수한 자가 온전한 임차권을 취득하게 되는 문제 등이 생길 수도 있다. 결국 위의 견해는 옳지 않다.

부부의 연대책임은 미리 제 3 자에 대하여 다른 일방의 책임없음을 명시한 때에는 생기지 않는다(832조 단서). 여기의 제 3 자는 일상가사에 관한 법률행위를 하는 특정의 상대방을 가리키며, 불특정의 일반인은 제 3 자가 될 수 없다. 즉 불특정의 일반인을 상대로 면책의 명시를 할 수는 없는 것이다(같은 취지: 김/김, 152면; 박동섭, 140면). 그리고 면책의 명시는 법률행위를 하기 전에 개별적 · 구체적으로 채무의 종류 · 액수 등을 밝혀서 해야 한다.

㈜ **부부재산계약과 일상가사 문제** 　　일상가사대리권과 일상가사채무의 연대책임은 부부의 원만한 공동생활의 유지뿐만 아니라 부부와 거래한 상대방의 신뢰보호를 위하여 인정되는 것이므로 부부재산계약에 의하여 이를 배제할 수는 없다고 해야 한다(결과에서 같은 취지: 박동섭, 140면; 지원림, 1874면. 김/김, 153면은 「완전히 배제할 수는 없다」고 한다).

㈶ **사실혼 부부의 경우** 　　일상가사대리권과 일상가사채무에 대한 연대책임은 사실혼의 부부에게도 인정되어야 한다. 판례(대판 1980. 12. 23, 80다2077: 일상가사대리권에 관한 것임) · 통설(김/김, 143면; 박병호, 102면)도 같다.

V. 이 혼 [59]

1. 혼인의 해소 일반론

(1) 혼인해소의 의의

혼인의 해소란 완전히 유효하게 성립한 혼인이 그 후의 사유로 말미암아 소멸하는 것을 말한다. 이는 혼인에 처음부터 하자가 있어서 그것이 취소되는 경우와는 본질적으로 다르다. 혼인해소의 원인에는 배우자의 사망과 이혼이 있다.

(2) 사망에 의한 해소

1) 사망의 경우 부부의 일방이 사망하면 혼인은 당연히 해소된다. 그리하여 혼인의 효과(동거·부양·협조의무, 정조의무, 혼인생활비용 부담, 일상가사에 관한 연대책임, 부부재산관계, 부부간의 계약 등)가 소멸하며, 다른 일방은 자유로이 재혼할 수 있게 된다. 그러나 소멸의 효과가 소급하지는 않으므로, 일상가사로 인한 책임이 이미 발생한 경우에 그 책임은 존속한다. 그리고 잔존배우자는 상속을 하게 된다(1003조). 한편 부부의 일방이 사망한 경우 생존배우자와의 인척관계는 당연히 소멸하지는 않으며, 생존배우자가 재혼한 때에만 소멸한다(775조 2항). 따라서 배우자가 사망하였지만 재혼하지 않은 생존배우자는 배우자의 혈족과 서로 부양할 의무(974조)가 있고 대습상속도 할 수 있다(1003조 2항).

2) 사망에 준하는 경우 부부의 일방이 실종선고(28조)나 부재선고를 받은 경우(「부재선고에 관한 특별조치법」 4조), 인정사망의 경우(가족 87조)에도 사망한 때처럼 혼인이 해소된다.

(가) 실종선고의 경우 어떤 자(부재자)에 대하여 실종선고(실종선고에 관하여 자세한 점은 민법총칙 [308] 이하 참조)가 확정되면 실종선고를 받은 자 즉 실종자는 실종기간이 만료한 때에 사망한 것으로 의제(간주)된다(28조). 그리하여 그 자의 혼인도 실종기간이 만료한 때에 해소된다.

실종선고를 받은 자(실종자)의 배우자가 재혼을 한 뒤에 실종자가 살아 돌아와 실종선고가 취소된 경우에 그 배우자의 혼인관계가 문제된다. 이는 실종선고 취소의 효과에 관한 제29조 제1항 단서의 해석의 문제이다. 여기에 관하여 다수설은 재혼 당사자 쌍방이 선의인 경우에는 전혼은 부활하지 않고 후혼(재혼)만이 유효하고, 재혼 당사자 중 하나라도 악의인 경우에는 전혼이 부활하되 이혼원인(840조 1호)이 생기고 후혼은 중혼이 되어 취소할 수 있다(810조·816조 1호·818조)고 한다(김용한, 139면; 김/김, 154면; 박동섭, 141면; 오시영, 120면; 이경희, 98면; 조승현, 127면. 민법총칙의 문헌과 좀 더 자세한 내용은 민법총칙 [312] 참조). 이러한 다수설은 결론에서 타당하다. 다만, 전혼이 부활하는 경우의 이혼원인은 실종자의 배우자가 악의인 때에는 제840조 제1호의 「배우자의 부정행위」이나, 선의인 때에는 제840조 제6호라고 해야 한다.

(나) 부재선고의 경우 「부재선고에 관한 특별조치법」 제4조 제2문은 — 군사분계선 이북 지역의 잔류자에 대한 — 부재선고를 받은 사람의 「혼인에 관하여는 실종선고를 받은 것으로 본다」라고 규정한다. 그 결과 부재선고가 있으면 혼인이 해소된다.

부재선고를 받은 사람의 배우자가 재혼한 후에 부재선고를 받은 자가 가령 군사분계선 이남지역에 살고 있어서 부재선고가 취소된 경우에 배우자의 혼인관계는 실종선고가 취소된 경우와 마찬가지로 다루면 될 것이다.「부재선고에 관한 특별조치법」제 5 조 제 1 항 단서가 실종선고 취소에 관한 제29조 제 1 항 단서와 동일하게 규정하고 있기 때문이다.

(다) 인정사망의 경우 인정사망은 수해 · 화재나 그 밖의 재난으로 인하여 사망한 사람이 있는 경우에 그것을 조사한 관공서의 사망통보에 의하여 가족관계등록부에 사망의 기록을 하는 것을 말한다(가족 87조 · 16조). 이러한 인정사망의 경우에도 혼인이 해소된다.

인정사망에 의하여 사망한 것으로 기록된 자의 배우자가 재혼한 후에 인정사망자가 살아 돌아온 경우에 관하여 문헌들은 실종선고의 취소의 경우와 같이 처리하자고 한다(김/김, 155면; 박동섭, 142면; 오시영, 121면; 이경희, 99면). 그러나 실종선고는 사망을 의제하는 데 비하여 인정사망은 절차적 특례제도이어서 강한 사망 추정적 효과만 인정한다. 따라서 인정사망에 실종선고 취소규정을 유추적용할 수는 없다. 그리하여 위의 경우에는 가령「인정사망의 취소」의 절차를 밟을 필요가 없다. 그런데 전혼이 부활하고 중혼이 되는지는 실종선고가 취소된 경우처럼 다루어도 무방할 것이다.

(3) 이혼에 의한 해소

이혼이란 완전 · 유효하게 성립한 혼인을 당사자 쌍방 또는 일방의 의사에 의하여 해소하는 제도이다. 우리 법상 이혼에는 협의이혼과 재판상 이혼의 두 가지가 있다.

2. 협의이혼 [60]

(1) 의 의

부부는 협의에 의하여 이혼할 수 있는데(834조), 그 경우의 이혼이 협의이혼이다. 협의이혼은 넓은 의미에서 하나의 계약이며, 일정한 방식으로 신고하여야 하는 요식행위이다(836조 참조).

(2) 성립요건

〈참 고〉

문헌들은 일치하여 혼인에 있어서와 마찬가지로 협의이혼의 경우에도 협의이혼의 성립요건을 실질적 요건과 형식적 요건으로 나누고, 전자에는 ① 당사자 사이에 이혼의사의 합치가 있을 것과 ② 금치산자(피성년후견인)는 부모 등의 동의를 얻을 것이 있고, 후자는 가정법원의 확인을 받은 이혼신고라고 한다. 그러면서 ①에서 이혼의사가 실질적 의사인지 여부를 논의한다(김용한, 142면 이하; 김/김, 163면 이하; 박동섭, 144면 이하; 박병호, 109면 이하; 배/최, 139면 이하; 신영호, 122면 이하; 이경희, 99면 이하). 그러나 이러한 기술방법이 성립요건과 유효요건을 구분하지 못한 데 기인하는 잘못된 것임은 혼인에 있어서와 같다([24] 이하 참조). 그리하여 아래에서는 논리적으로 타당한 모습으로 설명하려고 한다. 그리고 이러한 문제는 입양과 협의파양의 경우에도 똑같이 발생한다([125] 이하, [138] 참조).

민법은 협의이혼의 성립요건으로 이혼신고만을 규정하고 있다(836조). 그러나 협의이혼도 일종의 계약이기 때문에 그것이 성립하려면 당사자 사이에 이혼의 합의가 있어야 한다.

1) 당사자의 이혼의 합의 협의이혼을 성립시키기 위한 합의는 외형적인 의사표시의 일치로서 충분하다. 그리고 그러한 의사표시와 그것들의 일치인 합의는 이혼신고가 있을 때 그것에 포함되어서 행하여지게 된다. 따라서 협의이혼이 성립하기 위하여 합의가 따로 행하여질 필요는 없다.

[61] **2) 이혼신고**

㈎ 서 설 협의상 이혼은 가정법원의 확인을 받아 「가족관계의 등록 등에 관한 법률」이 정한 바에 의하여 신고함으로써 그 효력이 생긴다(836조 1항). 이 협의이혼의 신고는 혼인신고와 마찬가지로 협의이혼의 성립요건이다. 신고는 당사자 쌍방과 성년자인 증인 2인의 연서(連署)한 서면으로 하여야 한다(836조 2항). 그런데 협의이혼신고서에 가정법원의 이혼의사 확인서 등본을 첨부한 경우에는 제836조 제 2 항에서 정한 증인 2인의 연서가 있는 것으로 보므로(가족 76조), 협의이혼을 할 때 이혼신고서에 증인을 기재할 필요가 없게 되었다.

협의이혼신고도 — 혼인신고와 마찬가지로 — 말로도 할 수 있고(가족 23조 1항), 서면으로 신고하는 경우에는 우송을 하거나(가족 41조 참조) 타인에게 제출하게 하여도 무방하나(가족 23조 2항), 구술신고는 타인이 대리할 수 없다(가족 31조 3항 · 74조). 그리고 본인이 시 · 읍 · 면에 직접 출석하지 않는 경우에는 본인의 신분증명서를 제시하거나 신고서에 본인의 인감증명서를 첨부하여야 하며, 그러지 않으면 신고서가 수리되지 않는다(가족 23조 2항).

㈏ **가정법원의 확인** 협의이혼을 하려는 자는 가정법원의 확인을 받아야 한다(836조 1항). 그러기 위하여 먼저 부부가 함께 등록기준지 또는 주소지를 관할하는 가정법원에 출석하여 협의이혼의사 확인신청서를 제출하고, 이혼에 관한 안내를 받아야 한다(가족 75조 1항, 가족규칙 73조 1항). 그런데 가정법원의 확인은 신청 후 일정기간이 경과한 후에야 받을 수 있다. 2007년 민법 개정시에 이혼 숙려기간 제도를 도입하였기 때문이다. 가정법원의 확인절차를 자세히 살펴본다.

(a) 이혼에 관한 안내를 받을 것 협의상 이혼을 하려는 자는 가정법원이 제공하는 이혼에 관한 안내를 받아야 하고, 가정법원은 필요한 경우 당사자에게 상담에 관하여 전문적인 지식과 경험을 갖춘 전문상담인의 상담을 받을 것을 권고할 수 있다(836조의 2 1항).

(b) 이혼 숙려기간의 경과 가정법원에 이혼의사의 확인을 신청한 당사자는 이 안내를 받은 날부터 일정한 기간이 지난 후에 이혼의사의 확인을 받을 수 있다. 그 기간은 양육하여야 할 자(포태 중인 자를 포함한다)가 있는 경우에는 3개월이고(836조의 2 2항 1호), 그 밖의 경우에는 1개월이다(836조의 2 2항 2호). 다만, 가정법원은 폭력으로 인하여 당사자 일방에게 참을 수 없는 고통이 예상되는 등 이혼을 하여야 할 급박한 사정이 있는 경우에는 이 이혼 숙려기간을 단축 또는 면제할 수 있다(836조의 2 3항).

(c) 자(子)이 양육과 친권자 결정에 관한 협의서 등을 제출할 것 양육하여야 할 자가 있는 경우 당사자는 제837조에 따른 자(子)의 양육과 제909조 제 4 항에 따른 자의 친권자결정에 관한 협의서 또는 제837조 및 제909조 제 4 항에 따른 가정법원의 심판정본을 제출하여야 한다(836조의 2 4항). 가족관계등록예규에 따르면, 협의서는 이혼의사 확인기일 1개월 전까지 제출할 수 있고, 심판정본 및 확정증명서는 확인기일까지 제출할 수 있다고 한다(가족등록예규 395호「협의이혼의 의사확인사무 및 가족관계 등록사무 처리지침」2조 3항 2문).

(d) 가정법원의 이혼의사 등의 확인과 양육비 부담조서의 작성 가정법원은 부부 양쪽이 이혼에 관한 안내를 받은 날부터 이혼 숙려기간이 지난 뒤 부부 양쪽을 출석시켜 그 진술을 듣고 이혼의사의 유무 및 부부 사이에 미성년인 자녀가 있는지 여부와 미성년인 자녀가 있는 경우 그 자녀에 대한 양육과 친권자 결정에 관한 협의서 또는 가정법원의 심판정본 및 확정증명서를 확인하여야 한다(가족규칙 74조 1항). 가정법원은 부부 양쪽의 이혼의사 등을 확인하면 확인서를 작성하여

야 하고, 미성년인 자녀의 양육과 친권자결정에 관한 협의를 확인하면 그 양육비 부담조서도 함께 작성하여야 하고(836조의 2 5항 1문, 가족규칙 78조 1항), 법원사무관 등은 그 규칙 제78조 제 2 항의 확인서가 작성된 경우에는 지체 없이 확인서등본과 미성년인 자녀가 있는 경우 협의서등본 및 양육비 부담조서 정본 또는 심판정본 및 확정증명서를 부부 양쪽에게 교부하거나 송달하여야 한다(가족규칙 78조 4항). 그런데 양육비 부담조서는 가사소송법에 의한 집행권원이 된다(836조의 2 5항 2문, 가소 41조). 따라서 부부의 일방이 양육비 부담조서에 따른 양육비 지급을 하지 않으면 다른 일방은 이행판결 등을 받을 필요 없이 그 조서에 기하여 곧바로 강제집행을 할 수 있다.

(e) 이혼신고 협의이혼의 신고는 확인서등본을 교부 또는 송달받은 날부터 3개월 이내에 그 등본을 첨부하여 하여야 하며(가족 75조 2항), 신고 없이 3개월이 경과한 때에는 그 가정법원의 확인은 효력을 상실한다(가족 75조 3항). 이혼신고서의 제출은 부부 중 한 쪽이 할 수 있다(가족규칙 79조. 대판 1969. 12. 9, 68므9도 유효하다고 함).

[62] (f) 재외국민의 이혼의사 확인신청 및 확인의 특례 부부 양쪽이 재외국민인 경우에는 두 사람이 함께 그 거주지를 관할하는 재외공관의 장에게 이혼의사 확인신청을 할 수 있고, 그 지역을 관할하는 재외공관이 없는 때에는 인접하는 지역을 관할하는 재외공관의 장에게 이를 할 수 있다(가족규칙 75조 1항). 그리고 부부 중 한쪽이 재외국민인 경우에 재외국민인 당사자는 그 거주지를 관할하는 재외공관의 장에게 협의이혼이사 확인신청을 할 수 있고, 그 거주지를 관할하는 재외공관이 없는 경우에는 인접지역을 관할하는 재외공관의 장에게 할 수 있다(가족규칙 75조 2항). 부부 양쪽이 모두 재외국민으로서 서로 다른 국가에 거주하고 있는 경우에는 이 가족규칙 제75조 제 2 항과 같다(가족규칙 75조 3항).

〈참 고〉

그에 비하여 부부 중 한쪽이 재외국민이어서(또는 수감자이어서) 「다른 한쪽이 출석하여 이혼의사 확인신청을 한 경우」에는 관할 재외공관이나 교도소(구치소)의 장에게 이혼의사 등의 확인을 촉탁하여 그 회보서의 기재로써 그 당사자의 출석 · 진술을 갈음할 수 있다(가족규칙 74조 2항).

가족규칙 제75조 제 1 항부터 제 3 항까지의 신청을 받은 재외공관의 장은 당사자(1항의 경우에는 부부 양쪽이고, 2항 · 3항의 경우에는 신청서를 제출한 당사자임)에게 이혼에 관한 안내 서면을 교부한 후, 이혼의사의 유무와 미성년인 자녀가 있는지 여부 및 미성년인 자녀가 있는 경우에 그 자녀에 대한 양육과 친권자결정에 관한 협의서 1통 또는 가정법원의 심판정본 및 확정증명서 3통을 제출받아 확인하고 그 요지를 기재한 서면을 작성하여 기명날인한 후 신청서에 첨부하여 지체 없이 서울가정법원에 송부하여야 한다(가족규칙 75조 4항).

재외국민의 이혼의사 확인신청에 대하여 서울가정법원이 언제, 어떻게 이혼의사를 확인하는지에 관하여는 가족규칙 제76조가 규정하고 있다.

〈판 례〉

「법원에 의한 협의이혼의사 확인절차는 확인 당시에 당사자들이 이혼할 의사를 가지고 있었는가를 밝히는 데 그치는 것이므로(당원 1987. 1. 20. 선고 86므86 판결 참조) 협의이혼의사 확인이 있었다는 것만으로 재판상 이혼사유가 될 수 없음은 물론이고(당원 1983. 7. 12. 선고 83므11 판결 참조) 그 의사 확인 당시에 더 이상 혼인을 계속할 수 없는 중대한 사유가 있었다고 추정될 수도 없는 것」이다(대판 1988. 4. 25, 87므28).

(3) 협의이혼의 장애사유(유효요건 문제)

피성년후견인은 부모 또는 후견인의 동의를 얻어 이혼을 할 수 있다(835조 · 808조 2항). 따라서 피성년후견인이 이혼(협의이혼)하는 데 부모나 후견인이 동의를 하지 않으면 이혼신고가 수리되지 않는다(813조 참조). 이러한 경우에 부모나 후견인의 동의가 없는데도 이혼신고가 수리되었다면 어떠한 효과가 생기는지 문제되는데, 그에 대하여는 뒤에서 설명한다([66] 참소).

미성년자나 피한정후견인은 누구의 동의도 받지 않고 단독으로 협의이혼을 할 수 있다.

(4) 협의이혼의 무효와 취소 [63]

1) 협의이혼의 무효

(가) **서 설** 민법에는 협의이혼의 무효에 관한 규정이 없으나(이는 입법상 불비임), 가사소송법이 이혼무효의 소에 대하여 규정하고 있다(가소 2조 1항 가류사건 2). 재판상 이혼은 무효로 될 수 없으므로, 여기의 이혼은 협의이혼만을 가리킨다.

(나) **무효원인** 「당사자간에 이혼의 합의가 없는 때」에는 협의이혼이 무효라고 하여야 한다(815조 1호 유추). 이는 본인의 의사를 존중하는 친족법상의 행위의 본질상 당연하다. 이혼의 합의 즉 이혼의사의 합치에 있어서 이혼의사가 어떤 의미인지가 문제된다. 여기에 관하여 학설(이들은 이혼의 성립요건으로 논의함)은 i) 혼인관계를 실제로 해소하려는 의사라고 하는 실질적 의사설(김/김(제 8 판), 177면), ii) 이혼신고를 하려는 의사

라는 형식적 의사설(김용한, 143면; 박병호, 110면; 배/최, 139면), iii) 협의이혼의 유형에 따라 다르게 별도의 이론구성을 하여야 한다는 견해(이경희, 100면)로 나뉘어 있다. 한편 판례는 초기에는 명백한 실질적 의사설의 입장이었으나(대판 1961. 4. 27, 4293민상536; 대판 1967. 2. 7, 66다2542), 근래에는 이혼무효에 매우 신중한 태도를 보이고 있다(대판 1975. 8. 19, 75도1712 이래 다수의 판결. 특히 대판 1993. 6. 11, 93므171). 이를 놓고 문헌들은 대부분 최근의 판례가 형식적 의사설을 취하고 있다고 한다. 그러나 판례가 아직도 실질적 의사설을 취하고 있음은 분명하며(대판 1993. 6. 11, 93므171(「법률상의 부부관계를 해소하려는 의사」); 대판 1997. 1. 24, 95도448(가장이혼을 유효하다고 하지 않음) 등 참조. 판례의 사안이 형벌에 관련되는가도 유의해서 보아야 함), 단지 특별한 사정이 있는 경우에만 이혼의사를 인정하려는 것일 뿐이다. 생각건대 이혼을 무효로 만드는 「이혼의 합의의 부존재」에 있어서의 이혼의사는 당연히 실질적 의사 즉 혼인관계를 해소하려는 의사이어야 하며, 이혼신고를 하려는 의사는 아무런 의미도 없다. 그리고 협의이혼은 그것이 여러 법률관계에 중대한 영향을 미칠 뿐만 아니라 가정법원의 의사확인을 거쳐 이루어지므로 그것의 무효 인정은 신중해야 한다. 그런 의미에서 판례의 신중한 태도는 지지될 만하다. 그렇지만 이혼의 합의 없음이 증명된 경우까지 이혼이 유효하다고 해서는 안 된다.

[64] 〈판 례〉

① 처가 운영하던 계가 깨져 부(夫)의 재산에까지도 강제집행을 당할 우려가 생기자 협의이혼신고를 하였다가 약 5개월 뒤 다시 혼인신고가 이루어진 경우에 관하여, 당사자간에 강제집행의 회피 기타 다른 목적을 위한 방편으로 일시적으로 이혼신고를 하기로 하는 합의가 있었음을 인정할 증거가 없다면 이혼당사자간에 일응 일시나마 법률상 적법한 이혼을 할 의사로서 이혼신고를 한 것으로 인정되고 부부관계는 유효하게 일단 해소되었다고 보아야 할 것이라고 한다(대판 1975. 8. 19, 75도1712: 간통죄 사건).

② 피고인들이 해외로 이주할 목적으로 이혼신고를 하였다 하더라도 일시적이나마 이혼할 의사가 있었다고 보여지므로 피고인 등의 이혼신고는 유효하다고 한다(대판 1976. 9. 14, 76도107: 공정증서원본 불실기재죄 등 사건).

③ 부(夫)가 외국이민을 떠났다가 3년 후에 다시 귀국하여 혼인신고를 해 주겠다고 하여 이를 믿고 이혼신고를 하였다면, 당사자간에 일시적이나마 법률상의 부부관계를 해소할 의사가 있었고, 따라서 그 이혼신고는 유효하다고 한다(대판 1981. 7. 28, 80므77).

④ 갑(부)이 처갓집에 들어가 농사일에 종사하던 중 장인·장모와 불화하여 장모가 나갈 것을 요구하자 사위의 신분으로는 노임을 청구할 수 없는 것으로 오인하고 처와 합의 하에 협의이혼신고를 한 경우에 관하여, 일시적으로나마 이혼신고를 하기로 하는 합의 하에 협의이혼신고를 한 사실이 인정되는 이상 이혼의사가 결여되어

무효라고는 할 수 없다고 한다(대판 1993. 6. 11, 93므171).

위와 같은 사견(실질적 의사설)에 의하면 이혼의사의 합치가 없는 가장이혼은 무효이다. 다만, 충분히 증명하지 않으면 가장이혼으로 인정될 수 없다.

〈가장이혼에 대한 형식적 의사설의 태도〉

형식적 의사설을 취하는 학자들이 가장이혼에 대하여 어떠한 태도를 취하는지는 분명하지 않다. 그들은 학설의 하나로서 형식적 의사설을 설명하면서는 그 견해에 의할 때 가장이혼은 유효하다고 한다. 그런데 그 견해를 사견으로 주장한 뒤에는 대부분 가장이혼에 대하여 명확하게 설명을 하지 않고 있다. 다만, 하나의 문헌(배/최, 139면)이 「이혼신고시 일시적이라도 이혼에 관하여 합의가 있었다면 이혼은 인정되어야 할 것」이라고 할 뿐이다. 그런데 이것은 가장이혼이 전부, 그리하여 일시적이라도 이혼하지 않으려고 한 경우까지 유효하다는 의미가 아니어서 문제이다. 가장이혼 전부가 무효인지 확실치 않은 것이다.

이혼의사는 이혼신고서 작성시에는 물론이고 신고서 제출시에도 존재하여야 한다(통설도 같음). 그리하여 부부가 협의이혼의사 확인을 받았더라도 부부의 일방이 협의이혼의사를 철회하면(확인을 받은 당사자가 철회하려면 이혼신고가 접수되기 전에 이혼의사 철회서를 제출하여야 한다. 가족규칙 80조) 협의이혼신고서는 수리할 수 없으며, 설사 가족관계 등록사무 담당공무원이 착오로 협의이혼신고서를 수리하였더라도 협의이혼의 효력은 생기지 않는다(대판 1994. 2. 8, 93도2869).

(다) **이혼무효의 소** 이혼무효 및 이혼무효의 소의 성질은 혼인무효의 경우와 같다. 따라서 당연무효가 아니고 무효판결에 의하여 비로소 이혼이 무효로 되며, 이혼무효의 소는 형성의 소라 할 것이다(같은 취지: 이경희, 105면). 그런데 다른 견해인 당연무효설에 의하면, 이혼무효의 소는 확인의 소라고 하며, 이혼무효사유가 있을 경우, 이혼무효 확인의 소를 제기할 수 있음은 물론이고, 그러한 소가 제기되지 않은 상태에서도 이해관계인은 다른 소송에서 선결문제로서 이혼의 무효를 주장할 수 있다고 한다(김/김, 171면; 지원림, 1878면. 윤진수, 76면도 여기에 해당한다). [65]

이혼무효의 소는 당사자 · 법정대리인 또는 4촌 이내의 친족이 언제든지 제기할 수 있다(가소 23조)(조정전치주의는 적용되지 않음. 가소 2조 1항 가류사건 2). 그러나 이혼무효를 원인으로 하는 손해배상청구 및 원상회복청구에는 조정전치주의가 적용됨. 가소 2조 1항 다류 사건 2) · 50조). 이혼무효의 소의 상대방은 혼인무효의 경우와 같다(가소 24조. [38] 참조).

이혼무효의 판결이 확정되면 처음부터 이혼이 없었던 것과 같이 된다. 즉 소급효가 있다. 그리고 제 3 자에게도 효력이 미친다(가소 21조 1항). 이혼무효판결이 확정된 경우에는 소를 제기한 사람은 판결확정일부터 1개월 이내에 가족관계등록부의 정정을 신청하여야 한다(가족 107조).

[66] 2) 협의이혼의 취소

(가) **취소의 원인** 사기 또는 강박으로 인하여 이혼의 의사표시를 한 자는 사기를 안 날 또는 강박을 면한 날부터 3개월 이내에 이혼의 취소를 가정법원에 청구할 수 있다(838조 · 839조 · 823조). 취소는 법원의 협의이혼의사의 확인을 거쳤다고 하여 배제되는 것이 아니다. 그 확인은 당사자들의 의사를 확인하여 증명해 주는 데 그치는 것이고, 또 법원의 확인에 소송법상의 특별한 효력이 있는 것도 아니기 때문이다(대판 1987. 1. 20, 86므86: 부(夫)가 정신분열증이 있는 처(妻)를 데리고 법원에 가서 이혼의사확인을 받은 사건임). 한편 여기서 사기나 강박을 한 자에는 상대방배우자 외에 제 3 자도 포함된다(같은 취지: 김/김, 172면; 신영호, 129면). 그리고 제 3 자가 사기나 강박을 행한 경우에는 상대방배우자가 제 3 자의 사기 · 강박 사실에 대하여 선의 · 무과실이더라도 취소할 수 있다고 새겨야 한다(같은 취지: 김/김, 172면; 지원림, 1878면). 당사자의 진의가 존중되어야 하는 혼인취소에는 민법총칙 규정(110조 2항)을 적용하지 않는 것이 바람직하기 때문이다(앞의 [17] 도 참조).

피성년후견인이 부모 등의 동의를 얻지 않고 협의이혼한 경우에 관하여, 민법은 동의를 요구하는 규정(835조)만을 두고 그것을 위반한 경우에 대하여는 규정을 두고 있지 않다. 이 문제는 협의이혼의사 확인 또는 이혼신고서 수리절차에서 해결될 가능성이 크기는 하나, 그렇지 못한 때에는 피성년후견인의 보호를 위하여 취소할 수 있다고 하여야 한다(816조 1호 · 819조 유추. 입법상 불비(不備)이다. 같은 취지: 배/최, 147면. 그러나 김/김, 173면; 박동섭, 154면; 윤진수, 77면은 취소할 수 없다고 한다).

(나) **이혼취소의 소** 이혼취소의 소는 형성의 소로서(조정전치주의가 적용됨. 가소 2조 1항 나류사건 3) · 50조. 그러나 이혼취소는 그 자체를 조정으로 종결할 수는 없음. 가소 59조 2항 단서 참조) 그 판결의 확정으로 이혼이 취소된다. 그리고 취소판결은 제 3 자에게도 효력이 있다(가소 21조 1항). 이혼취소의 판결이 확정된 경우에는 소를 제기한 사람은 판결의 확정일부터 1개월 이내에 그 취지를 신고하여야 한다(가족 78조 · 58조 1항). 그런데 그 신고는 그 소의 상대방도 할 수 있다(가족 73조 · 58조 3항). 그리고 이 두 경우의 신고서에는 재판확정일을 기재해야 한다(가족 73조 · 58조 2항 3항).

이혼취소의 경우에는 혼인의 취소에서와는 달리 그 소급효를 제한하는 규정이 없어서(824조 참조), 취소판결이 확정되면 이혼이 처음부터 무효였던 것으로 된다. 따라서 혼인은 계속되었던 것으로 되고, 당사자가 그 사이에 재혼한 때에는 중혼이 된다(대판 1984. 3. 27, 84므9).

이혼취소의 경우에 사기 · 강박을 당한 자는 사기 · 강박을 행한 상대방배우자 또는 제 3 자에 대하여 손해배상을 청구할 수 있다(750조). 그런데 이혼취소를 원인으로 하는 손해배상청구와 원상회복청구에는 조정전치주의가 적용된다(가소 2조 1항 다류사건 2) · 50조).

(5) 사실상의 이혼 [67]

1) 의　의　　사실상의 이혼이란, 형식적으로는 법률혼 상태에 있으나, 부부가 이혼에 합의하고 별거하여 부부공동생활의 실체가 없는 상태를 말한다. 이러한 경우에 혼인의 효력을 정상적인 경우와 똑같이 인정하는 것은 적당치 않을 것이다.

2) 요　건　　사실상의 이혼으로 인정되려면 ① 이혼의 합의와 ② 별거로 인하여 부부공동생활의 실체가 없을 것이 필요하다. 다수설도 같은 견해이다(김/김, 174면; 박동섭, 156면; 배/최, 151면). 이에 대하여 소수설은 명시적인 이혼의사의 합치는 없었다고 하더라도 별거상태가 장기간에 걸쳐 부부로서의 혼인공동체의 실체가 없고 쌍방이 모두 혼인공동체로 복귀할 의사가 없는 경우도 사실상의 이혼상태로 보자고 한다(이경희, 106면). 그러나 혼인에 관한 법률규정의 적용을 배제하기 위해서는 이혼의 합의를 요구하는 것이 필요하다. 다만, 그 합의는 묵시적인 것이어도 무방하다.

주의할 것은, 부부가 불화로 인하여 별거하고 있는 경우나 악의로 유기하고 있는 경우는 사실상의 이혼이 아니라는 점이다.

3) 효　과　　사실상 이혼의 경우에는 혼인의 효력에 관한 규정 중 부부공동생활을 전제로 하는 것은 적용하지 않아야 한다.

㈎ 부부 사이의 동거 · 부양 · 협조의무는 소멸한다. 성적 성실의무(정조의무)도 경감된다고 할 것이다(같은 취지: 배/최, 152면. 그러나 김/김, 174면; 박동섭, 156면; 신영호, 130면; 이경희, 106면 등 다수설은 정조의무가 소멸한다고 한다). 그리고 일상가사대리권과 일상가사채무의 연대책임도 인정되지 않는다. 이때 제 3 자 보호가 문제되나, 제129조의 표현대리제도를 활용할 수 있을 것이다(같은 취지: 이경희, 107면. 김/김, 175면은 선의의 제 3 자에게 대항하지 못한다고 한다).

㈏ 사실상의 이혼의 경우에도 친족관계는 유지된다. 따라서 그러한 부부도 재혼을 할 수 없고, 타인과 재혼하면 중혼이 된다. 그리고 사실상 이혼의 상태에서 부부의 일방이 사망하면 생존배우자는 상속권이 있다(대판 1969. 7. 8, 69다427).

㈐ 사실상 이혼을 한 뒤 300일 이후에 출생한 자(子)는 사실상 이혼 후에 포태된 것으로 추정하여야 한다. 따라서 그러한 자에 대하여는 친생부인의 소에 의

하지 않고 친자관계 부존재 확인의 소에 의하여 친자관계를 부정할 수 있다(대판(전원) 1983. 7. 12, 82므59).

[68] ## 3. 재판상 이혼

(1) 서 설

1) 재판상 이혼이란 일정한 사유가 있을 때 당사자 일방의 청구로 가정법원의 판결에 의하여 혼인을 해소시키는 것을 말한다. 재판상 이혼은 일정한 사유가 있는 경우에만 허용되며, 그 사유를 재판상 이혼원인이라고 한다. 민법은 제840조에서 6가지의 재판상 이혼원인을 규정하고 있다.

2) 언제 재판상 이혼을 허용할 것인가, 즉 재판상 이혼원인을 어떻게 정할 것인가에 관하여는 두 가지의 입법주의가 있다. 하나는 부부의 일방에게 책임이 있는 경우에 한하여 다른 일방이 이혼을 청구할 수 있는 유책주의(有責主義)이고, 다른 하나는 책임과 관계없이 혼인이 파탄에 이르게 되면 이혼을 청구할 수 있는 파탄주의(破綻主義)이다. 우리 민법은 이 두 입법주의 가운데 유책주의를 취하고 있는 것으로 이해된다(통설 · 판례(대판(전원) 2015. 9. 15, 2013므568)도 같음. 박병호, 116면은 840조 6호는 형식적으로는 파탄주의를 선언한 것으로 볼 수 있다고 한다).

3) 제840조 제 1 호 내지 제 5 호의 이혼원인은 제 6 호의 「혼인을 계속하기 어려운 중대한 사유」를 예시한 것으로 보아야 한다(같은 취지: 김용한, 147면; 김/김, 177면; 박병호, 119면. 여기에는 다른 견해가 있는데, 그에 대하여는 아래의 학설 설명 참조). 따라서 제 1 호 내지 제 5 호 중 어느 하나가 존재하면 제 6 호가 존재하는 것으로 인정되어 이혼이 허용되고, 제 1 호 내지 제 5 호를 주장하였으나 그 증명에 실패하였어도 제 6 호에 해당하는 사실이 있으면(그 반대도 가능함) 이혼을 인용하여야 한다(소송물은 제 6 호 하나만 있게 됨).

〈제840조 제 1 호부터 제 5 호와 제 6 호의 관계에 관한 학설〉

이혼원인 중 제840조 제 1 호부터 제 5 호의 사유와 제 6 호의 사유 사이를 어떻게 이해할 것인가에 관하여는 다음과 같은 학설이 대립하고 있다.

(ㄱ) 독립사유설(독립설) 제840조 제 1 호부터 제 6 호까지의 재판상 이혼원인은 각각 독립적이고, 그리하여 각 사유마다 독립된 이혼청구권이 성립한다는 견해이다(배/최, 158면). 이는 근본적으로 유책주의의 입장에 있다. 후술하는 우리의 판례도 이 견해와 같다.

(ㄴ) 독립예시설 제840조 제 1 호부터 제 5 호의 사유는 제 6 호의 「혼인을 계속하기 어려운 중대한 사유」를 예시한 것으로 보는 견해이다(김/김, 177면). 이 견해는

제 1 호 내지 제 5 호의 사유 가운데 어느 하나가 존재하면 그 자체로 「혼인을 계속하기 어려운 중대한 사유」가 있다고 인정되어 이혼이 허용된다고 한다. 그리고 제 1 호 내지 제 5 호에 직접 해당하지 않는 사유라도 「혼인을 계속하기 어려운 중대한 사유」가 있으면 제 6 호의 이혼원인이 있는 것으로 판단할 수 있고, 원고가 제 6 호를 원용하여 이혼을 청구한 경우에 법원은 제 1 호 내지 제 5 호 중 어느 하나가 있는 것을 이유로 이혼을 명할 수 있다고 한다. 사견은 이 견해를 취한 것이다.

(ㄷ) **단순예시설** 제840조 제 1 호부터 제 5 호의 사유는 제 6 호를 전제로 하는 단순한 예시로 보고, 따라서 제 1 호부터 제 5 호의 사유가 있어도 제 6 호의 규정을 충족하는가의 판단에 따라 이혼 여부가 결정된다고 보는 견해이다(이경희, 109면). 이 견해는 제840조를 파탄주의로 이해하는 입장이다.

그러나 판례는 제840조의 이혼원인은 각각 별개의 독립한 이혼사유를 구성하는 것이므로, 법원은 원고가 주장한 이혼사유에 관하여만 심판하여야 하고, 원고가 주장하지 않은 이혼사유에 관하여는 심판을 할 필요가 없고 그 사유에 의하여 이혼을 명해서는 안 된다고 한다(대판 1963. 1. 31, 62다812).

〈판 례〉

「재판상 이혼사유에 관한 민법 제840조는 동조가 규정하고 있는 각 호 사유마다 각 별개의 독립된 이혼사유를 구성하는 것이고, 원고가 이혼청구를 구하면서 위 각 호 소정의 수개의 사유를 주장하는 경우 법원은 그중 어느 하나를 받아들여 원고의 청구를 인용할 수 있는 것이다.

이와 달리 법원은 각 이혼원인을 판단함에 있어 원고가 주장하는 이혼원인 중 제 1 호 내지 제 5 호 사유의 존부를 먼저 판단하고, 그것이 인정되지 않는 경우에 비로소 제 6 호의 원인을 최종적으로 판단할 수 있는 것이라는 주장은 독자적인 견해에 불과」하다(대판 2000. 9. 5, 99므1886).

4) 의식불명의 식물상태와 같은 의사무능력 상태에 빠져 성년후견개시의 심판을 받은 자의 배우자에게 부정행위나 악의의 유기 등과 같이 제840조 각 호가 정한 이혼원인이 존재하고 나아가 피성년후견인의 이혼의사를 객관적으로 추정할 수 있는 경우에는, 성년후견인이 피성년후견인을 대리하여 그 배우자를 상대로 이혼을 청구할 수 있다(938조 · 947조의 2 참조. 민법 개정 전의 판례로 대판 2010. 4. 29, 2009므639도 참조).

(2) 이혼원인 [69]

1) 배우자의 부정한 행위(840조 1호)

(가) 배우자의 부정한 행위란 간통을 포함하는 보다 넓은 개념으로서 간통에

까지는 이르지 않지만 부부의 정조의무에 충실하지 않는 일체의 행위를 가리키며, 부정한 행위인지 여부는 구체적 사안에 따라 그 정도와 상황을 참작하여 이를 평가하여야 한다(대판 1987. 5. 26, 87므5 · 6; 대판 1992. 11. 10, 92므68).

부정한 행위로 되려면 객관적으로 부정한 행위에 해당한다고 볼 만한 사실이 있어야 하고, 또 그것이 내심의 자유로운 의사에 의하여 행하여졌어야 한다(대판 1976. 12. 14, 76므10). 따라서 강간 등을 당한 경우는 부정한 행위를 한 것이 아니다. 그러나 과음 등과 같이 자기의 과실로 무의식 상태를 초래하여 강간한 것은 부정행위에 해당한다. 부정한 행위는 계속적인 것일 필요가 없으며 1회의 것으로 충분하다. 그리고 여기의 부정한 행위는 혼인하여 배우자로서 한 것을 가리키며, 그 이전의 것은 설사 약혼단계에서 한 행위라도 제 1 호의 부정한 행위에 해당하지 않는다(대판 1991. 9. 13, 91므85 · 92).

〈판 례〉

판례는 ① 이성과 방에서 같이 자고 새벽에 나가는 일이 더러 있었던 경우(대판 1987. 5. 26, 87므5 · 6), ② 가까이 지내던 부부 중 처가 식당을 개업하자 식당에 자주 드나들며 식당에 딸린 방에 수십분씩 함께 들어가 있거나 서로 껴안고 있다가 타인에게 목격되기도 한 경우(대판 1993. 4. 9, 92므938), ③ 고령과 중풍으로 정교능력이 없는 자가 이성과 동거한 경우(대판 1992. 11. 10, 92므68)는 부정한 행위에 해당하나, A가 캬바레(충남 홍성읍)에 춤을 추러 갔다가 그 곳에서 다른 남자를 만나 친하게 된 사실과 어느 날 A가 대천에서 서울을 갈 때 그 남자와 기차를 타고 서울에 있는 자신의 집까지 동행한 사실만으로는 부정한 행위를 한 것으로 단정할 수 없다고 한다(대판 1990. 7. 24, 89므1115).

(나) 부정한 행위를 이유로 한 이혼청구는 다른 일방이 사전동의나 사후용서를 한 때 또는 이를 안 날부터 6개월, 그 사유 있은 날부터 2년이 경과한 때에는 허용되지 않는다(841조).

「사전동의」는 스스로 부정행위를 교사 또는 방조하는 것을 가리키며, 단순히 사전에 예견한 것은 동의라고 할 수 없다. 그리고 첩계약에 대한 본처의 동의는 선량한 풍속에 반하는 것으로서 무효이므로(대판 1998. 4. 10, 96므1434), 처가 부첩관계에 동의했더라도 처의 이혼청구권은 소멸하지 않는다. 「사후용서」는 배우자의 일방이 상대방의 부정행위 사실을 알면서도 혼인관계를 지속시킬 의사로 악감정을 포기하고 상대방에게 그 행위에 대한 책임을 묻지 않겠다는 뜻을 표시하는 일방행위이다(대판 1991. 11. 26, 91도2049 참조). 여기의 「사전동의」의 법적 성질은 준법률행위 중 「자기의 의사

(법률효과의 발생에 향해진 의사는 아닌 것)를 통지하는 행위」인 의사의 통지라고 할 것이고, 「사후용서」는 준법률행위 중 감정의 표시에 해당한다(이영준, 민법총칙(2007), 168면은 「사전동의」도 감정의 표시라고 한다. 민법총칙 [66] 참조).

6개월과 2년의 기간은 제척기간인데, 부정행위가 계속적인 것인 때에는 그 행위가 계속되는 한 이혼청구권은 소멸하지 않으며 제척기간은 부정행위가 종료된 때부터 기산한다.

사전동의나 사후용서가 있는지, 6개월 또는 2년의 제척기간이 경과했는지는 권리소멸사유로서 피고가 항변으로 주장하고 증명해야 한다(같은 취지: 박동섭, 167면. 김/김, 181면은 청구인이 이혼원인이 발생한 날부터 6개월 후에 이혼을 청구하는 경우에는 청구인이 부정행위 사실을 안 날부터 6개월이 경과하지 않았다는 사실을 주장 · 증명할 것이라고 하나, 이는 근거가 없는 해석이다). 그런데 재판상 이혼과 같은 나류 가사소송사건의 경우(가류 가사소송사건의 경우도 같음)에는 가정법원이 직권으로 사실조사 및 필요한 증거조사를 해야 하므로(가소 17조. 직권탐지주의), 피고의 항변이 없어도 법원이 직권으로 조사하게 된다.

2) 악의의 유기(840조 2호) 악의의 유기란 정당한 이유 없이 부부로서의 동거 · 부양 · 협조의무를 이행하지 않고 다른 일방을 버린 것이다(대판 1986. 5. 27, 86므26; 대판 1998. 4. 10, 96므1434; 대판 1999. 2. 12, 97므612 참조). 상대방을 내쫓거나 나가지 않을 수 없게 한 다음 돌아오지 못하게 한 경우, 상대방을 집에 두고 나가서 돌아오지 않는 경우(대판 1984. 7. 10, 84므27 · 28; 대판 1986. 10. 28, 86므83 · 84; 대판 1990. 11. 9, 90므583 · 590)가 그 예이다. 그러나 상대방의 폭언 · 폭행 등을 견디지 못하고 가출한 경우(대판 1969. 12. 9, 69므31; 대판 1990. 3. 23, 89므1085; 대판 1990. 8. 10, 90므408)나 가출하였더라도 부부공동생활을 폐지할 의사가 없는 경우(대판 1986. 6. 24, 85므6; 대판 1986. 8. 19, 86므75)는 악의의 유기에 해당하지 않는다. 그리고 유기는 상당한 기간 계속되어야 한다. 따라서 일상생활에서 흔히 볼 수 있는 가출이나 친정에 자주 가는 것은 악의의 유기가 아니다. [70]

악의의 유기를 원인으로 한 이혼청구권에 대하여는 권리행사기간의 제한이 없다. 여기에 관하여 판례는 악의의 유기를 원인으로 하는 재판상 이혼청구권이 형성권으로서 10년의 제척기간에 걸린다고 하더라도 악의의 유기가 이혼청구 당시까지 존속되고 있는 경우에는 기간 경과에 의하여 이혼청구권이 소멸할 여지는 없다고 한다(대판 1998. 4. 10, 96므1434).

〈판 례〉

「악의의 유기를 원인으로 하는 재판상 이혼청구권이 법률상 그 행사기간의 제한이 없는 형성권으로서 10년의 제척기간에 걸린다고 하더라도 이 사건에 있어서와 같이 피고 A가 피고 B와 부첩관계를 계속 유지함으로써 민법 제840조 제 2 호에 해당하는 배우자가 악의로 다른 일방을 유기하는 것이 이혼청구 당시까지 존속되고 있는 경우에는 기간 경과에 의하여 이혼청구권이 소멸할 여지는 없다.」(대판 1998. 4. 10, 96므1434)

3) 배우자 또는 그의 직계존속에 의한 심히 부당한 대우(840조 3호) 제840조 제 3 호에서 「심히 부당한 대우를 받았을 때」라 함은 혼인관계의 지속을 강요하는 것이 가혹하다고 여겨질 정도의 폭행이나 학대 또는 중대한 모욕을 받았을 경우를 말한다(대판 1981. 10. 13, 80므9; 대판 1999. 2. 12, 97므612; 대판 1999. 11. 26, 99므180; 대판 2021. 3. 25, 2020므14763 등). 「심히 부당한 대우」에 해당하는지 여부는 구체적인 경우에 사회통념과 당사자의 사회적 지위 등을 고려하여 개별적으로 판단하여야 한다.

배우자의 직계존속으로부터 심히 부당한 대우를 받았는지를 판단할 때에는 그 직계존속과 공동생활을 하고 있는지도 고려해야 한다. 이 사유가 이혼원인에 포함된 것은 일반적으로 직계존속과 공동생활을 해온 데 기인하기 때문이다(이 점에서 김/김, 184면; 배/최, 166면; 신영호, 134면은 입법론으로 이 사유(및 제 4 호)에 반대한다). 그러나 직계존속과 공동생활을 하지 않더라도 배우자의 직계존속의 부당한 대우로 인하여 혼인을 계속할 수 없는 경우에는 제840조 제 6 호에 의하여 이혼을 청구할 수 있다.

제840조 제 3 호를 원인으로 한 이혼청구권에 대하여는 권리행사기간의 제한이 없다. 그리하여 이혼청구권을 형성권으로 이해하여 10년의 제척기간에 걸린다고 해석할 수 있다(842조는 840조 3호의 경우에 유추적용되지 않는다. 대판 1993. 6. 11, 92므1054 · 1061). 그러나 여기에는 실효의 원칙(민법총칙 [54] 참조)이 적용되어야 하고, 그 결과 사정에 따라서는 10년이 되지 않았더라도 이혼청구를 할 수 없다고 해야 한다.

4) 자기의 직계존속에 대한 배우자의 심히 부당한 대우(840조 4호) 이는 배우자가 자기의 직계존속에게 심히 부당한 대우를 한 경우이다. 이 원인에 대하여는 위 3)의 설명을 참조할 것.

5) 3년 이상의 생사불명(840조 5호) 생사불명이란 생존도 사망도 증명할 수 없는 것이다. 이 사유에 해당하려면 배우자가 3년 이상 생사불명일 뿐만 아니라 현재(이혼청구 당시)에도 생사불명이어야 한다(같은 취지: 김/김, 186면). 생사불명의 원인, 생사불명자의 과실 유무는 묻지 않는다. 3년의 기간의 기산점은 배우자의 생존을 증명할 수 있는 최후의 시기이다. 배우자가 마지막 편지를 보냈을 때가 그 예이다. 배우자가 가출하여 소식이 없는 때에는 생존하고 있든 생사불명이든 악의의 유기(840조 2호)

를 이유로 이혼청구를 할 수 있으므로, 실제에서 3년의 기간까지 기다렸다가 여기의 사유로 이혼청구를 하는 예는 드물다.

이 사유의 경우에 이혼판결은 공시송달(민소 194조 이하)의 방법으로 진행된다.

이 사유에 의한 이혼은 실종선고에 의한 혼인해소와는 관계가 없으며, 이혼판결이 확정된 후 배우자가 살아서 돌아오더라도 — 실종선고가 취소되는 경우와 달리 — 혼인이 부활하지 않는다(이설 없음). 실종선고의 경우와 이 사유에 의한 이혼의 경우에 재산관계를 비교해보면, 전자의 경우에는 사망의 효과가 발생하여 상속이 개시되는 데 비하여, 후자의 경우에는 재산분할이 문제된다.

제840조 제 5 호를 원인으로 한 이혼청구권의 행사기간은 제한이 없다. 따라서 생사불명 상태가 3년 이상이면 아무리 오래 지났다고 하더라도 이혼을 청구할 수 있다.

6) 기타 혼인을 계속하기 어려운 중대한 사유(840조 6호) 제840조 제 6 호의 [71]
「혼인을 계속하기 어려운 중대한 사유가 있을 때」란 부부간의 애정과 신뢰가 바탕이 되어야 할 혼인의 본질에 상응하는 부부 공동생활관계가 회복할 수 없을 정도로 파탄되고 그 혼인생활의 계속을 강제하는 것이 일방 배우자에게 참을 수 없는 고통이 되는 경우를 말하며, 이를 판단함에 있어서는 그 파탄의 정도, 혼인계속의사의 유무, 파탄의 원인에 관한 당사자의 책임 유무, 혼인생활의 기간, 자녀의 유무, 당사자의 연령, 이혼 후의 생활보장 기타 혼인관계의 제반사정을 두루 고려하여야 한다(대판 1987. 7. 21, 87므24; 대판 1991. 7. 9, 90므1067; 대판 2005. 12. 23, 2005므1689; 대판 2010. 7. 15, 2010므1140; 대판 2021. 3. 25, 2020므14763; 대판 2021. 8. 19, 2021므12108; 대판 2022. 5. 26, 2021므15480 등).

〈판 례〉

(ㄱ) 중대한 사유의 예

① 유부녀 강간, 현금강취와 같은 파렴치범죄(대판 1974. 10. 22, 74므1).

② 합리적 이유 없이 남편과의 성행위를 거부하고 결혼생활 동안 거의 매일 외간 남자와 전화통화를 한 경우(대판 2002. 3. 29, 2002므74).

③ 성적 불능(대판 1966. 1. 31, 65므65: 사실혼 해소로 인한 위자료청구사건).

④ 불치의 정신병(회복불가능한 조울증 포함)(대판 1991. 1. 15, 90므446; 대판 1995. 5. 26, 95므90; 대판 1997. 3. 28, 96므608 · 615 등).

⑤ 지나친 신앙생활(대판 1989. 9. 12, 89므51; 대판 1996. 11. 15, 96므851).

⑥ 상습 도박(대판 1991. 11. 26, 91므559).

⑦ 남편의 독선과 권위의식, 의처증으로 인하여 혼인이 파탄된 경우(대판 2000. 9. 5, 99므1886: 78세의 처

(와 92세의 남편 사이의 이혼).

⑧ 법률상 부부인 갑과 을이 별거하면서 갑이 병과 사실혼관계를 형성하였고, 그 후 갑과 을의 별거상태가 약 46년간 지속되어 혼인의 실체가 완전히 해소되고 각자 독립적인 생활관계가 고착화되기에 이르자 갑이 을을 상대로 이혼을 청구한 사안에서, 갑과 을의 혼인은 혼인의 본질에 상응하는 부부공동생활 관계가 회복할 수 없을 정도로 파탄되었고, 그 혼인생활의 계속을 강제하는 것이 일방 배우자에게 참을 수 없는 고통이 될 것이며, 혼인제도가 추구하는 목적과 민법의 지도이념인 신의성실의 원칙에 비추어 보더라도 혼인관계의 파탄에 대한 갑의 유책성이 반드시 갑의 이혼청구를 배척하지 않으면 아니 될 정도로 여전히 남아 있다고 단정할 수 없으므로, 갑과 을의 혼인에는 민법 제840조 제 6 호에 정한 '혼인을 계속하기 어려운 중대한 사유가 있을 때'라는 이혼원인이 존재한다고 한 사례(대판 2010. 6. 24, 2010므1256).

「부부 중에 성기능의 장애가 있거나 부부간의 성적인 접촉이 부존재하더라도 부부가 합심하여 전문적인 치료와 조력을 받으면 정상적인 성생활로 돌아갈 가능성이 있는 경우에는 그러한 사정은 일시적이거나 단기간에 그치는 것이므로 그 정도의 성적 결함만으로는 '혼인을 계속하기 어려운 중대한 사유'가 될 수 없으나, 그러한 정도를 넘어서서 정당한 이유 없이 성교를 거부하거나 성적 기능의 불완전으로 정상적인 성생활이 불가능하거나 그 밖의 사정으로 부부 상호간의 성적 욕구의 정상적인 충족을 저해하는 사실이 존재하고 있다면, 부부간의 성관계는 혼인의 본질적인 요소임을 감안할 때 이는 '혼인을 계속하기 어려운 중대한 사유'가 될 수 있다(대법원 2009. 12. 24. 선고 2009므2413 판결 참조).」(대판 2010. 7. 15, 2010므1140)

(ㄴ) 중대한 사유에 해당하지 않는 예

① 정신병 증세가 있으나 그 증상이 가벼운 정도에 그치거나 회복가능한 경우(대판 1995. 5. 26, 95므90; 대판 2004. 9. 13, 2004므740).

② 우울증 증세를 보였으나 치료를 받아 일상생활을 하는 데 별다른 지장이 없는 경우(대판 1995. 12. 22, 95므861).

③ 출산불능(대판 1991. 2. 26, 89므365 · 367).

④ 이혼합의 사실의 존재(대판 1982. 12. 28, 82므54; 대판 1990. 9. 25, 89므112; 대판 1996. 4. 26, 96므226 등).

「혼인생활 중 부부가 일시 이혼에 합의하고 위자료 명목의 금전을 지급하거나 재산분배를 하였다고 하더라도 그것으로 인하여 부부관계가 돌이킬 수 없을 정도로 파탄되어 부부 쌍방이 이혼의 의사로 사실상 부부관계의 실체를 해소한 채 생활하여 왔다는 등의 특별한 사정이 없다면 그러한 이혼합의 사실의 존재만으로는 이를 민법 제840조 제 6 호의 재판상 이혼사유인 혼인을 계속할 수 없는 중대한 사유에 해당한다고 할 수 없」다(대판 1996. 4. 26, 96므226).

제840조 제 6 호의 사유에 의한 이혼청구는 다른 일방이 이를 안 날부터 6개

월, 그 사유 있은 날부터 2년이 경과하면 허용되지 않는다(842조)(이 규정은 6호의 경우에만 적용될 뿐이며, 3호의 경우에 유추적용되지 않는다. 대판 1993. 6. 11, 92므1054 · 1061). 그런데 그 사유가 이혼심판청구 당시까지 계속되고 있는 경우에는 제척기간에 관한 이 규정이 적용되지 않는다(대판 1987. 12. 22, 86므90; 대판 1996. 11.8, 96므1243; 대판 2001. 2. 23, 2000므1561).

(3) 유책배우자의 이혼청구권 [72]

1) **유책배우자의 이혼청구권의 인정 여부** 혼인관계가 회복할 수 없을 정도로 파탄된 경우에 혼인파탄에 주된 책임이 있는 배우자 즉 유책배우자가 이혼을 청구할 수 있는가? 이는 제840조 제 6 호의 해석의 문제이다. 그 사유가 파탄주의를 규정한 것으로 이해하게 되면 그것을 근거로 유책배우자의 이혼청구를 허용하게 될 것이나, 파탄주의가 아니고 유책주의라고 하게 되면 유책배우자는 이혼을 청구할 수 없을 것이기 때문이다.

여기에 관하여 학설은 대체로 제한된 범위에서 유책배우자의 이혼청구를 허용하려고 한다(박병호, 121면; 배/최, 176면. 이경희, 116면은 좀더 적극적이다). 그리고 판례는 아래에서 자세히 보는 바와 같이 유책배우자의 이혼청구를 원칙적으로 허용하지 않고 일정한 경우에만 예외적으로 이를 허용한다.

생각건대 제840조 제 6 호는 겉으로 보기에는 파탄주의를 규정한 것처럼 보이나, 유책주의적인 제 1 호 내지 제 5 호가 제 6 호의 예시임에 비추어 볼 때 순수한 파탄주의를 규정한 것으로 보기 어려우며, 오히려 유책주의적인 이혼원인의 열거를 대신한 것으로 이해하여야 한다. 또한 현행법상 이혼당사자 보호제도가 미흡한 점에서도 파탄주의 도입에 신중을 기하여야 한다. 자칫 축출이혼을 합법화해 주는 결과가 될 가능성이 있기 때문이다(대판 1987. 4. 14, 86므28). 그렇다고 하여 모든 경우에 유책주의를 고집하는 것은 바람직하지 않으며, 판례처럼 제한된 범위에서 유책배우자의 이혼청구도 허용하여야 할 것이다(그 정도는 유책주의에 반하지 않는다).

2) **판례의 태도** 판례는 원칙적으로 유책배우자의 이혼청구를 인정하지 [73]
않는다. 판례는, 혼인을 계속하기 어려운 중대한 사유란 누구에게도 참을 수 없을 정도로 혼인관계가 파탄된 경우를 말하는 것이나, 혼인관계의 파탄이 오로지 또는 주로 이혼을 구하는 배우자의 귀책사유로 말미암은 경우는 포함되지 않는다고 한다(대판 1979. 2. 13, 78므34; 대판 1982. 5. 11, 80므60; 대판 1989. 6. 27, 88므740; 대판 1989. 10. 13, 89므785; 대판 1993. 4. 23, 92므1078). 그러나 다른 한편으로, 이혼청구인에게 전적으로 또는 주된 책임을 물어야 할 사유로 파탄에 이른 경우 또는 청구인의 책임이 피청구인의 책임보다 무거운 경우가 아닌 한 이혼청구가 허용되어야 할 것이라고 한다(대판 1988. 4. 25, 87므9; 대판 1990. 3. 27, 88므375; 대판 1991. 7. 9, 90므1067; 대판 1994. 5. 27, 94므130; 대판 2010. 7. 15, 2010므1140; 대판 2021. 3. 25, 2020므14763; 대판 2021. 8. 19, 2021므12108; 대판 2022. 5. 26, 2021므15480). 그러면서 판례는 일정한 경우에 예외적으로 유책배우자의 이혼청구를 허용한다.

그리고 대법원은 최근에 전원합의체 판결에서, 제840조 제 6 호의 이혼사유에 관하여 유책배우자의 이혼청구를 원칙적으로 허용하지 않는 종래의 대법원판례를 변경하는 것은 아직은 받아들이기 어렵다고 하면서도, 혼인제도가 추구하는 이상과 신의성실의 원칙에 비추어 보더라도 그 책임이 반드시 이혼청구를 배척해야 할 정도로 남아 있지 않은 경우에는 그러한 배우자의 이혼청구는 혼인과 가족제도를 형해화할 우려가 없고 사회의 도덕관 · 윤리관에도 반하지 아니한다고 할 것이므로 허용될 수 있다고 한다(대판(전원) 2015. 9. 15, 2013므568). 그러면서 대법원판례에서 이미 허용하고 있는 것처럼 상대방 배우자도 혼인을 계속할 의사가 없어 일방의 의사에 의한 이혼 내지 축출이혼의 염려가 없는 경우는 물론, 나아가 이혼을 청구하는 배우자의 유책성을 상쇄할 정도로 상대방 배우자 및 자녀에 대한 보호와 배려가 이루어진 경우, 세월의 경과에 따라 혼인파탄 당시 현저하였던 유책배우자의 유책성과 상대방 배우자가 받은 정신적 고통이 점차 약화되어 쌍방의 책임의 경중을 엄밀히 따지는 것이 더 이상 무의미할 정도가 된 경우 등과 같이 혼인생활의 파탄에 대한 유책성이 그 이혼청구를 배척해야 할 정도로 남아 있지 아니한 특별한 사정이 있는 경우에는 예외적으로 유책배우자의 이혼청구를 허용할 수 있다고 한다(대판(전원) 2015. 9. 15, 2013므568. 같은 취지: 대판 2022. 6. 16, 2021므14258[핵심판례 432면]). 그리고 유책배우자의 이혼청구를 예외적으로 허용할 수 있는지를 판단할 때에는, 유책배우자의 책임의 태양 · 정도, 상대방 배우자의 혼인계속의사 및 유책배우자에 대한 감정, 당사자의 연령, 혼인생활의 기간과 혼인 후의 구체적인 생활관계, 별거기간, 부부간의 별거 후에 형성된 생활관계, 혼인생활의 파탄 후 여러 사정의 변경 여부, 이혼이 인정될 경우의 상대방 배우자의 정신적 · 사회적 · 경제적 상태와 생활보장의 정도, 미성년 자녀의 양육 · 교육 · 복지의 상황, 그 밖의 혼인관계의 여러 사정을 두루 고려해야 한다고 한다(대판(전원) 2015. 9. 15, 2013므568. 같은 취지: 대판 2022. 6. 16, 2021므14258[핵심판례 432면]).

그런가 하면 다른 판결(대판 2022. 6. 16, 2021므14258[핵심판례 432면])에서, 상대방 배우자의 혼인계속의사를 인정하려면 소송 과정에서 그 배우자가 표명하는 주관적 의사만을 가지고 판단할 것이 아니라, 혼인생활의 전 과정 및 이혼소송이 진행되는 중 드러난 상대방 배우자의 언행 및 태도를 종합하여 그 배우자가 악화된 혼인관계를 회복하여 원만한 공동생활을 영위하려는 노력을 기울임으로써 혼인유지에 협조할 의무를 이행할 의사가 있는지 객관적으로 판단해야 한다고 한다. 그리고 과거에 일방 배우자가 이혼소송을 제기하였다가 유책배우자라는 이유에서 기각 판결이 확정되었더라도 장기간의 별거가 고착화된 경우에, 이미 혼인관계가 와해되었고 회복될 가능성이 없으며 상대방 배우자에 대한 보상과 설득으로 협의에 의하여 이혼을 하는 방법도 불가능해진 상태까지 이르렀다면, 종전 이혼소송의 변론종결 당시 현저하였던 일방배우자의 유책성이 상당히 희석되었다고 볼 수 있고, 이는 현재 이혼소송의 사실심 변론종결 시를 기준으로 판단할 것이라고 한다. 다만, 이 경우 일방 배우자의 유책성을 상쇄할 정도로 상대방 배우자 및 자녀에 대한 보호와 배려가 이루어졌어야 하므로, 이혼에 불응하는 상대방 배우자가 혼인의 계속과 양립하기 어려워 보이는 언행을 하더라도, 그 이혼거절의사가 이혼 후 자신 및 미성년 자녀의 정신적 · 사회적 · 경제적 상태와 생활보장에 대한 우려에서 기인한 것으로 볼 여지가 있는 때에는 혼인계속의사가 없다고 섣불리 단정해서는 안 된다고 한다. 또한 자녀가 미성년자인 경우에는 혼인의 유지가 경제적 · 정서적으로 안정적인 양육환경을 조성하여 자녀의 복리에 긍정적 영향을 미칠 측면과 더불어 부모의 극심한 분쟁상황에 지속적으로 자녀를 노출시키거나 자녀에 대한 부양 및 양육을 방기하는 등 파탄된 혼인관계를 유지함으로써 오히려 자녀의 복리에 부정적 영향을 미칠 측면에 관하여 모두 심리 · 판단할 것이라고 한다.

〈판 례〉

대법원이 종래 예외적으로 유책배우자의 이혼청구를 허용한 경우들을 살펴본다.

(ㄱ) **상대방에게도 이혼의사가 인정되는 경우** 상대방에게도 혼인을 계속할 의사가 없음이 명백한 경우에는 유책배우자의 이혼청구를 인정한다. 상대방도 이혼의 반소를 제기하고 있는 경우(대판 1987. 12. 8, 87므44 · 45) 또는 오로지 오기나 보복적 감정에서 표면적으로는 이혼에 불응하고 있기는 하나 실제에 있어서는 혼인의 계속과는 도저히 양립할 수 없는 행위를 하는 경우 등(대판 1987. 4. 14, 86므28. 대판 1987. 9. 22, 86므87; 대판 1996. 6. 25, 94므741; 대판 2004. 2. 27, 2003므1890; 대판 2004. 9. 24, 2004므1033; 대판 2010. 12. 9, 2009므844도 참조)에 그렇다. 그러나 유책배우자의 이혼청구에 대하여 상대방이 그 주장 사실을 다투면서 다른 사실을 내세워 반소로 이혼청구를 하거나(대판 1998. 6. 23, 98므15 · 22) 또는 이혼에 따른 위자료나 금전청산에 관하여 자신이 제시하는 금액에 동의하면 이혼하

겠다고 하였더라도(대판 1999. 10. 8, 99므1213) 그러한 사정만으로는 혼인을 계속할 의사가 없다고 단정할 수 없다.

대법원은 유책주의를 좀 더 완화한 판결을 하여 주목을 끌고 있다. 그 판결들은 구체적인 사안에 있어서 상대방이 혼인계속의사를 가지고 있으나 그것은 혼인의 실체를 상실한 외형상의 법률혼관계만을 계속 유지하려는 것에 지나지 않는다고 한다. 이 판결들은 파탄주의적인 사고를 강화한 것이기는 하나 유책주의를 벗어난 것이라고 보기는 어렵다. 그 판결의 사실관계를 요약하면 다음과 같다.

① 갑과 을 사이의 11년이 넘는 장기간의 별거, 갑과 병 사이의 사실혼관계 형성 및 자의 출산 등 제반사정을 고려하여 갑과 을의 혼인은 혼인의 본질에 상응하는 부부공동생활 관계가 회복할 수 없을 정도로 파탄되었고, 그 혼인생활의 계속을 강제하는 것이 일방 배우자에게 참을 수 없는 고통이 된다고 하여, 비록 '유책배우자'의 이혼청구라 하더라도 갑과 을의 혼인에는 민법 제840조 제 6 호의 '혼인을 계속하기 어려운 중대한 사유가 있을 때'라는 이혼원인이 존재한다고 한 사례(대판 2009. 12. 24, 2009므2130).

② 대판 2010. 6. 24, 2010므1256([71]에 인용함).

(ㄴ) **혼인파탄의 책임이 부부 쌍방에 있는 경우** 이 경우에는 이혼청구자의 책임이 상대방 배우자의 책임보다 무겁지 않는 한 이혼을 인정한다(대판 1988. 4. 25, 87므9; 대판 1990. 3. 27, 88므375; 대판 1991. 7. 9, 90므1067; 대판 1992. 11. 10, 92므549; 대판 1994. 5. 27, 94므130. 남편이 결혼식 직후 강제징용에 끌려간 뒤 부부가 모두 이성과 사실혼관계를 맺은 경우에도 이혼청구를 허용함: 대판 1986. 3. 25, 85므85).

(ㄷ) **다른 원인으로 혼인이 파탄된 뒤 청구인에게 유책사유가 있었던 경우** 혼인파탄에 있어서 유책성은 혼인파탄의 원인이 된 사실에 기초하여 평가하여야 하며 혼인관계가 완전히 파탄된 뒤에 있은 일을 가지고 따질 것은 아니므로, 위의 경우에는 뒤에 있었던 유책사유는 무시하고 혼인파탄의 원인이 된 사실만을 바탕으로 이혼의 허용 여부를 판단한다(대판 1988. 4. 25, 87므9; 대판 2004. 2. 27, 2003므1890).

[74] **(4) 재판상 이혼의 절차**

1) 조정에 의한 이혼 재판상 이혼은 조정전치주의의 적용을 받으므로, 이혼을 하려는 사람은 먼저 가정법원에 조정을 신청하여야 한다(가소 2조 1항 나류사건 4)·50조). 만약 조정을 신청하지 않고 소를 제기하거나 심판을 청구한 경우에는, 가정법원은 배우자의 생사불명과 같은 특별한 사정(가소 50조 2항 단서 참조)이 없는 한 그 사건을 조정에 회부하여야 한다(가소 50조 2항 본문). 조정절차에서 당사자 사이에 이혼의 합의가 성립하여 그것을 조서에 기재하면 조정이 성립하게 되는데(가소 59조 1항), 조정은 재판상 화해와 동일한 효력이 있어서(가소 59조 2항 본문) 곧바로 혼인이 해소된다. 조정이 성립하면 조정을 신청한 사람은 조정 성립일부터 1개월 이내에 이혼신고를 하여야 한다(가족 78조·58조 1항). 그런데 이는 보고적 신고이다.

2) 재판에 의한 이혼

(개) **일 반 론** 조정이 성립하지 않거나 조정을 하지 않기로 하는 결정이 있거나 조정에 갈음하는 결정에 대하여 이의신청이 있는 때에는, 조정신청을 한 때에 소가 제기된 것으로 본다(가소 49조, 민사조정법 36조 1항). 판결이 확정되면 이혼신고가 없더라도 혼인은 해소되며, 판결은 제 3 자에게도 효력이 있다(가소 21조 1항). 그리고 소를 제기한 자는 판결이 확정된 날부터 1개월 이내에 이혼신고를 하여야 하는데(가족 78조 · 58조 1항), 이것 역시 보고적 신고이다(이설 없음).

(내) **제한능력자가 소제기를 하는 경우** 제한능력자 중 미성년자는 혼인에 의한 성년의제(826조의 2)에 의하여, 피한정후견인은 친족법상의 행위에 관하여는 독립하여 법률행위를 할 수 있으므로 단독으로 이혼의 소를 제기할 수 있다(민소 55조 단서). 그에 비하여 피성년후견인은 단독으로 소를 제기하지 못하고 법정대리인인 성년후견인이 그를 대리하여 소를 제기하여야 한다(민소 55조 본문). 그리고 이때 피성년후견인에게 후견감독인이 있으면 후견감독인의 동의를 받아야 한다(950조 1항 3호). 그런데 성년후견인이 피성년후견인의 배우자인 경우에는 성년후견인에게 불이익이 생길 수 있다. 그 경우에는 특별대리인을 선임하여 대리하게 하여야 한다(949조의 3 본문 · 921조). 그러나 후견감독인이 있는 때에는 특별대리인을 선임할 수 없어서 문제이다(949조의 3 단서). 그때에는 후견인을 변경하는 수밖에 없을 것이다(940조. 후견감독인의 존재만으로 피성년후견인이 충분히 보호되지는 못하기 때문이다).

4. 이혼의 효과 [75]

(1) 일반적 효과

1) 이혼이 성립하면 혼인이 해소되어 혼인에 의하여 생긴 효과, 즉 동거 · 부양 · 협조의무, 부부재산계약 등은 모두 소멸한다.

2) 혼인에 의하여 배우자의 혈족과의 사이에 생겼던 인척관계는 소멸한다(775조 1항).

3) 이혼한 부부는 재혼할 수 있다. 그러나 제809조 제 2 항의 혼인금지는 여전히 존재한다.

(2) 자(子)에 대한 효과

1) **자의 신분** 부부 사이에 출생한 자는 그 부부가 이혼하더라도 혼인

중의 출생자의 지위를 잃지 않는다. 그러나 부부가 공동생활을 하지 못하게 됨으로써 부부가 함께 자를 양육할 수 없게 된다. 그리하여 자의 양육을 어떻게 할 것인지가 중요한 문제로 된다.

민법은 이혼의 경우에 미성년의 자에 대한 친권과 양육권을 별도의 규정에서 따로 규정하고 있다(909조 5항 · 837조 참조). 이는 이혼 후에 친권은 부(父)에게 있는 상태에서 친권이 없는 모(母)에게 양육권을 인정하려고 한 데서 비롯된 것이다. 그런데 1990년 민법개정으로 모도 이혼 후에 친권자가 될 수 있으므로 이제는 친권과 양육권을 분리하여 규정할 필요는 없다(같은 취지: 김/김, 213면; 이경희, 119면). 그러나 현행법상 친권과 양육권이 다른 조항에서 규정되어 있으므로 이혼 후 부모와 자녀의 관계에 있어서 친권과 양육권이 항상 같은 사람에게 돌아가야 하는 것은 아니다(대판 2012. 4. 13, 2011므4719).

2) 자의 양육문제

㈎ 이혼하는 경우에 그 자의 양육에 관한 사항(양육자 결정, 양육방법, 양육비의 부담 등)은 부모의 협의에 의하여 정한다(837조 1항). 그런데 그 협의에는 반드시 ① 양육자의 결정, ② 양육비용의 부담, ③ 면접교섭권의 행사 여부 및 그 방법이 포함되어야 한다(837조 2항). 한편 자의 양육에 관한 부모의 협의가 자(子)의 복리에 반하는 경우에는 가정법원은 보정을 명하거나 직권으로 그 자의 의사 · 나이와 부모의 재산상황, 그 밖의 사정을 참작하여 양육에 필요한 사항을 정한다(837조 3항).

그리고 양육에 관한 사항의 협의가 이루어지지 아니하거나 협의할 수 없는 때에는 가정법원은 직권으로 또는 당사자의 청구에 따라 이에 관하여 결정하며, 이 경우 가정법원은 제837조 제 3 항의 사정을 참작하여야 한다(837조 4항)(조정전치주의가 적용됨. 가소 2조 1항 마류사건 3) · 50조). 주의할 것은, 여기서 가정법원이 직권으로 양육에 관한 사항을 결정할 수 있는 것은 재판상 이혼의 경우에 한정된다는 점이다(같은 취지: 김/김, 203면; 신영호, 142면). 협의이혼을 하려면 부부가 자의 양육에 관한 협의서 또는 가정법원의 심판정본을 — 협의서는 확인기일 1개월 전까지, 심판정본 및 확정증명서는 확인기일까지(가족등록예규 395호 2조 3항 2문) — 제출하여야 하므로(836조의 2 4항), 양육에 관한 협의가 이루어지지 않은 때에는 가정법원에 심판을 청구할 것이기 때문이다. 그리고 이혼의사 확인절차는 재판절차가 아니어서 거기에서 양육에 관하여 심판을 하게 하는 것도 부적절하다. 결국 협의이혼의 경우에 자의 양육에 관하여 협의가 되지 않아 협의서(또는 심판정본)가 제출되지 않은 경우에는 가정법원은 이혼의사 확인을 거부할 수 있을 뿐,

그에 대하여 직권으로 결정할 수는 없다고 해야 한다. 가족관계등록예규도 차회 기일까지(심판절차가 계속 중인 경우에는 가정법원의 심판종료 후 지정한 확인기일까지) 협의서 또는 가정법원의 심판정본 및 확정증명서를 제출하지 않으면 진술조서 또는 기일조서와 기록표지의 「불확인」란에 각각 날인한다고 하여(가족등록예규 395호 12조 1항 · 2항), 위의 사견처럼 운영할 것으로 생각된다.

양육사항 중 가장 중요한 것이 양육자의 결정인데, 보통은 부모 중 일방을 양육자로 정하나, 부모 쌍방이나 제 3 자에게 양육사항을 부담시킬 수도 있다(대판 1991. 7. 23, 90므828 · 835 참조). 대법원은, 부모가 이혼하는 경우에 미성년인 자녀의 양육자를 정할 때에는, 미성년인 자녀의 성별과 연령, 그에 대한 부모의 애정과 양육의사의 유무는 물론, 양육에 필요한 경제적 능력의 유무, 부와 모가 제공하려는 양육방식의 내용과 합리성 · 적합성 및 상호 간의 조화 가능성, 부 또는 모와 미성년인 자녀 사이의 친밀도, 미성년인 자녀의 의사 등의 모든 요소를 종합적으로 고려하여, 미성년인 자녀의 성장과 복지에 가장 도움이 되고 적합한 방향으로 판단할 것이라고 한다(대판 2013. 12. 26, 2013므3383 · 3390; 대판 2020. 5. 14, 2018므15534; 대판 2021. 9. 30, 2021므12320 · 12337). 그리고 별거 이후 재판상 이혼에 이르기까지 상당 기간 부모의 일방이 미성년 자녀, 특히 유아를 평온하게 양육하여 온 경우, 이러한 현재의 양육 상태에 변경을 가하여 상대방을 친권자 및 양육자로 지정하는 것이 정당화되기 위해서는 현재의 양육 상태가 미성년 자녀의 건전한 성장과 복지에 도움이 되지 아니하고 오히려 방해가 되고, 상대방을 친권자 및 양육자로 지정하는 것이 현재의 양육 상태를 유지하는 경우보다 미성년 자녀의 건전한 성장과 복지에 더 도움이 된다는 점이 명백해야 한다고 한다(대판 2021. 9. 30, 2021므12320 · 12337).

〈판 례〉

「재판을 통해 비양육친이 양육자로 지정된다고 하더라도 미성년 자녀가 현실적으로 비양육친에게 인도되지 않는 한 양육자 지정만으로는, 설령 자녀 인도 청구를 하여 인용된다고 할지라도 강제집행이 사실상 불가능하다. 미성년 자녀가 유아인 경우 「유아인도를 명하는 재판의 집행절차(재판예규 제917－2호)」는 유체동산 인도청구권의 집행절차에 준하여 집행관이 강제집행할 수 있으나, 유아가 의사능력이 있는 경우에 그 유아 자신이 인도를 거부하는 때에는 집행을 할 수 없다고 규정하고 있다.

위와 같이 양육자 지정 이후에도 미성년 자녀를 인도받지 못한 채 현재의 양육 상태가 유지된다면 양육친은 상대방에게 양육비 청구를 할 수 없게 되어(대법원 2006. 4. 17. 자

(2005스18, 19 결정 등 참조), 결국 비양육친은 미성년 자녀를 양육하지 않으면서도 양육비를 지급할 의무가 없어지므로 경제적으로는 아무런 부담을 갖지 않게 되는 반면, 양육친은 양육에 관한 경제적 부담을 전부 부담하게 된다. 이러한 상황은 자의 건전한 성장과 복지에 도움이 되지 않는다.

따라서 비양육친이 자신을 양육자로 지정하여 달라는 청구를 하는 경우, 법원은 양육자 지정 후 사건본인의 인도가 실제로 이행될 수 있는지, 그 이행 가능성이 낮음에도 비양육친을 양육자로 지정함으로써 비양육친이 경제적 이익을 누리거나 양육친에게 경제적 고통을 주는 결과가 발생할 우려가 없는지 등에 대해 신중하게 판단할 필요가 있다.」(대판 2021. 9. 30, 2021므12320 · 12337. 그리고 이 판결은 외국인 배우자가 한국어 소통능력이 부족하다는 사정만으로 양육자로 지정되기에 부적합하다고 평가해서는 안 된다고 함)

양육자로 지정된 자는 자의 양육, 교육, 양육 · 교육에 필요한 거소지정, 부당하게 억류하는 자에 대한 인도청구 내지 방해배제청구를 할 수 있다(대판 1985. 2. 26, 84므86). 그러나 양육비의 부담은 양육자의 의무가 아니다. 오히려 양육하지 않는 부(父) 또는 모(母)가 양육자에 대하여 양육비의 지급의무가 있는 것이다. 다만, 당사자의 협정이나 가정법원의 결정에 반하여 양육한 경우(대판 1992. 1. 21, 91므689(소송상 화해 조항에 반하여 인도의무 있는 자가 양육한 경우); 대결 2006. 4. 17, 2005스18 · 19(조정조항에 반하여 양육권 없는 청구인이 양육한 경우)) 또는 부모 일방에 의한 양육이 그 양육자의 일방적이고 이기적인 목적이나 동기에서 비롯한 것이거나 자녀의 이익을 위하여 도움이 되지 않거나 그 양육비를 상대방에게 부담시키는 것이 오히려 형평에 어긋나게 되는 등의 특별한 사정이 있는 경우(이는 협정 등이 없는 때에 관한 것임. 대결(전원) 1994. 5. 13, 92스21; 대판 1995. 4. 25, 94므536; 대결 2023. 10. 31, 2023스643)에는 양육하지 않는 부(父) 또는 모(母)에게 양육비 지급의무가 없다고 할 것이다. 그리고 양육자에게 수입이 있는 경우에 그에게 양육비의 일부를 부담하게 하는 것이 반드시 부당하다고 할 수는 없다(대판 1992. 1. 21, 91므689). 그리고 판례는, 가정법원은 양육비용의 분담을 정함에 있어 자녀의 복리를 위하여 청구에 구애받지 않고(가소규 93조 2항 참조) 직권으로 양육비용의 분담에 관한 기간을 정할 수 있다고 한다(대결 2022. 11. 10, 2021스766. 같은 취지: 대판 2022. 1. 14, 2021므15145 · 15152). 한편 부모 중 어느 일방이 양육을 하게 된 경우에 과거의 양육비도 청구할 수 있는지에 관하여, 판례는 과거에는 부정하였으나(대판 1979. 5. 8, 79므3 등), 그 후 판례를 변경하여 현재는 이를 인정하고 있다(대결(전원) 1994. 5. 13, 92스21; 대결 2023. 10. 31, 2023스643; 대결 2024. 10. 8, 2023스637).

판례는, 양육비용의 분담을 포함하여 가정법원이 양육에 관한 사항을 정함에 있어서는 친자법을 지배하는 기본이념인 「자녀의 복리를 위하여 필요한지」를 기준으로 하여야 하고, 그 결정이 궁극적으로 자녀의 복리에 필요한 것인지에 따라 판단해야 한다고 한다(대결 2022. 11. 10, 2021스766. 같은 취지: 대판 2022. 1. 14, 2021므15145 · 15152).

판례에 의하면, 이혼한 부부 사이에서 자에 대한 양육비의 지급을 구할 권리 즉 양육비채권은 당사자의 협의 또는 가정법원의 심판에 의하여 구체적인 청구권의 내용과 범위가 확정되기 전에는 추상적인 청구권에 불과하여 상계할 수 없지만, 가정법원의 심판에 의하여 구체적인 청구권의 내용과 범위가 확정된 후의 양육비채권 중 이미 이행기에 도달한 후의 것은 독립하여 처분이 가능하고 포기 · 양도 또는 상계의 자동채권으로 하는 것도 가능하다고 한다(대판 2006. 7. 4, 2006므751). 그리고 과거 양육비에 관한 권리의 소멸시효에 관하여 종래에는 소멸시효가 진행하지 않는다고 하였으나, 전원합의체 결정으로 그 권리의 성질상 자녀가 미성년이어서 양육의무가 계속되는 동안에는 진행하지 않고 자녀가 성년이 되어 양육의무가 종료된 때부터 진행한다고 판례를 변경하였다(대결(전원) 2024. 7. 18, 2018스724. 여기에는 비용지출 시부터 시효가 진행한다는 대법관 1인의 별개의견과 종전 판례를 지지하는 대법관 5인의 반대의견이 있음).

판례에 따르면, 미성년 자녀를 양육하며 친권을 행사하는 부모는 미성년자의 감독의무자로서 미성년자의 불법행위에 대하여 손해배상책임을 질 수 있다(미성년자의 불법행위로 인한 손해가 미성년자의 감독의무자의 의무 위반과 상당인과관계가 있는 경우. 채권법각론 [268] 참조). 그런데 이혼으로 인하여 부모 중 1명이 친권자 및 양육자로 지정된 경우에 그렇지 않은 부모인 비양육친은 미성년자의 부모라는 사정만으로 미성년 자녀에 대하여 감독의무를 부담한다고 볼 수 없다(면접교섭권에 관한 규정은 제 3 자와의 관계에서 손해배상책임의 근거가 되는 감독의무를 부과하는 규정이라고 할 수 없다고 함). 다만, 비양육친이 자녀에 대하여 실질적으로 일반적이고 일상적인 지도 · 조언을 함으로써 공동 양육자에 준하여 자녀를 보호 · 감독하고 있었거나, 비양육친의 감독의무를 인정할 수 있는 특별한 사정이 있는 경우에는, 비양육친도 감독의무 위반으로 인한 손해배상책임을 질 수 있다(대판 2022. 4. 14, 2020다240021).

〈판 례〉 [76]

(ㄱ) 「어떠한 사정으로 인하여 부모 중 어느 한쪽만이 자녀를 양육하게 된 경우에, 그와 같은 일방에 의한 양육이 그 양육자의 일방적이고 이기적인 목적이나 동기에서 비롯한 것이라거나 자녀의 이익을 위하여 도움이 되지 아니하거나 그 양육비를 상대방에게 부담시키는 것이 오히려 형평에 어긋나게 되는 등 특별한 사정이 있는 경우를 제외하고는, 양육하는 일방은 상대방에 대하여 현재 및 장래에 있어서의 양육비 중 적정금액의 분담을 청구할 수 있음은 물론이고, 부모의 자녀양육의무는 특별한 사

정이 없는 한 자녀의 출생과 동시에 발생하는 것이므로 과거의 양육비에 대하여도 상대방이 분담함이 상당하다고 인정되는 경우에는 그 비용의 상환을 청구할 수 있다고 보아야 할 것이다.

다만 한쪽의 양육자가 양육비를 청구하기 이전의 과거의 양육비 모두를 상대방에게 부담시키게 되면 상대방은 예상하지 못하였던 양육비를 일시에 부담하게 되어 지나치고 가혹하며 신의성실의 원칙이나 형평의 원칙에 어긋날 수도 있으므로, 이와 같은 경우에는 반드시 이행청구 이후의 양육비와 동일한 기준에서 정할 필요는 없고, 부모 중 한쪽이 자녀를 양육하게 된 경위와 그에 소요된 비용의 액수, 그 상대방이 부양의무를 인식한 것인지 여부와 그 시기, 그것이 양육에 소요된 통상의 생활비인지 아니면 이례적이고 불가피하게 소요된 다액의 특별한 비용(치료비 등)인지 여부와 당사자들의 재산상황이나 경제적 능력과 부담의 형평성 등 여러 사정을 고려하여 적절하다고 인정되는 분담의 범위를 정할 수 있다고 볼 것이다.」(대결(전원) 1994. 5. 13, 92스21. 같은 취지: 대결 2023. 10. 31, 2023스643; 대결 2024. 10. 8, 2023스637)

(ㄴ) 「(이 판결은 위 (ㄱ)과 같은 취지를 먼저 판시하고 나서: 저자 주) 특히 현재와 장래의 양육비나 과거 양육비를 불문하고 양육비의 분담 범위를 정할 때에 당사자들의 재산 상황이나 경제적 능력과 부담의 형평성 등과 관련하여, 혼인관계 해소 시의 재산분할은 당사자 사이에 청산적 요소뿐만 아니라 이혼 후의 부양적 요소, 정신적 손해(위자료)를 배상하기 위한 급부로서의 성질 등을 포함하여 이루어지는 것이므로(대법원 2022. 7. 28. 자 2022스613 결정 등 참조), 당사자들의 이혼 시 이루어진 재산분할 또는 재산상 합의의 유무와 내용, 그러한 재산분할 상황 등과 양육비 부담과의 관계 등을 고려할 필요가 있다. 자녀를 두고 혼인관계를 해소하는 부모로서는 이혼 후 자녀의 양육 문제와 혼인 중 공동으로 형성한 재산의 청산 문제를 결정하면서 이 두 가지가 상호 긴밀한 영향을 미치는 관계 속에서 자녀의 양육자 및 양육비, 재산분할 등에 관한 합의에 이르거나 재산분할 또는 양육비의 청구 여부를 결정하게 되기 때문이다.

한편 자녀가 성년에 이르게 되면 이혼한 부부가 공동으로 부담하는 자녀양육의무는 종료하고, 더 이상 자녀에 대한 장래 양육비를 결정하거나 분담하여야 하는 문제가 생기지 않는다. 그 부부 사이에는 어느 일방이 과거에 자녀의 양육을 위해 지출한 비용을 서로 정산하여야 하는 관계만이 남게 된다. 나아가 자녀에 대한 과거 양육비의 분담과 관련하여, 자녀가 성년이 된 때부터는 관련 당사자 사이의 협의나 가정법원의 심판은 과거의 양육 상황과 지출 비용 등에 대한 확인과 평가를 거쳐 과거 양육비 중 상대방이 분담함이 상당하다고 인정되는 금액을 구체적으로 확정한다는 의미만을 가지게 되고, 자녀의 복리를 위해 필요한 양육비 분담액을 재량적으로 형성한다는 의미는 사라지게 된다. 자녀가 성년이 된 후에는 과거 양육비 분담액을 정할 때에 변동 가능성이 내재된 장래 양육비 분담액과 조화롭게 조정하는 과정을 거칠 필요가 없고, 과거 양육비에 관한 권리가 현재 또는 장래 양육의 필요에 제공될 여지가 없으므로 자녀의 복리에 미칠 영향을 고려할 필요도 없게 된다(대법원 2024. 7. 18. 자 2018스724 전원합의체 결정 참조). 이와 같이 사건본인이 이미 성년에 달한 경우와 미성년자인 경우는 그 과거 양육비의 확정 및 분담의 의미가 다르므로, 이혼한 부부 사이에 성년이 된 자녀에 대한 과거 양육비의 분담을 결정하는 법원으로서는 이러한 차이를 바탕으로 당사자들의 재산 상황이나 경제적 능력, 부담의 형평성 등에 관하여 심리하여 그 결과를 반영할 필요가 있다.」(대결 2024. 10. 8, 2023스637)

(ㄷ) 「양육자 지정청구를 하면서 양육자로 지정되는 경우 지급받을 양육비의 액수와 그 채무명의를 미리 확정하여 둘 필요가 있는 경우에는 양육자 지정청구와 함께 장래의 이행을 청구하는 소로서 양육비 지급청구를 동시에 할 수 있다.」(대판 1988. 5. 10, 88므92 · 108)

(ㄹ) 「이혼한 부부 사이에서 자(子)에 대한 양육비의 지급을 구할 권리(이하 '양육비채권'이라 한다)는 당사자의 협의 또는 가정법원의 심판에 의하여 구체적인 청구권의 내용과 범위가 확정되기 전에는 '상대방에 대하여 양육비의 분담액을 구할 권리를 가진다'라는 추상적인 청구권에 불과하고 당사자의 협의나 가정법원이 당해 양육비의 범위 등을 재량적 · 형성적으로 정하는 심판에 의하여 비로소 구체적인 액수만큼의 지급청구권이 발생하게 된다고 보아야 하므로, 당사자의 협의 또는 가정법원의 심판에 의하여 구체적인 청구권의 내용과 범위가 확정되기 전에는 그 내용이 극히 불확정하여 상계할 수 없지만, 가정법원의 심판에 의하여 구체적인 청구권의 내용과 범위가 확정된 후의 양육비채권 중 이미 이행기에 도달한 후의 양육비채권은 완전한 재산권(손해배상청구권)으로서 친족법상의 신분으로부터 독립하여 처분이 가능하고, 권리자의 의사에 따라 포기, 양도 또는 상계의 자동채권으로 하는 것도 가능하다고 할 것이다.」(대판 2006. 7. 4, 2006므751)

(ㅁ) 「이혼한 부부 중 일방이 미성년자의 자녀에 대한 양육자 지정청구와 함께 장래의 이행을 청구하는 소로서 양육비 지급을 동시에 청구할 수 있고, 위와 같은 청구에 따라 장래의 양육비 지급을 명한 확정판결이나 이와 동일한 효력이 있는 조정조서나 화해권고결정 등에서 사건본인이 성년에 이르는 전날까지 양육비 지급을 명한 경우 그 재판의 확정 후 사건본인이 성년에 도달하기 전에 법률의 개정으로 성년에 이르는 연령이 변경되었다면 변경된 성년 연령이 양육비를 지급하는 종료 기준시점이 된다고 할 것이다. 따라서 2011. 3. 7. 법률 제10429호로 개정되어 2013. 7. 1.부터 시행된 민법 제 4 조에 의하여 성년에 이르는 연령이 종전 20세에서 19세로 변경되었으므로 위 법 시행 이전에 장래의 양육비 지급을 명하는 재판이 확정되었더라도 위 법 시행 당시 사건본인이 아직 성년에 도달하지 아니한 이상 양육비 종료 시점은 개정된 민법 규정에 따라 사건본인이 19세에 이르기 전날까지로 봄이 타당하다.」(대결 2016. 4. 2, 2016으2)

〈양육비의 이행확보 방법〉 [77]

(ㄱ) **서 설** 양육비채권에 관하여 심판이나 판결, 양육비 부담조서(836조의 2 5항) 등의 집행권원을 가진 채권자(여기서는 이를 「양육비채권자」라고 함)는 민사집행법에 의하여 강제집행을 할

수 있다. 그런데 그 방법은 소액의 양육비를 받는 방법으로는 효율적이지 못하다. 그리하여 그와는 별도로 가사소송법이 간편하고도 효율적인 몇 가지의 양육비 이행확보 방법을 규정하고 있다. 이들 중 상당부분은 2009. 5. 8. 개정 시에 신설된 것이다(가소 48조의 2 · 48조의 3 · 63조의 2 · 63조의 3 등). 그런가 하면 2014. 3. 24.에는 양육비의 원활한 이행확보를 지원하기 위하여 「양육비 이행확보 및 지원에 관한 법률」(아래에서는 「양육비 이행확보법」이라 함)을 제정하였다(2015. 3. 25. 시행). 아래에서 가사소송법이 규정하고 있는 양육비의 이행확보 방법들을 상세히 설명하고((ㄴ)부터 (ㅁ)까지), 맨뒤에 「양육비 이행확보법」이 정하고 있는 내용을 간략히 보기로 한다((ㅂ)이 그에 해당함).

(ㄴ) **이행명령** 가정법원은 판결, 심판, 조정조서, 조정을 갈음하는 결정 또는 양육비 부담조서에 의하여 양육비 지급의무(이것을 포함한 「금전의 지급 등 재산상의 의무」, 「유아의 인도의무」, 「자녀와의 면접교섭 허용의무」를 이행해야 할 경우에 대하여 인정되는 것임. 가소 64조 1항 1호-3호)를 이행하여야 할 사람이 정당한 이유 없이 그 의무를 이행하지 않는 경우에는, 당사자의 신청에 의하여 일정한 기간 내에 그 의무를 이행할 것을 명할 수 있다(가소 64조 1항)(이행명령에는 특별한 사정이 없는 한 의무이행의 기간을 정하여야 한다. 대결 2017. 11. 20, 2017으519). 대법원은, 이 이행명령은 판결, 심판, 조정조서, 조정을 갈음하는 결정 또는 양육비 부담조서에 의하여 확정된 의무 중 이행명령을 할 때까지 의무자가 이행하지 않은 의무의 전부 또는 일부에 대하여만 할 수 있을 뿐이고(가소규 123조 참조), 이행하지 않은 의무의 범위를 넘어서는 할 수 없다고 한다(대결 2025. 5. 23, 2025으517). 가사소송법 제64조에 규정된 이행명령으로 판결, 심판, 조정조서, 조정을 갈음하는 결정 또는 양육비 부담조서에 의하여 확정되어 있는 의무의 내용을 변경하거나 의무자에 대하여 새로운 의무를 창설할 수 있는 것은 아니라는 이유에서이다.

양육비채무자가 이 이행명령을 위반한 경우에는 가정법원은 직권으로 또는 양육비채권자의 신청에 의하여 결정으로 1,000만원 이하의 과태료를 부과할 수 있다(가소 67조 1항). 그리고 양육비의 정기적 지급을 명령받은 사람이 정당한 이유 없이 3기(期) 이상 그 의무를 이행하지 않은 경우에는 가정법원은 권리자의 신청에 의하여 결정으로 30일의 범위에서 그 의무를 이행할 때까지 의무자에 대한 감치(監置)를 명할 수 있다(가소 68조 1항 본문 · 1호).

(ㄷ) **양육비 직접지급명령** 가정법원은 양육비를 정기적으로 지급할 의무가 있는 사람(이를 여기서는 양육비채무자라 함)이 정당한 사유 없이 2회 이상 양육비를 지급하지 않은 경우에 양육비채권자(전술한 것처럼 여기서는 집행권원을 가진 자만 가리킴)의 신청에 따라 양육비채무자에 대하여 정기적 급여채무를 부담하는 소득세 원천징수의무자에게 양육비채무자의 급여에서 정기적으로 양육비를 공제하여 양육비채권자에게 직접 지급하도록 명할 수 있다(가소 63조의 2 1항). 그리하여 가령 양육비채무자 A가 B회사 직원일 경우에 가정법원이 B회사에게 A의 월급에서 양육비를 공제하여 양육비채권자에게 직접 지급하라고 명할 수 있다. 이 방법은 장래의 양육비를 확보하는 데 매우 쉽고 유용한 것이다.

소득세 원천징수의무자가 정당한 이유 없이 가정법원의 양육비 직접지급명령을 위반한 경우에는 가정법원은 직권으로 또는 양육비채권자의 신청에 의하여 결정으로 1,000만원 이하의 과태료를 부과할 수 있다(가소 67조 1항).

㈑ **담보제공명령 및 양육비의 일시금 지급명령** 위의 ㈐의 직접지급명령은 양육비채무자가 임금근로자일 경우에는 유용하나 자영업자나 그 밖의 자인 경우에는 사용할 수 없다. 가사소송법은 후자의 경우를 위하여 담보제공명령 등의 제도도 두고 있다.

가정법원은 양육비를 정기적으로 지급하게 하는 경우에 그 이행을 확보하기 위하여 양육비채무자에게 상당한 담보의 제공을 명할 수 있다(가소 63조의 3 1항). 이는 당사자의 신청에 의하지 않고 직권으로 하는 것이다. 그리고 가정법원은 양육비채무자가 정당한 사유 없이 그 이행을 하지 않는 경우에는, 양육비채권자의 신청에 의하여 양육비채무자에게 상당한 담보의 제공을 명할 수 있다(가소 63조의 3 2항). 이는 양육비채권자의 신청에 의한 것이다. 양육비채무자가 이 담보제공명령을 위반한 경우에는 가정법원은 직권으로 또는 양육비채권자의 신청에 의하여 결정으로 1,000만원 이하의 과태료를 부과할 수 있다(가소 67조 1항).

양육비채무자가 담보를 제공해야 할 기간 이내에 담보를 제공하지 않는 경우에는, 가정법원은 양육비채권자의 신청에 의하여 양육비의 전부 또는 일부를 일시금으로 지급하도록 명할 수 있다(가소 63조의 3 4항). 양육비의 일시금 지급명령을 받은 사람이 30일 이내에 정당한 사유 없이 그 의무를 이행하지 않은 경우에는, 가정법원은 양육비채권자의 신청에 의하여 결정으로 30일의 범위에서 그 의무를 이행할 때까지 의무자에 대한 감치를 명할 수 있다(가소 68조 1항 본문 · 3호).

㈒ **재산명시명령 및 재산조회** 가정법원은 미성년자인 자녀의 양육비 청구사건(재산분할 · 부양료 청구사건의 경우에도 같음)을 위하여 필요하다고 인정하는 경우에는 직권으로 또는 당사자의 신청에 의하여 당사자에게 재산상태를 구체적으로 밝힌 재산목록을 제출하도록 명할 수 있다(가소 48조의 2 1항). 재산명시명령을 받은 사람이 정당한 사유 없이 재산목록의 제출을 거부하거나 거짓 재산목록을 제출하면 1,000만원 이하의 과태료를 부과한다(가소 67조의 3).

가정법원은 재산명시절차에 따라 제출된 재산목록만으로는 미성년자인 자녀의 양육비 청구사건(재산분할 · 부양료 청구사건의 경우에도 같음)의 해결이 곤란하다고 인정할 경우에 직권으로 또는 당사자의 신청에 의하여 당사자 명의의 재산에 관하여 조회할 수 있다(가소 48조의 3 1항). 가정법원으로부터 재산조회나 자료제출을 요구받은 공공기관 · 금융기관 · 단체 등은 정당한 사유 없이 그 요구를 거부하지 못한다(가소 48조의 3 2항, 민사집행법 74조 1항 · 3항 · 4항). 재산조회나 자료제출을 요구받은 기관 · 단체의 장이 정당한 사유 없이 거짓 자료를 제출하거나 자료를 제출할 것을 거부하면 1,000만원 이하의 과태료를 부과한다(가소 67조의 4).

㈓ **「양육비 이행확보법」의 주요내용** 「양육비 이행확보법」은, 비양육부 · 모는 양육부 · 모와의 합의 또는 법원의 판결 등에 따라 정하여진 양육비를 양육비 채권자

에게 성실히 지급하여야 한다고 한 뒤(같은 법 3조2항 본문), 다만 비양육부 · 모가 부양능력이 없는 미성년자인 경우에는 그 비양육부 · 모의 부모가 지급하여야 한다고 규정한다(같은 법 3조 2항 단서)(이 단서의 내용은 필요성은 인정하나, 이론적인 근거 면에서 받아들이기 어렵다. 혼인에 의한 성년의제(826조의 2)가 있기에 더욱 그렇다). 그리고 미성년 자녀의 양육비 청구와 이행확보 지원 등에 관한 업무를 수행하기 위하여 양육비이행관리원을 설립하도록 하였으며(같은 법 7조 1항), 그 기관은 비양육부 · 모와 양육부 · 모의 양육비와 관련한 상담, 양육비 이행 촉진을 위한 비양육부 · 모와 미성년 자녀의 면접교섭 지원, 양육비 청구 및 이행확보 등을 위한 법률지원, 일정한 경우 양육비 선지급, 합의 또는 법원의 판결에 의하여 확정된 양육비채권 추심지원 및 양육부 · 모에게 양육비 이전, 양육비채무(이 법에서 양육비 채무란 민법 836조의 2 및 가사소송법상의 집행권원이 있는 양육비용 부담에 관한 채무를 가리킴. 이 법 2조 2호) 불이행자에 대한 제재조치 등 여러 업무를 수행하도록 하고 있다(같은 법 7조 6항).

[78] ㈏ 가정법원은 자(子)의 복리를 위하여 필요하다고 인정하는 경우에는 부(父) · 모(母) · 자(子) 및 검사의 청구 또는 직권으로 자의 양육에 관한 사항을 변경하거나 다른 적당한 처분을 할 수 있다(837조 5항)(조정전치주의가 적용됨. 가소 2조 1항 마류사건 3) · 50조). 양육에 관한 사항의 변경은 그 사항이 당사자의 협의에 의하여 정해진 경우(대판 1991. 6. 25, 90므699)(협의가 재판상 화해인 경우에도 같음. 대결 1992. 12. 30, 92스17 · 18)와 가정법원의 조정이나(대결 2006. 4. 17, 2005스18 · 19) 심판에 의하여 정해진 경우 모두에 대하여 할 수 있고, 또한 어느 경우든 당초의 협의 또는 결정 후에 특별한 사정변경이 있는 때뿐만 아니라 이전에 정해진 사항이 부당하다고 인정되는 때에도 변경할 수 있다(대판 1991. 6. 25, 90므699; 대결 2006. 4. 17, 2005스18 · 19). 이러한 해석은 2007. 12. 21.의 민법 개정 전의 판례에 따른 것이다. 그런데 대법원은 얼마 전에, 관련 조항의 내용(2007. 12. 21. 개정시 837조 5항에서 「언제든지」라는 문구를 삭제하는 대신 「자녀의 복리를 위하여 필요한 경우」라는 문구를 추가하고 837조 3항 · 4항이 신설된 점, 2009. 5. 8. 개정시에 836조의 2 5항이 신설된 점)과 법 개정의 취지를 종합하면, 개정된 현행 조항 아래에서도 가정법원이 재판 또는 당사자의 협의로 정해진 양육비 부담 내용이 제반사정에 비추어 부당하게 되었다고 인정되는 때에는 그 내용을 변경할 수 있지만, 종전 양육비 부담이 「부당」한지 여부는 친자법을 지배하는 기본이념인 「자녀의 복리를 위하여 필요한지」를 기준으로 판단하여야 할 것이라고 하고, 특히 양육비의 감액은 일반적으로 자녀의 복리를 위하여 필요한 조치라고 보기 어려우므로, 가정법원이 양육비 감액을 구하는 심판청구를 심리할 때에는 양육비 감액이 자녀에게 미치는 영향을 우선적으로 고려하되 종전 양육비가 정해진 경위와 액수, 줄어드는 양육비 액수, 당초 결정된 양육비 부담 외에 혼인관계 해소에 수반하여 정해진 위자료, 재산분할 등 재산상 합의의 유무와 내용, 그러한 재산상 합의와 양육비 부담과의 관계, 쌍

방 재산상태가 변경된 경우 그 변경이 당사자의 책임으로 돌릴 사정이 있는지 유무, 자녀의 수, 연령 및 교육 정도, 부모의 직업, 건강, 소득, 자금 능력, 신분관계의 변동, 물가의 동향 등 여러 사정을 종합적으로 참작하여 양육비 감액이 불가피하고 그러한 조치가 궁극적으로 자녀의 복리에 필요한 것인지에 따라 판단해야 한다고 하였다(대결 2019. 1. 31, 2018스566. 같은 취지: 대결 2022. 9. 29, 2022스646). 그리고 최근에는 거기에 덧붙여, 통상적으로 자녀가 성장함에 따라 양육에 소요되는 비용 또한 증가한다고 봄이 타당하고, 따라서 종전에 정해진 양육비의 분담이 과다하게 되었다고 주장하며 감액을 청구하는 경우 법원은 자녀들의 성장에도 불구하고 양육비의 감액이 필요할 정도로 청구인의 소득과 재산이 실질적으로 감소하였는지 심리 · 판단해야 한다고 하였다(대결 2022. 9. 29, 2022스646).

판례는, 양육자로 지정된 양육친이 비양육친을 상대로 제기한 양육비 청구사건에서 제 1 심 가정법원이 자녀가 성년에 이르기 전날을 종기로 삼아 장래양육비의 분담을 정한 경우, 항고심법원이 양육에 관한 사항을 심리한 결과 일정 시점 이후에는 양육자로 지정된 자가 자녀를 양육하지 않고 있는 사실이 확인된다면 이를 반영하여 장래양육비의 지급을 명하는 기간을 다시 정해야 한다고 한다(대결 2022. 11. 10, 2021스766. 같은 취지: 대판 2022. 1. 14, 2021므15145 · 15152).

판례는 양육비에 관한 협정이 이루어진 후에 협의가 되지 않은 것을 전제로 양육비의 부담에 관한 심판을 구하는 경우에 그 청구는 양육에 관한 사항 중 양육비 부담부분의 변경을 구하는 취지로 볼 것이라고 한다(대판 1991. 6. 25, 90므699; 대결 1998. 7. 10, 98스17 · 18).

(다) 자(子)의 양육에 관한 처분과 변경에 관한 심판(친권자의 지정과 변경에 관한 심판도 같음)은 부모 중 일방이 다른 일방을 상대방으로 하여 청구하여야 한다(가소규 99조 1항). 그리고 위의 심판을 청구함에 있어, 부모 아닌 자가 자(子)를 양육하고 있을 때에는, 그 자를 공동상대방으로 하여 자(子)의 인도를 청구할 수 있다(가소규 99조 3항). 한편 위의 청구가 있는 경우에, 자(子)가 13세 이상인 때에는, 가정법원은 심판에 앞서 그 자(子)의 의견을 들어야 한다(가소규 100조 본문). 다만, 자(子)의 의견을 들을 수 없거나 자(子)의 의견을 듣는 것이 오히려 자(子)의 복지를 해할만한 특별한 사정이 있다고 인정되는 때에는 그렇지 않다(가소규 100조 단서).

(라) 양육에 관한 사항이 결정 또는 변경되거나 기타 처분이 있더라도 그 밖의 부모의 권리 · 의무에는 변경이 생기지 않는다(837조 6항). 그리하여 부양의무 · 상속권

도 존속하고, 미성년자인 자(子)가 혼인할 때에는 동의권도 가진다(808조). 그리고 이혼 후 양육권은 가지지 못하고 친권자로만 된 부(父) 또는 모(母)는 양육 이외의 부분(예: 법정대리권, 법률행위에 대한 동의권)에 대하여 친권을 행사할 수 있다.

(마) 이상의 양육에 관한 사항은 협의이혼에 관한 것이나(837조), 이는 재판상 이혼의 경우에도 준용된다(843조). 재판상 이혼에 특유한 판례 둘을 인용한다. 대법원은, 부모가 이혼하는 경우 법원이 친권자를 정하거나 양육자를 정할 때 반드시 단독의 친권자나 양육자를 정하도록 한 것은 아니므로 이혼하는 부모 모두를 공동양육자로 지정하는 것도 가능하나, 재판상 이혼에서 이혼하는 부모 모두를 공동양육자로 정할 때에는 그 부모가 부정행위, 유기, 부당한 대우 등 첨예한 갈등이나 혼인을 계속하기 어려운 사유로 이혼하게 된 것이라는 점을 고려하여 그 허용 여부는 신중하게 판단할 필요가 있고, 따라서 재판상 이혼의 경우 부모 모두를 자녀의 공동양육자로 지정하는 것은 부모가 공동양육을 받아들일 준비가 되어 있고 양육에 대한 가치관에서 현저한 차이가 없는지, 부모가 서로 가까운 곳에 살고 있고 양육환경이 비슷하여 자녀에게 경제적·시간적 손실이 적고 환경 적응에 문제가 없는지, 자녀가 공동양육의 상황을 받아들일 이성적·정서적 대응능력을 갖추었는지 등을 종합적으로 고려하여 공동양육을 위한 여건이 갖추어졌다고 볼 수 있는 경우에만 가능하다고 한다(대판 2020. 5. 14, 2018므15534). 그리고 재판상 이혼 시 친권자와 양육자로 지정된 부모의 일방은 상대방에게 양육비를 청구할 수 있고, 이 경우 가정법원으로서는 자녀의 양육비 중 양육자가 부담해야 할 양육비를 제외하고 상대방이 분담해야 할 적정 금액의 양육비만을 결정하는 것이 타당하다고 한다(대판 2020. 5. 14, 2019므15302).

[79] 3) 친권자의 결정

(가) **서　설**　부모가 이혼하면 공동친권행사가 어렵게 되어 친권자를 정할 것이 필요하다. 그리하여 민법이 정하는 바에 따라 보통 부모 중 어느 한쪽을 친권자로 정하게 된다. 그러나 반드시 그래야 하는 것은 아니며, 공동친권으로 정하는 것도 허용된다(대판 2012. 4. 13, 2011므4719).

부모 중 어느 한쪽만이 친권자로 정해진 경우에도 다른 한쪽은 부모로서의 지위는 여전히 가진다. 따라서 친권자 아닌 부모 중 한쪽은 친권은(그리하여 법정대리인으로서의 대리권도) 행사하지 못하지만 부모로서의 권리(예: 802조·808조에 의한 동의권, 974조 1호에 의한 부양청

(구권, 1000조 1항 2호에 의한 상속권)는 행사할 수 있다.

친권자의 결정 · 변경에 관한 민법규정을 살펴본다.

(나) **협의이혼의 경우** 협의이혼의 경우에는 부모의 협의로 친권자를 정하되, 협의를 할 수 없거나 협의가 이루어지지 않는 때에는 가정법원은 직권으로 또는 당사자의 청구에 따라 친권자를 지정하여야 한다(909조 4항 본문). 다만, 부모의 협의가 자(子)의 복리에 반하는 경우에는 가정법원은 보정을 명하거나 직권으로 친권자를 정한다(909조 4항 단서).

위의 규정에 의하면, 부모가 친권자 결정에 관하여 협의를 할 수 없거나 협의가 이루어지지 않은 때에는 가정법원이 「직권으로도」 친권자를 정할 수 있도록 되어 있다. 그러나 그러한 규정에도 불구하고 협의이혼의 경우에 가정법원이 친권자를 직권으로 지정할 수는 없다고 해야 한다(같은 취지: 김/김, 215면). 그 이유는 다음과 같다. 협의이혼을 하려는 당사자는 친권자 결정에 관한 협의서 또는 가정법원의 심판정본을 — 협의서는 확인기일 1개월 전까지, 심판정본 및 확정증명서는 확인기일까지(가족등록예규 395호 2조 3항 2문) — 제출하여야 하므로(836조의 2 4항)(협의서 등이 제출되지 않으면 가정법원은 이혼의사 확인을 거부해야 함. 가족등록예규 395호 12조 1항 · 2항도 참조), 친권자 결정에 관하여 협의를 할 수 없거나 협의가 이루어지지 않은 때에는 당사자가 스스로 가정법원에 친권자 지정에 관한 심판을 청구할 것이다. 그리고 이혼의사 확인절차에서 친권자 결정에 관한 심판을 하게 하는 것도 부적절하다. 이러한 점은 양육자 결정에 관하여도 똑같이 문제되며, 그에 대하여는 앞에서 설명하였다([75] 참조).

(다) **재판상 이혼의 경우** 재판상 이혼의 경우에는 가정법원이 직권으로 친권자를 정한다(909조 5항). 판례는, 재판상 이혼의 경우 당사자의 청구가 없다 하더라도 법원은 직권으로 미성년자인 자녀에 대한 친권자 및 양육자를 정하여야 하며, 따라서 법원이 이혼판결을 선고하면서 미성년자인 자녀에 대한 친권자 및 양육자를 정하지 않았다면 재판의 누락이 있는 것이라고 한다(대판 2015. 6. 23, 2013므2397. 다만 재판을 누락한 경우에 그 부분 소송은 원심에 계속 중이라고 보아야 하므로, 민소 212조에 따라 원심이 계속하여 재판해야 하고, 적법한 상고의 대상이 되지 않아 그 부분에 대한 상고는 부적법하다고 함(대판 2004. 8. 30, 2004다24083; 대판 2015. 6. 23, 2013므2397)).

(라) **친권자의 변경** 일단 친권자가 정하여졌더라도, 가정법원은 자(子)의 복리를 위하여 필요하다고 인정되는 경우에는 자(子)의 4촌 이내의 친족의 청구에 의하여 정하여진 친권자를 다른 일방으로 변경할 수 있다(909조 6항).

(마) **조정전치주의** 친권자의 결정과 변경에는 조정전치주의가 적용된다

(가소 2조 1항 마류사건 5) · 50조).

[80] 4) 면접교섭권

(개) 의의 · 성질 면접교섭권은 친권자나 양육자가 아니어서 미성년의 자를 보호 · 양육하지 않는 부 또는 모와 그 자(子)가 상호간에 직접 만나거나 전화 · 편지 등을 통하여 접촉할 수 있는 권리이며(837조의 2 1항), 방문권이라고도 한다(이는 1990년 개정시에 도입된 제도임).

면접교섭권의 성질에 관하여 2007년 민법개정 전(2007년 민법개정시에 자의 면접교섭권이 신설됨)에는 i) 부모의 고유한 권리라는 견해(김용한, 155면; 박병호, 129면; 배/최, 192면), ii) 부모의 의무인 동시에 권리인 견해(김/김(제 8 판), 212면), iii) 부모와 자녀의 권리라는 견해(오시영, 163면)가 대립되었다. 그런데 2007년 개정 후에는 면접교섭권은 부모의 권리(일부 문헌은 부모의권리의무라고 함)임과 동시에 자녀의 권리라고 하는 데 일치하고 있다(김/김, 218면; 박동섭, 191면; 신영호, 145면; 이경희, 124면; 지원림, 1896면; 한/백, 212면). 판례도, 면접교섭권은 자녀의 정서안정과 원만한 인격발달을 이룰 수 있도록 하고 이를 통해 자녀의 복리를 실현하는 것을 목적으로 하는 제도이며, 이는 자녀의 권리임과 동시에 부모의 권리이기도 하다고 하여, 같은 취지이다(대결 2021. 12. 16, 2017스628). 민법의 법문에 비추어보나 자의 복리를 위해서도 부모와 자의 권리라고 하는 현재의 통설과 판례가 타당하다. 또한 면접교섭권은 절대권이고, 일신전속권이어서 양도할 수 없으며, 영속적인 성질을 가지는 것이어서 포기할 수 없다(박병호, 129면).

양육권과 면접교섭권의 관계에 관하여는 i) 면접교섭권은 양육권의 일종 또는 양육권의 구체적인 실현이라는 견해(박동섭, 192면; 신영호, 145면), ii) 면접교섭권은 양육책임과는 독립적인 권리라는 견해(조승현, 156면)가 대립한다. 이 가운데 i)설은 제837조의 2를 제837조의 특별규정으로 이해하며, 그 결과 면접교섭권에 제837조를 유추적용한다. 생각건대 면접교섭권에 관한 명문규정이 없을 때에 부모의 면접교섭권을 인정하기 위해서는 i)설과 같은 견해가 필요할 수 있다. 그런데 명문규정이 있을 때에는 그러한 견해가 필요하지 않다. 그리고 부모의 면접교섭권은 양육권이 없는 부 또는 모에게 인정되는 권리이다. 그러므로 면접교섭권을 양육권의 일종이라고 할 수는 없다. 더욱이 자녀의 면접교섭권은 「양육권」에 해당할 여지가 없다. 나아가 부모나 자녀의 면접교섭권은 양육권과는 분리하여 실질에 적합하게 논의되어야 한다. 결국 면접교섭권은 양육권과는 별개 독립된 권리라고 보아야 한다.

면접교섭권이 조부모와 같은 제 3 자에게도 인정되는가? 종래에는 제837조의 2가 조부모의 면접교섭권에 대하여 명문의 규정을 두고 있지 않아서 긍정설과 부정설이 대립되고 있었으며, 사견은 그 규정의 법문상 조부모의 면접교섭권이 인정될 수 없으나 인정하는 입법조치가 필요하다는 입장이었다(이 책 제 2 판, [80] 참조). 그런데 2016. 12. 2.에 민법이 개정되어 조부모 등 직계존속이 일정한 경우에 가정법원의 허가를 받아 면접교섭을 할 수 있도록 하였다(법문상 직계존속 이외의 제 3 자는 현재에도 면접교섭권이 없다고 해야 함). 그에 따르면, 자(子)를 직접 양육하지 않는 부모 일방의 직계존속은 그 부모 일방이 사망하였거나 질병, 외국거주, 그 밖에 불가피한 사정으로 자(子)를 면접교섭할 수 없는 경우 가정법원에 자(子)와의 면접교섭을 청구할 수 있다(837조의 2 2항 1문). 이 경우 가정법원은 자(子)의 의사, 면접교섭을 청구한 사람과 자(子)의 관계, 청구의 동기, 그 밖의 사정을 참작하여야 한다(837조의 2 2항 2문).

민법은 면접교섭권을 협의이혼에 관하여 규정하고(837조 의 2), 이를 재판상 이혼의 경우에 준용한다(843조). 그리고 가사소송법은 그 규정을 혼인의 취소 또는 인지에 의하여 부모 중 일방이 친권자가 되는 경우에 준용한다(가소 2조 1항 마류사건 3)·50조)(조정전치주의가 적용됨). 그 밖에 그 규정은 사실혼 해소의 경우에도 유추적용되어야 한다.

(나) 내 용 민법은 「자(子)를 직접 양육하지 아니하는 부모의 일방과 [81]
자는 상호 면접교섭할 수 있는 권리를 가진다」고 할 뿐(837조의 2 1항), 면접교섭권의 행사방법과 범위에 관하여는 그 결정방식도, 구체적인 내용도 규정하지 않고 있다. 그런 상황에서 통설은 면접교섭권에 관한 제837조의 2를 양육에 관한 제837조의 특별규정으로 보고, 그 결정방식에 대해서도 제837조를 유추적용하여, 부모의 협의로 그 행사방법과 범위를 정하고, 협의가 되지 않거나 협의할 수 없는 때에는 가정법원이 직권으로 또는 당사자의 청구에 의하여 이를 정할 것이라고 한다(김용한, 155면; 김/김, 220면; 박동섭, 193면; 신영호, 146면). 생각건대 제837조의 2는 제837조의 특별규정은 아니지만, 민법에 면접교섭권에 관한 상세한 규정이 전혀 없는 상황에서 제837조를 유추적용하는 것은 받아들일 만하다.

면접교섭권은 양육권(및 친권)과 조화되는 범위 안에서만 인정되어야 한다. 면접교섭권의 구체적인 내용으로는 면접·서신교환·통화·선물교환·방학이나 휴가 중 일정기간 체류 등이 있다.

(다) 제한·배제·변경 가정법원은 자(子)의 복리를 위하여 필요한 때에는 당사자의 청구 또는 직권에 의하여 면접교섭을 제한·배제·변경할 수 있다(837조 의 2 3

항. 2016. 12. 2. 개정 시에 「변경」이 추가됨).

한편 판례는 면접교섭의 배제와 관련하여, 가정법원은 원칙적으로 부모와 자녀의 면접교섭을 허용하되, 면접교섭이 자녀의 복리를 침해하는 특별한 사정이 있는 경우에 한하여 면접교섭을 배제할 수 있으며, 이 경우에도 부모의 이혼 등에 따른 갈등 상황에서 단기적으로 자녀의 복리에 부정적인 영향을 미치는 요인이 일부 발견되더라도 장기적으로 면접교섭이 이루어질 때 자녀의 복리에 미치는 긍정적인 영향 등을 깊이 고려하여, 가정법원은 면접교섭의 시기·장소·방법 등을 제한하는 등의 방법으로 가능한 한 자녀의 성장과 복지에 가장 도움이 되고 적합한 방향으로 면접교섭이 이루어질 수 있도록 하여야 하고, 이러한 고려 없이 막연한 우려를 내세워 면접교섭 자체를 배제하는 데에는 신중해야 할 것이라고 한다(대결 2021. 12. 16, 2017스628).

(라) **심판의 상대방** 면접교섭권의 처분 또는 제한·배제·변경에 관한 심판은 다음 각 호의 자들 상호간에 일방이 다른 일방을 상대방으로 하여 청구하여야 한다(가소규 99조 2항 본문). ① 부와 모(가소규 99조 2항 1호). ② 자를 직접 양육하지 아니하는 부 또는 모의 직계존속과 자를 직접 양육하는 부 또는 모(가소규 99조 2항 2호). 한편 위의 청구가 있는 경우에, 자(子)가 13세 이상인 때에는, 가정법원은 심판에 앞서 그 자(子)의 의견을 들어야 한다(가소규 100조 본문). 다만, 자(子)의 의견을 들을 수 없거나 자(子)의 의견을 듣는 것이 오히려 자(子)의 복지를 해할 만한 특별한 사정이 있다고 인정되는 때에는 그렇지 않다(가소규 100조 단서).

(마) **침해에 대한 구제** 자(子)와의 면접교섭 허용의무를 이행하여야 할 사람이 정당한 이유 없이 그 의무를 이행하지 않는 경우에는 가정법원은 당사자의 신청에 의하여 일정한 기간 내에 그 의무를 이행할 것을 명할 수 있고(가소 64조), 정당한 이유 없이 이 명령을 위반한 경우에는 직권으로 또는 권리자의 신청에 의하여 1,000만원 이하의 과태료를 부과할 수 있다(가소 67조 1항). 그러나 의무자를 30일의 범위 내에서 감치(監置)에 처할 수 있다는 규정(가소 68조)은 여기에는 해당하지 않는다(결과에서 같은 취지: 김/김, 230면; 박동섭, 194면. 반대 견해: 김용한, 156면; 지원림, 1896면).

[82] (3) 재산분할청구권

1) 의 의 재산분할청구권은 이혼을 한 당사자의 일방이 다른 일방에 대하여 재산분할을 청구할 수 있는 권리이다(839조의 2·843조. 1990년 개정시에 신설함). 재산분할청구

권이 인정되는 근거는 ① 부부가 혼인 중에 이룩한 재산은 처가 단순히 가사노동에만 종사하고 있을지라도 부부의 공동노력에 의한 것이라고 보아야 하므로, 그 재산이 부의 명의로 취득한 그의 특유재산인 경우에도 각각의 기여 정도에 따라 나누는 것이 마땅하고, ② 경제적 능력이 없는 배우자 특히 처의 생계를 보장하여 이혼의 자유를 실질적으로 보장하려는 데 있다.

민법은 재산분할청구권을 협의이혼에 관하여 규정하고(839조의 2), 이를 재판상 이혼의 경우에 준용한다(843조). 그리고 가사소송법은 그 규정을 혼인의 취소의 경우에도 준용하고 있다(가소 2조 1항 마류사건 4)·50조)(어느 경우든 조정전치주의가 적용됨). 그 밖에 그 규정은 사실혼의 경우에도 유추적용되어야 한다(통설·판례도 같음. 대판 1995. 3. 10, 94므1379·1386; 대판 1995. 3. 28, 94므1584; 대판 2021. 5. 27, 2020므15841). 그러나 법률상 배우자 있는 자는 그 법률혼관계가 사실상 이혼상태라는 등의 특별한 사정이 없는 한 사실혼관계에 있는 상대방에게 그와의 사실혼 해소를 이유로 재산분할을 청구하지 못한다(대결 1995. 7. 3, 94스30)(김/김, 271면은 중혼적 사실혼의 경우 선의의 당사자 즉 법률혼 상태에 있다는 것을 알지 못하거나 사실상 이혼상태에 있다고 믿은 자에게는 재산분할청구권을 인정하자고 한다). 법률상의 혼인을 한 부부의 어느 일방이 집을 나가 장기간 돌아오지 않고 있는 상태에서 다른 일방이 제 3 자와 사실혼관계를 맺고 있더라도 같다(대판 1995. 9. 26, 94므1638; 대판1996. 9. 20, 96므530). 한편 판례는 사실혼관계가 일방 당사자의 사망에 의하여 종료된 경우에는 재산분할청구권이 인정되지 않는다고 한다(대판 2006. 3. 24, 2005두15595).

〈판 례〉

「사실혼이란 당사자 사이에 혼인의 의사가 있고 객관적으로 사회관념상으로 가족질서적인 면에서 부부공동생활을 인정할 만한 혼인생활의 실체가 있는 경우이고, 부부재산에 관한 청산의 의미를 갖는 재산분할에 관한 법률규정은 부부의 생활공동체라는 실질에 비추어 인정되는 것으로서 사실혼관계에도 이를 준용 또는 유추적용할 수 있기 때문에, 사실혼관계에 있었던 당사자들이 생전에 사실혼관계를 해소할 경우 재산분할청구권을 인정할 수 있으나(대법원 1995. 3. 28. 선고 94므1584 판결 등 참조), 법률상 혼인관계가 일방 당사자의 사망으로 인하여 종료된 경우에도 생존 배우자에게 재산분할청구권이 인정되지 아니하고(대법원 1994. 10. 28. 선고 94므246, 94므253 판결 참조) 단지 상속에 관한 법률규정에 따라서 망인의 재산에 대한 상속권만이 인정된다는 점 등에 비추어 보면, 사실혼관계가 일방 당사자의 사망으로 인하여 종료된 경우에는 그 상대방에게 재산분할청구권이 인정된다고 할 수 없다.」(대판 2006. 3. 24, 2005두15595)

재산분할청구권은 이혼한 부부의 일방이 가지게 되는데, 이는 혼인관계의 파탄에 책임이 있는 배우자도 같다(대결 1993. 5. 11, 93스6).

[83] **2) 법적 성질** 재산분할청구권의 법적 성질에 관하여 학설은 i) 혼인 중의 부부재산의 청산 내지 잠재적 지분의 반환적 성질을 가지고 있다는 견해(청산설)(배/최, 197면; 지원림, 1897면)와 ii) 부부공동재산의 청산을 중심적 요소로 하고 보충적으로 전 배우자의 부양적 요소를 포함한다고 하는 견해(청산 및 부양설)(김용한, 158면; 김/김, 233면)로 나뉘어 있다.

그리고 판례는 한편으로 「이혼에 따른 재산분할은 혼인 중 쌍방의 협력으로 형성된 공동재산의 청산이라는 성격에 상대방에 대한 부양적 성격이 가미된 제도」라고 하고(대판 2000. 9. 29, 2000다25569; 대판 2001. 2. 9, 2000다63516), 다른 한편으로 「분할자의 유책행위에 의하여 이혼함으로 인하여 입게 되는 정신적 손해(위자료)를 배상하기 위한 급부로서의 성질까지 포함하여 분할할 수도 있다」고 하여(대판 2001. 5. 8, 2000다58804; 대판 2005. 1. 28, 2004다58963; 대결 2022. 7. 28, 2022스613), 그 태도가 분명치 않다. 그러나 뒤의 판례는 위자료와의 일반적 관계를 판단한 것이라기보다는 구체적인 경우의 타당성을 위한 것으로 생각되며, 그렇다면 ii)설과 같은 입장이다.

생각건대 재산분할청구권의 인정취지와 경제능력 없는 배우자의 보호필요성을 고려할 때 ii)설이 타당하다. 그때의 부양은 본래의 의미의 것이 아니고 생계보장의 의미이다.

[84] **3) 재산분할의 대상**

(가) 부부의 협력으로 이룩한 재산 혼인 중에 부부 쌍방의 협력에 의하여 이룩한 재산은 실질적으로 부부의 공동재산이라고 보아야 하므로 당연히 분할대상이 된다(같은 취지: 김/김, 236면). 그 재산은 부동산은 물론 현금·예금자산도 포함하며, 그 명의가 누구에게 있는지 그 관리를 누가 하고 있는지를 불문한다(대판 1999. 6. 11, 96므1397). 즉 재산은 부부 일방의 명의로 취득한 경우에도 그 재산이 실질적으로 부부의 공동노력으로 취득·형성·유지되어 온 때에는 분할의 대상이 된다. 그리고 그 협력에는 처의 가사노동도 포함된다(대결 1993. 5. 11, 93스6).

그에 비하여 부부 일방이 혼인 전부터 가진 고유재산(830조 1항 참조)과 그로부터 증가된 재산, 혼인 중 부부의 일방이 상속·증여·유증받은 재산(이는 고유재산적인 것이라고 할 수 있음) 등은 분할의 대상이 아니다. 즉 특유재산 중 고유재산과 고유재산적인 것은 예외이다(그에 비하여 특유재산 중 단순히 부부 일방의 명의로 취득한 것은 분할의 대상이 됨). 다만, 이들 재산의 경우에도 다른 일방이 그 재산의 유지·감소방지 또는 증가에 협력한 때에는 그것도 분할의 대상이 될 수 있다. 판례는 적어도 표현상으로는 특유재산 일반에 대하여 사견과 같은 태도를 취하고 있으나(대판 1993. 5. 25, 92므501; 대판 1996. 12. 23, 95므1192 · 1208; 대판 1998. 2. 13, 97므1486 · 1493; 대결 2002. 8. 28, 2002스36), 거기의 특유재산은 고유재산 및 고유재산적인 것만을 의미하는 것으로 보인다.

판례에 따르면, 부부의 일방이 제 3 자와 합유하고 있는 재산 또는 그 지분은 임의로 처분하지 못하므로 직접 그 재산의 분할을 명할 수는 없으나, 그 지분의 가액을 산정하여 이를 분할의 대상으로 삼거나 다른 재산의 분할에 참작하는 방법으로 재산분할의 대상에 포함할 것이라고 한다(대판 2009. 11. 12, 2009므2840 · 2857). 그에 비하여 부부의 일방이 실질적으로 혼자서 지배하고 있는 주식회사라고 하더라도 그 회사 소유의 재산을 바로 그 개인의 재산으로 평가하며 재산분할의 대상에 포함시킬 수는 없다고 한다(대판 2011. 3. 10, 2010므4699 · 4705 · 4712).

판례는, 협의이혼에 따른 재산분할에 있어 분할의 대상이 되는 재산과 액수는 협의이혼이 성립한 날(이혼신고일)을 기준으로 정할 것이라고 한다(대판 2006. 9. 14, 2005다74900: [88]에 직접 인용함). 그에 비하여 재판상 이혼에 따른 재산분할을 할 때 분할의 대상이 되는 재산과 그 액수는 이혼소송의 사실심 변론종결일을 기준으로 하여 정하는 것이 원칙이라고 한다(대결 2000. 5. 2, 2000스13; 대판 2000. 9. 22, 99므906; 대판 2010. 4. 15, 2009므4297; 대판 2011. 7. 14, 2009므2628 · 2635; 대판 2019. 10. 31, 2019므12549 · 12556; 대판 2024. 5. 30, 2024므10370). 다만, 혼인관계가 파탄된 이후 사실심 변론종결일 사이에 생긴 재산관계의 변동이 부부 중 일방에 의한 후발적 사정에 의한 것으로서 혼인 중 공동으로 형성한 재산관계와 무관하다는 등 특별한 사정이 있는 경우 그 변동된 재산은 재산분할 대상에서 제외하여야 하나(대판 2013. 11. 28, 2013므1455 · 1462; 대판 2019. 10. 31, 2019므12549 · 12556), 부부의 일방이 혼인관계 파탄 이후에 취득한 재산이라도 그것이 혼인관계 파탄 이전에 쌍방의 협력에 의하여 형성된 유형 · 무형의 자원에 기한 것이라면 재산분할의 대상이 된다고 한다(대판 1999. 6. 11, 96므1397; 대판 2019. 10. 31, 2019므12549 · 12556).

〈판 례〉 [85]

(ㄱ) 「재판상 이혼을 청구하는 부부의 일방은 다른 일방에 대하여 민법 제843조, 제839조의 2 규정에 의하여 당사자 쌍방이 협력으로 이룩한 재산의 분할을 청구할 수 있는바, 이 경우 부부 일방의 특유재산은 원칙적으로 분할의 대상이 되지 아니하나 특유재산일지라도 다른 일방이 적극적으로 그 특유재산의 유지에 협력하여 그 감소를 방지하였거나 그 증식에 협력하였다고 인정되는 경우에는 이것도 분할의 대상이 될 수 있고, 또 부부 일방이 혼인 중 제 3 자에게 부담한 채무는 일상가사에 관한 것 이외에는 원칙적으로 그 개인의 채무로서 청산의 대상이 되지 않으나 그것이 공동재

산의 형성에 수반하여 부담한 채무인 경우에는 청산의 대상이 된다고 보아야 할 것이다.」(대판 1993. 5. 25, 92므501)

(ㄴ) 「부부 중 일방이 상속받은 재산이거나 이미 처분한 상속재산을 기초로 형성된 부동산이더라도 이를 취득하고 유지함에 있어 상대방의 가사노동 등이 직·간접으로 기여한 것이라면 재산분할의 대상이 되는 것」이다(대판 1998. 4. 10, 96므1434)(대결 2009. 6. 9, 2008스111은, 이러한 점은 부부 중 일방이 제3자로부터 증여받은 재산도 마찬가지라고 한다).

(ㄷ) 「비록 처가 주로 마련한 자금과 노력으로 취득한 재산이라 할지라도 남편이 가사비용의 조달 등으로 직·간접으로 재산의 유지 및 증가에 기여하였다면 그와 같이 쌍방의 협력으로 이룩된 재산은 재산분할의 대상이 된다고 보아야 한다.」(대판 1997. 12. 26, 96므1076·1083)

(ㄹ) 남편이 가사에 불충실한 행위를 하였다고 하더라도, 그러한 사정은 재산분할의 액수와 방법을 정함에 있어서 참작할 사유가 될 수 있을지언정 그와 같은 사정만으로 남편이 위와 같은 재산의 형성에 기여하지 않았다고 단정할 수 없다(대판 1995. 10. 12, 95므175·182).

(ㅁ) 「부부의 일방이 실질적으로 혼자서 지배하고 있는 주식회사(이른바 '1인회사')라고 하더라도 그 회사 소유의 재산을 바로 그 개인의 재산으로 평가하여 재산분할의 대상에 포함시킬 수는 없다. 주식회사와 같은 기업의 재산은 다양한 자산 및 부채 등으로 구성되는 것으로서, 그 회사의 재산에 대하여는 일반적으로 이를 종합적으로 평가한 후에야 1인 주주에 개인적으로 귀속되고 있는 재산가치를 산정할 수 있을 것이다. 따라서 그의 이혼에 있어서 재산분할에 의한 청산을 함에 있어서는 특별한 사정이 없는 한 회사의 개별적인 적극재산의 가치가 그대로 1인 주주의 적극재산으로서 재산분할의 대상이 된다고 할 수 없다.」(대판 2011. 3. 10, 2010므4699·4705·4712)

(ㅂ) 「합유재산이라는 이유만으로 이를 재산분할의 대상에서 제외할 수는 없고, 다만 부부의 일방이 제3자와 합유하고 있는 재산 또는 그 지분은 이를 임의로 처분하지 못하므로(민법 제272조 본문, 제273조 제1항) 직접 당해 재산의 분할을 명할 수는 없으나 그 지분의 가액을 산정하여 이를 분할의 대상으로 삼거나 다른 재산의 분할에 참작하는 방법으로 재산분할의 대상에 포함하여야 할 것이다.」(대판 2009. 11. 12, 2009므2840·2857)

[86] **(나) 퇴직금·연금**

(a) 퇴 직 금 퇴직금이 재산분할의 대상인지에 관하여는 최근에 판례가 크게 변하였다. 아래에서 먼저 최근의 전원합의체 판결(대판(전원) 2014. 7. 16, 2013므2250)이 있기 전의 판례를 살펴보고, 이어서 변경된 현재의 판례를 기술하기로 한다.

과거에 대법원은, 부부 중 일방이 이혼 당시 이미 퇴직하여 수령한 퇴직금은 재산분할의 대상이 되지만(대판 1995. 3. 28, 94므1584), 이혼 당시 아직 퇴직하지 않은 채 직장에 근무하고 있는 경우에는 그의 퇴직일과 수령할 퇴직금이 확정되었다는 등의 특별한 사정이 없는 한 그가 장차 퇴직금을 받을 개연성이 있다는 사정만으로 그 장래의 퇴직금을 청산(분할)의 대상이 되는 재산에 포함시킬 수는 없고, 위와 같이 퇴직금을 받을 개연성이 있다는 사정은 제839조의 2 제 2 항 소정의 분할의 액수와 방법을 정하는 데 필요한 「기타 사정」으로 참작하면 족하다고 하였다(대판 1995. 5. 23, 94므1713 · 1720; 대판 1998. 6. 12, 98므213; 대결 2002. 8. 28, 2002스36). 대법원은, 다만, 이혼 후 부부 일방이 퇴직하여 퇴직금을 수령하였고 재산분할청구권의 행사기간이 경과하지 않았으면 수령한 퇴직금 중 혼인한 때로부터 이혼소송의 사실심 변론종결일까지의 기간 중에 제공한 근로의 대가에 해당하는 퇴직금 부분은 분할의 대상인 재산이 된다고 하였다(대결 2000. 5. 2, 2000스13).

그런데 대법원은 전원합의체 판결로 과거의 판례와 다르게 판단하였다. 그 판결에서 대법원은 먼저, 배우자가 근무함에 있어 상대방배우자의 협력이 기여한 것으로 인정된다면 그 퇴직급여는 재산분할의 대상이 될 수 있다고 한 뒤, 이혼 당시 아직 퇴직하지 않은 경우에 퇴직급여채권을 재산분할의 대상에서 제외하고 단지 장래의 그 수령가능성을 재산분할의 액수와 방법을 정하는 데 필요한 기타 사정으로만 참작하는 것은 재산분할제도의 취지에 맞지 않고 당사자 사이의 실질적 공평에도 반하여 부당하다고 한다. 그러고 나서 「비록 이혼 당시 부부 일방이 아직 재직 중이어서 실제 퇴직급여를 수령하지 않았더라도 이혼소송의 사실심 변론종결시에 이미 잠재적으로 존재하여 그 경제적 가치의 현실적 평가가 가능한 재산인 퇴직급여채권은 재산분할의 대상에 포함시킬 수 있으며, 구체적으로는 이혼소송의 사실심 변론종결시를 기준으로 그 시점에서 퇴직할 경우 수령할 수 있을 것으로 예상되는 퇴직급여 상당액의 채권이 그 대상이 된다」고 한다(대판(전원) 2014. 7. 16, 2013므2250). 그리고 최근에는 퇴직급여채권뿐만 아니라 퇴직수당채권에 대하여도 같은 취지로 판결을 하였다(대판 2019. 9. 25, 2017므11917).

〈판 례〉

「2. 재산분할청구 부분

가. 민법 제839조의 2에 규정된 재산분할제도는 혼인 중에 부부 쌍방이 협력하여 이룩한 재산을 이혼시에 청산 · 분배하는 것을 주된 목적으로 하는 제도이므로, 그 재산이 누구 명의로 되어 있는지 또는 그 관리를 누가 하고 있는지를 묻지 않고 분할의 대상이 된다(대법원 1999. 6. 11. 선고 96므1397 판결, 대법원 2013. 6. 20. 선고 2010므4071, 4088 전원합의체 판결 등 참조).

한편 근로자퇴직급여보장법, 공무원연금법, 군인연금법, 사립학교교직원연금법이 각 규정하고 있는 퇴직급여는 사회보장적 급여로서의 성격 외에 임금의 후불적 성격과 성실한 근무에 대한 공로보상적 성격도 지닌다(대법원 1995. 9. 29. 선고 95누7529 판결, 대법원 1995. 10. 12. 선고 94다36186 판결 등 참조). 그리고 이러한 퇴직급여를 수령하기 위하여는 일정기간 근무할 것이 요구되는바, 그와 같이 근무함에 있어 상대방배우자의 협력이 기여한 것으로 인정된다면 그 퇴직급여 역시 부부 쌍방의 협력으로 이룩한 재산으로서 재산분할의 대상이 될 수 있는 것이다. …

나. 물론 퇴직급여채권은 퇴직이라는 급여의 사유가 발생함으로써 현실화되는 것이므로(대법원 1992. 9. 14. 선고 92다17754 판결, 대법원 2014. 4. 24. 선고 2013두26552 판결 등 참조), 이혼 시점에서는 어느 정도의 불확실성이나 변동가능성을 지닐 수밖에 없다. 그러나 그렇다고 하여 퇴직급여채권을 재산분할의 대상에서 제외하고 단지 장래의 그 수령가능성을 재산분할의 액수와 방법을 정하는 데 필요한 기타 사정으로만 참작하는 것은 부부가 혼인 중 형성한 재산관계를 이혼에 즈음하여 청산·분배하는 것을 본질로 하는 재산분할제도의 취지에 맞지 않고, 당사자 사이의 실질적 공평에도 반하여 부당하다. 이는 다음과 같은 점을 고려할 때 더욱 그러하다. …

다. 위와 같은 재산분할제도의 취지 및 여러 사정들에 비추어 볼 때, 비록 이혼 당시 부부 일방이 아직 재직 중이어서 실제 퇴직급여를 수령하지 않았더라도 이혼소송의 사실심 변론종결시에 이미 잠재적으로 존재하여 그 경제적 가치의 현실적 평가가 가능한 재산인 퇴직급여채권은 재산분할의 대상에 포함시킬 수 있으며, 구체적으로는 이혼소송의 사실심 변론종결시를 기준으로 그 시점에서 퇴직할 경우 수령할 수 있을 것으로 예상되는 퇴직급여 상당액의 채권이 그 대상이 된다고 할 것이다.

이와 달리 앞에서 본 바와 같이 부부 일방이 아직 퇴직하지 아니한 채 직장에 근무하고 있을 경우 그의 퇴직급여는 재산분할의 대상에 포함시킬 수 없고 단지 장래의 그 수령가능성을 분할의 액수와 방법을 정하는 데 필요한 기타 사정으로 참작하면 충분하다는 취지로 설시한 이제까지의 대법원판결들은 이 판결의 견해에 배치되는 범위 내에서 이를 모두 변경한다.」(대판(전원) 2014. 7. 16, 2013므2250)

(b) 퇴직연금 대법원은 과거에, 부부의 일방이 향후 수령할 퇴직연금은 연금수급권자의 여명을 확정할 수 없어서 이를 바로 분할대상에 포함시킬 수는 없고, 이를 참작하여 분할액수와 방법을 정해야 한다고 하였다(대판 1997. 3. 14, 96므1533·1540).

그런데 근래 전원합의체 판결로, 혼인기간 중의 근무에 대하여 상대방배우자의 협력이 인정되는 이상 공무원 퇴직연금 수급권 중 적어도 그 기간에 해당하는 부분은 부부 쌍방의 협력으로 이룩한 재산으로 볼 수 있고, 따라서 재산분할제도의 취지에 비추어 허용될 수 없는 경우가 아니라면 이미 발생한 공무원 퇴직연금 수급권도 부동산 등과 마찬가지로 재산분할의 대상에 포함될 수 있다고 변경하였다(대판(전원) 2014. 7. 16, 2012므2888). 그리고 구체적으로는 연금수급권자인 배우자가 매월 수령할 퇴직연금액 중 일정비율에 해당하는 금액을 상대방배우자에게 정기적으로 지급하는 방식의 재산분할도 가능하다고 한다.

〈판 례〉

「2. 공무원 퇴직연금 수급권의 재산분할 대상 여부에 관한 피고의 상고이유에 대하여

가. … 이혼소송의 사실심 변론종결 당시에 부부 중 일방이 공무원 퇴직연금을 실제로 수령하고 있는 경우에, 위 공무원 퇴직연금에는 사회보장적 급여로서의 성격 외에 임금의 후불적 성격이 불가분적으로 혼재되어 있으므로(대법원 1995. 9. 29. 선고 95누7529 판결 등 참조), 혼인기간 중의 근무에 대하여 상대방배우자의 협력이 인정되는 이상 공무원 퇴직연금 수급권 중 적어도 그 기간에 해당하는 부분은 부부 쌍방의 협력으로 이룩한 재산으로 볼 수 있다.

따라서 재산분할제도의 취지에 비추어 허용될 수 없는 경우가 아니라면, 이미 발생한 공무원 퇴직연금 수급권도 부동산 등과 마찬가지로 재산분할의 대상에 포함될 수 있다고 봄이 상당하다. 그리고 구체적으로는 연금수급권자인 배우자가 매월 수령할 퇴직연금액 중 일정비율에 해당하는 금액을 상대방배우자에게 정기적으로 지급하는 방식의 재산분할도 가능하다고 할 것이다.

이때 그 재산분할에 의하여 분할권리자가 분할의무자에 대하여 가지게 되는 위와 같은 정기금채권은 비록 공무원 퇴직연금 수급권 그 자체는 아니더라도 그 일부를 취득하는 것과 경제적으로 동일한 의미를 가지는 권리인 점, 재산분할의 대상인 공무원 퇴직연금 수급권이 사회보장적 급여로서의 성격이 강하여 일신전속적 권리에 해당하여서 상속의 대상도 되지 아니하는 점 등을 고려하면, 분할권리자의 위와 같은 정기금채권 역시 제3자에게 양도되거나 분할권리자의 상속인에게 상속될 수 없다고 봄이 상당하다. …

다만 위와 같은 정기금 방식의 재산분할에서 예상되는 이행 내지 집행의 어려움 등을 고려하여 보면, 분할권리자가 공무원 퇴직연금 수급권에 대한 재산분할을 원하지 아니하거나, 혼인기간이 너무 단기간이어서 매월 지급할 금액이 극히 소액인 경우 등 퇴직연금 자체를 재산분할의 대상으로 하는 것이 적절하지 아니한 특별한 사정이 있는 경우에는 당사자들의 자력 등을 고려하여 이를 재산분할의 대상에서 제외하고 기타 사정으로만 고려하는 것도 허용될 수 있다고 할 것이다.

이와 달리 공무원 퇴직연금은 수급권자의 사망으로 그 지급이 종료되는데 수급권자의 여명을 확정할 수 없으므로 그 자체를 재산분할의 대상으로 할 수 없고, 다만 이를 분할액수와 방법을 정함에 있어서 참작되는 '기타의 사정'으로 삼는 것으로 족하다는 취지의 대법원 1997. 3. 14. 선고 96므1533, 1540 판결, 대법원 2006. 7. 13. 선고 2005므1245, 1252 판결 및 대법원 2009. 6. 9.자 2008스111 결정 등을 비롯하여 그러한 취지의 재판들은 이 판결의 견해에 배치되는 범위 내에서 이를 모두 변경하

기로 한다.」(대판(전원) 2014. 7. 16, 2012므2888)

〈각종 연금법의 관련 규정〉

공무원연금법은 이와 관련하여 다음과 같이 규정하고 있다. 즉 혼인기간(배우자가 공무원으로서 재직한 기간 중의 혼인기간으로서 별거 · 가출 등의 사유로 인하여 실질적인 혼인관계가 존재하지 않았던 기간을 제외한 기간을 말한다)(이 괄호 부분은 헌재 2016. 12. 29, 2015헌바182가 별거나 가출 등으로 실질적인 혼인관계가 존재하지 아니하여 연금 형성에 기여가 없는 이혼배우자에 대해서까지 법률혼 기간을 기준으로 분할연금 수급권을 인정하는 국민연금법 제64조 제1항이 재산권을 침해한다고 하는 헌법불합치결정을 한 데 따른 것임)이 5년 이상인 사람이 일정한 요건(배우자와 이혼하였을 것, 배우자였던 사람이 퇴직연금 또는 조기퇴직연금 수급권자일 것, 65세가 되었을 것)을 모두 갖추면 그때부터 그가 생존하는 동안 배우자였던 사람의 퇴직연금 또는 조기퇴직연금을 분할한 일정한 금액의 연금(이하 분할연금이라 한다)을 받을 수 있다(같은 법 45조 1항). 그리고 분할연금액은 배우자였던 사람의 퇴직연금액 또는 조기퇴직연금액 중 혼인기간에 해당하는 연금액을 균등하게 나눈 금액으로 한다(같은 법 45조 2항). 그런데 같은 법 제45조 제2항에도 불구하고 민법 제839조의 2 또는 제843조에 따라 연금분할이 별도로 결정된 경우에는 그에 따른다(같은 법 46조). 그리고 공무원연금법의 이들 규정은 사립학교교직원 연금법에 의하여 사립학교교직원의 연금에도 준용된다(같은 법 42조 1항). 또한 이러한 취지는 국민연금법(같은 법 64조 · 64조의 2)과 군인연금법(같은 법 22조 · 23조)에도 규정되어 있다.

한편 대법원은 최근에, 공무원연금법이 이혼배우자의 분할연금청구권(같은 법 45조 1항 · 2항)과 퇴직연금일시금 등의 분할청구권(같은 법 49조)을 규정하고 나아가 이 균등분할 조항에도 불구하고 민법 제839조의 2 또는 제843조에 따라 연금분할이 별도로 결정된 경우에는 그에 따른다는 취지의 규정(같은 법 46조)을 두고 있음을 언급한 뒤, 「따라서 법원은 이혼당사자가 재산분할청구 시, 공무원연금법이 정한 이혼배우자의 분할연금청구권, 퇴직연금일시금 등 분할청구권에 관한 규정에도 불구하고 이혼소송의 사실심 변론종결 시를 기준으로 그 시점에서 퇴직할 경우 수령할 수 있을 것으로 예상되는 퇴직급여(공무원연금법 제28조 제1호에서 정한 퇴직연금, 퇴직연금일시금 등을 말한다) 채권을 재산분할 대상에 포함할지 여부에 관하여서는, 혼인 생활의 과정과 기간, 그 퇴직급여의 형성 및 유지에 대한 양 당사자의 기여 정도, 당사자 쌍방이 혼인 생활 중 협력하여 취득한 다른 적극재산과 소극재산의 존재와 규모, 양 당사자의 의사와 나이 등 여러 사정을 종합적으로 고려하여 결정할 수 있다. 즉 법원은 재산분할청구 사건에서 위와 같은 사정을 고려하여 예상퇴직급여 채권을 재산분할 대상에 포함하여 재산분할의 액수와 방법을 정할 수도 있고, 재산분할 대상에 포함하지 아니한 채 이혼당사자들이 공무원연금법에서 정한 분할연금청구권, 퇴직연금일시금 등 분할청구권에 관한 규정을 따르도록 할 수도 있다」고 하였다(대판 2019. 9. 25, 2017므11917). 그러고 나서 「하지만 공무원연금법 제28조 제 4 호, 제62조에서 정한 퇴직수당(공무원이 1년 이상 재직하고 퇴직하거나 사망한 경우에 지급하는 수당을 말한다)에 관하여서는 위와 같은 이혼배우자의 분할청구권 규정이 적용되지 아니하므로, 이혼배우자의 협력이 기여한 것으로 인정된다면 이혼소송의 사실심 변론종결 시를 기준으로 그 시점에서 퇴직할 경우 수령할 수 있을 것으로 예상되는 퇴직수당 상당액의 채권은 충분히 재산분할의 대상이 될 수 있고, 구체적으로는 위 채권을 보유한 이혼당사자의 적극재산에 포함시켜 다른 재산과 함께 일괄하여 청산하거나 이에 준하는 적절하고 합리적인 방법으로 재산분할을 할 수 있다」고 하였다(대판 2019. 9. 25, 2017므11917).

(c) 명예퇴직금　　명예퇴직금은 어떤가? 판례는, 이혼소송의 사실심 변론종결 당시에 부부 중 일방이 직장에서 일하다가 명예퇴직을 하고 통상의 퇴직금 이외에 별도로 명예퇴직금 명목의 금원을 이미 수령한 경우, 명예퇴직금이 정년까지 계속 근로로 받을 수 있는 수입의 상실이나 새로운 직업을 얻기 위한 비용지출 등에 대한 보상의 성격이 강하다고 하더라도 일정기간 근속을 요건으로 하고 상대방배우자의 협력이 근속요건에 기여하였다면, 명예퇴직금은 그 전부를 재산분할의 대상으로 삼을 수 있다고 하며, 다만 법원으로서는 상대방배우자가 근속요건에 기여한 정도, 이혼소송 사실심 변론종결일부터 정년까지의 잔여기간 등을 민법 제839조의 2 제 2 항이 정한 재산분할의 액수와 방법을 정하는 데 필요한 기타 사정으로 참작할 수 있다고 한다(대판 2011. 7. 14, 2009므2628 · 2635).

〈판　례〉

「박사학위를 소지한 경제학 교수로서의 재산취득능력도 위와 같은 '기타 사정'으로 참작함으로써 충분하다.」(대판 1998. 6. 12, 98므213)

(라) **채　무**　　부부의 일방이 혼인 중 제 3 자에게 부담한 채무 중 일상가 [87]
사에 관한 것은 청산의 대상이 되고, 그 나머지는 원칙적으로 개인채무로서 청산의 대상이 되지 않으나, 공동재산의 형성에 수반하여 부담한 채무인 경우에는 청산의 대상이 된다(대판 1993. 5. 25, 92므501; 대판 1994. 11. 11, 94므963; 대판 1996. 12. 23, 95므1192 · 1208; 대결 2002. 8. 28, 2002스36; 대판 2006. 9. 14, 2005다74900; 대판 2021. 5. 27, 2020므15841 등). 따라서 사실혼 관계(사실혼에 재산분할청구권 규정이 준용됨)에 있는 부부 일방이 혼인 중 공동재산의 형성에 수반하여 채무를 부담하였다가 사실혼이 종료된 후 그 채무를 변제한 경우 변제된 채무는 특별한 사정이 없는 한 청산 대상이 된다(대판 2021. 5. 27, 2020므15841). 그리고 판례는 부동산에 대한 임대차보증금 반환채무는 특별한 사정이 없는 한 혼인 중 재산의 형성에 수반한 채무라고 한다(대판 1999. 6. 11, 96므1397; 대판 2011. 3. 10, 2010므4699 · 4705 · 4712).

부부의 일방이 청산의 대상이 되는 채무를 부담하고 있는 경우에는, 이를 고려하여 재산분할의 비율 또는 액수를 정하여야 한다. 그런데 금전의 지급을 명하는 방식의 경우에는, 재산가액에서 채무액을 뺀 뒤 나머지의 재산을 분할하여야 한다(같은 취지: 대판 1994. 12. 2, 94므1072; 김/김, 240면). 그리고 목적물의 지분을 취득시켜 공유로 하는 방식의 경우에는 상대방의 취득비율을 줄여 주는 등으로 분할비율을 합리적으로 정해야 한다(대판 1994. 12. 2, 94므1072).

부부의 일방이 청산의 대상이 되는 채무를 부담하고 있어 총 재산가액에서 채무액을 공제하면 남는 금액이 없는 경우에는 상대방은 재산분할청구를 할 수 없는가? 대법원은 과거에는 그러한 경우에는 재산분할청구가 받아들여질 수 없다고 하였다(대판 1997. 9. 26, 97므933; 대판 2002. 9. 4, 2001므718). 그런데 그 뒤에 전원합의체 판결로, 「이혼 당사자 각자가 보유한 적극재산에서 소극재산을 공제하는 등으로 재산상태를 따져 본 결과 재산분할청구의 상대방이 그에게 귀속되어야 할 몫보다 더 많은 적극재산을 보유하고 있거나 소극재산의 부담이 더 적은 경우에는 적극재산을 분배하거나 소극재산을 분담하도록 하는 재산분할은 어느 것이나 가능하다고 보아야 하고, 후자의 경우라고 하여 당연히 재산분할청구가 배척되어야 한다고 할 것은 아니」라고 하여 과거의 판례를 변경하였다(대판(전원) 2013. 6. 20, 2010므4071 · 4088. 반대의견과 별개의견도 있음). 대법원은 이어서, 재산분할로 채무초과 상태가 되거나 채무초과 상태가 더욱 악화되는 것과 같은 경우에는 제반사정을 종합적으로 고려하여 채무 분담 여부 및 분담방법을 정할 것이고 기여도 등을 중심으로 일률적인 비율로 당연히 분할 귀속되게 해야 한다는 취지는 아니라고 한다.

[88] 〈판 례〉

(ㄱ) 「이혼 당사자 각자가 보유한 적극재산에서 소극재산을 공제하는 등으로 재산상태를 따져 본 결과 재산분할청구의 상대방이 그에게 귀속되어야 할 몫보다 더 많은 적극재산을 보유하고 있거나 소극재산의 부담이 더 적은 경우에는 적극재산을 분배하거나 소극재산을 분담하도록 하는 재산분할은 어느 것이나 가능하다고 보아야 하고, 후자의 경우라고 하여 당연히 재산분할청구가 배척되어야 한다고 할 것은 아니다. 그러므로 소극재산의 총액이 적극재산의 총액을 초과하여 재산분할을 한 결과가 결국 채무의 분담을 정하는 것이 되는 경우에도 법원은 그 채무의 성질, 채권자와의

관계, 물적 담보의 존부 등 일체의 사정을 참작하여 이를 분담하게 하는 것이 적합하다고 인정되면 그 구체적인 분담의 방법 등을 정하여 재산분할청구를 받아들일 수 있다 할 것이다. 그것이 부부가 혼인 중 형성한 재산관계를 이혼에 즈음하여 청산하는 것을 본질로 하는 재산분할제도의 취지에 맞고, 당사자 사이의 실질적 공평에도 부합한다.

이와 달리 부부의 일방이 청산의 대상이 되는 채무를 부담하고 있어 총 재산가액에서 채무액을 공제하면 남는 금액이 없는 경우에는 상대방의 재산분할청구는 받아들여질 수 없다고 한 대법원 1997. 9. 26. 선고 97므933 판결, 대법원 2002. 9. 4. 선고 2001므718 판결 등은 위 견해에 저촉되는 범위에서 이를 모두 변경한다.

다만 재산분할청구 사건에 있어서는 혼인 중에 이룩한 재산관계의 청산뿐 아니라 이혼 이후 당사자들의 생활보장에 대한 배려 등 부양적 요소 등도 함께 고려할 대상이 되므로, 재산분할에 의하여 채무를 분담하게 되면 그로써 채무초과 상태가 되거나 기존의 채무초과 상태가 더욱 악화되는 것과 같은 경우에는 그 채무부담의 경위, 용처, 채무의 내용과 금액, 혼인생활의 과정, 당사자의 경제적 활동능력과 장래의 전망 등 제반사정을 종합적으로 고려하여 채무를 분담하게 할지 여부 및 그 분담의 방법 등을 정할 것이고, 적극재산을 분할할 때처럼 재산형성에 대한 기여도 등을 중심으로 일률적인 비율을 정하여 당연히 분할 귀속되게 하여야 한다는 취지는 아니라는 점을 덧붙여 밝혀 둔다.」(대판(전원) 2013. 6. 20, 2010므4071 · 4088(반대의견과 별개의견도 있음))

(ㄴ) 「원 · 피고의 피고의 친정에 대한 위 채무를 피고에게 귀속시킨다고 이유 설시를 한 원심판결이 그대로 확정된다고 하더라도 그로써 위 채무 중 원고가 부담하여야 할 부분이 피고에게 면책적으로 인수되는 법률적 효력이 발생한다고 볼 근거는 없으므로, 원심이 위 채무가 모두 피고에게 귀속됨을 전제로 이를 재산분할금에 가산한 조치에는 재산분할 판결의 효력에 관한 법리를 오해한 위법이 있다.」(대판 1999. 11. 26, 99므1596 · 1602)

(ㄷ) 「협의이혼에 따른 재산분할에 있어 분할의 대상이 되는 재산과 액수는 협의이혼이 성립한 날(이혼 신고일)을 기준으로 정하여야 한다. 따라서 협의이혼 성립일 이후에 부부 일방이 새로운 채무를 부담하거나, 부부 일방의 채무가 변제된 경우에도 이와 같은 재산변동사항은 재산분할의 대상이 되는 재산과 액수를 정함에 있어 이를 참작할 것이 아니다.

한편, 협의이혼을 예정하고 미리 재산분할 협의를 한 경우에도 그 기준일에 관하여 달리 볼 것은 아니다. 따라서 재산분할 협의를 한 후 협의이혼 성립일까지의 기간 동안 재산분할 대상인 채무의 일부가 변제된 경우, 원칙적으로 변제된 금액은 채무액에서 공제되어야 한다. 그런데 채무자가 자금을 제 3 자로부터 증여받아 위 채무를 변제한 경우에는 전체적으로 감소된 채무액만큼 분할대상 재산액이 외형상 증가하지만 그 수증의 경위를 기여도를 산정함에 있어 참작하여야 하고, 또 채무자가 기존 적극재산으로 위 채무를 변제하거나 채무자가 위 채무를 변제하기 위하여 새로운 채무를 부담하게 된 경우에는 소멸된 채무액만큼 적극재산액도 감소하거나 새로운 채무액이 증가하게 되어 결국 어느 경우에도 전체 분할대상 재산액은 변동이 없다.」(대판 2006. 9. 14, 2005다74900)

(ㄹ) 「재산분할 대상 채무가 혼인관계 파탄 이후 변론종결일에 이르기까지 감소하였고, 그 감소가 혼인 중 공동으로 형성한 재산관계와 무관하게 부부 중 일방의 노력이나 비용으로 이루어졌다면, 그 감소 부분은 재산분할의 대상으로 삼을 수 없으므로 결국 혼인관계 파탄 시점의 채무가 재산분할의 대상이 된다.」(대판 2024. 5. 17, 2024므10721·10738)

㈑ **제 3 자 명의의 재산** 제 3 자 명의의 재산이라도 그것이 부부 중 일방에 의하여 명의신탁된 재산 또는 부부의 일방이 실질적으로 지배하고 있는 재산으로서 부부 쌍방의 협력에 의하여 형성된 것이거나 부부 쌍방의 협력에 의하여 형성된 유형 · 무형의 자원에 기한 것이라면 그와 같은 사정도 참작하여야 한다는 의미에서 재산분할의 대상이 된다(대판 1993. 6. 11, 92므1054 · 1061; 대판 1998. 4. 10, 96므1434; 대결 2009. 6. 9, 2008스111).

[89] **4) 분할방법**

㈎ **협의에 의한 분할** 이혼한 부부의 일방이 다른 일방에 대하여 재산분할을 청구하는 경우에는 먼저 당사자의 협의에 의하여 재산분할의 방법과 액수를 정한다(839조의 2 2항 참조)(재산분할 합의를 한 후 부가 그 합의내용의 일부를 이행하지 않아 처가 그 합의의 해제를 서면으로 통지하였다면 그 재산분할 합의는 적법하게 해제되어 더 이상 존속하지 않으므로 처는 여전히 재산분할청구권을 가진다. 대판 1993. 12. 28, 93므409).

아직 이혼하지 않은 당사자가 장차 협의상 이혼할 것을 약정하면서 이를 전제로 하여 재산분할에 관한 협의를 하는 경우에는 특별한 사정이 없는 한 장차 당사자 사이에 협의상 이혼이 이루어질 것을 조건으로 하여 조건부 의사표시가 행하여지는 것이라 할 것이므로, 그 협의 후 당사자가 약정한 대로 협의상 이혼이 이루어진 때에 한하여 그 협의의 효력이 발생하는 것이고, 어떠한 원인으로든지 협의상 이혼이 이루어지지 않고 혼인관계가 존속하게 되거나 당사자 일방이 제기한 이혼청구의 소에 의하여 재판상 이혼(화해 또는 조정에 의한 이혼을 포함한다)이 이루어진 때에는 그 협의는 조건의 불성취로 인하여 효력이 발생하지 않는다(대판 1995. 10. 12, 95다23156; 대판 2000. 10. 24, 99다33458; 대판 2003. 8. 19, 2001다14061).

㈏ **가정법원에 의한 분할** 재산분할에 관하여 협의가 되지 않거나 협의할 수 없는 때에는, 가정법원은 당사자의 청구에 의하여 당사자 쌍방의 협력으로 이룩한 재산의 가액 기타 사정을 참작하여 분할의 액수와 방법을 정한다(839조의 2 2항)(가사비송사건으로서 조정전치주의가 적용됨. 가소 2조 1항 마류사건 4) · 50조)(판례는 재산분할 심판 사건의 경우 심판청구 취하에 상대방의 동의가 필요하지 않다고 함. 대판 2023. 11. 2, 2023므12218).

〈판 례〉

(ㄱ) 「법원은 재산분할을 함에 있어 기타의 사정 중 중요한 것은 명시하여야 할 것이나 그 모두를 개별적, 구체적으로 그리고 일일이 특정하여 설시하여야 하는 것은 아니다.」(대판 1993. 5. 25, 92므501)

(ㄴ) 이혼하는 부부의 자녀들이 모두 성년에 달한 경우 부가 그 자녀들에게 부양의무를 진다 하더라도 이를 재산분할의 액수를 정하는 데 참작할 사정으로 볼 수는 없다(대판 2003. 8. 19, 2003므941).

(ㄷ) 「분할대상이 되는 재산은 적극재산이거나 소극재산이거나 그 액수가 대략적으로나마 확정되어야 할 것이다.」(대판 1994. 6. 11, 96므1397)

(ㄹ) 「재산분할액 산정의 기초가 되는 재산의 가액은 반드시 시가감정에 의하여 인정하여야 하는 것은 아니지만 객관성과 합리성이 있는 자료에 의하여 평가하여야 할 것인바, 법원으로서는 위 변론종결일까지 기록에 나타난 객관적인 자료에 의하여 개개의 공동재산의 가액을 정하여야 한다.」(대판 2024. 5. 30, 2024므10370)

(ㅁ) 「재산분할 사건은 마류 가사비송사건에 해당하고[가사소송법 제 2 조 제 1 항 제 2 호 (나)목 4)], 금전의 지급 등 재산상의 의무이행을 구하는 마류 가사비송사건의 경우 원칙적으로 청구인의 청구취지를 초과하여 의무의 이행을 명할 수 없다(가사소송규칙 제93조 제 2 항 본문). 그러나 한편 가사비송절차에 관하여는 가사소송법에 특별한 규정이 없는 한 비송사건절차법 제1편의 규정을 준용하며(가사소송법 제34조 본문), 비송사건절차에 있어서는 민사소송의 경우와 달리 당사자의 변론에만 의존하는 것이 아니고, 법원이 자기의 권능과 책임으로 재판의 기초가 되는 자료를 수집하는, 이른바 직권탐지주의에 의하고 있으므로(비송사건절차법 제11조), 법원으로서는 당사자의 주장에 구애되지 아니하고 재산분할의 대상과 가액을 직권으로 조사·판단할 수 있다. 따라서 재산분할 사건에서 재산분할 대상과 가액을 주장하는 것은 그에 관한 법원의 직권 판단을 구하는 것에 불과하다.」(대판 2024. 5. 30, 2024므10370)

(ㅂ) 「민법 제839조의 2 제 2 항의 취지에 비추어 볼 때, 재산분할비율은 개별재산에 대한 기여도를 일컫는 것이 아니라 기여도 기타 모든 사정을 고려하여 전체로서의 형성된 재산에 대하여 상대방 배우자로부터 분할받을 수 있는 비율을 일컫는 것이라고 봄이 상당하므로, 법원이 합리적인 근거 없이 분할대상 재산들을 개별적으로 구분하여 분할비율을 달리 정하는 것은 허용될 수 없다(대법원 2002. 9. 4. 선고 2001므718 판결 등 참조).

그러나 공무원 퇴직연금수급권에 대하여 위와 같이 정기금 방식으로 재산분할을 할 경우에는 대체로 가액을 특정할 수 있는 다른 일반재산과는 달리 공무원 퇴직연금수급권은 연금수급권자인 배우자의 여명을 알 수 없어 가액을 특정할 수 없는 등의 특성이 있으므로, 재산분할에서 고려되는 제반사정에 비추어 공무원 퇴직연금수급권에 대한 기여도와 다른 일반재산에 대한 기여도를 종합적으로 고려하여 전체 재산에 대한 하나의 분할비율을 정하는 것이 형평에 부합하지 아니하는 경우도 있을 수 있다. 그러한 경우에는 공무원 퇴직연금수급권과 다른 일반재산을 구분하여 개별적으로 분할비율을 정하는 것이 타당하고, 그 결과 실제로 분할비율이 달리 정하여지더라도 이는 분할비율을 달리 정할 수 있는 합리적 근거가 있는 경우에 해당한다고 할 것이다. 그 경우에 공무원 퇴직연금의 분할비율은 전체 재직기간 중 실질적 혼인기간이 차지하는 비율, 당사자의 직업 및 업무내용, 가사 내지 육아 부담의 분배 등 상대방 배우자가 실제로 협력 내지 기여한 정도 기타 제반 사정을 종합적으로 고려하여 정하여야 한다.」(대판(전원) 2014. 7. 16, 2012므2888)

(ㅅ) 「일방 당사자가 특정한 방법으로 재산분할을 청구하더라도 법원은 이에 구속되지 않고 타당하다고 인정되는 방법에 따라 재산분할을 명할 수 있다. 그러나 재산분할심판은 재산분할에 관하여 당사자 사이에 협의가 되지 아니하거나 협의할 수 없는 때에 한하여 하는 것이므로(민법 제843조, 제839조의2 제2항), 쌍방 당사자가 일부 재산에 관하여 분할방법에 관한 합의를 하였고, 그것이 그 일부 재산과 나머지 재산을 적정하게 분할하는 데 지장을 가져오는 것이 아니라면 법원으로서는 이를 최대한 존중하여 재산분할을 명하는 것이 타당하다. 그 경우 법원이 아무런 합리적인 이유를 제시하지 아니한 채 그 합의에 반하는 방법으로 재산분할을 하는 것은 재산분할사건이 가사비송사건이고, 그에 관하여 법원의 후견적 입장이 강조된다는 측면을 고려하더라도 정당화되기 어렵다.」(대판 2021. 6. 10, 2021므10898)

재산분할비율을 정하는 경우에, 재산분할비율은 개별재산에 대한 기여도를 일컫는 것이 아니라 기여도 기타 모든 사정을 고려하여 전체로서의 형성된 재산에 대하여 상대방배우자로부터 분할받을 수 있는 비율을 일컫는 것이라고 보아야 하므로, 법원이 합리적인 근거 없이 분할대상 재산들을 개별적으로 구분하여 분할비율을 달리 정하는 것은 허용될 수 없다(대판 2002. 9. 4, 2001므718; 대판(전원) 2014. 7. 16, 2012므2888). 그러나 공무원 퇴직연금 수급권에 대하여 정기금 방식으로 재산분할을 할 경우에는 그 수급권은 연금수급권자인 배우자의 여명을 알 수 없어 가액을 특정할 수 없는 등의 특성이 있으므로, 공무원 퇴직연금 수급권과 다른 일반재산을 구분하여 개별적으로 분할비율을 정하는 것이 타당하고, 그 결과 실제로 분할비율이 달리 정하여지더라도 이는 분할비율을 달리 정할 수 있는 합리적인 근거가 있는 경우에 해당한다(대판(전원) 2014. 7. 16, 2012므2888).

구체적인 재산분할방법으로는 금전지급(재산을 매각하여 그 대가를 분배하거나 재산을 어느 일방의 소유로 하고 상대방의 몫을 지급하는 방법)과 현물분할이 있다. 판례는 당사자 일방의 단독소유재산을 쌍방의 공유로 하는 방법에 의한 분할도 가능하다고 한다(대판 1997. 7. 22, 96므318·325). 금전지급으로 분할하는 경우에는 일시급으로 할 수도 있고 분할급으로 할 수도 있으며, 분할급을 정기급으로 할 수도 있다.

재산분할을 금전지급(특히 정기급)으로 하는 경우에 의무자가 이행하지 않는 때에는 민사집행법에 의한 강제집행 이외에 가사소송법이 정하는 이행명령의 방법을 사용할 수 있다. 즉 당사자의 신청에 의하여 가정법원이 그 의무를 이행할 것을 명할 수 있으며(가소 64조), 그에 위반하면 1,000만원 이하의 과태료에 처할 수 있고(가소 67조 1항), 정기급인 때에는 3기 이상 의무를 이행하지 않으면 30일의 범위 내에서 감치에 처할 수 있다(가소 68조 1항 1호). 그런가 하면 가정법원은 재산분할 청구사건을 위하여 필요하다고 인정하는 경우에는 직권으로 또는 당사자의 신청에 의하여 당사자에게 재산상태를 구체적으로 밝힌 재산목록을 제출하도록 명할 수 있고(가소 48조의 2 1항), 이 재산명시명령을 받은 사람이 정당한 사유 없이 재산목록의 제출을 거부하거나 거짓 재산목록을 제출하면 1,000만원 이하의 과태료를 부과한다(가소 67조의 3). 그리고 가정법원은 재산명시절차에 따라 제출된 재산목록만으로는 재산분할 청구사건의 해결이 곤란하다고 인정할 경우에는 직권으로 또는 당사자의 신청에 의하여 당사자 명의의 재산에 관하여 조회할 수 있다(가소 48조의 3 1항). 재산조회나 자료제출을 요구받은 기관·단체의 장이 정당한 사유 없이 거짓 자료를 제출하거나 자료를 제출할 것을 거부하면 1,000만원 이하의 과태료를 부과한다(가소 67조의 4).

5) 재산분할청구권의 성립시기 판례에 의하면, 재산분할청구권은 이혼이 성립한 때에 그 법적 효과로서 비로소 발생하는 것일 뿐만 아니라, 협의 또는 심판에 의하여 구체적 내용이 형성되기까지는 그 범위 및 내용이 불명확·불확정하기 때문에 구체적으로 권리가 발생하였다고 할 수 없다(대판 1999. 4. 9, 98다58016; 대판 2001. 9. 25, 2001므725·732 등). 그런데 이에 의하면 이혼 후 재산분할의 심판 계속 중에 청구인이 사망하는 경우에는 재산분할청구권이 상속될 수 없게 된다. 그러나 재산분할심판의 청구가 있은 때에는 청산적 성질을 가지는 부분은 상속된다고 해야 한다(같은 취지: 신영호, 153면. 지원림, 1898면도 기본적으로 같은 입장에 있는 것으로 보인다. 뒤의 [92]도 참조). [90]

〈판 례〉

(ㄱ) 「이혼으로 인한 재산분할청구권은 이혼을 한 당사자의 일방이 다른 일방에 대하여 재산분할을 청구할 수 있는 권리로서 이혼이 성립한 때에 그 법적 효과로서 비로소 발생하는 것(대법원 1998. 11. 13. 선고 98므1193 판결 참조)일 뿐만 아니라, 협의 또는 심판에 의하여 그 구

체적 내용이 형성되기까지는 그 범위 및 내용이 불명확 · 불확정하기 때문에 구체적으로 권리가 발생하였다고 할 수 없으므로(대법원 1999. 4. 9. 선고 98다58016 판결 참조), 당사자가 이혼이 성립하기 전에 이혼소송과 병합하여 재산분할의 청구를 하고 법원이 이혼과 동시에 재산분할로서 금전의 지급을 명하는 판결을 하는 경우 그 금전지급채무에 관하여는 그 판결이 확정된 다음 날부터 이행지체책임을 지게 되고, 따라서 소송촉진 등에 관한 특례법 제 3 조 제 1 항 단서에 의하여 같은 조항 본문에 정한 이율이 적용되지 아니한다.」(대판 2001. 9. 25, 2001므725 · 732. 같은 취지: 대판 2014. 9. 4, 2012므1656)

(ㄴ) 「(위 (ㄱ)판결의 전반부의 취지를 판시한 뒤에: 저자 주) 당사자가 이혼이 성립하기 전에 이혼소송과 병합하여 재산분할의 청구를 한 경우에, 아직 발생하지 아니하였고 그 구체적 내용이 형성되지 아니한 재산분할청구권을 미리 양도하는 것은 성질상 허용되지 아니하며, 법원이 이혼과 동시에 재산분할로서 금전의 지급을 명하는 판결이 확정된 이후부터 채권 양도의 대상이 될 수 있다.」(대판 2017. 9. 21, 2015다61286)

(ㄷ) 「민법상의 재산분할청구권은 이혼을 한 당사자의 일방이 다른 일방에 대하여 재산분할을 청구할 수 있는 권리로서 이혼이 성립한 때에 그 법적 효과로서 비로소 발생하는 것이다. 따라서 당사자가 이혼이 성립하기 전에 이혼소송과 병합하여 재산분할의 청구를 하고, 법원이 이혼과 동시에 재산분할을 명하는 판결을 하는 경우에도 이혼판결은 확정되지 아니한 상태이므로, 그 시점에서 가집행을 허용할 수는 없다.」(대판 1988. 11. 13, 98므1193)

(ㄹ) 「민법 제839조의 2에 따른 재산분할 청구사건은 마류 가사비송사건으로서 즉시항고의 대상에 해당하기는 하지만, 재산분할은 부부가 혼인 중에 취득한 실질적인 공동재산을 청산 분배하는 것을 주된 목적으로 하고, 법원이 당사자 쌍방의 협력으로 이룩한 재산의 액수 기타 사정을 참작하여 분할의 액수와 방법을 정하는 것이므로, 재산분할로 금전의 지급을 명하는 경우에도 그 판결 또는 심판이 확정되기 전에는 금전지급의무의 이행기가 도래하지 아니할 뿐만 아니라 금전채권의 발생조차 확정되지 아니한 상태에 있다고 할 것이어서, 재산분할의 방법으로 금전의 지급을 명한 부분은 가집행선고의 대상이 될 수 없다고 봄이 상당하다. 그리고 이는 이혼이 먼저 성립한 후에 재산분할로 금전의 지급을 명하는 경우라고 하더라도 마찬가지이다.」(대판 2014. 9. 4, 2012므1656)

(ㅁ) 「원고와 피고 사이의 이혼 및 재산분할 사건에서 원심판결 별지목록1 기재 부동산이 분할대상임을 전제로 이를 원고에게 귀속시켜 이에 관한 피고 명의의 지분의 이전등기절차 이행을 명하고, 원고로 하여금 피고에게 그 가액의 일부에 상당하는 재산분할금을 지급할 것을 명하는 재판이 확정되었으나, 그 후 제 3 자가 제기한 민사재판에서 위 부동산이 제 3 자가 명의신탁한 재산으로서 분할대상재산이 아닌 것으로 밝혀진 경우, 확정된 민사재판에 의하여 원고는 피고로부터 별지목록1 기재 부동산에 관하여 소유권을 이전받을 수 없게 되었음에도 불구하고 확정된 재산분할 재

판 중 재산분할금 지급부분만을 인용하여 원고로 하여금 일방적으로 피고에게 재산분할금을 지급하도록 하는 것은 채무명의의 이용이 신의칙에 위반되어, 그 채무명의에 기한 집행이 현저히 부당하고 상대방으로 하여금 그 집행을 수인토록 하는 것이 정의에 반함이 명백하여 사회생활상 용인할 수 없는 예외적인 경우에 해당한다 할 것이고, 재산분할에서 분할대상인지 여부가 전혀 심리된 바 없는 재산이 재판확정 후 추가로 발견된 경우에는 이에 대하여 추가로 재산분할청구를 할 수 있」다(대판 2003. 2. 28, 2000므582).

6) 다른 제도와의 관계 [91]

(가) 위자료청구권 재산분할청구권과 위자료청구권은 ① 목적(부부공동재산의 청산 · 부양/이혼에 의한 손해배상), ② 유책의 배우자도 청구할 수 있는지 여부(있음/없음), ③ 권리행사기간(2년의 제척기간/3년 또는 10년의 시효기간), ④ 사건의 성격(가사비송사건/가사소송사건)(그러나 가정법원 전속관할이고 조정전치주의가 적용되는 점은 공통함), ⑤ 이혼소송 계속 중 소제기자가 사망한 경우에 소송종료 여부(종료/상속인 승계) 등 여러 가지 면에서 차이가 있는 별개의 독립한 권리이다. 따라서 유책배우자에 대하여는 재산분할청구 외에 별도로 재산적 · 정신적 손해에 대한 배상, 그리하여 위자료도 청구할 수 있다(같은 취지: 김용한, 161면; 박동섭, 211면; 이경희, 129면).

앞에서 언급한 바와 같이([83] 참조), 판례는 분할자의 유책행위에 의한 위자료까지 포함하여 분할할 수 있다고 하나, 그것이 재산분할청구권에 위자료청구권이 포함된다는 뜻은 아니라고 할 것이다.

(나) 채권자대위권 이혼으로 인한 재산분할청구권은 협의 또는 심판에 의하여 그 구체적 내용이 형성되기까지는 그 범위 및 내용이 불명확 · 불확정하기 때문에 구체적으로는 권리가 발생하였다고 할 수 없으므로 이를 보전하기 위하여 채권자대위권을 행사할 수 없다(대판 1999. 4. 9, 98다58016). 그리고 재산분할청구권은 그 자체로는 권리자의 의사를 존중하여야 하므로 대위권의 목적이 될 수 없으나(판례도 같음. 대결 2022. 7. 28, 2022스613; 대판 2023. 9. 21, 2023므10861 · 10878. 파산재단에도 속하지 않는다고 함), 협의 또는 심판에 의하여 구체적인 금전채권 또는 급부청구권으로 변화된 뒤에는 대위권의 목적으로 된다고 하여야 한다(같은 취지: 주해(9), 765면(김능환)).

(다) 채권자취소권 2007년의 민법 개정시에 재산분할청구권 보전을 위한 사해행위취소권 제도가 신설되었다. 그에 의하면, 부부의 일방이 다른 일방의 재산분할청구권 행사를 해함을 알면서도 재산권을 목적으로 하는 법률행위를 한 때에는, 다른 일방은 제406조 제 1 항을 준용하여 그 취소 및 원상회복을 가정법

원에 청구할 수 있다(839조의 3 1항(협의이혼의 경우) · 843조(재판상 이혼의 경우)). 그리고 그 소는 제406조 제 2 항의 기간 내에 제기하여야 한다(839조의 3 2항 · 843조). 그런데 이 소를 제기하려면 먼저 조정을 거쳐야 한다(가소 2조 1항 다류사건 4) · 50조).

민법은 재산분할청구권 보전을 위한 사해행위취소권의 규정을 협의이혼에 관하여 규정하고(839조의 3), 이를 재판상 이혼의 경우에 준용한다(843조).

채무초과 상태의 채무자가 이혼을 하면서 배우자에게 재산분할로 재산을 양도한 경우에 사해행위가 되는지가 문제되나, 재산분할액이 상당하다고 인정되는 때에는 사해행위가 되지 않는다고 하여야 한다. 통설(김용한, 161면; 김/김, 246면; 박병호, 137면; 이경희, 135면) · 판례(대판 2000. 7. 28, 2000다14101; 대판 2000. 9. 29, 2000다25569; 대판 2001. 5. 8, 2000다58804; 대판 2005. 1. 28, 2004다58963 등)도 같다. 그리고 판례는, 재산분할청구권은 이혼이 성립한 때에 그 법적 효과로서 비로소 발생하는 것일 뿐만 아니라, 협의 또는 심판에 의하여 구체적 내용이 형성되기까지는 그 범위 및 내용이 불명확 · 불확정하기 때문에 구체적으로 권리가 발생하였다고 할 수 없으므로, 협의 또는 심판에 의하여 구체화되지 않은 재산분할청구권은 채무자의 책임재산에 해당하지 않고, 이를 포기하는 행위 또한 채권자취소권의 대상이 될 수 없다고 한다(대판 2013. 10. 11, 2013다7936).

〈판 례〉

「이미 채무초과 상태에 있는 채무자가 이혼을 함에 있어 자신의 배우자에게 재산분할로 일정한 재산을 양도함으로써 결과적으로 일반 채권자에 대한 공동담보를 감소시키는 결과로 되어도, 위 재산분할이 민법 제839조의 2 제 2 항 규정의 취지에 따른 상당한 정도를 벗어나는 과대한 것이라고 인정할 만한 특별한 사정이 없는 한 사해행위로서 채권자에 의한 취소의 대상으로 되는 것은 아니라고 할 것이고, 다만 위와 같은 상당한 정도를 벗어나는 초과부분에 관한 한 적법한 재산분할이라고 할 수 없기 때문에 그 취소의 대상으로 될 수 있다고 할 것인바, 위와 같이 상당한 정도를 벗어나는 과대한 재산분할이라고 볼 만한 특별한 사정이 있다는 점에 관한 입증책임은 채권자에게 있다고 할 것이다.」(대판 2000. 7. 28, 2000다14101)

[92] 7) 재산분할청구권의 상속

(가) 이혼 전에 사망한 경우 아직 이혼하지 않은 상태에서 이혼 및 재산분할소송의 계속 중에 부부의 일방이 사망한 경우에는, 이혼소송은 종료되고, 이혼의 성립을 전제로 하여 이혼소송에 부대한 재산분할청구 역시 종료된다(대판 1994. 10. 28, 94므246 · 253).

〈판 례〉

「이혼소송과 재산분할청구가 병합된 경우, 재판상의 이혼청구권은 부부의 일신전속의 권리이므로 이혼소송 계속 중 배우자의 일방이 사망한 때에는 상속인이 그 절차를 수계할 수 없음은 물론이고, 또 그러한 경우에 검사가 이를 수계할 수 있는 특별한 규정도 없으므로 이혼소송은 종료되고(당원 1985. 9. 10. 선고 85므27 판결; 1993. 5. 27. 선고 92므143 판결 등 참조), 이에 따라 이혼의 성립을 전제로 하여 이혼소송에 부대한 재산분할청구 역시 이를 유지할 이익이 상실되어 이혼소송의 종료와 동시에 종료한다고 할 것이다.」(대판 1994. 10. 28, 94므246 · 253)

(나) **이혼 후에 사망한 경우** 이혼이 성립한 후 재산분할청구를 한 상태에서 부부의 일방이 사망하는 경우에는, 재산분할청구권과 재산분할의무는 상속된다고 하여야 한다. 다만, 재산분할청구권 가운데 부양적 요소에 해당하는 부분은 일신전속적인 것이어서 상속되지 않는다(이설 없음). 그러나 이혼은 하였지만 부부의 일방이 재산분할청구권을 행사하지 않은 채 사망하였다면, 그 상속인들은 설사 2년의 제척기간이 경과하지 않았더라도 상대방에게 사망한 일방의 재산분할청구권을 행사하지 못한다(이경희, 138면).

8) **재산분할청구권과 과세** 재산분할로 취득한 재산에 대하여 증여세를 부과할 수 없다(헌재 1997. 10. 30, 96헌바14; 대판 1997. 11. 28, 96누4725). 그리고 재산분할에 의한 자산의 이전이 양도소득세 과세대상이 되는 유상양도에 포함되지 않는다(대판 1998. 2. 13, 96누14401; 대판 2003. 11. 14, 2002두6422). 재산분할제도는 실질적으로는 공유물분할에 해당하는 것이어서 공유물분할에 관한 법리가 준용되어야 하는데, 공유물분할은 법적으로는 공유자 상호간의 지분의 교환 또는 매매이지만 실질적으로는 소유형태가 변경된 것일 뿐이어서 이를 자산의 유상양도라고 할 수 없기 때문이다. 그에 비하여 재산분할에 의한 부동산취득은 취득세와 등록세에 대하여는 과세대상이다(대판 2003. 8. 19, 2003두4331).

9) **재산분할청구권의 포기** 판례는, 협의 또는 심판에 의하여 구체화되지 않은 재산분할청구권을 혼인이 해소되기 전에 미리 포기하는 것은 그 성질상 허용되지 않는다고 한다(대판 2003. 3. 25, 2002므1787 · 1794 · 1800; 대결 2016. 1. 25, 2015스451). 그 이유로 판례는, 재산분할제도가 혼인 중에 부부 쌍방의 협력으로 이룩한 실질적인 공동재산을 청산 · 분배하는 것을 주된 목적으로 하는 것이고, 이혼으로 인한 재산분할청구권은 이혼이 성립한 때에 그 법적 효과로서 비로소 발생하는 것일 뿐만 아니라 협의 또는 심판에 의하여 구체적 내용이 형성되기까지는 범위 및 내용이 불명확 · 불확정하기 때문에 구체적으로 권리가 발생하였다고 할 수 없다는 점을 든다. 그리고

판례는, 아직 이혼하지 않은 당사자가 장차 협의상 이혼할 것을 합의하는 과정에서 이를 전제로 재산분할청구권을 포기하는 서면을 작성한 경우에, 부부 쌍방의 협력으로 형성된 공동재산 전부를 청산·분배하려는 의도로 재산분할의 대상이 되는 재산액, 이에 대한 쌍방의 기여도와 재산분할 방법 등에 관하여 협의한 결과 부부 일방이 재산분할청구권을 포기하기에 이르렀다는 등의 사정이 없는 한 성질상 허용되지 않는 「재산분할청구권의 사전포기」에 불과할 뿐이므로 쉽사리(「쉽사리」는 주로 부정적인 표현과 함께 쓰이는데 여기는 긍정적인 표현과 함께 쓰여 매우 어색하다: 저자 주) 「재산분할에 관한 협의」로서의 「포기약정」이라고 보아서는 안 된다고 한다(대결 2016. 1. 25, 2015스451). 그러나 혼인의 파탄에 이른 당사자가 협의이혼의 약정을 하면서 재산분할청구권을 포기하는 것은 협의이혼절차가 유효하게 이루어질 것을 조건으로 하는 조건부 의사표시로서 유효하다고 할 수 있다.

10) 재산분할청구권의 소멸 재산분할청구권은 이혼한 날부터 2년이 경과한 때에는 소멸한다(839조의 2 3항). 이 점은 재판상 이혼의 경우에도 같다(843조). 이 2년의 기간은 소멸시효기간이 아니고 제척기간으로서 그 기간이 경과하였는지 여부는 당사자의 주장에 관계없이 법원이 당연히 조사하여 고려하여야 한다(대판 1994. 9. 9, 94다17536). 그리고 판례는, 그 기간은 재판 외에서 권리를 행사하는 것으로 족한 기간이 아니라 그 기간 내에 재산분할심판 청구를 하여야 하는 출소기간이라고 한다(대결 2022. 6. 30, 2020스561; 대결 2022. 11. 10, 2021스766; 대판 2023. 12. 21, 2023므11819). 따라서 이혼한 날부터 2년 내에 재산분할 심판청구를 하였음에도 그 재판에서 특정한 증거신청을 하였는지에 따라 제척기간 준수 여부를 판단할 것은 아니라고 한다(대판 2023. 12. 21, 2023므11819). 그러면서 협의상 또는 재판상 이혼을 하였으나 재산분할을 하지 않아 이혼 후 2년 이내에 최초로 법원에 제839조의 2에 따라 재산분할청구를 함에 있어 제척기간 내 이루어진 청구에 대하여 제척기간 준수의 효력이 인정된다고 한다(대판 2023. 12. 21, 2023므11819).

한편 판례는, 2년의 제척기간 내에 재산의 일부에 대해서만 재산분할을 청구한 경우 청구 목적물로 하지 않은 나머지 재산에 대해서는 제척기간을 준수한 것으로 볼 수 없으므로, 재산분할청구 후 제척기간이 지나면 그때까지 청구 목적물로 하지 않은 재산에 대해서는 청구권이 소멸한다고 한다(대결 2018. 6. 22, 2018스18. 같은 취지: 대결 2022. 11. 10, 2021스766). 그리고 재산분할 재판에서 분할대상인지 여부가 전혀 심리된 바 없는 재산이 재판확정 후 추가로 발견된 경우에는 이에 대하여 추가로 재산분할청구를 할 수 있는데(대판 2003. 2. 28, 2000므582), 추가 재산분할청구 역시 이혼한 날부터 2년 이내라는 제척기간을 준수해야 한다고 한다(대결 2018. 6. 22, 2018스18). 그러나 청구인 지위에서 대상 재산에 대해 적극적으로 재산분할을 청구하는 것이 아니라, 이미 제기된 재산분할청구 사건의 상대방 지위에서 분할대상 재산을 주장하는 경우에는 제척기간이 적용되지 않는다고 한다(대결 2022. 11. 10, 2021스766). 판례는 그 이유로, 2년의 제척기간이 재산분할을 청구하는 경우에 적용됨이 법문언상 명백하다는 점, 상대방의 지위에서 청구인의 적극재산 등을 분할대상 재산으로 주장하는 것은 청구인의 재산분할심판 청구에 대하여 일종의 방어방법을 행사하는 것으로 볼 수 있고, 이를 청구인의 지위에서 적극적으로 대상 재산의 분할심판을 구하는 것과 동일하게 평가할 수 없다는 점, 상대방의 지위에서 분할대상 재산을 주장하는 것은 재산분할의 대상 확정에 관한 법원의 직권 판단을 구하는 것에 불과하다는 점 등을 든다.

(4) 손해배상청구권 [93]

1) 재판상 이혼의 경우 당사자 일방은 과실있는 상대방에 대하여 재산상의 손해에 대하여뿐만 아니라 정신상의 고통에 대하여도 손해배상을 청구할 수 있다(843조·806조 1항 2항). 즉 재산상의 손해배상청구권과 위자료청구권이 발생한다. 이혼으로 인한 위자료청구의 경우에도 과실상계 규정이 유추적용된다(396조·763조 참조). 그 결과 혼인파탄에 대한 유책사유가 부부 쌍방에게 있고 쌍방의 책임 정도가 대등한 때에는 위자료청구권이 인정되지 않는다(대판 1994. 4. 26, 93므1273·1280).

민법은 재판상 이혼의 경우에 관하여만 손해배상청구권을 규정하고 있으나, 협의이혼의 경우에도 손해가 있는 때에는 손해배상청구권이 발생한다고 할 것이다. 판례도 사기 또는 강박으로 혼인을 하게 된 자가 협의이혼을 한 때에도 손해배상청구를 인정한다(대판 1977. 1. 25, 76다2223).

위자료청구권은 양도 또는 승계되지 않으나, 당사자간에 이미 그 배상에 관한 계약이 성립되거나 소를 제기한 후에는 승계된다(843조·806조 3항). 그리고 판례는, 위자료의 액수산정은 재산상의 손해와 달라서 반드시 이를 증거에 의하여 입증할 수 있는 성질의 것이 아니므로 법원은 여러 가지 사정을 참작하여 직권에 의하여 그 액수를 결정할 것이고 이에 관한 별도의 증거를 필요로 하는 것은 아니므로, 유책배우자에 대한 위자료수액을 산정함에 있어서도, 유책행위에 이르게 된 경위와 정도, 혼인관계 파탄의 원인과 책임, 배우자의 연령과 재산상태 등 변론에 나타나는 모든 사정을 참작하여 법원이 직권으로 결정할 수밖에 없다고 한다(대판 1981. 10. 13, 80므100; 대판 1987. 5. 26, 87므5 · 6; 대판 1987. 10. 28, 87므55; 대판 2024. 10. 25, 2024므11526 · 11533). 그런가 하면, 이러한 사정에는 혼인관계의 파탄 이후 최종적 이혼에 이르기까지 발생한 모든 사정이 포함되며(혼인관계 파탄 이후의 행위도 위자료 액수 산정의 고려요소에 포함되어야 한다고 함), 개별적 유책행위에 대하여 별개의 손해배상청구를 할 수 있다고 하여 달라지지 않는다고 한다(대판 2024. 10. 25, 2024므11526 · 11533).

〈판 례〉

(ㄱ) 「재판상 이혼청구권은 부부의 일신전속적 권리이므로 이혼소송의 계속 중 배우자의 어느 일방이 사망한 때에는 그 상속인이 수계를 할 수 없음은 물론이고, 또한 그러한 경우에 검사가 이를 수계할 수 있는 특별한 규정도 없으므로 이혼소송은 종료된다 할 것이다(당원 1982. 10. 12. 선고 81므53 판결 참조).

그러나 이혼 위자료청구권은 상대방인 배우자의 유책불법한 행위에 의하여 그 혼인관계가 파탄상태에 이르러 부득이 이혼을 하게 된 경우에 그로 인하여 입게 된 정신적 고통을 위자하기 위한 손해배상청구권으로서, 이는 이혼의 시점에서 확정, 평가되는 것이며 이혼에 의하여 비로소 창설되는 것은 아니라 할 것이다. 이러한 이혼 위자료청구권의 양도 내지 승계의 가능 여부에 관하여, 민법 제806조 제 3 항은 약혼해제로 인한 손해배상청구권에 관하여 정신상 고통에 대한 손해배상청구권은 양도 또는 승계하지 못하지만 당사자간에 이미 그 배상에 관한 계약이 성립되거나 소를 제기한 후에는 그러하지 아니하다고 규정하고, 민법 제843조가 위 규정을 재판상 이혼의 경우에 준용하고 있으므로 이혼 위자료청구권은 원칙적으로 일신전속적 권리로서 양도나 상속 등 승계가 되지 아니하나 이는 행사상의 일신전속권이고 귀속상의 일신전속권은 아니라 할 것이며, 그 청구권자가 위자료의 지급을 구하는 소송을 제기함으로써 그 청구권을 행사할 의사가 외부적 객관적으로 명백하게 된 이상 양도나 상속 등 승계가 가능하다 할 것이다.」(대판 1993. 5. 27, 92므143)

(ㄴ) 「이혼을 원인으로 하는 위자료청구권은 … 이혼의 원인이 되는 개별적 유책행위의 발생으로부터 최종적 이혼에 이르기까지 일련의 경과가 전체로서 불법행위로 파악되어 최종적 이혼시점에서 확정, 평가된다.」(대판 2024. 10. 25, 2024므11526 · 11533)

[94] 2) 이혼하는 부부 일방은 혼인의 파탄에 책임이 있는 제 3 자에 대하여도 손해배상을 청구할 수 있다(750조). 그리하여 심히 부당한 대우를 한 배우자의 직계존속(대판 1969. 8. 19, 69므17은 이 경우 이혼판결이 없는 한 위자료청구를 할 수 없다고 한다), 배우자와 간통한 제 3 자(대판 2005. 5. 13, 2004다1899; 대판 2023. 12. 21, 2023다265731; 대판 2024. 6. 27, 2023므12782; 대판 2024. 6. 27, 2022므13504 · 13511), 부(夫)와 부첩관계(夫妾關係)에 있는 자(대판 1998. 4. 10, 96므1434) 등에 대하여 위자료청구권을 가진다.

대법원은, 비록 부부가 아직 이혼하지 아니하였지만 실질적으로 부부공동생활이 파탄되어 회복할 수 없을 정도의 상태에 이르렀다면, 제 3 자가 부부의 일방과 성적인 행위를 하더라도 이를 두고 부부공동생활을 침해하거나 유지를 방해하는 행위라고 할 수 없고 또한 그로 인하여 배우자의 부부공동생활에 관한 권리가 침해되는 손해가 생긴다고 할 수도 없으므로 불법행위가 성립한다고 보기 어려우며, 이러한 법률관계는 재판상 이혼청구가 계속 중에 있다거나 재판상 이혼이 청구되지 않은 상태라고 하여 달리 볼 것은 아니라고 한다(대판(전원) 2014. 11. 20, 2011므2997(이러한 다수의견에 대하여 별개의견은, 혼인의 파탄만으로는 부족하고 그 외에 이혼의사의 표시 또는 재판상 이혼청구가 있을 것을 요구한다); 대판 2023. 12. 21, 2023다265731. 같은 취지: 대판 2024. 6. 27, 2022므13504·13511). 그리고 이는, 부부의 일방과 부정행위를 한 제 3 자가 실질적으로 부부공동생활이 파탄되어 회복할 수 없을 정도의 상태에 이르게 된 원인을 제공한 경우라 하더라도, 배우자 아닌 자와의 성적인 행위가 부부공동생활이 실질적으로 파탄되어 실체가 더 이상 존재하지 아니하거나 객관적으로 회복할 수 없는 정도에 이른 상태에서 이루어졌다면 마찬가지라고 한다(대판 2023. 12. 21, 2023다265731).

한편 대법원은, 제 3 자가 부부의 일방과 부정행위를 한 경우에 제 3 자가 부담하는 불법행위책임은 부정행위를 한 부부의 일방이 배우자에 대하여 부담하는 불법행위책임과 공동불법행위책임으로서 부진정연대채무 관계에 있고, 부진정연대채무자 상호 간에 채권의 목적을 달성시키는 변제와 같은 사유는 채무자 전원에 대하여 절대적 효력을 발생하므로 부정행위를 한 부부의 일방이 배우자에게 공동불법행위로 인한 손해배상금을 지급한 경우 그 변제의 효과는 부진정연대채무자인 제 3 자에 대하여도 효력이 있다고 한 뒤, 다만 부정행위를 한 부부의 일방이 이혼과정에서 배우자에게 위자료 등의 명목으로 금원을 지급하였는데 그 금원에 위자료뿐만 아니라 재산분할금이나 양육비 등 다른 성격의 금원이 포함되어 있고, 그러한 이유로 그 금원 중 공동불법행위로 인한 위자료를 구분·특정하기 어려운 경우가 있다고 하면서, 그러한 경우 법원은 부부의 일방이 배우자에게 위자료의 일부로서 금원을 지급한 사정을 제 3 자가 부담하는 위자료 액수를 산정할 때 참작할 수 있다고 한다(대판 2024. 6. 27, 2023므12782. 후단에 관하여 같은 취지: 대판 2005. 6. 23, 2004다66001).

〈판 례〉

(ㄱ) 「배우자 있는 부녀와 간통행위를 하고, 이로 인하여 그 부녀가 배우자와 별거하거나 이혼하는 등으로 혼인관계를 파탄에 이르게 한 경우 그 부녀와 간통행위를 한 제 3 자(상간자)는 그 부녀의 배우자에 대하여 불법행위를 구성하고, 따라서 그로 인

하여 그 부녀의 배우자가 입은 정신상의 고통을 위자할 의무가 있다고 할 것이다. 그러나 이러한 경우라도 간통행위를 한 부녀 자체가 그 자녀에 대하여 불법행위책임을 부담한다고 할 수는 없고, 또한 간통행위를 한 제 3 자(상간자) 역시 해의(害意)를 가지고 부녀의 그 자녀에 대한 양육이나 보호 내지 교양을 적극적으로 저지하는 등의 특별한 사정이 없는 한 그 자녀에 대한 관계에서 불법행위책임을 부담한다고 할 수는 없다.」(대판 2005. 5. 13, 2004다1899. 같은 취지: 대판 1981. 7. 28, 80다1295)

(ㄴ) 「이혼을 원인으로 하는 손해배상청구는 제 3 자에 대한 청구를 포함하여 가사소송법 제 2 조 제 1 항 (가)목 (3) 다류 2호의 가사소송사건으로서 가정법원의 전속관할에 속한다.

그런데 원고의 피고 1에 대한 이 사건 청구 중 위 피고와 원고 남편 사이의 간통 등 부정행위로 인하여 원고가 남편과 협의이혼을 함으로써 원고의 혼인관계가 파탄에 이르렀음을 원인으로 위자료 5,000만원 및 이에 대한 지연손해금의 지급을 구하는 손해배상청구는 이혼을 원인으로 하는 제 3 자에 대한 손해배상청구에 해당하고, 따라서 위 손해배상청구는 가정법원의 전속관할에 속한다.」(대판 2008. 7. 10, 2008다17762. 같은 취지: 대판 2010. 3. 25, 2009다102964)

(ㄷ) 「부부는 동거하며 서로 부양하고 협조하여야 하는 의무를 진다(민법 제826조). 부부는 정신적 · 육체적 · 경제적으로 결합된 공동체로서 서로 협조하고 보호하여 부부공동생활로서의 혼인이 유지되도록 상호간에 포괄적으로 협력할 의무를 부담하고 그에 관한 권리를 가진다. 이러한 동거의무 내지 부부공동생활 유지의무의 내용으로서 부부는 부정행위를 하지 아니하여야 하는 성적(性的) 성실의무를 부담한다. 이에 따라 부부의 일방이 부정행위를 한 경우에 이는 민법 제840조에 따라 재판상 이혼사유가 되고, 부부의 일방은 그로 인하여 배우자가 입게 된 정신적 고통에 대하여 불법행위에 의한 손해배상의무를 진다.

한편 제 3 자도 타인의 부부공동생활에 개입하여 그 부부공동생활의 파탄을 초래하는 등 그 혼인의 본질에 해당하는 부부공동생활을 방해하여서는 아니 된다. 제 3 자가 부부의 일방과 부정행위를 함으로써 혼인의 본질에 해당하는 부부공동생활을 침해하거나 그 유지를 방해하고 그에 대한 배우자로서의 권리를 침해하여 배우자에게 정신적 고통을 가하는 행위는 원칙적으로 불법행위를 구성한다(대법원 2005. 5. 13. 선고 2004다1899 판결 등 참조).

이와 같이 제 3 자가 부부의 일방과 부정행위를 하여서는 아니 되는 것은 혼인의 본질에 해당하는 부부공동생활이 보호되고 유지되어야 하기 때문이다. 그런데 민법 제840조는 '혼인을 계속하기 어려운 중대한 사유가 있을 때'를 이혼사유로 삼고 있으며, 부부간의 애정과 신뢰가 바탕이 되어야 할 혼인의 본질에 해당하는 부부공동생활 관계가 회복할 수 없을 정도로 파탄되고 그 혼인생활의 계속을 강제하는 것이 일방 배우자에게 참을 수 없는 고통이 되는 경우에는 위 이혼사유에 해당할 수 있다(대법원 2010. 7. 15. 선고 2010므1140 판결 등 참조). 이에 비추어 보면 부부가 장기간 별거하는 등의 사유로 실질적으로 부부공동생활이 파탄되어 실체가 더 이상 존재하지 아니하게 되고 객관적으로 회복할 수 없는 정도에 이른 경우에는 혼인의 본질에 해당하는 부부공동생활이 유지되고 있다고 볼 수 없다. 따라서 비록 부부가 아직 이혼하지 아니하였지만 이처럼 실질적으로 부부공동생활이 파탄되어 회복할 수 없을 정도의 상태에 이르렀다면, 제 3 자가 부부의 일방과 성적인 행위를 하더라도 이를 두고 부부공동생활을 침해하거나 그 유지를 방해하는 행위라고 할 수 없고 또한 그로 인하여 배우자의 부부공동생활에 관한 권리가 침해되는 손해가 생긴다고 할 수도 없으므로 불법행위가 성립한다고 보기 어렵다. 그리고 이러한 법률관계는 재판상 이혼청구가 계속 중에 있다거나 재판상 이혼이 청구되지 않은 상태라고 하여 달리 볼 것은 아니다.」(이 판결에는 대법관 3인의 별개의견이 있으며, 그 의견의 요지는 다음과 같음. 그 별개의견의 요지: 혼인의 본질에 해당하는 부부공동생활의 실체가 소멸되고 이를 회복할 수 없는 상태에서 부부 일방이 배우자로부터 이혼의사를 전달받았거나, 그의 재판상 이혼청구가 민법 제840조 제 6 호에 따라 이혼이 허용될 수 있는 상황이었고 실제 재판상 이혼을 청구하여 혼인관계의 해소를 앞두고 있는 경우에는, 부부 일방은 배우자에 대한 성적 성실의무를 더 이상 부담한다고 볼 수 없으므로, 그 후에 이루어진 제 3 자와 부부 중 일방 당사자의 성적 행위는 배우자에 대하여 불법행위를 구성한다고 보기 어렵다.)(대판(전원) 2014. 11. 20, 2011므2997)

3) 대법원(대판 2024. 6. 27, 2023므16678)은, 부부의 일방이 상대방 배우자의 부정행위로 인하여 혼인관계가 파탄되었다고 주장하면서 배우자를 상대로 위자료청구를 하였으나, 법원이 혼인관계 파탄에 관한 부부 쌍방의 책임 정도가 대등하다고 판단하여 위자료청구를 기각하는 경우 상대방 배우자에게 혼인관계 파탄에 대한 손해배상의무가 처음부터 성립하지 않는다고 한다(이혼을 원인으로 하는 손해배상책임을 인정하는 근거는 부정행위 등 이혼의 원인이 되는 개별적 유책행위에 있는 것이 아니라 그로 인하여 혼인관계가 파탄되어 이혼에 이르게 된 데에 있으므로, 혼인관계 파탄에 대하여 부부 쌍방의 책임 정도가 대등한 경우 부부 일방에게 혼인관계 파탄의 책임을 지울 수 없기 때문이다). 나아가 부정행위를 한 배우자의 손해배상의무가 성립하지 않는 이상 배우자의 부정행위에 가공한 제 3 자에게도 이혼을 원인으로 하는 손해배상책임이 인정되지 않는다고 한다. 그리고 이러한 법리는 부부의 일방이 상대방 배우자의 부정행위로 인하여 혼인관계가 파탄되었다고 주장하면서 배우자를 상대로 본소로 위자료청구를 하고 이에 대하여 상대방 배우자가 반소로 위자료청구를 하였으나, 법원이 혼인관계 파탄에 관한 부부 쌍방의 책임 정도가 대등하다고 판단하여 본소 · 반소 위자료청구를 모두 기각하는 경우에도 마찬가지라고 한다.

4) 이혼을 원인으로 하는 손해배상청구(제 3 자에 대한 청구를 포함함)에는 조정전치주의가 적용된다(가소 2조 1항 다류사건 2) · 50조).

[95] # Ⅵ. 사 실 혼

1. 의 의

사실혼(事實婚)이란 실질적으로 부부로서 혼인생활을 하고 있으나 혼인신고를 하지 않아서 법률상의 혼인으로 인정되지 않는 남녀의 결합관계이다. 사실혼은 약혼, 첩관계와 구별된다. 약혼은 장차 혼인하기로 하는 합의만을 하고 있고 부부로서 혼인생활을 하고 있지 않으므로 사실혼과 다르다. 그리고 첩관계는 혼인의 의사 없이 법률상의 배우자 있는 남자가 다른 여자에게 경제적 지원을 하면서 정교관계를 유지하고 있는 경우이어서 역시 사실혼이 아니다. 간헐적으로 정교관계만 맺고 있는 단순한 사통관계도 같다.

사실혼은 법률혼과 동일하게 다루어질 수는 없다. 그것은 법률혼주의의 취지에 반하기 때문이다. 그러나 당사자를 보호하여야 한다는 점에서는 결코 사실혼이 법률혼에 뒤지지 않는다. 여기서 학설은 사실혼을 준혼관계(準婚關係)로 이해하여(과거의 판례는 사실혼 관계를 혼인예약이라고 하고, 이를 부당하게 파기한 자에 대하여 혼인예약의무 불이행을 이유로 한 손해배상책임을 인정하였다. 대판 1960. 8. 18, 4292민상995; 대판 1965. 7. 6, 65므12 참조) 혼인의 효과 가운데 혼인신고와 불가분적으로 결합되어 있는 것을 제외하고는 모두 인정하려는 경향을 보인다.

이하에서 판례를 중심으로 하여 사실혼에 관하여 살펴보기로 한다.

2. 성립요건

(1) 주관적 · 객관적 요건

판례에 의하면, 사실혼이 성립하기 위하여서는 당사자 사이에 주관적으로 혼인의사의 합치가 있고, 객관적으로 부부공동생활이라고 인정할 만한 혼인생활의 실체가 존재하여야 한다(대판 1987. 2. 10, 86므70; 대판 2001. 1. 30, 2000도4942; 대판 2001. 4. 13, 2000다52943 등).

그리고 판례는, 법률상 혼인을 한 부부가 별거하고 있는 상태에서 그 다른 한쪽이 제 3 자와 혼인의 의사로 실질적인 부부생활을 하고 있다고 하더라도, 특별한 사정이 없는 한, 이를 사실혼으로 인정하여 법률혼에 준하는 보호를 할 수는 없는 것이라고 하며(대판 2001. 4. 13, 2000다52943; 대판 2010. 3. 25, 2009다84141. 뒤의 판결은 이러한 법리가 자동차종합보험의 부부운전자 한정운전 특별약관에서 규정하는 '사실혼 관계에 있는 배우자'의 해석에도 적용된다고 한다), 간헐적 정교관계만으로는 비록 당사자 사이에 자식이 태어났다고 하더라도 서로 혼인의사의 합치가 있었다거나 혼인생활의 실체가 존재한다고는 할 수 없어 사실혼이 성립했다고 볼 수 없다고 한다(대판 1984. 8. 21, 84므45; 대판 1986. 3. 11, 85므89; 대판 2001. 1. 30, 2000도4942).

〈판 례〉

「법률혼주의 및 중혼금지 원칙을 대전제로 하고 있는 우리 가족법 체계를 고려하여 보면, 군인연금법 제 3 조 제 1 항 제 4 호가 '사실상 혼인관계에 있던 자'를 유족연금을 받을 수 있는 배우자에 포함하고 있는 취지는, 사실상 혼인생활을 하여 혼인의 실체는 갖추고 있으면서도 단지 혼인신고가 없기 때문에 법률상 혼인으로 인정되지 아니하는 경우에 그 사실상 배우자를 보호하려는 것이지, 법률혼 관계와 경합하고 있는 사실상의 동거관계를 보호하려는 것은 아니다. 만약 사실상 배우자 외에 법률상 배우자가 따로 있는 경우라면, 이혼의사의 합치가 있었는데도 형식상의 절차미비 등으로 법률혼이 남아 있는 등의 예외적인 경우를 제외하고는, 그 사실상 배우자와의 관계는 군인연금법상의 '사실혼'에 해당한다고 볼 수 없을 것이다(대법원 1993. 7. 27. 선고 93누1497 판결 참조).」(대판 2007. 2. 22, 2006두18584)

(2) 혼인의 장애사유 문제

위의 요건 외에 혼인의 장애사유(807조-810조)도 없어야 하는가에 관하여, 그에 위반하여도 무효혼 규정에 위반하지만 않으면 사실혼이 성립한다는 견해(박동섭, 218면; 박병호, 140면; 이경희, 149면)가 있으나, 법률혼의 장애사유는 모두 사실혼에도 장애가 된다고 하여야 한다(같은 취지: 지원림, 1912면). 판례도 중혼적 사실혼의 경우(법률혼의 부부 일방이 집을 나가 돌아오지 않는 상태에서 제 3 자와 혼인생활을 하는 경우)에는 특별한 사정이 없는 한 이를 사실혼으로 인정하여 법률혼에 준하는 보호를 할 수는 없다고 한다(대판 1995. 9. 26, 94므1638; 대판 1996. 9. 20, 96므530; 대판 2001. 4. 13, 2000다52943. 같은 취지: 대판 2022. 3. 31, 2019므10581(법률상 혼인을 한 사람이 배우자와 별거하면서 제 3 자와 혼인의 의사로 실질적인 부부생활을 하더라도, 법률상 배우자와 사실상 이혼상태였다는 등의 특별한 사정이 없는 한 제 3 자와의 관계를 사실상 혼인관계로 인정하여 법률혼에 준하는 보호를 할 수는 없다)).

3. 사실혼의 효과 [96]

(1) 일반적 효과

1) 혼인신고를 전제로 하는 효과 사실혼이 성립하여도 사실혼의 배우자 및 그 혈족과의 사이에 친족관계가 생기지 않는다. 그리고 미성년자는 사실혼 관계에 있더라도 성년의제(826조의 2)가 되지 않는다. 그 밖에 배우자로서의 상속권도 인정되지 않는다(대판 1991. 4. 26, 90누6897; 대판 1999. 5. 11, 99두1540)(통설도 같으나, 상속권을 인정하는 소수설(배/최, 232면; 이경희, 151면)도 있다).

2) 동거 · 부양 · 협조의무 등 부부로서의 동거 · 부양 · 협조의무는 사실혼의 경우에도 동일하게 인정되어야 한다(대판 1998. 8. 21, 297므544 · 551). 성적 성실의무(정조의무)도 마찬가지이다(대판 1965. 5. 31, 65므14; 대판 1967. 1. 24, 66므39).

사실혼의 관계는 제 3 자에 대하여도 보호되어야 한다. 따라서 제 3 자가 사실혼의 배우자와 정교관계를 맺은 경우 불법행위를 구성하고, 제 3 자가 사실혼의 배우자를 살해하거나 상해를 입힌 경우 상대방배우자에 대하여 정신적 고통에 대한 위자료를 지급할 의무가 있다(대판 1969. 7. 22, 69다684).

3) 자의 법적 지위 사실혼의 부부 사이의 자는 혼인 외의 출생자이다. 따라서 부가 인지하지 않는 한 자는 모의 성과 본을 따르며(781조 3항), 모가 친권자가 된다(909조 1항).

사실혼 중에 임신되어 혼인신고 후 출생한 자(子)의 출생일이 혼인신고일부터 200일이 되기 전이지만 사실혼 성립일부터는 200일이 지난 때인 경우에 그 자가 친생자로 추정을 받는지 문제된다. 여기에 관하여 학설은 i) 긍정설(김/김, 265면 등 다수설)과 ii) 부정설(박동섭, 220면)로 나뉘어 대립하고 있고, 의용민법 하의 판례는 i)설과 같다(대판 1963. 6. 13, 63다228. [104] 참조). 생각건대 사실혼의 성립시기는 분명하지 않을 때가 많고, 따라서 친생추정은 인정하지 않음이 옳다. 그럴 경우에는 부자관계를 부인하기 위해서 반드시 친생부인의 소를 제기할 필요는 없고, 친생자관계 부존재 확인의 소를 제기하여도 된다.

사실혼에 의한 자(子)는 아직 인지가 되기 전에도 그의 부(父)가 생명침해를 당한 경우에 제752조에 따라 위자료청구를 할 수 있다고 해야 한다(대판 1966. 6. 28, 66다493 참조)(사실혼의 배우자도 같음).

[97] **(2) 재산적 효과**

혼인의 재산적 효과는 사실혼의 경우에도 인정된다. 즉 사실혼의 부부도 일상가사에 관하여 서로 대리권이 있고(827조 참조)(대판 1980. 12. 23, 80다2077), 일상가사로 인한 채무에 대하여 연대책임을 진다(832조 참조). 부부재산의 귀속에 관한 규정(830조)도 사실혼의 경우에 유추적용된다.

〈판 례〉

「사실혼관계에 있는 부부의 일방이 사실혼 중에 자기 명의로 취득한 재산은 그 명의자의 특유재산으로 추정되나 실질적으로 다른 일방 또는 쌍방이 그 재산의 대가를 부담하여 취득한 것이 증명된 때에는 특유재산의 추정은 번복되어 그 다른 일방의 소유이거나 쌍방의 공유라고 보아야 할 것이다.」(대판 1994. 12. 22, 93다52068 · 52075)

부부재산계약을 체결할 수 있는가에 관하여는 i) 부정하는 견해(김용한, 167면; 배/최, 221면)와 ii) 긍정하나, 등기할 수 없으므로 제 3 자에게 대항할 수는 없다는 견해(김/김, 263면; 박동

(섭, 219면; 이경희, 151면)로 나뉜다. 생각건대 부부재산계약은 법률상의 부부에 대하여 가능하게 하면서 그것을 등기하여 제 3 자에게도 대항할 수 있도록 한 제도이므로 사실혼 상태에서는 부부재산계약의 효력이 생기지 않는다고 해야 한다.

(3) 특별법상의 효과

민법에는 사실혼에 관한 규정이 두어져 있지 않다. 그런데 많은 특별법령에서 사실혼의 배우자를 법률상의 배우자와 동일하게 다루고 있다(예: 「근로기준법 시행령」 48조 1항 1호, 고용보험법 57조 1항, 공무원연금법 3조 1항 3호 가목 등 각종 연금법). 그리고 주택임대차보호법에 의하면, 주택임차인이 상속인 없이 사망한 경우에는 그 주택에서 가정공동생활을 하던 사실상의 혼인관계에 있는 자가 임차인의 권리와 의무를 승계하며(같은 법 9조 1항), 임차인이 사망한 때에 사망 당시 상속인이 그 주택에서 가정공동생활을 하고 있지 않은 때에는 그 주택에서 가정공동생활을 하던 사실상의 혼인관계에 있는 자와 2촌 이내의 친족이 공동으로 임차인의 권리와 의무를 승계한다(같은 법 9조 2항).

4. 사실혼의 해소 [98]

사실혼은 당사자의 합의에 의해서 해소될 수 있는가 하면 당사자 일방의 의사에 의하여 해소될 수도 있다. 그리고 당사자 일방이 사망한 때에도 해소된다. 물론 혼인신고를 하여 법률혼으로 되어 사실혼이 종료되기도 한다. 혼인신고를 제외한 해소사유를 살펴본다.

(1) 당사자 일방의 사망에 의한 해소

사실혼관계에 있는 당사자 일방이 사망하면 사실혼은 해소된다. 그런데 이 경우 상속권은 인정되지 않는다. 다만, 상속인이 존재하지 않는 때에는 생존배우자는 특별연고자에 대한 재산분여규정(1057조의 2)에 의하여 상속재산의 전부 또는 일부를 분여받을 수 있다. 그리고 생존배우자의 주거는 전술한 주택임대차보호법에 의하여 확보된다(같은 법 9조 · 12조). 한편 판례는 사실혼관계가 일방 당사자의 사망에 의하여 종료된 경우에는 재산분할청구권을 인정하지 않는다(대판 2006. 3. 24, 2005두15595).

(2) 합의에 의한 해소

사실혼관계는 당사자의 합의에 의하여 해소될 수 있다. 이 경우는 협의이혼에 준하여 처리하면 될 것이다(같은 취지: 박병호, 142면; 이경희, 152면).

(3) 일방적 해소

판례에 의하면, 사실상의 혼인관계는 사실상의 관계를 기초로 하여 존재하는 것이므로 당사자 일방의 의사에 의하여 해소될 수 있고, 당사자 일방의 파기로 인하여 공동생활의 사실이 없게 되면 사실상의 혼인관계는 해소되는 것이며, 다만 정당한 사유 없이 해소된 때에는 유책자가 상대방에 대하여 손해배상의 책임을 지는 데 지나지 않는다고 한다(대판 1977. 3. 22, 75므28; 대결 2009. 2. 9, 2008스105)(통설도 같다). 나아가 판례는 당사자 일방이 의식불명이 된 상태에서 상대방이 일방적으로 사실혼관계를 해소하는 것을 인정한다(대결 2009. 2. 9, 2008스105. 그리고 이 경우 사실혼관계의 해소에 따라 재산분할청구권도 인정된다고 함).

〈판 례〉

「기록에 의하면, 청구인과 사실혼관계에 있던 소외인이 2007. 3. 12. 갑자기 의식을 잃고 쓰러져 병원에 입원하였고, 2007. 4. 16. 청구인과는 혈연관계가 없는 그의 아들들에 의하여 다른 병원으로 옮겨졌으나 의식을 회복하지 못하고 2007. 5. 10.에 사망한 사실, 청구인은 소외인이 사망하기 전인 2007. 4. 18. 사실혼관계의 해소를 주장하면서 이 사건 재산분할 심판청구를 한 사실을 알 수 있고, 한편 그 해소의 의사가 진정하지 않다고 볼 근거가 없다. 이러한 사실관계에 의하면, 청구인이 사실혼관계의 해소를 주장하며 이 사건 재산분할 심판청구를 함으로써 청구인과 소외인의 사실혼관계는 청구인의 일방의 의사에 의하여 해소되었고 공동생활의 사실도 없게 되었다고 봄이 상당하다. 따라서 사실혼관계의 해소에 따라 청구인에게 재산분할청구권이 인정된다고 할 것이다.

이 사건과 같이 일방이 의식불명이 된 상태에서 상대방이 일방적으로 사실혼관계를 해소하는 것을 인정하는 것은 전자로서는 사실혼이라는 중대한 신분관계의 변동을 알 수 없어서 부당하지 않은가 하는 점이 문제될 수 있겠다. 그러나 상대방이 의사능력이 없거나 생사가 3년 이상 불명인 경우 등에서의 재판상 이혼과의 균형상으로도 굳이 상대방에 대한 의사표시 및 그 수령 등을 그 해소의 요건으로 할 필요는 없다. 나아가 현재 우리 판례는 당사자의 사망으로 인한 사실혼관계 해소의 경우에 재산분할청구권을 부인하는 태도를 취하고 있는데(대법원 2006. 3. 24. 선고 2005두15595 판결 참조), 이러한 법상태를 전제로 하더라도 재산분할청구 제도의 제반 취지를 살릴 방도는 무엇인지를 강구할 필요가 있다는 점도 고려되어야 할 것이다.」(대결 2009. 2. 9, 2008스105)

[99] 사실혼 해소에 정당한 사유가 있는지 여부는 이혼원인 규정(840조)과 혼인취소사유에 관한 규정(816조)을 참고로 하여 양 당사자의 행위를 종합하여 판단하여야 한다(같은 취지: 박병호, 142면). 판례에 의하면, 부정행위(不貞行爲)(대판 1965. 5. 31, 65므14; 대판 1967. 1. 24, 66므39)·악의의 유기(대판 1998. 8. 21, 97므544·551)·폭행(대판 1984. 9. 25, 84므77) 등은 정당한 사유에 해당하나, 임신불능

(대판 1960. 8. 18, 4292민상995) · 단순한 불화 가출(대판 1966. 7. 26, 66므10: 일시 흥분된 감정으로 친정으로 간 경우)은 정당한 사유가 아니다.

정당한 사유 없이 사실혼을 파기한 자는 불법행위로 인한 손해배상책임을 진다(사실혼관계 부당파기로 인한 손해배상청구(제 3 자에 대한 청구 포함)에는 조정전치주의가 적용된다. 가소 2조 1항 다류사건 1) · 50조). 그리고 배상하여야 할 손해에는 재산적 손해와 정신적 손해가 포함되며, 재산적 손해는 사실혼관계의 성립 · 유지와 인과관계가 있는 모든 손해이다(대판 1989. 2. 14, 88므146). 판례에 의하면, 결혼식 후 부부공동체로서 실태를 갖추어 공동생활을 하는 것이라고 사회적으로 인정될 수 없는 단시일 내에 사실혼에 이르지 못하고 그 관계가 해소되어 그 결혼식이 무의미하게 된 때에는, 그 비용을 지출한 당사자는 사실혼관계 파탄의 유책당사자에게 그 배상을 청구할 수 있다고 한다(대판 1984. 9. 25, 84므77). 그리고 제 3 자(특히 시모)가 사실혼관계에 부당하게 간섭하여 파탄에 이르게 한 경우에는, 그 제 3 자도 함께 정신적 고통에 대한 위자료 지급의무가 있다고 한다(대판 1965. 5. 31, 65므14; 대판 1983. 9. 27, 83므26). 한편 중혼적 사실혼의 경우에는 중혼자에 대하여 사실혼의 부당파기로 인한 손해배상을 청구할 수 없다(대판 1962. 11. 15, 62다631).

〈판 례〉

(ㄱ) 주민등록상 부부로 등재되어 혼인신고가 있었던 것으로 오인하고 있던 중 부의 부정행위에 의하여 사실혼관계가 파기되고 처가 사실상 혼인관계 존재확인의 소에서 패소한 경우, 처의 사실혼관계 부당파기로 인한 위자료청구권의 소멸시효 기산점이 부의 부정행위가 있었던 시점이라고 본 원심판결을 파기하고 위 패소판결 선고시를 그 기산점으로 보아야 한다고 한 사례(대판 1998. 7. 24, 97므18).

(ㄴ) 부첩관계에 있는 당사자의 일방은 상대방에게 그 부첩관계의 파기를 이유로 위자료를 청구할 수 없다(대판 1966. 9. 20, 66므14).

(ㄷ) 원 · 피고 사이의 사실혼관계가 불과 1개월만에 파탄된 경우, 혼인생활에 사용하기 위하여 결혼 전후에 원고 자신의 비용으로 구입한 가재도구 등을 피고가 점유하고 있다고 하더라도 이는 여전히 원고의 소유에 속한다고 할 것이어서, 원고가 소유권에 기하여 그 반환을 구하거나 원상회복으로 반환을 구하는 것은 별론으로 하고, 이로 인하여 원고에게 어떠한 손해가 발생하였다고 할 수 없다는 이유로 그 구입비용 상당액의 손해배상청구를 배척한 사례.

원고가 결혼 후 동거할 주택구입 명목으로 피고에게 금원을 교부함으로써 피고가 자신의 명의로 주택을 소유하게 되었을 뿐 아니라 향후 그 주택의 시가상승으로 인한 이익까지 독점적으로 보유하게 된다는 점 등을 고려할 때, 결혼생활이 단기간에 파탄되었다면 형평의 원칙상 위 금원은 원상회복으로서 특별한 사정이 없는 한 전액 반환되어야 한다고 한 사례(대판 2003. 11. 14, 2000므1257 · 1264).

(4) 사실혼 해소 후의 법률문제

판례에 의하면, 부부재산의 청산의 의미를 갖는 재산분할에 관한 규정은 사실혼관계에도 준용 또는 유추적용할 수 있다고 한다(대판 1995. 3. 10, 94므1379 · 1386; 대판 1995. 3. 28, 94므1584; 대판 2021. 5. 27, 2020므15841)(통설도 같음). 그러나 중혼적 사실혼의 경우에는 인정되지 않는다(대결 1995. 7. 3, 94스30). 한편 판례는, 사실혼 해소를 원인으로 한 재산분할에서 분할의 대상이 되는 재산과 액수는 사실혼이 해소된 날을 기준으로 하여 정해야 한다고 한다(대판 2023. 7. 13, 2017므11856 · 11863; 대판 2024. 1. 4, 2022므11027). 그리고 재산분할 제도가 혼인관계 해소 시 부부가 혼인 중 공동으로 형성한 재산을 청산 · 분배하는 것을 주된 목적으로 하는 것으로서, 부부 쌍방의 협력으로 이룩한 적극재산 및 그 형성에 수반하여 부담한 채무 등을 분할하여 각자에게 귀속될 몫을 정하기 위한 것이므로, 사실혼 해소 이후 재산분할청구 사건의 사실심 변론종결 시까지 사이에 혼인 중 공동의 노력으로 형성 · 유지한 부동산 등에 발생한 외부적 · 후발적 사정으로서, 그로 인한 이익이나 손해를 일방에게 귀속시키는 것이 부부 공동재산의 공평한 청산 · 분배라고 하는 재산분할제도의 목적에 현저히 부합하지 않는 결과를 가져오는 등의 특별한 사정이 있는 경우에는 이를 분할대상 재산의 가액 산정에 참작할 수 있다고 한다(대판 2023. 7. 13, 2017므11856 · 11863(사실혼 해소 이후에 발생한 이자로서 부부 공동생활과 무관한 것을 분할대상에서 제외함); 대판 2024. 1. 4, 2022므11027).

사실혼이 해소된 후 자의 양육에 관하여, 학설은 i) 제837조를 유추적용하자는 견해(김/김, 272면; 박동섭, 227면; 신영호, 118면; 이경희, 153면)와 ii) 제909조 제 4 항 및 제 6 항의 친권자 문제에 포함시켜 해결하자는 견해(배/최, 233면)로 나뉘어 있으며, 판례는 제837조의 유추적용을 부정한다(대판 1979. 5. 8, 79므3). 생각건대 사실혼이 해소된 경우에도 — 이혼의 경우와 마찬가지로 — 자의 양육에 관한 사항을 정할 수 있도록 해야 하고, 그 방법으로는 제837조가 합리적인 내용으로 규정되어 있으므로 그 규정을 유추적용하는 것이 바람직하다.

사실혼이 해소된 경우에 면접교섭권에 관한 제837조의 2도 유추적용된다고 해야 한다.

[100] 5. 사실상혼인관계 존재 확인청구

(1) 사실혼관계가 성립되었다고 할 수 있는 경우에 당사자 일방이 혼인신고에 협력하지 않을 때에는 상대방은 사실상혼인관계 존부 확인을 청구하여 법률

혼으로 만들 수 있다(가소 2조 1항 나류사건 1)).

이때는 먼저 조정을 신청하여야 하고(가소 50조), 조정이 성립하면 조정을 신청한 자가 1개월 이내에 혼인신고를 하여야 한다(가족 72조). 조정이 성립하지 않거나 조정을 하지 않기로 하는 결정이 있거나 조정에 갈음하는 결정에 대하여 이의신청이 있는 때에는, 조정신청을 한 때에 소가 제기된 것으로 본다(가소 49조, 민사조정법 36조 1항). 사실상 혼인관계 존재 확인의 재판이 확정된 경우에는 심판을 청구한 자가 재판의 확정일부터 1개월 이내에 혼인신고를 하여야 한다(가족 72조). 판례는 이 신고를 보고적 신고가 아니고 창설적 신고라고 한다(대결 1991. 8. 13, 91스6)(판례는 사실혼의 처가 제기한 사실혼관계 존재 확인청구의 소가 계속되는 동안 사실혼의 부가 처와의 혼인신고를 방해할 목적으로 다른 여자와 혼인신고를 한 경우 사실혼관계 존재 확인청구소송이 처의 승소로 확정되었다고 하더라도 그에 기하여 혼인신고를 하지 않은 이상 부의 혼인은 중혼이 될 수 없다고 한다. 대판 1973. 1. 16, 72므25).

(2) 사실혼의 당사자 일방이 사망한 경우에 다른 일방이 사실상혼인관계 존재 확인청구를 할 수 있는가?

여기에 관하여 학설은 i) 확인의 이익이 없고 당사자적격도 문제라는 이유로 부정하는 견해(박병호, 147면)와 ii) 긍정하는 견해(김/김, 259면)로 나뉘어 있다.

판례는 사실혼의 당사자 일방이 사망하였더라도 사실혼관계 존재 확인청구가 현재적 또는 잠재적 법적 분쟁을 일거에 해결하는 유효적절한 수단이 될 수 있는 때(가령 급여수급권을 주장하는 경우. 대판 2022. 3. 31, 2019므10581)에는 확인의 이익이 인정될 수 있지만 그러한 유효적절한 수단이라고 할 수 없는 때에는 확인의 이익이 없다고 한다(대판 1995. 11. 14, 95므694; 대판 1995. 3. 28, 94므1447). 그러나 사망한 사실혼 배우자와의 혼인신고를 목적으로 사실혼관계 존재 확인을 청구할 소의 이익은 없다고 한다(대판 1988. 4. 12, 87므104; 대결 1991. 8. 13, 91스6).

〈판 례〉 [101]

(ㄱ) 「우리 법제상 사망자 사이 또는 생존하는 자와 사망한 자 사이에서는 혼인이 인정될 수 없고, 혼인신고특례법과 같이 예외적으로 혼인신고의 효력의 소급을 인정하는 특별한 규정이 없는 한 그러한 혼인신고가 받아들여질 수도 없는 것이므로(당원 1991. 8. 13.자 91스6 결정 참조), 사실혼 배우자의 일방이 사망한 경우 생존하는 당사자가 혼인신고를 하기 위한 목적으로서는 사망자와의 과거의 사실혼관계 존재 확인을 구할 소의 이익이 있다고는 할 수 없다.」(대판 1995. 11. 14, 95므694)

(ㄴ) 「사실혼관계의 존재를 확인하는 심판이 확정되더라도 이로써 그 일방 당사자가 호적법 제76조의 2의 규정에 의하여 단독으로 혼인신고를 할 수 있는 길이 열리는 것일 뿐이고 그 심판확정으로 곧 그 당사자간에 법률상의 혼인관계가 형성되는 것은 아니며 신고혼주의를 취하는 우리 법제 아래서는 혼인신고가 있어야만 비로소 법률

상 혼인이 성립되는 것인바(같은 취지의 당원 1973. 1. 16. 선고 72므25 판결 참조) 우리 법상 사망자간이나 생존한 자와 사망한 자 사이의 혼인은 인정되는 것이 아니므로 사망자와의 사실혼관계 존재 확인의 심판이 있다 하더라도(사망자와의 사실혼관계 존재 확인을 구할 수 있는지 여부는 별론으로 한다), 이미 당사자의 일방이 사망한 경우에는 혼인신고특례법이 정하는 예외적인 경우와 같이 그 혼인신고의 효력을 소급하는 특별한 규정이 없는 한 이미 그 당사자간에는 법률상의 혼인이 불가능하므로 이러한 혼인신고는 받아들여질 수 없다. 그리고 혼인이 생존한 사람들간에서만 이루어질 수 있는 것인 이상 호적공무원의 형식적 심사권의 대상에는 그 혼인의 당사자가 생존하였는지 여부를 조사하는 것도 당연히 포함된다고 할 것이다.」(대결 1991. 8. 13, 91스6)

(ㄷ) 「일반적으로 과거의 법률관계는 확인의 소의 대상이 될 수 없는 것이나, 혼인, 입양과 같은 신분관계나 회사의 설립, 주주총회의 결의무효, 취소와 같은 사단적 관계, 행정처분과 같은 행정관계와 같이 그것을 전제로 하여 수많은 법률관계가 발생하고 그에 관하여 일일이 개별적으로 확인을 구하는 번잡한 절차를 반복하는 것보다 과거의 법률관계 그 자체의 확인을 구하는 편이 관련된 분쟁을 일거에 해결하는 유효적절한 수단일 수 있는 경우에는 예외적으로 확인의 이익이 인정되는 것이다.

그런데 사실혼 배우자는, 구 산업재해보상보험법 제 3 조 제 3 항(1994. 12. 22. 법률 제4826호로 전문개정되기 전의 것, 개정법상으로는 제 4 조 제 3 호)뿐 아니라, 공무원연금법 제 3 조 제 1 항 제 2 호, 선원법시행령 제29조 제 1 호, 근로기준법 시행령 제61조 제 1 항 제 1 호, 군인연금법 제 3 조 제 1 항 제 4 호, 독립유공자 예우에 관한 법률 제 5 조 제 1 항 제 1 호 등에서 각종의 급여 등을 받을 권리자로 규정되어 있는 등 법률상의 배우자가 아님에도 불구하고 특별한 법적 취급을 받고 있다.

이에 따라 사실혼관계는 여러 가지 법률관계의 전제가 되어 있고, 그 존부확인 청구는 그 법률관계들과 관련된 분쟁을 일거에 해결하는 유효적절한 수단일 수 있는 것이다.

따라서 이 사건에서와 같이 사실혼관계에 있던 당사자 일방이 사망하였더라도, 현재적 또는 잠재적 법적 분쟁을 일거에 해결하는 유효적절한 수단이 될 수 있는 한, 그 사실혼관계 존부 확인청구에는 확인의 이익이 인정되는 것이고, 이러한 경우 친생자관계 존부 확인청구에 관한 민법 제865조와 인지청구에 관한 민법 제863조의 규정을 유추적용하여, 생존 당사자는 그 사망을 안 날로부터 1년 내에(그런데 2005년 민법 개정시에 865조와 864조에서 "1년 내에"가 "2년 내에"로 개정되었음: 저자 주) 검사를 상대로 과거의 사실혼관계에 대한 존부확인청구를 할 수 있다고 보아야 한다.」(대판 1995. 3. 28, 94므1447)

(3) 사실상혼인관계 존재 확인청구제도의 실효성에는 의문이 있다. 그 존재 확인판결이 확정되어 혼인신고를 하더라도 당사자 사이에는 이미 사실혼관계가 파탄되어 원만한 법률상의 혼인관계를 기대할 수 없을뿐더러, 판례에 의하면 사

실혼의 존속 중에는 당사자 일방이 단독으로 혼인신고를 함으로써 유효하게 법률혼으로 될 수 있기 때문이다([35] 참조). 결국 확인판결에 의하여 혼인신고가 이루어지면 혼인 외의 자(子)가 준정(準正)이 되어 혼인 중의 자로 되고, 일방 배우자가 사망한 경우에 상대방 배우자가 상속권을 가진다는 점에 실익이 있을 뿐이다(같은 취지: 박병호, 143면).

제 2 절 부모와 자

Ⅰ. 친자관계 [102]

1. 친자관계의 의의 및 종류

친자관계란 부모와 자(子)라는 신분관계를 가리키며, 그것은 부부관계와 더불어 친족적 공동생활의 기초를 이룬다.

민법상 친자관계에는 친생친자관계(親生親子關係)와 법정친자관계(法定親子關係)가 있다. 전자는 부모와 자(子)의 관계가 혈연에 기초하고 있는 것이고, 후자는 법률에 의한 것이다. 현행법상 법정친자관계로는 양친자관계가 있다. 과거에는 계모자 관계 · 적모서자 관계도 있었으나, 그것들은 1990년 민법개정시에 폐지되었다.

친생친자관계에 있어서의 자(子)인 친생자는 부모와 혈연관계에 있는 자인데, 친생자에는 「혼인 중의 출생자(出生子)」와 「혼인 외의 출생자」가 있다. 그리고 혼인 외의 출생자에는 부에게 인지된 자와 인지되지 않은 자가 있다.

2. 친자의 성(姓) [103]

1) 부성(父姓)승계의 원칙 종래 민법은 자(子)는 부(父)의 성(姓)과 본(本)을 따르고, 성과 본은 어떠한 경우에도 바꿀 수 없다는 입장을 취하였다. 그러나 2005년에 민법을 개정하여, 자(子)는 원칙적으로 부(父)의 성(姓)과 본(本)을 따르되, 다만 부모가 혼인신고시 모의 성과 본을 따르기로 협의한 경우에는 모의 성과 본을 따르도록 하였다(781조 1항. 2008년 시행).

〈협의서의 제출과 효력〉

위의 협의서는 혼인신고시에 제출할 수 있고(시(구)·읍·면의 장에게 제출함), 혼인신고 이후에는 제출할 수 없다(가족등록예규 394호 「자녀의 성과 본에 관한 가족관계 등록사무 처리지침」 4조 2항). 그런데 혼인당사자가 그들 사이의 각 자녀마다 따를 성과 본을 달리 협의하여 협의서를 제출한 경우에는 그 협의서를 반려해야 하며, 당사자로 하여금 부 또는 모 어느 하나의 성과 본을 따르는 것으로 통일시켜 제출하도록 해야 한다(가족등록예규 394호 4조 4항). 그리고 혼인신고시에 협의서를 제출한 경우, 혼인신고의 수리 이후에는 혼인당사자들의 합의로 그 협의내용을 철회할 수 없다(가족등록예규 394호 4조 3항).

혼인신고시 협의하지 않았던 부부가 이혼 후 동일한 당사자끼리 다시 혼인하는 경우에도 위의 협의를 할 수 있다(가족등록예규 394호 3조 1항 2문).

위의 협의는 그 협의 이후 협의당사자 사이에서 태어나는 모든 자녀에 대하여 효력이 있으며, 협의당사자가 이혼 후 동일한 당사자끼리 재혼하여 다시 혼인신고를 하는 경우에도 효력이 있다(가족등록예규 394호 3조 2항). 다만, 이 제2항의 규정에도 불구하고 출생신고가 협의 있는 혼인신고와 동시에 접수된 경우에는 그 자녀에 대해서도 효력이 미친다(가족등록예규 394호 3조 3항).

2) 혼인 외의 자가 인지된 경우 혼인 외의 출생자가 인지된 경우 자(子)는 부모의 협의에 따라 종전의 성과 본을 계속 사용할 수 있고, 다만 부모가 협의할 수 없거나 협의가 이루어지지 않은 경우에는 자(子)는 법원의 허가를 받아 종전의 성과 본을 계속 사용할 수 있다(781조 5항. 2008년 시행). 이는 자(子)의 복리를 위하여 성(姓)이 자동으로 변경되지 않을 수 있도록 한 것이다.

3) 부(父)가 외국인인 경우 부(父)가 외국인인 경우에는 자(子)는 모(母)의 성과 본을 따를 수 있다(781조 2항). 우리 국적법상 부가 외국인이어도 모가 대한민국 국민이면 그 자(子)는 대한민국 국적을 취득한다(국적법 2조 1항 1호). 그리고 그 자(子)도 부(父)의 성과 본을 따르는 것이 원칙이나(781조 1항), 그렇게 하지 않고 모(母)의 성과 본을 따를 수 있는 것이다. 그런데 이는 혼인 중의 출생자의 경우이다. 그에 비하여 혼인 외의 출생자의 부가 외국인이고 모가 대한민국 국민인 경우에는 그 자녀는 모의 성과 본을 「따른다」(가족등록예규 394호 11조 1항).

4) 부(父)를 알 수 없는 자(子)의 경우 부(父)를 알 수 없는 자는 모의 성과 본을 따른다(781조 3항).

5) 부모를 알 수 없는 자(子)의 경우 부모를 알 수 없는 자(子)는 법원의 허가를 받아 성과 본을 창설한다(781조 4항 본문). 다만, 성과 본을 창설한 후 부(父) 또는

모(母)를 알게 된 때에는 부(父) 또는 모(母)의 성과 본을 따를 수 있다(781조 4항 단서).

6) 자(子)의 복리를 위한 성과 본의 변경 개정민법에 의하면, 자(子)의 복리를 위하여 자(子)의 성과 본을 변경할 필요가 있을 때에는 부(父) · 모(母) 또는 자(子)의 청구에 의하여 법원의 허가를 받아 이를 변경할 수 있다(781조 6항 본문). 다만, 자(子)가 미성년자이고 법정대리인이 청구할 수 없는 경우에는 제777조의 규정에 따른 친족 또는 검사가 청구할 수 있다(781조 6항 단서).

이는 주로 재혼가정에서 자라는 자녀들이 계부(繼父)와 성이 달라서 고통받는 경우의 문제를 해결하기 위하여 도입된 규정이다(김/김, 261면). 이 문제를 개정민법의 친양자제도를 이용하여 해결할 수도 있으나, 친양자로 입양하려면 친생부모의 동의가 필요하고(908조의 2 1항 3호) 또 친양자로 되면 입양 전의 친족관계가 종료되기 때문에(908조의 3 2항) 성의 변경제도가 필요하게 된다.

대법원은 근래 허가를 하기 위한 판단기준을 제시한 뒤, 성 · 본 변경권의 남용으로 볼 수 있는 경우가 아니라면 원칙적으로 성 · 본 변경을 허가할 것이라고 한다(대결 2009. 12. 11, 2009스23). 그런가 하면, 가정법원은 청구인의 주장에 구애되지 않고 직권으로 탐지한 자료에 따라 「성 · 본 변경이 청구된 자녀의 복리에 적합한지」를 최우선적으로 고려하여 후견적 입장에서 재량권의 범위에서 그 허가 여부를 판단할 것이라고 한다(대결 2022. 3. 31, 2021스3). 그리고 성 · 본 변경을 청구하는 부, 모 중 일방이 단시 이를 희망하고 이에 내하여 타방이 동의를 하였더라도 그 사정만으로는 성 · 본 변경허가의 요건을 충족하였다고 보기 어렵다고 한다(대결 2022. 3. 31, 2021스3).

이 규정에 의하여 자녀의 성 · 본을 변경하고자 하는 사람은 재판확정일부터 1개월 이내에 신고하여야 한다(가족 100조).

판례는, 민법 제781조 제 6 항에 따라 자녀의 성과 본이 모의 성과 본으로 변경되었을 경우 성년인 그 자녀는 모가 속한 종중의 공동선조와 성과 본을 같이 하는 후손으로서 당연히 종중의 구성원이 된다고 한다(대판 2022. 5. 26, 2017다260940).

〈판 례〉

「민법 제781조 제 6 항은 "자의 복리를 위하여 자의 성과 본을 변경할 필요가 있을 때에는 부, 모 또는 자의 청구에 의하여 법원의 허가를 받아 이를 변경할 수 있다"고 규정하고 있다. 여기에서 '자의 복리를 위하여 자의 성과 본을 변경할 필요가 있을 때'에 해당하는지 여부는 자의 나이와 성숙도를 감안하여 자 또는 친권자 · 양육자의 의사를 고려하되, 먼저 자의 성·본 변경이 이루어지지 아니할 경우에 내부적으로 가족 사이의 정서적 통합에 방해가 되고 대외적으로 가족 구성원에 관련된 편견이나 오해 등으로 학교생활이나 사회생활에서 겪게 되는 불이익의 정도를 심리하고, 다음으로 성·본 변경이 이루어질 경우에 초래되는 정체성의 혼란이나 자와 성·본을 함께 하고 있는 친부나 형제자매 등과의 유대관계의 단절 및 부양의 중단 등으로 인하여 겪게 되는 불이익의 정도를 심리한 다음, 자의 입장에서 위 두 가지 불이익의 정도를 비교형량하여 자의 행복과 이익에 도움이 되는 쪽으로 판단하여야 한다. 이와 같이 자의 주관적·개인적인 선호의 정도를 넘어 자의 복리를 위하여 성·본의 변경이 필요하다고 판단되고, 범죄를 기도 또는 은폐하거나 법령에 따른 각종 제한을 회피하려는 불순한 의도나 목적이 개입되어 있는 등 성·본 변경권의 남용으로 볼 수 있는 경우가 아니라면, 원칙적으로 성·본 변경을 허가함이 상당하다.」(대결 2009. 12. 11, 2009스23)

[104] ## Ⅱ. 친생자(親生子)

1. 혼인 중의 출생자

(1) 의 의

혼인 중의 출생자는 혼인관계에 있는 부모 사이에서 태어난 자(子)를 말한다. 혼인 중의 출생자에는 ① 출생시부터 혼인 중의 출생자의 지위를 취득하는 생래적(生來的) 혼인 중의 출생자와 ② 출생시에는 혼인 외의 출생자이었으나 후에 부모의 혼인에 의하여 혼인 중의 출생자의 지위를 취득하는 준정(準正)에 의한 혼인 중의 출생자가 있다. 그리고 생래적 혼인 중의 출생자에는 ㉠ 친생자의 추정을 받는 혼인 중의 출생자, ㉡ 친생자의 추정을 받지 않는 혼인 중의 출생자, ㉢ 친생자의 추정이 미치지 않는 자가 있다.

(2) 친생자의 추정을 받는 혼인 중의 출생자

친생자의 추정이란 자가 모의 부(夫)의 친생자로서 추정되는 것을 가리킨다.

부모와 자녀 사이의 관계(친생친자관계)에는 부자(父子)관계와 모자(母子)관계가 있다. 이들 중 모자관계는 임신과 분만(출생)이라는 외형적 사실에 의하여 확정되지만(그러나 오늘날에는 인공수정 등 의학 기술의 발달로 불확실하게 될 수 있다), 부자관계는 그렇지 않다. 그리하여 민법은 부자관계를 신속하게 확정하기 위하여 친생자 추정규정을 두고 있다. 그러면서 이 추정을 번복하려면 매우 엄격한 친생부인제도(847조 이하)를 반드시 거치도록 하였다. 다만, 최근(2017. 10. 31)에 민법이 개정되어 혼인관계가 종료된 날부터 300일 이내에 출생한 자녀(844조 3항 참조)에 대하여는 어머니 또는 어머니의 전 남편이 가정법원에 친생부인의 허가 청구를 할 수 있게 하였고(854조의 2 1항), 생부가 가정법원에 인지의 허가를 청구할 수 있도록 하였다(855조의 2 1항). 이러한 친생자 추정제도는 가정의 평화와 출생자의 지위를 보호하는 기능도 하고 있다.

1) **친생자 추정의 요건** 아내가 혼인 중에 임신한 자녀는 남편의 자녀로 추정한다(844조 1항).

그리고 혼인이 성립한 날부터 200일(최단 임신기간) 후에 출생한 자녀는 혼인 중에 임신한 것으로 추정한다(844조 2항). 그 결과 혼인성립의 날부터 200일 후에 출생한 자녀는 친생자 추정을 받는 혼인 중의 출생자로 된다. 여기의 혼인이 성립한 날은 본래 혼인신고를 한 날이나, 통설은 사실혼을 거쳐 법률혼으로 가는 실제의 관행을 고려하여 사실혼 성립의 날도 포함하는 것으로 해석한다(김용한, 174면; 김/김, 282면; 박병호, 158면; 이경희, 167면. 반대 견해(혼인신고일설): 박동섭, 240면; 윤진수, 147면). 의용민법 하의 판례도 같다(대판 1963. 6. 13, 63다228). 이에 의하면, 혼인신고일로부터 200일이 되기 전에 출생한 자라도 사실혼 성립일로부터 200일 후에 출생하였으면 친생자의 추정을 받게 된다. 사견이 이에 반대하고 있음은 앞에서 기술하였다([96] 참조).

혼인관계가 종료된 날부터 300일 이내에 출생한 자녀는 혼인 중에 임신한 것으로 추정한다(844조 3항). 앞에서 언급한 바와 같이, 이 경우의 추정은 엄격한 친생부인의 소에 의하여 뿐만 아니라 일정한 자의 친생부인의 허가청구(854조의 2) 또는 인지 허가청구(855조의 2)에 의하여도 번복할 수 있다([108] 참조).

인공수정으로 출생한 자녀에 대하여도 친생자 추정이 인정되는지가 문제된다. 여기에 관하여 대법원은 최근에, 친생자와 관련된 민법규정, 특히 친생추정 규정의 문언과 체계, 민법이 혼인 중 출생한 자녀의 법적 지위에 관하여 친생추정 규정을 두고 있는 기본적인 입법 취지와 연혁, 헌법이 보장하고 있는 혼인과 가족제도 등에 비추어 보면, 아내가 혼인 중 남편이 아닌 제 3 자의 정자를 제공받아 인공수정으로 자녀를 출산한 경우에도 친생추정 규정을 적용하여 인공수정으로 출생한 자녀가 남편의 자녀로 추정된다고 하였다(대판(전원) 2019. 10. 23, 2016므2510. 여기에는 대법관 3인과 1인의 별개의견이 있음). 그리고 남편이 인공수정에 동의하였다가 나중에 이를 번복하고 친생부인의 소를 제기하는 것은 허용되지 않으며, 나아가 인공수정 동의와 관련된 현행법상 제도의 미비, 인공수정이 이루어지는 의료 현실, 제852조에서 친생자임을 승인한 자의 친생부인을 제한하고 있는 취지 등에 비추어 이러한 동의가 명백히 밝혀지지 않았던 사정이 있다고 해서 곧바로 친자관계가 부정된다거나 친생부인의 소를 제기할 수 있다고 볼 것은 아니라고 하였다(대판(전원) 2019. 10. 23, 2016므2510).

〈판 례〉

「원고와 소외인은 호적상 1927. 11. 29 혼인하고 1929. 1. 15 그들 사이에서 피고를 출생한 것으로 되었으나 실지로 원고와 위의 소외인이 결혼하여 동거생활을 하기 시작한 것은 1923년의 봄이었고 또 그들 사이의 자식으로서 피고가 출생한 것은 1927년의 음력 12. 15이었음이 분명하고 다만 그들 사이의 혼인신고를 늦게 한 탓으로 호적상의 기재에만 의한다면 마치 피고가 원고와 소외인이 혼인한 날인 1927. 11. 29부터 200일 이내에 출생한 것처럼 되어 있는 사실이 확실하다. 그렇다면 원피고 사이의 본건 친자관계의 존부에 관하여는 민법부칙 제 2 조에 의하여 현행 민법에 따라서 대중을 삼을 것이 아니라 구법인 조선민사령에 좇아서 기준을 삼아야 할 것인바 우리나라의 옛 관습에 의하면 비록 아직 혼인신고는 하지 아니하였다 할지라도 부부가 이른바 내연관계에 들어가서 동거생활을 하던 중 처가 포태한 경우에는 비록 그 포태된 자의 출생일자가 그 부모의 혼인신고일 뒤에 있고 그 사이의 기간이 200일이 못 된다 할지라도 이러한 자는 특히 부모의 인지절차를 밟지 아니하고 출생과 동시에 당연히 그 부모의 적출자로서의 신분을 취득한다고 보아야 한다.」(대판 1963. 6. 13, 63다228).

〈기간계산 문제〉

여기의 200일 또는 300일의 기간을 계산할 때 당일(혼인신고일)부터 계산하고 200일 또는 300일째 되는 날도 포함시키는 견해가 있다(박동섭, 241면. 김/김, 282면도 당일부터 계산할 것이라고 한다). 이 견해는 친생자 추정을 받는 범위를 넓히기 위하여 이와 같이 해석하는 것으로 보인다. 그러나 그것은 기간에 관한 민법규정에 맞지 않는다. 기간을 일(日)로 정한 때에는, 연령계산(158조)과 그 기간이 오전 영시부터 시작하는 때(157조 단서)를 제외하고는, 기간의 초일을 산입하지 않기 때문이다(157조 본문). 여기의 기간은 연령계산도 아니고, 그 기간이 오전 영시부터 시작하는 것도 아니다. 따라서 기간계산에서 혼인성립일은 제외된다. 나아가 기산일부터 200일째 되는 날도 제외해야 한다. 일반적으로 「후」라고 하면 「그 날이 경과한 뒤」라고 새겨지기 때문이다. 그에 비하여 기산일부터 300일째 되는 날은 포함된다. 여기서 「300일 이내」는 그 날을 포함시키려는 취지로 보이기 때문이다. 이와 같이 해석하는 사견에 따르면, 위의 견해보다는 친생자 추정을 받기 시작하는 날이 이틀 늦어진다. 그리고 추정이 종료되는 날은 하루가 늦어진다.

제844조 제 2 항의 기간을 정할 때 입법자는 의학적인 통계를 고려했을 것으로 생각된다. 그런데 근래 여러 원인으로 혼인성립 후 200일이 되기 전에 출산하는 경우도

드물지 않은 것으로 보이므로, 200일이라는 기준이 너무 길지 않은지 검토해볼 필요가 있다.

2) 친생자 추정의 효과 친생자 추정은 반증이 허용되지 않는 강한 추정이어서 그 추정을 번복하려면 부(父)(2005년 이후에는 모(母)도 가능함. 846조 참조)가 친생부인의 소를 제기하여야 하고 친생자관계 부존재 확인의 소에 의할 수는 없다(대판 1984. 9. 25, 84므84; 대판 1992. 7. 24, 91므566; 대판 2000. 8. 22, 2000므292 등). 그리고 반드시 친생부인의 소를 「제기」하여야 하고 상속 관련 소송과 같은 별개의 소송에서 선결문제로 친생부인을 주장할 수는 없다. 또한 타인의 친생자로 추정되는 자에 대하여는 친생부인의 소에 의한 확정판결에 의하여 그 친생관계의 추정이 깨어지기 전에는 아무도 인지를 할 수 없다(대판 1987. 10. 13, 86므129; 대판 1992. 7. 24, 91므566 등).

그런데 판례는, 친생부인의 소 대신 친생자관계 부존재 확인의 심판청구를 한 것이 부적법한 청구라도 법원이 그 잘못을 간과하고 청구를 받아들여 친생자관계 부존재 확인의 심판을 선고하고 그 심판이 확정된 이상 그 심판이 당연무효라고 할 수는 없으며, 그 심판의 기판력이 제3자에게도 미치므로, 친생자 추정의 효력은 사라져 버린 것이고, 그리하여 인지청구를 할 수 있다고 한다(대판 1992. 7. 24, 91므566).

(3) 친생자의 추정을 받지 않는 혼인 중의 출생자 [105]

혼인이 성립한 날로부터 200일이 되기 전에 출생한 자(子)는 친생자의 추정을 받지 못하며, 이때는 친생자관계 부존재 확인의 소에 의하여 부자관계를 부정할 수 있다(865조 참조). 이 소는 이해관계인이면 누구나 제기할 수 있고, 제소기간의 제한도 없다. 다만, 소의 상대방으로 될 수 있는 사람이 모두 사망한 경우에만은 사망을 안 날로부터 2년 내에 검사를 상대로 하여 소를 제기할 수 있다고 규정한다(865조 2항).

(4) 친생자의 추정이 미치지 않는 자

1) 제844조는 친생자 추정에 있어서 부부의 별거 등으로 처가 부(夫)의 자(子)를 포태할 가능성이 전혀 없는 경우에 대하여 예외를 인정하지 않는다.

그러나 학설은 처가 부(夫)의 자(子)를 포태할 수 없는 것이 객관적으로 명백한 사정이 있는 경우에는 친생자의 추정을 인정하지 않는다. 그런데 구체적으로 어떤 범위에서 친생자 추정을 배제할 것인가에 관하여는 견해가 나뉜다. 부(夫)가 행방불명 또는 생사불명인 경우, 부(夫)가 장기간 수감 · 입원 · 외국체재 등으로 부재 중인 경우, 혼인관계가 파탄되어 사실상 이혼상태로 별거 중인 경우, 부(夫)와 자(子)간에 명백한 인종의 차이가 있는 경우에 대하여는 다툼이 없다. 그런데 부(夫)와 자(子)의 혈액형이 배치되거나 부(夫)가 생식불능인 경우에 대하여는 i) 추정부정설(혈연설)(배/최, 243면; 박동섭, 244면), ii) 부모가 이미 이혼한 경우와 같이 가정의 평화가 더 이상 존재하지 않는 때에만 추정이 미치지 않는다는 견해(김/김, 285면; 이경희, 168면), iii) 당사자나 관계인의 동의가 있는 경우에만 추정이 미치지 않는다는 견해(박병호, 159면), iv) 추정인정설(외관설)(지원림, 1920면)으로 나뉘어 있다. i)설은 혈연진실주의의 입장이고, ii)설 · iii)설 · iv)설은 가정의 평화 내지 부부의 프라이버시를 배려하는 입장이다.

판례는 처음에는 예외없이 친생자추정을 하였으나(대판 1968. 2. 27, 67므34), 그 후에 판례를 변경하여 현재는, 민법 제844조는 부부가 동거하여 처가 부의 자를 포태할 수 있는 상태에서 자를 포태한 경우에 적용되는 것이고 부부의 한쪽이 장기간에 걸쳐 해외에 나가 있거나 사실상의 이혼으로 부부가 별거하고 있는 경우 등 동서(同棲)(같이 삶. 최근 판례는 동거라고 표현함)의 결여로 처가 부(夫)의 자(子)를 포태할 수 없는 것이 외관상 명백한 사정이 있는 경우에는 그 추정이 미치지 않는다고 한다(이른바 외관설)(대판(전원) 1983. 7. 12, 82므59; 대판 1988. 5. 10, 88므85; 대판 1997. 2. 25, 96므1663; 대판 2021. 9. 9, 2021므13293 등). 그리고 대법원은 최근에, 친생추정 규정의 문언과 체계, 민법이 혼인 중 출생한 자녀의 법적 지위에 관하여 친생추정 규정을 두고 있는 기본적인 입법 취지와 연혁, 헌법이 보장하고 있는 혼인과 가족제도, 사생활의 비밀과 자유, 부부와 자녀의 법적 지위와 관련된 이익의 구체적인 비교 형량 등을 종합하면, 혼인 중 아내가 임신하여 출산한 자녀가 남편과 혈연관계가 없다는 점이 밝혀졌더라도 친생추정이 미친다고 하였다(대판(전원) 2019. 10. 23, 2016므2510. 여기에는 대법관 3인의 별개의견과 1인의 반대의견이 있음). 또한 혈연관계 유무나 그에 대한 인식은 친생부인의 소를 이유 있게 하는 근거 또는 제소기간의 기산점 기준으로서 친생부인의 소를 통해 친생추정을 번복할 수 있도록 하는 사유이며, 이를 넘어서 처음부터 친생추정이 미치지 않도록 하는 사유로서 친생부인의 소를 제기할 필요조차 없도록 하는 요소가 될 수는 없다고 하였다(대판 2021. 9. 9, 2021므13293).

[106] 〈판 례〉

(ㄱ) 「민법 제844조는 친생자(혼인 중의 출생자)의 추정에 관하여 ① 처가 혼인 중에 포태한 자는 부의 자로 추정한다. ② 혼인성립의 날로부터 200일 후 또는 혼인관계 종료의

날로부터 300일 내에 출생한 자는 혼인 중에 포태한 것으로 추정한다고 규정하고 제846조 이하에 그 추정을 받는 경우의 친생부인의 소를 규정하고 있으나 위 제844조는 부부가 동거하여 처가 부(夫 이하 같다)의 자를 포태할 수 있는 상태에서 자를 포태한 경우에 적용되는 것이고 부부의 한쪽이 장기간에 걸쳐 해외에 나가 있거나 사실상의 이혼으로 부부가 별거하고 있는 경우 등 동서의 결여로 처가 부의 자를 포태할 수 없는 것이 외관상 명백한 사정이 있는 경우에는 그 추정이 미치지 않는다고 할 것이다.」(대판(전원) 1983. 7. 12, 82므59)

(ㄴ)「민법 제844조 제 1 항의 친생자 추정의 규정 즉 혼인 중 처가 포태한 자에 대한 부의 자로서의 친생추정은 다른 반증을 허용하지 않는 강한 추정이므로, 처가 혼인 중에 포태한 이상 그 부부의 한쪽이 장기간에 걸쳐 해외에 나가 있거나 사실상의 이혼으로 부부가 별거하고 있는 경우 등 동서의 결여로 처가 부의 자를 포태할 수 없는 것이 외관상 명백한 사정이 있는 경우에만 그러한 추정이 미치지 않을 뿐, 이러한 예외적인 사유가 없는 한 아무도 그 자가 부의 친생자가 아님을 주장할 수 없고, 따라서 이와 같은 추정을 받고 있는 상태에서는 위 추정과 달리 다른 남자의 친생자라고 주장하여 인지를 청구할 수 없다는 것, 그리고 이와 같은 추정을 번복하기 위하여서는 부 측에서 민법 제846조, 제847조가 규정하는 친생부인의 소를 제기하여 그 확정판결을 받아야 하며, 친생부인의 소의 방법이 아닌 민법 제865조 소정의 친생자관계 부존재 확인의 소의 방법에 의하여 그 친생자관계의 부존재 확인을 소구하는 것은 부적법하다는 것이라는 원심의 이유설시는 정당하므로, 원심이 인정한 바처럼 청구외 1이 제기한 친생자관계 부존재 확인의 심판청구는 적법한 것이 아니었다고 할 것이다.

그러나 이와 같은 부적법한 청구라도 법원이 그 잘못을 간과하고 청구를 받아들여 청구인들과 청구외 2 사이의 친생자관계가 존재하지 않는다는 확인의 심판을 선고하고 그 심판이 확정된 이상 이 심판이 당연무효라고 할 수는 없는 것이며, 구 인사소송법(1990. 12. 31. 법률 제4300호 가사소송법에 의하여 폐지) 제35조, 제32조에 의하여 위 확정심판의 기판력은 제 3 자에게도 미친다고 할 것이다. 따라서 위 심판의 확정으로 누구도 소송상으로나 소송 외에서 청구인들이 청구외 2의 친생자임을 주장할 수 없게 되었다고 할 것이므로 이제 와서는 위 확정심판의 기판력과 충돌되는 청구인들에 대한 청구외 2의 친생자로서의 추정의 효력은 사라져 버렸다고 할 것이다. 그리하여 이 사건 인지청구는 위 친생추정과 서로 모순된다고 할 수 없게 된 것이다.」(대판 1992. 7. 24, 91므566)

(ㄷ)「청구인과 청구외인이 혼인한 후 청구인은 다른 여자와 부첩관계를 맺고 평소에 청구외인과는 별거하고 있었으나 청구외인이 청구인의 부모를 모시고 본가에서 거주하는 관계로 1년에 한번 정도 찾아와 만났다는 것이므로 사정이 이와 같다면 이 부부 사이는 처가 부의 자식을 포태할 수 없음이 객관적으로 명백할 정도로 동서의 결여가 있다고는 할 수 없는 것」이다(대판 1990. 12. 11, 90므637).

학설·판례를 검토해본다. 친생부인의 소의 제기기간은 현재 친생부인의 「사유가 있음을 안 날로부터 2년 내」라고 규정되어 있다(847조 1항). 그런데 이는 2005년에 개정된 것이다. 개정 이전에는 그 기간이 자(子)의 「출생을 안 날로부터 1년 내」로 규정되어 있었다. 이에 따르면 친생부인의 사유가 있음을 알지 못하였어도 자(子)의 출생을 안 날부터 1년이 경과하면 친생부인의 소를 제기할 수 없다. 이러한 내용은 경우에 따라서는 매우 가혹할 수 있다. 그리하여 헌법재판소는 1997년에 이 규정에 대하여 헌법불합치 결정을 내리고, 그것이 개정될 때까지 그 규정의 적용을 중지시켰다(헌재 1997. 3. 27, 95헌가14 등). 그 후 2005년에 제847조 제1항이 개정된 것이다. 여기서 헌법재판소 결정까지 장황하게 설명한 이유는, 저자가 보기에는 여기의 논의가 2005년의 민법개정 전에 친생부인의 소를 제기할 수 있는 기간이 지나치게 엄격하여 그 제한을 피하기 위한 방책이 대단히 필요한 상황과 무관하지 않아서이다. 현재의 규정내용으로 보면 주장내용이 달라져야 하지 않을까 여겨진다. 다른 한편으로 보면, 친생부인의 사유가 있음을 알았지만 그것을 덮고 가정의 평화를 위하여 가정을 그대로 유지하기로 한 경우에 그것을 깰 수 있도록 하는 것이 바람직한지도 의문이다. 이를 허용하면, 가령 자신이 원하여 다른 남자의 정자를 이용하여 처의 난자와 인공수정을 하여 자녀를 출생한 뒤 마음이 변하여 친자가 아니라고 하면서 양육을 거절할 수도 있을 것인데, 자녀의 보호를 생각할 때 이것을 허용해서는 안 된다. 사람은 윤리성이 있다는 점에서 동물과 다르다고 하면 지나친 말일까? 그리고 — 법학자들의 생각과 달리 — 자연과학자에 의하면 유전자 검사와 혈액형 검사가 100% 확실한 것도 아니라고 한다. 이러한 점에 비추어 볼 때, 친생부인의 소를 제기하지 않아 한번 자녀로 인정하기로 했으면 영원히 안고 가게 하는 것이 바람직하다. 그리하여 외관상 명백한 경우를 제외하고는 친생자 추정을 인정해야 한다. 다만, 명백히 부(父)의 자녀가 아니고 그에 대하여 부부와 자녀 모두가 동의한 경우에는 예외를 인정해도 무방할 것이다(이러한 경우는 소의 상대방이 다투지 않으면 그대로 인정될 것이다). 위의 학설 중 iii)설이 사견과 같은 것으로 생각된다.

2) 판례는, 호적상의 부모의 혼인 중의 자로 등재되어 있는 자라 하더라도 그의 생부모가 호적상의 부모와 다른 사실이 객관적으로 명백한 경우에는 그 친생추정이 미치지 않고, 그와 같은 경우에는 곧바로 생부모를 상대로 인지청구를 할 수 있다고 한다(대판 2000. 1. 28, 99므1817. 김/김, 286면은 이 판결을 비판한다). 그 판결의 사안은, A와 B가 혼인신고

를 마친 후 그들 사이에 아들이 없자 노후를 염려하여 C가 출산한 D를 입양한 후 마치 D가 A · B 사이에서 출생한 양 허위의 출생신고를 한 경우였다.

3) 친생자의 추정이 미치지 않는 경우에는 부(夫)(또는 모(母))가 친생부인의 소를 제기할 수 있음은 물론, 법률상 이해관계 있는 자는 누구든지 친생자관계 부존재 확인의 소를 제기할 수 있고(부(父) · 모(母)도 같음)(대판(전원) 1983. 7. 12, 82므59), 자(子)는 가족관계등록부상의 부(父)가 친생부인의 소를 제기하지 않더라도 진실한 부(父)에 대하여 인지청구의 소를 제기할 수 있다(같은 취지: 김/김, 284면; 오시영, 211면).

(5) 친생부인(親生否認)의 소 [107]

1) 의 의 친생부인의 소는 부부의 일방이 그 자(子)의 친생자 추정을 번복해서 부자관계(父子關係)를 부정하기 위하여 제기하는 소이다(846조 참조). 앞에서 설명한 바와 같이([104] 참조), 자(子)의 친생자 추정은 오직 친생부인의 소에 의하여서만 번복될 수 있다.

친생부인의 소는 일단 성립한 부자관계를 자(子)의 출생시에 소급하여 소멸시키는 형성의 소이다.

2) 절 차 친생부인은 소의 방법에 의하여야 한다. 그런데 조정전치주의가 적용되므로(가소 2조 1항 나류사건 6) · 50조), 먼저 가정법원에 조정을 신청하여야 한다. 그리하여 부(夫)가 자(子)의 친생을 승인하는 조정이 성립하여 당사자 사이에 합의된 사항을 조정조서에 적으면 자(子)는 부(夫)의 친생자로 확정된다(가소 59조 1항). 그러나 조정이 성립하지 않으면 조정신청을 한 때에 소를 제기한 것으로 간주되어 소송절차로 넘어간다(가소 49조, 민사조정법 36조). 그리고 친생부인의 조정이 성립되더라도 이는 당사자가 임의로 처분할 수 없는 사항에 관한 것이어서(가소 59조 2항 단서) 친생부인의 효력이 생기지 않는다(대판 1968. 2. 27, 67므34).

3) 부인권자 친생부인의 소는 원칙적으로 부(夫) 또는 처(妻)(여기의 처는 자의 생모에 한정되고, 재혼한 처는 포함되지 않는다. 대판 2014. 12. 11, 2013므4591)만이 제기할 수 있다(846조). 2005년 민법개정 전에는 부(夫)에게만 소 제기권이 인정되었으나, 2005년 개정시에 처에게도 인정되었다. 그러나 자(子)에게는 인정되지 않는다.

남편이나 아내가 피성년후견인인 경우에는 그의 성년후견인이 성년후견감독인의 동의를 받아 친생부인의 소를 제기할 수 있고(848조 1항 1문), 성년후견감독인이 없거나 동의할 수 없을 때에는 가정법원에 그 동의를 갈음하는 허가를 청구할 수 있다(848조 1항 2문). 그리고 이 경우에 성년후견인이 친생부인의 소를 제기하지 않는 경우에는 피성년후견인은 성년후견종료의 심판이 있은 날부터 2년 내에 친생부인의 소를 제기할 수 있다(848조 2항).

부(夫) 또는 처가 유언으로 부인의 의사를 표시한 때에는 유언집행자는 친생부인의 소를 제기하여야 한다(850조).

부(夫)가 자(子)의 출생 전에 사망하거나 부(夫) 또는 처가 친생부인의 사유가 있음을 안 날부터 2년 내에 사망한 때에는, 부(夫) 또는 처의 직계존속이나 직계비속에 한하여 그 사망을 안 날부터 2년 내에 친생부인의 소를 제기할 수 있다(851조). 부(夫)가 자(子)의 출생 전에 사망한 경우에 그 사망을 안 때보다 후에 자가 출생했다면, 여기의 「사망을 안 날」은 출생일과 친생부인 사유가 있음을 안 날 중 늦은 날로 새겨야 한다.

[108] **4) 소의 상대방** 친생부인의 소는 부(夫) 또는 처가 다른 일방 또는 자(子)를 상대로 하여 제기하여야 한다(847조 1항). 다만, 상대방이 될 자가 모두 사망한 때에는 그 사망을 안 날부터 2년 내에 검사를 상대로 하여 친생부인의 소를 제기할 수 있다(847조 2항). 친생부인의 소는 자(子)가 사망한 후에도 그 직계비속이 있는 때에는 제기할 수 있으며, 그때 자(子)의 모(母)가 있으면 그 모(母)가 상대방이 되고, 모(母)가 없으면 검사가 상대방이 된다(849조).

5) 친생부인권의 소멸

(가) 제소기간(출소기간) 친생부인의 소는 그 사유가 있음을 안 날부터 2년 내에 제기하여야 한다(847조 1항).

이 규정은 개정 전에는 「그 출생을 안 날로부터 1년 내에 제기하여야 한다」고 하였었다. 그런데 그에 대하여 헌법재판소가 헌법불합치 결정을 선고하자(헌재 1997. 3. 27, 95헌가14, 96헌가7) 2005년 개정시에 위와 같이 개정하였다.

한편 2015. 3. 26.에 헌법재판소는 친생부인의 소의 제척기간을 「친생부인의 사유가 있음을 안 날부터 2년 내」로 제한한 현행 제847조 제 1 항은 헌법에 위반되지 않는다는 결정을 선고하였다(헌재 2015. 3. 26, 2012헌바357).

(나) 승인한 경우 자(子)의 출생 후에 친생자임을 승인한 자는 다시 친생부인의 소를 제기하지 못한다(852조). 승인은 명시적으로뿐만 아니라 묵시적으로도 할 수 있다. 그러나 출생신고를 한 것만으로는 승인한 것으로 되지 않는다(이설 없음).

친생부인의 소를 제기한 때에도 출생신고를 하여야 하기 때문이다(가족 47조).

친생자의 승인이 사기 또는 강박으로 인하여 행하여진 때에는, 이를 취소할 수 있다(854조).

6) **친생부인판결의 효력** 친생부인의 판결이 확정되면 자(子)는 모(母)의 혼인 외의 출생자가 되고, 모(母)의 부(夫)와는 아무런 관계도 없게 된다. 그리고 판결은 제 3 자에게도 효력이 생긴다(가소 21조 1항). 그리하여 이제는 그 생부(生父)가 자(子)를 인지할 수도 있다.

판결이 확정되면 소를 제기한 사람은 판결확정일부터 1개월 이내에 판결의 등본 및 그 확정증명서를 첨부하여 가족관계등록부의 정정을 신청하여야 한다(가족 107조).

(6) 친생부인의 허가청구와 인지 허가청구

1) **서설** 헌법재판소는 개정 전 제844조 제 2 항 중 "혼인관계 종료의 날로부터 300일 내에 출생한 자"에 관한 부분에 대하여, 민법 제정 이후의 사회적 · 법률적 · 의학적 사정변경을 전혀 반영하지 않은 채, 이미 혼인관계가 해소된 이후에 자가 출생하고 생부가 출생한 자를 인지하려는 경우마저도, 아무런 예외 없이 그 자를 전남편의 친생자로 추정함으로써 친생부인의 소를 거치도록 하는 것으로서 모가 가정생활과 신분관계에서 누려야 할 인격권, 혼인과 가족생활에 관한 기본권을 침해한다는 이유로 헌법불합치 결정을 하였다(헌재 2015. 4. 30, 2013헌마623). 그 후 헌법재판소의 결정취지를 고려하여 민법이 개정되었고(2017. 10. 31), 그 개정에서 개정 전의 제844조 제 2 항을 제 2 항과 제 3 항으로 분리하고, 제 3 항의 경우에 대하여 보다 쉽게 친생추정을 번복할 수 있게 하는 제도로 친생부인의 허가청구제도(854조의 2)와 인지 허가청구제도(855조의 2)를 신설하였다.

2) **친생부인의 허가청구제도** 제844조 제3항의 경우에 출생한 자녀의 어머니 또는 어머니의 전(前)남편은 가정법원에 친생부인의 허가를 청구할 수 있다(854조의 2 1항 본문). 다만, 혼인 중의 자녀로 출생신고가 된 경우에는 친생부인의 허가청구를 할 수 없다(854조의 2 1항 단서). 제 1 항의 청구가 있는 경우에 가정법원은 혈액채취에 의한 혈액형 검사, 유전인자의 검사 등 과학적 방법에 따른 검사결과 또는 장기간의 별거 등 그 밖의 사정을 고려하여 허가 여부를 정한다(854조의 2 2항). 그리고 제 1 항 및 제 2 항에 따른 허가를 받은 경우에는 제844조 제 1 항 및 제 3 항의 추

정이 미치지 않는다(854조의 2 3항). 한편 가정법원이 친생부인의 허가 심판을 하는 경우에는 어머니의 전 배우자와 그 성년후견인(성년후견인이 있는 경우에 한정한다)에게 의견을 진술할 기회를 줄 수 있다(가소 45조의 8 1항). 그리고 친생부인을 허가하는 심판에 대하여는 민법 제854조의 2 제1항에 규정한 자가 즉시항고를 할 수 있다(가소규 61조의 2).

3) **인지 허가청구제도** 제844조 제3항의 경우에 출생한 자녀의 생부(生父)는 가정법원에 인지의 허가를 청구할 수 있다(855조의 2 1항 본문). 다만, 혼인 중의 자녀로 출생신고가 된 경우에는 인지의 허가청구를 할 수 없다(855조의 2 1항 단서). 제1항의 청구가 있는 경우에 가정법원은 혈액채취에 의한 혈액형 검사, 유전인자의 검사 등 과학적 방법에 따른 검사결과 또는 장기간의 별거 등 그 밖의 사정을 고려하여 허가 여부를 정한다(855조의 2 2항). 그리고 제1항 및 제2항에 따라 허가를 받은 생부가「가족관계의 등록 등에 관한 법률」제57조 제1항에 따른 신고를 하는 경우에는 제844조 제1항 및 제3항의 추정이 미치지 않는다(855조의 2 3항). 한편 가정법원이 인지의 허가 심판을 하는 경우에는 어머니의 전 배우자와 그 성년후견인(성년후견인이 있는 경우에 한정한다)에게 의견을 진술할 기회를 줄 수 있다(가소 45조의 8 1항). 그리고 인지를 허가하는 심판에 대하여는 민법 제854조의 2 제1항에 규정한 자가 즉시항고를 할 수 있다(가소규 61조의 2).

[109] **(7) 부(父)를 정하는 소**

1) 여자가 배우자의 사망 또는 이혼으로 혼인이 해소(혼인취소의 경우도 같음)된 뒤 곧바로 재혼을 하여 자(子)를 출산하는 경우에는, 자(子)의 출생일이 후혼 성립일부터 200일 이후이고 전혼 종료일부터 300일 내일 수 있다. 그러한 때에는 그 자(子)가 제844조에 의하여 전혼의 부(夫)의 자(子)로도 추정되고 후혼의 부(夫)의 자(子)로도 추정되어 부성(父性)추정의 충돌이 일어난다. 이와 같은 경우에는 당사자의 청구에 의하여 가정법원이 자(子)의 부(父)를 결정하는데(845조), 그 소를「부(父)를 정하는 소(訴)」라고 한다.

부(父)를 정하는 소는 형성의 소이다.

2) 부의 결정을 위하여 소를 제기하려는 사람은 먼저 조정을 신청하여야 하나(가소 2조 1항 나류사건 5)·50조), 조정이 성립하여도 부(父)의 결정의 효력은 생기지 않는다. 부(父)의 결정은 당사자가 임의로 처분할 수 있는 사항이 아니기 때문이다(가소 59조 2항 단서).

3) 부(父)를 정하는 소를 제기할 수 있는 자는 자녀, 어머니, 어머니의 배우

자 또는 어머니의 전 배우자이다(가소 27조 1항).

4) 소의 상대방은 누가 소를 제기하느냐에 따라 다르다. 자녀가 제기하는 경우에는 어머니, 어머니의 배우자 및 어머니의 전 배우자가 상대방이고, 어머니가 제기하는 경우에는 그 배우자 및 전 배우자가 상대방이다(가소 27조 2항). 그리고 어머니의 배우자가 제기하는 경우에는 어머니 및 어머니의 전 배우자가 상대방이고, 어머니의 전 배우자가 제기하는 경우에는 어머니 및 어머니의 배우자가 상대방이다(가소 27조 3항). 그리고 이들의 경우에 상대방이 될 사람 중에 사망한 사람이 있을 때에는 생존자를 상대방으로 하고, 생존자가 없을 때에는 검사를 상대방으로 하여 소를 제기할 수 있다(가소 27조 4항).

5) 부(父)를 확정하여야 할 경우에 다른 증거조사에 의하여 심증(心證)을 얻지 못한 때에는, 가정법원은 검사를 받을 사람의 건강과 인격의 존엄을 해치지 않는 범위에서, 당사자 또는 관계인에게 혈액채취에 의한 혈액형의 검사 등 유전인자의 검사나 그 밖에 적당하다고 인정되는 방법에 의한 검사를 받을 것을 명할 수 있다(가소 29조 1항). 그리고 당사자 또는 관계인이 정당한 이유 없이 이 명령을 위반한 경우에는 가정법원은 직권으로 또는 권리자의 신청에 의하여 결정으로 1천만원 이하의 과태료를 부과할 수 있고(가소 67조 1항), 이 제재를 받고도 정당한 이유 없이 다시 수검명령을 위반한 경우에는 30일의 범위에서 그 의무를 이행할 때까지 위반자에 대한 감치(監置)를 명할 수 있다(가소 67조 2항).

6) 이 소는 제소기간의 제한이 없다(845조, 가소 27조 참조). 따라서 부(父)를 확정할 필요가 있으면 언제든지 제소할 수 있다.

7) 부(父)를 정하는 소의 확정판결은 제 3 자에게도 효력이 있으므로(가소 21조 1항), 판결이 확정된 뒤에는 친생부인의 소를 제기할 수 없다(같은 취지: 김/김, 287면; 이경희, 173면). 한편 판결이 확정되면 소를 제기한 사람은 판결확정일부터 1개월 이내에 가족관계등록부의 정정을 신청하여야 한다(가족 107조).

8) 부(父)를 정하는 소에 관한 제845조와 그것과 관련된 가사소송법 규정은 중혼에 있어서 두 혼인에 관하여 친생자 추정을 받는 경우에도 유추적용하여야 한다(같은 취지: 김/김, 287면; 박동섭, 256면; 신영호, 165면; 지원림, 1921면).

[110] 2. 혼인 외의 출생자

(1) 의　　의

혼인 외의 출생자는 부모가 혼인하지 않은 상태에서 출생한 자(子)이다. 그리고 부모의 혼인이 무효인 때의 출생자는 혼인 외의 출생자로 본다(855조 1항 2문)(그러나 혼인이 취소된 경우의 자녀는 혼인 외의 출생자가 아니다. 824조 참조). 혼인 외의 출생자는 모(母)와의 사이에는 출산과 동시에 친자관계가 발생하나, 생부(生父)와의 사이에서는 인지가 있어야 친자관계가 발생한다. 한편 혼인 외의 자(子)는 그 부모가 나중에 혼인하게 되면 그때부터 혼인 중의 출생자로 보게 되는데(855조 2항), 이를 준정(準正)이라고 한다.

(2) 인지(認知)

1) 인지의 의의 　인지란 혼인 외의 출생자의 생부(生父) 또는 생모(生母)가 혼인 외의 출생자를 자기의 자(子)로 인정하여 법률상의 친자관계를 발생시키는 일방적인 의사표시이다. 인지에는 부(父) 또는 모(母)가 스스로 인지의 의사표시를 하는 경우와 부(父) 또는 모(母)를 상대로 인지의 소를 제기하여 인지의 효과를 발생하게 하는 경우가 있으며, 전자를 임의인지라고 하고 후자를 강제인지라고 한다.

〈인지에 관한 입법주의〉

인지에 관한 입법주의에는 주관주의와 객관주의가 있다. 전자는 인지자의 의사에 기하여 인지를 허용하는 것으로서 그에 의하면 인지(임의인지)는 법률행위라고 하게 된다. 그에 비하여 후자는 자연적 혈연관계가 존재하면 인지를 허용하는 것으로서 거기에서는 인지를 자연적 부자관계의 존재사실에 대한 관념의 통지라고 이해한다. 이러한 두 입법주의 가운데 우리 민법이 어떤 입장에 있는가에 관하여는 i) 주관주의라는 견해(김/김, 293면; 지원림, 1925면. 박병호, 165면은 주관주의에 입각하여 설명하면서, 이론상 객관주의가 정당성이 있다고 한다), ii) 객관주의라는 견해(김용한, 183면; 이경희, 177면), iii) 절충주의라는 견해(박동섭, 260면)가 대립하고 있다. 생각건대 만약 인지를 법률행위가 아니라고 한다면 인지가 있는 경우의 법률효과가 명문으로 규정되어 있어야 한다. 그런데 민법은 인지의 경우 「인지」 자체에 기하여 그 효과가 발생하는 것으로 하고 있다(859조 참조). 따라서 민법은 분명히 주관주의의 견지에 있다.

인지는 의사표시이면서 동시에 상대방 없는 단독행위이다. 그런데 관청의 수령을 요하는 행위이다. 인지는 요식행위이다(859조 1항). 그리고 강제인지는 인지자의 의사표시가 없을 때 그의 의사표시에 갈음하는 판결을 얻어 인지의 효력이 생기게 하는 경우라고 할 수 있다.

혼인 외의 출생자와 생부(生父)와의 부자관계는 생부의 인지에 의하여서만 생길 수 있으므로(대판 1966. 11. 29, 66다1251; 대판 1984. 9. 25, 84므73; 대판 1997. 2. 14, 96므738; 대판 2022. 1. 27, 2018므11273), 아직 인지가 있기 전에는 그 실부(實父)라 할지라도 법률상의 부양의무가 없고(대판 1987. 12. 22, 87므59: 다만 실부가 인지를 하기 전에 생모에게 양육을 부탁하면서 양육비를 지급하기로 약정하였다면 그러한 약정은 유효하다), 친권 · 상속 등 친자관계에서 발생하는 다른 효과도 생기지 않는다. 그에 비하여 혼인 외의 출생자와 생모 사이의 모자관계는 인지나 출생신고를 기다리지 않고 자(子)의 출생으로 당연히 생기므로(대판 1967. 10. 4, 67다1791; 대판 1986. 11. 11, 86도1982; 대판 2018. 6. 19, 2018다1049)(모자관계는 가족관계등록부의 기재나 법원의 친생자관계 존재 확인판결이 있어야만 이를 인정할 수 있는 것도 아니다. 대판 1992. 7. 10, 92누3199; 대판 2018. 6. 19, 2018다1049) 따로 인지를 할 필요가 없으며, 기아(棄兒)(버려진 아이) 등의 경우에 모(母)가 인지하더라도 그것은 단지 모자관계를 확인하는 의미를 가진다고 할 것이다.

2) 임의인지 　임의인지는 생부(生父) 또는 생모(生母)가 스스로 하는 인 [111]
지이다.

(가) **인 지 자** 　임의인지는 생부(生父) 또는 생모(生母)가 할 수 있다(855조 1항). 이들은 제한능력자라 하더라도 의사능력이 있으면 법정대리인의 동의 없이 임의인지를 할 수 있다. 다만, 피성년후견인이 인지를 하는 때에는 성년후견인의 동의를 받아야 한다(856조).

(나) **피인지자**(인지를 받는 자) 　인지될 수 있는 자는 혼인 외의 출생자이다. 그러나 타인의 친생자로 추정되고 있는 자에 대하여는 친생부인의 소의 확정판결에 의하여 친자관계가 부인되기 전에는 아무도 인지를 할 수 없고(대판 1968. 2. 27, 67므34; 대판 1987. 10. 13, 86므129)(다만, 844조 3항의 경우에 출생한 자녀의 생부(生父)는 가정법원에 인지의 허가를 청구하여 친생추정을 번복할 수 있으며(855조의 2), 그에 관하여는 앞에서 설명하였다. [108] 참조), 친생자 추정을 받지 않는 혼인 중의 출생자에 대하여는 친생자관계 부존재 확인의 소에 의하여 가족관계등록부상의 부와 자 사이에 친자관계가 존재하지 않는다는 것이 확정된 후에 인지할 수 있으며, 타인이 먼저 인지한 경우에는 인지에 대한 이의의 소를 제기하여 그 판결이 확정된 후에 인지할 수 있다. 그리고 미성년자뿐만 아니라 성년자도 인지할 수 있다.

자가 사망한 후에는 원칙적으로 인지할 수 없으나, 자의 직계비속이 있는 때에는 인지할 수 있다(857조). 이렇게 직계비속이 없는 때에는 인지를 할 수 없도록 한 것은 인지제도를 남용하여 상속의 이익(가령 혼인 외의 어린 자녀가 교통사고를 당한 경우)을 꾀하는 것을 막기 위해서이다. 사망한 자(子)를 인지한 경우에는 그 자(子)의 출생시부터 부(父)와의 사이에 친자관계가 존재했던 것으로 되므로, 인지자와 사망한 자(子)(피인지자)의 직계비속 사이에 혈족관계가 인정되고, 그들 사이에 상속·부양 등의 법률효과가 발생한다(김/김, 295면).

부는 포태 중에 있는 자에 대하여도 인지할 수 있다(858조). 태아를 인지할 때에는 신고서에 그 취지, 모의 성명 및 등록기준지를 기재하여야 한다(가족 56조). 그런데 태아에 대하여는 인지를 하여도 바로 가족관계등록부에 기록되지 않으며, 가족관계등록부에의 기록은 출생신고 후에 행해진다(가족규칙 69조 참조).

(다) **인지의 방식** 생전의 인지는 「가족관계의 등록 등에 관한 법률」이 정한 바에 의하여 신고함으로써 그 효력이 생긴다(859조 1항). 여기의 신고는 창설적 신고이다. 따라서 신고가 없으면 인지의 효과가 생기지 않는다. 인지의 신고를 말로도 할 수 있다는 점(가족 23조 1항), 서면으로 신고하는 경우에는 우송을 하거나(가족 41조 참조) 타인에게 제출하게 하여도 무방하나(가족 23조 2항), 구술신고는 타인이 대리할 수 없다는 점(가족 31조 3항·55조·56조), 본인이 시·읍·면에 직접 출석하지 않는 경우에는 본인의 신분증명서를 제시하거나 신고서에 본인의 인감증명서를 첨부하여야 신고서가 수리된다는 점(가족 23조 2항) 등은 다른 창설적 신고에 있어서와 마찬가지이다.

인지는 유언으로도 할 수 있고, 그때에는 유언집행자가 이를 신고하여야 한다(859조 2항). 여기의 신고는 보고적 신고이어서 신고가 없더라도 인지의 효력이 생긴다. 그런데 유언에 의한 인지의 효력은 유언자가 사망한 때에 발생한다(1073조 1항).

부(父)가 혼인 외의 자녀에 대하여 친생자 출생의 신고를 한 때에는 그 신고는 인지의 효력이 있다(가족 57조 1항 본문). 다만, 모(母)가 특정됨에도 불구하고 부가 본문에 따른 신고를 함에 있어 모의 소재불명 또는 모가 정당한 사유 없이 출생신고에 필요한 서류 제출에 협조하지 않는 등의 장애가 있는 경우에는, 부의 등록기준지 또는 주소지를 관할하는 가정법원의 확인을 받아 신고를 할 수 있다(가족 57조 1항 단서). 그리고 모의 성명·등록기준지 및 주민등록번호의 전부 또는 일부를 알 수 없어 모를 특정할 수 없는 경우 또는 모가 공적 서류·증명서·장부 등에 의하여 특정될 수 없는 경우에는, 부의 등록기준지 또는 주소지를 관할하는 가정법원의 확인을 받아 제1항에 따른 신고를 할 수 있다(가족 57조 2항). 그런데 여기의 신고는 인지신고가 아니고 출생신고이므로 그러한 신고로 인한 친자관계의 외관을 배제하고자 하는 때에는 인지에 관련된 소송이 아니라 친생자관계 부존재 확인의 소를 제기하여야 한다(대판 1993. 7. 27, 91므306). 그런가 하면 판례는 혼인신고가 위법하여 무효인 경우에도 무효의 혼인 중 출생한 자(子)를 그 호적에 출생신고하여 등재한 이상 그 자에 대한 인지의 효력이 있다고 한다(대판 1971. 11. 15, 71다1983). 그러나 혼인 외의 출생자의 생모(生母)가 부(夫)의 사망 후 그들간에 출생한 친생자인양 출생신고를 한 경우(대판 1972. 1. 31, 71다2446; 대판 1985. 10. 22, 84다카1165), 생모(生母)가 타인의 인장을 위조하여 혼인신고와 친생자로서의 출생신고를 한 경우(대판 1984. 9. 25, 84므73), 조부(祖父)가 출생신고를 한 경우(대판 1976. 4. 13, 75다948)에는 인지의 효력이 생기지 않는다고 한다. 부(父)가 출생신고를 한 때에만 인지의 효력이 생기기 때문이다.

3) 인지의 무효와 취소 [112]

(가) **인지의 무효** 민법에는 규정이 없으나, 가사소송법은 인지의 무효에 관하여 규정하고 있다(가소 2조 1항 가류사건 3)·26조 1항·28조·23조·24조)(조정전치주의는 적용되지 않음).

통설은 ① 인지가 사실에 반하는 경우, ② 인지능력(의사능력)을 결한 경우, ③ 인지자(父)의 의사에 의하지 않고 인지신고된 경우(예: 모(母)가 부(父) 명의로 마음대로 인지신고를 한 경우)에 인지가 무효라고 한다(김/김, 296면; 박병호, 167면 등). 그러나 ③의 경우에는 인지가 성립하지 않았다고 보아야 한다(같은 취지: 이경희, 175면). 그 외에 피성년후견인이 성년후견인의 동의 없이 인지한 경우를 무효사유로 인정하는 견해도 있다(가령 박동섭, 265면). 그러나 그것은 인지의 취소사유로 보는 것이 옳으며, 그에 관하여는 뒤에 자세히 설명한다([113] 참조).

한편 판례는 친생자 아닌 자에 대하여 한 인지는 당연무효인데, 그러한 인지라도 그 신고 당시 당사자 사이에 입양의 명백한 의사가 있고 기타 입양의 성립요건이 모두 구비된 경우라면 입양의 효력이 있는 것으로 해석할 수 있다고 한다(대판 1992. 10. 23, 92다29399)(미성년자의 입양에 가정법원의 허가를 요하는 현행법 하에서는 미성년자에 관한 한 이 판례의 입양효력 부분은 유지되기 어려울 것임). 그리고 판례는, 친양자가 아닌 한 양자의 입양 전 친족관계는 존속하므로, 친생자가 아닌 자에 대한 인지에 입양의 효력이 있는 경우에도 그 자녀는 곧바로 생부모를 상대로 인지청구를 할 수 있고, 인지청구를 하기 전에 먼저 허위의 인지신고로 기록된 가족관계등록부상 친생자관계를 양친자관계로 정정하여야 하는 것은 아니라고 한다(대판 2022. 7. 28, 2022므11621).

통설(김/김, 297면; 박병호, 167면; 배/최, 262면; 조승현, 207면)·판례(대판 1992. 10. 23, 92다29399)는 인지의 무효는 당연무효이므로 소 기타의 절차에 의하지 않고도 또 누구라도 그 무효를 주장할 수 있으며, 다른 소에서 선결문제로서 주장할 수 있다고 한다. 그러나 인지의 무효는 혼인의 무효와 마찬가지로 무효의 판결에 의하여 비로소 무효로 된다고 할 것이다(형성의 소)(같은 취지: 이경희, 180면).

〈판 례〉

「친생자가 아닌 자에 대하여 한 인지신고는 당연무효이며 이런 인지는 무효를 확정하기 위한 판결 기타의 절차에 의하지 아니하고도, 또 누구에 의하여도 그 무효를 주장할 수 있는 것이다. 그리고 위와 같은 인지라도 그 신고 당시 당사자 사이에 입양의 명백한 의사가 있고 기타 입양의 성립요건이 모두 구비된 경우라면 입양의 효력이 있는 것으로 해석할 수 있」다(대판 1992. 10. 23, 92다29399).

인지무효의 소를 제기할 수 있는 자(원고)는 당사자, 법정대리인 또는 4촌 이내의 친족이다(가소 28조 · 23조). 문헌에 따라서는 그 이외의 자도 확인의 이익을 소명하면 소를 제기할 수 있다고 하나(박동섭, 264면), 부정하여야 한다. 사견이 인지무효의 소를 형성의 소로 보기 때문에 더욱 그렇다. 인지무효의 소의 상대방(피고)은 다음과 같이 된다. 인지자와 피인지자는 서로 상대방으로 하여 소를 제기한다(가소 28조 · 24조 1항). 인지의 당사자가 아닌 제 3 자가 소를 제기할 때에는 당사자 쌍방을 상대방으로 하고, 당사자 중 하나가 사망한 경우에는 그 생존자를 상대방으로 한다(가소 28조 · 24조 3항). 그리고 위의 경우에 상대방이 될 사람이 모두 사망한 경우에는 검사를 상대방으로 한다(가소 28조 · 24조 3항).

인지무효의 소의 제기기간은 제한이 없다. 따라서 제소권자가 언제든지 소를 제기할 수 있다.

인지무효판결은 소급효가 있으므로, 그 판결이 확정되면 친자관계도 소급해서 소멸한 것으로 된다. 그 결과 부양 · 상속 등의 효과도 소급하여 소멸한다. 그리고 인지무효판결은 제 3 자에게도 효력이 있다(가소 21조 1항). 그런데 생부의 인지 없이 생모에 의해 임의로 생부의 친생자로 출생신고되었다는 것을 이유로 한 인지무효확인심판의 기판력은 재판상의 인지청구에는 미치지 않는다(대판 1999. 10. 8, 98므1698). 이는 인지가 인지자의 의사에 의하지 않은 것이라는 이유로 무효심판을 받은 것이 아니어서 친자관계의 존부에 기판력이 미치지 않는 것이다(만약 친자관계가 존재하지 않는다는 이유로 무효판결을 받았다면 그 판결은 후의 재판상 인지청구에 영향이 미친다고 하여야 할 것이다). 따라서 그 경우에 혼인 외의 자녀는 인지무효판결이 확정된 뒤에도 다시 생부를 상대방으로 하여 재판상 인지청구를 할 수 있다.

[113] (나) **인지에 대한 이의** 혼인 외의 자(子)를 그 생부가 아닌 사람이 인지한 경우에는 자(子) 기타 이해관계인은 인지의 신고 있음을 안 날부터 1년 내에 인

지에 대한 이의의 소를 제기할 수 있다(862조)(호적상 인지자로 기재된 자가 그 인지를 자신의 의사에 반한 것이라고 하여 인지무효를 청구하는 소는 본조의 소에 포함되지 않는다. 대판 1969. 1. 21, 68므41). 이 경우에 부(父) 또는 모(母)가 사망한 때에는 그 사망을 안 날부터 2년 내에 검사를 상대로 인지에 대한 이의의 소를 제기할 수 있다(864조). 인지에 대한 이의의 소는 임의인지를 대상으로 하는 것이며, 강제인지에 대하여는 재심의 소로써 이를 다투어야 하고 인지에 대한 이의의 소로써는 다툴 수 없다(대판 1981. 6. 23, 80므109).

이의의 소를 제기하려는 사람은 먼저 가정법원에 조정을 신청하여야 한다(가소 2조 1항 나류사건 8)·50조). 그러나 조정의 성립만으로 가족관계등록부를 정정할 수는 없다(가소 59조 2항 단서).

인지무효의 소와 인지에 대한 이의의 소는 인지의 무효를 주장하는 점에서 본질적으로 같으며, 다만 ① 무효의 소는 가류사건이고(따라서 조정전치주의가 적용되지 않음) 이의의 소는 나류사건인 점, ② 무효의 소는 당사자(인지자 포함)·법정대리인 또는 4촌 이내의 친족이 제기할 수 있고 이의의 소는 인지자는 제외되고 자(子) 기타의 이해관계인이 제기할 수 있는 점에서 차이가 있을 뿐이다. 그래서 학자들은 두 제도를 하나로 합하는 것이 바람직하다고 한다(김/김, 299면; 박동섭, 270면; 이경희, 180면).

이의의 소를 제기할 수 있는 자(원고)는 자(子) 기타 이해관계인이다(862조). 인지자는 제소권자가 아니고, 오히려 이의의 소의 상대방으로 된다. 이의의 소의 상대방(피고)은 다음과 같이 된다. 자녀가 소를 제기하는 경우에는 인지자를 상대방으로 한다(가소 28조·24조 1항). 자녀가 아닌 제 3 자 즉 이해관계인이 소를 제기하는 경우에는 인지자·피인지자를 상대방으로 하고, 그 둘 중 어느 한쪽이 사망한 경우에는 그 생존자를 상대방으로 한다(가소 28조·24조 2항). 그리고 위의 경우에 상대방이 될 사람이 모두 사망한 경우에는 검사를 상대방으로 한다(가소 28조·24조 3항).

(다) 인지의 취소 사기·강박 또는 중대한 착오로 인하여 인지를 한 때에는, 사기나 착오를 안 날 또는 강박을 면한 날부터 6개월 내에 가정법원에 그 취소를 청구할 수 있다(861조). 이때도 조정전치주의가 적용되나(가소 2조 1항 나류사건 7)·50조), 조정의 성립만으로 인지취소의 효력이 생기지는 않는다(가소 59조 2항 단서).

이 소를 제기할 수 있는 사람(원고)은 사기 등을 당하여 인지한 사람이다. 그리고 상대방(피고)은 누가 사기 등을 행하였든 인지된 자녀이다(가소 28조·24조 1항). 다만, 자녀가 사망한 경우에는 검사가 상대방이 된다(가소 28조·24조 3항).

인지를 취소하는 판결이 확정되면 인지는 처음부터 무효로 되며, 그 판결은 제 3 자에게도 효력이 있다(가소 21조 1항). 따라서 인지취소판결이 확정되면 인지에 의하여 발생한 친자관계는 처음부터 없었던 것으로 된다. 그리고 그 결과로 부양·상속 등의 효과도 소급해서 소멸한다.

인지취소의 소는 그 확정판결에 의하여 인지의 효력을 소급적으로 소멸시키는 것으로서 형성의 소이다(가사[Ⅱ], 67면).

민법은 아버지인 피성년후견인이 인지를 하는 경우에는 성년후견인의 동의를 받도록 하면서(856조), 동의를 받지 않은 경우에 관하여는 규정을 두고 있지 않다. 그런 예를 우리는 협의이혼의 경우에서도 보았다(835조. [66] 참조). 이는 입법상 빠뜨린 것으로 보인다. 사견으로는 그러한 경우에는 제861조를 적용하여 해결하는 것이 바람직하다고 생각한다. 즉 인지취소를 인정해야 하는 것이다.

[114] **4) 강제인지**(재판상 인지)

(가) 의 의 부(父) 또는 모(母)가 임의로 인지하지 않는 경우에는 자(子)와 그 직계비속 또는 그 법정대리인은 부(父) 또는 모(母)를 상대로 하여 인지청구의 소를 제기할 수 있고(863조), 이 경우 부(父) 또는 모(母)가 사망한 때에는 그 사망을 안 날부터 2년 내에 검사를 상대로 인지청구의 소를 제기할 수 있는데(864조), 이에 의한 인지를 강제인지 또는 재판상 인지라 한다.

〈남북 주민 사이의 인지청구〉

남북가족특례법에 따르면, 혼인 외의 자(子)로 출생한 북한주민(북한주민이었던 사람을 포함한다)과 그 직계비속 또는 그 법정대리인은 남한 주민인 아버지 또는 어머니를 상대로 하여 인지청구의 소를 제기할 수 있고(같은 법 9조 1항), 그 소는 제864조에도 불구하고 분단의 종료, 자유로운 왕래, 그 밖의 사유로 인하여 소의 제기에 장애사유가 없어진 날부터 2년 내에 제기할 수 있다(같은 법 9조 2항). 그리고 이들 규정은 혼인 외의 자로 출생한 남한주민과 그 직계비속 또는 법정대리인이 북한주민(북한주민이었던 사람을 포함한다)인 아버지 또는 어머니를 상대로 하여 인지청구의 소를 제기하는 경우에도 준용한다(같은 법 9조 3항).

(나) 인지청구의 소의 성질 인지청구의 경우에는 인지청구를 인용하는 판결의 확정에 의하여 혼인 외의 출생자와 부(父) 사이에 법률상의 친자관계가 창설되고 그 판결은 제 3 자에게도 효력이 있으므로 인지청구의 소는 형성의 소라고 하여야 하나, 모에 대한 인지청구의 소는 확인의 소이다(통설도 같음. 김/김, 300면; 박동섭, 272면; 박병호, 168면; 신영

호, 171면; 이경희, 181면; 지원림, 1928면). 판례도 같다(대판 1967. 10. 4, 67다1791).

〈판 례〉

「기아와 같은 특수한 경우를 제외하고는 혼인의 생모자관계는 분만하였다는 사실로써 명백한 것이며 생부의 혼인 외의 출생자에 대한 인지가 형성적인 것에 대하여 생모의 혼인 외의 출생자에 대한 인지는 확인적인 것인 점을 고려하면 혼인 외의 출생자와 생모 간에는 그 생모의 인지나 출생신고를 기다리지 아니하고 자의 출생으로 당연히 법률상의 친족관계가 생긴다고 해석하는 것이 타당하다.」(대판 1967. 10. 4, 67다1791)

(다) 소의 당사자 제소권자는 자(子), 그 직계비속(자(子)의 직계비속은 자(子)가 사망한 경우에만 소제기를 할 수 있는지(김/김, 301면), 고유한 권리로 제소할 수 있는지(박병호, 168면)에 관하여는 다투어진다) 또는 그 법정대리인(자(子)나 그 직계비속이 제한능력자인 경우에는 법정대리인만이 소를 제기할 수 있는지(김/김, 301면) 아닌지(이경희, 181면)는 다투어진다)이다(863조). 태아에게는 인지청구권이 없으며(민법총칙 [295] 참조), 그 모(母)도 태아를 대리하여 소를 제기할 수 없다(같은 취지: 김/김, 301면; 이경희, 182면). 그리고 소의 상대방(피고)은 부(父) 또는 모(母)이며(863조), 부(父) 또는 모(母)가 사망한 때에는 검사가 상대방이 된다(864조). 만약 상대방이 의사무능력자인 경우에는 법정대리인의 대리를 인정하여야 하며, 그 경우 법정대리인이 없거나 대리권을 행사할 수 없는 때에는 민사소송법 제62조에 의하여 특별대리인의 선임을 신청할 수 있다(대결 1984. 5. 30, 84스12).

자(子)가 친생자 추정을 받고 있는 경우에는 모(母)의 부(夫) 또는 모(母)가 친생부인의 소를 제기하여 친생부인의 판결이 확정된 뒤에 비로소 생부(生父)를 상대로 인지청구를 할 수 있다(대판 2000. 1. 28, 99므1817. 대판 1968. 2. 27, 67므34도 참조). 그러나 친생자 추정을 받지 않는 혼인 중의 출생자나 친생추정이 미치지 않는 자는 그가 법률상의 부(父)의 호적에 등재되어 있더라도 친생자관계 부존재 확인의 소를 제기하지 않고 곧바로 생부(生父)를 상대로 인지청구의 소를 제기할 수 있다(대판 1981. 12. 22, 80므103).

〈판 례〉 [115]

(ㄱ) 「호적상 타인들 사이의 친생자로 허위 등재되어 있다 하더라도 그 자는 실부모를 상대로 친자인지청구의 소를 제기할 수 있다 할 것이며, 그 인지를 구하기 전에 먼저 호적상 부모로 기재되어 있는 사람을 상대로 친자관계 부존재 확인의 소를 제기하여야 한다고는 할 수 없다.」(대판 1981. 12. 22, 80므103)

(ㄴ) 「민법 제844조의 친생추정을 받는 자는 친생부인의 소에 의하여 그 친생추정을 깨뜨리지 않고서는 다른 사람을 상대로 인지청구를 할 수 없으나, 호적상의 부모의 혼인 중의 자로 등재되어 있는 자라 하더라도 그의 생부모가 호적상의 부모와 다른 사실이 객관적으로 명백한 경우에는 그 친생추정이 미치지 아니한다고 봄이 상당하

고, 따라서 그와 같은 경우에는 곧바로 생부모를 상대로 인지청구를 할 수 있」다(대판 2000. 1. 28, 99므1817: A가 B와 혼인신고를 마친 후 그들 사이에 아들이 없자 노후를 염려하여 C가 출산한 D를 입양한 후 마치 D가 A·B 사이에서 출생한 양 허위의 출생신고를 한 경우임).

(ㄷ) A(사망한 남자)와 B 사이에 태어난 혼인 외 출생자 C를 상대로 이해관계인 D가, C와 A 사이에 친생자관계가 없는데도 친생자관계가 있는 것처럼 호적상 기재되어 있다는 이유를 들어 친생자관계 부존재 확인의 소를 제기하여 그 판결이 확정된 바 있다 하더라도 그 판결의 기판력은 이 사건 인지청구(C가 검사를 상대로 한 인지청구)에는 미치지 않는다(대판 1982. 12. 14, 82므46).

(ㄹ) 생부(生父)가 자(子)를 친생자로 인정하여 출생신고를 한 바가 없는데도 생모(生母)가 생부(生父)의 친생자로 출생신고하여 호적에 기재된 것을 이유로 한 인지무효 확인의 확정심판의 기판력은 출생신고에 의한 임의인지가 무효라는 점에 한하여 발생할 뿐이며, 생부(生父)와 자(子) 사이에 친생자관계가 존재하는지의 여부에 대해서까지 효력이 미치는 것은 아니므로, 그 확정심판의 효력은 자(子)가 생부(生父)와의 사이에 친생자관계가 존재함을 전제로 하여 재판상 인지를 구하는 이 사건 청구(생부가 사망하여 검사를 상대방으로 함)에는 미치지 않는다(대판 1999. 10. 8, 98므1698).

(라) **제소기간** 인지청구의 소의 제기기간에 관하여는 제한이 없다. 따라서 부(父)가 생존하는 동안 자(子)는 언제든지 소를 제기할 수 있다. 그러나 부(父) 또는 모(母)가 사망하여 검사를 상대로 소를 제기하는 경우에는 부(父) 또는 모(母)의 사망을 안 날부터 2년 내에 제소하여야 한다(864조). 여기서 제소기간의 기산점이 되는 「사망을 안 날」은 사망이라는 객관적 사실을 아는 것을 의미하고, 사망자와 친생자관계에 있다는 사실까지 알아야 하는 것은 아니다(대판 2015. 2. 12, 2014므4871). 그리고 이 2년은 제척기간인데, 판례는 만약 미성년자인 자녀의 법정대리인이 인지청구의 소를 제기한 경우에는 그 법정대리인이 부 또는 모의 사망사실을 안 날이 그 기간의 기산일이 되나, 자녀가 미성년자인 동안 법정대리인이 인지청구의 소를 제기하지 않은 때에는 자녀가 성년이 된 뒤로 부 또는 모의 사망을 안 날로부터 2년 내에 인지청구의 소를 제기할 수 있다고 한다(대판 2024. 2. 8, 2021므13279. 원고가 미성년자일 당시 부의 사망 사실을 알았더라도 성년이 된 날부터 2년이 지나지 않은 이상 인지청구의 소를 제기할 수 있다고 함). 한편 부자관계는 부(父)의 인지에 의해서만 발생하는 것이므로, 부(父)가 사망한 경우에는 제소권자가 이 기간 내에 검사를 상대로 인지청구의 소를 제기하여야 하고, 생모나 친족 등 이해관계인이 혼인 외의 출생자를 상대로 혼인 외 출생자와 사망한 부(父) 사이의 친생자관계 존재 확인을 구하는 소를 제기할 수는 없다(대판 2022. 1. 27, 2018므11273. 같은 취지: 대판 1997. 2. 14, 96므738(생모의 소 제기를 불허함)).

(마) **인지청구권의 포기** 인지청구권은 일신전속적인 신분관계상의 권리로

서 포기할 수 없고, 포기하였더라도 그 효력이 발생하지 않으며(대판 1987. 1. 20, 85므70(재판상 화해에 표시되었어도 무효이다); 대판 1999. 10. 8, 98므1698), 포기가 허용되지 않는 이상 거기에 실효의 법리가 적용될 여지도 없다(대판 2001. 11. 27, 2001므1353).

〈판 례〉

(ㄱ) 인지청구권의 행사가 상속재산에 대한 이해관계에서 비롯되었다 하더라도 정당한 신분관계를 확정하기 위해서라면 신의칙에 반하는 것이라 하여 막을 수 없다고 한 사례(대판 2001. 11. 27, 2001므1353).

(ㄴ) 혼인 외의 자가 친생자관계의 부존재를 확인하는 대가로 금원 등을 지급받으면서 추가적인 금전적 청구를 포기하기로 합의하였다 하더라도 이러한 합의는 당사자가 임의로 처분할 수 없는 사항에 관한 처분을 전제로 한 것이므로, 이에 반하여 인지청구를 하고 그 확정판결에 따라 상속분 상당 가액 지급청구를 하더라도 신의칙 위반으로 보기 어렵다고 한 사례(대판 2007. 7. 26, 2006므2757 · 2764).

(바) **부자관계의 증명** 인지청구의 소를 제기한 원고는 혼인 외의 출생자와 [116]
그의 부로 생각되는 자 사이에 부자관계가 존재한다는 것을 증명하여야 한다. 그러나 당사자의 증명이 충분하지 못한 때에는 법원이 가능한 한 직권으로 사실조사 및 필요한 증거조사를 하여야 한다(대판 1985. 11. 26, 85므8; 대판 2002. 6. 14, 2001므1537; 대판 2005. 6. 10, 2005므365; 대판 2015. 6. 11, 2014므8217).

판례에 의하면, 혈연상의 친자관계라는 주요사실의 존재의 증명은 주요사실의 존재나 부존재를 추인시키는 간접사실을 통하여 경험칙에 의한 사실상의 추정에 의하여 주요사실을 추인하는 간접증명의 방법에 의할 수밖에 없는데, 혈액형 검사나 유전자 검사 등 과학적 증명방법은 — 오류의 가능성이 전무하거나 무시할 정도로 극소한 경우라면 — 가장 유력한 간접증명의 방법이 된다고 한다(대판 2002. 6. 14, 2001므1537). 그리고 이러한 증명에 의하여 혈연상 친생자관계가 인정되어 확정판결을 받으면 당사자 사이에 친자관계가 창설된다고 한다(대판 2015. 6. 11, 2014므8217). 나아가 이와 같은 인지청구의 소의 목적, 심리절차와 증명방법 및 법률적 효과 등을 고려할 때, 인지의 소의 확정판결에 의하여 일단 부와 자 사이에 친자관계가 창설된 이상, 재심의 소로 다투는 것은 별론으로 하고, 그 확정판결에 반하여 친생자관계 부존재 확인의 소로써 당사자 사이에 친자관계가 존재하지 않는다고 다툴 수는 없다고 한다(대판 2015. 6. 11, 2014므8217).

〈판 례〉

(ㄱ)「원래 인지소송은 부(父)와 자(子)와의 간에 사실상의 친자관계의 존재를 확정하고 법률상의 친자관계를 창설함을 목적으로 하는 소송으로서 친족, 상속법상 중대한 영향을 미치는 인륜의 근본에 관한 것이고 공익에도 관련되는 중요한 것이기 때문에 이 소송에서는 당사자의 처분권주의를 제한하고 직권주의를 채용하고 있는 것이므로 당사자의 입증이 충분하지 못할 때에는 가능한 한 직권으로 사실조사 및 필요한 증거조사를 하여야만 할 것이다.」(대판 1985. 11. 26, 85므8)

(ㄴ)「혈연상의 친자관계라는 주요사실의 존재를 증명함에 있어서는, 부와 친모 사이의 정교관계의 존재 여부, 다른 남자와의 정교의 가능성이 존재하는지 여부, 부가 자를 자기의 자로 믿은 것을 추측하게 하는 언동이 존재하는지 여부, 부와 자 사이에 인류학적 검사나 혈액형검사 또는 유전자검사를 한 결과 친자관계를 배제하거나 긍정하는 요소가 있는지 여부 등 주요사실의 존재나 부존재를 추인시키는 간접사실을 통하여 경험칙에 의한 사실상의 추정에 의하여 주요사실을 추인하는 간접증명의 방법에 의할 수밖에 없는데, 여기에서 혈액형검사나 유전자검사 등 과학적 증명방법이 그 전제로 하는 사실이 모두 진실임이 증명되고 그 추론의 방법이 과학적으로 정당하여 오류의 가능성이 전무하거나 무시할 정도로 극소한 것으로 인정되는 경우라면 그와 같은 증명방법은 가장 유력한 간접증명의 방법이 된다고 할 것이다.」(대판 2002. 6. 14, 2001므1537)

(ㄷ)「원심판결은 그 이유에서 피청구인이 청구인의 생모인 청구외인과 1964년부터 혼인 외의 관계를 맺어 오던 중 청구외인이 1968. 7. 7 청구인을 출산하자 피청구인 스스로 병원에 와서 그 분만비용을 지급하고 청구인의 이름까지 지어주었던 사실을 인정할 수 있고, 청구인이 청구외인과 피청구인 사이의 출생자인지의 여부에 관한 혈액검사를 실시한 결과 적혈구, 혈액형, 표면항원검사에서 A,B,C형, RH형, Duffy형, Kidd형 검사는 청구외인과 피청구인의 결합으로 청구인의 혈액형 표현이 가능한 것으로 나타났고, 다만 MN형에서만 피청구인이 친부일 가능성이 배제된 것으로 나타났으나, MN혈액 중 M항원이나 N항원의 어느 하나가 반응성이 약하면 반응성이 약한 항원은 쉽게 검출되지 않기 때문에 피감정인 3인의 MN형 재검에 의한 재확인이 필요하였는데, 청구인과 청구외인은 재검에 응하였으나 피청구인이 불응하여 더 이상의 확인이 불가능하게 된 사실, 같은 혈액검사의 조직적 합성항원검사 결과는 피청구인과 청구외인의 결합으로 청구인의 조직적 합성항원형 표현이 가능한 것으로 나타난 사실이 각 인정되므로 위 인정사실 및 감정결과에 비추어 보면 청구인은 피청구인의 자로 인정된다고 판단하였다.

기록에 의하여 원심이 그 사실인정에 거친 증거취사의 과정을 살펴보아도 정당하다고 수긍되고, 거기에 소론과 같이 심리를 다하지 아니하였거나 채증법칙 위반의 위법사유가 있다고 볼 수 없」다(대판 1986. 7. 22, 86므63).

가정법원은 당사자 또는 관계인 사이의 혈족관계의 유무를 확정할 필요가 있는 경우에 다른 증거조사에 의하여 심증을 얻지 못한 때에는 검사를 받을 사람의 건강과 인격의 존엄을 해치지 않는 범위 안에서, 당사자 또는 관계인에게 혈액채취에 의한 혈액형의 검사 등 유전인자의 검사나 그 밖에 적당하다고 인정되는 방법에 의한 검사를 받을 것을 명할 수 있다(가소 29조 1항). 그리고 이에 대하여 위반한 경우에는 1천만원 이하의 과태료를 부과할 수 있고(가소 67조 1항), 과태료의 제재를 받고도 또 위반한 때에는 30일의 범위에서 위반자에 대한 감치(監置)를 명할 수 있다(가소 67조 2항).

(사) **인지청구의 절차** 인지청구의 소의 경우에는 조정전치주의가 적용된다(가소 2조 1항 나류사건 9)·50조). 조정이 성립되면 조정신청자가 1개월 이내에 인지신고를 하여야 하며(가족 58조)(통설은 인지청구의 소의 소송물은 당사자가 임의로 처분할 수 있는 사항이라고 한다. 가소 59조 2항 본문 참조), 조정이 성립하지 않으면 조정신청시에 소가 제기된 것으로 본다(가소 49조, 민사조정법 36조 1항). 인지의 재판이 확정된 경우에는 소를 제기한 사람이 재판의 확정일부터 1개월 이내에 신고하여야 한다(가족 58조 1항). 그런데 그 신고는 그 소의 상대방도 할 수 있다(가족 73조·58조 3항). 그리고 이 두 경우의 신고서에는 재판확정일을 기재해야 한다(가족 73조·58조 2항 3항). 이들 신고는 모두 보고적 신고이다.

5) 인지의 효력 인지의 효력은 혼인 외의 출생자와 부(또는 모) 사이에 친자관계를 발생시키는 것이다. 이러한 효력은 임의인지나 강제인지나 마찬가지이다. [117]

(가) 인지는 그 자(子)의 출생시에 소급하여 효력이 생긴다(860조 본문). 즉 임의인지의 경우에는 인지신고에 의하여(859조 1항), 강제인지의 경우에는 인지의 소의 확정에 의하여 인지자인 부(父)와 피인지자인 자(子) 사이에 법률상 부자관계가 출생시에 소급하여 발생한다. 그 결과 부(父)는 자(子)의 출생시부터 자(子)에 대한 부양의무를 분담하여야 하므로, 인지 전에 모(母)가 자(子)를 혼자서 양육한 경우에는 부(父)에 대하여 인지신고가 있기 전에 또는 인지판결의 확정 전에 발생한 과거의 양육비에 대하여도 부(父)가 부담함이 상당한 범위 내에서 그 비용의 상환을 청구할 수 있다(대결(전원) 1994. 5. 13, 92스21; 대결 2023. 10. 31, 2023스643. [76] 참조).

(나) 인지의 소급효는 제 3 자가 취득한 권리를 해하지 못한다(860조 단서).

(a) 이와 관련하여 인지된 자의 부에 관하여 상속이 개시된 뒤 인지된 경우에

다른 공동상속인과의 관계가 문제되나, 민법은 이를 제1014조의 명문규정을 두어 해결하였다. 그에 의하면 피인지자도 상속재산의 분할을 청구할 수 있으나, 다른 공동상속인이 이미 분할 기타의 처분을 한 때에는 그 상속분에 상당한 가액의 지급만을 청구할 수 있다(1014조).

(b) 이 경우 다른 공동상속인들은 자신들이 제860조 단서의 제 3 자에 해당한다는 점을 들어 피인지자의 청구를 거절할 수 없다. 그러나 공동상속인들로부터 재산을 양수한 제 3 자는 그 규정 단서의 제 3 자에 해당한다.

(c) 그에 비하여 피인지자보다 후순위 상속인들은 피인지자의 출현에 의하여 자신들이 취득한 상속권을 소급해서 잃게 되고, 그들은 제860조 단서의 제 3 자에도 포함되지 않는다(대판 1974. 2. 26, 72다1739; 대판 1993. 3. 12, 92다48512. 그러나 통설은 1014조를 유추적용함. [289] 참조). 그런데 이때도 후순위 상속인들로부터의 양수인은 제 3 자에 포함된다.

(d) 인지를 요하지 않는 모자관계에는 인지의 소급효 제한에 관한 제860조 단서가 적용 또는 유추적용되지 않으며, 상속개시 후의 인지 또는 재판의 확정에 의하여 공동상속인이 된 자의 가액지급청구권을 규정한 제1014조를 근거로 자가 모의 다른 공동상속인이 한 상속재산에 대한 분할 또는 처분의 효력을 부인하지 못한다고 볼 수도 없다(대판 2018. 6. 19, 2018다1049). 그리고 이는 비록 다른 공동상속인이 이미 상속재산을 분할 또는 처분한 이후에 그 모자관계가 친생자관계 존재 확인판결의 확정 등으로 비로소 명백히 밝혀졌다 하더라도 마찬가지이다(대판 2018. 6. 19, 2018다1049).

〈판 례〉

(ㄱ) 「민법 제860조는, 인지의 소급효는 제 3 자가 이미 취득한 권리에 의하여 제한받는다는 취지를 규정하면서, 다시 민법 제1014조에서 상속개시 후의 인지 또는 재판의 확정에 의하여 공동상속인이 된 자가 그 상속분에 상응한 가액의 지급을 청구할 권리가 있다고 규정하여 위 제860조 소정의 제 3 자의 범위를 제한하고 있는 취지에 비추어 볼 때, 혼인 외의 출생자가 부(父)의 사망 후에 인지의 소에 의하여 그 친생자로 인지받은 경우, 피인지자보다 후순위 상속인인 피상속인의 직계존속 또는 형제자매 등은 피인지자의 출현과 함께 자신이 취득한 상속권을 소급하여 잃게 되는 것으로 보아야 하고, 그것이 민법 제860조 단서의 규정에 따라 인지의 소급효 제한에 의하여 보호받게 되는 제 3 자의 기득권에 포함된다고는 볼 수 없다 할 것이다.」(대판 1993. 3. 12, 92다48512)

(ㄴ) 「혼인 외의 자의 생부가 사망한 경우, 혼인 외의 출생자는 그가 인지청구의 소를 제기하였다고 하더라도 그 인지판결이 확정되기 전에는 상속인으로서의 권리를 행사할 수 없고, 그러한 인지판결이 확정되기 전의 정당한 상속인이 채무자에 대하

여 소를 제기하고, 나아가 승소판결까지 받았다면, 채무자로서는 그 상속인이 장래 혼인 외의 자에 대한 인지판결이 확정됨으로 인하여 소급하여 상속인으로서의 지위를 상실하게 될 수 있음을 들어 그 권리행사를 거부할 수는 없다고 할 것인바(만약 혼인 외의 자의 인지청구의 소가 확정될 때까지 채무자가 판결에 따른 이행을 하지 아니하고 상소하지 않으면 안 된다고 한다면, 이는 결국 부당한 항쟁을 조장하는 결과가 된다고 하지 않을 수 없을 것이다), 따라서, 그러한 표현상속인에 대한 채무자의 변제는, 특별한 사정이 없는 한, 채무자가 표현상속인이 정당한 권리자라고 믿은 데에 과실이 있다 할 수 없으므로, 채권의 준점유자에 대한 변제로서 적법한 것이라 할 것이다.」(대판 1995. 1. 24, 93다32200)

㈐ 혼인 외의 출생자가 인지된 경우 자는 부모의 협의에 따라 종전의 성과 본을 계속 사용할 수 있다(781조 5항 본문). 다만, 부모가 협의할 수 없거나 협의가 이루어지지 않은 경우에는 자(子)는 법원의 허가를 받아 종전의 성과 본을 계속 사용할 수 있다(781조 5항 단서). 이들은 2005년에 개정된 것으로서 2008. 1. 1.부터 시행되고 있다.

㈑ 혼인 외의 자(子)가 인지된 경우에는 부모의 협의로 친권자를 정하여야 하고, 협의할 수 없거나 협의가 이루어지지 않는 때에는 가정법원은 직권으로 또는 당사자의 청구에 따라 친권자를 지정하여야 한다(909조 4항 본문). 다만, 부모의 협의가 자(子)의 복리에 반하는 경우에는 가정법원은 보정을 명하거나 직권으로 친권자를 정한다(909조 4항 단서).

그리고 자(子)가 인지된 경우에는 양육책임과 면접교섭권에 대하여 이혼의 경우에 관한 제837조와 제837조의 2를 준용한다(864조의 2).

㈒ 자(子)는 인시한 부(父) 또는 모(母)의 8촌 이내의 혈족과 4촌 이내의 인척과의 사이에 친족관계가 발생한다(777조 참조).

(3) 준정(準正) [118]

1) 준정의 의의 준정이란 혼인 외의 출생자가 그 부모의 혼인에 의하여 혼인 중의 출생자의 지위를 취득하는 제도이다.

2) 준정의 종류 민법은 혼인에 의한 준정만을 규정하고 있으나(855조 2항), 통설은 혼인 중의 준정, 혼인 해소 후의 준정, 사망한 자(子)에 대한 준정도 인정한다(김/김, 310면; 박동섭, 283면; 박병호, 173면; 신영호, 180면; 이경희, 188면; 지원림, 1933면).

「혼인에 의한 준정」은 부모의 혼인 전에 출생하여 부(父)로부터 인지를 받고 있던 자(子)가 부모의 혼인에 의하여 혼인 중의 출생자가 되는 것이다.

「혼인 중의 준정」이란 부모의 혼인 전에 출생하여 인지를 받지 못하고 있던 혼인 외의 출생자가 그 부모의 혼인 후 인지 또는 출생신고(가족 57조)에 의하여 준정이 되는 것이다.

「혼인 해소 후의 준정」이란 혼인 전에 출생한 혼인 외의 출생자가 부모의 혼인이 사망 또는 이혼으로 해소되거나 취소된 후에 인지됨으로써 준정이 되는 것이다.

「사망한 자(子)에 대한 준정」은 말 그대로 사망한 자(子)가 준정되는 것이다. 그러한 준정은 사망한 혼인 외 출생자를 인지한 후 그 부모가 혼인한 경우, 혼인 외 출생자가 직계비속을 남기고 사망한 후 인지되고 그 뒤에 그 부모가 혼인한 경우, 직계비속을 남기고 사망한 혼인 외 출생자를 그 부모가 혼인 중에 인지한 경우 등에 있게 된다. 주의할 것은, 자(子)가 사망한 후에는 그 직계비속이 있는 때에만 인지할 수 있다는 점이다(857조). 그리하여 혼인 외 출생자가 사망하기 전에 인지된 경우(위의 첫째 경우)가 아니면, 사망한 자(子)에 직계비속이 있는 때에만 준정이 될 수 있다(위의 둘째, 셋째의 경우).

3) 준정의 효과 혼인에 의한 준정의 경우 혼인 외의 출생자는 그 부모가 혼인을 한 때부터 혼인 중의 출생자로 의제된다(855조 2항). 그리고 통설은 그 밖의 준정의 경우에도 동일한 효과를 인정한다. 즉 인지(인지의 경우에는 자(子)의 출생시에 소급하여 효력이 생김. 860조 본문 참조)에서와 달리 준정의 경우에는 소급효가 없다.

준정에 의한 혼인 중의 출생자는 친생자추정을 받지 못하므로 그에 대하여 친자관계를 다툴 때에는 친생부인의 소가 아니고 친생자관계 부존재 확인의 소를 제기하면 된다.

[119] 3. 친생자관계 존부(存否) 확인의 소

(1) 의 의

친생자관계 존부 확인의 소는 특정인 사이에 친생자관계의 존부가 명확하지 않은 경우에 그에 대한 확인을 구하는 소이다. 이 소는 기존의 법률관계의 존부를 주장하는 소이고, 그 판결은 현재의 법률상태를 확정하는 확인판결이며, 그 점에서 장래에 향하여 새로운 법률상태를 형성하는 소(예: 부(父)를 정하는 소, 친생부인의 소, 인지청구의 소, 인지에 대한 이의의 소, 인지취소의 소)와 다르다.

민법은 제865조에서 친생자관계 존부 확인의 소에 대하여 규정하고 있다. 이 소는 가정법원에 제기하여야 한다. 그런데 거기에 조정전치주의는 적용되지 않는다(가소 2조 1항 가류사건 4)).

〈남북 주민 사이의 친생자관계 존재 확인의 소〉

남북가족특례법은 남북 주민 사이의 친생자관계 존재 확인의 소에 관하여 특별규정을 두고 있다. 그에 따르면, 혼인 중의 자(子)로 출생한 북한주민(북한주민이었던 사람을 포함한다)이 남한주민인 아버지 또는 어머니의 가족관계등록부에 기록되어 있지 않은 경우에는 제865조 제 1 항에 따라 소를 제기할 수 있는 사람이 친생자관계 존재 확인의 소를 제기할 수 있다(같은 법 8조 1항). 그 소는 제865조 제 2 항에도 불구하고 분단의 종료, 자유로운 왕래, 그 밖의 사유로 인하여 소의 제기에 장애사유가 없어진 날부터 2년 내에 제기할 수 있다(같은 법 8조 2항). 그리고 이들 규정은 혼인 중의 자로 출생한 남한주민이 자신의 가족관계등록부에 북한주민(북한주민이었던 사람을 포함한다)인 아버지 또는 어머니가 기록되어 있지 않은 경우 그 친생자관계 존재 확인의 소의 제기에 준용한다(같은 법 8조 3항).

(2) 소를 제기할 수 있는 경우 [120]

이 소는 부(父)를 정하는 소(845조), 친생부인의 소(846조 · 848조 · 850조 · 851조), 인지에 대한 이의의 소(862조), 인지청구의 소(863조)의 목적에 해당하지 않는 다른 사유를 원인으로 하여 가족관계등록부의 기록을 정정함으로써 신분관계를 명확히 할 필요가 있는 경우에 제기할 수 있다.

구체적으로 살펴본다.

① 허위의 친생자 출생신고로 인하여 가족관계등록부상의 부모와 자(子) 사이에 친생자관계가 존재하지 않는 경우, 가령 부(父)가 혼인 외의 자를 처와의 사이의 친생자로 출생신고를 한 경우에 여기의 소를 제기할 수 있다. 그러나 허위의 친생자 출생신고가 입양신고의 기능을 발휘하게 된 경우에는, 파양에 의하여 양친자관계를 해소할 필요가 있는 등 특별한 사정이 없는 한 그 가족관계등록부의 기록 자체를 말소하여 법률상 친자관계의 존재를 부인하게 하는 친생자관계 부존재 확인청구는 허용될 수 없다(대판(전원) 2001. 5. 24, 2000므1493 참조). 계부(繼父)가 재혼한 처의 자(子)를 입양의 의사로 친생자 출생신고를 하여 입양의 효력이 생긴 경우에도 같다(대판 1990. 7. 27, 89므1108; 대판 1991. 12. 13, 91므153). 그리고 친생자 출생신고가 입양의 효력을 갖는 경우, 양친인 부부 중 일방이 사망한 후 생존하는 다른 일방이 사망한 일방과 양자 사이의 양친자관계의 해소를 위한 재판상 파양에 갈음하는 친생자관계 부존재 확인의 소는 제기할 수 없다(양부가 사망한 경우에 양모는 단독으로 협의상 또는 재판상 파양할 수 있되 이는 양부와 양자사이의 양친자관계에 영향을 미칠 수 없기 때문이다)(대판 2001. 8. 21,

(99므2230). 다만, 위와 같이 입양의 효력이 인정되는 경우에도 그 후 당사자간에 친생자관계 부존재 확인의 확정판결이 있는 때에는 그 확정일 이후부터는 양친자관계의 존재를 주장할 수 없다(대판 1993. 2. 23, 92다51969; 대판 2023. 9. 21, 2021므13354(파양에 의하여 양친자관계를 해소할 필요가 있는 등 특별한 사정이 있는 경우 호적 기재 자체를 말소하여 법률상 친자관계의 존재를 부인하게 하는 친생자관계 부존재 확인청구가 허용될 수 있다고 함)).

② 친생자 추정을 받지 못하는 혼인 중의 출생자 즉 혼인 성립의 날로부터 200일 전에 출생한 자(子)에 대하여는 여기의 소를 제기할 수 있다. 그러나 친생자 추정을 받는 자(子)에 대하여는 친생부인의 소를 제기하여야 한다.

③ 친생자 추정이 미치지 않는 자(子)에 대하여는 여기의 소를 제기할 수 있다(대판(전원) 1983. 7. 12, 82므59; 대판 1988. 5. 10, 88므85).

④ 부(父)가 혼인 외의 출생자에 대하여 친생자 출생신고를 함으로써 인지의 효력이 인정된 경우(가족57조), 그 신고는 인지신고가 아니라 출생신고이므로 그러한 신고로 인한 친자관계의 외관을 배제하고자 하는 때에도 인지에 관련된 소송이 아니라 친생자관계 부존재 확인의 소를 제기하여야 한다(대판 1993. 7. 27, 91므306).

⑤ 혼인 외의 출생자에 있어서 부자관계는 부(父)의 인지에 의하여만 발생할 수 있으며 친생자관계 존재 확인의 소에 의할 수 없다(대판 1997. 2. 14, 96므738(부의 사망 후 생모가 친생자관계 존재 확인의 소를 제기할 수 없다); 대판 2022. 1. 27, 2018므11273(생모나 친족 등 이해관계인이 친생자관계 존재 확인의 소를 제기할 수 없다)).

⑥ 가족관계등록부상 타인들 사이의 친생자로 허위기록되어 있는 경우 자(子)는 실부모(實父母)를 상대로 인지청구의 소를 제기할 수 있으며, 그 인지를 구하기 전에 먼저 가족관계등록부상 부모로 기재되어 있는 사람을 상대로 친자관계 부존재 확인의 소를 제기해야 하는 것이 아니다(대판 1981. 12. 22, 80므103 참조).

⑦ 판례는 친생자관계 존부 확인의 소에 준하여 양친자관계 존재 확인의 소를 제기할 수 있다고 한다(대판 1993. 7. 16, 92므372).

⑧ 판례는, 친생부인의 소를 제기하여야 하는 경우에 친생자관계 부존재 확인을 소구하는 것은 부적법하나, 법원이 그 잘못을 간과하고 친생자관계 부존재 심판을 선고하여 확정된 때에는 그 심판이 당연무효라고 할 수 없고, 그 심판의 기판력은 제 3 자에게도 미친다고 한다(대판 1992. 7. 24, 91므566).

〈판 례〉

「당사자가 양친자관계를 창설할 의사로 친생자 출생신고를 하고 거기에 입양의 실질적 요건이 모두 구비되어 있다면 그 형식에 다소 잘못이 있더라도 입양의 효력이 발생하고, 양친자관계는 파양에 의하여 해소될 수 있는 점을 제외하고는 법률적으로 친생자관계와 똑같은 내용을 갖게 되므로 이 경우의 허위의 친생자 출생신고는 법률상의 친자관계인 양친자관계를 공시하는 입양신고의 기능을 발휘하게 되는 것이며, 이와 같은 경우 파양에 의하여 그 양친자관계를 해소할 필요가 있는 등 특별한 사정이 없는 한 그 호적기재 자체를 말소하여 법률상 친자관계의 존재를 부인하게 하는 친생자관계 부존재 확인청구는 허용될 수 없는 것이다.」(대판(전원) 2001. 5. 24, 2000므1493)

(3) 당사자적격 [121]

친생자관계 존부 확인의 소를 제기할 수 있는 사람은 부(父)를 정하는 소(845조)(가소 27조 1항도 참조), 친생부인의 소(846조 · 848조 · 850조 · 851조), 인지에 대한 이의의 소(862조), 인지청구의 소(863조)를 제기할 수 있는 사람이다. 구체적으로는 부(夫), 부(夫)의 성년후견인 또는 유언집행자, 부(夫)의 직계존속 또는 직계비속, 모(母), 모(母)의 배우자 및 전(前) 배우자, 모(母)의 성년후견인 또는 유언집행자, 모(母)의 직계존속이나 직계비속, 자(子), 자(子)의 직계비속 또는 법정대리인, 기타 이해관계인 등이다. 그런데 판례는, 원고적격의 구체적 범위를 ① 친생자관계의 당사자로서 부 · 모 · 자녀, ② 자녀의 직계비속과 그 법정대리인, ③ 성년후견인, 유언집행자, 부(夫) 또는 처(妻)의 직계존속이나 직계비속, ④ 이해관계인으로 정리한다(대판(전원) 2020. 6. 18, 2015므8351). 그리고 이 중 ③ 성년후견인, 유언집행자, 부 또는 처의 직계존속이나 직계비속은 제848조 · 제850조 · 제851조에 의하여 소를 제기할 수 있는 요건을 갖춘 경우에 한하여 원고적격이 있다고 한다(대판(전원) 2020. 6. 18, 2015므8351).

여기의 이해관계인은 확인의 소에 의하여 일정한 타인들 사이에 친생자관계가 존재하지 않는 것이 확정됨으로써 특정한 권리를 얻게 되거나 특정한 의무를 면하게 되는 등의 직접적인 이해관계가 있는 제 3 자를 말한다(대판 1976. 7. 27, 76므3(성씨 관계를 바로잡기 위한 청구는 확인의 이익이 없다); 대판 1990. 7. 13, 90므88(A가 B의 생모가 아님에도 불구하고 호적부상 B의 모로 기재된 경우에 A와 B 사이에 친생자관계가 없음이 확정된 바 있다면, B와 그의 부(父) 사이의 친생자관계의 존재 여부에 관하여는 확인의 이익이 없다); 대판(전원) 2020. 6. 18, 2015므8351). 그리고 판례는 과거 인사소송법 제35조 · 제26조를 근거로 제777조 소정의 친족은 특단의 사정이 없는 한 그와 같은 신분관계를 가졌다는 사실만으로 별도의 이해관계 없이도 언제든지 친생자관계 존부 확인의 소를 제기할 수 있다고 하였으며(대판(전원) 1981. 10. 13, 80므60; 대판 1991. 5. 28, 90므347), 인사소송법의 그 규정들에 해당하는 규정이 가사소송법에 두어져 있지 않았음에도 얼마 전까지 가사소송법의 적용을 받는 이해관계인으로서 친생자관계 존부 확인의 소를 구할 수 있다고 하였다

(대판 2004. 2. 12, 2003므2503). 그런데 대법원은 최근에, 제777조에서 정한 친족이라는 사실만으로 당연히 친생자관계 존부 확인의 소를 제기할 수 있다고 한 종전 대법원 판례는 더 이상 유지될 수 없게 되었다고 하면서, 판례를 변경하였다(대판(전원) 2020. 6. 18, 2015므8351). 그리하여 이제는 제777조에서 정한 친족이라도 이해관계인으로 인정되는 때에만 여기의 소를 제기할 수 있다. 생각건대 이는 판례 변경 전부터 사견이 주장하던 견해(친족상속법 5판 [121] 참조)와 같은 것으로서 매우 타당하다.

〈판 례〉

(ㄱ) 「제 3 자가 타인 간에 친자관계가 존재하지 않는 것을 주장하고 그 확인을 구하는 소를 제기할 수 있음은 그 부존재를 확정함에 관하여 법률상의 이익이 있는 경우라야 할 것이고 이와 같은 이익이 있으려면 그 타인 간에 친자관계의 존재하지 아니함을 확정함으로 인하여 자기의 권리관계에 직접의 이해관계가 미치는 경우라야 할 것인데 본건에 있어서 보면 청구인은 그 성씨관계를 바로잡기 위한다는 것으로서 이는 청구인이 즉시 그 확인을 구함에 관하여 이익을 가졌다 할 수 없다.」(대판 1976. 7. 27, 76므3)

(ㄴ) 「민법 제865조와 인사소송법 제33조 제 3 항, 제35조 및 제26조 등에 의하면, 제865조에 따른 친생자관계 존부 확인의 소는 당사자(부, 모, 자) 및 그 법정대리인 또는 민법 제777조의 규정에 의한 친족이나 이해관계인만이 제기할 수 있는 것인바, 타인들 사이에 친생자관계가 존재하지 않는 것을 주장하여 그 확인의 소를 제기할 수 있는 이해관계인이라 함은, 확인의 소에 의하여 그 타인들 사이에 친생자관계가 존재하지 않는 것이 확정됨으로써 특정한 권리를 얻게 되거나 특정한 의무를 면하게 되는 등의 직접적인 이해관계가 있는 제 3 자를 말하는 것이다(당원 1960. 9. 29. 선고 4293민상314 판결; 1976. 7. 27. 선고 76므3 판결 등 참조).

그런데 청구인은 이 사건에서, 피청구인이 호적부에는 망 청구 외 1과 청구인 사이에서 출생한 친생자로 기재되어 있으나 사실은 망 청구 외 2와 3 사이에서 출생한 자라는 이유로 망 청구 외 1과 피청구인 사이에 친생자관계가 존재하지 아니함의 확인을 청구하고 있는바, 갑 제 1 호증의 1 내지 3(각 호적등본)의 각 기재에 의하면 청구인이 망 청구 외 1과 법률상 혼인을 한 일이 없고 다만 호적부에 망 청구 외 1의 혼인 외의 자로 출생신고가 된 피청구인의 부모란에 그의 모로 기재되어 있음을 알 수 있을 뿐만 아니라, 청구인이 피청구인의 생모가 아님은 청구인 스스로 그렇다고 주장하고 있음은 물론, 청구인이 당초 청구인과 피청구인 사이에 친생자관계가 존재하지 아니함의 확인을 구하는 청구까지 병합하여 이 사건 소를 제기하여 제 1 심법원이 청구인의 그 청구를 인용하자 피청구인이 항소를 하지 아니함으로써 제 1 심판결이 그대로 확정되었음이 기록상 분명하고, 관계증거와 기록을 살펴보아도 청구인이 피청구인이나 망 청구 외 1의 법정대리인 또는 민법 제777조의 규정에 의한 친족이거나 망 청구 외 1과 피청구인 사이에 친생자관계가 존재하지 않는 것이 확정됨으로써 특정한 권리를 얻게 되거나 특정한 의무를 면하게 되는 등의 직접적인 이해관계가 있다고 볼 만한 자료도 없다.」(대판 1990. 7. 13, 90므88)

(ㄷ) 「2. 민법 제865조에 의한 친생자관계 존부 확인의 소의 원고적격

가. 친생자관계 존부 확인의 소의 제기권자

… 민법 제865조 제1항(이하 '이 사건 조항'이라 한다) … 의 규정 형식과 문언 및 체계, 위 각 규정들이 정한 소송절차의 특성, 친생자관계 존부 확인의 소의 보충성 등을 고려하면, 친생자관계 존부 확인의 소를 제기할 수 있는 자는 이 사건 조항에서 정한 제소권자로 한정된다고 봄이 타당하다.

나. 원고적격의 구체적 범위

(1) 친생자관계의 당사자로서 부, 모, 자녀 …

(2) 자녀의 직계비속과 그 법정대리인 …

(3) 성년후견인, 유언집행자, 부(夫) 또는 처(妻)의 직계존속이나 직계비속

이 사건 조항에 열거된 민법 제848조, 제850조, 제851조는 모두 친생부인의 소의 원고적격에 관한 기본규정인 민법 제846조를 전제로 하여 보충적으로 원고적격을 확대하는 규정들이다. 따라서 민법 제848조, 제850조, 제851조의 제소권자인 성년후견인, 유언집행자, 부 또는 처의 직계존속이나 직계비속은 위 규정들에 의하여 소를 제기할 수 있는 요건을 갖춘 경우에 한하여 원고적격이 있다고 봄이 옳다. 즉, 성년후견인은 남편이나 아내가 성년후견을 받게 되었을 때(제848조), 유언집행자는 부 또는 처가 유언으로 친생자관계를 부정하는 의사를 표시한 때(제850조), 부 또는 처의 직계존속이나 직계비속은 부(夫)가 자녀의 출생 전에 사망하거나 부 또는 처가 친생부인의 소의 제기기간 내에 사망한 때(제851조) 비로소 다른 사유를 원인으로 하여 친생자관계 존부 확인의 소를 제기할 수 있다. 이들이 위와 같은 요건을 구비하지 못한 경우에는 위 각 규정에 의하여 친생자관계 존부 확인의 소를 제기할 원고적격이 당연히 있다고 할 수 없다.

(4) 이해관계인

이해관계인은 이 사건 조항에 열거된 민법 제862조에 따라 다른 사유를 원인으로 하여 친생자관계 존부 확인의 소를 제기할 수 있다. 여기서 이해관계인은 다른 사람들 사이의 친생자관계가 존재하거나 존재하지 않는다는 내용의 판결이 확정됨으로써 일정한 권리를 얻거나 의무를 면하는 등 법률상 이해관계가 있는 제3자를 뜻한다. 따라서 다른 사람들 사이의 친생자관계 존부가 판결로 확정됨에 따라 상속이나 부양 등에 관한 자신의 권리나 의무, 법적 지위에 구체적인 영향을 받게 되는 경우이어야 이해관계인으로서 친생자관계 존부 확인의 소를 제기할 수 있다.

가족관계등록부상으로는 아무런 친족관계가 나타나지 않더라도 스스로 자녀의 생부 또는 생모라고 주장하면서 친생자관계 존부 확인의 소를 제기한 사람은 그 판

결결과에 따라 당사자와의 친생자관계 자체에 직접적인 영향을 받게 되므로 이해관계인에 포함된다.

결국 친생자관계 존부 확인의 소를 제기한 원고가 앞서 (1), (2), (3)에서 본 바와 같이 당연히 원고적격이 인정되는 경우가 아니라면, 여기서 말하는 이해관계인에 해당하는 경우에만 원고적격이 있다. 이러한 이해관계인에 해당하는지 여부는 원고의 주장내용과 변론에 나타난 제반사정을 토대로 상속이나 부양 등에 관한 원고의 권리나 의무, 법적 지위에 미치는 구체적인 영향이 무엇인지를 개별적으로 심리하여 판단해야 한다.

3. 민법 제777조에서 정한 친족은 당연히 친생자관계 존부 확인의 소를 제기할 수 있는지 여부

… 구 인사소송법 등의 폐지와 가사소송법의 제정 · 시행, 호주제 폐지 등 가족제도의 변화, 신분관계 소송의 특수성, 가족관계 구성의 다양화와 그에 대한 당사자 의사의 존중, 법적 친생자관계의 성립이나 해소를 목적으로 하는 다른 소송절차와의 균형 등을 고려할 때, 민법 제777조에서 정한 친족이라는 사실만으로 당연히 친생자관계 존부 확인의 소를 제기할 수 있다고 한 종전 대법원 판례는 더 이상 유지될 수 없게 되었다고 보아야 한다.」(대판(전원) 2020. 6. 18, 2015므8351. 이러한 다수의견에 대해서는 대법관 3인에 의한 별개의견과 대법관 3인에 의한 보충의견이 있음)

친생자관계 존부 확인의 소의 상대방(피고)으로 되는 자는 다음과 같다. 친생자관계가 있는 당사자 중 어느 한쪽(가령 부모)이 소를 제기하는 경우에는 다른 한쪽(가령 자(子))이 상대방이 된다(가소 28조 · 24조 1항). 자(子)가 부모를 상대방으로 하여 소를 제기하는 경우에 부모 중 하나와 친자관계가 있으면 나머지의 자만이 상대방으로 된다고 할 것이다. 그리고 제 3 자가 소를 제기하는 경우에는 부모와 자 쌍방이 상대방으로 된다(가소 28조, 24조 2항)(이 경우에도 자가 부모 중 어느 하나와 친자관계가 있으면 나머지 하나와 자를 상대방으로 하여야 한다). 필수적 공동소송인 것이다(대결 1983. 9. 15, 83즈2). 이 경우 부모나 자 중 어느 한쪽이 사망한 경우에는 생존하고 있는 다른 쪽이 상대방으로 되고, 양쪽 모두 사망한 때에는 검사를 상대방으로 한다(가소 28조, 24조 3항)(대판 1971. 7. 27, 71므13; 대판 2018. 5. 15, 2014므4963).

〈판 례〉

(ㄱ) 「친생자관계 존부 확인소송은 그 소송물이 일신전속적인 것이지만, 당사자 일방이 사망한 때에는 일정한 기간 내에 검사를 상대로 하여 그 소를 제기할 수 있으므로(민법 제865조 제 2 항), 당초에는 원래의 피고적격자를 상대로 친생자관계 존부 확인소송을 제기하였으나 소송계속 중 피고가 사망한 경우 원고의 수계신청이 있으면 검사로 하여금 사망한 피고의 지위를 수계하게 하여야 한다. 그러나 그 경우에도 가사소송법 제16조 제 2 항을 유추적용하여 원고는 피고가 사망한 때로부터 6개월 이내에 수계신청

을 하여야 하고, 그 기간 내에 수계신청을 하지 않으면 그 소송절차는 종료된다고 보아야 한다. 이와 같은 법리는 친생자관계 존부 확인소송 계속 중 피고에 대하여 실종선고가 확정되어 피고가 사망한 것으로 간주되는 경우에도 마찬가지로 적용된다.

나아가, 소송이 적법하게 계속된 후 당해 소송의 당사자에 대하여 실종선고가 확정된 경우에 실종자가 사망하였다고 보는 시기는 실종기간이 만료한 때라 하더라도 소송상 지위의 승계절차는 실종선고가 확정되어야만 비로소 취할 수 있으므로 실종선고가 있기까지는 소송상 당사자능력이 없다고 할 수 없고 소송절차가 법률상 그 진행을 할 수 없게 된 때, 즉 실종선고가 확정된 때에 소송절차가 중단된다(대법원 1983. 2. 22. 선고 82사18 판결 등 참조). 따라서 친생자관계 존부 확인소송의 계속 중 피고에 대하여 실종선고가 확정된 경우 원고는 실종선고가 확정된 때로부터 6개월 이내에 위와 같은 수계신청을 하여야 한다.」(대판 2014. 9. 4, 2013므4201)

(ㄴ) 「친생자관계 존부 확인소송은 그 소송물이 일신전속적인 것이므로(대법원 2014. 9. 4. 선고 2013므4201 판결 등 참조), 제 3 자가 친자 쌍방을 상대로 제기한 친생자관계 부존재 확인소송이 계속되던 중 친자 중 어느 한편이 사망하였을 때에는 생존한 사람만 피고가 되고, 사망한 사람의 상속인이나 검사가 그 절차를 수계할 수 없다. 이 경우 사망한 사람에 대한 소송은 종료된다.」(대판 2018. 5. 15, 2014므4963)

(4) 제소기간

친생자관계 존부 확인의 소의 제소기간에 관하여는 제한이 없으므로 언제라도 소를 제기할 수 있다. 다만, 당사자 일방이 사망한 때에는 그 사망을 안 날(여기서 「사망을 안 날」은 — 인지청구의 소에서와 같이 — 사망이라는 객관적 사실을 아는 것을 의미하고, 사망자와 친생자관계에 있다는 사실까지 알아야 하는 것은 아니다. 대판 2015. 2. 12, 2014므4871)부터 2년 내에 검사를 상대로 하여 소를 제기하여야 한다(865조 2항). 그리고 친생자관계 존부 확인의 대상이 되는 당사자 쌍방이 모두 사망한 경우에는 당사자 쌍방 모두가 사망한 사실을 안 날부터 2년 내에 소를 제기하여야 한다(대판 2004. 2. 12, 2003므2503).

(5) 판결의 효력

판결의 확정에 의하여 친생자관계의 존부가 확정되며, 그 판결은 제 3 자에게도 효력이 있다(가소 21조 1항).

친생자관계의 존부 확인과 같이 현행 가사소송법상의 가류 가사소송사건에 해당하는 청구는 성질상 당사자가 임의로 처분할 수 없는 사항을 대상으로 하는 것으로서 이에 관하여 조정이나 재판상 화해가 성립되더라도 효력이 있을 수 없다(대판 1999. 10. 8, 98므1698)(가류 가사소송사건은 본래 조정전치주의가 적용되지도 않음. 가소 50조 1항 참조). 따라서 당사자 사이에 친생자관계가 없음을 확인한다는 조정이나 재판상 화해가 성립되어도 후에 인지청구의 소를 제기하는 데 아무런 지장도 없다(같은 취지: 김/김, 316면).

판결이 확정되면 판결의 확정일부터 1개월 내에 가족관계등록부의 정정을 신청하여야 한다(가족 107조).

〈친생자관계 존부의 소 제기가 소권 남용으로 인정될 수 있는지(판례)〉

「가사소송절차에 준용되는 민사소송법 제 1 조 제 2 항은 당사자와 소송관계인은 신의에 따라 성실하게 소송을 수행하여야 한다고 규정하여 가사소송에 있어서도 신의성실의 원칙이 적용됨을 선언하고 있다. 그러므로 이러한 신의칙을 위배한 소권의 행사는 허용되지 아니한다 할 것이나, 법원의 재판을 받을 권리는 헌법상 보장된 기본권에 속하는 이상 실체법상의 권리를 실현하기 위한 소송의 제기에 대하여 이를 신의칙에 반하는 소권의 남용이라고 판단함에 있어서는 신중을 기하여야 한다. 특히 친족법상 친자관계의 존부를 다투는 소송에서는, 친자관계가 신분관계의 기본이 되는 것으로 단순히 친자 상호 간의 관계뿐만 아니라 친족 간의 상속문제 기타 친족관계에 기초한 각종 법률관계에도 영향을 초래할 수 있으므로 진실한 신분관계를 확정하는 것은 그 자체가 법이 의도하고 있는 정당한 행위이다. 따라서 소송의 결과가 위 각종 법률관계에 영향을 미치는 것은 정당한 신분관계의 회복에 당연히 수반되는 것이므로 이를 두고 그 소송의 동기나 목적이 소권 남용의 의도에서 비롯된 것으로 단정지어 비난할 사유가 되지 못하고, 특별한 사정이 없는 한 친생자관계 존재 확인의 소가 소권의 남용이라는 명목으로 쉽게 배척되어서는 아니 된다(대법원 2004. 6. 24. 선고 2004므405 판결 참조).

그러나 자녀의 복리는 친자관계의 성립과 유지에서 가장 우선적으로 고려해야 할 사항이므로(대법원 2019. 10. 23. 선고 2016므2510 전원합의체 판결 참조), 친생자관계 존재 확인의 소를 통해 진실한 신분관계를 귀속시키는 것이 오히려 자녀의 복리에 현저히 반하게 되는 특별한 사정이 있다면 친생자관계 존재 확인의 소도 예외적으로 소권 남용에 해당하여 허용되지 않을 수 있다. 여기서 자녀의 복리에 현저히 반하게 되는지 여부는 법률상 친자관계가 진실한 혈연관계와 달라진 경위, 법률상 부모와 자녀가 친생자관계에 준할 정도의 정서적 유대와 실질적 생활관계를 형성·유지해 온 기간과 내용, 판결로써 친생자관계의 존재를 확정함에 따라 자녀 및 법률상 부모가 입을 고통이나 불이익, 원고가 친생자관계 존재 확인의 소에 이른 경위와 동기 및 목적, 친생자관계 존재 확인의 소가 받아들여지지 않을 경우 원고가 입을 고통이나 불이익, 원고 외에 현저하게 불이익을 받는 자의 유무 등의 사정을 종합적으로 고려하여 신중하게 판단하여야 한다.」(대판 2025. 4. 24, 2022므15371)

[122] ### 4. 인공수정자 · 체외수정자 · 대리모출산

자(子)가 민법이 예정하지 않은 방법으로 태어나는 경우들이 있다. 그에 관

하여는 깊은 연구와 입법이 행하여져야 한다.

(1) 인공수정자

1) 인공수정의 의의 · 종류 인공수정이란 남녀간의 자연적인 성적 교섭에 의하지 않고 인공적으로 기구를 사용하여 남성의 정액을 여성의 체내에 주입하여 포태하게 하는 것이다. 인공수정에는 부(夫)의 정액에 의한 것(AIH), 제 3 자의 정액에 의한 것(AID), 독신여성이 인공수정을 받는 경우가 있다.

2) 인공수정자의 법적 지위 AIH(배우자간 인공수정)에 의한 자는 보통의 자와 마찬가지로 다루면 된다. 다만, 부가 사망한 후에 냉동 보존된 부(夫)의 정액을 이용하여 인공수정한 경우에 어떤 지위를 인정할 것인지가 문제된다.

AID(비배우자간 인공수정)에 의한 자에 있어서는 부의 동의가 있는 경우와 부의 동의가 없는 경우로 나누어 보아야 한다(주로 부자관계(父子關係)가 문제된다). 전자의 경우에는 통설은 친생자 추정을 인정하며 자의 출생 후에 부(夫)가 친생부인의 소를 제기하는 것은 신의칙에 반하여 허용되지 않는다고 한다(김/김, 318면; 박동섭, 294면; 박병호, 198면; 신영호 182면; 이경희, 194면). 후자의 경우의 자(子)에 대하여는 i) 친생자 추정을 받지 않는 혼인 중의 출생자이며 부는 친생부인권을 행사할 수 있다는 견해(김용한, 190면; 박동섭, 295면; 박병호, 198면)와 ii) 사정에 따라 친생자 추정을 받는 혼인 중의 출생자, 추정을 받지 않는 혼인 중의 출생자, 추정이 미치지 않는 자(子)가 된다는 견해(김/김, 320면), iii) 친생자 추정이 인정되어야 한다는 견해(배/최, 288면. 이경희, 195면은 「원칙적으로」 친생자 추정을 인정한다)가 대립하고 있다.

독신여성의 인공수정자는 그 여자의 혼인 외의 출생자가 된다.

AID 인공수정의 경우 또는 독신여성의 인공수정의 경우에는 언제나 인공수정자와 정액제공자 사이에는 법률상 부자관계(父子關係)가 생기지 않는다고 하여야 한다. 부자관계를 인정하는 것은 자(子)의 복리에도 반하고 그 모(母)나 부(夫)에게도 불이익하기 때문이다. 따라서 설사 친생부인의 재판이 확정되었더라도 임의인지나 강제인지는 허용되지 않는다고 할 것이다(반대 견해: 김용한, 191면).

(2) 체외수정자 [123]

체외수정은 처에게 불임원인이 있는 경우에 난자와 정자를 체외(시험관)에서 수정시켜 처의 자궁에 착상시키는 것을 말한다. 이를 흔히 시험관아기라고 한다. 체외수정에는 ① 부(夫)의 정자＋처의 난자, ② 부(夫)의 정자＋제공자의 난자, ③ 제공자의 정자＋처의 난자, ④ 제공자의 정자＋제공자의 난자 등의 경우가 있다. 이 중에 ①의 경우에는 큰 문제가 없으나, 나머지에 있어서는 복잡한 문제가 생긴다.

〈수정란 상태에서 부(夫)가 사망한 경우의 상속 문제〉

부(夫)의 정자와 처의 난자를 수정시켜 수정란 상태에 있을 때에 부(夫)가 사망한 경우에 상속을 인정하여야 하는가? 체외에서 인공수정된 경우에는 모체에 착상된 시점부터 태아로 보아야 하며(민법총칙 [294] 참조), 따라서 아직 착상되기 전이라면 상속은 인정되지 않는다고 할 것이다(같은 취지: 박동섭, 296면).

(3) 대리모출산

처의 자궁의 이상 등의 이유로 체외수정한 수정란을 제 3 자의 자궁에 착상시키는 경우가 있다. 이 경우의 제 3 자를 대리모라고 한다. 대리모출산을 위한 체외수정에는 ① 부의 정자＋처의 난자, ② 제공자의 정자＋처의 난자, ③ 부의 정자＋제공자의 난자 등이 있다. 대리모출산에 있어서도 매우 곤란한 문제들이 생기게 된다.

〈판례〉

「보조생식 시술을 통하여 임신·출산한 자녀를 타인에게 인도할 것을 내용으로 하는 이른바 대리모계약은 여성의 몸을 도구화하고, 출생한 자녀를 거래의 객체화하며, 임신과 출산 과정에서 형성된 모자간의 정서적 유대관계를 깨뜨려 인간으로서의 존엄성을 침해하므로, 민법 제103조에서 정한 선량한 풍속 기타 사회질서를 위반한 법률행위로서 무효이다. 대리모가 자신이 출산한 아이와 관련하여 친생모로서 가지는 권리 일체를 포기하기로 하는 합의는 대리모계약의 일부 혹은 그 연장선상에서 체결된 것이므로 역시 무효이고, 진실한 친자관계를 부정하고 모로서의 정당한 권리행사를 박탈하는 것이라는 점에서도 그 효력을 인정하기 어렵다.

한편 부자관계는 그 관계 확정을 위한 별도의 요건을 충족하는 경우에만 친자관계가 성립하는 법률적 친자관계이지만, 모자관계는 임신과 출산이라는 사실에 의하여 그 관계가 명확히 결정되는 자연적 친자관계라는 것이 우리 민법이 정하고 있는 바이고(대법원 2019. 10. 23. 선고 2016므2510 전원합의체 판결 등 참조), 출산한 모와 자녀 사이에 혈연관계도 존재한다면, 무효인 대리모계약에 의하여 출산이 이루어졌다고 하더라도 자녀를 출산한 대리모를 자녀의 모로 보는 것이 타당하다.」(대판 2025. 4. 24, 2022므15371)

〈출생사실 통보 및 직권 출생기록〉

자녀의 출생신고는 출생 후 1개월 이내에 하여야 한다(가족 44조 1항). 출생신고는, 혼인 중 출생자의 경우는 부 또는 모가 하여야 하고(가족 46조 1항), 혼인 외 출생자의 경우는 모가 하여야 한다(가족 46조 2항). 그리고 이들이 신고를 할 수 없는 경우에는, ① 동거하는 친족, ② 분만에 관여한 의사 · 조산사 또는 그 밖의 사람이 신고를 하여야 한다(가족 46조 3항). 나아가 신고 의무자가 신고기간 내에 신고를 하지 않아 자녀의 복리가 위태롭게 될 우려가 있는 경우에는 검사 또는 지방자치단체의 장이 출생의 신고를 할 수 있다(가족 46조 4항).

이러한 신고의무자 규정이 있음에도 불구하고 출생한 아동에 대하여 아예 출생신고가 되지 않은 경우가 적지 않게 발생하였다. 그리하여 2023년에 가족등록법을 개정하여 의료기관이 출생사실을 통보하도록 하고, 통보를 받은 시 · 읍 · 면의 장이 일정한 요건 하에 직권으로 가족관계등록부에 출생을 기록하도록 하는 제도를 신설하였다(가족 44조의 3 · 44조의 4. 2023. 7. 18. 신설, 2024. 7. 19. 시행). 그 주요내용은 다음과 같다.

의료기관(의료법 3조 참조)에 종사하는 의료인은 해당 의료기관에서 출생이 있는 경우 출생사실을 확인하기 위하여 ① 출생자의 모에 관한 사항(성명 · 주민등록번호 등), ② 출생자의 성별, 수(數) 및 출생 연월일시 등 출생정보를 해당 의료기관에서 관리하는 출생자 모의 진료기록부 또는 조산기록부에 기재하여야 하고(가족 44조의 3 1항), 의료기관의 장은 출생일부터 14일 이내에 출생정보를 건강보험심사평가원에 제출하여야 한다(가족 44조의 3 2항 1문). 그리고 심사평가원은 출생정보를 제출받은 경우 출생자 모의 주소지를 관할하는 시 · 읍 · 면의 장에게 해당 출생정보를 포함한 출생사실을 지체없이 통보하여야 한다(가족 44조의 3 3항 1문). 이것이 이른바 출생통보제도이다.

위와 같은 통보를 받은 시 · 읍 · 면의 장은 출생신고기간 내에 출생자에 대한 출생신고가 되었는지를 확인하여야 하고(가족 44조의 4 1항), 출생신고기간이 지나도록 출생신고가 되지 않은 경우에는 즉시 출생신고 의무자에게 7일 이내에 출생신고를 할 것을 최고하여야 한다(가족 44조의 4 2항). 그리고 시 · 읍 · 면의 장은 ① 출생신고 의무자가 최고기간 내에 출생신고를 하지 아니한 경우나 ② 출생신고 의무자를 특정할 수 없는 등의 이유로 신고의무자에게 최고할 수 없는 경우에는 통보받은 자료를 첨부하여 감독법원의 허가를 받아 해당 출생자에 대하여 직권으로 가족관계등록부에 출생을 기록하여야 한다(가족 44조의 4 3항).

〈「위기 임신 및 보호출산 지원과 아동 보호에 관한 특별법」〉

위에서 설명한 출생사실 통보 및 직권 출생기록 제도가 시행되면서 출산 사실을 숨기고 싶어하는 출산모가 의료기관이 아닌 곳에서 아동을 출산하여 유기할 가능성이 더 커질 수 있다는 우려가 제기되었다. 그리하여 「위기 임신 및 보호출산 지원과 아동 보호에 관한 특별법」이 제정되었다(2023. 10. 31. 제정, 2024. 7. 19. 시행). 이 법의 주요내용을 살펴본다.

(ㄱ) 보건복지부장관은 위기임산부(임신 중 여성(위기임부) 및 분만 후 6개월 미만인 여성(위기산부)으로서 경제적 · 심리적 · 신체적 사유 등으로 인하여 출산 및 양육에 어려움을 겪고 있는 여성. 같은 법 2조 1호) 지원 및 그 자녀인 아동의 보호를 위한 여러 업무를 수행하기 위하여 중앙상담지원기관을 지정할 수 있고(같은 법 6조 1항), 보건복지부장관과 특별시장 · 광역시

장 · 특별자치시장 · 도지사 · 특별자치도지사는 보건소, 지방의료원이나 대통령령으로 정하는 자격을 갖춘 단체 또는 기관을 지역상담기관으로 지정할 수 있다(같은 법 6조 2항).

(ㄴ) 출산 · 양육 및 아동 보호에 관한 상담 및 지원이 필요한 위기임산부는 언제든지 지역상담기관에 상담을 요청할 수 있다(같은 법 7조 1항). 그리고 지역상담기관은 상담을 요청한 위기임산부에게 자녀인 아동을 직접 양육할 수 있도록 충분한 상담과 안내를 제공하여야 하며 가능한 서비스를 연계할 수 있다(같은 법 7조 2항).

(ㄷ) **보호출산제** 상담을 받은 위기임부로서 보호출산을 원하는 사람은 그 상담을 받은 지역상담기관의 장에게 스스로의 의사결정에 따라 보호출산을 신청할 수 있으며(같은 법 9조 1항 1문), 위기임부가 의사를 결정할 능력이 충분하지 아니한 경우에는 그 보호자가 그 신청을 할 수 있다(같은 법 9조 2항 1문). 보호출산 신청인은 의료기관 중 산전 검진 및 출산을 원하는 의료기관을 선택하여 지역상담기관의 장에게 알리고 해당 의료기관에서 지역상담기관에서 통지받은 비식별화(신청을 한 위기임산부의 개인정보에 대하여 관리번호 부여 후 가명처리를 하는 것. 같은 법 2조 3호)된 정보로 산전 검진 및 출산을 할 수 있으며(같은 법 10조 1항), 의료기관은 의료법에도 불구하고 신청인에 대하여 비식별화가 이루어진 정보로 진료기록부 등을 작성하여야 한다(같은 법 10조 2항).

보호출산을 통하여 아동이 출생한 경우에도 가족등록법상의 출생통보제도와 유사한 제도를 두고 있다(같은 법 11조 참조). 즉 의료기관의 장은 출생일부터 14일 이내에 출생정보를 건강보험심사평가원에 제출하여야 하고(같은 법 11조 2항 1문), 심사평가원의 장과 중앙상담지원기관의 장을 통하여 출생정보를 통보받은 지역상담기관의 장은 지역상담기관 소재지 관할 시 · 읍 · 면의 장에게 해당 출생정보와 아동의 성명을 포함한 출생사실을 지체 없이 통보하여야 한다(같은 법 11조 4항 1문). 그런가 하면 의료기관이 아닌 곳에서 출산한 신청인은 출산사실과 출생정보를 보호출산 신청을 접수한 지역상담기관의 장에게 통보하여야 하고, 이를 통보받은 지역상담기관의 장은 즉시 지역상담기관 소재지 관할 시 · 읍 · 면의 장에게 해당 출생정보를 포함한 출생사실을 통보하여야 한다(같은 법 11조 5항 1문). 한편 제 4 항 또는 제 5 항에 따른 통보를 받은 시 · 읍 · 면의 장은 민법 제781조 제 4 항에 따라 아동의 성과 본을 창설한 후 이름과 등록기준지를 정하여 가족관계등록부에 기록하여야 하며 보호출산 신청을 접수한 지역상담기관의 장에게 출생기록 사실과 아동의 성명 및 주민등록번호를 통보하여야 한다(같은 법 11조 6항 1문). 그 결과 가족관계등록부에 아동의 부모에 대한 사항을 기록되지 않는다.

(ㄹ) 보호출산 신청인은 아동을 보호출산한 날부터 7일 이상 그 아동을 직접 양육하기 위한 숙려기간을 갖고 이 기간이 지난 후부터 보호출산 신청을 접수한 지역상담기관 소재지 관할 시장 · 군수 · 구청장에게 아동을 인도하거나 그 지역상담기관 소재지 관할 시장 · 군수 · 구청장에게 아동을 인도하여줄 것을 지역상담기관의 장에게 요청할 수 있고, 이 경우 아동이 인도된 때부터 친권자의 친권행사는 정지된다(같은 법 12조 1항. 이 신청의 철회에 관하여는 같은 법 13조가 규정함).

(ㅁ) 보호출산 신청을 하지 않은 위기임부가 아동을 출산한 후 출생신고를 마치지 않고 아동의 생모에 대한 비식별화, 제11조에 따른 조치 또는 제12조에 따른 아동의 보호조치를 희망하는 경우에는 출산일부터 1개월 내에 지역상담기관에 신청하여야 하며(같은 법 14조 1항), 그에 대한 구체적인 내용은 — 보호출산 신청의 경우와 유사하게 — 같은 법 제14조 제2항 이하에 규정되어 있다.

(ㅂ) 같은 법 제 9 조 제 1 항 또는 제 2 항 및 제14조 제 1 항에 따른 신청을 받은 지역상담기관의 장은 신청인에 대하여 신청인 및 생부의 성명·본 등 일정한 사항이 포함된 출생증서를 작성하고(같은 법 15조 1항), 출생증서가 담긴 봉투 겉면에 아동의 성명, 성별, 주민등록번호를 추가로 기재한 뒤 이를 지체 없이 아동권리보장원에 이관하여야 한다(같은 법 16조 1항).

(ㅅ) 보호출산을 통하여 태어난 사람(14조의 신청에 따라 출생증서가 작성된 경우도 포함한다)은 보장원장에게 자신의 출생증서 공개를 청구할 수 있는데, 미성년자인 경우에는 법정대리인의 동의를 받아야 한다(같은 법 17조 1항). 이 청구를 받은 보장원장은 같은 법 제 9 조 또는 제14조의 신청인 및 생부의 동의를 받아 보관하고 있는 출생증서를 지체 없이 공개하여야 하고, 이 경우 보장원장은 신청인 또는 생부의 동의 여부를 확인할 수 있으나, 신청인 또는 생부의 동의 여부가 확인되지 않거나 신청인 또는 생부가 동의하지 않는 경우에는 그 신청인 또는 생부의 인적 사항을 제외하고 출생증서를 공개하여야 한다(같은 법 17조 2항). 그리고 보장원장은 제 2 항의 단서에도 불구하고 신청인 또는 생부가 사망이나 그 밖의 사유로 동의할 수 없는 경우로서 보호출산을 통하여 태어난 사람의 의료상 목적 등 특별한 사유가 있는 경우에는 신청인 또는 생부의 동의 여부와 관계없이 출생증서를 공개할 수 있다(같은 법 17조 3항).

Ⅲ. 양 자 [124]

1. 서 설

(1) 양자제도의 의의

양자제도는 자연혈연적 친자관계가 없는 사람들 사이에 인위적으로 법률상 친자관계를 의제하는 제도이다.

(2) 양자제도의 변천

양자제도는 역사적으로 「가(家)를 위한 양자」로부터 「양친(養親)을 위한 양자」를 거쳐 오늘날에는 「양자(養子)를 위한 양자」의 단계로 발전하였다. 그리고 현대의 양자법은 입양의 성립과정에 있어서 양친자관계의 창설을 단순한 사적

계약으로 보는 「계약형 양자」의 단계에서 국가기관이 자의 복리를 위하여 입양의 성립에 적극적으로 관여하는 「복지형 양자」제도로 변천하고 있으며, 입양의 효과 면에서 양자와 친생부모의 친족관계를 존속시키는 「불완전양자」에서 양자와 친생부모와의 친족관계를 단절시키는 「완전양자」제도로 발전하고 있다.

(3) 친양자(親養子)제도의 도입

민법은 2005년 개정시에 기존의 양자제도를 그대로 유지하면서, 양자와 친생부모의 친족관계를 단절시키고 양부의 성과 본을 따르도록 하는 친양자제도(완전양자제도에 해당)를 도입하였다(908조의 2-908조의 8. 2008년부터 시행).

(4) 2012년에 있은 민법 중 양자법(민법 제5편 제4장 제2절) 개정

2012년에 민법 중 양자법이 크게 개정되었다. 개정된 주요내용은 다음과 같다.

1) 미성년자 입양에 대한 가정법원의 허가제 도입 등 개정된 민법에 따르면, 미성년자를 입양할 때에는 가정법원의 허가를 받도록 하고(867조 1항), 가정법원은 양육상황, 입양의 동기, 양부모의 양육능력, 그 밖의 사정을 고려하여 입양허가를 하지 않을 수 있도록 하였다(867조 2항). 그리고 양자가 미성년자인 경우에는 협의파양을 할 수 없고 재판상 파양만 할 수 있도록 하였다(898조).

2) 부모의 동의 없이 양자가 될 수 있는 방안 마련 개정된 민법에 따르면, 부모의 소재를 알 수 없는 등의 사유로 미성년자 또는 성년자가 입양을 하는데 부모의 동의를 받을 수 없는 경우에는 그 동의가 없어도 가정법원이 입양을 허가할 수 있도록 하였다(870조 1항 · 871조) 그리고 부모가 3년 이상 자녀에 대한 부양의무를 이행하지 않은 경우와, 부모가 자녀를 학대 또는 유기하거나 그 밖에 자녀의 복리를 현저히 해친 경우에는, 부모가 동의를 거부하더라도 가정법원이 입양을 허가할 수 있도록 하였다(870조 2항).

3) 양자가 입양승낙표시를 할 수 있는 연령 인하 개정 전에는 양자가 될 사람이 15세 미만인 때에 법정대리인이 그에 갈음하여 입양의 승낙 즉 대락(代諾)을 하도록 하였는데(개정 전 869조), 개정 후에는 13세 미만의 경우에만 법정대리인이 대락하도록 하고 13세 이상의 미성년자는 법정대리인의 동의를 받아 직접 승낙하도록 하였다(869조 1항 · 2항). 그리고 법정대리인이 정당한 이유 없이 동의 또는 승낙(대락)을 거부하는 경우 등에는 그것들이 없어도 가정법원이 입양허가를 할 수 있도록 하였다(869조 3항).

4) 친양자 입양 연령 인상 등 개정 전에는 15세 미만인 자만 친양자로 할 수 있었으나(개정 전 908조의 2 1항 2호), 개정 후에는 미성년자이면 모두 친양자로 입양을 할 수 있도록 하였다(908조의 2 1항 2호). 그리고 친양자가 될 사람이 13세 미만인 경우에만 법정대리인이 그를 갈음하여 입양승낙(대락)하도록 하였다(908조의 2 1항 4호. 개정 전에는 15세 미만인 경우에 대락을 하도록 하였음). 또한 개정법에 의하면, 법정대리인이 정당한 이유 없이 동의 또는 승낙(대락)을 거부하는 경우 등에는 그것들이 없어도 가정법원이 친양자 입양청구를 인용할 수 있도록 하고(908조의 2 2항), 양육상황, 친양자 입양의 동기, 양부모의 양육능력, 그 밖의 사정을 고려하여 가정법원이 친양자 입양청구를 기각할 수 있도록 하였다(908조의 2 3항).

〈보호대상아동 등의 입양에 관한 특별법〉

(ㄱ) 특별법의 변천

처음에는 외국인이 우리나라 국민인 고아를 간이한 절차로 입양할 수 있도록 한 고아입양특례법이 제정 · 시행되었다(1961. 9. 30. 제정 · 시행). 그러다가 보호시설에서 보호받고 있는 자의 입양을 촉진할 목적으로 입양특례법이 제정되었고(1976. 12. 31. 제정, 1977. 1. 31. 시행), 그 법의 시행과 동시에 고아입양특례법은 폐지되었다. 입양특례법은 우리 국민이 입양하는 경우와 외국인(국내 · 외 거주 포함)이 입양하는 경우 모두를 규정하였다.

그 후 국내 입양을 활성화하기 위하여 입양특례법을 전부개정 형식으로 개정하고 법명도 「입양촉진 및 절차에 관한 특례법」으로 바꾸었다(1995. 1. 5. 전부개정, 1996. 1. 6. 시행). 그 뒤 2011년에는 아동입양의 절차가 아동의 복리를 중심으로 이루어질 수 있도록 하면서 법명을 입양특례법으로 다시 변경하였다(2011. 8. 4. 전부개정, 2012. 8. 5. 시행).

그리고 2023년에는 입양특례법에서 국제입양 부분을 빼면서 기존 법률의 이름을 「국내입양에 관한 특별법」으로 고쳤고(2023. 7. 18. 전부개정, 2025. 7. 19. 시행), 그와 별도로 「국제입양에 관한 법률」을 제정하였다(2023. 7. 18. 제정, 2025. 7. 19. 시행).

아래에서 이 두 법률의 주요내용을 살펴본다.

(ㄴ) 「국내입양에 관한 특별법」

이 법은 보호대상아동(이 법에서 「보호대상아동」이란 보호자가 없거나 보호자로부터 이탈된 아동 또는 보호자가 아동을 학대하는 경우 등 그 보호자가 아동을 양육하기에 적당하지 않거나 양육할 능력이 없는 경우의 아동을 말한다. 이 법 2조 2호, 아동복지법 3조 4호)의 국내입양에 관한 요건 및 절차 등에 대한 특례와 그 지원에 필요한 사항을 정하고 있다(같은 법 1조).

이 법에 따라 양자가 될 아동은 보호대상아동으로서 시 · 도지사 또는 시장 · 군수 · 구청장(시 · 도 지사 등)이 아동복지법 제15조 제 1 항 제 6 호에 따른 보호조치로서 입양이 해당 아동에게 최선의 이익이 된다고 결정한 아동이어야 한다(같은 법 13조 1항). 그리고 이 법은 양부모가 되려는 사람의 자격을 제한한다(같은 법 18조 참조). 그리하여 가령 아동학대 등 범죄

경력이 있거나 알코올중독 등 심각한 건강상의 사유가 있으면 양부모가 될 수 없다(같은 법 18조 1항).

이 법에 따라 양부모가 되려는 사람은 보건복지부장관에게 신청하여야 한다(같은 법 19조 1항). 그리고 양부모가 되려는 사람이 양자가 될 아동을 입양하려는 경우에는 양자가 될 아동의 주소지를 관할하는 가정법원의 입양허가를 받아야 한다(같은 법 21조 1항). 또한 양자가 될 아동이 입양의 승낙을 하여야 한다(양자가 될 아동이 13세 이상인 경우에는 법정대리인의 동의를 받아 입양을 승낙하고, 양자가 될 아동이 13세 미만인 경우에는 법정대리인이 그를 갈음하여 입양을 승낙해야 함)(같은 법 15조 1항. 같은 조 2항의 예외도 참조). 그런가 하면 일정한 경우를 제외하고는 양자가 될 아동의 친생부모의 동의도 필요하다(같은 법 16조 1항. 같은 조 2항의 예외도 참조).

이 법은 임시양육결정 제도를 두고 있다. 그에 따르면 가정법원은 입양허가에 대한 청구가 있는 경우 입양허가를 청구한 양부모가 되려는 사람의 신청 또는 직권으로 임시양육결정을 할 수 있다(같은 법 22조 1항). 임시양육결정이 있는 경우 양부모가 되려는 사람은 양자가 될 아동의 임시후견인이 되고, 이 경우 양자가 될 아동에 대한 친권자의 친권행사는 정지된다(같은 법 22조 2항). 그리고 양자가 될 아동을 양육하기에 적절하지 않은 경우와 같이 일정한 사유가 있는 경우에는, 입양허가의 청구인, 시·도지사 등, 보건복지부장관의 신청 또는 직권으로 임시양육결정을 취소할 수 있다(같은 법 23조 1항).

이 법에 따라 입양된 아동은 민법에 따른 친양자와 동일한 지위를 가진다(같은 법 25조). 그리고 이 법에 따른 입양은 가정법원의 인용심판 확정으로 그 효력이 발생하며, 그 경우 양부모 또는 양자는 가정법원의 허가서를 첨부하여 가족등록법에서 정하는 바에 따라 친양자 입양신고를 하여야 한다(같은 법 26조 1항).

보호대상아동의 국내입양에 관하여 이 법에서 특별히 규정한 사항을 제외하고는 민법에서 정하는 바에 따른다(같은 법 9조). 그 결과 여기의 파양에는 친양자의 파양 규정(908조의 5)이 적용되고, 협의파양은 인정되지 않는다.

(ㄷ) 「국제입양에 관한 법률」

이 법은 국제입양의 요건과 절차에 관한 사항을 정하고 있다(같은 법 1조). 이 법은 총칙에서 국제입양은 국내에서 양부모를 찾지 못한 아동에게 영구적인 가정을 제공하는 등 국제입양이 아동에게 최선의 이익이 될 때에만 허용될 수 있다는 등의 국제입양의 원칙을 규정한다(같은 법 3조).

이 법에서 정하고 있는 국제입양의 요건 및 절차는 외국으로의 입양(같은 법 7조–17조)과 국내로의 입양(같은 법 18조 이하)이 다르다.

① 외국으로의 입양

외국으로의 입양으로 양자가 될 아동은, 보건복지부장관이 국제입양대상아동으로 결정한 아동(보건복지부장관은 「국내입양에 관한 특별법」 13조 1항에 따라 양자가 될 아동으로 결정된 아동 중 국제입양이 해당 아동에게 최선의 이익이 된다고 판단되는 경우 해당 아동을 국제입양대상아동으로 결정할 수 있다. 같은 법 7조 2항)(같은 법 7조 1항 1호)과, 부부의 일방이 배우자의 친생자를 단독으로 국제입양하려는 경우의 그 친생자이다(같은 법 7조 1항 2호). 그리고 여기의 입양으로 양부모가 되려는 사람은 본국법에 따른 양부모가 될 자격을 갖추어야 한다(같은 법 9조 1항 본문). 다만, 같은 법

제 7 조 제 1 항 제 1 호에 따른 아동을 입양하려는 경우에는 「국내입양에 관한 특별법」 및 민법에 따른 양부모가 될 자격도 갖추어야 한다(같은 법 9조 1항 단서).

이 입양으로 양부모가 되려는 사람이 양자가 될 아동을 입양하려는 경우에는 일정한 서류를 갖추어 양자가 될 아동의 주소지를 관할하는 가정법원의 입양허가를 받아야 한다(같은 법 12조 1항 본문. 양자가 될 아동이 같은 법 7조 1항 2호에 해당하는 경우에 관하여 예외를 규정한 같은 조 단서도 참조). 입양의 동의 및 승낙이 필요함은 「국내입양에 관한 특별법」에서와 같다(같은 법 8조).

이 입양으로 입양된 아동은 민법에 따른 친양자와 동일한 지위를 가진다(같은 법 13조 본문). 다만, 같은 법 제12조 제 1 항 단서에 해당하는 경우에는 민법 제882조의 2에 따른 입양의 효력이 발생한다(같은 법 13조 단서). 그리고 여기의 입양은 가정법원의 인용심판 확정으로 그 효력이 발생하며, 그 경우 양부모 또는 양자는 가정법원의 입양허가 재판서를 첨부하여 가족등록법에서 정하는 바에 따라 입양신고 또는 친양자 입양신고를 하여야 한다(같은 법 14조 1항).

② 국내로의 입양

국내로의 입양으로 양자가 될 아동은 출신국 중앙당국으로부터 양자가 될 자격이 있다고 인정받은 아동이어야 한다(같은 법 18조). 그리고 여기의 입양으로 양부모가 되려는 사람은 「국내입양에 관한 특별법」 제18조에 따른 양부모가 될 자격 등을 갖추어야 한다(같은 법 19조).

여기의 입양으로 양부모가 되려는 사람은 보건복지부장관에게 신청하여야 한다(같은 법 20조 1항).

국내로의 입양의 효력발생에 관하여는 출신국에서 성립한 입양과 국내에서 성립한 입양을 다르게 규정한다. 전자의 경우에는 출신국이 「국제입양에서 아동의 보호 및 협력에 관한 협약」 체약국인지 비체약국인지, 입양이 입양재판에 의하여 성립하는지 그 이외의 방법으로 성립하는지에 따라 다르게 규정한다(같은 법 22조 참조). 그에 비하여 후자의 경우 즉 여기에서 정한 절차에 따라 양자가 될 아동이 입양을 위하여 입국하여 가정법원으로부터 입양 또는 친양자 입양 허가를 받은 경우에는 각각의 허가에 따른 효력이 발생하고, 그 경우 양부모 또는 양자는 가정법원의 허가서를 첨부하여 가족등록법에서 정하는 바에 따라 신고하여야 한다(같은 법 23조).

2. 입양의 성립 [125]

(1) 입양의 의의

입양이란 양친자관계를 창설할 것을 목적으로 하는 양자와 양친 사이의 합의이다. 입양은 넓은 의미의 계약이나 친족법상의 것이어서 채권계약과는 다른 특수성이 인정된다. 그리고 입양은 「가족관계의 등록 등에 관한 법률」에 의하여 일정한 방식으로 신고하여야 성립하는 요식행위이다(878조).

(2) 입양의 성립요건

민법은 입양의 성립요건으로 입양신고만을 규정하고 있다(878조). 그러나 입양도 일종의 계약이기 때문에 그것이 성립하려면 당사자(입양의 당사자는 양친과 양자이며, 우리 법상 양손입양(養孫入養)은 무효이다. 대판 1988. 3. 22, 87므105) 사이에 입양의 합의가 있어야 한다.

1) 당사자의 입양의 합의 입양을 성립시키기 위한 합의는 당사자인 양친과 양자 사이에 외형적인 의사표시의 일치로서 충분하다. 그리고 그러한 의사표시와 그것들의 일치인 합의는 입양신고가 있을 때 그 신고에 포함되어서 행하여지게 된다. 따라서 입양이 성립하기 위하여 합의가 따로 행하여질 필요는 없다.

2) 입양신고

㈎ 입양은 「가족관계의 등록 등에 관한 법률」에 정한 바에 따라 신고함으로써 그 효력이 생긴다(878조). 양자가 될 사람이 13세 미만인 때에는 그를 갈음하여 입양의 승낙을 한 법정대리인(869조 2항 참조)이 신고하여야 한다(가족 62조). 그런데 제867조에 따라 미성년자를 입양하는 경우 또는 제873조에 따라 피성년후견인이 입양을 하거나 양자가 되는 경우에는 가정법원의 허가서를 첨부하여야 하고(가족 62조 2항), 제871조 제2항에 따라 부모의 동의를 갈음하는 심판이 있는 경우에는 가정법원의 심판서를 첨부하여야 한다(가족 62조 3항).

입양신고는 말로도 할 수 있고(가족 23조 1항), 서면으로 신고하는 경우에는 우송을 하거나(가족 41조 참조) 타인에게 제출하게 하여도 무방하나(가족 23조 2항), 구술신고는 타인이 대리할 수 없다(가족 31조 3항 단서 · 61조). 그리고 본인이 시 · 읍 · 면에 직접 출석하지 않는 경우에는 본인의 신분증명서를 제시하거나 신고서에 본인의 인감증명서를 첨부하여야 하고, 그러하지 않으면 신고서가 수리되지 않는데(가족 23조 2항), 13세 미만인 자의 입양에 있어서는 입양을 승낙한 법정대리인의 출석 또는 신분증명서 제시 · 인감증명서 첨부가 있으면 본인의 신분증명서 제시 · 인감증명서 첨부가 있는 것으로 본다(가족규칙 32조 3항).

입양신고가 제866조 · 제867조 · 제869조 내지 제871조 · 제873조 · 제874조 · 제877조(이것들을 통설은 입양의 실질적 요건이라고 한다) · 그 밖의 법령을 위반하지 않으면 그것을 수리하여야 한다(881조). 한편 외국에서 입양신고를 하는 경우에는 제814조를 준용한다(882조).

[126] ㈏ 종래 우리나라에서는 입양을 할 때 입양사실을 외부에 드러내지 않기 위하여 입양신고 대신에 친생자 출생신고를 하는 경우가 많았다. 이러한 경우에 대

하여 판례는 당사자 사이에 양친자관계를 창설하려는 명백한 의사가 있고 기타 입양의 실질적 성립요건이 모두 구비된 때에는 입양의 효력이 있다고 한다(대판(전원) 1977. 7. 26, 77다492; 대판 1993. 2. 23, 92다51969 등 다수의 판결)(그런데 미성년자의 입양에 가정법원의 허가를 요하는 현행법 하에서는 미성년자에 관한 한 이 판례가 유지되기 어려울 것이다. 같은 취지: 윤진수, 184면; 대판 2018. 5. 15, 2014므4963). 그리고 여기서 입양의 실질적 요건이 구비되어 있다고 하기 위하여는 입양의 합의가 있을 것, 15세(현행 13세) 미만자는 법정대리인의 대락(代諾)이 있을 것, 양자는 양부모의 존속 또는 연장자가 아닐 것 등 제883조 각호 소정의 입양의 무효사유가 없어야 함은 물론, 감호·양육 등 양친자로서의 신분적 생활사실이 반드시 수반되어야 하는 것으로서, 입양의 의사로 친생자 출생신고를 하였다 하더라도 위와 같은 요건을 갖추지 못한 경우에는 입양신고로서의 효력이 생기지 않는다고 한다(대판 2000. 6. 9, 99므1633·1640; 대판 2004. 11. 11, 2004므1484; 대판 2009. 10. 29, 2009다4862; 대판 2010. 3. 11, 2009므4099)(입양의 장애사유가 2012. 2. 10.에 개정되었음을 주의할 것). 그리고 친생자 출생신고 당시 입양의 실질적 요건을 갖추지 못하여 입양신고로서의 효력이 생기지 않았더라도 그 후에 입양의 실질적 요건을 갖추게 된 경우에는 무효인 친생자 출생신고는 소급적으로 입양신고로서의 효력을 갖게 된다고 한다(대판 2000. 6. 9, 99므1633·1640; 대판 2004. 11. 11, 2004므1484; 대판 2009. 10. 29, 2009다4862; 대판 2020. 5. 14, 2017므12484). 예컨대 15세(현행 13세) 미만의 자를 입양의 의사로 출생신고하여 양육하여 온 경우에 자가 15세(현행 13세)가 된 후에 입양이 무효임을 알면서도 아무런 이의를 하지 않았거나 그 모(母)를 어머니로 여기고 생활하는 경우에는 적어도 묵시적으로라도 입양을 추인한 것으로 볼 것이라고 한다(대판 1990. 3. 9, 89므389; 대판 1997. 7. 11, 96므1151. 같은 취지: 대판 2020. 5. 14, 2017므12484). 그러나 당사자간에 무효인 신고행위에 상응하는 신분관계가 실질적으로 형성되지 않은 경우에는 추인의 의사표시만으로 그 무효행위의 효력을 인정할 수 없다고 한다(대판 1991. 12. 27, 91므30; 대판 2000. 6. 9, 99므1633·1640; 대판 2004. 11. 11, 2004므1484; 대판 2020. 5. 14, 2017므12484). 그리고 감호·양육 등 양친자로서의 신분적 생활사실이 계속되지 아니하여 입양의 실질적인 요건을 갖추지 못한 경우에는 친생자로 신고된 자가 15세가 된 이후에 상대방이 한 입양에 갈음하는 출생신고를 묵시적으로 추인한 것으로 보기도 힘들 뿐만 아니라 설령 묵시적으로 추인한 것으로 볼 수 있는 경우라고 하더라도 무효인 친생자 출생신고가 소급적으로 입양신고로서의 효력을 갖게 될 수 없다고 한다(대판 2020. 5. 14, 2017므12484).

〈판 례〉 [127]

(ㄱ) 「당사자 사이에 양친자관계를 창설하려는 명백한 의사가 있고 나아가 기타 입양의 성립요건이 모두 구비된 경우에 입양신고 대신 친생자 출생신고가 있다면 형식에

다소 잘못이 있더라도 입양의 효력이 있다고 해석함이 타당하다.」(대판(전원) 1977. 7. 26, 77다492)

(ㄴ) 「호적상 모로 기재되어 있는 자가 자신의 호적에 호적상의 자를 친생자로 출생신고를 한 것이 아니라 자신과 내연관계에 있는 남자로 하여금 그의 호적에 자신을 생모로 하는 혼인 외의 자로 출생신고를 하게 한 때에는, 설사 호적상의 모와 호적상의 자 사이에 다른 입양의 실질적 요건이 구비되었다 하더라도 이로써 호적상의 모와 호적상의 자 사이에 양친자관계가 성립된 것이라고는 볼 수 없다고 할 것이다.」(대판 1995. 1. 24, 93므1242)

(ㄷ) 「당사자가 양친자관계를 창설할 의사로 친생자 출생신고를 하고 거기에 입양의 실질적 요건이 모두 구비되어 있다면 그 형식에 다소 잘못이 있더라도 입양의 효력이 발생하고, 양친자관계는 파양에 의하여 해소될 수 있는 점을 제외하고는 법률적으로 친생자관계와 똑같은 내용을 갖게 되므로 이 경우의 허위의 친생자 출생신고는 법률상의 친자관계인 양친자관계를 공시하는 입양신고의 기능을 발휘하게 되는 것이지만(대법원 2001. 5. 24. 선고 2000므1493 전원합의체 판결 참조), 여기서 입양의 실질적 요건이 구비되어 있다고 하기 위하여는 입양의 합의가 있을 것, 15세 미만자는 법정대리인의 대낙이 있을 것, 양자는 양부모의 존속 또는 연장자가 아닐 것 등 민법 제883조 각 호 소정의 입양의 무효사유가 없어야 함은 물론 감호 · 양육 등 양친자로서의 신분적 생활사실이 반드시 수반되어야 하는 것으로서, 입양의 의사로 친생자 출생신고를 하였다 하더라도 위와 같은 요건을 갖추지 못한 경우에는 입양신고로서의 효력이 생기지 아니한다(대법원 2000. 6. 9. 선고 99므1633, 1640 판결, 대법원 2004. 11. 11. 선고 2004므1484 판결 참조).」(대판 2010. 3. 11, 2009므4099)

(ㄹ) 「친생자 출생신고 당시 입양의 실질적 요건을 갖추지 못하여 입양신고로서의 효력이 생기지 아니하였더라도 그 후에 입양의 실질적 요건을 갖추게 된 경우에는 무효인 친생자 출생신고는 소급적으로 입양신고로서의 효력을 갖게 된다고 할 것이다. 그러나 민법 제139조 본문이 무효인 법률행위는 추인하여도 그 효력이 생기지 않는다고 규정하고 있음에도 불구하고 입양 등의 신분행위에 관하여 이 규정을 적용하지 아니하고 추인에 의하여 소급적 효력을 인정하는 것은 무효인 신분행위 후 그 내용에 맞는 신분관계가 실질적으로 형성되어 쌍방 당사자가 이의 없이 그 신분관계를 계속하여 왔다면, 그 신고가 부적법하다는 이유로 이미 형성되어 있는 신분관계의 효력을 부인하는 것은 당사자의 의사에 반하고 그 이익을 해칠 뿐만 아니라, 그 실질적 신분관계의 외형과 호적의 기재를 믿은 제 3 자의 이익도 침해할 우려가 있기 때문에 추인에 의하여 소급적으로 신분행위의 효력을 인정함으로써 신분관계의 형성이라는 신분관계의 본질적 요소를 보호하는 것이 타당하다는 데에 그 근거가 있다고 할 것이므로, 당사자간에 무효인 신고행위에 상응하는 신분관계가 실질적으로 형성되어 있지 아니한 경우에는 무효인 신분행위에 대한 추인의 의사표시만으로 그 무효행위의 효력을 인정할 수 없다고 할 것이다.」(대판 2000. 6. 9, 99므1633 · 1640)

(ㅁ) 「피고가 입양의 승낙능력이 생긴 15세 이후에도 계속하여 위 망인을 어머니로

여기고 생활하는 등 입양의 실질적인 요건을 갖춘 이상, 피고는 그가 15세가 된 이후에 위 망인이 한 입양에 갈음하는 출생신고를 묵시적으로 추인하였다고 봄이 상당하다 할 것이고, 일단 추인에 의하여 형성된 양친자관계는 파양에 의하지 않고는 이를 해소시킬 수 없다 할 것이다.」(대판 1997. 7. 11, 96므1151)

(ㅂ) 「2013. 7. 1. 민법 개정으로 입양허가제도가 도입되기 전에는 성년에 달한 사람은 성별, 혼인 여부 등을 불문하고 당사자들의 입양 합의와 부모의 동의 등만 있으면 입양을 할 수 있었으므로, 당시의 민법규정에 따라 적법하게 입양신고를 마친 사람이 단지 동성애자로서 동성과 동거하면서 자신의 성과 다른 성 역할을 하는 사람이라는 이유만으로는 그 입양이 선량한 풍속에 반하여 무효라고 할 수 없고, 이는 그가 입양의 의사로 친생자 출생신고를 한 경우에도 마찬가지이다.」(여성인 갑과 동성애관계에 있던 을이 입양의 의사로 병을 자신의 친생자로 출생신고하고 갑과 함께 병을 양육하였는데, 이후 병이 갑의 양자로 입양신고를 마치고도 갑, 을과 함께 생활한 사안에서, 병이 갑의 양자로 입양신고를 마쳤다는 사정만으로 을과 병 사이의 양친자관계가 파양되었다고 보기 어려워 뒤에 이루어진 갑과 병 사이의 입양의 효력이 문제될 뿐이므로, 을과 병의 친생자관계 부존재 확인을 구하는 소는 확인의 이익이 없어 부적법하다고 본 사례)(대판 2014. 7. 24, 2012므806)

〈허위의 친생자 출생신고에 의하여 입양의 효력이 생긴 경우의 파양〉

판례는 이러한 경우에는 파양에 의하여 그 양친자관계를 해소할 필요가 있는 등 특별한 사정이 없는 한 친생자관계 부존재 확인청구는 허용될 수 없다고 한다(대판 1988. 2. 23, 85므86; 대판 1990. 7. 27, 89므1108; 대판(전원) 2001. 5. 24, 2000므1493). 이에 의하면 파양의 사유가 존재하는 때에는 친생자관계 부존재 확인청구를 할 수 있을 것으로 보인다. 그러나 다른 판례에서 「논지가 주장하는 파양사유가 있다고 하더라도 당사자간 협의상 파양의 신고가 있거나 재판상 파양의 판결이 있기 전에는 파양의 효력이 생길 수 없는 것이다」라고 하여(대판 1989. 10. 27, 89므440), 이를 부정한다. 결국 친생자관계 부존재 확인의 소에 의할 수는 없고 재판상 파양 또는 협의상 파양에 의하여야 한다. 그리고 협의상 파양을 할 경우에는 먼저 가족관계등록부상의 친생자 기재를 입양으로 정정한 다음 파양신고를 하여야 하는데, 그 방법으로는 첫째 양친자관계 존재 확인의 소를 제기하여 그 확인판결을 얻어서 「가족관계의 등록 등에 관한 법률」 제107조에 따라 가족관계등록부를 정정하는 것과 둘째 파양의 소를 제기하여 양친자관계의 존재는 확인되었으나 파양원인이 없다고 하여 청구가 기각되면 그 판결을 근거로 「가족관계의 등록 등에 관한 법률」 제107조에 따라 가족관계등록부를 정정한 뒤 협의파양을 하는 것이 있다.

(3) 입양의 장애사유 [128]

민법은 제866조 내지 제877조(이들 중 867조 · 868조 · 875조 · 876조는 1990년 개정시에 삭제되었고, 2012. 2. 10. 개정시에는 여러 규정의 개정이 있었음)에서 입양의 장애사유를 규정하고 있다. 통설은 이들을 입양의 실질적 성립요건의 문제로 다루고 있으나, 그것이 입양의 성립과 관련되는 것은 그러한 사유가 있을 때에 가족관계 등록사무 담당공무원이 입양신고를 수리하지 않는다는 정도밖에 없다(881조). 그리고 그러한 사유가 있더라도 신고가 수리되면 입양은 성립하며, 단지 입양의 무효 또는 취소의 문제가 생길 뿐이다(883조·884조 참조). 따라서 이들은 입양의 유효요건이라고 할 수 있다. 그러나 이들만이 유효요건인 것은 아니다. 다른 무효·취소사유도 있기 때문이다.

1) 양부모는 성년자일 것 미성년자는 입양을 할 수 없으며, 입양을 하려는 자는 성년자이어야 한다(866조). 성년자인 이상 남녀, 기혼·미혼, 자녀 유무 등을 묻지 않는다. 부부가 입양하는 경우에는 부부가 모두 성년자이어야 한다(874조 참조). 미성년자가 혼인하여 성년으로 의제되는 경우(826조의 2)에는 입양을 할 수 있다고 하여야 한다(같은 취지: 김용한, 131면·195면; 박동섭, 303면; 박병호, 91면; 윤진수, 181면. 반대 견해: 김/김, 131면·328면; 이경희, 83면·214면; 지원림, 1868면). 이에 반대하는 견해는, 입양을 하기 위해서는 양부모로서 양자를 적절히 양육할 수 있는 능력과 환경을 갖출 것이 요구되는데 19세에 달하지 않은 자에게 그러한 조건을 기대하기 어렵다고 하거나(김/김, 131면) 또는 혼인의 독립성과 부부의 실질적 평등을 위한 제도인 성년의제제도가 여기에 적용될 필요는 없다(이경희, 214면)는 이유를 든다. 그러나 양자는 양친보다 연장자일 수 없어서(877조) 성년의제된 부부가 입양하는 경우 양자는 당연히 미성년자일 것이고, 따라서 그 경우의 입양에는 가정법원의 허가가 필요하게 된다. 그리고 가정법원이 허가 여부를 결정할 때에는 양부모의 양육능력을 비롯한 여러 사정을 고려하게 된다(867조 1항·2항). 이와 같이 성년의제된 부부가 양친으로서 적절한지는 가정법원에서 충분히 검토될 것이므로 성년의제된 부부가 어떤 상태에 있든 예외 없이 입양을 할 수 없다고 새길 필요는 없다.

이에 위반한 신고는 수리되지 않으나(881조), 잘못하여 수리되면 가정법원에 입양의 취소를 청구할 수 있다(884조 1항 1호).

〈보호대상아동 등의 입양에 관한 특별법상 양부모의 요건〉

민법은 양부모에 대하여 성년자일 것만 요구하고 있다(866조). 그 외에는 미성년자를 입양하는 경우에 가정법원이 입양허가를 하면서 양부모가 될 사람의 양육능력 등을 고려한다는 점이 규정되어 있을 뿐이다(867조 2항).

그런데 보호대상아동 등의 입양에 관한 특별법은 양부모가 될 사람의 요건을 상세히 규정하고 있다.

먼저 「국내입양에 관한 특별법」은 국내입양의 경우에 양부모가 될 사람은 ① 양자에게 경제적 · 정서적으로 안정적인 양육 환경을 제공하여 줄 수 있을 것, ② 양자에 대하여 종교의 자유를 인정하고 사회의 구성원으로서 그에 상응하는 양육과 교육을 할 수 있을 것, ③ 아동학대, 가정폭력, 성폭력, 마약 관련 범죄 등 대통령령으로 정하는 범죄경력이 없을 것, ④ 알코올 및 약물중독 등 심각한 건강상의 사유가 없을 것, ⑤ 그 밖에 양자가 될 사람의 복지를 위하여 보건복지부령으로 정하는 요건을 갖출 것이라는 요건을 모두 갖추어야 한다(같은 법 18조 1항). 그리고 양자가 될 아동이 복리에 반하는 직업이나 그 밖에 인권침해의 우려가 있는 직업에 종사하지 않도록 하여야 한다(같은 법 18조 2항). 또한 보건복지부령으로 정하는 바에 따라 소정의 교육을 마쳐야 한다(같은 법 18조 3항).

다음에 「국제입양에 관한 법률」은 국제입양의 경우 양부모의 요건을 규정한다. 그에 따르면 외국으로의 입양에서는 양부모가 되려는 사람은 본국법에 따른 양부모가 될 자격을 갖추어야 하나, 다만 같은 법 제 7 조 제 1 항 제 1 호에 따른 아동(즉 보건복지부장관이 국제입양대상아동으로 결정한 아동)을 입양하려는 경우에는 「국내입양에 관한 특별법」 및 민법에 따른 양부모가 될 자격도 갖추어야 한다(같은 법 9조 1항). 그에 비하여 국내로의 입양에서는 「국내입양에 관한 특별법」 제18조에 따른 양부모가 될 자격 등을 갖추어야 한다(같은 법 19조).

2) 미성년자 입양의 경우 [129]

(가) 가정법원의 허가를 받을 것 미성년자를 입양하려는 사람은 가정법원의 허가를 받아야 한다(867조 1항). 그런데 가정법원은 양자가 될 미성년자의 복리를 위하여 그 양육상황, 입양의 동기, 양부모의 양육능력, 그 밖의 사정을 고려하여 제 1 항에 따른 입양의 허가를 하지 않을 수 있다(867조 2항). 이러한 제도는 근래 심각한 사회문제가 되고 있는 부적격자에 의한 입양을 막기 위한 것이다. 그리고 이 허가는 양자가 될 사람이 13세 미만이든 13세 이상이든 모든 미성년자의 경우에 요구된다.

미성년자에게 친생부모가 있는데도 그들이 자녀를 양육하지 않아 조부모가 손자녀에 대한 입양허가를 청구하는 경우 이를 불허할 것인지 문제된다. 여기에 관하여 대법원은, 조부모가 자녀의 입양허가를 청구하는 경우에 입양의 요건을 갖추고 입양이 자녀의 복리에 부합한다면 이를 허가할 수 있다고 하면서(민법이 입양의 요건으로 동의와 허가 등에 관하여 규정하고 있을 뿐이고 존속을 제외하고는 혈족의 입양을 금지하고 있지 않다는 것 등을 이유로 든다), 다만 조부모가 자녀를 입양하는 경우에는, 양부모가 될 사람과 자녀 사이에 이미 조손(祖孫)관계가 존재하고 있고 입양 후에도 양부모가 여전히 자녀의 친생부 또는 친생모에 대하여 부모의 지위에 있다는 특수성이 있으므로, 이러한 사정이 자녀의 복리에 미칠 영향에 관하여 세심하게 살필 필요가 있다고 한다(대결(전원) 2021. 12. 23, 2018스5[핵심판례 462면]).

가정법원의 허가를 받지 않은 미성년자 입양의 신고는 수리되지 않지만(881조 참조), 수리되어도 입양은 무효이다(883조 2호).

(나) 13세 이상의 미성년자의 경우 법정대리인의 동의를 받아 입양의 승낙을 할 것 양자가 될 사람이 13세 이상(2012년 민법개정 전에는 「15세 이상」으로 규정했었다)의 미성년자인 경우에는, 법정대리인(친권자 또는 미성년후견인)의 동의를 받아 입양을 승낙하여야 한다(869조 1항). 그러나 다음 두 경우에는 가정법원은 법정대리인의 동의가 없더라도 제867조 제 1 항에 따른 입양허가를 할 수 있다. 첫째로 법정대리인이 정당한 이유 없이 동의를 거부하는 경우에 그렇다(869조 3항 1호 본문). 다만, 법정대리인이 친권자인 경우에는 부모가 3년 이상 자녀에 대한 부양의무를 이행하지 않은 경우이거나, 부모가 자녀를 학대 또는 유기하거나 그 밖에 자녀의 복리를 현저히 해친 경우이어야 한다(869조 3항 1호 단서 · 870조 2항). 이 제 1 호의 경우 가정법원은 법정대리인을 심문하여야 한다(869조 4항). 둘째로, 법정대리인의 소재를 알 수 없는 등의 사유로 동의를 받을 수 없는 경우에 그렇다(869조 3항 2호). 여기서 법정대리인의 동의(후술하는 승낙의 경우에도 같음)를 받을 수 없는 사유로는 이 규정에 명시된 소재불명 외에도 장기간의 의식불명, 불치의 정신병으로 의사표시를 할 수 없는 것을 들 수 있다. 이들 두 경우에는 법정대리인의 동의가 없는데도 가정법원의 입양허가에 의하여 입양을 할 수 있게 된다.

한편 위의 법정대리인의 동의는 가정법원의 입양허가(867조 1항)가 있기 전까지는 철회할 수 있다(869조 5항).

법정대리인의 동의가 없는 13세 이상의 미성년자 입양의 신고는 수리되지 않으나(881조 참조), 잘못하여 수리된 경우 가정법원에 입양의 취소를 청구할 수 있다(884조 1항 1호). 법정대리인의 소재를 알 수 있는데도 알 수 없다고 하는 등의 사유로 가정법원으로부터 입양의 허가를 받은 경우에도 같다(884조 1항 1호 · 869조 3항 2호).

[130] **(다) 13세 미만의 미성년자의 경우** 양자가 될 사람이 13세 미만인 경우에는, 법정대리인(친권자 또는 미성년후견인)이 그를 갈음하여 입양을 승낙하여야 한다(869조 2항). 이러한 승낙을 입양대락(入養代諾)이라고 한다(이는 일종의 대리임). 대락(代諾)은 양자로 될 자의 법정대리인(친권자 또는 미성년후견인)이 한다. 부모가 공동친권자인 경

우에는 공동으로 승낙하여야 한다. 그리고 재산관리권을 상실한 친권자(925조)도 대락권이 인정된다. 부모가 이혼하여 일방이 친권자인 경우 또는 인지된 혼인 외 출생자로서 부모 중 일방이 친권자인 경우에는 친권자인 일방이 대락하면 된다.

그런데 가정법원은, 13세 이상의 미성년자의 경우에 설명한 두 경우에는, 법정대리인의 승낙이 없더라도 입양허가를 할 수 있다(869조 3항). 이 경우에 대한 위의 설명(869조 2항 내지 5항)은 「동의」를 「승낙」으로 바꾸기만 하면 여기에 그대로 타당하다. 그리하여 법정대리인의 승낙도 입양허가가 있기 전까지는 철회할 수 있다(869조 5항).

제869조 제 2 항에 위반한 입양신고는 수리되지 않지만(881조 참조) 수리되어도 입양은 무효이다(883조 2호). 그러나 자(子)가 13세가 되어 무효인 입양을 추인하면 그 입양은 소급해서 유효하게 된다(같은 취지: 대판 1990. 3. 9, 89므389; 대판 1997. 7. 11, 96므1151). 그리고 제869조 제 3 항 제 2 호를 위반한 경우, 가령 법정대리인의 소재를 알 수 있어서 그의 승낙을 받을 수 있는데도 승낙을 받지 않고 가정법원으로부터 입양허가를 받은 경우에는 가정법원에 입양의 취소를 청구할 수 있다(884조 1항 1호).

(라) 부모의 동의를 받을 것 양자가 될 미성년자는 부모(여기의 부모는 친권자에 한정되지 않는다. 그런데 부모는 대부분 869조 1항에 따라 친권자로서 동의를 할 것이고 그러한 경우에는 여기의 동의가 필요하지 않다. 그리하여 가령 이혼 후 친권이 없는 부모 중 일방이 여기의 부모에 해당할 것이다. 925조의 3도 참조)의 동의를 받아야 한다(870조 1항 본문). 그런데 여기에는 예외가 인정된다. 즉 ① 부모가 13세 이상의 미성년자의 입양승낙에 대한 동의를 하거나 13세 미만의 자에게 입양대락을 한 경우(870조 1항 1호), ② 부모가 친권상실의 선고를 받은 경우(870조 1항 2호), ③ 부모의 소재를 알 수 없는 등의 사유로 동의를 받을 수 없는 경우(870조 1항 3호)에는, 부모의 동의를 받지 않아도 된다. 한편 미성년자에 대한 동의는 입양허가가 있기 전까지는 철회할 수 있다(870조 3항).

그리고 가정법원은 일정한 사유가 있는 경우에는, 부모가 동의를 거부하더라도 입양허가를 할 수 있다(870조 2항 1문). 그런데 이 경우 가정법원은 부모를 심문하여야 한다(870조 2항 2문). 가정법원이 부모의 동의거부에도 불구하고 입양허가를 할 수 있는 경우는 ① 부모가 3년 이상 자녀에 대한 부양의무를 이행하지 않은 경우(870조 2항 1호), ② 부모가 자녀를 학대 또는 유기하거나 그 밖에 자녀의 복리를 현저히 해친 경우(870조 2항 2호)이다.

양자가 될 미성년자의 경우에 부모의 동의가 없으면 입양신고가 수리되지 않으나(881조 참조), 잘못하여 수리되면 가정법원에 입양의 취소를 청구할 수 있다(884조 1항 1호).

[131] **3) 양자가 될 성년자도 부모의 동의를 받을 것** 양자가 될 사람이 성년인 경우에는 부모의 동의를 받아야 한다(871조 1항 본문). 다만, 부모의 소재를 알 수 없는 등의 사유로 동의를 받을 수 없는 경우에는, 동의를 받지 않아도 무방하다(871조 1항 단서).

한편 가정법원은, 부모가 정당한 이유 없이 동의를 거부하는 경우에, 양부모가 될 사람이나 양자가 될 사람의 청구에 따라 부모의 동의를 갈음하는 심판을 할 수 있다(871조 2항 1문). 이 경우 가정법원은 부모를 심문하여야 한다(871조 2항 2문).

양자가 될 성년자의 부모의 동의가 없으면 신고가 수리되지 않으나(881조 참조), 잘못 수리된 경우 가정법원에 입양의 취소를 청구할 수 있다(884조 1항 1호).

4) 피성년후견인의 경우 피성년후견인은 성년후견인의 동의를 받아 입양을 할 수 있고 양자가 될 수 있다(873조 1항). 그리고 피성년후견인이 입양을 하거나 양자가 되는 경우에는 가정법원의 허가를 받아야 하며(873조 2항·867조 1항), 이때 가정법원은 양자가 될 피성년후견인의 복리를 위하여 그 양육상황, 입양동기, 양부모의 양육능력, 그 밖의 사정을 고려하여 입양허가를 하지 않을 수 있다(873조 2항·867조 2항).

가정법원은, 성년후견인이 정당한 이유 없이 피성년후견인이 입양을 하거나 양자로 되는 데 대하여 동의를 거부하거나 피성년후견인의 부모가 정당한 이유 없이 피성년후견인이 양자로 되는 데 대하여 동의를 거부하는 경우에, 그의 동의가 없어도 입양을 허가할 수 있다(873조 3항 1문). 이 경우 가정법원은 성년후견인 또는 부모를 심문하여야 한다(873조 3항 2문).

피성년후견인이 입양을 하거나 양자가 되는 데 대하여 성년후견인의 동의가 없으면 입양신고가 수리되지 않으나(881조 참조), 잘못 수리된 경우 가정법원에 입양의 취소를 청구할 수 있다(884조 1항 1호). 그리고 피성년후견인이 입양을 하거나 양자가 되는 데 대하여 가정법원의 허가를 받지 못하면 입양신고가 수리되지 않으나(881조에 873조 2항에 따라 867조가 준용되는 경우가 빠져 있으나 포함시켜야 함), 수리되어도 입양은 무효이다(883조 2호).

[132] **5) 배우자가 있는 경우**(부부의 공동입양) 배우자가 있는 사람은 배우자와 공동으로 입양하여야 한다(874조 1항). 그리고 배우자가 있는 사람은 그 배우자의 동의를 받아야만 양자가 될 수 있다(874조 2항).

부부의 일방이 의사능력의 결여나 행방불명 등으로 인하여 공동입양을 할 수 없거나 양자가 되는 데 동의할 수 없는 경우에, 다른 일방이 단독으로 입양을 하거나 양자가 될 수 있는가? 여기에 관하여 학설은 i) 부정설(박병호, 181면)과 ii) 긍정설(김/김, 339면; 박동섭, 305면)로 나뉘어 있다. 그리고 판례는, 처가 있는 자가 혼자만의 의사로 부부 쌍방 명의의 입양신고(실제로는 입양의 의사로 친생자 출생신고를 하였음)를 하여 수리된 경우에 관하여 처와 양자가 될 자 사이에서는 입양합의가 없으므로 무효가 되는 것이지만, 처가 있는 자와 양자가 될 자 사이에서는 부부 공동입양의 요건을 갖추지 못하였으므로 처가 그 입양의 취소를 청구할 수 있으나, 그 취소가 이루어지지 않는 한 그들 사이의 입양은 유효하게 존속한다고 한다(대판 1998. 5. 26, 97므25; 대판 2006. 1. 12, 2005도8427). 생각건대 명문의 규정(871조 2항 참소)이 없는 한 부부 중 일방이 단독으로 입양을 하거나 양자가 될 수 없다고 해야 한다. 혼인생활의 평화가 입양에 못지않게 중요하기 때문이다. 그럼에도 불구하고 입양이 성립한 경우에는 취소청구를 할 수 있는 입양으로 되고, 아직 취소되지 않았다면 유효한 입양이라고 새기는 수밖에 없다. 그런데 그 입양은 입양을 하지 않은 다른 배우자에게는 입양의 합의가 없어서 무효라고 해야 한다(883조 1호). 그렇게 새기지 않으면 부부 중 일방의 행위에 의하여 몰래 양자로 되어 다른 일방의 재산을 상속하는 일이 생길 수도 있기 때문이다. 이는 판례의 입장이기도 하다.

법률상 부부가 아닌 사람들이 공동으로 양부모가 되는 것은 허용되지 않는다(대판 1995. 1. 24, 93므1242).

부부의 일방이 상대방배우자의 혼인 중의 출생자를 입양하려고 할 때에는 제874조 제 1 항의 규정에도 불구하고 친생자관계가 없는 배우자 일방이 단독으로 입양할 수 있다고 해야 한다(같은 취지: 김/김, 339면; 박동섭, 306면; 이경희, 209면. 가족등록예규 130호 6항도 같음). 부부 일방의 혼인 외의 출생자를 입양하는 경우에는 어떤가? 여기에 관하여는 i) 부부가 공동으로 할 수 있다는, 즉 자기의 혼인 외의 출생자도 입양할 수 있다는 견해(김/김, 339면)와 ii) 그 경우에는 공동입양을 하지 않더라도 일방의 입양으로 법정친자관계가 설정되면 다른 일방의 혼외친자관계에 대해서도 준정 유사한 효과를 인정할 수 있다는 견해(박병호, 181면; 이경희, 209면)가 대립하고 있다. 생각건대 입양은 혼인 중의 출생자와 같은 신분을 취득하게 하는 창설적 신분행위(친족행위)이므로 자신의 친생자녀라도 혼인 중의 출생자가 아닌 사람은 입양할 수 있다고 해야 한다(가족등록예규 130호 1항). 따라서 i)설이 타당하다.

부부의 공동입양에 위반한 신고는 수리되지 않으나(881조 참조), 잘못 수리된 경우 가정법원에 입양의 취소를 청구할 수 있다(884조 1항 1호).

6) 양자는 양친의 존속 또는 연장자가 아닐 것 존속이나 연장자를 입양할 수 없다(877조). 여기의 존속은 직계와 방계를 모두 포함하며, 존속일 경우에는 연장자가 아니라도 양자로 할 수 없다. 그리고 연장자이면 비속일지라도 양자로 할 수 없다. 그러나 존속만 아니면 되므로 같은 항렬이거나 아래 항렬에 있는 자도 연장자가 아니면 양자로 할 수 있고, 연장자만 아니면 되므로 동갑인 자라도 자기보다 출생일이 늦은 자는 양자로 할 수 있다. 부부가 공동으로 입양하는 경우에는 부부 모두에 대하여 이 요건이 갖추어져야 한다.

〈판 례〉

민법은 존속 또는 연장자를 양자로 하지 못하도록 규정하고 있을 뿐 소목지서(昭穆之序)(양자로 될 수 있는 사람은 양친이 될 사람과 같은 항렬에 있는 남계혈족 남자의 아들이어야 한다는 원칙)를 요구하고 있지는 아니하므로 재종손자를 사후양자(현재는 폐지됨)로 선정하는 행위가 위법하다고 할 수 없고, 사후양자가 소목지서에 어긋나는 것이 우리의 종래의 관습에 어긋난다고 하여도 민법은 위와 같이 양자의 요건을 완화하고 있으므로 이것이 공서양속에 위배되어 무효라고 할 수 없다(대판 1991. 5. 28, 90므347).

이에 위반한 신고는 수리되지 않으나(881조 참조), 잘못 수리된 경우 입양이 무효로 된다(883조 2호).

[133] ## 3. 입양의 무효와 취소

(1) 입양의 무효

1) 무효원인

(가) 당사자 사이에 입양의 합의가 없는 경우(883조 1호) 입양의 합의에 있어서 입양의사란 실질적으로 양친자로서의 신분적 생활관계를 형성하려는 의사이며, 그러한 의사의 합치가 없는 경우에는 입양은 무효이다. 예컨대 당사자가 의사무능력자인 경우, 다른 목적을 위하여 호적상으로만 입양한 것처럼 가장한 가장입양의 경우(대판 1995. 9. 29, 94므1553 · 1560(고소사건으로 인한 처벌을 모면할 목적으로 입양한 것처럼 가장한 경우); 대판 2004. 4. 9, 2003므2411(다른 사람의 호적부로 전적할 때까지 잠정적으로 입양하는 것처럼 가장한 경우)), 조건부 또는 기한부로 입양의 합의를 한 경우에 그렇다. 그에 비하여 당사자들 모르게 제 3 자가 입양신고를 한 경우는 무효가 아니고 불성립이라고 하여야 한다(통설은 이 경우도 무효라고 함).

한편 입양의 합의는 신고서를 작성할 때와 신고서가 수리될 때 모두 존재하여야 하므로 일방 당사자가 입양의사를 철회한 뒤에 상대방이 일방적으로 입양신고를 한 경우(대판 1991. 12. 27, 91므30 참조. 이 판결에서는 입양의 실체가 없음을 이유로 무효라고 하였음)에는 입양은 무효이다.

(나) 미성년자를 입양하려는 사람이 가정법원의 허가를 받지 않고 입양한 경우(883조 2호·867조 1항)와 피성년후견인이 입양을 하거나 양자가 되면서 가정법원의 허가를 받지 않은 경우(883조 2호·873조 2항·867조 1항)에는 입양은 무효이다.

(다) 양자가 될 사람이 13세 미만인 경우에 법정대리인의 입양승낙이 없는 때에는 입양은 무효이다(883조 2호·869조 2항).

(라) 양자가 양친의 존속이나 연장자인 경우에는 입양은 무효이다(883조 2호·877조).

2) 입양무효의 소 입양에 무효사유가 존재하는 경우에 입양은 당연무효가 아니며(같은 취지: 이경희, 216면. 당연 무효설: 김/김, 348면; 신영호, 194면; 지원림, 1946면; 윤진수, 189면), 입양무효판결에 의하여 비로소 입양이 무효로 된다. 따라서 입양무효의 소는 형성의 소라고 할 것이다.

입양무효의 소는 당사자·법정대리인 또는 4촌 이내의 친족(4촌 이내의 친족의 지위는 소를 제기할 당시에 있으면 되고, 입양신고 당시부터 있어야 하는 것이 아니다. 대판 1985. 12. 10, 85므28)이 제기할 수 있다(가소 31조·23조). 입양무효의 소의 상대방(피고)은 다음과 같이 된다. 양친과 양자는 서로를 상대방으로 하여 소를 제기한다(가소 28조·24조 1항). 제 3 자가 이 소를 제기할 때에는 양친과 양자 모두를 상대방으로 하고, 그중 어느 한쪽이 사망한 경우에는 그 생존자를 상대방으로 한다(가소 28조·24조 2항). 그리고 위의 경우에 상대방이 될 사람이 모두 사망한 경우에는 검사를 상대방으로 한다(가소 28조·24조 3항).

입양무효의 소의 경우에는 조정전치주의가 적용되지 않는다(가소 2조 1항 가류사건 5). 다만, 입양이 무효인 경우에 당사자 일방은 과실있는 상대방에 대하여 이로 인한 재산적·정신적 손해배상을 청구할 수 있는데(897조·806조), 입양무효로 인한 손해배상청구(제 3 자에 대한 청구 포함) 및 원상회복의 청구는 먼저 조정을 거쳐야 한다(가소 2조 1항 다류사건 3)·50조).

입양무효의 판결은 제 3 자에게도 효력이 있다(가소 21조 1항). 판결이 확정되면 소를 제기한 사람이 판결확정일부터 1개월 이내에 판결의 등본 및 그 확정증명서를 첨부하여 가족관계등록부의 정정을 신청해야 한다(가족 107조).

3) 입양무효의 효과 입양무효판결이 확정되면 당사자 사이에 처음부터 입양이 없었던 것으로 된다. 입양으로 인하여 발생한 친족관계가 소멸함은 물론이다(776조 참조). 그리고 입양이 무효로 된 경우 당사자 일방은 과실있는 상대방에 대하여 이로 인한 재산적·정신적 손해의 배상을 청구할 수 있다(897조·806조).

[134] (2) 입양의 취소

입양의 취소는 일정한 사유가 있는 경우에 취소청구권자가 일방적으로 입양의 효력을 소멸하게 하는 제도이다. 입양의 취소는 재산법상의 법률행위의 원칙적 취소와는 다르며, 혼인의 취소와 유사한 여러 특징을 가지고 있다([45]·[46] 참조). 즉 입양의 취소는 — 혼인의 취소와 마찬가지로 — 취소청구권자의 일방적인 의사표시만 있으면 취소되는 것이 아니고 취소청구권자가 가정법원에 취소를 청구하여야 하며(884조 1항 본문), 취소판결이 확정되어야 입양이 취소된다. 그리고 입양취소의 효력은 입양이 성립한 때로 소급하지 않고 장래에 향하여서만 생긴다(897조·824조).

1) 취소원인

(가) 미성년자가 입양을 한 경우(884조 1항 1호·866조) 이때는 양부모, 양자와 그 법정대리인 또는 직계혈족이 가정법원에 입양의 취소를 청구할 수 있으나(885조), 양부모가 성년이 되면 취소를 청구하지 못한다(889조).

여기의 미성년자는 혼인을 하지 않고 단독으로 입양을 한 미성년자라고 새겨야 한다(같은 취지: 박동섭, 325면). 왜냐하면 혼인을 한 미성년자는 성년의제가 되어 성년자로 다루어져야 하기 때문이다([128] 참조). 그리고 「양부모」가 성년이 되면 취소할 수 없다고 규정하고 있는데(889조), 거기의 양부모는 양부와 양모를 나누어 그들 중 성년에 달한 자는 취소하지 못한다고 새겨야 한다(같은 취지: 박동섭, 325면).

(나) 양자가 될 사람이 13세 이상의 미성년자인 경우에 법정대리인의 동의를 받지 않고 입양승낙을 한 경우(884조 1항 1호·869조 1항) 이 경우에는 양자나 동의권자가 취소를 청구할 수 있다(886조). 그러나 양자가 성년이 된 후 3개월이 지나거나 사망하면 취소를 청구하지 못하고(891조 1항), 또 그 사유가 있음을 안 날부터 6개월, 그 사유가 있었던 날부터 1년이 지나면 취소를 청구하지 못한다(894조).

(다) 법정대리인의 소재를 알 수 있는데도 알 수 없다고 하는 등의 사유로 가정법원으로부터 입양의 허가를 받아 양자가 된 경우(884조 1항 1호·869조 3항 2호) 이 경우에는 양자나 동의권자가 취소를 청구할 수 있다(886조). 그러나 양자가 성년이 된 후 3개월이 지나거나 사망하면 취소를 청구하지 못하고(891조 1항), 또 그 사유가 있음을 안 날부터 6개월, 그 사유가 있었던 날부터 1년이 지나면 취소를 청구하지 못한다(894조).

(라) 양자가 될 미성년자가 부모의 동의를 받지 않은 경우(884조 1항 1호·870조 1항) 이 경우에는 양자나 동의권자가 취소를 청구할 수 있다(886조). 그러나 양자가 성년이 된 후

3개월이 지나거나 사망하면 취소를 청구하지 못하고(891조 1항), 또 그 사유가 있음을 안 날부터 6개월, 그 사유가 있었던 날부터 1년이 지나면 취소를 청구하지 못한다(894조).

(마) **양자가 될 성년자가 부모의 동의를 받지 못한 경우**(884조 1항 1호 · 871조 1항) 이 경우에는 동의권자가 취소를 청구할 수 있다(886조). 그러나 양자가 사망하면 취소를 청구할 수 없고(891조 2항), 또 그 사유가 있음을 안 날부터 6개월, 그 사유가 있었던 날부터 1년이 지나면 취소를 청구하지 못한다(894조).

(바) **피성년후견인이 입양을 하거나 양자가 되면서 성년후견인의 동의를 받지 않은 경우** [135]
(884조 1항 1호 · 873조 1항) 이 경우에는 피성년후견인이나 성년후견인이 취소를 청구할 수 있다(887조). 그러나 성년후견개시의 심판이 취소된 후 3개월이 지나면 취소를 청구하지 못하고(893조), 그 사유가 있음을 안 날부터 6개월, 그 사유가 있었던 날부터 1년이 지나면 취소를 청구하지 못한다(894조).

(사) **배우자가 있는 사람이 배우자와 공동으로 입양하지 않았거나 배우자가 있는 사람이 양자가 되면서 배우자의 동의를 받지 않은 경우**(884조 1항 1호 · 874조) 이 경우에는 배우자가 취소를 청구할 수 있으나(888조), 그 사유가 있음을 안 날부터 6개월, 그 사유가 있었던 날부터 1년이 지나면 취소를 청구하지 못한다(894조).

일부 견해는 부부가 공동으로 할 수 없거나 동의를 할 수 없는 정당한 사유가 있어서 단독으로 입양한 경우에는 취소청구를 할 수 없다고 한다(김/김, 350면). 그러나 그러한 경우(단독으로 입양한 경우)에도 취소청구를 할 수 있다고 해야 한다. 만약 처 있는 남자가 처의 동의를 받지 않고 부부 쌍방 명의로 입양신고를 한 경우에는, 처와 양자 사이의 양모자관계는 무효이고, 양부자관계는 일단 유효하나 부부 공동입양의 요건을 갖추지 않아서 처는 그 입양을 취소할 수 있다고 할 것이다(대판 1998. 5. 26, 97므25).

(아) **입양 당시 양부모와 양자 중 어느 한쪽에게 악질(惡疾)이나 그 밖에 중대한 사유가 있음을 알지 못한 경우**(884조 1항 2호) 이 경우에는 중대한 사유가 있음을 알지 못했던 양부모나 양자가 취소를 청구할 수 있으나, 그 사유가 있음을 안 날부터 6개월이 지나면 취소를 청구하지 못한다(896조).

여기의 「중대한 사유」는 일반적인 사회생활관계에 비추어 볼 때 입양 당시 그 사유를 알았더라면 입양을 하지 않았거나 양자가 되지 않았을 것이라고 인정될 수 있는 사유를 가리킨다. 그 예로는 불치의 정신병, 성도착 증세, 폭행 성향, 심한 도벽(물건을 훔치는 습관), 알코올 중독을 들 수 있다. 그에 비하여 장애자임을 알고 입양한 경우의 그 사유, 상대방의 재산이 적은 것은 여기의 중대한 사유라고 할 수 없다. 성불구는 경우에 따라서는 중대한 사유로 될 수 있을 것이나(가령 아들로 입양하여 결혼을 시켜 여러 식구가 살고 싶어한 경우), 항상 그렇게 보기는 어렵다.

㈓ **사기 또는 강박으로 인하여 입양의 의사표시를 한 경우**(884조 1항 3호) 이 경우에는 사기 또는 강박으로 인하여 의사표시를 한 자가 취소를 청구할 수 있으나, 사기를 안 날 또는 강박을 면한 날부터 3개월이 경과하면 취소를 청구하지 못한다(897조 · 823조).

2) **가정법원의 취소 불허** 가정법원은 입양의 취소원인이 존재할 경우에도 양자가 된 미성년자의 복리를 위하여 여러 사정을 고려하여 입양을 취소하지 않을 수 있다(884조 2항 · 867조 2항).

3) **입양취소의 소** 입양취소의 소를 제기하려면 먼저 가정법원에 조정을 신청하여야 한다(가소 2조 1항 나류 사건 10) · 50조). 그러나 입양의 취소는 당사자가 임의로 처분할 수 없는 사항이므로(가사[Ⅱ], 86면), 조정의 성립만으로 입양이 취소되지 않고(가소 59조 2항 단서), 판결이 있어야 취소의 효력이 생긴다.

입양취소의 소를 제기할 수 있는 사람은 각각의 경우의 취소청구권자이다. 그리고 그 소의 상대방은 다음과 같다. 양부모와 양자는 서로를 상대방으로 한다(가소 31조 · 24조 1항). 이때 상대방이 사망한 경우에는 검사를 상대방으로 한다(가소 31조 · 24조 3항). 그리고 제 3 자가 소를 제기할 때에는 양부모와 양자 모두를 상대방으로 하고, 그중 어느 한쪽이 사망한 경우에는 생존자를 상대방으로 하고, 모두 사망한 경우에는 검사를 상대방으로 한다(가소 31조 · 24조 2항 3항).

입양취소의 소는 형성의 소이고, 그 판결은 제 3 자에게도 효력이 있다(가소 21조 1항). 판결이 확정되면 소를 제기한 자는 재판의 확정일부터 1개월 이내에 신고하여야 한다(가족 65조 · 58조 1항). 그런데 그 신고는 그 소의 상대방도 할 수 있다(가족 73조 · 58조 3항). 그리고 이 두 경우의 신고서에는 재판확정일을 기재해야 한다(가족 73조 · 58조 2항 3항). 여기의 신고는 보고적 신고이다.

4) **입양취소의 효과** 입양취소의 효력은 기왕에 소급하지 않는다(897조 · 824조). 따라서 취소판결이 확정된 때부터 입양이 무효로 된다. 그리고 입양으로

인하여 발생한 친족관계도 종료한다(776조). 그런데 양자가 미성년자인 경우에 입양이 취소된 때에 친생부모의 친권이 당연히 부활하는 것이 아니다. 그때에는 친생부모 일방 또는 쌍방, 미성년자, 미성년자의 친족이 입양취소 사실을 안 날부터 1개월, 입양이 취소된 날부터 6개월 이내에 가정법원에 친생부모 일방 또는 쌍방을 친권자로 지정할 것을 청구할 수 있다(909조의 2 2항). 그리고 그와 관련된 규정도 두고 있다(909조의 2 3항 · 4항. 자세한 내용은 [153] · [154] 참조).

입양이 취소된 경우 당사자 일방은 과실있는 상대방에 대하여 이로 인한 재산적 · 정신적 손해의 배상을 청구할 수 있다(897조 · 806조). 그런데 입양취소로 인한 손해배상청구(제 3 자에 대한 청구 포함) 및 원상회복청구를 할 때에는 먼저 조정을 신청해야 한다(가소 2조 1항 다류사건 3) · 50조).

(3) 양친자관계 존부 확인의 소 [136]

양친자관계 존부 확인의 소를 제기할 수 있는가? 판례는 이를 긍정하며, 그 경우에는 친생자관계 존부 확인의 소를 유추적용할 것이라고 한다(대판 1993. 7. 16, 92므372).

〈판 례〉

「(1) 신분관계의 존부의 확정에 관하여 민법이나 가사소송법 등에서 구체적으로 소송유형을 규정하고 있는 예가 많으나(가사소송법 제 2 조 제 1 항 가. 가사소송사건의 (1) 가류사건 중 1 내지 6호, (2) 나류사건 중 1 내지 3호, 5 내지 11호가 이에 속한다), 그와 같이 실정법상 소송유형이 규정되어 있는 경우에 한하여 신분관계 존부 확인에 관한 소송을 제기할 수 있는 것으로 볼 것은 아니며, 소송유형이 따로 규정되어 있지 아니하더라도 법률관계인 신분관계의 존부를 즉시 확정할 이익이 있는 경우라면 일반 소송법의 법리에 따라 그 신분관계 존부 확인의 소송을 제기할 수 있는 것으로 보아야 한다. 따라서 이 사건에서 원고가 그 주장대로 구 조선민사령의 공포 시행 전에 당시의 관습에 따라 양자연조절차를 밟음으로써 합법적으로 망 ○○○의 양자로 되었으나 제 3 자가 이를 부인하는 등으로 인하여 그 지위에 법적 불안이 발생하고 있다면, 비록 양친자관계 존부 확인소송이 민법이나 가사소송법 등에 규정된 바가 없다고 하더라도, 스스로 원고가 되어 양친자관계 존재 확인의 소를 제기할 수 있다 할 것이다.

(2) 양친자 중 일방이 원고로 되어 양친자관계 존재 확인의 소를 제기하는 경우에는 친생자관계 존부 확인소송의 경우에 준하여 양친자 중 다른 일방을 피고로 하여야 할 것이다. 그리고 이 사건에서처럼 피고가 되어야 할 다른 일방이 이미 사망한 경우에는 역시 친생자관계 존부 확인소송의 경우를 유추하여 검사를 상대로 소를 제기할 수 있다고 할 것이다. 신분관계 소송에 있어서는 재산상의 분쟁의 경우와는 달리 위법한 신분관계가 존속함에도 그 상대방이 될 자가 사망하였고 그 법률관계는 상속되지 않아 소송의 상대방이 될 자가 존재하지 않는 경우에는 관련된 다수 이해관계인들의

이익을 위하여 공익의 대표자인 검사를 소송의 상대방으로 하여 소송을 제기하는 방안이 마련되어 있는데(민법 제849조, 제864조, 제865조 등, 가사소송법 제24조 제3항, 제4항 등), 이는 위법한 신분관계가 존재하는 경우에 이를 다툴 구체적 상대방이 없다는 이유로 방치하는 것은 공익에 반하므로 공익의 대표자인 검사를 상대로 하여 소송을 제기하게 하고자 함에 있는 것인바(당원 1992. 5. 26. 선고, 90므1135 판결 참조), 이러한 입법취지에 비추어 본다면 양친자관계 존부 확인소송에 있어서도 피고가 될 자가 사망한 경우에는 위에서 본 바의 규정들을 유추적용하여 검사를 상대로 소를 제기할 수 있다고 해석함이 합리적이라 할 것이다(당원은 이미 위 90므1135 판결에서 이혼심판이 확정된 경우의 재심소송에 대하여 위 규정들의 유추적용을 인정한 바 있고, 1983. 3. 8. 선고 81므76 판결에서는 사실혼 존부 확인소송에 대하여 위 규정들의 유추적용을 긍인한 바 있다).」(대판 1993. 7. 16, 92므372)

[137] ## 4. 입양의 효과

(1) 법정혈족관계의 창설

양자는 입양된 때, 즉 입양신고일(878조)부터 양부모의 친생자와 같은 지위를 가지며(882조의 2 1항) 양부모의 혈족·인척과의 사이에도 친족관계가 발생한다(772조). 그리고 판례에 의하면 양부모가 이혼하여 양모(養母)가 양부의 가(家)를 떠난 경우에도 양모자관계가 소멸하지 않는다(대판(전원) 2001. 5. 24, 2000므1493). 그런가 하면 양부모인 부부가 입양한 뒤 그 일방이 사망하거나 이혼하고 생존한 양부나 양모가 재혼한 경우에는, 재혼한 배우자와 양자 사이에는 인척관계가 성립한다. 양부모가 이혼한 후 각각 재혼한 경우에 양친의 각 배우자와 양자 사이도 같다.

양자와 양부모 및 그 혈족·인척 사이의 친계와 촌수는 입양한 때부터 혼인 중의 출생자와 동일한 것으로 본다(772조 1항). 그리고 양자의 배우자, 직계비속과 그 배우자는 양자의 친계를 기준으로 하여 촌수를 정한다(772조 2항).

양자와 양부모 및 그 혈족 사이에는 서로 부양관계·상속관계가 생긴다. 그리고 양자가 미성년자인 경우 양부모의 친권에 따른다(909조 1항 2문). 따라서 친생부모의 친권은 소멸한다. 부(夫)가 처의 친생자를 단독으로 입양한 경우에는 양부인 그 부(夫)와 처가 공동친권자로 되며, 이는 처가 부(夫)의 친생자를 입양한 경우에도 마찬가지이다.

(2) 양자의 생가친족과의 관계

양자의 입양 전의 친족관계는 존속한다(882조의 2 2항). 즉 양자의 친생부모 및 그 혈족, 인척 사이의 친족관계는 입양에 의하여 영향을 받지 않는다. 따라서 생가의 친족에 대한 부양관계 · 상속관계 등 친족적 효과는 그대로 존속한다. 그 결과 양자는 친생부모 · 양부모 모두의 상속인이 될 수 있고, 양자가 직계비속 · 배우자 없이 사망하면 친생부모 · 양부모가 공동상속인이 된다.

(3) 양자의 성(姓)

입양 후에도 양자의 성은 변경되지 않는다. 즉 양친의 성과 본을 따를 수 없다(같은 취지: 김/김, 354면; 박동섭, 318면; 박병호, 192면; 신영호, 197면; 이경희, 221면; 지원림, 1944면. 반대 견해: 김용한, 201면). 그러나 2005년 민법개정시에 도입된 성 · 본 변경제도를 이용할 수는 있다. 그리하여 자의 복리를 위하여 자의 성과 본을 변경할 필요가 있을 때에는 양부, 양모 또는 자(子)의 청구에 의하여 법원의 허가를 받아 자의 성과 본을 변경할 수 있다(781조 6항).

「국내입양에 관한 특별법」에 따라 입양된 아동은 친양자와 동일한 지위를 가지므로(같은 법 14조)(「국제입양에 관한 법률」에 따른 입양의 효력은 경우에 따라 다름. 이 법 22조 · 23조 참조), 양친의 성과 본을 따르게 된다(781조 1항). 그런데 「국내입양에 관한 특별법」에 따라 양자가 될 사람이 제한되어 있어서(같은 법 13조 참조) 모든 사람에 대하여 그 법에 따른 입양을 할 수는 없다. 그리하여 가령 부(夫)가 처의 친생자를 입양하려는 경우에는 민법에 따라 입양할 수밖에 없고 「국내입양에 관한 특별법」을 이용할 수는 없다(같은 취지: 김/김, 355면).

〈보호대상아동 등의 입양에 관한 특별법상 양자가 될 자격〉

「국내입양에 관한 특별법」에 따라 양자가 될 아동은 보호대상아동(보호자가 없거나 보호자로부터 이탈된 아동 또는 보호자가 아동을 학대하는 경우 등 그 보호자가 아동을 양육하기에 적당하지 않거나 양육할 능력이 없는 경우의 아동. 같은 법 2조 2호, 아동복지법 3조 4호)으로서 시 · 도지사 또는 시장 · 군수 · 구청장이 아동복지법 제15조 제 1 항 제 6 호에 따른 보호조치로서 입양이 해당 아동에게 최선의 이익이 된다고 결정한 아동이어야 한다(같은 법 13조 1항).

「국제입양에 관한 법률」에 따르면, 국제입양 가운데 '외국으로의 입양'의 경우에는 양자가 될 아동은 ① 같은 법 제 7 조 제 2 항(이 2항은 보건복지부장관은 「국내입양에 관한 특별법」 13조 1항에 따라 양자가 될 아동으로 결정된 아동 중 국제입양이 해당 아동에게 최선의 이익이 된다고 판단되는 경우 위원회의 심의 · 의결을 거쳐 해당 아동을 국제입양대상아동으로 결정할 수 있다고 규정함)에 따라 보건복지부장관이 국제입양대상아동으로 결정한 아동, ② 부부의 일방이 배우자의 친생자를 단독으로 국제입양하려는 경우의 그 친생자 중 어느 하나에 해당하여야 한다(같은 법 7조 1항). 그리고 국제입양 가운데 '국내로의 입양'에서는 출신국 중앙당국으로부터 양자가 될 자격이 있다고 인정받은 아동이어야 한다(같은 법 18조).

5. 파 양 [138]

(1) 의 의

파양(罷養)은 유효하게 성립한 양친자관계를 인위적으로 해소하는 것이다.

파양에는 협의상 파양과 재판상 파양이 있다.

(2) 협의상 파양

1) 의 의 양부모와 양자는 협의하여 파양할 수 있는데(898조 본문), 그 경우의 파양이 협의상 파양이다. 협의상 파양은 넓은 의미에서 하나의 계약이며, 일정한 방식으로 신고하여야 하는 요식행위이다(904조·878조).

2) 성립요건 협의상 파양은 일종의 계약이기 때문에 그것이 성립하려면 파양의 합의가 있어야 한다. 그리고 민법상 파양신고를 하여야 한다(904조·878조).

(가) **파양의 합의** 협의상 파양을 성립시키기 위한 합의는 외형적인 의사표시의 일치로서 충분하다. 그리고 그러한 의사표시와 그것들의 일치인 합의는 파양신고가 있을 때 그것에 포함되어서 행하여지게 된다. 따라서 파양이 성립하기 위하여 합의가 따로 행하여질 필요는 없다.

(나) **파양신고** 협의상 파양은 「가족관계의 등록 등에 관한 법률」에 정한 바에 따라 신고함으로써 그 효력이 생긴다(904조·878조). 이 신고는 창설적 신고이다.

협의상 파양의 신고는 말로도 할 수 있고(가족 23조 1항), 서면으로 신고하는 경우에는 우송을 하거나(가족 41조 참조) 타인에게 제출하게 하여도 되나(가족 23조 2항), 구술신고는 타인이 대리할 수 없다(가족 31조 3항 단서·63조).

파양신고가 제898조·제902조(이들을 통설은 협의상 파양의 실질적 성립요건이라고 함)·그 밖의 법령을 위반하지 않으면 그것을 수리하여야 한다(903조).

3) 협의상 파양의 장애사유 민법은 제898조 단서와 제902조에서 협의상 파양의 장애사유를 규정하고 있다. 통설은 이들을 파양의 실질적 성립요건의 문제로 다루고 있으나, 그것이 파양의 성립과 관련되는 것은 그러한 사유가 있을 때 가족관계 등록사무 담당 공무원이 파양신고를 수리하지 않는다는 정도밖에 없다(903조). 그리고 그러한 사유가 있더라도 신고가 수리되면 협의상 파양은 유효하게 성립하며, 단지 협의상 파양의 무효 또는 취소의 문제가 생길 뿐이다.

(가) 양자가 미성년자 또는 피성년후견인인 경우에는 협의상 파양이 인정되지 않으며(898조 단서), 재판상 파양만 허용된다. 2012년 민법개정 전에는 양자가 미성년자이거나 금치산자인 경우에도 협의상 파양이 가능하였다(개정 전 민법 900조·902조). 그런데 협의상 파양은 당사자의 합의와 파양신고만 있으면 바로 양친자관계가 해소되기 때문에, 보호가 필요한 미성년자나 피성년후견인이 양자인 경우에 협의상 파양

을 허용하는 것이 적절하지 않았다. 그리하여 2012년 민법개정시에 양자가 미성년자이거나 피성년후견인인 경우에는 협의상 파양을 금지하고 재판상 파양만 할 수 있도록 고쳤다.

(나) 양부모가 피성년후견인인 경우에는 성년후견인의 동의를 받아 파양을 협의할 수 있다(902조). 민법은 양부모가 피성년후견인인 경우에는 — 양자가 피성년후견인인 경우와 달리 — 협의상 파양을 허용하되 성년후견인의 동의를 받아서 파양의 협의를 하도록 하였다.

(다) 부부 공동입양의 경우 협의상 파양을 부부가 공동으로 하여야 하는가? 여기에 관하여는 명문의 규정이 없다. 그런 상태에서 부부 공동입양의 원칙에 비추어 파양도 부부가 공동으로 해야 한다고 해석할 수도 있고, 공동으로 해야 한다는 규정이 없으므로 단독으로 파양할 수 있다고 해석할 수도 있다. 우리의 학설은 i) 계약형 양자를 원칙으로 하고 있고 또 협의상 파양을 인정하고 있는 성년자 입양의 구조상 단독파양도 가능하다는 견해(이경희, 223면), ii) 원칙적으로 부부가 공동으로 하되, 부부 중 한쪽이 사망하거나 이혼한 때, 의사표시를 할 수 없는 때에는 단독으로 파양할 수 있다는 견해(김/김, 359면. 박동섭, 331면은 일방의 사망, 의사표시 불가능의 경우에, 신영호, 198면은 일방의 사망과 이혼의 경우에 단독으로 파양할 수 있다고 한다), iii) 제874조의 취지에 따라 공동으로 해야 한다는 견해(지원림, 1950면)로 나뉘어 있다. 그리고 판례는 부부 중 일방이 사망하거나 이혼한 때에는 공동파양의 원칙이 적용될 여지가 없다고 한다(대판 2001. 8. 21, 99므2230). 생각건대 우선 단독파양을 금지하는 규정이 없다. 그리고 양자가 미성년자인 경우에는 미성년자의 복리를 위하여 부부가 공동으로만 파양을 하게 할 필요성이 크다. 그런데 현행법상 미성년자에 대한 협의상 파양은 허용되지 않으므로 그 점은 고려하지 않아도 될 것이다. 그리고 입양이 있으면 친생자관계와 같은 효력이 생기고, 그것을 해소하는 방법은 파양밖에 없는데, 양부모인 부부가 합의를 하지 못하기 때문에 참기 어려운 양친자관계를 유지하게 하는 것은 바람직하지 않다. 따라서 협의상 파양은 부부 중 한쪽이 단독으로 할 수 있다고 새기는 것이 옳다.

양자에게 배우자가 있는 경우에 양자는 배우자의 동의 없이 협의상 파양을 할 수 있는지 문제된다. 여기에 관하여는 제874조 제 2 항을 유추하여 배우자의 동의를 얻어야 한다는 견해(김/김, 359면; 박동섭, 331면; 이경희, 223면)가 주장되고 있다. 그러나 배우자의 동의를 요구하는 명문규정이 없고, 양자의 의사를 존중할 필요가 있으므로, 배우자의 동의가 필요하지 않다고 새길 것이다(같은 취지: 윤진수, 195면).

만약 — 사견과 달리 — 양부모인 부부가 공동으로만, 그리고 양자가 배우자의 동의를 얻어서만 협의상 파양을 할 수 있다고 해석하는 경우에는, 그것을 위반한 경우의 효과(아마도 취소를 인정해야 할 것임)도 밝혀주어야 한다.

[139] 4) 협의상 파양의 무효와 취소

(가) **협의상 파양의 무효** 민법에는 협의상 파양의 무효에 관한 규정이 없으나(이는 입법상 불비(不備)이다), 가사소송법이 이에 대하여 규정하고 있다(가소 2조 1항 가류사건 6)). 재판상 파양은 무효로 될 수 없으므로 그 규정에서의 파양은 협의상 파양이다. 파양의 무효는 가류 가사소송사건이어서 조정전치주의가 적용되지 않는다. 그런데 파양의 무효를 원인으로 하는 손해배상청구(제3자에 대한 청구를 포함한다) 및 원상회복청구는 먼저 조정을 거쳐야 한다(가소 2조 1항 다류사건 3)·50조).

입양의 무효에 관한 규정(883조)을 유추적용하여, 첫째로 당사자 사이에 파양의 합의(실질적으로 양친자관계를 해소하려는 의사의 합치)가 없는 때, 즉 의사무능력자의 파양, 조건부 파양, 일방 당사자가 파양의사를 철회하였는데 상대방이 일방적으로 신고한 경우, 어떤 목적을 위한 수단으로 한 가장파양 등과, 둘째로 양자가 미성년자 또는 피성년후견인인 경우(898조 단서)에는 파양이 무효라고 하여야 한다. 이에 대하여 하나의 문헌(지원림, 1950면)만 본서의 견해에 전적으로 찬성하고 있으며, 다른 문헌(김/김, 360면; 박동섭, 332면; 신영호, 198면; 이경희, 223면)들은 첫째의 경우에 대하여는 모두 같은 결론을 취하고 있으나 둘째의 경우에 대하여는 언급이 전혀 없다.

입양무효의 소는 당사자(양부모·양자), 법정대리인 또는 4촌 이내의 친족이 제기할 수 있다(가소 31조·23조). 그리고 그 소의 상대방(피고)은 다음과 같다. 양부모나 양자는 서로를 상대방으로 하여 소를 제기하고(가소 31조·24조 1항), 상대방이 될 사람이 사망한 경우에는 검사를 상대방으로 한다(가소 31조·24조 3항). 제3자가 소를 제기할 때에는 양부모와 양자 모두를 상대방으로 하고, 이들 중 어느 한쪽이 사망한 경우에는 그 생존자를 상대방으로 하며(가소 31조·24조 2항), 생존자가 없는 경우에는 검사를 상대방으로 한다(가소 31조·24조 3항).

[140] (나) **협의상 파양의 취소** 사기 또는 강박으로 인하여 파양의 의사표시를 한 자는 사기를 안 날 또는 강박을 면한 날부터 3개월 이내에 가정법원에 파양의 취소를 청구할 수 있다(904조·823조). 그 밖에 제902조를 위반한 경우, 즉 피성년후견인

인 양부모의 협의에 성년후견인의 동의가 없는 경우에 대하여는 민법에 규정이 없다. 이에 대하여 통설은 취소규정이 없으므로 파양이 계속해서 유효하다고 한다(명시적인 견해: 김/김, 360면; 윤진수, 195면. 나머지는 이들 경우에 대한 설명이 없다). 그러나 이는 잘못이며(입법상 불비임), 입양취소의 규정(902조가 873조 1항과 유사하므로 884조 1항 1호 · 887조 · 894조)을 유추하여 취소를 청구할 수 있다고 하여야 한다(같은 취지: 지원림, 1950면).

협의상 파양의 취소는 가정법원에 소를 제기하여 청구하여야 한다(가소 2조 1항 나류사건 11). 협의상 파양 취소의 소를 제기할 수 있는 사람은 제904조 위반의 경우에는 사기 또는 강박으로 인하여 파양의 의사표시를 한 자이고(904조 · 823조), 제902조 위반의 경우에는 피성년후견인이나 성년후견인이다(887조 유추). 파양 취소의 소의 상대방은 바로 위에서 설명한 파양 무효의 경우와 같다(가소 31조 · 24조 참조).

협의상 파양의 취소를 청구할 때에는 먼저 조정을 신청해야 한다(가소 2조 1항 나류 사건 11) · 50조). 그러나 협의상 파양의 취소는 당사자가 임의로 처분할 수 없는 사항이므로(가사[Ⅱ], 89면) 조정의 성립만으로 파양이 취소되지 않고(가소 59조 2항 단서), 판결이 있어야 취소의 효력이 생긴다. 그리고 파양의 취소를 원인으로 한 손해배상청구(제 3 자에 대한 청구를 포함한다) 및 원상회복청구에는 조정전치주의가 적용된다(가소 2조 1항 다류사건 3) · 50조).

파양 취소의 소는 형성의 소이다(같은 취지: 박동섭, 333면; 이경희, 224면). 그리고 파양취소의 효과는 소급한다.

(3) **재판상 파양** [141]

재판상 파양은 일정한 원인이 있는 경우에 파양청구의 소를 제기하여 파양하는 것이다.

1) **파양원인** 양부모, 양자 또는 제906조에 따른 재판상 파양 청구권자는 다음 사유 중 어느 하나가 있으면 가정법원에 파양을 청구할 수 있다(905조).

㈎ 양부모가 양자를 학대 또는 유기하거나 그 밖에 양자의 복리를 현저히 해친 경우(905조 1호)

㈏ 양부모가 양자로부터 심히 부당한 대우를 받은 경우(905조 2호)

㈐ 양부모나 양자의 생사가 3년 이상 분명하지 않은 경우(905조 3호)

㈑ 그 밖에 양친자관계를 계속하기 어려운 중대한 사유가 있는 경우(905조 4호)

파양청구권자는, 위의 파양원인 중 ㈐를 제외한 나머지의 경우에는, 그 사유가 있음을 안 날부터 6개월, 그 사유가 있었던 날부터 3년이 지나면 파양을 청구할 수 없다(907조). 그리고 이혼의 경우와 마찬가지로 고의나 과실로 양친자관계를 파탄에 이르게 한 유책당사자의 파양청구는 허용되지 않는다고 하여야 한다(같은 취지: 김/김, 365면; 박동섭, 335면).

2) 파양청구소송의 절차

(가) 재판상 파양에는 조정전치주의가 적용된다(가소 2조 1항 나류사건 12)·50조). 조정이 성립되면 파양의 효력이 생긴다(가소 59조).

(나) 파양청구소송의 당사자는 양부모와 양자이며, 제 3 자는 파양을 청구할 수 없다(대판 1983. 9. 13, 83므16. 양조부는 재판상 파양청구권이 없다). 그런데 민법은 파양청구권자와 관련하여 제906조의 특별규정을 두고 있다. 그 내용은 다음과 같다.

① 양자가 13세 미만인 경우에는, 제869조 제 2 항에 따른 승낙 즉 입양대락을 한 사람이 양자를 갈음하여 파양을 청구할 수 있다(906조 1항 본문). 다만, 파양을 청구할 수 있는 사람이 없는 경우에는, 제777조에 따른 양자의 친족이나 이해관계인이 가정법원의 허가를 받아 파양을 청구할 수 있다(906조 1항 단서).

② 양자가 13세 이상의 미성년자인 경우에는, 제870조 제 1 항에 따른 동의를 한 부모의 동의를 받아 파양을 청구할 수 있다(906조 2항 본문). 다만, 부모가 사망하거나 그 밖의 사유로 동의할 수 없는 경우에는, 동의 없이 파양을 청구할 수 있다(906조 2항 단서).

③ 양부모나 양자가 피성년후견인인 경우에는, 성년후견인의 동의를 받아 파양을 청구할 수 있다(906조 3항).

④ 검사는 미성년자나 피성년후견인인 양자를 위하여 파양을 청구할 수 있다(906조 4항).

[142] (다) 부부 공동입양의 원칙의 취지에 비추어 양부모가 부부인 경우 파양도 부부 공동으로 하여야 할 것이나, 양부모인 부부 일방이 사망하거나 양부모가 이혼한 때에는 공동파양의 원칙이 적용될 여지가 없다(대판 2001. 8. 21, 99므2230). 재판상 파양의 경우에는 협의상 파양과 달리 파양원인이 규정되어 어차피 널리 파양이 인정될 수 있는 것이 아닐뿐더러, 법원이 파양원인의 존재 여부를 판단할 때 부부를 함께 고려할 가능성이 크고, 또 부부가 공동으로 입양한 경우에는 가정의 평화를 위하여 파양의 효과가 부부에게 함께 생기는 것이 바람직하기 때문에, 원칙적으로 부부가 공동으로 원고나 피고가 되어야 하는 것이다. 학설 중에는 위의 사견과 같은 견해도 있고(박동섭, 334면), 이혼의 경우 외에는 부부가 공동으로 해야 한다는

견해도 있다(김/김, 362면).

〈판 례〉

「민법 제874조 제 1 항은 "배우자 있는 자가 양자를 할 때에는 배우자와 공동으로 하여야 한다"고 규정함으로써 부부의 공동입양원칙을 선언하고 있는바, 파양에 관하여는 별도의 규정을 두고 있지는 않고 있으나 부부의 공동입양원칙의 규정 취지에 비추어 보면 양친이 부부인 경우 상고이유의 주장과 같이 파양을 할 때에도 부부가 공동으로 하여야 한다고 해석할 여지가 없지 아니하나(양자가 미성년자인 경우에는 양자제도를 둔 취지에 비추어 그와 같이 해석하여야 할 필요성이 크다), 그렇게 해석한다고 하더라도 양친 부부 중 일방이 사망하거나 또는 양친이 이혼한 때에는 부부의 공동파양의 원칙이 적용될 여지가 없다고 할 것이다.

따라서 양부가 사망한 때에는 양모는 단독으로 양자와 협의상 또는 재판상 파양을 할 수 있으되 이는 양부와 양자 사이의 양친자관계에 영향을 미칠 수 없는 것이고, 또 양모가 사망한 양부에 갈음하거나 또는 양부를 위하여 파양을 할 수는 없다고 할 것이며, 이는 친생자 부존재 확인을 구하는 청구에 있어서 입양의 효력은 있으나 재판상 파양 사유가 있어 양친자관계를 해소할 필요성이 있는 이른바 재판상 파양에 갈음하는 친생자관계 부존재 확인청구에 관하여도 마찬가지라고 할 것이다.

왜냐하면, 양친자관계는 파양에 의하여 해소될 수 있는 점을 제외하고는 친생자관계와 똑같은 내용을 갖게 되는데, 앞에서 본 바와 같이 이 사건에서 진실에 부합하지 않는 친생자로서의 호적기재가 법률상의 친자관계인 양친자관계를 공시하는 효력을 갖게 되었고 망 소외인과 피고 사이의 이러한 양친자관계는 해소할 방법이 없으므로 그 호적기재 자체를 말소하여 법률상 친자관계를 부인하게 하는 친생자관계 존부 확인청구는 허용될 수 없는 것이기 때문이다.」(대판 2001. 8. 21, 99므2230)

㈑ 파양청구를 인용하는 판결에 의하여 파양의 효력이 생긴다(가소 12조, 민소 205조). 파양의 재판이 확정되면 소를 제기한 자는 재판확정일부터 1개월 내에 신고하여야 한다(가족 66조 · 58조 1항). 그런데 그 신고는 그 소의 상대방도 할 수 있다(가족 73조 · 58조 3항). 그리고 이 두 경우의 신고서에는 재판확정일을 기재해야 한다(가족 73조 · 58조 2항 3항). 그런데 이 신고는 보고적 신고이다.

3) 재판상 파양의 소의 성격 재판상 파양의 소는 판결의 확정에 의하여 양친자관계가 소멸하는 효과가 발생하는 것으로서 형성의 소이다(가사[Ⅱ], 92면).

(4) 파양의 효과

협의상 파양이나 재판상 파양이 성립하면 양부모와 양자 사이의 양친자관계를 비롯한 친족관계가 모두 소멸한다(776조). 따라서 입양으로 인하여 발생하였던 친자로서의 법률효과(부양 · 상속 · 친권)는 모두 소멸한다. 그런데 양자가 미성년자인 경우에 파양(이는 재판상 파양만을 의미한다. 양자가 미성년자인 경우에는 협의상 파양은 인정되지 않기 때문이다. 898조 단서 참조)이 되면 친생부모의 친권이 당연히 부활하는 것이 아니다. 그때에는 친생부모의 일방 또는 쌍방, 미성년자, 미성년자의 친족이 일정한 기간 내에 가정법원에 친생부모의 일방 또는 쌍방을 친권자로 지정할 것을 청구할 수 있다(909조의 2 2항). 그리고 그와 관련된 규정도 두고 있다(909조의 2 3항 · 4항. 자세한 내용은 [153] · [154] 참조).

재판상 파양을 한 때에는 과실있는 상대방에 대하여 이로 인한 재산적 · 정신적 손해배상을 청구할 수 있다(908조 · 806조). 그런데 파양을 원인으로 하는 손해배상청구(제 3 자에 대한 청구를 포함한다) 및 원상회복청구를 할 때에는 먼저 조정을 거쳐야 한다(가소 2조 1항 다류사건 3) · 50조).

[143] ## 6. 친양자(親養子)

(1) 서 설

종래의 양자제도에 의하면 양자는 양부의 성을 따를 수 없고 또 양자라는 사실이 호적에 그대로 공시되었다. 그 때문에 입양 자체를 꺼리게 되고 입양을 하는 경우에도 양자를 친생자인 것처럼 출생신고하는 것이 보편화되었다. 이에 판례도 입양의 의사를 가지고 친생자 출생신고를 한 경우에 입양의 효력을 인정하고 있다. 이러한 상황에서 민법은 2005년 개정시에 양자와 양부모의 관계를 친생자와 같이 하여 양자의 복리를 달성하기 위하여 친양자제도를 도입하였다(908조의 2-908조의 8. 이 제도는 2008. 1. 1.부터 시행되고 있다).

친양자제도는 양자를 양친의 친생자와 같이 다루는 것으로서 외국의 완전양자제도에 해당하는 것이다. 그리고 입양이 법원의 재판에 의하여 성립한다는 점에서 종래의 계약형 양자제도와 현저히 다른 특징을 보인다(선고형 양자).

친양자제도가 도입됨에 따라 우리 민법상 양자제도는 보통양자와 친양자로 이원화되었다.

〈보호대상아동 등의 입양에 관한 특별법상 양자〉

「국내입양에 관한 특별법」에 따라 입양된 아동은 민법에 따른 친양자와 동일한 지위를 가지므로(같은 법 25조), 그 법상의 양자도 일종의 친양자이다. 그런데 그 법은 입양의 요건(같은 법 13조 이하), 입양의 효력(같은 법 25조·26조), 입양의 취소(같은 법 28조) 등에 관하여 별도로 규정하고 있다.

「국제입양에 관한 법률」에 따라 입양된 아동은 '외국으로의 입양의 경우' 원칙적으로 민법에 따른 친양자와 동일한 지위를 가진다(같은 법 13조. '국내로의 입양'의 경우는 다름). 그리고 이 법도 그 경우에 입양의 요건(같은 법 7조 이하)과 효력(같은 법 13조 · 14조)을 별도로 규정한다.

(2) 친양자 입양의 요건

친양자 입양이 성립하려면 친양자를 입양하려는 사람이 일정한 요건을 갖추어 가정법원에 친양자 입양을 청구하여야 하고(908조의 2), 가정법원이 그 청구를 인용하는 재판을 하여야 한다.

1) 일정한 요건을 갖춘 청구 갖추어야 하는 요건은 다음과 같다.

(가) 3년 이상 혼인 중인 부부로서 공동으로 입양할 것(908조의 2 1항 1호 본문) 보통양자의 경우에는 배우자 있는 자가 입양을 할 때에만 부부가 공동으로 입양하도록 하나(874조 1항), 친양자는 3년 이상 혼인 중인 부부만 입양할 수 있다. 다만, 1년 이상 혼인 중인 부부의 한쪽이 그 배우자의 친생자(전혼에서 출생한 자 또는 혼인 외의 자)를 친양자로 하는 경우에는 단독으로 입양할 수 있다(908조의 2 1항 1호 단서). 그 경우에는 배우자와 자 사이에는 이미 친생친자관계가 있어서 친양자관계를 형성할 필요가 없기 때문이다.

혼인을 한 지 3년 이상 되었는지는 청구시를 기준으로 해야 한다(같은 취지: 김/김, 369면. 신영호, 203면은 청구시를 기준으로 하되, 심판시에 이를 충족할 수 있는 경우에는 청구를 각하할 필요가 없다고 한다). 그런데 청구시에 3년이 지났더라도 심판 당시에 부부로서의 관계가 해소되었다면 입양을 허가하지 않아야 한다.

부부가 공동으로 청구하여야 하며, 제908조의 2 제 1 항 제 1 호 단서를 제외하고 다른 예외를 인정할 것은 아니다(같은 취지: 신영호, 203면; 지원림, 1954면. 반대 견해: 김/김, 369면; 박동섭, 304면).

(나) 친양자로 될 사람이 미성년자일 것(908조의 2 1항 2호) 2012. 2. 10. 민법개정 전에는 15세 미만의 자만 친양자로 입양할 수 있었으나, 민법개정시에 그 대상을 미성년자 전체로 확대하였다.

미성년자인지를 결정하는 기준시기에 대하여는 i) 가정법원에 친양자 입양을 청구한 때라는 견해(신영호, 204면; 지원림, 1953면)와 ii) 친양자 입양재판을 확정한 때라는 견해(이경희, 229면)가 대립한다. 생각건대 제908조의 제 1 항이 일정한 요건을 갖추어 가정법원에 청구하도록 하고 있을뿐더러 친양자 입양 여부가 심판절차의 장단에 영향을 받아서는 안 되고, 또 친양자 입양을 넓게 허용하는 것이 친양자의 복리를 위해서도 도움이 되므로, 청구시를 기준으로 해야 한다.

(다) 친양자로 될 사람의 친생부모가 친양자 입양에 동의할 것(908조의 2 1항 3호 본문) 다만, 부모가 친권상실의 선고를 받거나 소재를 알 수 없거나 그 밖의 사유로 동의할

수 없는 경우에는 동의를 요하지 않는다(908조의 2 1항 3호 단서). 그리고 여기의 부모는 이혼한 뒤 친권자로 지정되지 못한 일방도 포함한다(같은 취지: 김/김, 371면). 그러나 인지되지 않은 혼인 외의 자의 친양자 입양의 경우에는 친권자의 생모의 동의만 있으면 되고 생부의 동의는 필요하지 않는다(김/김, 373면; 신영호, 205면).

㈑ **친양자가 될 사람이 13세 이상인 경우에는 그가 법정대리인의 동의를 받아 입양을 승낙할 것**(908조의 2 1항 4호)

㈒ **친양자가 될 사람이 13세 미만인 경우에는 법정대리인이 그를 갈음하여 입양을 승낙할 것**(908조의 2 1항 5호)

[144] 2) 가정법원의 입양재판

㈎ 가정법원은 아래에 설명하는 일정한 사유가 있으면 위 1)의 ㈐·㈑의 「동의」 또는 ㈒의 「승낙」이 없어도 친양자 입양청구를 인용할 수 있다(908조의 2 2항 1문). 그 경우 가정법원은 동의권자 또는 승낙권자를 심문하여야 한다(908조의 2 2항 2문). 그 사유는 다음과 같다.

① 법정대리인이 정당한 이유 없이 동의 또는 승낙을 거부하는 경우(908조의 2 2항 1호 본문). 다만, 법정대리인이 친권자인 경우에는 제 2 호(아래 ②) 또는 제 3 호(아래 ③)의 사유가 있어야 한다(908조의 2 2항 1호 단서).

② 친생부모가 자신에게 책임있는 사유로 3년 이상 자녀에 대한 부양의무를 이행하지 않고 면접교섭을 하지 않은 경우(908조의 2 2항 2호).

③ 친생부모가 자녀를 학대 또는 유기하거나 그 밖에 자녀의 복리를 현저히 해친 경우(908조의 2 2항 3호).

㈏ 가정법원은 친양자가 될 사람의 복리를 위하여 그 양육상황, 친양자 입양의 동기, 양부모의 양육능력, 그 밖의 사정을 고려하여 친양자 입양이 적당한지 여부를 결정하며, 적당하지 않다고 인정되는 경우에는 그 청구를 기각할 수 있다(908조의 2 3항).

판례는, 민법상 친양자 입양은 가정법원의 허가를 받아 친양자로 입양된 자에게 친생부모와의 친족관계를 종료시키고 양부모의 혼인 중 출생자 신분을 갖게 하는 강력한 신분형성적 효과가 있으므로, 친양자 입양의 허용 여부를 판단할 때는 입양되는 자녀의 복리에 적합한지를 최우선적으로 고려하되, 친양자 입양의 동기와 현실적 필요성, 가족관계에 미치는 영향 등도 신중히 고려하여 종합적으로 판단해야 한다고 한다(대결 2022. 8. 11, 2022스502).

가정법원의 청구인용 재판이 확정되면 친양자를 입양하고자 하는 사람은 재판확정일부터 1개월 이내에 신고하여야 한다(가족 67조 1항). 그리고 그 신고서에는 재판확정일을 기재해야 한다(가족 67조 2항). 이 신고는 보고적 신고이다(같은 취지: 김/김, 376면; 박동섭, 313면; 신영호, 207면; 이경희, 229면; 지원림, 1953면). 민법에 신고하여야 효력이 생긴다는 규정(예: 836조 1항)이 없을뿐더러 제908조의 3의 제 2 항에서 입양 전의 친족관계가 「친양자 입양이 확정된 때」에 종료한다는 표현과 제908조의 2 제 3 항 법문에 비추어 보아도 친양자 입양은 가정법원의 재판이 확정된 때에 성립한다고 보아야 하기 때문이다.

(3) 친양자 입양의 효력 [145]

1) 혼인 중 출생자로 의제됨 친양자는 부부의 혼인 중 출생자로 본다(908조의 3 1항). 그리하여 친양자는 양친의 성과 본을 따르게 된다(부모가 혼인신고시 모의 성과 본을 따르기로 협의하지 않은 한 양부의 성과 본을 따름. 781조 1항). 그리고 친양자와 양부모의 친족 사이에도 친족관계가 발생하므로, 부양 · 상속관계도 생기게 된다.

그 밖에 친양자는 가족관계등록부에도 양친의 친생자로 기록되어 입양사실이 나타나지 않는다. 다만, 친양자 입양관계증명서에는 친양자 입양사실이 나타난다. 그런데 가족등록법은 그 증명서의 교부청구를 엄격하게 제한하고 있다.

〈가족등록법상 친양자 입양관계증명서의 교부청구를 할 수 있는 경우〉

가족등록법은 다음의 경우에만 친양자 입양관계증명서의 교부청구를 허용하고 있다(같은 법 14조 2항 1호-4호). ① 친양자가 성년이 되어 신청하는 경우, ② 혼인당사자가 민법 제809조의 친족관계를 파악하고자 하는 경우, ③ 법원의 사실조회 촉탁이 있거나 수사기관이 수사상 필요에 따라 문서로 신청하는 경우, ④ 그 밖에 대법원규칙(가족규칙)으로 정하는 경우. 그리고 가족규칙은 위 ④에 해당하는 경우로 (a) 민법 제908조의 4에 따라 친양자 입양의 취소를 하거나 민법 제908조의 5에 따라 친양자의 파양을 할 경우, (b) 「국내입양에 관한 특별법」 제28조 제 1 항 또는 「국제입양에 관한 법률」 제25조 제 1 항 본문에 따라 입양의 취소를 할 경우, (c) 친양자의 복리를 위하여 필요함을 구체적으로 소명하여 신청하는 경우, (d) 그 밖의 대법원예규가 정하는 정당한 이유가 있는 경우를 규정하고 있다(가족규칙 23조 3항).

2) 입양 전의 친족관계의 종료 친양자로 입양되면 친양자의 입양 전의 친족관계는 친양자 입양의 청구에 의한 친양자 입양이 확정된 때에 종료한다(908조의 3 2항 본문). 이와 같이 친양자 입양에 의하여 종전의 친족관계가 종료하는 시기가 출생

시에 소급하지는 않으므로 친양자 입양이 입양 전의 상속이나 부양관계에는 영향을 미치지는 않는다. 한편 부부의 일방이 그 배우자의 친생자를 단독으로 입양한 경우에 있어서의 배우자 및 그 친족과 친생자간의 친족관계는 종료하지 않는다(908조의 3 2항 단서). 그리고 친양자 입양 전의 혈족과의 근친혼 금지규정은 그대로 유지된다(809조 1항).

인지되지 않은 혼인 외의 자가 친양자로 입양된 경우에 생부는 인지할 수 없다고 해야 한다(같은 취지: 신영호, 207면). 그리고 친양자에 대하여는 친생부인도 할 수 없다고 해야 한다. 그러지 않으면 친양자가 친생자가 아님에도 불구하고 엄격한 요건심사 하에 친생자로 의제한 것이 무의미하게 되기 때문이다.

3) 효력발생시기 친양자 입양의 효력발생시기는 친양자 입양이 확정된 때이고(908조의 3 2항), 친양자의 출생시로 소급하지 않는다(이경희, 232면은 「친양자는 출생한 때부터 양부모의 친생자로 본다」고 하여, 소급효가 있는 것처럼 표현한다). 따라서 친양자 입양 전에 양부모가 부양의무를 부담했던 것으로 되지는 않는다.

[146] **(4) 친양자 입양의 무효와 취소**

친양자 입양은 가정법원의 엄격한 심사를 통하여 행하여지기 때문에 흠을 가지고 있을 가능성이 매우 적다. 그래서 민법은 보통의 입양의 무효(883조)와 취소(884조)에 관한 규정은 친양자 입양에 적용하지 않고(908조의 4 2항), 한 가지 사유에 대하여 취소청구를 인정하는 별도의 규정(908조의 4 1항)을 두고 있다.

그에 의하면, 친양자로 될 사람의 친생(親生)의 아버지 또는 어머니는 자신에게 책임이 없는 사유로 인하여 친양자 입양에 동의를 할 수 없었던 경우에, 친양자 입양의 사실을 안 날부터 6개월 내에 가정법원에 친양자 입양의 취소를 청구할 수 있다(908조의 4 1항). 여기서 「아버지 또는 어머니에게 책임이 없는」 경우의 예로는 자(子)가 제 3 자에 의하여 유괴되거나 미아가 된 경우 또는 친생부모가 심신상실의 상태에 있었던 경우를 들 수 있다(가사[Ⅱ], 99면). 취소청구가 있는 경우 가정법원은 취소사유가 있더라도 친양자로 될 사람의 복리를 위하여 그 양육상황, 친양자 입양의 동기, 양부모의 양육능력, 그 밖의 사정을 고려하여 친양자 입양의 취소가 적당하지 않다고 인정되는 때에는 취소청구를 기각할 수 있다(908조의 6 · 908조의 2 3항).

친양자 입양 취소의 소를 제기할 수 있는 사람(원고)은 친양자 입양 당시에 동의를 할 수 없었던 친생의 아버지 또는 어머니이다(908조의 4 1항). 소의 상대방(피고)은 양부모와 친양자가 되는데, 그 3인 중 일부가 사망한 경우에는 생존자가 상대방이 되고(가소 31조 · 24조 2항), 3인이 모두 사망한 경우에는 검사가 상대방이 된다(가소 31조 · 24조 3항).

친양자 입양 취소의 소를 제기할 때는 먼저 조정을 거쳐야 한다(가소 2조 1항 나류 사건 13) · 50조). 그런데 친양자 입양 취소는 당사자가 임의로 처분할 수 없는 사항이므로(가사[Ⅱ], 102면), 판결이 있어야 효력이 생긴다(가소 59조 2항 단서). 그리고 친양자 입양 취소의 소는 형성의 소로 보아야 한다(가사[Ⅱ], 99면).

친양자 입양이 취소되면 친양자관계는 소멸하고 입양 전의 친족관계가 부활한다(908조의 7 1항). 따라서 자는 친생부모의 성을 따르게 된다. 친양자 입양이 취소된 경우 친생부모가 친권자가 되는가? 여기에 대하여는 i) 긍정설(김/김, 381면; 박동섭, 329면; 지원림, 1955면)과 ii) 제909조의 2 제 2 항 내지 제 4 항 적용설(신영호, 208면)이 대립하고 있다. 생각건대 제909조의 2 제 2 항 내지 제 4 항에서 친양자 입양의 취소에 대하여 명시적으로 규정하고 있지는 않으나, 그 규정들은 친양자 입양 취소의 경우에도 적용되는 것이 바람직하고, 또 그것이 제908조의 8의 취지에도 부합하는 것으로 생각된다. 따라서 친생부모가 당연히 친권자로 되지 않고 일정한 자가 친생부모의 일방 또는 쌍방을 친권자로 정할 것을 법원에 청구할 수 있다고 해야 한다(908조의 2 2항. 그리고 같은 조 3항 · 4항도 참조. 자세한 내용은 [153] · [154] 참조). 한편 이러한 입양취소의 효력은 취소의 재판이 확정되는 때 생기고, 소급하지 않는다(908조의 7 2항).

친양자의 입양 취소의 재판이 확정된 경우 소를 제기한 사람은 재판의 확정일부터 1개월 이내에 재판서의 등본 및 확정증명서를 첨부하여 신고를 해야 한다(가족 70조 · 69조 1항). 이 경우에는 그 소의 상대방도 신고를 할 수 있다(가족 70조 · 69조 3항). 그리고 이 두 경우에 신고서에는 재판확정일을 기재해야 한다(가족 70조 · 69조 2항 3항). 이 신고는 보고적 신고이다(같은 취지: 박동섭, 328면).

(5) 친양자의 파양 [147]

1) 양자를 마치 양부모의 친생자처럼 다루는 친양자제도의 본질상 파양은 친양자제도와 어울리지 않는다. 양친(養親)을 위한 파양은 더욱 그렇다. 그러나 아직은 친자관계에 관한 우리의 정서를 무시할 수가 없어서 민법은 제한된 범위에서 재판상 파양을 인정하고 있다.

2) 파양원인은 두 가지이다. 하나는 양친이 친양자를 학대 또는 유기(遺棄)하거나 그 밖에 친양자의 복리를 현저히 해하는 때(908조의 5 1항 1호)이고, 다른 하나는 친

양자의 양친에 대한 패륜행위로 인하여 친양자관계를 유지시킬 수 없게 된 때(908조의 5 1항 2호)이다. 이러한 사유가 있는 경우에는 양친, 친양자, 친생의 부(父) 또는 모(母)나 검사가 가정법원에 친양자의 파양을 청구할 수 있다(908조의 5 1항). 가정법원은 파양사유가 있다고 인정되는 때에는 파양청구를 인용한다. 다만, 위의 둘째 사유(908조의 5 1항 2호)에 의한 파양청구에 대하여는 제908조의 2 제3항이 준용되므로(908조의 6), 여러 사정을 고려하여 파양이 적당하지 않다고 인정되는 때에는 파양청구를 기각할 수 있다.

양부모 중 어느 한쪽에게만 파양사유가 있는 경우에 그 한쪽에 대하여만 파양을 청구할 수 있는가? 가령 양부가 친양자를 학대하는 경우가 그렇다. 생각건대 양부가 이혼을 한 때에는 가능하다고 할 것이나, 일반적으로 허용할 것은 아니다(김/김, 383면도 같은 취지인 것으로 보인다).

3) 친양자 파양의 소를 제기할 수 있는 사람(원고)은 양친, 친양자, 친생의 부 또는 모나 검사이다(908조의 5 1항). 그리고 이 소의 상대방(피고)은 다음과 같다. 양부모와 친양자는 서로를 상대방으로 하여 소를 제기하고, 상대방이 될 사람이 사망한 경우에는 검사를 상대방으로 한다(가소 31조·24조 1항 3항). 친생의 부 또는 모나 검사가 소를 제기할 때에는 양부모와 친양자 모두를 상대방으로 하고, 이들 중 어느 한쪽이 사망한 경우에는 생존자를 상대방으로 하며, 이들이 모두 사망한 경우에는 검사를 상대방으로 한다(가소 31조·24조 2항 3항).

4) 친양자 파양의 소를 제기할 때에는 먼저 조정을 거쳐야 한다(가소 2조 1항 나류 사건 14)·50조). 그런데 친양자 파양은 당사자가 임의로 처분할 수 없는 사항이므로(가사[Ⅱ], 102면), 조정으로 파양이 되지는 못한다(가소 59조 2항 단서). 그리고 친양자 파양의 소는 형성의 소로 보아야 한다(가사[Ⅱ], 99면).

5) 친양자 입양이 파양된 때에는 친양자관계는 소멸하고 입양 전의 친족관계가 부활한다(908조의 7 1항). 따라서 자의 성도 친생부모를 따라 다시 변경된다. 그런데 파양된 경우에 친양자의 성을 친생부모에 따라 변경하는 것이 바람직한지는 의문이다(김/김, 385면은 친양자의 친생부모의 대다수가 독신모라는 사실을 들어 같은 주장을 한다). 법리상으로 성을 유지할 수 없다면, 제781조 제6항을 활용하여 성을 유지할 수도 있도록 해야 할 것이다. 한편 친양자 파양이 확정된 경우에 친양자가 아직 미성년자일 때에는 누가 친권자로 되는지 문제된다. 그때에는 — 전술한 친양자 입양 취소의 경우에서와 마찬가지로 — 당

연히 친생부모가 친권자로 된다고 할 것이 아니고, 제909조의 2 제 2 항 내지 제 4 항이 적용된다고 새겨야 한다(같은 취지: 김/김, 385면; 신영호, 209면).

친양자 파양의 재판이 확정된 경우 소를 제기한 사람은 재판의 확정일부터 1개월 이내에 재판서의 등본 및 확정증명서를 첨부하여 신고를 해야 한다(가족 69조 1항). 이때 그 소의 상대방도 신고할 수 있다(가족 69조 3항). 그리고 이들 경우에 신고서에는 재판확정일을 기재해야 한다(가족 69조 2항). 이 신고는 보고적 신고이다.

6) 친양자 입양의 경우에는 협의상 파양이 인정되지 않으며(908조의 5 2항 · 898조), 보통입양에 있어서의 재판상 파양원인에 관한 규정도 적용되지 않는다(908조의 5 2항 · 905조).

(6) 기 타

친양자에 관하여는 특별규정(908조의 2-908조의 7)이 있는 경우를 제외하고는 그 성질에 반하지 않는 범위 안에서 양자에 관한 규정을 준용한다(908조의 8).

종전의 규정에 의하여 입양된 자를 친양자로 하려는 자는 2012. 2. 10.에 개정되기 전의 민법 제908조의 2 제 1 항 제 1 호 내지 제 4 호의 요건을 갖춘 경우에는 가정법원에 친양자 입양을 청구할 수 있다(2005. 3. 31. 개정민법 부칙 5조).

제 3 절 친 권

I. 서 설 [148]

(1) 친권은 부모가 미성년의 자(子)를 보호(保護) · 교양(敎養)하는 권리임과 동시에 의무이다(913조). 친권은 지배권에 해당하기는 하나, 단순히 부모가 자를 지배하는 것이 아니고 아직 성숙하지 않은 자(子)를 돌보아 주어야 하는 의무의 성질도 같이 가지고 있다.

(2) 친권에 따르는 사람은 미성년의 자(子)이다(909조 1항). 미성년의 자에는 친생자뿐만 아니라 양자(보통양자 · 친양자)도 포함된다. 그리고 친생자인 경우 혼인 중의 출생자인지 혼인 외의 출생자인지 묻지 않는다. 다만, 혼인 외의 출생자로서 인지되지 않은 자는 제외된다. 한편 미성년의 자의 성별도 불문한다.

미성년자가 혼인한 때에는, 성년자로 의제되어서(826조의 2) 친권에 따르지 않는다. 성년의제된 자가 미성년의 상태에서 혼인이 해소(이혼 · 일방의 사망)되거나 취소된 때에도 여전히 성년자로 보아야 한다. 그런데 혼인적령에 이르지 못한 자는 혼인하여도 성년의제가 되지 않는다고 해야 하며, 혼인적령 위반을 이유로 취소된 때에도 마찬가지로 보아야 한다([50] 참조). 그리고 혼인이 무효인 경우에도 성년자로 인정하지 않아야 한다(같은 취지: 박동섭, 346면 주 1).

성년자는 독립하여 생계를 꾸려가지 못하는 경우에도 부모의 친권에 따르지 않는다.

[149] Ⅱ. 친 권 자

1. 혼인 중의 출생자의 경우

미성년자인 자가 혼인 중의 출생자인 경우에는 그 부모가 친권자가 된다(909조 1항 1문).

(1) 친권의 행사는 부모가 혼인 중인 때에는 부모가 공동으로 하여야 한다(909조 2항 본문).

여기서 「친권을 공동으로 행사한다」는 것이 어떤 의미인가? 여기에 관하여 학설은 일치하여, 친권행사를 부모의 공동의사에 따라 해야 한다는 의미이며, 행위 자체를 반드시 부모가 공동으로 하거나 공동의 명의로 해야 한다는 것이 아니라고 한다(김/김, 390면; 김용한, 211면; 박동섭, 355면; 박병호, 202면; 배/최, 347면; 신영호, 213면; 오시영, 289면; 이경희, 236면; 조승현, 256면; 지원림, 1956면). 이러한 학설은 민법총칙에서 공동대리의 경우에 통설이 대리인이 의사결정을 공동으로 하면 충분하다고 하는 것과 같은 맥락에 있다(민법총칙 [193] 참조). 생각건대 부모가 친권을 공동행사하는 것은 부모가 미성년의 자의 법률행위를 대리하는 경우는 공동대리이고, 다른 권리를 행사하는 것도 공동대리와 유사한 것이다. 따라서 공동대리에 관한 이론(사견은 통설과 다름)이 여기에 참고되어야 한다. 그 외에 미성년의 자의 보호를 크게 고려해야 한다. 본래 당사자의 일방이 여럿인 때에는 그들이 표시행위를 같이 해야 한다. 당사자 일방의 대리인이 여럿 있는 경우도 마찬가지이다. 즉 표시행위의 공동이 원칙인 것이다. 그리고 의사결정의 공동만으로 충분하다고 하면 부모에게는 편리할 수 있지만 미성년의 자나 상대방에게는 이롭지 않다. 의사결정을 함께 하지 않은 경우에 의사결정에 참여하지 않은 부나 모가 의사결정을 공동으로 하지 않았음을 증명하지 않는 한 자나 상대방이 그것을 증명하는 것이 사실상 불가능하기 때문이다. 또한 미성년의 자의 복리를 생각한다면 표시행위의 공동을 요구해야 한다(같은 취지: 윤진수, 208면. 그런데 이 문헌은 저자의 견해를 반대로 소개하고 있음). 결국 부모가 의사결정도 공동으로 하고 나아가 표시행위까지 공동으로 해야 한다고 새겨야 한다. 그리하여 이러한 요건이 갖추어져 있지 않으면 부모의 친권행사가 유효하게 되지 않으며, 그것이 대리행위라면 무권대리가 된다고 할 것이다.

친권행사를 부모의 공동의사에 따라 하면 된다는 통설에 따르면, 부모 중 일방이 단독의 명의로 자(子)를 대리하거나 자의 법률행위에 동의하였더라도 다른 일방의 동의를 얻어서 한 경우에는 대리행위나 동의가 모두 유효하다고 한다. 그에 비하여 부모 중 일방이 다른 일방의 동의 없이 대리행위나 동의를 한 경우에는 그 대리행위나 동의는 적법한 추인이 없는 한 유효하게 되지 못한다고 한다.

그런데 전술한 사견에 따르면, 부모가 대리행위나 동의를 하는 경우로는 ① 공동의사결정+공동명의(행위), ② 공동의사결정+단독명의(행위), ③ 단독의사+공동명의, ④ 단독의사+단독명의라는 넷이 있는데, 이 중 ①만이 유효하고, ②·③·④는 모두 무권대리로 되어 효력이 생기지 않는다고 하게 된다. 물론 ②·③·④의 경우에 다른 일방이 적법하게 추인을 하면 처음부터 유효한 것으로 된다.

공동대리의 제한을 위반하여 대리행위를 한 경우에는 권한을 넘은 대리행위이어서 제126조가 적용된다. 그런데 제126조가 법정대리에도 적용되는지 문제된다. 학설은 대립하고 있고, 판례는 긍정하는 입장이다(민법총칙 [222] 참조). 그런데 사견은 법정대리에도 적용되나 거래의 안전을 희생하면서까지 본인을 보호하여야 하는 제한능력자의 경우에는 적용되지 않는다는 견지에 있다. 어쨌든 제126조를 여기에도 적용하는 견해에 따르면, 부모 중 일방이 단독으로 대리한 경우에도(의사결정을 단독으로 한 경우이든 행위만 단독으로 한 경우이든) 대리행위는 무권대리가 되나, 상대방은 제126조의 요건을 증명하여 미성년의 자에게 책임을 물을 수 있다. 그때에는 「정당한 이유」가 있다는 것을 증명하기가 쉽지 않을 것이다.

민법은 제920조의 2에서, 부모 일방이 「공동명의로」 자를 대리하거나 자의 법률행위에 동의한 경우에 상대방이 선의인 때에는, 설사 그것이 다른 일방의 의사에 반하는 때에도 효력이 있다고 한다. 이 규정은 공동 친권행사의 경우에 상대방과 거래의 안전을 보호하기 위해서 두어진 것으로 보인다. 그런데 이 규정으로 인하여 공동 친권행사 규정(909조 2항 본문)은 실효성이 거의 없어지게 되었다. 상대방의 입장에서 부모가 의사결정을 공동으로 하지 않았음을 아는 경우(악의인 경우)는 거의 없을 것이기 때문이다. 그리하여 미성년자의 보호는 크게 훼손되게 되었다. 그리고 이 규정의 신설은 우리 민법이 거래의 안전을 희생하면서까지 제한능력자를 보호하는 기본적인 태도에도 어긋난다. 또한 — 여기에 제126조를 적용하는 입장에서는 — 제126조의 적용으로 합리적인 범위에서 상대방을 보호하는 기능을 무력하게 만들기도 한다. 그러므로 이 규정은 삭제되어야 한다(같은 취지: 오종근, "민법 제920조의 2에 대한 검토," 가족법연구 11호, 330면 이하. 박동섭, 356면; 이경희, 237면도 이 규정에 비판적이다). 한편 제920조의 2는 그 단서에서 상대방이 악의인 경우에만 부모 일방의 행위의 효력을 부정하는데, 일부 문헌은 상대방이 선의이더라도 과실이 있는 경우에는 효력이 없다고 해석한다(김/김, 391면; 박병호, 202면; 오시영, 289면이 그렇다). 그러나 법률이 명백히 「악의인 때」라고 규정했는데 거기에 「선의이지만 과실이 있는 때」를 포함시켜서 새길 수는 없다. 그리고 그 규정의 문언상 상대방의 악의는 부모 일방의 행위(대리행위 또는 동의)의 효력을 부정하려는 자가 주장·증명해야 한다. 제920조 2의 규정상 부부의 일방이 「단독명의」로 대리행위 등을 한 경우에는 상대방이 선의이더라도 그 규정에 의하여 유효하게 되지는 않는다.

[150] (2) 부모의 의견이 일치하지 않는 경우에는 당사자의 청구에 의하여 가정법원이 친권행사 방법을 정한다(909조 2항 단서).

그리고 부모의 일방이 친권을 행사할 수 없을 때에는 다른 일방이 이를 행사한다(909조 3항). 여기서 「친권을 행사할 수 없을 때」란 사실상 행사할 수 없는 경우와 법률상 행사할 수 없는 경우를 포함한다. 전자의 예로는 생사불명이거나 중병에 걸린 경우, 장기간 여행하고 있는 경우, 정신병이나 치매에 걸려 의사능력이 없는 경우(심신상실)를 들 수 있고, 후자의 예로는 성년후견개시의 심판을 받은 경우, 친권상실선고를 받은 경우, 친권행사금지 가처분결정을 받은 경우를 들 수 있다. 한정후견개시의 심판을 받은 경우는 어떤가? 개정된 민법에 따르면, 피한정후견인은 원칙적으로 행위능력을 가지며, 가정법원이 한정후견인의 동의를 받아야 할 행위의 범위를 정한 경우 즉 동의유보의 경우에만 그 범위에서 행위능력이 제한된다(민법총칙 [108-1] 참조). 따라서 피한정후견인은 동의유보가 된 경우에만 그의 미성년의 자에 대한 재산관리권이 제한되고(미성년의 자의 보호를 위하여 동의유보가 된 범위에서만이 아니고 모든 범위에서 재산관리권이 제한된다고 해야 한다), 동의유보가 되지 않은 경우에는 전 범위에서 재산관리권이 제한되지 않는다고 새겨야 한다(김/김, 392면도 유사하다). 그러나 피한정후견인은 자녀의 친족법상의 행위에 대하여는 언제나 친권을 행사할 수 있다고 해야 한다(같은 취지: 김/김, 392면; 신영호, 215면).

〈부모 중 일방이 사망한 경우의 친권자〉

부모 가운데 하나가 사망한 경우에는 누가 친권자가 되고, 그 법적 근거는 어디에 있는가? 여기에 관하여는 하나의 문헌(박동섭, 347면)만이 부모의 일방이 사망한 경우를 제909조 제 3 항이 정하는 「부모의 일방이 친권을 행사할 수 없을 때」의 예로 들고 있을 뿐이고, 자세한 논의는 보이지 않는다. 생각건대 제909조 제 3 항이 정하고 있는 경우는 부모 모두가 존재하고 있음을 전제로 한 것으로 보아야 하고, 따라서 부모 중 일방이 사망한 경우는 거기에 해당하지 않는다고 하여야 한다. 그리고 제909조는 부모 가운데 생존해 있는 자(들)가 친권자가 된다는 점을 당연히 전제하고 있는 것으로 이해하여야 하며, 그에 따라 부모 중 1인만이 생존하고 있는 경우에는 그 부 또는 모만이 당연히 친권자가 된다고 하여야 한다.

2. 혼인 외의 출생자의 경우

혼인 외의 출생자가 아직 인지되지 않은 경우에는 그 모가 친권자가 된다. 그리고 임의인지가 된 경우에는, 부모의 협의로 친권자를 정해야 하고, 협의할 수 없거나 협의가 이루어지지 않는 때에는 가정법원은 직권으로 또는 당사자의 청구에 따라 친권자를 지정하여야 한다(909조 4항 본문). 다만, 부모의 협의가 사의 복리에 반하는 경우에는 가정법원은 보정을 명하거나 직권으로 친권자를 정한다(909조 4항 단서).

강제인지(재판상 인지)의 경우에는 가정법원이 직권으로 친권자를 정한다(909조 5항).

3. 양자의 경우 [151]

양자의 경우에는 양부모가 친권자가 된다(909조 1항 2문). 친양자의 경우에도 같다. 친권행사의 방법은 혼인 중의 출생자에 있어서와 같다(909조 2항·3항). 따라서 양부모가 혼인 중인 때에는 양부모가 친권을 공동으로 행사하고, 양부모의 일방이 사망하거나 친권을 행사할 수 없을 때에는 다른 일방이 행사한다.

부부의 일방이 배우자의 자(子)를 입양한 경우는 제909조 제 1 항의 제 2 문을 적용할 것이 아니고 혼인 중의 자와 같이 다루어야 한다(같은 취지: 김/김, 404면; 신영호, 217면; 이경희, 241면).

제909조 제 1 항 제 2 문은 양친이 친생친과 혼인하지 않은 경우를 전제로 하고 있기 때문이다. 그리하여 이 경우에는 부부(양친과 친생친)가 공동친권자가 되고, 그들이 이혼을 하면 제909조 제 4 항 · 제 5 항에 따라야 한다. 그리고 그중 일방이 사망하면 다른 일방이 단독 친권자로 되고, 파양을 하면 친생친이 단독 친권자로 된다.

4. 부모의 이혼 등의 경우

(1) 부모가 협의이혼을 한 경우에는 부모의 협의로 친권자를 정하여야 하고, 협의할 수 없거나 협의가 이루어지지 않는 경우에는 가정법원은 직권으로 또는 당사자의 청구에 따라 친권자를 지정하여야 한다(909조 4항 본문). 다만, 부모의 협의가 자의 복리에 반하는 경우에는 가정법원은 보정을 명하거나 직권으로 친권자를 정한다(909조 4항 단서).

재판상 이혼의 경우에는 가정법원이 직권으로 친권자를 정한다(909조 5항).

이혼의 경우 친권과 양육권이 항상 같은 사람에게 돌아가야 하는 것은 아니고, 또 친권이 부모에 공동으로 귀속될 수도 있다(대판 2012. 4. 13, 2011므4719)([75]도 참조).

〈판 례〉

「자의 양육을 포함한 친권은 부모의 권리이자 의무로서 미성년인 자의 복지에 직접적인 영향을 미친다. 그러므로 부모가 이혼하는 경우에 부모 중에서 미성년인 자의 친권을 가지는 사람 및 양육자를 정함에 있어서는, 미성년인 자의 성별과 연령, 그에 대한 부모의 애정과 양육의사의 유무는 물론, 양육에 필요한 경제적 능력의 유무, 부 또는 모와 미성년인 자 사이의 친밀도, 미성년인 자의 의사 등의 모든 요소를 종합적으로 고려하여 미성년인 자의 성장과 복지에 가장 도움이 되고 적합한 방향으로 판단하여야 한다(대법원 2010. 5. 13. 선고 2009므1458, 1465 판결 등 참조).

한편 민법 제837조, 제909조 제 4 항, 가사소송법 제 2 조 제 1 항 제 2 호 나목의 3) 및 5) 등이 부부의 이혼 후 그 자의 친권자와 그 양육에 관한 사항을 각기 다른 조항에서 규정하고 있는 점 등에 비추어 보면, 이혼 후 부모와 자녀의 관계에 있어서 친권과 양육권이 항상 같은 사람에게 돌아가야 하는 것은 아니며, 이혼 후 자에 대한 양육권이 부모 중 어느 일방에, 친권이 다른 일방에 또는 부모에 공동으로 귀속되는 것으로 정하는 것은, 비록 신중한 판단이 필요하다고 하더라도, 앞서 본 바와 같은 기준을 충족하는 한 허용된다고 할 것이다.」(대판 2012. 4. 13, 2011므4719)

(2) 부모의 혼인이 취소된 경우(가소 2조 1항 마류사건 5))에는 가정법원이 직권으로 친권자를 정한다(909조 5항). 혼인이 무효인 경우에 대하여는 민법에는 규정이 없으나, 가사소송법상 혼인이 취소된 경우와 동일하다고 해석된다(가소 25조 참조).

5. 친권자의 변경 [152]

혼인 외의 자(子)의 인지, 부모의 이혼, 혼인의 무효·취소 등으로 부모 중 일방이 친권자로 결정된 경우에도, 가정법원은 자(子)의 복리를 위하여 필요하다고 인정되는 때에는 자(子)의 4촌 이내의 친족의 청구에 의하여 정하여진 친권자를 다른 일방으로 변경할 수 있다(909조 6항, 가소 2조 1항 마류사건 5))(조정전치주의가 적용됨. 가소 50조).

이에 의하면, 정해진 친권자의 변경은 당사자의 협의에 의하여는 할 수 없고 반드시 가정법원에 청구하여서만 할 수 있다. 그리고 여기의 「정하여진 친권자」에는 협의이혼·임의인지 당시 당사자가 협의로 정한 친권자뿐만 아니라 재판상 이혼 등의 경우에 법원이 직권으로 정한 친권자도 포함된다(박동섭, 350면). 그리고 변경되는 친권자는 「다른 일방」이므로 부모 중 친권자가 아니었던 부 또는 모가 된다.

친권자를 변경하지 않겠다는 합의는 강행규정인 이 규정을 위반한 것이어서 무효이며(같은 취지: 김/김, 403면; 박동섭, 350면), 따라서 그러한 합의가 있었더라도 친권자 변경을 청구할 수 있다. 친권자 변경의 횟수에는 제한이 없다. 그러나 너무 자주 친권자를 변경하는 것은 미성년의 자의 보호·양육에 바람직하지 않으므로 피해야 할 것이다.

6. 정해진 친권자가 없게 된 경우 [153]

(1) 서 설

가령 이혼 후 단독친권자로 되어 있던 부모 중 일방이 사망한 때에는 누가 친권자로 되는가? 이러한 경우에 대하여 민법이 개정되기 전에는 민법에 아무런 규정도 없었다. 그러한 상태에서 판례는 다른 일방의 친권이 자동으로 부활된다고 하였다(대판 1994. 4. 29, 94다1302). 그런데 이에 의하면 그 다른 일방이 부적격자일지라도 친권을 행사하게 되는 불합리함이 생기게 된다. 그리하여 2011. 5. 19.에 민법을 개정하여 위와 같은 불합리함을 제거할 수 있도록 하였다(이를 세간에서는 최진실법이라고 부름). 이 개정법률은 2013. 7. 1.부터 시행되었다.

개정된 민법은 이혼의 경우 외에도 인지된 경우, 혼인이 취소된 경우에 정해진 친권자가 없게 된 때나, 입양이 취소되거나 파양이 된 경우 또는 양부모가 모두 사망한 경우에 관하여도 규정하고 있다.

(2) 정해진 단독 친권자가 사망한 경우(909조의 2 1항)

제909조 제 4 항(혼인 외의 자가 인지된 경우와 부모가 이혼하는 경우. 위 2.와 5. 참조) · 제 5 항(혼인의 취소 · 재판상 이혼 또는 인지청구의 소의 경우. 위 2.와 4. 참조) · 제 6 항(정해진 친권자를 다른 일방으로 변경한 경우. 위 5. 참조)에 따라 단독 친권자로 정하여진 부모의 일방이 사망한 경우에는, 생존하는 부 또는 모, 미성년자, 미성년자의 친족은 그 사실을 안 날부터 1개월, 사망한 날부터 6개월 내에 가정법원에 생존하는 부 또는 모를 친권자로 지정할 것을 청구할 수 있다(909조의 2 1항). 만약 이 기간 내에 친권자 지정의 청구가 없을 때에는, 가정법원은 직권으로 또는 미성년자 · 미성년자의 친족 · 이해관계인 · 검사 · 지방자치단체의 장의 청구에 의하여 미성년후견인을 선임할 수 있다(909조의 2 3항 1문). 이 경우 생존하는 부 또는 모, 친생부모 일방 또는 쌍방의 소재를 모르거나 그가 정당한 사유 없이 소환에 응하지 않는 경우를 제외하고 그에게 의견을 진술할 기회를 주어야 한다(909조의 2 3항 2문).

한편 가정법원은, 제909조의 2 제 1 항에 따른 친권자 지정청구나 제 3 항에 따른 후견인 선임청구가 생존하는 부 또는 모, 친생부모 일방 또는 쌍방의 양육의사 및 양육능력, 청구 동기, 미성년자의 의사, 그 밖의 사정을 고려하여 미성년자의 복리를 위하여 적절하지 않다고 인정하면, 청구를 기각할 수 있다(909조의 2 4항 1문). 그리고 이 경우 가정법원은 직권으로 미성년후견인을 선임하거나 생존하는 부 또는 모, 친생부모 일방 또는 쌍방을 친권자로 지정하여야 한다(909조의 2 4항 2문). 가정법원이 미성년후견인을 선임하게 되면 미성년자 후견이 개시될 것이다(928조 참조). 아무튼 민법에 이와 같은 규정이 두어져서 단독 친권자가 사망한 뒤 부적격자인 다른 일방이 당연히 친권자로 되는 것을 막을 수 있게 되었다.

그런데 민법은 후견이 개시되었을지라도 사정이 변하였으면 그것을 고려하여 다시 친권자로 될 수 있도록 하고 있다. 즉 가정법원은 제909조의 2 제 3 항과 제 4 항에 따라 미성년후견인이 선임된 경우라도 미성년후견인 선임 후 양육상황이나 양육능력의 변동, 미성년자의 의사, 그 밖의 사정을 고려하여 미성년자의 복리를 위하여 필요하면 생존하는 부 또는 모, 친생부모 일방 또는 쌍방, 미성년자의 청구에 의하여 후견을 종료하고 생존하는 부 또는 모, 친생부모 일방 또는 쌍방을 친권자로 지정할 수 있다고 한다(909조의 2 6항).

(3) 입양취소 · 파양 · 양부모가 모두 사망한 경우 [154]

입양이 취소되거나 파양된 경우 또는 양부모가 모두 사망한 경우에는, 친생부모 일방 또는 쌍방, 미성년자, 미성년자의 친족은 그 사실을 안 날부터 1개월, 입양이 취소되거나 파양된 날 또는 양부모가 모두 사망한 날부터 6개월 내에 가정법원에 친생부모 일방 또는 쌍방을 친권자로 지정할 것을 청구할 수 있다(909조의 2 2항 본문). 다만, 친양자의 양부모가 사망한 경우에는 그러한 청구가 인정되지 않는다(909조의 2 2항 단서). 그 결과 친양자의 경우에는 미성년자 후견이 개시될 것이다(928조 참조).

그리고 위 (2)에서 설명한 제909조의 2 제 3 항 제 1 문과 제 2 문은 여기의 경우에도 마찬가지로 인정된다. 역시 (2)에서 설명한 제909조의 2 제 4 항과 제 6 항도 같다.

(4) 후견인 임무 대행자 선임

민법은 미성년자에게 법정대리인이 없는 기간이 생기지 않도록 하기 위하여 후견인의 임무를 대행할 사람을 선임할 수 있는 제도를 두고 있다. 그에 따르면, 가정법원은, ① 단독 친권자가 사망한 경우(909조의 2 5항 1호), ② 입양이 취소되거나 파양된 경우(909조의 2 5항 2호), ③ 양부모가 모두 사망한 경우(909조의 2 5항 3호) 중 어느 하나에 해당하는 경우에는, 직권으로 또는 미성년자 · 미성년자의 친족 · 이해관계인 · 검사 · 지방자치단체의 장의 청구에 의하여 제909조의 2 제 1 항부터 제 4 항까지의 규정에 따라 친권자가 지정되거나 미성년후견인이 선임될 때까지 그 임무를 대행할 사람을 선임할 수 있다(909조의 2 5항 1문). 그리고 이 경우 그 임무를 대행할 사람에 대하여는 부재자의 재산관리인에 관한 제25조 및 가정법원의 후견사무에 관한 처분을 규정한 제954조를 준용한다(909조의 2 5항 2문).

7. 친권행사능력

친권의 내용은 자의 신분과 재산에 관하여 광범위하게 인정되기 때문에 친권자는 행위능력을 가지고 있어야 한다. 따라서 미성년자 · 피성년후견인과 같은 좁은 의미의 제한능력자는 친권자가 되지 못한다. 다만, 혼인한 미성년자는 성년자로 의제되므로(826조의 2) 친권을 행사할 수 있다. 피한정후견인은 원칙적으로 행위능력이 인정되고, 동의유보가 된 경우에만 행위능력이 제한되므로, 동의유보가 되지 않은 경우에는 친권을 행사할 수 있으나 동의유보가 된 경우에는 미성년 자녀의 보호를 위하여 재산상의 행위에 관하여는 전 범위에서 친권을 행사할 수 없다고 할 것이다([150]도 참조).

8. 친권행사와 친권자지정의 기준

친권자가 친권을 행사함에 있어서는 자의 복리를 우선적으로 고려하여야 한다(912조 1항). 그리고 가정법원이 친권자를 지정함에 있어서는 자의 복리를 우선적으로 고려하여야 하며, 이를 위하여 가정법원은 관련 분야의 전문가나 사회복지기관으로부터 자문을 받을 수 있다(912조 2항).

[155] Ⅲ. 친권의 내용

친권의 내용에는 자(子)의 신분에 관한 권리 · 의무와 자(子)의 재산에 관한 권리 · 의무의 두 가지가 있다.

1. 자(子)의 신분에 관한 권리 · 의무

(1) 자의 보호 · 교양에 관한 권리 · 의무

친권자는 자(子)를 보호하고 교양할 권리 · 의무가 있다(913조). 자(子)를 보호 · 교양한다는 것은 실제로 양육 · 감호 · 교육하는 것이며(이는 부양도 포함하는 것이다), 그 비용부담과는 별개의 문제이다. 보호 · 교양에 필요한 비용은 부부의 공동생활에 필요한 비용으로서 당사자 사이에 특별한 약정이 없으면 부모가 공동으로 부담한다(833조).

한편 책임능력 없는 미성년자가 타인에게 불법행위를 한 경우에는 친권자는 감독의무자로서 손해배상책임을 진다(755조 1항 · 753조). 그리고 판례는 「책임능력 있는」 미성년자가 가해행위를 한 경우에 대하여 감독의무자의 의무위반과 손해발생 사이에 상당인과관계가 있으면 감독의무자가 일반 불법행위책임을 진다고 한다(대판(전원) 1994. 2. 8, 93다13605. 채권법각론 [268]도 참조).

(2) 자의 인도청구권

친권자는 보호 · 교양의 권리 · 의무를 이행하기 위하여 자(子)를 자기의 지배하에 둘 필요가 있다. 따라서 제 3 자가 불법적으로 자(子)를 빼앗아서 억류하고 있는 경우에는, 친권자는 자의 인도를 청구할 수 있다. 그런데 이 경우의 인도청구는 가사소송 · 가사비송사건이 아니므로 민사소송에 의하여야 함을 주의해야 한다. 그리고 인도청구의 재판이 있는 경우의 강제집행은 아래에서 설명하는 직접강제에 의하여야 한다.

제 3 자가 자(子)를 불법적으로 억류하고 있는 경우와 달리 이혼 등의 경우에 양육자로서 인도청구하는 경우는 가사비송사건으로서 가사소송법에 규정되어 있다(가소 2조 1항 마류사건 3) · 50조. 조정전치주의가 적용됨). 그리고 이 경우의 유아인도에 대하여는 간접강제를 인정하는 특별규정도 두고 있다(가소 64조 · 67조 · 68조 참조). 그런데 직접강제는 허용되는지, 직접강제도 허용될 경우에 간접강제와의 우선순위가 어떻게 되는지 등이 문제된다. 재판예규(재판예규 917-2호)에 따르면, 유아인도를 명하는 재판(화해 · 조정 등의 조서 포함)이 있는 경우에는 유체동산 인도청구권의 집행절차(민사집행법 257조)에 준하여 집행관이 이를 강제집행할 수 있고, 이 경우 집행관은 그 집행에 있어서 일반 동산의 경우와는 달리 수취할 때에 세심한 주의를 하여 인도(人道)에 어긋남이 없도록 해야 한다. 그런데 그 유아가 의사능력이 있는 경우에 그 유아 자신이 인도를 거부하는 때에는 집행을 할 수 없다고 한다. 한편 가사소송법의 규정이 있다고 하여 직접강제가 전혀 불가능하다고 할 수는 없고, 직접강제와 가사소송법에 의한 간접강제가 병존하는 것으로 보아야 하며, 이 중에는 유아의 특수성을 고려하여 간접강제를 원칙으로 하고 간접강제가 실효성이 없거나 긴급한 사정이 있는 경우에 한하여 예외적으로 직접강제에 의해야 할 것이다(민사집행 [III], 533면).

(3) 거소지정권 [156]

친권자는 보호 · 교양을 위하여 필요한 범위 안에서 자(子)의 거소를 지정하여 그 장소에 거주시킬 수 있다(914조). 친권자의 거소지정권은 자의 보호 · 교양권에 부수하는 권리이다. 따라서 친권자는 그 권리를 자의 보호 · 교양을 위하여 필요한 범위 안에서 행사하여야 하고, 그 범위를 넘어서서 부적당한 장소를 거소로 지정하면 친권상실 · 일시정지 · 일부제한사유 또는 친권자 변경사유로 될 수 있다.

자가 친권자의 거소지정에 불응하는 경우 법적으로 강제할 방법은 없다. 단지 용돈을 줄이거나 그 밖의 사회통념상 허용되는 간접적인 방법을 사용할 수 있을 뿐이다.

(4) 영업허락권

친권자는 법정대리인으로서 미성년의 자(子)에게 특정한 영업을 허락할 수 있고(8조 1항), 그 허락을 취소 또는 제한할 수 있다(8조 2항 본문).

(5) 신분상의 행위에 대한 대리권 및 동의권

1) 대 리 권 친권자는 미성년의 자의 법정대리인으로서 법률(민법·가사소송법)에 특별규정이 있는 경우에 한하여 자의 신분상의 행위를 대리할 수 있다. ① 인지청구의 소제기(863조), ② 13세 미만의 자가 양자가 되는 경우의 입양에 대한 승낙(869조 2항), ③ 성년에 달하지 않은 자가 입양한 경우의 그 입양의 취소청구(885조), ④ 부모 등의 동의를 얻지 않고 양자가 된 경우의 그 입양의 취소청구(886조), ⑤ 13세 미만의 양자가 파양하는 경우에 그를 갈음한 재판상 파양청구(906조), ⑥ 상속의 승인 또는 포기(1019조·1020조), ⑦ 혼인무효의 소 또는 이혼무효의 소제기(가소 23조), ⑧ 인지무효의 소제기(가소 28조·23조), ⑨ 입양무효의 소 또는 파양무효의 소제기(가소 31조·23조)에서 그렇다.

2) 동 의 권 자(子)의 친족행위(신분행위)에 대한 동의는 친권자로서보다는 부모의 자격으로 하는 것이 대부분이다.

(6) 친권의 대행

친권자는 그 친권에 따르는 자(子)에 갈음하여 그 자(子)(미성년인 자(子)가 낳은 혼인 외의 자(子))에 대한 친권을 행사한다(910조). 민법상 미성년자가 혼인을 하면 성년자로 의제되어 스스로 친권을 행사할 수 있기 때문에, 이 규정은 미성년자가 혼인하지 않은 상태에서 혼인 외의 자를 출생한 경우에만 적용된다.

[157] 2. 자(子)의 재산에 관한 권리·의무

(1) 재산관리권

1) 내 용 자(子)가 자기의 명의로 취득한 재산은 그 특유재산으로 하고 법정대리인인 친권자가 이를 관리한다(916조). 자가 상속·유증·증여를 받은 재산, 자신이 제공한 근로의 대가로 취득한 재산이 특유재산에 해당한다. 그러나 특유재산이라도 친권자가 법정대리인으로서 처분을 허락한 재산(6조)이나 법정대리인으로서 영업허락을 한 경우의 그 영업과 관련된 재산(8조)은 여기의 관리대상에서 제외되며 자가 스스로 관리한다(같은 취지: 신영호 221면). 재산의 관리란 보존·이용·개량

을 목적으로 하는 행위이고, 처분행위는 포함되지 않으나, 통설은 관리에 필요한 한도에서는 처분행위도 할 수 있다고 한다(예: 가격하락의 우려가 있는 주식의 매각. 가옥의 임대도 예로 들고 있으나 그것은 이용행위임)(김/김, 411면; 박동섭, 361면; 박병호, 205면; 신영호, 222면; 지원림, 1962면).

친권자가 재산관리권을 행사하는 때에는 「자기의 재산에 관한 행위와 동일한 주의」로써 하여야 한다(922조). 이 주의는 선량한 관리자의 주의보다 낮은 정도의 것이며, 그것을 위반한 경우의 과실이 구체적 과실이다. 친권자가 이 주의의무를 위반하여 부적절하게 관리하면 대리권과 재산관리권의 상실원인이 되고(925조 참조), 부적절한 관리로 인하여 손해가 발생하면 불법행위책임이 발생할 수 있다(같은 취지: 김/김, 412면; 박동섭, 361면; 이경희, 249면).

2) 제 3 자에 의한 재산관리권 배제 무상으로 자(子)에게 재산을 수여한 제 3 자가 친권자의 관리에 반대하는 의사를 표시한 때에는, 친권자는 그 재산을 관리하지 못한다(918조 1항). 이 경우에 제 3 자는 재산관리인을 지정할 수 있다(918조 2항 참조). 그런데 제 3 자가 재산관리인을 지정하지 않은 때에는, 가정법원이 재산의 수여를 받은 자 또는 제777조에 의한 친족의 청구에 의하여 관리인을 선임한다(918조 2항). 그리고 제 3 자가 지정한 관리인의 권한이 소멸하거나 관리인을 개임(改任)할 필요가 있는 경우에 제 3 자가 다시 관리인을 지정하지 않은 때에도 위와 같이 가정법원이 선임한다(918조 3항). 한편 가정법원이 선임한 관리인에 대하여는 부재자의 재산관리인에 관한 규정들(24조 1항 · 2항 · 4항, 25조 전단, 26조 1항 · 2항)을 준용한다(918조 4항).

관리인의 재산관리가 종료한 경우에는 위임에 관한 제691조 · 제692조가 준용된다(919조).

3) 관리의 종료 및 친권자의 재산수익권 법정대리인인 친권자의 권한이 소멸한 때에는 그 자의 재산에 대한 관리의 계산을 하여야 한다(923조 1항). [158]

〈판 례〉

「여기서(민법 923조 1항을 가리킴: 저자 주) '관리의 계산'이란 자녀의 재산을 관리하던 기간의 그 재산에 관한 수입과 지출을 명확히 결산하여 자녀에게 귀속되어야 할 재산과 그 액수를 확정하는 것을 말한다. 친권자의 위와 같은 재산 관리 권한이 소멸한 때에는 위임에 관한 민법 제683조, 제684조가 유추적용되므로, 친권자는 자녀 또는 그 법정대리인에게 위와 같은 계산 결과를 보고하고, 자녀에게 귀속되어야 할 재산을 인도하거나 이전할 의무가 있다.

한편 부모는 자녀를 공동으로 양육할 책임이 있고 양육에 소요되는 비용도 원칙적으로 공동으로 부담하여야 하는 점을 고려할 때, 친권자는 자녀의 특유재산을 자신의 이익을 위하여 임의로 사용할 수 없음은 물론 자녀의 통상적인 양육비용으로도 사용할 수도 없는 것이 원칙이나, 친권자가 자신의 자력으로는 자녀를 부양하거나 생활을 영위하기 곤란한 경우, 친권자의 자산, 수입, 생활수준, 가정상황 등에 비추어 볼 때 통상적인 범위를 넘는 현저한 양육비용이 필요한 경우 등과 같이 정당한 사유가 있는 경우에는 자녀의 특유재산을 그와 같은 목적으로 사용할 수 있다.

따라서 친권자는 자녀에 대한 재산 관리 권한에 기하여 자녀에게 지급되어야 할 돈을 자녀 대신 수령한 경우 그 재산 관리 권한이 소멸하면 그 돈 중 재산 관리 권한 소멸 시까지 위와 같이 정당하게 지출한 부분을 공제한 나머지를 자녀 또는 그 법정대리인에게 반환할 의무가 있다. 이 경우 친권자가 자녀를 대신하여 수령한 돈을 정당하게 지출하였다는 점에 대한 증명책임은 친권자에게 있다.

친권자의 위와 같은 반환의무는 민법 제923조 제1항의 계산의무 이행 여부를 불문하고 그 재산 관리 권한이 소멸한 때 발생한다고 봄이 타당하다. 이에 대응하는 자녀의 친권자에 대한 위와 같은 반환청구권은 재산적 권리로서 일신전속적인 권리라고 볼 수 없으므로, 자녀의 채권자가 그 반환청구권을 압류할 수 있다.」(대판 2022. 11. 17, 2018다294179)

제923조 제1항의 경우에 그 자(子)의 재산으로부터 수취한 과실(果實)은 그 자(子)의 양육, 재산관리의 비용과 상계한 것으로 본다(923조 2항 본문). 이는 자의 재산에 대한 친권자의 수익권을 인정한 것으로, 상세한 계산을 하지 않고 원본만 반환하면 충분하다는 취지이다(같은 취지: 박병호, 209면; 지원림, 1962면. 그러나 김/김, 412면; 박동섭, 362면; 윤진수, 225면; 이경희, 250면은 수익의 잉여가 있으면 반환해야 한다고 한다). 그러나 무상으로 자(子)에게 재산을 수여한 제3자가 친권자의 수익권을 인정하지 않는 의사를 표시한 때에는, 그 재산으로부터 수취한 과실을 자(子)의 양육비·재산관리비와 상계하지 못한다(923조 2항 단서).

〈입 법 론〉

제923조 제2항은 입법론적으로 문제가 있다. 현재의 규정상으로는 위와 같이 해석되어야 하지만, 가령 자의 재산이 막대하여 수익이 대단히 많은 경우에 모든 수익을 친권자에게 귀속시키는 것은 바람직하지 않기 때문이다. 그리하여 수익으로부터 양육비·관리비를 공제하고 잔액 즉 잉여(또는 막대한 잉여)가 있으면 반환해야 한다는 견해가 주장되는 것이다. 사견으로는 그 규정을 재산관리에 대한 대가까지 고려하여 그것을 넘는 수익은 반환해야 한다는 내용으로 개정했으면 한다.

친권자의 재산관리가 종료한 경우에는 위임에 관한 제691조·제692조가 준용된다(919조).

(2) 재산상의 행위에 대한 대리권 · 동의권 [159]

1) 대 리 권

㈎ 법정대리인(911조)인 친권자는 자의 재산에 관한 법률행위에 대하여 그 자를 대리한다(920조 본문). 그러나 ① 허락받은 영업에 관한 재산(8조), ② 처분을 허락받은 재산(6조), ③ 제 3 자가 친권자의 관리에 반대하면서 무상으로 자(子)에게 수여한 재산(918조 1항) 등에 관한 행위와 ④ 근로계약의 체결(근로기준법 67조 1항), ⑤ 임금청구(근로기준법 68조)는 대리할 수 없다.

㈏ 친권자가 오직 자기 또는 제 3 자의 이익을 위하여 대리행위를 한 경우에는 대리권 남용에 관한 이론(민법총칙 [194] 이하)이 적용되어야 한다.

판례는 친권자인 모(母)가 미성년인 자(子)의 유일한 재산을 아무런 대가도 받지 않고 자(子)의 삼촌에게 증여하였고 삼촌도 그와 같은 사정을 알고 있었던 경우(대판 1997. 1. 24, 96다43928)와 친권자인 부(父)가 미성년인 자(子)(19세)의 부동산을 자(子)의 반대에도 불구하고 성년인 장남에게 아무런 대가를 받지 않고 증여한 경우(대판 1981. 10. 13, 81다649)에 대하여 친권의 남용에 의한 것으로 그 효과는 자(子)에게 미치지 않는다고 한다. 그런데 친권자인 모(母)가 자(子)에게는 오로지 불이익만 주는데도 자기 오빠의 사업을 위하여 자(子) 소유의 부동산을 담보로 제공하였고 상대방도 그와 같은 사정을 잘 알고 있었다고 하더라도 그와 같은 사정만으로 모(母)의 근저당권설정행위가 바로 친권을 남용한 경우에 해당한다고는 볼 수 없다고 한다(대판 1991. 11. 26, 91다32466). 그리고 사망한 부(父) 명의의 토지가 할머니로부터 명의신탁된 것이었을 가능성이 있다는 점 등을 고려하여, 친권자인 모(母)가 미성년자인 딸과 공동으로 상속받은 토지를 부(父)의 형에게 증여한 행위가 친권의 남용에 해당하지 않는다고 한 사례도 있다(대판 2009. 1. 30, 2008다73731). 그러나 사견으로는 이 두 경우에도 대리권 남용이론을 적용했어야 한다고 생각한다. 한편 판례는 근래에는, 법정대리인인 친권자의 대리행위가 객관적으로 볼 때 미성년자 본인에게는 경제적인 손실만을 초래하는 반면, 친권자나 제 3 자에게는 경제적인 이익을 가져오는 행위이고 그 행위의 상대방이 이러한 사실을 알았거나 알 수 있었을 때에는 제 107조 제 1 항 단서의 규정을 유추적용하여 행위의 효과가 자에게는 미치지 않는다고 해석함이 상당하나(대판 2011. 12. 22, 2011다64669; 대판 2018. 4. 26, 2016다3201), 그에 따라 외형상 형성된 법률관계를 기초로 하여 새로운 법률상 이해관계를 맺은 선의의 제 3 자에 대하여는 같은 조 제 2 항의 규정을 유추적용하여 누구도 그와 같은 사정을 들어 대항할 수 없으며, 제 3 자가 악의라는 사실에 관한 주장·증명책임은 그 무효를 주장하는 자에게 있다고 한다(대판 2018. 4. 26, 2016다3201).

〈판 례〉

「친권자가 자(子)를 대리하는 법률행위는 친권자와 자(子) 사이의 이해상반행위에 해당하지 않는 한, 그것을 할 것인가 아닌가는 자(子)를 위하여 친권을 행사하는 친권자가 자(子)를 둘러싼 여러 사정을 고려하여 행할 수 있는 재량에 맡겨진 것으로 보아야 할 것이므로, 이와 같이 친권자가 자(子)를 대리하여 행한 자(子) 소유의 재산에 대한 처분행위에 대해서는 그것이 사실상 자(子)의 이익을 무시하고 친권자 본인 혹은 제 3 자의 이익을 도모하는 것만을 목적으로 하여 이루어졌다고 하는 등 친권자에게 자(子)를 대리할 권한을 수여한 법의 취지에 현저히 반한다고 인정되는 사정이 존재하지 않는 한 친권자에 의한 대리권의 남용에 해당한다고 쉽게 단정지을 수 없다 할 것이다.」(대판 2009. 1. 30, 2008다73731)

[160] ㈐ 친권자가 자(子)를 대리하여 그 자의 행위를 목적으로 하는 채무를 부담하는 계약을 체결하는 경우에는, 본인인 자(子)의 동의를 얻어야 한다(920조 단서). 그러나 미성년자의 근로계약은 자의 동의가 있더라도 대리할 수 없다(근로기준법 67조 1항. 그리하여 자가 직접 체결하여야 하나, 그때 친권자의 동의를 얻어야 함).

친권자가 자(子)의 동의를 얻어서 법률행위를 하여야 하는 경우에, 자(子)의 동의를 얻지 못하고 대리행위를 하면 무권대리가 된다. 그런데 자(子)의 동의는 없었지만 자(子)의 동의를 얻은 것으로 믿을 만한 정당한 이유가 있을 때에는, 제126조의 표현대리가 성립하는가? 여기에 관하여는 i) 제126조의 표현대리가 성립한다는 견해(김/김, 413면 및 민법총칙 [222]의 i)설의 문헌)와 ii) 제126조의 표현대리가 성립하지 않는다는 견해(지원림, 1964면 및 민법총칙 [222]의 ii)설의 문헌)가 대립한다. 그리고 판례는 제126조의 표현대리가 성립한다는 입장에 있다(대판 1997. 6. 27, 97다3828: 한정치산자의 후견인이 친족회의 동의를 얻어야 하는 경우에 관한 사안임). 생각건대 제한능력자의 경우에는 제한능력자를 보호하여야 하므로 제126조를 적용하지 않아야 한다(자세한 점은 민법총칙 [222] 참조). 따라서 자(子)의 동의를 얻은 것으로 믿을 만한 정당한 이유가 있다고 하여 제126조의 표현대리의 성립을 인정할 것이 아니다.

㈑ 친권자가 그 자(子)에 대한 법률행위의 대리권을 행사함에 있어서는 자기

의 재산에 대한 행위와 동일한 주의로써 하여야 한다(922조).

2) 동 의 권 친권자는 미성년의 자(子)가 재산상의 법률행위를 하는 데 대하여 동의권을 가진다(5조 1항 본문). 다만, 자(子)가 권리만을 얻거나 의무만을 면하는 행위는 단독으로 할 수 있다(5조 1항 단서). 미성년의 자(子)가 친권자의 동의를 얻지 않고 체결한 법률행위는 취소할 수 있다(5조 2항).

(3) 이해상반행위에 있어서 친권행사의 제한 [161]

1) 서 설 친권자와 그 자(子) 사이 또는 친권에 따르는 자(子)들 사이에 이해(利害)가 충돌하는 경우에는 친권의 공정한 행사를 기대하기 어렵다. 그리하여 민법은 그러한 이해상반행위에 대하여는 친권자의 친권행사를 제한하고 가정법원이 선임한 특별대리인으로 하여금 대신하도록 하고 있다(921조).

2) 이해상반행위

㈎ **이해상반행위의 의의 및 종류** 이해상반행위란 행위의 객관적 성질상 친권자와 그 자 사이 또는 친권에 복종하는 수인의 자 사이에 이해의 대립이 생길 우려가 있는 행위를 말한다(대판 1993. 4. 13, 92다54524; 대판 2024. 7. 11, 2023다301941. 후술하는 형식적 판단설의 입장임).

친권행사가 제한되는 이해상반행위에는 ① 친권자와 그 자(子) 사이에 이해가 상반되는 것(921조 1항)과 ② 친권자의 친권에 따르는 수인의 자(子) 사이에 이해가 상반되는 것(921조 2항)이 있다. 그리고 ①의 행위에는 친권자와 미성년자인 자(子)가 각각 당사자 일방이 되어서 하는 법률행위뿐만 아니라 — 그들이 각각 당사자 일방이 되지는 않지만 — 친권자가 자기를 위하여 금전을 차용하면서 미성년자 소유의 부동산에 저당권을 설정하는 행위와 같이 친권자를 위해서는 이익이 되고 미성년자에 대하여는 불이익이 되는 행위도 포함하며(대판 1971. 7. 27, 71다1113), ②의 행위에는 친권자의 친권에 따르는 미성년의 자(子)들이 각각 당사자 일방이 되어서 하는 법률행위뿐만 아니라 — 그들이 각각 당사자 일방이 되지는 않지만 — 친권자가 미성년자 일방을 위하여 타인으로부터 금전을 차입하면서 다른 미성년자 소유의 부동산에 저당권을 설정하는 행위와 같이 미성년자 일방을 위하여서는 이익이 되고 다른 미성년자에 대하여는 불이익이 되는 행위도 포함한다(대판 1976. 3. 9, 75다2340). 다만, ②의 행위는 당사자 쌍방이 모두 친권에 따르는 미성년자일 경우이어야 하고, 성년이 된 자(子)와 미성년자인 자(子) 사이의 행위는 이해상반이 되더라도 이해상반행위가 아니다(대판 1976. 3. 9, 75다2340; 대판 1989. 9. 12, 88다카28044).

한편 계약뿐만 아니라 단독행위(예: 상속의 포기)도 이해상반행위로 될 수 있다.

(나) **이해상반행위의 판단기준** 어떤 행위가 이해상반행위에 해당하는지의 판단에 관하여 학설은 i) 형식적(외형적 · 객관적 · 추상적) 판단설(김/김, 418면; 이경희, 254면; 지원림, 1965면; 윤진수, 민법논고(4), 396면 이하; 윤진수, 228면), ii) 실질적 판단설(김유미, 박병호 교수 환갑기념 가족법학논총, 518면), iii) 실질관계를 고려한 형식적 판단설(윤용섭, 민사판례연구(18), 576면)로 나뉘어 있다. i)설은 이해상반행위의 성립 여부는 전적으로 그 행위 자체 또는 행위의 외형만으로 결정해야 하는 것이고, 해당 행위를 하기에 이른 친권자의 의도 또는 그 행위의 실질적 효과 등을 고려할 것이 아니라고 한다. 그리고 ii)설은 행위의 형식 여하를 불문하고 동기 · 연유 · 결과 등을 고려하여 실질적으로 이해상반행위를 판단해야 한다는 견해이다. iii)설은 기본적으로는 형식적 판단설을 취하되 실질관계를 어느 정도 고려하여 이해상반행위인지를 판단하여야 한다는 견해이다.

판례는, 어떤 행위가 이해상반행위에 해당하는지 여부는 전적으로 그 행위 자체를 객관적으로 관찰하여 판단하여야 하며, 그 행위의 동기나 연유를 고려할 것이 아니고(대판 2002. 1. 11, 2001다65960), 그 행위의 결과 실제로 이해의 대립이 생겼는가의 여부는 묻지 않는다(대판 1993. 4. 13, 92다54524; 대판 1994. 9. 9, 94다6680; 대판 1996. 11. 22, 96다10270; 대판 2024. 7. 11, 2023다301941)고 하여 형식적 판단설의 입장에 있다.

생각건대 이해상반행위에서 제 1 차적으로 중요한 것은 어떠한 행위가 이해상반행위이어서 특별대리인을 선임해야 하는지를 결정하는 일이다. 그에 비하여 그 행위의 결과 미성년자를 얼마나 보호하게 되는지는 부수적인 의미만 갖는다(결과에서 ii)설이 미성년자를 가장 많이 보호할 것임). 그리고 일반인이 특별대리인의 선임이 필요한지 쉽게 알 수 있을 것이 필요하다. 그리고 이론에 의하여 미성년자를 보호하는 것도 한계가 있다. 이런 점으로 볼 때 형식적 · 외형적 기준만으로 판단하는 형식적 판단설이 타당하다.

[162] (다) **이해상반행위의 예** 판례가 이해상반행위로 인정한 예에는 다음의 것이 있다.

① 친권자가 자기의 영업자금을 마련하기 위하여 미성년자인 자(子)를 대리하여 그 소유 부동산에 저당권을 설정한 행위(대판 1971. 7. 27, 71다1113).

② 친권자인 모(母)가 자신이 연대보증한 차용금채무의 담보로 자신과 자(子)의 공유인 토지 중 자신의 공유지분에 관하여는 공유지분권자로서, 자의 공

유지분에 관하여는 그 법정대리인의 자격으로 각각 근저당권설정계약을 체결한 경우에 있어서 모(母)가 자(子)를 대리하여 자(子)의 공유지분에 관하여 근저당권 설정계약을 체결한 행위(대판 2002. 1. 11, 2001다65960).

③ 친권자가 미성년인 자(子)와 동순위로 공동상속인이 된 경우에 미성년자인 자(子)의 친권자로서 상속재산을 분할하는 협의를 하는 행위(대판 1987. 3. 10, 85므80; 대판 1993. 3. 9, 92다18481; 대판 1993. 4. 13, 92다54524; 대판 1994. 9. 9, 94다6680; 대판 2001. 6. 29, 2001다28299; 대판 2011. 3. 10, 2007다17482; 대판 2024. 7. 11, 2023다301941).

④ 수인의 미성년자와 그 친권자가 공유물 분할의 소의 당사자가 된 경우 친권자가 수인의 미성년자의 법정대리인으로서 한 소송행위(대판 2024. 7. 11, 2023다301941).

⑤ 양모(養母)가 미성년의 양자를 상대로 소유권이전등기 청구소송을 제기하는 행위(대판 1991. 4. 12, 90다17491: 양자의 친생부모는 출계자에 대하여 친권자가 되지 못하므로 특별대리인을 선임할 것이라고 한다).

㈑ **이해상반행위가 아닌 예** 판례가 이해상반행위에 해당하지 않는다고 한 예로 다음의 것이 있다.

① 법정대리인인 친권자가 부동산을 매수하여 이를 그 자(子)에게 증여하는 행위(대판 1981. 10. 13, 81다649: 이해상반행위에 속하지 않고 자기계약이지만 유효하다고 함).

② 친권자가 부동산을 미성년자인 자(子)에게 명의신탁하는 행위(대판 1998. 4. 10, 97다4005).

③ 친권자인 모(母)가 자기 오빠의 제 3 자에 대한 채무의 담보로 미성년자 소유의 부동산에 근저당권을 설정하는 행위(대판 1991. 11. 26, 91다32466).

④ 친권자인 모(母)가 자신이 대표이사로 있는 주식회사의 채무를 담보하기 위하여 자신과 미성년자인 자(子)의 공유재산에 대하여 자(子)의 법정대리인 겸 본인의 자격으로 근저당권을 설정한 행위(대판 1996. 11. 22, 96다10270: 이 근저당권설정행위는 그 행위의 객관적 성질상 그 회사의 채무를 담보하기 위한 것으로서 친권자와 자의 이해대립이 생길 우려가 있는 이해상반행위라고 볼 수 없다고 함).

⑤ 친권자이자 공동재산상속인인 모(母)(원고의 적모임)가 자신의 재산상속을 포기함과 동시에 공동상속인이면서 미성년자인 3인(원고 외 2인)의 친권자로서 그 3인을 대리하여 다른 성년의 자(子)를 위하여 그들의 재산상속을 포기한 행위(대판 1989. 9. 12, 88다카28044).

〈참 고〉

위 ㈐의 ②와 ㈑의 ③④를 비교해 보면 대법원은 근저당권설정행위의 경우 채무자가 친권자인지 제 3 자인지를 기준으로 판단하고 있음을 알 수 있다. 그리고 대법원의 그러한 태도는 형식적 판단설의 입장에 있는 한 긍정할 수 있을 것이다(반대 김/김, 421면). 다만, 친권자가 제 3 자를 위하여 미성년자인 자를 대리하여 근저당권설정행위를 한 경우에는 대리권 남용의 문제가 생길 수 있다([159] 참조).

[163] 〈판 례〉

(ㄱ) 「민법 제921조 제 2 항의 경우, 이해상반행위의 당사자는 그 일방이 친권에 복종하는 미성년자이어야 할 뿐만 아니라 상대방 역시 그 친권에 복종하는 미성년자일 경우이어야 하고, 이때에는 친권자가 미성년자 쌍방을 대리할 수는 없는 것이므로 그 어느 미성년자를 위하여 특별대리인을 선임하여야 한다는 것이지 성년이 되어 친권자의 친권에 복종하지 아니하는 자와 친권에 복종하는 미성년자인 자 사이에 이해상반이 되는 경우가 있다 하여도 친권자는 미성년자를 위한 법정대리인으로서 그 고유의 권리를 행사할 수 있을 것이므로 그러한 친권자의 법률행위는 이해상반행위에 해당한다 할 수 없다.」(대판 1989. 9. 12, 88다카28044)

(ㄴ) 「민법 제921조의 이해상반행위란 행위의 객관적 성질상 친권자와 그 자 사이 또는 친권에 복종하는 수인의 자 사이에 이해의 대립이 생길 우려가 있는 행위를 가리키는 것으로서 친권자의 의도나 그 행위의 결과 실제로 이해의 대립이 생겼는가의 여부는 묻지 아니하는 것이라 할 것인바 공동상속재산 분할협의는 그 행위의 객관적 성질상 상속인 상호간에 이해의 대립이 생길 우려가 있는 행위라고 할 것이므로 공동상속인인 친권자와 미성년인 수인의 자 사이에 상속재산 분할협의를 하게 되는 경우에는 미성년자 각자마다 특별대리인을 선임하여 그 각 특별대리인이 각 미성년자인 자를 대리하여 상속재산 분할의 협의를 하여야 하고 만약 친권자가 수인의 미성년자의 법정대리인으로서 상속재산 분할협의를 한 것이라면 이는 민법 제921조에 위반된 것으로서 이러한 대리행위에 의하여 성립된 상속재산 분할협의는 피대리자 전원에 의한 추인이 없는 한 무효라고 할 것」이다(대판 1993. 4. 13, 92다54524. 같은 취지: 대판 2011. 3. 10, 2007다17482; 대판 2024. 7. 11, 2023다301941(공유물 분할절차에서 친권자가 법정대리인으로서 소송행위를 한 경우)).

(ㄷ) 「상속재산에 대하여 그 소유의 범위를 정하는 내용의 공동상속재산 분할협의는 그 행위의 객관적 성질상 상속인 상호간의 이해의 대립이 생길 우려가 없다고 볼만한 특별한 사정이 없는 한 민법 제921조 소정의 이해상반되는 행위에 해당한다(대법원 2001. 6. 29. 선고 2001다28299 판결 등 참조).」(대판 2011. 3. 10, 2007다17482)

[164] 3) 이해상반행위의 효력

(개) 친권자가 미성년인 자와 이해상반되는 행위를 특별대리인에 의하지 않고 스스로 대리하여 한 경우에는 그 행위는 무권대리행위로서 적법한 추인이 없는 한 무효이다(대판 1964. 8. 31, 63다547; 대판 1993. 4. 13, 92다54524(친권자가 수인의 미성년자의 법정대리인으로서 상속재산 분할협의를 한 것이라면 피대리자 전원에 의한 추인이 없는 한 무효이다); 대판 1994. 9. 9, 94다6680; 대판 2001. 6. 29, 2001다28299; 대판 2024. 7. 11, 2023다301941). 추인은 본인인 자(子)가 성년이 된 후에 하여야 한다. 자(子)가 성년이 되기 전에 특별대리인이 추인할 수 있는지에 대하여는 다투

어지는데, 특별대리인이 추인할 수 있다고 할 것이다(같은 취지: 지원림, 1968면). 견해(김/김, 422면)에 따라서는 특별대리인에 대한 우리 사회의 현실을 고려하여 부정적으로 해석한다. 그러나 특별대리인에게 대리할 수 있는 권한까지 주어지는 만큼 당연히 추인권도 있다고 새겨야 한다.

(나) 친권자가 이해상반행위를 한 것이 아니고, 미성년인 자가 친권자의 동의를 얻어서 자신이 직접 이해상반행위를 한 경우에는 어떻게 처리해야 하는가?

여기에 관하여는 i) 이러한 행위는 동의를 얻지 않은 행위와 마찬가지이므로 취소할 수 있다는 견해(김/김, 422면; 신영호, 227면)와 ii) 친권자가 대리하는 경우이든 동의하는 경우이든 여기의 이해상반행위에 포함된다는 견해(박동섭, 367면)가 대립하고 있다. 그리고 어떤 문헌(이경희, 256면)은 대리하는 경우는 무효로 되고 동의를 얻거나 동의 없이 미성년자가 한 행위는 취소할 수 있다고 하는 것은 제921조의 취지에 비추어 부당하고, 따라서 이해상반행위에 대하여는 처음부터 친권자에게는 동의권이 없다고 보아야 할 것이라고 하는데, 이 견해도 ii)설에 속하는 것으로 보인다.

판례는, 미성년인 자(子)가 부동산에 관한 자신의 지분을 모(母)에게 증여하여 소유권이전등기까지 된 경우에 관하여 — 특별대리인을 선임하지 않았음을 이유로 그 등기가 무효라고 한 원심판결을 배척하면서 — 법정대리인의 동의만을 문제삼고 있는 점에서(대판 2002. 2. 5, 2001다72029. 뒤에 인용함) 위 i)설과 같은 입장에 있는 것으로 보인다.

생각건대 제921조는 제 1 항 및 제 2 항에서 각각 「친권자와 그 자 사이에 이해상반되는 행위를 함에는」, 「친권자가 그 친권에 따르는 수인의 자 사이에 이해상반행위를 함에는」이라고 하여 이해상반행위이기만 하면 처음부터 특별대리인을 선임해서 해야 하는 것을 전제로 하고 있다. 그리고 친권자가 이해상반행위를 대리해서 하든 미성년자의 자가 직접 하든 이해상반행위라는 실질에서는 같다. 따라서 어떤 형식을 취해서 했든 제921조를 적용하여 특별대리인을 선임하라고 해야 한다. 그리하여 자가 행위를 한 경우도 무권대리라고 보아야 한다. 그 자가 친권자의 동의를 얻었는지 여부는 아무런 의미도 없다.

4) 특별대리인의 선임

(가) 법정대리인인 친권자와 미성년자인 그의 자 사이에 이해상반되는 행위를 하는 경우에는, 친권자는 법원에 그 자(子)의 특별대리인의 선임을 청구하여야 한다(921조 1항).

(나) 법정대리인인 친권자가 그의 친권에 따르는 수인의 자(子) 사이에 이해상반되는 행위를 하는 경우에는, 법원에 그 자(子) 일방의 특별대리인의 선임을 청구하여야 한다(921조 2항). 즉 이 경우에는 수인의 자(子) 각각을 위하여 특별대리인의 선임을 청구할 필요가 없으며, 그중 하나의 자(子)는 친권자가 대리하고 다른 자를 위하여서만 특별대리인의 선임을 청구하면 된다. 다만, 친권자와 미성년자인 수인의 자(子) 사이의 이해상반행위, 가령 공동상속인인 친권자와 미성년자인 수인의 자(子) 사이에 상속재산 분할의 협의를 하게 되는 경우에는, 미성년자 각자에 대하여 특별대리인이 선임되어야 한다(대판 1993. 4. 13, 92다54524; 대판 1994. 9. 9, 94다6680; 대판 2001. 6. 29, 2001다28299). 피상속인의 사망으로 인하여 1차 상속이 개시되고 그 1차 상속인 중 1인이 다시 사망하여 2차 상속이 개시된 후 1차 상속의 상속인들과 2차 상속의 상속인들이 1차 상속의 상속재산에 관하여 분할협의를 하는 경우에 있어서 2차 상속인 중에 수인의 미성년자가 있는 경우에도 마찬가지이다(대판 2011. 3. 10, 2007다17482: 그 경우에 2차 상속의 공동상속인 중 1인이 친권자로서 다른 공동상속인인 수인의 미성년자를 대리하여 1차 상속재산에 관하여 1차 상속의 공동상속인들과 상속재산 분할협의를 하였다면, 921조에 의하여 무효가 되는 것은 위 상속재산 분할협의 전체이고 2차 상속의 공동상속인 사이의 상속재산 분할협의에 한정되는 것이 아니라고 한 사례). 그리고 수인의 미성년자와 그 친권자가 공유물 분할의 소의 당사자가 된 경우에는 미성년자마다 특별대리인을 선임하여 그 특별대리인이 미성년자를 대리하여 소송행위를 하여야 한다(대판 2024. 7. 11, 2023다301941). 그에 비하여 미성년자인 수인의 자(子) 사이에서만 이해가 상반되고 친권자와 이해가 상반되지는 않는 경우, 가령 A · B가 이혼 전에 C · D를 낳은 후 이혼하였고 그 뒤 A가 사망하여 C · D가 상속을 하게 된 때에 상속재산 분할의 협의를 하는 경우에는, C · D 모두를 위하여 특별대리인을 선임할 필요는 없으며, B가 C · D 중 한 사람을 대리하고 나머지 한 사람을 위하여 특별대리인을 선임하면 된다.

(다) 특별대리인은 특정의 법률행위에 관하여 개별적으로 선임되어야 하고, 그에게 모든 법률행위를 할 수 있도록 포괄적으로 권한을 수여하지는 못한다(대판 1996. 4. 9, 96다1139. 법원은 특별대리인 선임 심판시 특별대리인이 처리할 법률행위를 특정하여 이를 심판의 주문에 표시하는 것이 원칙이다).

〈판 례〉

(ㄱ) 「민법 제921조의 특별대리인 제도는 친권자와 그 친권에 복종하는 자 사이 또는 친권에 복종하는 자들 사이에 서로 이해가 충돌하는 경우에는 친권자에게 친권의 공정한 행사를 기대하기 어려우므로, 친권자의 대리권 및 동의권을 제한하여 법원이 선임한 특별대리인으로 하여금 이들 권리를 행사하게 함으로써 친권의 남용을 방지

하고 미성년인 자의 이익을 보호하려는 데 그 취지가 있으므로, 특별대리인은 이해가 상반되는 특정의 법률행위에 관하여 개별적으로 선임되어야 하는바, 따라서 특별대리인 선임신청서에는 선임되는 특별대리인이 처리할 법률행위를 특정하여 적시하여야 하고, 법원도 그 선임 심판시에 특별대리인이 처리할 법률행위를 특정하여 이를 심판의 주문에 표시하는 것이 원칙이며, 특별대리인에게 미성년자가 하여야 할 법률행위를 무엇이든지 처리할 수 있도록 포괄적으로 권한을 수여하는 심판을 할 수는 없다 할 것이고, 그러므로 법원이 특별대리인 선임심판을 함에 있어서 그 주문에 특별대리인이 처리할 법률행위를 적시하지 아니한 채 단지 특정인을 미성년자를 위한 특별대리인으로 선임한다는 내용만 기재하는 것은 바람직하지 아니한 것이나, 이러한 내용의 심판이 있는 경우에도 그 특별대리인의 권한은 그 사건 선임신청서에서 신청의 원인으로 적시한 특정의 법률행위에 한정되는 것이며 그 밖의 다른 법률행위에 대하여는 그 처리권한이 없다고 보는 것이 상당하다.」(대판 1996. 4. 9, 96다1139)

(ㄴ) 「어느 부동산에 관하여 등기가 경료되어 있는 경우 특별한 사정이 없는 한 그 원인과 절차에 있어서 적법하게 경료된 것으로 추정되므로, 전 등기명의인인 원고 1이 미성년자이고 이 사건 지분을 친권자인 피고에게 증여하는 행위가 이해상반행위라 하더라도 일단 이 사건 이전등기가 경료되어 있는 이상, 특별한 사정이 없는 한, 그 이전등기에 관하여 필요한 절차를 적법하게 거친 것으로 추정된다고 할 것이다.」(대판 2002. 2. 5, 2001다72029)

3. 친권자의 동의를 갈음하는 재판

친권자의 동의가 필요한 행위에 대하여 친권자가 정당한 이유 없이 동의하지 않음으로써 자녀의 생명, 신체 또는 재산에 중대한 손해가 발생할 위험이 있는 경우에는, 가정법원은 자녀, 자녀의 친족, 검사 또는 지방자치단체의 장의 청구에 의하여 친권자의 동의를 갈음하는 재판을 할 수 있다(922조의 2). 이는 가령 부모가 종교의 힘으로 질병을 치료할 수 있다고 믿어 자녀의 종양제거 수술에 동의하지 않는 경우에 가정법원의 재판으로 친권자의 동의를 갈음할 수 있게 한 것이다(2014. 10. 15. 개정, 2015. 10. 16. 시행). 친권자의 동의가 필요한 행위에는 신상감호에 관한 것뿐만 아니라 재산법상이나 친족법상의 법률행위도 포함된다.

친권자의 동의를 갈음한 재판을 청구할 때에는 먼저 조정을 거쳐야 한다(가소 2조 1항 마류사건 6)·50조).

Ⅳ. 친권의 소멸 · 정지 · 제한과 회복

[165] ### 1. 친권의 소멸

친권의 소멸에는 절대적 소멸과 상대적 소멸 즉 다른 사람이 친권자가 되거나 후견이 개시되는 경우가 있다.

친권이 절대적으로 소멸하는 경우로는 ① 자(子)가 사망한 경우, ② 자(子)가 성년이 된 경우, ③ 자(子)가 혼인한 경우(826조의 2)가 있다.

그리고 친권이 상대적으로 소멸하는 경우로는 ① 친권자가 사망(실종선고 포함)한 경우, ② 자(子)가 다른 사람의 양자가 된 경우(909조 1항 2문), ③ 혼인 외의 자가 인지된 후 부가 친권자로 된 경우(909조 4항), ④ 부모의 이혼 또는 혼인의 무효 · 취소로 부모 일방이 친권자가 된 경우(909조 4항 · 5항), ⑤ 입양의 무효 · 취소 또는 파양의 경우, ⑥ 법원의 심판에 의하여 친권자가 변경된 경우(909조 6항), ⑦ 친권상실의 선고를 받은 경우(924조 1항) 등이 있다. 그 밖에 친권자가 성년후견 · 한정후견(한정후견의 경우에는 동의유보가 된 때에 재산상의 행위에 관하여만 그렇다고 해야 함) 개시의 심판을 받으면 법률상 친권행사를 할 수 없게 되고, 중병을 앓거나 행방불명이 되면 사실상 친권을 행사할 수 없게 된다. 그리고 친권자가 대리권 또는 관리권만을 사퇴할 수도 있다(927조 1항).

[166] ### 2. 친권의 상실

(1) 서 설

부 또는 모가 친권을 남용하여 자녀의 복리를 현저히 해치거나 해칠 우려가 있는 경우에는 가정법원은 자녀, 자녀의 친족, 검사 또는 지방자치단체의 장의 청구에 의하여 그 친권의 상실을 선고할 수 있다(924조 1항). 이것이 친권상실 제도이다. 그런데 2014년에 민법이 개정되어 친권상실 제도 외에 친권정지와 친권제한 제도도 규정하였고, 그러면서 친권상실 제도도 상당부분 수정하였다.

(2) 친권상실선고의 요건

1) 친권의 남용 친권의 남용이란 친권을 자(子)의 복리실현에 현저하게 반하는 방식으로 행사하는 것이다. 예컨대 자녀에 대한 신체적 · 정신적 학대, 자녀의 취학 거부, 친권자의 이익을 위한 자녀의 재산처분이 그에 해당한다. 판례는, 부(父)와 생모 사이에 유아가 출생된 후 부(父)가 계속 생모와 유아를 유기하

면서 이민을 가려고 하다가 생모의 진정으로 이주허가신청이 보류되고 생모가 부(父)를 상대로 위자료와 양육비청구를 하자 이에 대항하기 위하여 부(父)가 유아인도청구를 하는 행위는 친권남용이라고 한다(대판 1979. 7. 10, 79므5).

2) **자녀의 복리를 현저히 해치거나 해칠 우려가 있을 것** 부나 모가 친권을 남용하여 자녀의 복리를 현저히 해치거나 해칠 우려가 있어야 한다(대결 1993. 3. 4, 93스3은 친권자에게 간통 등 어떠한 비행이 있더라도 다른 사람으로 하여금 친권을 행사하거나 후견을 하게 하는 것이 자녀의 복리를 위하여 보다 낫다고 인정되는 경우가 아니라면 섣불리 친권상실을 인정하여서는 안 될 것이라고 한다). 민법이 개정되기 전에는 이것이 별개의 요건이 아니었고, 오히려 친권남용 외에 현저한 비행 기타 중대한 사유가 있을 때라고 규정하고 있었다. 그런데 민법을 개정하면서 친권남용 이외의 사유를 삭제하고 이 요건을 추가하였다.

3) **일정한 자의 청구** 자녀, 자녀의 친족, 검사 또는 지방자치단체의 장이 친권상실선고를 청구하여야 한다(924조 1항, 가소 2조 1항 마류사건 7)). 그리고 친권상실선고를 청구할 때에는 먼저 조정을 신청하여야 하나(가소 50조), 조정의 성립만으로 친권상실의 효과가 생기지는 않는다(가소 59조 2항 단서). [167]

한편 판례는, 친권상실이나 제한의 경우에도 자녀의 복리를 위한 양육(가소규 93조 2항 참조)과 마찬가지로 가정법원이 후견적 입장에서 폭넓은 재량으로 당사자의 법률관계를 형성하고 그 이행을 명하는 것이 허용되며 당사자의 청구취지에 엄격하게 구속되지 않는다고 하면서, 제924조 제 1 항에 따른 친권상실 청구가 있으면 가정법원은 제925조의 2의 판단기준을 참작하여 친권상실 사유에는 해당하지 않지만 자녀의 복리를 위하여 친권의 일부제한이 필요하다고 볼 경우 청구취지에 구속되지 않고 친권의 일부제한을 선고할 수 있다고 한다(대결 2018. 5. 25, 2018스520).

친권상실의 재판이 확정되면 재판을 청구한 사람이나 그 재판으로 친권자 또는 그 임무를 대행할 사람으로 정하여진 사람이 재판의 확정일부터 1개월 이내에 그 취지를 신고하여야 한다(가족 79조 2항 · 58조 1항). 이는 보고적 신고이다.

〈참 고〉

「아동 · 청소년의 성보호에 관한 법률」은 친권상실선고와 후견인 변경 결정에 관한 특별규정을 두고 있다. 그에 의하면, 아동 · 청소년대상 성범죄 사건을 수사하는 검사는 그 사건의 가해자가 피해아동 · 청소년의 친권자나 후견인인 경우에 법원에 민법 제924조의 친권상실선고 또는 같은 법 제940조의 후견인 변경 결정을 청구하여야 한다(같은 법 23조 1항 본문). 다만, 친권상실선고 또는 후견인 변경결정을 하여서는 안 될 특별한 사정이 있는 경우에는 그렇지 않다(같은 법 23조 1항 단서). 그리고 아동보호전문기관 등 같은 법 제23조 제 2 항이 정하는 일정한 기관 · 시설 또는 단체의 장은 검사에게 위의 청구를 하도록 요청할 수 있고, 이 경우 청구를 요청받은 검사는 요청받은 날부터 30일 내에 해당 기관 · 시설 또는 단체의 장에게 그 처리 결과를 통보하여야 한다(같은 법 23조 2항). 한편 법원은 아동 · 청소년대상 성범죄 사건의 가해자에게 민법 제924조에 따라 친권상실 선고를 하는 경우에는 피해아동 · 청소년을 다른 친권자 또는 친족에게 인도하거나 같은 법 제45조 또는 제46조의 기관 · 시설 또는 단체에 인도하는 등의 보호조치를 결정할 수 있고, 이 경우 그 아동 · 청소년의 의견을 존중하여야 한다(같은 법 24조).

아동복지법도 친권행사의 제한과 친권상실의 선고에 관하여 특별규정을 두고 있다. 그에 의하면, 시 · 도지사, 시장 · 군수 · 구청장 또는 검사는 아동의 친권자가 그 친권을 남용하거나 현저한 비행이나 아동학대, 그 밖에 친권을 행사할 수 없는 중대한 사유가 있는 것을 발견한 경우 아동의 복지를 위하여 필요하다고 인정할 때에는 법원에 친권행사의 제한 또는 친권상실의 선고를 청구하여야 한다(같은 법 18조 1항). 그리고 아동복지시설의 장 및 초 · 중등교육법에 따른 학교의 장은 제 1 항의 사유에 해당하는 경우 시 · 도지사, 시장 · 군수 · 구청장 또는 검사에게 법원에 친권행사의 제한 또는 친권상실의 선고를 청구하도록 요청할 수 있다(같은 법 18조 2항).

「아동학대범죄의 처벌 등에 관한 특례법」도 친권상실 등에 관하여 특별규정을 두고 있다. 그 법에 따르면, 아동학대 행위자가 일정한 아동학대 범죄(같은 법 5조 · 6조 참조)를 저지른 때에는 검사는 — 특별한 사정이 없는 한 — 그 사건의 아동학대 행위자가 피해아동의 친권자나 후견인인 경우에 법원에 민법 제924조의 친권상실의 선고 또는 제940조의 후견인의 변경심판을 청구하여야 한다(같은 법 9조 1항). 그리고 검사가 제 1 항에 따른 청구를 하지 않은 때에는 아동보호전문기관의 장은 검사에게 제 1 항의 청구를 하도록 요청할 수 있다(같은 법 9조 2항). 그런가 하면 아동보호사건의 경우에는 판사가 피해아동에 대한 친권 또는 후견인 권한행사의 제한 또는 정지라는 보호처분을 할 수 있다(같은 법 36조 1항 3호. 임시조치로서 친권 등의 행사를 제한 · 정지하는 같은 법 19조 1항 4호도 참조). 또한 피해아동 보호명령사건의 경우에는 판사가 친권자나 후견인인 아동학대 행위자의 피해아동에 대한 친권이나 후견인 권한의 행사의 제한 또는 정지라는 피해아동 보호명령을 할 수 있다(같은 법 47조 1항 7호 · 8호).

「가정폭력범죄의 처벌 등에 관한 특례법」(아동학대범죄에 대하여는 「아동학대범죄의 처벌 등에 관한 특례법」이 이 법에 우선하여 적용됨. 이 법 3조 단서)은 친권행사의 제한에 대하여 특별규정을 두고 있다. 그 법에 따르면, 가정보호사건 즉 가정폭력범죄(같은 법 2조 3호 참조)로 인하여 이 법에 따른 보호처분의 대상이 되는 사건(같은 법 2조 6호)에서, 판사는 심리의 결과 보호처분이 필요하다고 인정하는 경우에는 결정으로 여러 가지의 보호처분을 할 수 있는데(같은 법 40조 1항), 그 가운데에는 「가정폭력행위자(가정폭력범죄를 범한 사람 및 가정구성원인 공범을 가리킴. 같은 법 2조 4호)가 친권자인 경우 피해자에 대한 친권 행사의 제한」도 있다(같은 법 40조 1항 3호). 그리고 이 처분을 하는 경우에는 피해자를 다른 친권자나 친족 또는 적당한 시설로 인도할 수 있다(같은 법 40조 3항). 그런데 이 보호처분의 기간은 6개월을 초과할 수 없고(같은 법 41조 전단), 보호처분이 진행되는 동안 법원이 필요하다고 인정하여 보호처분의 종류와 기간을 변경하는 경우(같은 법 45조 1항 참조)에도 종전의 처분기간을 합산하여 1년을 초과할 수 없다(같은 법 45조 2항). 그런가 하면 피해자보호명령사건 즉 가정폭력범죄로 인하여 피해자보호명령의 대상이 되는 사건(같은 법 2조 7호의 2)에서, 판사는 피해자의 보호를 위하여 필요하다고 인정하는 때에는 피해자 또는 그 법정대리인의 청구에 따라 결정으로 가정폭력행위자에게 여러 가지의 피해자보호명령을 할 수 있는데(같은 법 55조의 2 1항), 그 가운데에는 「친권자인 가정폭력행위자의 피해자에 대한 친권행사의 제한」도 있다(같은 법 55조의 2 1항 4호). 그런데 이 피해자보호명령의 기간은 6개월을 초과할 수 없고, 다만 피해자의 보호를 위하여 그 기간의 연장이 필요하다고 인정하는 경우에는 직권이나 피해자 또는 그 법정대리인의 청구에 따른 결정으로 2개월 단위로 연장할 수 있다(같은 법 55조의 3 1항). 그렇지만 피해자보호명령의 기간을 연장하는 경우에도 종전의 처분기간을 합산하여 2년을 초과할 수 없다(같은 법 55조의 3 2항). 한편 이 법에 의한 친권행사의 제한결정으로 친권, 법률행위대리권 또는 재산관리권의 전부 또는 일부의 행사를 정지할 수 있으며(가정보호심판 규칙 46조 1항), 그 결정을 한 때에는 판사는 지체없이 가족관계등록사무를 관장하는 자에게 가족관계등록부 기록을 촉탁하여야 한다(가정보호심판 규칙 46조 2항).

(3) 친권상실선고의 보충성 · 최후성

제924조에 따른 친권상실의 선고는 같은 조에 따른 친권의 일시정지선고, 제924조의 2에 따른 친권의 일부제한선고, 제925조에 따른 대리권 · 재산관리권의 상실선고 또는 그 밖의 다른 조치에 의해서는 자녀의 복리를 충분히 보호할 수 없는 경우에만 할 수 있다(925조의 2 1항). 그리하여 친권상실선고는 보충적인 제도임과 동시에 다른 제도로는 목적달성이 불가능한 경우에 최후로 사용할 수 있는 제도로 되었다.

(4) 친권상실선고의 효과 [168]

친권상실선고 심판(형성판결임)이 확정되면 친권자는 친권을 상실한다. 공동친권자인 부모 중 일방이 친권상실선고를 받은 때에는 다른 일방이 친권자로 되고, 공동친권자인 부모 모두가 친권상실선고를 받거나 단독친권자가 친권상실선고를 받은 때에는 후견이 개시된다(928조). 이혼시에 친권자로 지정된 부(父) 또는 모(母)가 친권상실선고를 받은 경우에 대하여는 뒤에 자세히 기술한다([171] 참조). 그 내용을 여기서 간략하게 설명하면, 부모의 다른 일방이 생존해 있는 경우에는 일정한 자가 일정한 기간 내에 생존하는 부나 모를 친권자로 지정할 것을 청구할 수 있고(927조의 2 1항 · 909조의 2 1항), 그 기간 내에 친권자 지정청구가 없을 때에는 가정법원은 직권으로 또는 일정한 자의 청구에 의하여 미성년후견인을 선임할 수 있다(927조의 2 1항 · 909조의 2 3항).

친권을 상실하더라도 부모 또는 직계혈족으로서 가지는 그 밖의 권리와 의무는 변경되지 않는다(925조의 3). 따라서 자녀의 혼인동의권(808조 1항 · 2항), 부양의 권리 · 의무(974조 1호), 상속에 관한 권리 · 의무(1000조 · 1001조 · 1112조 등)는 그대로 가진다(같은 취지: 박동섭, 378면; 이경희, 261면. 그러나 김/김, 431면; 지원림, 1971면은 혼인동의권을 인정하지 않는다).

3. 친권의 일시정지

(1) 서 설

부 또는 모가 친권을 남용하여 자녀의 복리를 현저히 해치거나 해칠 우려가 있는 경우에는 가정법원은 자녀, 자녀의 친족, 검사 또는 지방자치단체의 장의 청구에 의하여 그 친권의 일시정지를 선고할 수 있다(924조 1항). 이것이 2014년 개정 시에 새로 도입된 친권의 일시정지제도이다.

민법은 친권자의 동의를 갈음하는 재판 규정(922조의 2)을 신설하여 미성년 자녀를 보호할 수 있도록 하였다([164] 참조). 그런데 가령 법원이 친권자의 동의를 갈음하는 재판을 하여 자녀의 치료를 강제하는 조치를 취하더라도 부모가 법정대리인으로서 의료계약을 해지하거나 거소지정권 또는 자녀의 인도청구권을 주장하여 법원의 조치를 무력화할 수 있다. 그리하여 그러한 경우에 미성년 자녀를 보호하기 위하여 민법은 친권의 일시정지(924조)와 일부제한(924조의 2) 제도도 도입하였다. 그중에 일시정지 제도는 굳이 친권자의 친권을 영원히 박탈할 필요는 없고 일시적으로 친권을 행사할 수 없게 하면 충분한 경우에 사용할 수 있는 것이다.

(2) 친권의 일시정지선고의 요건

친권의 일시정지선고의 요건은 친권상실선고의 요건과 같다.

1) 친권의 남용

2) 자녀의 복리를 현저히 해치거나 해칠 우려가 있을 것

3) 일정한 자의 청구 　자녀, 자녀의 친족, 검사 또는 지방자치단체의 장의 청구가 있어야 한다. 그런데 친권의 일시정지를 청구할 때에는 먼저 조정을 청구하여야 한다(가소 2조 1항 마류사건 7) · 50조). 그러나 조정의 성립만으로 친권의 일시정지의 효과가 생기지는 않는다(가소 59조 2항 단서).

(3) 친권의 일시정지선고의 보충성

제924조에 따른 친권의 일시정지선고는 제922조의 2에 따른 동의를 갈음하는 재판 또는 그 밖의 다른 조치에 의해서는 자녀의 복리를 충분히 보호할 수 없는 경우에만 할 수 있다(925조의 2 2항).

(4) 친권의 일시정지선고의 효과

1) 정지기간 가정법원이 친권의 일시정지를 선고할 때에는 자녀의 상태, 양육상황, 그 밖의 사정을 고려하여 그 기간을 정하여야 한다(924조 2항 1문). 이 경우 그 기간은 2년을 넘을 수 없다(924조 2항 2문).

자녀의 복리를 위하여 친권의 일시정지 기간의 연장이 필요하다고 인정하는 경우에는 가정법원은 자녀, 자녀의 친족, 검사, 지방자치단체의 장, 미성년후견인 또는 미성년후견감독인의 청구에 의하여 2년의 범위에서 그 기간을 한 차례만 연장할 수 있다(924조 3항). 법원이 직권으로 연장할 수 있도록 하지는 않았는데, 그 이유는 법원이 기간 만료를 알 수 있는 제도적 장치가 없기 때문이다. 그 대신 미성년후견인이나 미성년후견감독인이 연장 청구를 할 수 있도록 하여 기간의 공백을 메울 수 있게 하였다.

친권의 정지기간(2년 또는 연장된 기간까지)이 만료된 뒤에 또다시 일시정지사유가 생길 경우 그 요건을 갖추면 다시 일시정지선고를 할 수 있다. 그런데 이것은 정지기간의 연장이 아니고 정식의 일시정지선고이다.

2) 일시정지의 효과 친권의 일시정지선고가 있으면 친권자는 정지된 기간 동안 친권을 행사하지 못한다. 친권 전부가 포괄적으로 정지됨은 물론이다. 문제는 친권의 일부가 정지되는 선고를 할 수 있는지이다. 친권의 일부를 정지시킬 필요가 있으므로 그러한 선고도 가능하다고 해야 할 것이다(같은 취지: 윤진수, 238면)(입법적으로는 그 점이 법률에 명시되는 것이 바람직함). 한편 친권의 일시정지가 선고된 경우에도 부모의 자녀에 대한 그 밖의 권리와 의무는 변경되지 않는다(925조의 3).

4. 친권의 일부제한

(1) 서 설

거소의 지정이나 그 밖의 신상에 관한 결정 등 특정한 사항에 관하여 친권자가 친권을 행사하는 것이 곤란하거나 부적당한 사유가 있어 자녀의 복리를 해치거나 해칠 우려가 있는 경우에는 가정법원은 자녀, 자녀의 친족, 검사 또는 지방자치단체의 장의 청구에 의하여 구체적인 범위를 정하여 친권의 일부제한을 선고할 수 있다(924조의 2). 사정에 따라서는 친권의 일부만 — 영원히 — 행사하지 못하도록 하면 충분한 경우가 있다. 가령 부모가 다른 부분에서는 문제가 없는데 교육에 관하여만 학교교육에 반대하여 취학연령이 된 자녀를 학교에 보내지 않는 경우, 또는 자녀의 치료에는 동의하나 수혈만은 절대로 못하게 하는 경우에는, 해당하는 사항에 관하여만 친권을 제한하는 것이 바람직하다. 그러한 경우에 이 일부제한 제도를 이용할 수 있다.

친권의 일부제한과 일시정지, 나아가 대리권과 재산관리권의 상실 제도는 필요에 따라 선택적으로 사용할 수 있다. 즉 이들은 어느 것이 다른 것에 우선하거나 보충하는 관계에 있지 않고 선택적 관계에 있다.

(2) 친권의 일부제한선고의 요건

1) 거소의 지정이나 징계, 그 밖의 신상에 관한 결정 등 특정한 사항에 관하여 친권자가 친권을 행사하는 것이 곤란하거나 부적당한 사유가 있을 것

2) 위 1)의 사유가 있어 자녀의 복리를 해치거나 해칠 우려가 있을 것

3) 자녀, 자녀의 친족, 검사 또는 지방자치단체의 장의 청구가 있을 것

그런데 친권의 일시정지를 청구할 때에는 먼저 조정을 청구하여야 한다(가소 2조 1항 마류사건 7)·50조). 그러나 조정의 성립만으로 친권의 일시정지의 효과가 생기지는 않는다(가소 59조 2항 단서).

(3) 친권의 일부제한선고의 보충성

제924조의 2에 따른 친권의 일부제한선고는 제922조의 2에 따른 동의를 갈음하는 재판 또는 그 밖의 다른 조치에 의해서는 자녀의 복리를 충분히 보호할 수 없는 경우에만 할 수 있다(925조의 2 2항).

(4) 친권의 일부제한선고의 효과

가정법원이 친권의 일부제한선고를 할 때에는 구체적인 범위를 정해서 해야 한다(924조의 2). 그리고 그러한 선고가 있으면 친권자는 그 범위에서 친권을 행사하지 못한다. 한편 친권의 일부제한이 선고된 경우에도 부모의 자녀에 대한 그 밖의 권리와 의무는 변경되지 않는다(925조의 3). 그리하여 가령 친권자가 종교적인 신념에서 미성년 자녀의 수술을 거부하자 지방자치단체의 장의 청구에 의하여 가정법

원이 수술이 가능하도록 조치를 한 경우에도, 친권자는 거소지정권이나 인도청구권의 행사가 제한되지는 않으며, 그 자녀에 대한 치료비 지급의무도 진다.

대법원은 최근에, 민법과 가사소송법 등의 여러 규정상, 가정법원은 부모가 미성년 자녀를 양육하는 것이 오히려 자녀의 복리에 반한다고 판단한 경우 부모의 친권 중 보호 · 교양에 관한 권리(913조), 거소지정권(914조) 등 자녀의 양육과 관련된 권한(아래에서 양육권이라고 함)만을 제한하여 미성년후견인이 부모를 대신하여 그 자녀를 양육하도록 하는 내용의 결정도 할 수 있게 되었다고 한 뒤, 가정법원이 제924조의 2에 따라 부모의 친권 중 양육권만을 제한하여 미성년후견인으로 하여금 자녀에 대한 양육권을 행사하도록 결정한 경우에 제837조를 유추적용하여 미성년후견인은 비양육친을 상대로 가사소송법 제 2 조 제 1 항 제 2 호 (나)목 3)에 따른 양육비 심판을 청구할 수 있다고 하였다(대결 2021. 5. 27, 2019스621. 피후견인의 비양육친에 대한 부양청구권을 대리할 수는 없음).

5. 대리권과 재산관리권의 상실 [169]

가정법원은, 법정대리인인 친권자가 부적당한 관리로 인하여 자녀의 재산을 위태롭게 한 경우에는, 자녀의 친족, 검사 또는 지방자치단체의 장의 청구에 의하여 그 법률행위의 대리권과 재산관리권의 상실을 선고할 수 있다(925조). 이때 조정전치주의가 적용되나(가소 2조 1항 마류사건 7) · 50조), 조정의 성립만으로 대리권 등이 상실되지는 않는다(가소 59조 2항 단서).

제925조에 따른 대리권 · 재산관리권의 상실선고는 제922조의 2에 따른 동의를 갈음하는 재판 또는 그 밖의 다른 조치에 의해서는 자녀의 복리를 충분히 보호할 수 없는 경우에만 할 수 있다(925조의 2 2항).

대리권 등의 상실선고 심판이 확정되면 친권자는 대리권과 재산관리권을 상실한다. 그러나 자의 신분사항에 대하여는 여전히 친권자의 신분을 가지므로 친권을 행사한다. 그리고 공동친권자인 부모 중 일방이 대리권 · 재산관리권의 상실선고를 받으면 다른 일방이 행사하고, 부모 쌍방이 상실선고를 받거나 단독친권자가 상실선고를 받으면 그 부분에 대하여는 후견이 개시된다(928조). 대리권과 재산관리권의 상실이 선고된 경우에도 부모의 자녀에 대한 그 밖의 권리와 의무는 변경되지 않는다(925조의 3).

6. 사전처분

친권 또는 법률행위의 대리권 · 재산관리권 상실에 관한 심판청구 또는 조정신청이 있는 경우에 가정법원, 조정위원회 또는 조정담당판사는 사건을 해결하기 위하여 특히 필요하다고 인정하면 직권으로 또는 당사자의 신청에 의하여 상대방이나 그 밖의 관계인에게 현상(現狀)을 변경하거나 물건을 처분하는 행위의 금지를 명할 수 있고, 사건에 관련된 재산을 위한 처분, 관계인의 감호와 양육을 위한 처분 등 적당하다고 인정되는 처분을 할 수 있다(가소 62조 1항). 가정법원이 할 수 있는 사전처분에는 친권 또는 법률행위의 대리권 · 재산관리권의 정지가 포함되는데, 가정법원이 사전처분으로서 친권자의 친권, 법률행위 대리권, 재산관리권의 전부 또는 일부의 행사를 정지하여 이를 행사할 자가 없게 된 때에는, 심판의 확정시까지 그 권한을 행사할 자를 동시에 지정하여야 한다(가소규 102조 1항). 그러나 사전처분은 집행력을 갖지 않으며(가소 62조 5항), 그것을 위반한 경우에 과태료를 부과할 수 있을 뿐이다(가소 67조 1항). 사전처분에 대하여는 즉시항고를 할 수 있다(가소 62조 4항).

[170] ## 7. 실권회복

친권의 상실 · 일시정지 · 일부제한 또는 대리권 · 재산관리권의 상실선고가 있은 후 그 선고의 원인이 소멸된 경우에는, 가정법원은 본인, 자녀, 자녀의 친족, 검사 또는 지방자치단체의 장의 청구에 의하여 실권(失權)의 회복을 선고할 수 있다(926조, 가소 2조 1항 마류사건 7). 여기에는 조정전치주의가 적용되나(가소 50조), 실권의 회복이 당사자가 임의로 처분할 수 없는 사항이어서 조정으로 실권이 회복되지는 못한다(가소 59조 2항).

실권회복선고의 심판이 확정되면 친권자는 그때부터 친권 또는 대리권 · 재산관리권을 회복하고, 후견이 개시되어 있는 경우에는 후견이 종료된다.

〈친권의 상실선고 심판 등이 있는 경우의 가족관계등록부 기록 촉탁과 신고〉

친권, 법률행위 대리권, 재산관리권의 상실선고의 심판 또는 그 실권회복 선고의 심판이 확정된 경우에는 가정법원은 지체 없이 가족관계등록 사무를 처리하는 사람에게 가족관계등록부에 등록할 것을 촉탁하여야 한다(가소 9조, 가소규 5조 1항 1호). 그리고 친권이나 관리권의 상실 · 사퇴 · 회복에 관한 재판이 확정된 경우에는 그 재판을 청구한 사람이나 그 재판으로 친권자 또는 그 임무를 대행할 사람으로 정하여진 사람이 재판의 확정일부터 1개월 이내에 재판서의 등본 및 확정증명서를 첨부하여 그 내용을 신고하여야 한다(가족 79조 2항 · 58조).

8. 대리권 · 재산관리권의 사퇴와 회복

법정대리인인 친권자는 정당한 사유(예: 장기간의 해외여행, 중병)가 있는 때에는 가정법원의 허가를 얻어 그 법률행위의 대리권과 재산관리권을 사퇴할 수 있다(927조 1항). 그 경우 대리권 등을 가지게 될 자는 대리권 등의 상실선고가 있는 때와 같다.

민법은 친권의 일반적인 포기는 허용하지 않는다. 그리고 미성년인 자의 신상에 관한 사항, 가령 자를 보호 · 교양할 권리 · 의무 등은 사퇴할 수 없다.

한편 대리권과 재산관리권 사퇴의 사유가 소멸한 때에는, 그 친권자는 가정법원의 허가를 얻어 사퇴한 권리를 회복할 수 있다(927조 2항).

9. 정해진 친권자가 친권을 행사할 수 없게 된 경우 [171]

(1) 단독 친권자로 정해진 부나 모, 또는 양부모 모두가 친권상실 등의 사유로 친권을 행사할 수 없게 되는 경우에 다른 일방이나 양자의 친생부모가 친권자로 되는지는 이혼 등의 경우에 단독 친권자로 정해진 자가 사망한 때([153] 참조)나 마찬가지의 문제가 생긴다. 그래서 민법은 2011. 5. 19. 민법 개정시에 여기에 관하여도 명문의 규정을 두었다. 아래에서 그에 대하여 살펴보기로 한다.

(2) 제909조 제 4 항부터 제 6 항까지의 규정에 따라 단독 친권자가 된 부 또는 모, 양부모(친양자의 양부모를 제외한다. 그 결과 친양자의 경우에는 미성년자 후견이 개시된다. 928조 참조) 쌍방에게 아래에 기술하는 사유 중 어느 하나가 있는 경우에는 제909조의 2 제 1 항 및 제 3 항부터 제 5 항까지의 규정을 준용한다(927조의 2 1항 본문).

그 사유는 ① 제924조 제 1 항에 따른 친권상실의 선고가 있는 경우(927조의 2 1항 1호), ② 제924조에 따른 친권 일시정지의 선고가 있는 경우(927조의 2 1항 1호의 2), ③ 제924조의 2에 따른 친권 일부제한의 선고가 있는 경우(927조의 2 1항 1호의 3), ④ 제925조에 따른 대리권과 재산관리권 상실의 선고가 있는 경우(927조의 2 1항 2호), ⑤ 제927조 제 1 항에 따라 대리권과 재산관리권을 사퇴한 경우(927조의 2 1항 3호), ⑥ 소재불명 등 친권을 행사할 수 없는 중대한 사유가 있는 경우(927조의 2 1항 4호)의 네 가지이다.

이러한 경우에 여러 규정이 준용된 결과는 다음과 같다. 단독 친권자가 된 부 또는 모에게 위의 일정한 사유가 생긴 경우에는, 생존하는 부 또는 모, 미성년자, 미성년자의 친족은 그 사실을 안 날부터 1개월, 사망한 날부터 6개월 내에 가정법원에 생존하는 부 또는 모를 친권자로 지정할 것을 청구할 수 있다(909조의 2 1항). 그에 비하여 제909조의 2 제 2 항은 준용되지 않기 때문에 양부모 쌍방에게 일정한 사유가 생겨도 친권자 지정을 청구하지는 못한다. 그리고 제909조의 2 제 1 항의 기간 내에 친권자 지정청구가 없을 때에는, 가정법원은 직권으로 또는 미성년자·미성년자의 친족·이해관계인·검사·지방자치단체의 장의 청구에 의하여 미성년후견인을 선임할 수 있다(909조의 2 3항 1문). 이 경우 생존하는 부 또는 모, 친생부모 일방 또는 쌍방에게 의견을 진술할 기회를 주어야 한다는 제909조의 2 제 3 항 제 2 문, 친권자 지정청구나 후견인 선임청구가 미성년자의 복리를 위하여 적절하지 않다고 인정하면 청구를 기각할 수 있다는 등의 제909조의 2 제 4 항, 후견인의 임무를 대행할 사람의 선임에 관한 제909조의 2 제 5 항도 준용된다. 그런데 위의 사유 중 제 1 호의 3·제 2 호와 제 3 호의 경우에는, 새로 정하여진 친권자 또는 미성년후견인의 임무는 제한된 친권의 범위에 속하는 행위에 한정된다(927조의 2 1항 단서).

(3) 가정법원은, 제927조의 2 제 1 항에 따라 친권자가 지정되거나 미성년후견인이 선임된 후 단독 친권자이었던 부 또는 모, 양부모 일방 또는 쌍방에게 다음 사유 중 어느 하나가 있는 경우에는, 그 부모 일방 또는 쌍방, 미성년자, 미성년자의 친족의 청구에 의하여 친권자를 새로 지정할 수 있다(927조의 2 2항).

그 사유는 ① 제926조에 따라 실권의 회복이 선고된 경우(927조의 2 2항 1호), ② 제927조 제 2 항에 따라 사퇴한 권리를 회복한 경우(927조의 2 2항 2호), ③ 소재불명이던 부 또는 모가 발견되는 등 친권을 행사할 수 있게 된 경우(927조의 2 2항 3호)의 세 가지이다.

제 4 절 후 견

[172] I. 서 설

후견(後見)이란 제한능력자나 그 밖에 보호가 필요한 사람을 보호하는 것이다. 후견제도는 2011. 3. 7. 민법 개정시(2013. 7. 1. 부터 시행) 크게 바뀌었다. 개정된 민법에 따르면, 후견에는 법정후견과 임의후견의 두 가지가 인정된다. 그리고 법정후견에는 미성년후견 · 성년후견 · 한정후견 · 특정후견이 있으며, 후견계약에 의한 후견이 임의후견이다. 민법은 이들에 관하여 자세한 규정을 두고 있다. 그런가 하면 친족회를 폐지하고, 그 대신 후견감독인제도를 신설하였다.

아래에서는 개정된 민법전의 순서에 따라 먼저 법정후견으로서 미성년후견 · 성년후견, 한정후견 · 특정후견을 묶어 차례대로 살펴보고, 그 뒤에 후견계약에 대하여 기술하기로 한다. 그리고 후견감독인에 관하여는 각각의 후견을 다루면서 설명하기로 한다.

Ⅱ. 미성년후견과 성년후견 [173]

1. 후견의 개시

(1) 미성년후견의 개시

1) 개시원인 미성년자 후견은 다음의 경우에 개시된다.

㈎ 친권자가 없는 경우(928조 1항 전단) 공동친권자인 부모 중 일방이 사망한 때에는 다른 일방이 단독 친권자가 되므로 후견이 개시되지 않는다. 그에 비하여 공동친권자(부모)가 동시에 사망하거나 단독 친권자가 사망한 때에는 「친권자가 없는 경우」에 해당하여 후견이 개시된다. 그리고 공동친권자 쌍방 또는 단독 친권자가 의사능력 상실 · 장기부재 · 행방불명 등으로 사실상 친권을 행사할 수 없는 경우에도 후견이 개시된다고 할 것이다(같은 취지: 박동섭, 387면; 박병호, 216면; 신영호, 238면; 이경희, 275면; 지원림, 1973면).

이혼(협의이혼 · 재판상 이혼), 인지(임의인지 · 강제인지), 혼인의 취소시 정해진 단독 친권자가 사망한 경우, 또는 입양의 취소, 파양, 양부모(친양자의 경우는 제외됨)가 모두 사망한 경우 등에 있어서 일정한 때(기간 내에 친권자 지정청구가 없거나 지정청구를 기각한 때)에는 가정법원이 직권으로 또는 일정한 자의 청구에 의하여 미성년후견인을 선임할 수 있는데(909조의 2 3항 · 4항), 이 때에도 미성년자 후견이 개시된다([153] · [154] 참조).

㈏ 친권자가 제924조 · 제924조의 2 · 제925조 · 제927조 제 1 항에 따라 친권의 전부 또는 일부를 행사할 수 없는 경우(928조 1항 후단) 친권자가 친권을 상실한 경우(924조 1항)에는 후견이 개시된다. 그런데 이는 공동친권자(부모)가 동시에 친권을 상실한 때나

단독 친권자가 친권을 상실하거나 성년후견개시의 심판을 받은 때에 그러하며, 공동친권자인 부모 중 일방이 친권을 상실한 때에는 다른 일방이 단독 친권자가 되므로 그렇지 않다.

단독 친권자의 친권이 일시정지되거나(924조 1항) 일부제한되거나(924조의 2) 단독 친권자가 대리권·재산관리권을 상실하였거나(925조) 대리권·재산관리권을 사퇴한 경우(927조 1항)에는, 그 부분(일시정지의 경우에는 전부일 수 있음)에 대하여 후견이 개시된다(928조). 그리하여 예컨대 A·B 사이의 미성년 자녀인 C에게 D가 재산을 증여하면서 A에 대하여는 재산관리를 반대하여(918조 1항 참조) B가 혼자서 그 재산을 관리하여 왔는데, C가 성년이 되기 전에 B가 사망한 경우에는, C의 재산을 A가 관리하지 못하며, 그 부분에 관하여는 후견이 개시된다.

그리고 이혼 등으로 인하여 단독 친권자로 정해진 부나 모, 양부모(친양자의 경우는 제외됨) 모두가 친권상실선고를 받거나(927조의 2 1항 1호·909조의 2 3항 4항), 친권의 일시정지선고를 받거나(927조의 2 1항 1호의 2·909조의 2 3항 4항), 친권의 일부제한선고를 받거나(927조의 2 1항 1호의 3·909조의 2 3항 4항), 법률행위 대리권·재산관리권 상실의 선고를 받거나(927조의 1항 2호·909조의 2 3항 4항) 법률행위 대리권·재산관리권을 사퇴하였거나(927조의 1항 3호·909조의 2 3항 4항), 소재불명 등 친권을 행사할 수 없는 중대한 사유가 있는 경우(927조의 2 1항 4호·909조의 2 3항 4항)에 일정한 때(기간 내에 친권자 지정청구가 없거나 지정청구를 기각한 때)에는 가정법원이 미성년후견인을 선임할 수 있는데, 이때에도 미성년자 후견이 개시된다([171]도 참조).

2) 개시시기 미성년후견의 개시시기는 개시원인이 발생할 당시에 후견인이 존재하는지 여부에 따라 다르다. 친권자가 유언으로 미성년후견인을 지정한 경우에는(931조) 단독 친권자의 사망과 같은 개시원인이 발생한 때에 후견이 개시된다. 그에 비하여 개시원인 발생 당시에 후견인이 없는 경우에는 가정법원이 후견인을 선임한 때(932조)부터 후견이 개시된다. 후견의 개시원인이 발생하였더라도 후견인이 없으면 후견이 시작될 수 없기 때문이다.

3) 후견개시의 신고 후견이 개시되면 후견인이 취임일부터 1개월 이내에 후견개시의 신고를 하여야 한다(가족 80조). 그런데 신고를 할 때, 유언에 의하여 미성년후견인을 지정한 경우에는 지정에 관한 유언서, 그 등본 또는 유언녹음을 기재한 서면을 신고서에 첨부하여야 하고(가족 82조 1항), 미성년후견인 선임의 재판이 있었던 경우에는 재판서의 등본을 신고서에 첨부하여야 한다(가족 82조 2항).

(2) 성년후견의 개시 [174]

〈피성년후견인〉

(ㄱ) **피성년후견인의 의의** 피성년후견인은 질병 · 장애 · 노령 · 그 밖의 사유로 인한 정신적 제약으로 사무를 처리할 능력이 지속적으로 결여된 사람으로서 일정한 자의 청구에 의하여 가정법원으로부터 성년후견개시의 심판을 받은 자이다(9조 1항).

(ㄴ) **성년후견개시 심판의 요건**(자세한 점은 민법총칙 [106] 참조)

(a) 질병 · 장애 · 노령 · 그 밖의 사유로 인한 정신적 제약으로 사무를 처리할 능력이 지속적으로 결여된 사람이어야 한다.

(b) 본인 · 배우자 · 4촌 이내의 친족 · 미성년후견인 · 미성년후견감독인 · 한정후견인 · 한정후견감독인 · 특정후견인 · 특정후견감독인 · 검사 또는 지방자치단체의 장의 청구가 있어야 한다.

(c) 가정법원이 성년후견개시의 심판을 할 때에는 본인의 의사를 고려하여야 한다(9조 2항).

(ㄷ) **성년후견개시 심판의 절차** 성년후견개시 심판의 절차는 가사소송법과 가사소송규칙의 규정에 의한다(가소 34조 이하, 특히 44조 이하, 가소규 31조 이하). 이에 따르면, 가정법원이 성년후견개시의 심판을 할 경우에는 피성년후견인이 될 사람의 정신상태에 관하여 의사에게 감정을 시켜야 한다(가소 45조의 2 1항 본문). 다만, 그 사람의 정신상태를 판단할 만한 다른 충분한 자료가 있는 경우에는 그렇지 않다(가소 45조의 2 1항 단서).

성년후견개시의 요건이 모두 갖추어져 있으면 가정법원은 반드시 성년후견개시의 심판을 하여야 한다(9조 참조).

(ㄹ) **성년후견개시의 공시** 성년후견개시의 공시는 — 가족관계등록부에 의하지 않고 — 후견등기부에 의하여 한다(「후견등기에 관한 법률」 1조 · 2조). 그에 관하여는 「후견등기에 관한 법률」(아래에서는 후견등기법이라 함)과 「후견등기에 관한 규칙」(아래에서는 후견등기규칙이라 함)이 정하고 있다. 그에 따르면 후견등기는 촉탁이나 성년후견인이 신청하여 한다(후견등기법 20조 1항 · 2항). 등기부에 기록할 사항은 후견등기법 제25조가 규정하고 있다. 한편 가사소송법 및 그 규칙은 성년후견 · 한정후견 · 특정후견 · 임의후견에 관한 심판이 확정된 경우(가소규 5조의 2) 후견등기사무를 처리하는 사람에게 후견등기부에 등기할 것을 촉탁해야 한다고 규정한다(가소 9조).

(ㅁ) **성년후견종료의 심판** 성년후견개시의 원인이 소멸된 경우에는, 가정법원은 본인 · 배우자 · 4촌 이내의 친족 · 성년후견인 · 성년후견감독인 · 검사 또는 지방자치단체의 장의 청구에 의하여 성년후견종료의 심판을 한다(11조). 성년후견종료 심판의 절차도 가사소송법과 가사소송규칙에 의한다.

가정법원의 성년후견개시 심판이 있는 경우에는, 그 심판을 받은 사람, 즉 피성년후견인의 성년후견인을 두어야 한다(929조). 그리고 미성년자에게 성년후견이 개시되면 친권은 소멸한다고 할 것이다(민법총칙 [106] 참조. 부 또는 모가 성년후견인으로 선임되는 것은 무방함).

[175] ## 2. 후 견 인

(1) 후견인의 수

1) 미성년후견인의 수 미성년후견인의 수는 한 명으로 한다(930조 1항). 미성년후견인은 자연인에 한하며, 법인은 미성년후견인이 될 수 없다(930조 3항의 반대해석).

2) 성년후견인의 수 피성년후견인의 후견인인 성년후견인은 피성년후견인의 신상과 재산에 관한 모든 사정을 고려하여 여러 명을 둘 수 있다(930조 2항). 그리고 법인도 성년후견인이 될 수 있다(930조 3항).

(2) 미성년후견인의 순위

지정 미성년후견인, 선임 미성년후견인의 순으로 미성년자의 후견인이 된다.

1) 지정 미성년후견인 미성년자에게 친권을 행사하는 부모는 유언으로 미성년자의 후견인을 지정할 수 있는데(931조 1항 본문), 그러한 후견인이 지정후견인이다. 지정후견인은 제 1 순위로 미성년자의 후견인이 된다. 그런데 부모 중 일방이 사망한 경우에는 다른 일방이 친권을 행사하고 후견이 개시되지 않으므로, 단독 친권자가 사망할 때에 지정후견인이 후견인으로 된다. 또한 친권을 행사하는 부모만이 후견인을 지정할 수 있으므로 친권상실 등의 사유로 친권을 행사할 수 없는 부모는 후견인을 지정할 수 없다.

법률행위의 대리권과 재산관리권이 없는 친권자는 후견인을 지정하지 못한다(931조 1항 단서). 이때에는 재산관리에 관하여 이미 후견이 개시되어 있고, 또 친권자가 사망하면 후견인이 피후견인의 신분에 관하여도 임무를 수행하게 되기 때문이다(같은 취지: 김/김, 451면; 배/최, 375면).

한편 가정법원은, 제 1 항에 따라 미성년후견인이 지정된 경우라도 미성년자의 복리를 위하여 필요하면, 생존하는 부 또는 모, 미성년자의 청구에 의하여 후견을 종료하고 생존하는 부 또는 모를 친권자로 지정할 수 있다(931조 2항).

2) 선임 미성년후견인 다음과 같은 경우에는 가정법원이 미성년후견인을 선임하여야 하거나 선임할 수 있는데, 그 경우에 선임된 후견인이 선임 미성년후견인이다.

① 제931조 제 1 항에 따라 지정된 미성년후견인이 없는 경우에는, 가정법원은 직권으로 또는 미성년자 · 친족 · 이해관계인 · 검사 · 지방자치단체의 장의 청

구에 의하여 미성년후견인을 선임한다(932조 1항 1문).

② 미성년후견인이 있었으나 사망, 결격(937조 참조), 사임(939조 참조) 등을 이유로 미성년후견인이 없게 된 경우에도 같다(932조 1항 2문).

③ 친권의 상실선고, 일시정지선고, 일부제한선고 또는 대리권 · 재산관리권의 상실선고에 따라 미성년후견인을 선임할 필요가 있는 경우에는 가정법원은 직권으로 미성년후견인을 선임한다(932조 2항).

④ 친권자가 대리권 · 재산관리권을 사퇴한 경우에는 지체 없이 가정법원에 미성년후견인의 선임을 청구하여야 한다(932조 3항).

⑤ 그 외에도 법률규정에 따라 일정한 경우에 가정법원이 미성년후견인을 선임할 수 있다. 제909조의 2 제 3 항 · 제 4 항([153] · [154] · [173] 참조), 제927조의 2 제 1 항 제 1 호 · 제 1 호의 2 · 제 1 호의 3 · 제 2 호 · 제 3 호 · 제 4 호([171] · [173] 참조)에 의한 경우가 그렇다(이 중에 927조의 2 1항 2호 · 3호의 것은 932조 2항 · 3항에 포함될 수 있는 경우이다. 그런데 규정내용에 차이가 있다).

(3) 피성년후견인의 후견인 [176]

성년후견개시의 심판이 있는 경우에 성년후견인은 가정법원이 직권으로 선임한다(936조 1항). 그리고 선임된 성년후견인이 사망 · 결격 · 그 밖의 사유로 없게 된 경우에도, 가정법원은 직권으로 또는 피성년후견인 · 친족 · 이해관계인 · 검사 · 지방자치단체의 장의 청구에 의하여 성년후견인을 선임한다(936조 2항). 또한 가정법원은 성년후견인이 선임된 경우에도 필요하다고 인정하면 직권으로 또는 제 2 항의 청구권자나 성년후견인의 청구에 의하여 추가로 성년후견인을 선임할 수 있다(936조 3항).

가정법원이 성년후견인을 선임할 때에는 피성년후견인의 의사를 존중하여야 하며, 그 밖에 피성년후견인의 건강 · 생활관계 · 재산상황 · 성년후견인이 될 사람의 직업과 경험 · 피성년후견인과의 이해관계의 유무(법인이 성년후견인이 될 때에는 사업의 종류와 내용, 법인이나 그 대표자와 피성년후견인 사이의 이해관계의 유무를 말한다) 등의 사정도 고려하여야 한다(936조 4항).

(4) 후견인의 결격 · 사임 · 변경 [177]

1) 후견인의 결격

(ㄱ) 결격사유가 있는 경우의 효과 후견인의 결격사유에 해당한 자는 후견인(지정 · 선임 후견인 모두)이 되지 못한다(937조). 결격자를 미성년후견인으로 지정한 유언이나 가정법원이 후견인으로 선임한 가정법원의 심판은 무효이다. 그리고 후견인으로

취임한 뒤 결격사유가 발생한 경우에는 발생시부터 후견인의 지위를 잃는다. 학설도 일치하여 이와 같이 해석한다(김/김, 453면; 박동섭, 394면; 신영호, 242면).

(나) **결격사유** 후견인의 결격사유는 다음과 같다(937조 1호-9호).

① 미성년자

② 피성년후견인 · 피한정후견인 · 피특정후견인 · 피임의후견인

③ 회생절차(개인회생절차도 포함하여야 함) 개시 결정 또는 파산선고를 받은 자

④ 자격정지 이상의 형의 선고를 받고 그 형기(刑期) 중에 있는 사람

⑤ 법원에서 해임된 법정대리인

⑥ 법원에서 해임된 성년후견인 · 한정후견인 · 특정후견인 · 임의후견인과 그 감독인

⑦ 행방이 불분명한 사람

⑧ 피후견인을 상대로 소송을 하였거나 하고 있는 사람 여기의 소송은 원고로서 하는 경우뿐만 아니라 피고로서 하는 경우도 포함된다(같은 취지: 김/김, 454면; 박동섭, 394면). 그리고 재산관계 소송인지 친족관계 소송인지도 묻지 않는다. 그런데 「피후견인」을 상대로 한 소송만을 가리키고, 피후견인의 배우자나 직계혈족에 대한 소송은 포함되지 않는다.

⑨ 제8호에서 정한 사람의 배우자와 직계혈족. 다만, 피후견인의 직계비속은 제외한다. 이 단서는 최근에 신설된 것인데(2016. 12. 20. 개정), 그 결과 피후견인의 직계비속은 그의 직계혈족이 피후견인을 상대로 소송을 하였거나 소송을 하고 있더라도 후견인이 될 수 있다.

2) **후견인의 사임** 후견인은 정당한 사유(예: 질병 · 고령)가 있는 경우에는 가정법원의 허가를 받아 사임할 수 있다(939조 1문). 이 경우 그 후견인은 사임청구와 동시에 가정법원에 새로운 후견인의 선임을 청구하여야 한다(939조 2문).

3) **후견인의 변경** 가정법원은 피후견인의 복리를 위하여 후견인을 변경할 필요가 있다고 인정하면 직권으로 또는 피후견인 · 친족 · 후견감독인 · 검사 · 지방자치단체의 장의 청구에 의하여 후견인을 변경할 수 있다(940조). 이는 후견인 해임규정을 2005년 개정시에 후견인 변경규정으로 개정한 것이다. 후견인 변경사유는 과거 후견인 해임사유였던 현저한 비행, 부정행위 기타 후견의 임무를 감당할 수 없는 사유는 당연히 포함되고, 제 3 자가 후견인으로서 보다 적합하다

는 것도 이에 해당한다. 이 제도에 의하여 실제로 자녀를 양육하고 있던 계모나 계부가 후견인으로 정해질 수도 있게 되었다.

대법원은 최근에 성년후견인의 변경과 관련하여, 성년후견인의 변경사유인 「피성년후견인의 복리를 위하여 후견인을 변경할 필요가 있다고 인정되는 경우」는 가정법원이 성년후견인의 임무수행을 전체적으로 살펴보았을 때 선량한 관리자로서의 주의의무를 게을리하여 후견인으로서 그 임무를 수행하는 데 적당하지 않은 사유가 있는 경우로서 그 부적당한 점으로 피후견인의 복리에 영향이 있는 경우라고 한 뒤, 성년후견인의 임무에는 피성년후견인의 재산관리 임무뿐 아니라 신상보호 임무가 포함되어 있고, 신상보호 임무 역시 재산관리 임무 못지않게 피성년후견인의 복리를 위하여 중요한 의미를 가지기 때문에, 특별한 사정이 없는 한 성년후견인 변경사유를 판단함에 있어서는 재산관리와 신상보호의 양 업무의 측면을 모두 고려해야 한다고 하였다(대결 2021. 2. 4, 2020스647).

4) **후견인 변경 신고** 미성년후견인이 경질된 경우에는 후임자는 취임일부터 1개월 이내에 신고하여야 한다(가족 81조 1항). 그리고 제939조(후견인의 사임) 또는 제940조(후견인의 변경)에 따라 미성년후견인이 사임하거나 변경된 경우(즉 재판이 확정된 경우)에는, 그 재판을 청구한 사람이나 선임된 미성년후견인이 재판의 확정일부터 1개월 이내에 재판서의 등본 및 확정증명서를 첨부하여 신고하여야 한다(가족 81조 3항 · 79조 2항 · 58조 1항). 후자의 규정이 있어서 전자의 규정은 제939조 · 제940조 이외의 사유, 가령 결격 등으로 미성년후견인이 경질된 경우에 적용될 것이다.

성년후견인이 변경된 경우에는 새로운 성년후견인이 변경사실을 안 날부터 3개월 이내에 변경등기를 신청하여야 한다(후견등기법 28조 1항 본문). 다만, 촉탁에 의하여 등기가 이루어지는 경우에는 그렇지 않다(후견등기법 28조 1항 단서).

〈참 고〉

「아동 · 청소년의 성보호에 관한 법률」에서 아동 · 청소년대상 성범죄 사건을 수사하는 검사가 특별한 사정이 없는 한 그 사건의 가해자가 피해아동 · 청소년의 후견인인 경우에 법원에 후견인 변경 결정을 청구하여야 한다고 규정하고 있음(같은 법 23조 1항)은 앞에서 설명하였다([167] 참조).

우리의 특별법으로 「보호시설에 있는 미성년자의 후견 직무에 관한 법률」이 있다. 그 법은 다음과 같은 규정을 두고 있다. 국가나 지방자치단체가 설치 · 운영하는 보호시설(「보호시설」의 의미에 대하여는 같은 법 2조 1호 참조)에 있는 미성년자인 고아에 대하여는 그 보호시설의 장이

후견인이 된다(같은 법 3조 1항). 그리고 국가 또는 지방자치단체 외의 자가 설치 · 운영하는 보호시설에 있는 미성년자인 고아에 대하여는 그 보호시설의 소재지를 관할하는 특별자치시장 · 시장 · 군수 · 구청장이 후견인을 지정한다(같은 법 3조 2항). 한편 이들 규정은 보호시설에 있는 고아가 아닌 미성년자에 대하여도 준용하되, 법원의 허가를 받아야 한다(같은 법 3조 3항).

그리고 아동복지법은 후견인과 관련하여 다음과 같은 규정을 두고 있다. 시 · 도지사, 시장 · 군수 · 구청장, 아동복지시설의 장 및 학교의 장은 친권자 또는 후견인이 없는 아동을 발견한 경우 그 복지를 위하여 필요하다고 인정할 때에는 법원에 후견인의 선임을 청구하여야 하며(같은 법 19조 1항), 시 · 도지사, 시장 · 군수 · 구청장, 아동복지시설의 장, 학교의 장 또는 검사는 후견인이 해당 아동을 학대하는 등 현저한 비행을 저지른 경우에는 후견인 변경을 법원에 청구하여야 한다(같은 법 19조 2항). 그런데 아동복지시설에 입소 중인 보호대상아동에 대하여는 「보호시설에 있는 미성년자의 후견 직무에 관한 법률」을 적용한다(같은 법 19조 4항). 그리고 법원은 같은 법 제19조 제 1 항 및 제 2 항에 따라 후견인의 선임청구를 받은 경우 후견인이 없는 아동에 대하여 후견인을 선임하기 전까지 시 · 도지사, 시장 · 군수 · 구청장, 아동보호전문기관의 장, 가정위탁지원센터의 장 및 아동권리보장원의 장으로 하여금 임시로 그 아동의 후견인 역할을 하게 할 수 있다(같은 법 20조 2항 1문).

한편 「보호소년 등의 처우에 관한 법률」은, 소년원장 또는 소년분류심사원장은 미성년자인 보호소년 등이 친권자나 후견인이 없거나 있어도 그 권리를 행사할 수 없을 때에는 법원의 허가를 받아 그 보호소년 등을 위하여 친권자나 후견인의 직무를 행사할 수 있다고 규정한다(같은 법 23조).

[178] ### 3. 후견감독기관

미성년후견과 성년후견의 경우 후견감독기관으로는 가정법원과 후견감독인(미성년후견감독인 · 성년후견감독인)이 있다. 앞에서 언급한 바와 같이, 후견감독인 제도는 2011. 3. 7. 민법개정시에 친족회제도가 폐지되면서 새로 신설된 것이다.

(1) 가정법원의 후견감독

가정법원의 감독내용은 다음과 같다.

① 미성년후견인 · 성년후견인의 선임 또는 추가선임(932조 · 936조)

② 성년후견인의 법정대리권의 범위결정과 변경(938조 2항 · 4항)

③ 피성년후견인의 신상결정에 대한 성년후견인의 권한범위의 결정과 변경(938조 3항 · 4항)

④ 후견인의 사임허가(939조)

⑤ 후견인의 변경(940조)

⑥ 미성년후견감독인 · 성년후견감독인의 선임 또는 추가선임(940조의 3 · 940조의 4 · 940조의 7 · 936조 3항)

⑦ 미성년후견감독인 · 성년후견감독인의 사임허가(940조의 7 · 939조)

⑧ 미성년후견감독인 · 성년후견감독인의 변경(940조의 7 · 940조)

⑨ 재산조사 및 목록작성의 기간의 연장허가(941조 1항 단서)

⑩ 성년후견인이 피성년후견인을 정신병원 등에 격리하려는 경우의 허가(947조의 2 2항)

⑪ 피성년후견인이 의료행위의 직접적인 결과로 사망하거나 상당한 장애를 입을 위험이 있을 때의 허가(947조의 2 4항)

⑫ 성년후견인이 피성년후견인을 대리하여 피성년후견인이 거주하고 있는 건물 또는 그 대지에 대하여 매도 등을 하는 경우의 허가(947조의 2 5항)

⑬ 성년후견인이 여러 명인 경우의 그들의 권한행사방법 결정과 그것의 변경 · 취소(949조의 2 1항 · 2항)

⑭ 여러 명의 성년후견인이 공동으로 권한을 행사하여야 하는 경우에 권한행사에 협력하지 않는 성년후견인의 의사표시를 갈음하는 재판(949조의 2 3항)

⑮ 위의 ⑪ 내지 ⑭를 성년후견감독인이 하는 경우의 가정법원의 권한(940조의 7 · 947조의 2 3항-5항 · 949조의 2)

⑯ 후견임무 수행에 필요한 처분명령(954조)

⑰ 후견인 또는 후견감독인에 대한 보수수여(955조 · 940조의 7)

⑱ 후견사무 종료시 관리계산기간의 연장허가(957조 1항 단서)

(2) 후견감독인의 후견감독 [179]

민법은 후견인의 감독기관으로 후견감독인제도를 두고 있다. 그런데 후견감독인은 필수기관이 아니고 임의기관으로 되어 있다. 아래에서 미성년후견감독인과 성년후견감독인에 대하여 살펴본다.

1) 후견감독인으로 되는 자

(가) 미성년후견감독인의 순위 미성년후견인을 지정할 수 있는 사람(이는 친권자가 유언으로 미성년후견인을 지정할 수 있는 경우를 가리킨다. 민법개정 전의 판례로 대판 1975. 3. 25, 74다1998도 참조)은 유언으로 미성년후견감독인을 지정할 수 있다(940조의 2). 이것이 지정 미성년후견감독인이다. 「미성년후견인을 지정할 수

있는 사람」이 지정할 수 있으므로, 친권상실 등의 사유로 친권을 행사할 수 없는 부모나 법률행위 대리권 · 관리권이 없는 친권자는 유언으로 미성년후견감독인을 지정할 수 없다(931조 1항 참조). 그리고 친권자가 미성년후견인은 지정하지 않고 미성년후견감독인만 지정할 수 있는지 문제되나, 이것을 금지할 필요는 없을 것이다(반대 견해: 신영호, 247면).

제940조의 2에 따라 지정된 미성년후견감독인이 없는 경우에, 그것이 필요하다고 인정되면, 가정법원은 직권으로 또는 미성년자 · 친족 · 미성년후견인 · 검사 · 지방자치단체의 장의 청구에 의하여 미성년후견감독인을 선임할 수 있다(940조의 3 1항). 그리고 미성년후견감독인이 사망 · 결격 · 그 밖의 사유로 없게 된 경우에는, 가정법원은 직권으로 또는 미성년자 · 친족 · 미성년후견인 · 검사 · 지방자치단체의 장의 청구에 의하여 미성년후견감독인을 선임한다(940조의 3 2항).

(나) 성년후견감독인의 선임 가정법원은 필요하다고 인정하면 직권으로 또는 피성년후견인 · 친족 · 성년후견인 · 검사 · 지방자치단체의 장의 청구에 의하여 성년후견감독인을 선임할 수 있다(940조의 4 1항). 그리고 성년후견감독인이 사망 · 결격 · 그 밖의 사유로 없게 된 경우에는, 가정법원은 직권으로 또는 피성년후견인 · 친족 · 성년후견인 · 검사 · 지방자치단체의 장의 청구에 의하여 성년후견감독인을 선임한다(940조의 4 2항).

(다) 미성년후견감독인 · 성년후견감독인 선임과 관련된 공통사항 후견감독인은 여러 명을 둘 수 있고(940조의 7 · 930조 2항. 미성년후견인은 한 명만 두도록 되어 있는데, 미성년후견감독인은 여러 명 둘 수 있게 하는 것이 적절한지 검토를 요한다), 법인도 후견감독인이 될 수 있다(940조의 7 · 930조 3항). 후견감독인이 여러 명인 경우의 권한행사 등에 관하여는 제949조의 2가 준용된다(940조의 7 · 949조의 2).

후견감독인이 선임된 경우에도 필요하다고 인정되면 가정법원은 직권으로 또는 미성년자나 피성년후견인 · 친족 · 이해관계인 · 검사 · 지방자치단체의 장이나 후견감독인의 청구에 의하여(여기에 미성년후견인 · 성년후견인도 포함되어야 할 것인데, 그렇게 해석하기가 곤란하다) 추가로 후견감독인을 선임할 수 있다(940조의 7 · 936조 3항). 그리고 가정법원이 후견감독인을 선임할 때에는, 성년후견인을 선임할 때처럼, 피성년후견인의 의사를 존중하여야 하며, 그 밖에 제936조 제 4 항이 규정하는 여러 사정도 고려하여야 한다(940조의 7 · 936조 4항).

가정법원은 후견감독인의 청구에 의하여 피후견인의 재산 중에서 상당한 보수를 후견감독인에게 수여할 수 있고(940조의 7 · 955조), 후견감독인이 후견감독사무를 수행하는 데 필요한 비용은 피후견인의 재산 중에서 지출한다(940조의 7·955조의 2).

2) 후견감독인의 결격·사임·변경 후견감독인에 후견인의 결격사유에 관한 제937조가 준용되므로(940조의 7·937조), 거기에 규정되어 있는 자도 후견감독인이 될 수 없다. 그 외에 제779조에 따른 후견인의 가족은 후견감독인이 될 수 없다(940조의 5). 그리하여 배우자·직계혈족·형제자매와, 직계혈족의 배우자·배우자의 직계혈족·배우자의 형제자매로서 후견인과 생계를 같이 하는 자는 후견감독인이 되지 못한다. [180]

후견감독인은 정당한 사유가 있는 경우에는 가정법원의 허가를 받아 사임할 수 있고, 이 경우 그 후견감독인은 사임청구와 동시에 가정법원에 새로운 후견감독인의 선임을 청구하여야 한다(940조의 7·939조).

가정법원은 피후견인의 복리를 위하여 후견감독인을 변경할 필요가 있다고 인정하면 직권으로 또는 피후견인·친족·후견감독인(복수인 경우임)·검사·지방자치단체의 장의 청구에 의하여 후견감독인을 변경할 수 있다(940조의 7·940조).

3) 후견감독인의 직무

(가) 후견감독인은 후견인의 사무를 감독하며, 후견인이 없는 경우 지체 없이 가정법원에 후견인의 선임을 청구하여야 한다(940조의 6 1항).

후견감독인의 감독내용은 다음과 같다.

① 재산조사와 재산목록 작성에 대한 참여(941조 2항)

② 후견인과 피후견인 사이의 채권·채무를 제시받음(942조 1항)

③ 미성년자의 보호·교양방법 등에 관한 동의(미성년후견감독인의 경우)(945조)

④ 후견인이 일정한 행위를 대리하거나 동의하는 데 대한 동의와 그 위반행위의 취소(950조)

⑤ 후견인이 피후견인에 대한 제 3 자의 권리를 양수하는 데 대한 동의와 그 위반행위의 취소(951조)

⑥ 후견인의 임무수행에 관한 보고와 재산목록의 제출요구와 피후견인의 재산상황 조사(953조)

⑦ 후견사무종료시의 관리계산에 대한 참여(957조 2항)

⑧ 피후견인의 신체침해 의료행위에 대한 동의(940조의 7·947조의 2 3항)

(나) 후견감독인은, 피후견인의 신상이나 재산에 대하여 급박한 사정이 있는

경우, 그의 보호를 위하여 필요한 행위 또는 처분을 할 수 있다(940조의 6 2항).

㈐ 후견인과 피후견인 사이에 이해가 상반되는 행위에 관하여는 후견감독인이 피후견인을 대리한다(940조의 6 3항).

㈑ 후견감독인에 대하여는 위임에 관한 제681조(수임인의 선관의무) · 제691조(위임종료시의 긴급처리) · 제692조(위임종료의 대항요건)가 준용된다(940조 의 7).

[181] 4. 후견사무

후견사무는 크게 신분에 관한 임무와 재산에 관한 임무로 나눌 수 있다. 후견인은 피후견인의 법정대리인이 되는데(938조), 후견인의 임무 가운데에는 법정대리인으로서 행하는 것도 많이 있다. 그리고 후견인은 친권자(922조 참조)와 달리 선량한 관리자의 주의로써 그 임무를 수행하여야 한다(956조 · 681조).

아래에서는 후견사무를 ① 신분에 관한 임무와 ② 재산에 관한 임무로 나누어 기술하려고 하며, 그 가운데 ①에 관하여는 미성년후견인과 성년후견인을 분리하여 적고 ②에 관하여는 미성년후견인과 성년후견인을 한꺼번에 설명할 것이다.

(1) 신분에 관한 임무

1) 미성년후견인의 권리 · 의무

㈎ 미성년자의 후견인은 친권자와 마찬가지로 보호 · 교양의 권리 · 의무(913조), 거소지정권(914조) 등이 있다(945조 본문). 그러나 ① 친권자가 정한 교육방법 · 양육방법 또는 거소를 변경하는 경우, ② 미성년자를 감화기관이나 교정기관에 위탁하는 경우, ③ 친권자가 허락한 영업을 취소하거나 제한하는 경우에는, 미성년후견감독인이 있으면 그의 동의를 받아야 한다(945조 단서).

미성년후견인이 미성년자를 보호 · 교양하는 데 드는 비용, 즉 양육비용은 누가 부담하여야 하는가? 그 비용은 미성년후견인이 부담할 것이 아니고 부모(부모가 살아 있는 경우임)나 그 밖의 부양의무자가 부담하여야 한다. 그런데 미성년자에게 재산이 많이 있는 경우에는 다음과 같이 새겨야 한다. 그 경우에도 — 양육비용을 부담할 수 있는 한 — 부모가 양육비용을 부담하여야 한다. 그러나 부모가 아닌 친족이 부양의무자일 때에는 미성년자의 재산에서 그 비용을 지출해야 한다(955조 의 2). 왜냐하면 민법상 부양의무는 부양받을 자가 자기의 자력에 의하여 생활을 유지할 수 없는 경우에 한하여 부양의무를 이행할 책임이 있기 때문이다(975조). 그런데 제975조는 미성년자에 대한 부모처럼 제 1 차적 부양의무자에 대하여는 적용되지 않는다고 보아야 한다(같은 취지: 김/김, 531면).

친권자가 친권의 일부제한선고를 받거나(924조의 2), 대리권 · 재산관리권의 상실선고를 받거나(925조) 대리권 · 재산관리권을 사퇴하여(927조 1항) 친권 중 일부에 한정하여 행사할 수 없는 경우에 미성년후견인의 임무는 제한된 친권의 범위에 속하는 행위에 한정된다(946조). 그 경우 제한되지 않은 범위에 속하는 행위는 친권자가 행하게 된다. 그리하여 가령 친권자가 대리권 · 재산관리권의 상실선고를 받은 경우에 미성년후견인의 임무는 재산에 관한 행위에 한정되며, 신분에 관하여는 친권자가 친권을 행사한다. 한편 제946조에 명시되어 있지는 않으나, 친권자가 친권의 일부에 대하여 일시정지선고를 받은 경우(그것도 가능하다고 해야 함. [168] 참조)에도 미성년후견인의 임무가 해당부분에 한정된다고 할 것이다(입법적으로 누락되어 있음. 928조에는 924조가 열거되어 있는 것도 참조).

(나) 미성년후견인은 미성년자의 친족법상의 일정한 행위에 대하여 동의권을 가진다. ① 약혼(801조), ② 혼인(808조 1항), ③ 13세 이상인 미성년자의 입양(871조), ④ 13세 이상인 미성년자의 친양자 입양(908조의 2 1항 4호)에서 그렇다.

그리고 법률(민법 · 가사소송법)상 신분과 관련한 일정한 행위에 관하여 대리권을 가진다. ① 혼인적령 미달자의 혼인 및 미성년자가 동의권자의 동의 없이 한 혼인에 대한 취소(817조), ② 인시청구의 소제기(863조), ③ 13세 미만인 미성년자의 입양에 대한 승낙(대락)(869조 2항), ④ 미성년자가 행한 입양의 취소(885조), ⑤ 13세 이상의 미성년자가 동의권자의 동의 없이 양자가 된 경우의 입양의 취소(886조), ⑥ 13세 미만인 미성년자의 재판상 파양의 청구(906조 1항), ⑦ 친양자 입양에 대한 승낙(908조의 2 1항 5호), ⑧ 상속의 승인 · 포기(1019조 · 1020조), ⑨ 법정대리인으로서 가사소송법에 의한 신분관계의 소제기(가소 23조 · 28조 · 31조) 등에서 그렇다.

(다) 미성년후견인은 미성년자를 갈음하여 미성년자의 자녀에 대한 친권을 행사한다(948조 1항)(이는 미성년자인 피후견인에게 혼인 외의 자녀가 있는 경우의 문제이다). 이는 제910조(자의 친권의 대행)와 같은 취지의 것이다. 그리고 이 경우의 친권행사에는 후견인의 임무에 관한 규정이 준용된다(948조 2항).

2) 성년후견인의 권리 · 의무 [182]

(가) 성년후견인이 여러 명인 경우의 권한행사 등 성년후견인이 여러 명인 경우에 가정법원은 여러 명의 성년후견인이 공동으로 또는 사무를 분장하여 그 권

한을 행사하도록 정할 수 있다(949조의2 1항). 그리고 가정법원은 이 결정을 변경하거나 취소할 수 있다(949조의2 2항).

여러 명의 성년후견인이 공동으로 권한을 행사하여야 하는 경우에, 어느 성년후견인이 피성년후견인의 이익이 침해될 우려가 있음에도 법률행위의 대리 등 필요한 권한행사에 협력하지 않을 때에는, 가정법원은 피성년후견인·성년후견인·후견감독인 또는 이해관계인의 청구에 의하여 그 성년후견인의 의사표시를 갈음하는 재판을 할 수 있다(949조의2 3항). 가정법원이 이를 직권으로 할 수는 없다.

(나) 피성년후견인의 복리와 의사존중 성년후견인은 피성년후견인의 재산관리와 신상보호를 할 때 여러 사정을 고려하여 그의 복리에 부합하는 방법으로 사무를 처리하여야 한다(947조 1문). 이 경우 성년후견인은 피성년후견인의 복리에 반하지 않으면 피성년후견인의 의사를 존중하여야 한다(947조 2문). 성년후견인이 피성년후견인의 복리와 의사를 존중하지 않으면, 가정법원은 후견인을 변경할 수 있을 것이고(940조), 또 후견인의 임무수행에 관하여 필요한 처분을 할 수 있을 것이다(954조 참조).

[183] **(다) 피성년후견인의 신상(身上)보호**

(a) 신상보호에 있어서 자기결정의 우선 피성년후견인은 자신의 신상(「신상」의 사전적 의미는 한 사람의 몸이나 처신, 또는 그의 주변에 관한 일이나 형편임)에 관하여 그의 상태가 허락하는 범위에서 단독으로 결정한다(947조의2 1항). 이는 거주 이전·주거·면접교섭·의학적 치료 등 신상에 대한 결정에서는 피성년후견인의 의사가 가장 우선되어야 한다는 의미이다.

(b) 성년후견인의 보충적인 결정권한 피성년후견인이 항상 자신의 신상에 관하여 결정을 할 수 있는 신체적·정신적 상태에 있는 것은 아니다. 그럼에도 불구하고 언제나 피성년후견인으로 하여금 스스로 신상에 관하여 결정하게 하면 그에게 매우 부정적인 결과가 생길 수 있다. 그리하여 민법은, 피성년후견인이 스스로 신상결정을 할 수 없는 상태에 있는 경우에는, 그를 갈음하여 성년후견인이 보충적으로 결정을 할 수 있도록 권한을 부여하는 절차를 두고 있다.

그에 의하면, 가정법원은 성년후견인이 피성년후견인의 신상에 관하여 결정을 할 수 있는 권한의 범위를 정할 수 있고(938조 3항), 그 범위가 적절하지 않게 된 경우에는 본인·배우자·4촌 이내의 친족·성년후견인·성년후견감독인·검사 또는 지방자치단체의 장의 청구에 의하여 그 범위를 변경할 수 있다(938조 4항).

이렇게 하여 결정권을 부여받은 성년후견인은 그 권한이 있는 범위에서 피성년후견인이 신상결정을 할 수 없는 경우에 그를 갈음하여 결정을 할 수 있다.

(c) 가정법원의 감독 성년후견인이 피성년후견인의 신상문제를 결정할 때에는, 성년후견인의 권한남용을 막기 위하여 감독이 필요하게 된다. 그리하여 민법은 특히 신상결정의 중요한 유형에 대하여 가정법원이 감독할 수 있도록 하는 규정을 두었다. [184]

우선 성년후견인이 피성년후견인을 치료 등의 목적으로 정신병원이나 그 밖의 다른 장소에 격리하는 경우에는, 가정법원의 허가를 받아야 한다(947조의 2 2항). 이는 개정 전에도 있었던 것인데, 개정 전에는 긴급을 요할 상태인 때에 사후에 허가를 청구할 수 있도록 하는 예외가 인정되었으나(개정 전 947조 2항 단서), 개정시 이 부분은 삭제되었다. 따라서 현재에는 반드시 사전허가를 받아야 한다.

〈정신보건법에 따른 정신질환자의 입원〉

정신질환의 예방과 정신질환자의 의료 및 사회복귀에 관한 특별법으로 정신보건법이 있다. 그 법에 따르면, 정신의료기관 등의 장은 정신질환자의 보호의무자(민법상의 부양의무자 또는 후견인, 같은 법 21조 1항 참조) 2인의 동의와 정신건강의학과 전문의의 입원필요 판단이 있는 경우에 정신질환자를 입원시킬 수 있다(같은 법 24조 1항. 그 외에 25조는 시장·군수·구청장에 의한 입원제도를 규정함). 그리고 이 경우 사전이나 사후에 가정법원의 허가를 받지도 않는다. 물론 이 법은 입원 후 환자 본인이나 보호의무자가 퇴원신청을 하면 원칙적으로 지체 없이 환자를 퇴원시키도록 규정한다(같은 법 24조 6항). 그러나 예외가 규정되어 있어 악용의 소지도 있다. 최근의 언론에서는 재산관계의 다툼으로 아주 가까운 가족을 정신질환자로 몰아 이 법을 근거로 정신병원에 입원시켜 사실상 감금한 사례가 적지 않게 보도되고 있다. 그것은 정신보건법이 정신질환자의 입원을 매우 가볍게 규정하고 있는 데 그 원인이 있다고 생각한다. 정신질환자의 보호를 위하여 민법을 참고하여 그 법을 바람직한 방향으로 개정할 필요가 있다(같은 취지: 박동섭, 408면).

정신질환자로서 피성년후견인으로 된 사람은 민법과 정신보건법 중 어느 법을 적용받는가? 이에 대하여는 견해의 대립이 있을 수 있으나, 정신보건법을 특별법으로 보아야 하므로 그 법의 요건을 갖추는 한 먼저 그 법이 적용된다고 새겨야 할 것이다. 그런데 그럴 경우에 그 법의 규정이 매우 허술하여 문제인 것이다.

피성년후견인의 신체를 침해하는 의료행위에 대하여는 1차적으로 피성년후견인이 동의하여야 하나, 그가 동의할 수 없는 경우에는 성년후견인이 그를 대신하여 동의할 수 있다(947조의 2 3항). 그리고 이 경우, 피성년후견인이 의료행위의 직접적인 결과로 사망하거나 상당한 장애를 입을 위험이 있을 때에는, 가정법원의 허가를 받아야 한다(947조의 2 4항 본문). 다만, 허가절차로 의료행위가 지체되어 피성년후견인의 생명에 위험을 초래하거나 심신상의 중대한 장애를 초래할 때에는, 사후에 허가를 청구할 수 있다(947조의 2 4항 단서).

성년후견인이 피성년후견인을 대리하여 피성년후견인이 거주하고 있는 건물 또는 그 대지에 대하여 매도 · 임대 · 전세권설정 · 저당권설정 · 임대차의 해지 · 전세권의 소멸 · 그 밖에 이에 준하는 행위를 하는 경우에는, 가정법원의 허가를 받아야 한다(947조의 2 5항). 이는 피성년후견인의 주거와 관련된 성년후견인의 대리권 행사에 제한을 가하는 것으로서 엄밀한 의미에서는 신상결정의 문제는 아니다. 그렇지만 그러한 법률행위는 피성년후견인의 주거에 영향을 크게 미치는 것이고, 따라서 신상보호와 관련이 있기 때문에 여기에 함께 규정한 것이다.

㈑ 성년후견인의 친족법 · 상속법상의 행위에 관한 동의권 · 대리권 성년후견인은 ① 약혼(802조), ② 혼인(808조 2항), ③ 협의이혼(835조), ④ 인지(856조), ⑤ 입양(873조 1항), ⑥ 협의상 및 재판상 파양(902조 · 906조 3항) 등에 관하여 동의권을 가진다.

그리고 ① 혼인취소(817조), ② 인지청구의 소제기(863조), ③ 입양취소(887조), ④ 상속의 승인 · 포기(1019조 · 1020조), ⑤ 가사소송법에 의한 신분관계의 소제기(가소 23조 · 28조 · 31조) 등에 관하여 대리권을 가진다.

[185] **(2) 재산에 관한 임무**(미성년후견인과 성년후견인을 한꺼번에 설명함)

1) 재산조사 등 후견인은 취임 후 지체 없이 피후견인의 재산을 조사하여 2개월 내에 그 목록을 작성하여야 한다(941조 1항 본문). 다만, 정당한 사유가 있는 경우에는 가정법원의 허가를 얻어 그 기간을 연장할 수 있다(941조 1항 단서). 그리고 후견감독인이 있는 경우 재산조사와 목록작성은 후견감독인의 참여가 없으면 효력이 없다(941조 2항).

후견인은 재산조사와 목록작성을 완료하기까지는 긴급필요한 경우(예: 소멸시효의 중단, 채무자 재산의 압류)가 아니면 그 재산에 관한 권한을 행사하지 못한다(943조 본문). 이에 위반한 후견인의 행위는 무권대리행위로 되어(대판 1997. 11. 28, 97도1368) 효력이 생기지 않는다. 그러나 이 무효로써 선의의 제 3 자에게 대항하지 못한다(943조 단서).

후견인과 피후견인 사이에 채권 · 채무의 관계가 있고 후견감독인이 있는 경우에는, 후견인은 재산목록의 작성을 완료하기 전에 그 내용을 후견감독인에게 제시하여야 한다(942조 1항). 만약 후견인이 피후견인에 대한 채권이 있음을 알고 제시를 게을리한 경우에는 그 채권을 포기한 것으로 본다(942조 2항).

이상의 것(941조-943조)은 후견인이 취임한 후에 피후견인이 포괄적 재산을 취득한 경우(상속, 포괄적 유증)에도 준용된다(944조).

2) 재산관리권 · 대리권 · 동의권 후견인은 피후견인의 재산을 관리하고 그 재산에 관한 법률행위에 대하여 피후견인을 대리한다(949조 1항). 후견인이 피후견인의 재산을 관리함에 있어서는 선량한 관리자의 주의로써 하여야 한다(956조 · 681조).

후견인은 피후견인의 법정대리인으로서(938조 1항) 포괄적으로 재산관리권과 법정대리권을 가진다. 그런데 성년후견인에 대하여는 가정법원이 법정대리권의 범위를 줄여서 정할 수 있고(938조 2항), 그 범위가 적절하지 않게 된 경우에는 가정법원은 본인 · 배우자 · 4촌 이내의 친족 · 성년후견인 · 성년후견감독인 · 검사 또는 지방자치단체의 장의 청구에 의하여 그 범위를 변경할 수 있다(938조 4항). 성년후견인의 법정대리권의 범위는 가정법원이 탄력적으로 조절할 수 있는 것이다.

미성년후견인은 법정대리인(938조)으로서 재산행위에 대하여 대리권 외에 동의권도 가진다(5조 1항). 그에 비하여 성년후견인은 동의권이 없다(10조 1항 참조).

3) 후견인의 권한에 대한 제한 [186]

(가) 무상으로 피후견인에게 재산을 수여한 제 3 자가 후견인의 관리에 반대하는 의사를 표시한 때에는 후견인은 그 재산을 관리하지 못하며, 이 경우 그 제 3 자가 재산관리인을 지정하지 않은 때에는 가정법원이 관리인을 선임한다(956조 · 918조).

(나) 후견인이 피후견인의 행위를 목적으로 하는 채무를 부담할 경우에는 피후견인의 동의를 얻어야 한다(949조 2항 · 920조 단서). 그리고 후견인도 친권자와 마찬가지로 미성년자인 피후견인을 대리하여 근로계약을 체결할 수 없다(근로기준법 67조 1항).

(다) 후견인(미성년후견인 · 성년후견인)에 대하여는 제921조가 준용된다(949조의 3 본문. 가소 2조 1항 라류사건 16)도 참조). 그 결과 후견인과 피후견인 사이에 이해상반되는 행위를 하는 경우에는 후견인은 법원에 피후견인의 특별대리인의 선임을 청구하여야 하고(921조 1항 참조), 후견인이 그의 후견을 받는 수인의 피후견인 사이에 이해상반되는 행위를 하는 경우에는 법원에 피후견인 일방의 특별대리인의 선임을 청구하여야 한다(921조 2항 참조). 그러나 후견감독인이 있는 경우에는, 그가 피후견인을 대리하게 되므로(940조의 6 3항),

특별대리인의 선임을 청구할 필요가 없다(949조의 3 단서).

㈑ 후견인이 피후견인을 대리하여 다음과 같은 행위를 하거나 미성년자의 다음과 같은 행위에 동의를 할 때에는, 후견감독인이 있으면 그의 동의를 받아야 한다(950조 1항 1호-6호).

① 영업에 관한 행위

② 금전을 빌리는 행위

③ 의무만을 부담하는 행위

④ 부동산 또는 중요한 재산에 관한 권리의 득실변경을 목적으로 하는 행위

⑤ 소송행위

⑥ 상속의 승인 · 한정승인 또는 포기 및 상속재산의 분할에 관한 협의

이 행위들은 제한능력자(미성년자 또는 피한정후견인. 950조는 959조의 6에 의해 한정후견의 경우에 준용됨)의 상대방이 제한능력자의 법정대리인에게 취소할 수 있는 행위를 추인할 것인지의 여부의 확답을 촉구한 경우에 법정대리인이 특별한 절차를 밟아서 확답을 해야 하는 경우에 해당한다(민법총칙 [111] 참조).

후견감독인의 동의가 필요한 행위에 대하여 후견감독인이 피후견인의 이익이 침해될 우려가 있음에도 동의를 하지 않는 경우에는, 가정법원은 후견인의 청구에 의하여 후견감독인의 동의를 갈음하는 허가를 할 수 있다(950조 2항). 그리고 후견감독인의 동의가 필요한 법률행위를 후견인이 후견감독인의 동의 없이 하였을 때에는, 피후견인 또는 후견감독인이 그 행위를 취소할 수 있다(950조 3항).

후견감독인의 동의는 없었지만 상대방이 후견감독인의 동의가 있었다고 믿을 만한 정당한 이유가 있는 경우에 제126조가 적용되어 피후견인(미성년자 · 피성년후견인)이 책임을 지는가? 여기에 관하여 학설은 i) 긍정설(이경희, 285면)과 ii) 부정설(윤진수, 247면; 지원림, 1976면)로 나뉘어 있고, 판례는 — 과거 한정치산자의 경우에 친족회의 동의에 관하여 — 제126조가 적용된다고 한다(대판 1997. 6. 27, 97다3828). 생각건대 제126조가 법정대리에 적용되기는 하지만, 제한능력자에 대하여는 적용되지 않는다고 해야 한다. 제126조를 제한능력자에 대하여도 적용하는 것은 제한능력자 보호라는 민법의 결단에 어긋나기 때문이다. 따라서 부정설이 타당하다.

〈판 례〉 [187]

(ㄱ)「민법 제126조 소정의 권한을 넘는 표현대리 규정은 거래의 안전을 도모하여 거래상대방의 이익을 보호하려는 데에(그 취지가: 저자 주) 있으므로 법정대리라고 하여 임의대리와는 달리 그 적용이 없다고 할 수 없고, 따라서 한정치산자의 후견인이 친족회의 동의를 얻지 않고 피후견인의 부동산을 처분하는 행위를 한 경우에도 상대방이 친족회의 동의가 있다고 믿은 데에 정당한 사유가 있는 때에는 본인인 한정치산자에게 그 효력이 미친다 할 것이다. …

한정치산자의 후견인이 친족회의 동의 없이 그 피후견인인 한정치산자의 부동산을 처분한 경우에 발생하는 취소권은 민법 제146조에 의하여 추인할 수 있는 날로부터 3년 내에, 법률행위를 한 날로부터 10년 내에 행사하여야 하지만, 여기에서 '추인할 수 있는 날'이라 함은 취소의 원인이 종료한 후를 의미하므로 피후견인이 스스로 그 법률행위를 취소함에 있어서는 한정치산선고가 취소되어 피후견인이 능력자로 복귀한 날로부터 3년 내에 그 취소권을 행사하여야 한다.」(대판 1997. 6. 27, 97다3828)

(ㄴ) 갑과 그의 생모인 을이 병과의 사이에 계쟁 부동산지분에 관하여 민·형사상의 이의를 제기하지 않기로 하는 취지의 약정을 하였더라도 약정 당시 갑은 미성년자로서 행위무능력자이고 을은 이미 재혼하여 친권을 상실한 자였다면 설사 을이 갑에 대한 후견인의 지위에서 피후견인인 갑의 위 부동산지분에 관한 권리의 득실변경을 목적으로 하는 행위를 동의하거나 대리한 취지로 위 부제소합의를 하게 된 것이더라도 이에 관하여 친족회의 동의를 얻지 못한 이상 갑이 성년에 달한 후 3년 이내에 위 부제소합의를 취소한 것은 적법하다(대판 1989. 10. 10, 89다카1602·1619).

(ㄷ)「미성년자 또는 친족회가 민법 제950조 제 2 항에 따라 제 1 항의 규정에 위반한 법률행위를 취소할 수 있는 권리는 형성권으로서 민법 제146조에 규정된 취소권의 존속기간은 제척기간이라고 보아야 할 것이지만, 그 제척기간 내에 소를 제기하는 방법으로 권리를 재판상 행사하여야만 되는 것은 아니고, 재판 외에서 의사표시를 하는 방법으로도 권리를 행사할 수 있다고 보아야 할 것이다.」(대판 1993. 7. 27, 92다52795)

(ㄹ)「후견인이 민법 제950조 제 1 항 각호의 행위를 하면서 친족회의 동의를 얻지 아니한 경우, 제 2 항의 규정에 의하여 피후견인 또는 친족회가 위 후견인의 행위를 취소할 수 있는 권리(취소권)는 행사상의 일신전속권이므로 채권자대위권의 목적이 될 수 없다.」(대판 1996. 5. 31, 94다35985)

(ㅁ)「한정치산자의 후견인이 한정치산자의 이름으로 소송을 제기하는 등의 소송행위를 함에는 친족회의 동의를 얻어야 하는 것이며 친족회의 동의를 얻지 아니한 채 제소하여 사실심의 변론종결시까지에 그 동의가 보정되지 아니하였다면 그 제소 등 일련의 소송행위는 그에 필요한 수권이 흠결된 법정대리인에 의한 것으로서 절차적 안정이 요구되는 소송행위의 성격상 민법 제950조 제 2 항의 규정에도 불구하고 무효로 될 것이다.

그러나 법정대리인의 소송행위에 필요한 친족회의 동의는 보정되면 행위시에 소급하여 그의 효력이 생기고 그 보정은 상고심에서도 할 수 있는 것이다.」(대판 2001. 7. 27, 2001다5937)

[188] ㈒ 후견인이 피후견인에 대한 제 3 자의 권리를 양수하는 경우에는, 피후견인은 이를 취소할 수 있다(951조 1항). 그리고 제 1 항에 따른 권리의 양수의 경우 후견감독인이 있으면 후견인은 후견감독인의 동의를 받아야 하고, 후견감독인의 동의가 없는 경우에는 피후견인 또는 후견감독인이 이를 취소할 수 있다(951조 2항). 이 두 항을 관련지어 이 규정의 내용을 단락을 바꾸어 설명하기로 한다.

이 중에 전자 즉 제951조 제 1 항은 「후견인이 피후견인에 대한 제 3 자의 권리를 양수하는 경우」 전체에 대하여 규정을 하고 있는 원칙규정이다. 그리고 후자 즉 제951조 제 2 항은 제 1 항이 규율하는 전체 중 일부에 대하여 규정한다. 따라서 제 2 항이 규율하는 경우는 특별규정인 제 2 항만 적용되고, 제 1 항은 제 2 항이 규율하지 않는 나머지의 경우에만 적용된다. 그런데 제 2 항이 규율하는 경우란 「후견인이 피후견인에 대한 제 3 자의 권리를 양수하는 경우 가운데 후견감독인이 있는 때」이다. 그리고 그때에는 후견감독인의 동의를 받아야 하고, 그 동의가 없는 경우에는 취소할 수 있다. 그에 비하여 제 2 항이 규율하지 않는 경우는 「후견인이 피후견인에 대한 제 3 자의 권리를 양수하는 경우 가운데 후견감독인이 없는 때」이다. 그리고 그때에는 제 1 항이 적용되어 언제나 취소할 수 있게 된다(그때는 후견감독인이 없어서 그의 동의가 있을 수 없음).

문헌에 따라서는, 제951조의 결과를 미성년후견인이 미성년자에 대한 제 3 자의 권리를 양수하는 경우뿐만 아니라 미성년자의 재산을 양수하는 경우에도 마찬가지로 인정하려고 한다(신영호, 246면. 이 책 257면에서 제951조는 미성년후견인의 경우에서와 같다고 함). 그러나 미성년후견인(또는 성년후견인)이 미성년자(또는 피성년후견인)의 재산을 양수하는 경우는 바로 이해상반행위로서 특별대리인이 선임되어야 하며(949조·921조), 제951조를 적용(또는 유추적용)할 것이 아니다.

㈓ 위 ㈑, ㈒의 경우에 상대방은 후견감독인에 대하여 제15조에 따라 추인 여부의 확답을 촉구할 수 있다(952조). 그런데 제한능력자나 후견인에 대하여는 제15조가 직접 적용되므로 이 규정에 의하여 제15조를 준용할 필요는 없다.

4) 감독기관에 대한 의무 후견감독인은 언제든지 후견인에게 그의 임

무수행에 관한 보고와 재산목록의 제출을 요구할 수 있고 피후견인의 재산상황을 조사할 수 있다(953조). 그리고 가정법원은 직권으로 또는 피후견인 · 후견감독인 · 제777조에 따른 친족 · 그 밖의 이해관계인 · 검사 · 지방자치단체의 장의 청구에 의하여 피후견인의 재산상황을 조사하고, 후견인에게 재산관리 등 후견임무 수행에 관하여 필요한 처분을 명할 수 있다(954조). 후견인은 이러한 감독기관의 요구 · 조사 등에 응할 의무가 있다.

5) 후견인의 보수와 비용 가정법원은 후견인의 청구에 의하여 피후견인의 재산상황 기타 사정을 참작하여 피후견인의 재산 중에서 상당한 보수를 후견인에게 수여할 수 있다(955조). 그리고 후견인이 후견사무를 수행하는 데 필요한 비용은 피후견인의 재산 중에서 지출한다(955조의 2).

5. 후견의 종료 [189]

(1) 종료원인

후견의 종료에는 후견 그 자체가 종료하는 절대적 종료와 현재 후견임무를 수행하는 후견인의 임무가 종료하는 상대적 종료가 있다.

미성년후견 · 성년후견의 절대적 종료원인은 ① 피후견인의 사망, ② 미성년자의 성년 도달 또는 혼인, ③ 성년후견종료의 심판, ④ 미성년자에 대하여 새로이 친권자가 생기는 경우(입양 · 인지), ⑤ 미성년자에 대하여 종전의 친권으로 이행하는 경우(친권의 상실선고 · 일시정지선고 · 일부제한선고를 받은 친권자, 대리권 · 관리권 상실선고를 받은 친권자, 대리권 · 관리권을 사퇴한 친권자가 그 회복선고를 받은 경우) 등이다.

그리고 상대적 종료원인은 ① 후견인의 사망, ② 후견인의 결격 · 사임 · 변경, ③ 배우자가 후견인인 경우의 혼인의 해소 등이다.

(2) 후견종료시의 후견인의 임무

1) 관리계산 후견인의 임무가 종료된 때에는 후견인 또는 그 상속인은 1개월 내에 피후견인의 재산에 관한 계산을 하여야 한다(957조 1항 본문). 다만, 정당한 사유가 있는 경우에는 가정법원의 허가를 받아 그 기간을 연장할 수 있다(957조 1항 단서). 그리고 그 계산은 후견감독인이 있는 경우에는 그가 참여하지 않으면 효력이 없다(957조 2항).

후견인이 피후견인에게 지급할 금액이나 피후견인이 후견인에게 지급할 금액에는 계산종료의 날부터 이자를 부가하여야 한다(958조 1항). 그리고 후견인이 자기를 위하여 피후견인의 금전을 소비한 때에는 그 소비한 날부터 이자를 부가하고 피후견인에게 손해가 있으면 이를 배상하여야 한다(958조 2항).

2) **후견종료와 긴급처리** 후견종료의 경우에 급박한 사정이 있는 때에는 후견인, 그 상속인이나 법정대리인은 피후견인, 그 상속인이나 법정대리인이 스스로 그 사무를 처리할 수 있을 때까지 그 사무의 처리를 계속하여야 하며, 이 경우에는 후견의 존속과 동일한 효력이 있다(959조·691조). 그리고 후견인 또는 피후견인 중 일방에 후견종료의 사유가 발생한 경우에는 이를 상대방에게 통지하거나 상대방이 이를 안 때가 아니면 이로써 상대방에게 대항하지 못한다(959조·692조).

3) **후견종료의 신고** 미성년후견이 종료한 때에는 미성년후견인이 1개월 이내에 후견종료의 신고를 하여야 한다(가족 83조 1항 본문). 다만, 미성년자가 성년이 되어 미성년후견이 종료된 경우에는 신고할 필요가 없다(가족 83조 1항 단서).

피성년후견인의 사망이나 그 밖의 사유로 성년후견이 종료된 경우에 성년후견인이 이를 알았을 때에는 이를 안 날부터 3개월 이내에 종료등기를 신청해야 한다(후견등기법 29조 1항 본문). 다만, 촉탁에 의하여 등기가 이루어지는 경우에는 등기신청의무가 없다(후견등기법 29조 1항 단서). 그리고 피성년후견인, 배우자, 4촌 이내의 친족, 성년후견감독인도 성년후견 종료등기를 신청할 수 있다(후견등기법 29조 2항).

참고로 말하면, 가정법원은 미성년후견의 종료심판 등(가소규 5조 1항)이나 성년후견 종료심판 등(가소규 5조의 2 1항 1호)이 확정된 경우에는 지체 없이 가족관계등록부에 등록할 것을 촉탁하거나 후견등기사무를 처리하는 사람에게 후견등기부에 등기할 것을 촉탁하여야 한다(가소 9조).

[190] Ⅲ. 한정후견과 특정후견

1. 한정후견

(1) 후견의 개시

〈피한정후견인〉

(ㄱ) **피한정후견인의 의의** 피한정후견인은 질병·장애·노령·그 밖의 사유로 인한 정신적 제약으로 사무를 처리할 능력이 부족한 사람으로서 일정한 자의 청구에 의하여 가정법원으로부터 한정후견심판을 받은 자이다(12조 1항).

(ㄴ) **한정후견개시 심판의 요건**(자세한 점은 민법 총칙 [108] 참조)

(a) 질병 · 장애 · 노령 · 그 밖의 사유로 인한 정신적 제약으로 사무를 처리할 능력이 부족한 사람이어야 한다.

(b) 본인 · 배우자 · 4촌 이내의 친족 · 미성년후견인 · 미성년후견감독인 · 성년후견인 · 성년후견감독인 · 특정후견인 · 특정후견감독인 · 검사 또는 지방자치단체의 장의 청구가 있어야 한다.

(c) 가정법원이 한정후견개시의 심판을 할 때에는 본인의 의사를 고려하여야 한다(12조 2항 · 9조 2항).

(ㄷ) **한정후견개시 심판의 절차** 한정후견개시 심판의 절차는 가사소송법과 가사소송규칙에 의한다(가소 34조 이하, 특히 44조 이하, 가소규 31조 이하). 이에 따르면, 가정법원이 한정후견개시의 심판을 할 경우에는 피한정후견인이 될 사람의 정신상태에 관하여 의사에게 감정을 시켜야 한다(가소 45조의 2 1항 본문). 다만, 피한정후견인이 될 사람의 정신상태를 판단할 만한 다른 충분한 자료가 있는 경우에는 그렇지 않다(가소 45조의 2 1항 단서).

한정후견개시의 요건이 모두 갖추어져 있으면 가정법원은 반드시 심판을 하여야 한다(12조 1항 참조).

(ㄹ) **한정후견개시의 공시** 한정후견개시의 공시는 — 가족관계등록부에 의하지 않고 — 후견등기부에 의하여 한다(후견등기법 1조 · 2조). 후견등기법에 따르면, 한정후견등기는 촉탁이나 한정후견인이 신청하여 한다(후견등기법 20조 1항 · 2항). 등기부에 기록할 사항은 후견등기법 제25조가 규정하고 있다. 한편 가사소송법 및 가사소송규칙에 따르면, 한정후견에 관한 심판(개시심판 포함)이 확정된 경우에는 후견등기사무를 처리하는 사람에게 후견등기부에 등기할 것을 촉탁하여야 한다(가소 9조, 가소규 5조의 2 1항 2호).

(ㅁ) **한정후견종료의 심판** 한정후견개시의 원인이 소멸된 경우에는, 가정법원은 본인 · 배우자 · 4촌 이내의 친족 · 한정후견인 · 한정후견감독인 · 검사 또는 지방자치단체의 장의 청구에 의하여 한정후견종료의 심판을 한다(14조). 한정후견종료 심판의 절차도 가사소송법과 가사소송규칙에 의한다.

가정법원의 한정후견개시의 심판이 있는 경우에는 그 심판을 받은 사람, 즉 피한정후견인의 한정후견인을 두어야 한다(959조의 2).

(2) 후 견 인

한정후견인은 — 성년후견인과 마찬가지로 — 여러 명을 둘 수 있고(959조의 3 2항 · 930조 2항), 법인도 한정후견인이 될 수 있다(959조의 3 2항 · 936조 3항).

한정후견개시의 심판이 있는 경우에 한정후견인은 가정법원이 직권으로 선임한다(959조의 3 1항). 그리고 성년후견인에 관한 제936조 제 2 항(성년후견인이 없게 된 경우의 선임) · 제936조 제 3 항(성년후견인의 추가 선임) · 제936조 제 4 항(성년후견인 선임시 피성년후견인의 의사존중과 여러 사정 고려)이 한정후견인에 대하여 준용된다(959조의 3 2항. [176] 참조).

후견인의 결격사유에 관한 제937조, 후견인의 사임에 관한 제939조, 후견인의 변경에 관한 제940조, 이해상반행위의 경우의 특별대리인 선임에 관한 제949조의 3도 준용된다(959조의 3 2항. [177] 참조).

[191] (3) 후견감독기관

한정후견의 경우 후견감독기관으로는 가정법원과 한정후견감독인이 있다.

1) 가정법원의 후견감독 가정법원의 감독내용은 다음과 같다.

① 한정후견인의 선임 또는 추가선임(959조의 3 1항 · 2항, 936조 2항-4항)

② 한정후견인의 사임허가(959조의 3 2항 · 939조)

③ 한정후견인의 변경(959조의 3 · 940조)

④ 한정후견감독인의 선임 또는 추가선임(959조의 5 1항 · 2항, 936조 3항)

⑤ 한정후견감독인의 사임허가(959조의 5 2항 · 939조)와 변경(959조의 5 2항 · 940조)

⑥ 성년후견의 경우의 가정법원의 후견감독 내용([178] 참조) 중 ⑩~⑭에 해당하는 사항(956조의 6 · 947조의 2 · 949조의 2), ⑮에 해당하는 사항(959조의 5 2항 · 947조의 2 3항-5항 · 949조의 2), ⑯에 해당하는 사항(959조의 6 · 954조)과 ⑰에 해당하는 사항(959조의 6 · 959조의 5 2항 · 955조)

2) 한정후견감독인의 후견감독 가정법원은 필요하다고 인정하면 직권으로 또는 피한정후견인 · 친족 · 한정후견인 · 검사 · 지방자치단체의 장의 청구에 의하여 한정후견감독인을 선임할 수 있다(959조의 5 1항). 그리고 한정후견감독인이 사망 · 결격 · 그 밖의 사유로 없게 된 경우에는, 가정법원은 직권으로 또는 일정한 자의 청구에 의하여 한정후견감독인을 선임한다(959조의 5 2항 · 940조의 3 2항).

한정후견감독인에 대하여는, 성년후견인을 여러 명 둘 수 있다는 제930조 제 2 항, 법인도 성년후견인이 될 수 있다는 제930조 제 2 항, 성년후견인의 추가 선임에 관한 제936조 제 3 항, 성년후견인 선임시의 고려사항에 관한 제936조 제 4 항, 후견인의 결격사유에 관한 제937조, 제779조에 따른 후견인의 가족이 후견감독인이 될 수 없다는 제940조의 5, 후견인의 사임에 관한 제939조, 후견인의 변경에 관한 제940조가 준용된다(959조의 5 2항. [175] 이하 참조).

그리고 미성년후견인 · 성년후견인의 후견감독인의 직무에 관한 제940조의

6(940조의 6 3항 중 「피후견인을 대리한다」는 「피한정후견인을 대리하거나 피한정후견인이 그 행위를 하는 데 동의한다」로 본다)도 한정후견감독인에 준용된다(959조의 5 2항. [180] 참조). 그 외에 피성년후견인의 신상결정 등에 관한 제947조의 2 제 3 항 내지 제 5 항, 성년후견인이 여러 명인 경우에 관한 제949조의 2, 후견인의 보수에 관한 제955조, 후견인의 비용에 관한 제955조의 2, 위임에 관한 제681조(수임인의 선관의무) · 제691조(위임종료시의 긴급처리) · 제692조(위임종료의 대항요건)도 준용된다(959조의 5 2항).

(4) 한정후견사무 [192]

1) 한정후견인의 대리권 가정법원은 한정후견인에게 대리권을 수여하는 심판을 할 수 있고(959조의 4 1항), 그 대리권의 범위가 적절하지 않게 된 경우에는 본인 · 배우자 · 4촌 이내의 친족 · 한정후견인 · 한정후견감독인 · 검사 또는 지방자치단체의 장의 청구에 의하여 그 범위를 변경할 수 있다(959조의 4 2항 · 938조 4항).

한정후견인이 대리권을 수여받은 경우에는 그는 그 범위에서 피한정후견인의 법정대리인이 된다.

〈한정후견인과 성년후견인 · 특정후견인의 비교〉

성년후견의 경우에는 원칙적으로 성년후견인에게 재산사무를 포괄하는 대리권이 부여되지만 가정법원이 이를 줄일 수 있도록 하고(938조 1항 · 2항), 특정후견의 경우에는 가정법원이 특정후견인에게 기간과 범위가 특정된 대리권을 부여할 수 있도록 하는 데 비하여(959조의 11), 한정후견의 경우에는 이들의 중간적인 형태로 가정법원이 사무의 범위는 정하지만(예: 부동산거래 · 상속관련 행위 · 예금거래) 그 사무의 범위 안에서는 포괄적인 대리권이 부여되도록 한다(같은 취지: 김형석, 가족법연구 24권 2호, 144면).

2) 준용규정 한정후견의 사무에 관하여는 제681조(수임인의 선관의무), 제920조 단서(자(子)의 행위를 목적으로 하는 채무를 부담할 경우에 본인의 동의를 얻어야 하는 것), 제947조(피성년후견인의 복리와 의사존중), 제947조의 2(피성년후견인의 신상결정 등), 제949조(후견인의 재산관리권과 대리권), 제949조의 2(성년후견인이 여러 명인 경우 권한행사 등), 제949조의 3(이해상반행위), 제950조(후견감독인의 동의를 필요로 하는 행위), 제951조(피후견인의 재산 등의 양수에 대한 취소), 제952조(상대방의 추인 여부 최고), 제953조(후견감독인의 후견사무의 감독), 제954조(가정법원의 후견사무에 대한 처분), 제955조(후견인에 대한 보수), 제955조의 2(지출금액의 예정과 사무비용)가 준용된다(959조의 6). 그 각각의 내용에 대하여는 성년후견에 관한 설명을

참조할 것([182] 이하).

(5) 한정후견의 종료

민법은 한정후견인의 임무가 종료한 경우에 관하여 제691조 · 제692조 · 제957조 · 제958조를 준용한다(959조의 7). 따라서 한정후견의 종료는 성년후견의 종료와 유사하다([189] 참조).

[193] 2. 특정후견

(1) 특정후견에 따른 보호조치

〈피특정후견인〉

(ㄱ) **피특정후견인의 의의** 피특정후견인은 질병 · 장애 · 노령 · 그 밖의 사유로 인한 정신적 제약으로 일시적 후원 또는 특정한 사무에 관한 후원이 필요한 사람으로서 일정한 자의 청구에 의하여 가정법원으로부터 특정후견의 심판을 받은 자이다(14조의 2 1항).

(ㄴ) **특정후견 심판의 요건**(자세한 점은 민법총칙 [109] 참조)

(a) 질병 · 장애 · 노령 · 그 밖의 사유로 인한 정신적 제약으로 일시적 후원 또는 특정한 사무에 관한 후원이 필요한 사람이어야 한다.

(b) 본인 · 배우자 · 4촌 이내의 친족 · 미성년후견인 · 미성년후견감독인 · 검사 또는 지방자치단체의 장의 청구가 있어야 한다.

(c) 특정후견은 본인의 의사에 반하여 할 수 없다(14조의 2 2항).

(ㄷ) **특정후견 심판의 절차** 특정후견 심판의 절차는 가사소송법과 가사소송규칙에 의한다(가소 34조 이하, 특히 44조 이하, 가소규 31조 이하). 이에 의하면, 가정법원이 특정후견의 심판을 할 경우에는 의사나 그 밖에 전문지식이 있는 사람의 의견을 들어야 하고, 이 경우 의견을 말로 진술하게 하거나 진단서 또는 이에 준하는 서면으로 제출하게 할 수 있다(가소 45조의 2 2항).

특정후견의 요건이 모두 갖추어져 있으면 민법상 가정법원은 심판을 하여야 한다(14조의 2 1항 참조).

(ㄹ) **특정후견의 공시** 특정후견의 공시는 — 가족관계등록부에 의하지 않고 — 후견등기부에 의하여 한다(후견등기법 1조 · 2조). 후견등기법에 따르면, 특정후견등기는 촉탁이나 특정후견인이 신청하여 한다(후견등기법 20조 1항 · 2항). 등기부에 기록할 사항은 후견등기법 제25조가 규정하고 있다. 한편 가사소송법 및 가사소송규칙에 따르면, 특정후견에 관한 심판이 확정된 경우에는 후견등기사무를 처리하는 사람에게 후견등기부에 등기할 것을 촉탁하여야 한다(가소 9조, 가소규 5조의 2 1항 3호).

(ㅁ) **피특정후견인에 대하여 성년후견개시 등의 심판을 하는 경우** 특정후견의

종료심판이라는 제도는 없다. 특정후견은 1회적 · 특정적 보호제도이기 때문이다. 그런데 가정법원이 피특정후견인에 대하여 성년후견개시의 심판을 하거나 한정후견개시의 심판을 할 때에는, 종전의 특정후견의 종료심판을 한다(14조의 3 1항 · 2항).

1) **가정법원의 처분** 특정후견심판이 있는 경우, 가정법원은 피특정후견인의 후원을 위하여 필요한 처분을 명할 수 있다(959조의 8). 그 처분은 피특정후견인의 재산관리에 관한 것일 수도 있고 신상보호에 관한 것일 수도 있다. 그리고 피특정후견인을 위하여 관계인에게 특정행위를 명하는 것일 수도 있고, 부작위를 명하는 것일 수도 있다.

2) **특정후견인의 선임** 가정법원은 — 위에서 설명한 — 제959조의 8에 따른 처분으로 피특정후견인을 후원하거나 대리하기 위한 특정후견인을 선임할 수 있다(959조의 9 1항). 특정후견인의 선임은 — 성년후견 · 한정후견의 경우와 달리(929조 · 959조의 2 참조) — 필수적인 것이 아니다. 그러나 아마도 대부분의 경우에 특정후견인이 선임될 것으로 예상된다.

특정후견인도 여러 명을 둘 수 있고(959조의 9 2항 · 930조 2항), 법인도 특정후견인이 될 수 있다(959조의 9 2항 · 930조 3항). 그리고 성년후견인에 관한 제936조(성년후견인의 선임) 제 2 항 내지 제 4 항, 제937조(후견인의 결격사유), 제939조(후견인의 사임), 제940조(후견인의 변경)도 특정후견인에 준용된다(959조의 9 2항. [176] 이하 참조).

(2) 후견감독기관 [194]

특정후견의 경우 후견감독기관으로는 가정법원과 특정후견감독인이 있다.

1) **가정법원의 후견감독** 가정법원의 감독내용은 다음과 같다.

① 피특정후견인의 후원을 위하여 필요한 처분을 명하는 것(959조의 8)

② 특정후견인의 선임 또는 추가선임(959조의 3 1항 · 2항, 936조 2항-4항)

③ 특정후견인의 사임허가(959조의 9 2항 · 939조)

④ 특정후견인의 변경(959조의 9 2항 · 940조)

⑤ 특정후견감독인의 선임 또는 추가선임(959조의 10 1항 · 2항, 936조 3항)

⑥ 특정후견감독인의 사임허가(959조의 10 2항 · 939조)와 변경(959조의 10 2항 · 940조)

⑦ 성년후견의 경우의 가정법원의 후견감독 내용([178] 참조) 중 ⑬ · ⑭에 해당하는 사항(959조의 10 2항 · 949조의 2)

⑧ 특정후견인 또는 특정후견감독인에 대한 보수수여(959조의 12 · 959조의 10 2항 · 955조)

⑨ 특정후견인에게 대리권수여의 심판을 한 경우 특정후견인의 대리권행사에 가정법원이나 특정후견감독인의 동의를 받도록 명하는 것(959조의 11 2항)

2) **특정후견감독인의 후견감독** 가정법원은 필요하다고 인정하면 직권으로 또는 피특정후견인 · 친족 · 특정후견인 · 검사 · 지방자치단체의 장의 청구에 의하여 특정후견감독인을 선임할 수 있다(959조의 10 1항).

특정후견감독인에 대하여는 제681조(수임인의 선관의무), 제691조(위임종료시의 긴급처리), 제692조(위임종료의 대항요건), 제930조 제 2 항(성년후견인을 여러 명 둘 수 있다는 것) 제 3 항(법인도 성년후견인이 될 수 있다는 것), 제936조 제 3 항(성년후견인의 추가 선임) 제 4 항(성년후견인을 선임할 때 고려사항), 제937조(후견인의 결격사유), 제939조(후견인의 사임), 제940조(후견인의 변경), 제940조의 6(후견감독인의 직무), 제949조의 2(성년후견인이 여러 명인 경우 권한의 행사 등), 제955조(후견인에 대한 보수), 제955조의 2(지출금액의 예정과 사무비용)가 준용된다(959조의 10 2항).

[195] (3) 특정후견사무

1) **특정후견인의 대리권** 피특정후견인의 후원을 위하여 필요하다고 인정하면, 가정법원은 기간이나 범위를 정하여 특정후견인에게 대리권을 수여하는 심판을 할 수 있다(959조의 11 1항). 이렇게 대리권을 수여하는 심판을 하는 경우, 가정법원은 특정후견인의 대리권 행사에 가정법원이나 특정후견감독인의 동의를 받도록 명할 수 있다(959조의 11 2항).

2) **준용규정** 특정후견의 사무에 관하여는 제681조(수임인의 선관의무), 제920조의 단서(자(子)의 행위를 목적으로 하는 채무를 부담할 경우에 본인의 동의를 얻어야 하는 것), 제947조(피성년후견인의 복리와 의사존중), 제949조의 2(성년후견인이 여러 명인 경우 권한의 행사 등), 제953조(후견감독인의 후견사무의 감독), 제954조(가정법원의 후견사무에 대한 처분), 제955조(후견인에 대한 보수), 제955조의 2(지출금액의 예정과 사무비용)가 준용된다(959조의 12. [182] 이하 참조). 한정후견의 경우와 달리, 준용되는 규정 중에 신상보호에 관한 것은 없다. 특정후견감독인의 경우에도 같다.

(4) 특정후견의 종료

민법은 특정후견인의 임무가 종료한 경우에 관하여 제691조(위임종료시의 긴급처리), 제692조(위임종료의 대항요건), 제957조(후견사무의 종료와 관리의 계산), 제958조(이자의 부가와 금전소비에 대한 책임)를 준용한다(959조의 13. [189] 참조).

Ⅳ. 후견계약(임의후견제도) [196]

1. 후견계약의 의의 · 법적 성질 · 공시

(1) 의 의

후견계약은 질병 · 장애 · 노령 · 그 밖의 사유로 인한 정신적 제약으로 사무를 처리할 능력이 부족한 상황에 있거나 부족하게 될 상황에 대비하여 자신의 재산관리 및 신상보호에 관한 사무의 전부 또는 일부를 다른 자에게 위탁하고 그 위탁사무에 관하여 대리권을 수여하는 것을 내용으로 하는 계약이다(959조의 14 1항). 그리고 이러한 후견계약에 의한 후견을 — 미성년후견 · 성년후견 · 한정후견 등의 법정후견과 대비하여 — 임의후견이라고 한다. 우리 민법은 과거에는 법정후견제도만 두고 있었는데, 2011. 3. 7. 개정시에 임의후견제도를 신설하였다. 이 제도는 장차 무엇보다도 안락사 · 존엄사와 같은 예민한 의료문제 등과 관련하여 중요한 기능을 수행할 것으로 생각된다.

(2) 법적 성질

후견계약은 기본적으로 후견을 사무처리의 내용으로 하는 위임계약의 성질을 가진다. 그리하여 원칙적으로 무상 · 편무계약이지만, 보수를 지급하기로 한 경우에는 유상 · 쌍무계약이 된다.

(3) 공 시

후견계약의 공시는 후견등기부에 의하여 한다(후견등기법 1조 · 2조). 후견등기법에 따르면, 후견계약에 관한 등기는 촉탁이나 임의후견인이 신청하여 한다(후견등기법 20조 1항 · 2항). 등기부에 기록할 사항은 후견등기법 제26조가 규정하고 있다. 한편 가사소송법 및 가사소송규칙에 따르면, 임의후견에 관한 심판이 확정된 경우에는 후견등기사무를 처리하는 사람에게 후견등기부에 등기할 것을 촉탁하여야 한다(가소 9조, 가소규 5조의 2 1항 4호).

2. 후견계약의 성립과 내용 [197]

(1) 후견계약의 성립

후견계약의 당사자는 임의후견을 받을 본인(이를 피임의후견인이라고 할 수 있을 것이다)과 임의후견인이 될 상대방이다. 상대방은 여럿일 수도 있고, 법인이어도 상관없다. 한편 후견계약은 본인의 생활에 미치는 영향이 매우 크고, 또한 후견계약과 관련하여 분쟁이 발생하는 경우에는 이미 본인에게 의사능력이 부족하거나 결여된 상태에 놓이게 되므로, 그 계약을 체결할 때에는 보다 신중하게 하여야 할뿐더러 분쟁에 대비하여 미리 그 내용을 명확하게 해 둘 필요가 있다. 그리하여 민법은 후견계약은 공정증서로 체결하도록 하고 있다(959조의14 2항). 그 결과 후견계약은 요식계약으로 된다. 이러한 규정상 공정증서로 체결하지 않은 후견계약은 무효이다.

후견계약이 대리의 방법으로 체결될 수 있는지에 관하여는 명문규정이 없으나, 가령 법정대리인인 부모가 정신적 제약이 있는 미성년 자녀를 위하여 후견계약을 체결할 수 있도록 하려면 대리도 인정하여야 한다(같은 취지: 김형석, 가족법연구 24권 2호, 153면). 그리하여 예컨대 피한정후견인도 의사능력이 있으면 후견계약을 체결하여 법정후견에서 임의후견으로 넘어갈 수 있다(959조의20 2항). 그런데 피한정후견인의 경우 후견계약의 체결이 동의유보가 되어 있는 때에는 피한정후견인은 한정후견인의 동의를 얻어 후견계약을 체결하여야 한다. 한편 피성년후견인은 의사능력이 있는 상태에서 성년후견인에게 후견계약 체결의 대리를 요청해야 할 것이다.

(2) 후견계약의 효력발생

후견계약의 효력발생시기는 원칙적으로 당사자들이 후견계약에서 정한 바에 따른다. 그런데 당사자들이 그 시기를 정하고 있지 않을 때도 있고, 그 시기를 정한 경우에도 계약에서 합의한 정신상태에 도달하였는지를 판단하는 것이 쉽지 않다. 그리하여 민법은 가정법원이 임의후견감독인을 선임한 때부터 후견계약의 효력이 발생하는 것으로 규정하고 있다(959조의14 3항). 여기의 임의후견감독인의 선임은 후견계약에 대하여 법률이 부과하는 일종의 법정조건이다. 이 규정상, 당사자들이 효력발생시기를 정하지 않은 때에는 임의후견감독인이 선임된 때에, 당사자들이 효력발생시기를 정하고 있는 때에는 가정법원이 그 시기가 되었음을 확인하고서 임의후견감독인을 선임한 때에 후견계약의 효력이 발생하게 된다.

임의후견인이 제937조 각 호에 해당하는 자 또는 그 밖에 현저한 비행을 하거나 후견계약에서 정한 임무에 적합하지 않은 사유가 있는 자인 경우에는, 가정법원은 임의후견감독인을 선임하지 않는다(959조의17 1항). 그러한 경우에는 가정법원은 그 임의후견감독인을 선임하지 않는 방법으로 후견계약의 효력발생을 막게 된다.

[198] (3) 후견계약의 철회

임의후견감독인이 선임되기 전에는 본인 또는 임의후견인은 언제든지 공증인의 인증을 받은 서면으로 후견계약의 의사표시를 철회할 수 있다(959조의 18 1항). 이는 민법이 당사자의 의사를 존중하여 후견계약의 효력이 발생하기 전에 한하여 철회를 인정하면서 — 후견계약을 체결할 때 신중하게 하는 것처럼 — 철회의 의사표시를 신중하고 명확하게 하도록 하는 것이다.

(4) 임의후견의 내용

임의후견의 내용은 후견계약에서 정한 바에 따른다. 후견계약의 내용은 본인의 재신관리 및 신상보호에 관한 사무의 전부 또는 일부를 임의후견인에게 위탁하고 그 위탁사무에 관하여 대리권을 수여하는 것이다. 그리하여 당사자는 본인의 신상보호의 영역을 정하여 자신의 신상에 관하여 중요한 결정을 할 수 없을 때 임의후견인이 자신을 대신하여 결정할 수 있다는 수권도 할 수 있다. 이러한 수권은 오늘날 의료문제에서 중요한 의미를 가지게 될 것이다.

후견계약에서 본인의 재산관리 및 신상보호에 관하여 임의후견인의 권한을 정한 경우에는 그 범위를 후견등기부에 기록한다(후견등기법 26조 1항 4호).

임의후견인은 일종의 수임인으로서 선량한 관리자의 주의로써 후견계약을 이행해야 하며, 그때 본인의 의사를 최대한 존중하여야 한다(959조의 14 4항).

3. 임의후견감독인 [199]

(1) 임의후견감독인의 신임

가정법원은, 후견계약이 등기되어 있고 본인이 사무를 처리할 능력이 부족한 상황에 있다고 인정할 때에는, 본인 · 배우자 · 4촌 이내의 친족 · 임의후견인 · 검사 또는 지방자치단체의 장의 청구에 의하여 임의후견감독인을 선임한다(959조의 15 1항). 이 경우, 본인이 아닌 자의 청구에 의하여 가정법원이 임의후견감독인을 선임할 때에는, 미리 본인의 동의를 받아야 한다(959조의 15 2항 본문). 다만, 본인이 의사를 표시할 수 없는 때에는 그럴 필요가 없다(959조의 15 2항 단서). 그리고 가사소송법에 따르면, 가정법원은 임의후견감독인을 선임할 경우에는 피임의후견인이 될 사람의 정신상태에 관하여 의사나 그 밖에 전문지식이 있는 사람의 의견을 들어야 하며, 이 경우 의견을 말로 진술하게 하거나 진단서 또는 이에 준하는 서면으로 제출하게 할 수 있다(가소 45조의 5).

가정법원은, 임의후견감독인이 없게 된 경우에는, 직권으로 또는 본인 · 친족·임의후견인·검사 또는 지방자치단체의 장의 청구에 의하여 임의후견감독인을 선임한다(959조의 15 3항). 그리고 가정법원은, 임의후견감독인이 선임된 경우에도 필요하다고 인정하면, 직권으로 또는 제 3 항의 청구권자의 청구에 의하여 임의후견감독인을 추가로 선임할 수 있다(959조의 15 4항).

그런데 제779조에 따른 임의후견인의 가족은 임의후견감독인이 될 수 없다(959조의 15 5항·940조의 5).

[200] (2) 임의후견감독인의 임무

임의후견감독인은 임의후견인의 사무를 감독하며, 그 사무에 관하여 가정법원에 정기적으로 보고하여야 한다(959조의 16 1항). 그리고 임의후견감독인은 언제든지 임의후견인에게 그의 임무수행에 관한 보고와 재산목록의 제출을 요구할 수 있고, 본인(피후견인)의 재산상황을 조사할 수 있다(959조의 16 3항·953조). 한편 가정법원은, 필요하다고 인정하면, 임의후견감독인에게 감독사무에 관한 보고를 요구할 수 있고, 임의후견인의 사무 또는 본인의 재산상황에 대한 조사를 명하거나 그 밖에 임의후견감독인의 직무에 관하여 필요한 처분을 명할 수 있다(959조의 16 2항).

임의후견감독인은 본인의 신상이나 재산에 대하여 급박한 사정이 있는 경우 필요한 처분을 할 수 있고(959조의 16 3항·940조의 6 2항), 임의후견인과 본인 사이에 이해가 상반되는 행위에 대하여 본인을 대리한다(959조의 16 3항·940조의 6 3항).

그 밖에 임의후견감독인에 대하여는 제681조(수임인의 선관의무), 제691조(위임종료시의 긴급처리), 제692조(위임종료의 대항요건), 제930조 제 2 항(성년후견인을 여러 명 둘 수 있다는 것), 제930조 제 3 항(법인도 성년후견인이 될 수 있다는 것), 제936조 제 3 항(성년후견인의 추가 선임), 제936조 제 4 항(성년후견인을 선임할 때 고려사항), 제937조(후견인의 결격사유), 제939조(후견인의 사임), 제940조(후견인의 변경), 제947조의 2 제 3 항(피성년후견인의 신체침해 의료행위에 대하여 피성년후견인이 동의할 수 없는 경우에 성년후견인이 대신하여 동의할 수 있다는 것), 제947조의 2 제 4 항(947조의 2 3항의 경우 일정한 때에 가정법원의 허가를 받아야 하는 것), 제947조의 2 제 5 항(성년후견인이 피성년후견인을 대리하여 피성년후견인이 거주하는 건물 등에 대하여 매도 등을 하는 경우에 가정법원의 허가를 받아야 하는 것), 제949조의 2(성년후견인이 여러 명인 경우 권한의 행사 등), 제955조(후견인에 대한 보수), 제955조의 2(지출금액의 예정과 사무비용)가 준용된다(959조의 16 3항·940조의 7).

4. 후견계약의 해지 [201]

(1) 정당한 사유로 인한 해지

민법은 후견계약이 효력을 발생한 후에는 — 위임계약에서와 달리(689조 참조) — 후견계약의 해지를 극히 제한적으로만 허용한다. 민법에 따르면, 임의후견감독인이 선임된 후에는, 본인 또는 임의후견인은 정당한 사유가 있는 때에만 가정법원의 허가를 받아 후견계약을 종료할 수 있다(959조의 18 2항). 여기의 정당한 사유로는 임의후견인이 중병에 걸려 후견사무를 처리할 수 없는 것, 본인이나 임의후견인의 해외 이주 등을 들 수 있다.

(2) 임의후견인의 비행(非行) 등을 이유로 한 해지

임의후견인을 선임한 이후 임의후견인이 현저한 비행을 하거나 그 밖에 그 임무에 적합하지 않은 사유가 있게 된 경우에는, 가정법원은 임의후견감독인 · 본인 · 친족 · 검사 또는 지방자치단체의 장의 청구에 의하여 임의후견인을 해임할 수 있다(959조의 17 2항). 이 경우에 새로운 임의후견인을 선임하는 절차는 정해져 있지 않다. 새로운 임의후견인의 선임은 후견계약의 내용을 제 3 자가 수정하는 것이 되기 때문이다. 따라서 본인이 의사능력이 있으면 새로이 후견계약을 체결하여야 하고, 의사능력이 없으면 법정후견을 받아야 할 것이다(김형석, 가족법연구 24권 2호, 160면).

(3) 해지의 효과

후견계약이 해지되면 그 계약은 장래에 향하여 효력이 소멸하며, 소급하여 무효로 되지 않는다.

후견계약이 적법하게 해지되면 임의후견인은 대리권을 상실한다. 그런데 그럼에도 불구하고 후견계약이 해지된 후에 임의후견인이 대리행위를 하는 경우에는 그와 거래한 상대방(제 3 자)이나 본인의 보호가 문제된다. 임의후견인의 행위가 무권대리가 되면 상대방이 불이익을 입게 되고, 그 행위가 표현대리로 인정되면 본인이 피해를 입게 되기 때문이다. 이러한 문제를 해결하기 위하여 민법은 명문규정을 두었다. 그에 따르면, 「임의후견인의 대리권 소멸은 등기하지 아니하면 선의의 제 3 자에게 대항할 수 없다」(959조의 19). 그 결과 본인으로서는 대리권의 소멸을 등기함으로써 표현대리의 성립을 막을 수 있고, 상대방으로서는 등기가 있기 전에는 임의후견인의 대리권의 존재에 대하여 선의이기만 하면 대리행위의 유효를 주장할 수 있게 된다. 그리고 이 규정은 제129조의 특칙이고, 따라서 이 경우에 제129조는 적용되지 않는다고 할 것이다.

[202] ### 5. 임의후견과 법정후견 사이의 관계(법정후견의 보충성)

임의후견은 본인의 의사에 기초하여 후견사무를 처리하는 것이므로 사적 자치의 원칙에 비추어 존중되어야 한다. 따라서 후견계약이 있는 경우에는 원칙적으로 법정후견이 개시되지 않도록 하는 것이 바람직하다. 이것이 이른바 법정후견의 보충성의 원칙이다. 우리 민법도 이러한 원칙을 채택하여, 후견계약이 등기되어 있는 경우에는 가정법원은 원칙적으로 성년후견·한정후견 또는 특정후견의 심판을 할 수 없도록 하고 있다(959조의 20 1항 1문). 그리고 본인이 피성년후견인·피한정후견인 또는 피특정후견인인 경우에, 가정법원은 임의후견감독인을 선임함에 있어서 종전의 성년후견·한정후견 또는 특정후견의 종료 심판을 하여야 한다고 하여(959조의 20 2항 본문), 임의후견의 효력을 발생시키면서 법정후견을 종료시킬 수 있도록 한다.

그런데 임의후견을 법정후견에 우선시키는 것은 임의후견이 법정후견보다 본인의 보호에 더 적절한 수단이라는 전제에 서 있는 것이다. 그러므로 본인의 복리의 관점에서 볼 때 법정후견이 행하여질 필요성이 매우 큰 경우에는, 임의후견 우선의 원칙을 포기하고 법정후견에 의하여 본인을 보호하여야 한다. 민법은 그러한 견지에서 다음과 같이 규정한다. 즉 후견계약이 등기되어 있는 경우에도, 가정법원은 본인의 이익을 위하여 특별히 필요한 때에는 임의후견인 또는 임의후견감독인의 청구에 의하여 성년후견·한정후견 또는 특정후견의 심판을 할 수 있다(959조의 20 1항 1문). 그리고 이 경우 후견계약은 본인이 성년후견 또는 한정후견개시의 심판을 받은 때 종료된다(959조의 20 1항 2문). 그런가 하면 본인이 피성년후견인·피한정후견인 또는 피특정후견인인 경우에, 그 본인이 임의후견감독인의 선임을 청구하더라도, 성년후견 또는 한정후견 조치의 계속이 본인의 이익을 위하여 특별히 필요하다고 인정되면 가정법원은 임의후견감독인을 선임하지 않는다(959조의 20 2항 단서). 예컨대 임의후견인에게 대리권을 수여한 범위가 지나치게 좁아 본인 보호에 불충분함에도 불구하고 본인의 사무처리 능력이 극도로 저하되어 그 범위를 확대할 수 없는 경우에 그렇다. 그 결과 위와 같은 경우에는 — 임의후견감독인을 선임하지 않아 — 후견계약은 효력이 발생할 수 없게 된다.

한편 판례는, 제959조의 20 제 1 항은 본인에 대해 법정후견 개시심판 청구가 제기된 후 심판이 확정되기 전에 후견계약이 등기된 경우에도 적용된다고 보아야 하고, 그 경우 가정법원은 본인의 이익을 위하여 특별히 필요하다고 인정할 때에만 법정후견 개시심판을 할 수 있다고 한다(대결 2021. 7. 15, 2020으547. 한정후견 개시심판 청구가 제기된 경우에 관하여 같은 취지: 대결 2017. 6. 1, 2017스515). 그리고 그 규정에서 후견계약의 등기에 불구하고 법정후견 심판을 할 수 있는 요건으로 정한 「본인의 이익을 위하여 특별히 필요할 때」란 후견계약의 내용, 후견계약에서 정한 임의후견인이 임무에 적합하지 않은 사유가 있는지, 본인의 정신적 제약 정도, 그 밖에 후견계약과 본인을 둘러싼 여러 사정을 종합하여, 후견계약에 따른 후견이 본인의 보호에 충분하지 않아 법정후견에 의한 보호가 필요하다고 인정되는 경우를 말한다고 한다(대결 2017. 6. 1, 2017스515. 같은 취지: 대결 2021. 7. 15, 2020으547). 그런가 하면, 후견계약이 등기된 경우 본인의 이익을 위한 특별한 필요성이 인정되어 민법 제 9 조 제 1 항 등에서 정한 법정후견 청구권자, 임의후견인이나 임의후견감독인의 청구에 따라 법정후견 심판을 한 경우 후견계약은 임의후견감독인의 선임과 관계없이 본인이 성년후견 또는 한정후견 개시의 심판을 받은 때 종료한다고 한다(대결 2021. 7. 15, 2020으547).

제 5 절 부 양

I. 서 설 [203]

1. 부양제도

부양이란 일정한 범위의 친족이 다른 친족의 생활을 유지해 주거나 부조(扶助)하는 것이다. 민법이 인정하는 부양에는 ① 부모와 자(子)(특히 미성년인 자) 사이 및 부부 사이의 부양과 ② 그 밖의 친족 사이의 부양의 두 가지가 있으며, 이들은 본질에 있어서 차이가 있다. ①에서의 부양의무는 공동생활 자체에서 당연히 요구되는 것(먹을 것이 모자라도 나누어 먹는 관계)으로서 제 1 차적 부양의무이며, ②에서의 부양의무는 사회보장의 대체물로서 피부양자가 최저생활을 유지할 수 없고 부양자는 여력이 있는 경우에만 의무가 인정되는 제 2 차적 부양의무이다. 제 1 차적 부양의무 가운데 부부 사이의 것은 제826조 제 1 항에, 미성년의 자에 대한 것은 제913조(성년의 자에 대한 것은 제 2 차적 부양의무이어서 974조 · 975조에 근거함)에 기하여 발생하며, 제 2 차적 부양의무는 제974조 · 제975조에 기하여 발생한다.

사람들 중에는 그를 부양할 자가 전혀 없거나 부양할 자가 있더라도 부양할 능력이 없는 경우가 있다. 그러한 경우에는 국가나 지방자치단체가 부양 내지는 최소한의 생계를 유지하게 할 필요가 있다. 그러한 제도를 공적 부양(부조)이라고 한다. 이 공적 부양은 부양의무자에 의한 부양이 이루어지지 못하는 경우에 보충적으로 행하여져야 한다. 사적 부양이 1차적인 것이고, 공적 부양은 보충적(2차적)인 것이다. 근래, 생활이 어려운 자에게 필요한 급여를 행하여 이들의 최저생활을 보장하고 자활을 조성하는 것을 목적으로 제정된 「국민기초생활 보장법」은 이와 같은 취지로 규정하고 있다. 그 법에 의하면, 부양의무자의 부양(즉 사적 부양)과 다른 법령에 의한 보호는 그 법에 의한 급여에 우선하여 행하여지는 것으로 하며(같은 법 3조 2항 본문), 그 법에 따른 수급권자는 부양의무자가 없거나 부양의무자가 있어도 부양능력이 없거나 부양을 받을 수 없는 사람으로서 소득인정액이 최저생계비 이하인 사람으로 정하고 있다(같은 법 5조 1항). 그리고 수급자에게 부양능력을 가진 부양의무자가 있음이 확인된 경우에는 보장비용을 지급한 보장기관은 생활보장위원회의 심의 · 의결을 거쳐 그 비용의 전부 또는 일부를 그 부양의무자로부터 부양의무의 범위 안에서 징수할 수 있도록 하고 있다(같은 법 46조 1항).

[204] 2. 부양청구권의 성질

부양청구권(친족간의 부양청구권)은 일정한 친족 사이에서 부양을 받을 자가 자기의 자력(資力) 또는 근로에 의하여 생활을 유지할 수 없는 경우에 한하여 인정된다(975조). 그리고 부양의무자 측에서도 친족간 부양의 본질상 자기의 사회적 지위에 적합한 생활정도를 낮추지 않고 부양할 수 있을 만큼 여유가 있을 때에 부양의무가 생긴다고 해석한다.

부양청구권은 채권에 유사한 친족법상의 재산권(대판 1983. 9. 13, 81므78은 「채권에 유사한 신분적 재산권」이라고 한다)으로서 보통의 재산권과는 다른 성질을 가진다.

① 부양청구권은 행사상 · 귀속상 일신전속권이어서 채권자대위권의 객체가 되지 않고(404조 1항 단서) 상속되지도 않는다(1005조 단서).

② 타인에게 양도할 수 없고 장래에 향하여 포기하지도 못한다(979조).

③ 강제집행에 있어서 압류하지 못하며(민사집행법 246조 1항 1호), 따라서 파산재단에 속하지도 않는다(채무자회생법 383조 1항).

④ 채무자가 그 채권으로 상계하지 못한다(497조).

⑤ 부양청구권이 제 3 자에 의하여 침해된 경우에는 제 3 자에게 불법행위책임이 생긴다(750조).

Ⅱ. 부양당사자 [205]

1. 부양당사자의 범위

「직계혈족 및 그 배우자 사이」,「기타 생계를 같이하는 친족 사이」에는 서로 부양의무가 있다(974조).

(1) 직계혈족 및 그 배우자 사이의 부양

부모와 자녀(미성년인 자녀의 경우는 제 1 차적 부양의 문제이므로 제외된다), 조부모와 손자녀는 직계혈족으로서 부양의무가 있다. 그리고 며느리와 시부모, 사위와 장인 · 장모, 계부와 처의 자녀, 계모와 부(夫)의 자녀 등은 직계혈족의 배우자 사이로서 부양의무가 있다. 다만, 판례에 따르면, 이러한「직계혈족의 배우자 사이의 경우에」직계혈족이 사망하면 생존한 상대방이 재혼하지 않았더라도 — 제974조 제 1 호에 의하여가 아니고 — 제974조 제 3 호에 의하여 생계를 같이 하는 경우에 한하여 부양의무가 인정된다고 한다(대결 2013. 8. 30, 2013스96: 시부모가 사망한 아들의 처에게 아들의 사망 전과 후의 부양료를 청구한 경우). 그 이유는 직계혈족인 부부 일방이 사망함으로써 그와 생존한 상대방 사이의 배우자관계가 이미 소멸하였기 때문이라고 한다. 한편 부부는 제 1 차적 부양의무가 문제되므로 여기에서 제외된다고 할 것이다(자세한 내용은 [48] · [49] 참조).

〈판 례〉

「민법 제775조 제 2 항에 의하면 부부의 일방이 사망한 경우에 혼인으로 인하여 발생한 그 직계혈족과 생존한 상대방 사이의 인척관계는 일단 그대로 유지되다가 상대방이 재혼한 때에 비로소 종료하게 되어 있으므로 부부의 일방이 사망하여도 그 부모 등 직계혈족과 생존한 상대방 사이의 친족관계는 그대로 유지되나, 그들 사이의 관계는 민법 제974조 제 1 호의 '직계혈족 및 그 배우자 간'에 해당한다고 볼 수 없다.

배우자관계는 혼인의 성립에 의하여 발생하여 당사자 일방의 사망, 혼인의 무효 · 취소, 이혼으로 인하여 소멸하는 것이므로, 그 부모의 직계혈족인 부부 일방이 사망함으로써 그와 생존한 상대방 사이의 배우자관계가 소멸하였기 때문이다. 따라서 부부 일방의 부모 등 그 직계혈족과 상대방 사이에서는, 직계혈족이 생존해 있다면 민법 제974조 제 1 호에 의하여 생계를 같이 하는지와 관계없이 부양의무가 인정되지만, 직계혈족이 사망하면 생존한 상대방이 재혼하지 않았더라도 민법 제974조 제 3 호에 의하여 생계를 같이 하는 경우에 한하여 부양의무가 인정된다.」(대결 2013. 8. 30, 2013스96).

(2) 기타 생계를 같이하는 친족 사이의 부양

형제자매를 비롯하여 기타 제777조가 정하는 친족 사이에는 생계를 같이하는 경우에 한하여 부양의무가 있다.

2. 부양당사자의 순위

(1) 부양의 의무가 있는 자가 수인인 경우에 부양의무자의 순위는 우선 당사자의 협의로 정하고, 당사자 사이에 협정이 없는 때에는 가정법원이 당사자의 청구에 의하여 이를 정한다(976조 1항 1문, 가소 2조 1항 마류사건 8)(조정전치주의가 적용됨. 가소 50조). 부양을 받을 권리자가 수인인 경우에 부양의무자의 자력이 그 전원을 부양할 수 없는 때에도 마찬가지로 당사자의 협의, 가정법원의 결정의 순으로 부양을 받을 권리자의 순위를 정한다(976조 1항 2문). 이들 경우에 가정법원은 수인의 부양의무자 또는 부양권리자를 선정할 수 있다(976조 2항).

부양을 할 자 또는 부양을 받을 자의 순위에 관하여 당사자의 협정이나 가정법원의 판결이 있은 후 이에 관한 사정변경이 있는 때에는, 가정법원은 당사자의 청구에 의하여 그 협정이나 판결을 취소 또는 변경할 수 있다(978조, 가소 2조 1항 마류사건 8)(조정전치주의가 적용됨. 가소 50조).

(2) 위 (1)의 설명에도 불구하고 판례는 제 1 차적 부양의무자와 제 2 차적 부양의무자가 있을 경우에 관하여 다음과 같이 해석한다. 먼저 부부간의 상호부양의무는 제 1 차 부양의무이고, 반면 부모가 성년의 자녀에 대하여 직계혈족으로서 부담하는 부양의무는 제 2 차 부양의무라고 한 뒤, 이러한 제 1 차 부양의무와 제 2 차 부양의무는 의무이행의 정도뿐만 아니라 의무이행의 순위도 의미하는 것이므로, 제 2 차 부양의무자는 제 1 차 부양의무자보다 후순위로 부양의무를 부담

한다고 한다. 따라서 제 1 차 부양의무자와 제 2 차 부양의무자가 동시에 존재하는 경우에 제 1 차 부양의무자는 특별한 사정이 없는 한 제 2 차 부양의무자에 우선하여 부양의무를 부담하므로, 제 2 차 부양의무자가 부양받을 자를 부양한 경우에는 그 소요된 비용을 제 1 차 부양의무자에 대하여 상환청구할 수 있다고 한다(대판 2012. 12. 27, 2011다96932). 이러한 판례는 타당하다.

이렇게 보면 제976조의 순위는 제 1 차 부양의무자, 제 2 차 부양의무자 내에서의 순위이다. 가령 A에게 자녀 B · C · D가 있을 때, B가 A로부터 재산을 많이 받거나 경제적으로 여유가 있는 경우에, 협정이나 심판으로 B를 선순위로 정할 수 있다는 의미라고 보아야 한다(김승정, 판례해설 93호 참조).

(3) 판례는, 부모가 성년의 자녀에 대하여 직계혈족으로서 제974조 제 1 호 · 제975조에 따라 부담하는 부양의무는 부양의무자가 자기의 사회적 지위에 상응하는 생활을 하면서 생활에 여유가 있음을 전제로 하여 부양을 받을 자가 자력 또는 근로에 의하여 생활을 유지할 수 없는 경우에 한하여 그의 생활을 지원하는 것을 내용으로 하는 제 2 차 부양의무이므로(대판 2012. 12. 27, 2011다96932; 대결 2013. 8. 30, 2013스96; 대결 2017. 8. 25, 2017스5), 성년의 자녀는 요부양상태, 즉 객관적으로 보아 생활비 수요가 자기의 자력 또는 근로에 의하여 충당할 수 없는 곤궁한 상태인 경우에 한하여, 부모를 상대로 그 부모가 부양할 수 있을 한도 내에서 생활부조로서 생활필요비에 해당하는 부양료를 청구할 수 있을 뿐이라고 한다(대결 2017. 8. 25, 2017스5).

Ⅲ. 부양의 정도와 방법 [206]

부양의 정도 또는 방법에 관하여는 먼저 당사자간의 협의로 정하고, 당사자간에 협정이 없는 때에는 가정법원은 당사자의 청구에 의하여 부양을 받을 자의 생활정도와 부양의무자의 자력 기타 제반사정을 참작하여 이를 정한다(977조, 가소 2조 1항 마류사건 8)(조정전치주의가 적용됨. 가소 50조). 그리고 부양의 정도 또는 방법에 관하여 당사자의 협정이나 가정법원의 판결이 있은 후 이에 대한 사정변경이 있는 때에는, 가정법원은 당사자의 청구에 의하여 그 협정이나 판결을 취소 또는 변경할 수 있다(978조, 가소 2조 1항 마류사건 8)(조정전치주의가 적용됨. 가소 50조).

〈판 례〉

(ㄱ)「부양을 받을 자의 연령, 재능, 신분, 지위에 따른 교육을 받는 데 필요한 비용도」 부양료에 포함된다(대판 1986. 6. 10, 86므46).

(ㄴ)「부양권리자와 부양의무자 사이의 부양의 방법과 정도에 관하여 당사자 사이에 협정이 이루어지면 당사자 사이에 다시 협의에 의하여 이를 변경하거나, 법원의 심판에 의하여 위 협정이 변경, 취소되지 않는 한 부양의무자는 그 협정에 따른 의무를 이행하여야 하는 것이고, 법원이 그 협정을 변경, 취소하려면 그럴 만한 사정의 변경이 있어야 하는 것이므로, 청구인들이 위 협정의 이행을 구하는 이 사건에 있어서 법원이 임의로 협정의 내용을 가감하여 피청구인의 부양의무를 조절할 수는 없다.」(대판 1992. 3. 31, 90므651 · 668)

(ㄷ)「이러한(성년의 자녀에 대한부모의: 저자 주) 부양료는 부양을 받을 자의 생활정도와 부양의무자의 자력 기타 제반 사정을 참작하여 부양을 받을 자의 통상적인 생활에 필요한 비용의 범위로 한정됨이 원칙이므로, 특별한 사정이 없는 한 통상적인 생활필요비라고 보기 어려운 유학비용의 충당을 위해 성년의 자녀가 부모를 상대로 부양료를 청구할 수는 없다.」(대결 2017. 8. 25, 2017스5)

부양의 구체적인 방법에는 동거부양(同居扶養)(인수부양. 引受扶養)과 급부(급여)부양이 있고, 급부부양은 다시 금전 급부부양과 현물 급부부양 등으로 나누어지는데, 금전 급부부양이 일반적인 방법이다. 금전 급부부양의 경우에는 정기급의 형태가 바람직하며, 부양의 성질상 급부는 선급이어야 한다.

부양료지급은 부양권리자의 생존과 직결된 문제이므로 그 이행이 신속하게 이루어져야 한다. 이를 위하여 가사소송법은 가정법원이 부양료청구 심판을 본안사건으로 하여 담보를 제공하게 하지 않고 가압류 또는 가처분을 할 수 있도록 하고(가소 63조 1항 · 2항), 부양료의 지급을 명하는 심판을 할 때 부양권리자가 담보를 제공하지 않고도 가집행을 할 수 있음을 명하도록 하며(가소 42조 1항), 심판의 선고 전에도 가정법원이 임시로 필요한 사전처분을 명할 수 있도록 한다(가소 62조). 그리고 부양료 지급을 명하는 심판이 있었음에도 부양의무자가 정당한 이유 없이 그 의무를 이행하지 않을 때에는 가정법원은 당사자의 신청에 의하여 일정한 기간 내에 그 의무를 이행할 것을 명할 수 있으며(가소 64조 1항), 이 이행명령을 위반한 때에는 1천만원 이하의 과태료에 처할 수 있고(가소 67조 1항), 금전의 정기적 지급을 명령받은 자가 정당한 이유 없이 3기(期) 이상 그 의무를 이행하지 않을 때에는 30일의 범위에서 의무자를 감치(監置)에 처할 수 있다(가소 68조 1항).

Ⅳ. 과거의 부양료 · 체당부양료(替當扶養料) [207]

1. 과거의 부양료

(1) 판례는 자녀의 양육비에 관하여는 과거의 것을 청구할 수 있다고 하나 (대결(전원) 1994. 5. 13, 92스21. 등 [76]에 인용됨), 부부 사이에는 과거의 부양료를 청구할 수 없다고 한다 (대판 1991. 10. 8, 90므781 · 798([49]에 인용됨); 대판 1991. 11. 26, 91므375 · 382; 대결 2008. 6. 12, 2005스50; 대판 2012. 12. 27, 2011다96932; 대결 2017. 8. 25, 2014스26). 즉 부부 사이에 과거의 부양료는, 특별한 사정이 없는 한, 부양을 받을 자가 부양의무자에게 부양의무의 이행을 청구하였음에도 불구하고 부양의무자가 부양의무를 이행하지 아니함으로써 이행지체에 빠진 이후의 것에 대하여만 청구할 수 있을 뿐, 부양의무자가 부양의무의 이행을 청구받기 이전의 것은 청구할 수 없다고 한다. 그리고 부모와 성년의 자녀 · 그 배우자 사이의 경우에도 부부의 경우와 마찬가지라고 한다 (대결 2013. 8. 30, 2013스96).

과거의 부양료 청구에 관하여 학설은 i) 과거의 부양료도 원칙적으로 청구할 수 있다는 견해(김/김, 537면 이하. 이경희, 343면도 여기에 속하는 것으로 보인다)와 ii) 판례에 찬성하는 견해 즉 양육비는 과거의 것도 청구할 수 있으나 부부 사이에는 이행을 청구하였는데도 이행하지 않은 부분만을 청구할 수 있다는 견해(박동섭, 434면 이하)가 대립하고 있다. 이 중 i)설이 말하는 「원칙적으로」의 의미가 무엇인지는 불명확하다.

생각건대 법적으로 인정되는 의무라면 과거의 것도 청구할 수 있다고 하여야 할 것이다. 그리고 그렇게 해석하여야 3년의 단기시효(163조 1호 참조) 때문에 생길 가혹함도 방지할 수 있다.

(2) 미성년 자녀나 부부 이외의 친족 사이에 과거의 부양료를 청구할 수 있는가? 위 (1)에서 밝힌 사견은 이 경우에 대한 것까지도 포함한 것이다(그런데 위 (1)에서 설명한 i)설이 이 경우까지 포함하여 기술한 것인지는 불분명함). 그렇지만 분명하게 하기 위하여 여기서 다시 이 경우에 관하여 별도로 적기로 한다. 이 문제에 대하여 명시적으로 논의하는 문헌은 적으며, 과거분에 대하여는 청구할 수 없다고 하는 견해(박동섭, 435면)가 보인다. 생각건대 부양의 성질상 부양료는 선급되어야 하는 것이지만, 미리 청구하지 않았다고 하여 의무를 부정하는 것은 바람직하지 않다. 특히 생계가 어려워 금전을 빌려 가까스로 생존한 경우에 그 비용까지 부양청구권자가 스스로 감당하도록 해서는 안 된다. 그러므로 미성년 자녀나 부부 이외의 친족 사이, 즉 제 2 차적 부양의무의 경우에

도 과거의 부양료를 청구할 수 있다고 해야 한다.

〈판 례〉

「민법 제974조, 제975조에 의하여 부양의 의무 있는 자가 여러 사람인 경우에 그 중 부양의무를 이행한 1인은 다른 부양의무자를 상대로 하여 이미 지출한 과거의 부양료에 대하여도 상대방이 분담함이 상당하다고 인정되는 범위에서 그 비용의 상환을 청구할 수 있는 것이고, 이 경우 법원이 분담비율이나 분담액을 정함에 있어서는 과거의 양육에 관하여 부모 쌍방이 기여한 정도, 자의 연령 및 부모의 재산상황이나 자력 등 기타 제반사정을 참작하여 적절하다고 인정되는 분담의 범위를 정할 수 있다.」(대결 1994. 6. 2, 93스11: 이혼 후 모가 부에 대하여 성년자인 딸의 치료비 분담을 청구한 사건)

[208] 2. 체당부양료의 구상(求償)

부양료를 대신 지급한 자가 부양의무자에게 이를 구상할 수 있는지가 문제된다.

(1) 제 3 자의 구상

부양의무 없는 제 3 자가 부양이 필요한 사람을 부양한 경우에는 여러 가지 모습이 있다. 그리고 그 경우에 부양한 제 3 자에게 구상권이 있는지, 그 근거가 무엇인지는, 아래에서 기술하는 바와 같이, 각각의 경우에 따라 다르다. 그런데 우리 문헌들은 한결같이 사무관리와 부당이득을 이유로 언제나 구상할 수 있다고 불충분하게 설명하고 있다(김/김, 539면; 박동섭, 436면; 이경희, 344면 등이 그렇다).

먼저 제 3 자가 부양의무가 없음에도 불구하고 자기에게 부양의무가 있는 것으로 잘못 알고 부양을 한 경우에는, 부양의무자의 부양의무는 소멸하지 않고 존재하기 때문에, 부양의무자에 대한 구상은 문제되지 않으며, 부양받은 자의 부당이득만이 문제된다. 그런데 그러한 경우의 부양은 도의관념에 적합한 비채변제로 되어 반환청구를 할 수 없다고 하여야 한다(채권법각론 [233] 참조).

제 3 자가 — 자기에게 부양의무가 있다고 잘못 생각하지는 않고 — 다른 자가 부양하여야 하는 것을 알고서 다른 자의 채무의 이행으로서 부양한 경우에는, 부양의무자의 부양의무는 소멸하며(469조 1항 본문), 그 제 3 자는 부양의무자에게 구상할 수 있다. 그런데 그 근거는 각 경우의 사정에 따라 다르다. 먼저 제 3 자가 부양의무자의 위임을 받아 부양한 때에는, 위임에서의 비용상환청구권 규정(688조)을 근거로 상환청구를 할 수 있다. 그리고 위임을 받지 않은 때에는 제 3 자의 사무관리가 성립하므로, 사무관리를 이유로 한 비용상환청구의 방법으로 구상할 수 있다(739조). 그런가 하면 이때에는 부양의무자가 부양의무를 면함으로써 법률상 원인 없는 이득을 얻었으므로, 제 3 자는 부당이득을 이유로 반환청구를 할 수도 있다(741조).

〈판 례〉

제 3 자인 원고가 피고의 혼인 외 출생자를 양육 및 교육하면서 그 비용을 지출하였다고 하여도 피고가 동 혼인 외 출생자를 인지하거나 부모의 결혼으로 그 혼인 중의 출생자로 간주되지 않는 한 실부인 피고는 동 혼인 외 출생자를 부양할 법률상 의무는 없으므로 피고가 원고의 위 행위로 인하여 부당이득을 하였다거나 원고가 피고의 사무를 관리하였다고 볼 수 없다(대판 1981. 5. 26, 80다2515).

(2) 부양의무자 사이의 구상

[209]

부양의무자가 수인인 경우에 그중 1인이 부양료를 부담하였다면 다른 의무자가 분담하였을 범위에서 구상할 수 있다고 할 것이다(대결 1994. 6. 2, 93스11도 같은 취지임). 그러나 부양능력이 없어서 부양의무가 없는 자에게는 구상하지 못한다.

〈판 례〉

(ㄱ) 「부부의 일방이 제 1 차 부양의무자로서 제 2 차 부양의무자인 상대방의 친족에게 상환하여야 할 과거 부양료의 액수는 부부 일방이 타방 배우자에게 부담하여야 할 부양의무에 한정된다고 할 것인바, 그 부양의무의 범위에 관하여 살펴본다.

먼저 부부간의 부양의무 중 과거의 부양료에 관하여는 특별한 사정이 없는 한 부양을 받을 사람이 부양의무자에게 부양의무의 이행을 청구하였음에도 불구하고 부양의무자가 부양의무를 이행하지 아니함으로써 이행지체에 빠진 후의 것에 관하여만 부양료의 지급을 청구할 수 있을 뿐이므로(대법원 2008. 6. 12. 자 2005스50 결정 등 참조), 부양의무자인 부부의 일방에 대한 부양의무 이행청구에도 불구하고 배우자가 부양의무를 이행하지 아니함으로써 이행지체에 빠진 후의 것이거나, 그렇지 않은 경우에는 부양의무의 성질이나 형평의 관념상 이를 허용해야 할 특별한 사정이 있는 경우에 한하여 이행청구 이전의 과거 부양료를 지급하여야 한다.

그리고 부부 사이의 부양료 액수는 당사자 쌍방의 재산 상태와 수입액, 생활정도 및 경제적 능력, 사회적 지위 등에 따라 부양이 필요한 정도, 그에 따른 부양의무의 이행정도, 혼인생활 파탄의 경위와 정도 등을 종합적으로 고려하여 판단하여야 한다.」(대판 2012. 12. 27, 2011다96932. 그리고 이 판결은 부부간의 부양의무를 이행하지 않은 부부의 일방에 대하여 상대방의 친족이 구하는 부양료의 상환청구는 가사비송사건으로 가정법원의 전속관할에 속하는 것이 아니고 민사소송사건에 해당한다고 한다. 그에 따르면 조정전치주의가 적용될 여지가 없다)

(ㄴ) 「민법 제974조, 제975조에 의하여 부양의 의무 있는 사람이 여러 사람인 경우에 그중 부양의무를 이행한 1인이 다른 부양의무자에 대하여 이미 지출한 과거 부양료의 지급을 구하는 권리는 당사자의 협의 또는 가정법원의 심판 확정에 의하여 비로소 구체적이고 독립한 재산적 권리로 성립하게 되지만, 그러한 부양료청구권의 침해를 이유로 채권자취소권을 행사하는 경우의 제척기간은 부양료청구권이 구체적인 권리로서 성립한 시기가 아니라 민법 제406조 제 2 항이 정한 '취소원인을 안 날' 또는 '법률행위가 있은 날'로부터 진행한다.」(대판 2015. 1. 29, 2013다79870)

〈특별한 부양과 기여분〉

판례는 특별한 부양을 한 경우에는 상속재산에 관하여 기여분을 인정한다(자세한 사항은 [262] 참조).

〈부양청구권 등의 소멸시효〉

부양청구권(1년 이내의 기간으로 정기적으로 지급하는 경우)은 3년의 단기소멸시효에 걸린다(163조 1호). 그러나 공동부양의무자 상호간의 체당부양료 구상권, 의무 없이 부양한 제 3 자의 체당부양료 구상권은 10년의 시효에 걸린다고 하여야 한다(같은 취지: 박동섭, 437면).

제 6 절 친족관계

[210] Ⅰ. 서 설

민법은 제 4 편(친족) 제 1 장(총칙)에서 친족의 의의, 범위 등에 관하여 규정하고 있다(767조-777조). 이들은 친족법 · 상속법의 많은 법률관계에 있어서 당사자를 결정하는 데 필요한 기초개념을 담고 있다.

이하에서는 이해의 편의를 위하여 먼저 친계와 촌수에 대하여 기술하고, 이어서 친족의 의의 · 범위 · 법률효과를 차례로 살펴보기로 한다.

[211] Ⅱ. 친계와 촌수

1. 친 계

(1) 의 의

친계(親系)란 세대적(世代的) 혈통연락의 관계를 가리키며, 이것에 의하여 친족(정확하게는 혈족)이 어떻게 혈연적으로 연결되어 있는지를 알 수 있다. 배우자는 친계가 없고, 인척은 직접 혈통연락이 되지 않기 때문에 배우자의 친계를 기준으로 판단한다.

(2) 종 류

1) **직계친 · 방계친** 직계친은 혈통이 직선적으로 직상직하(直上直下)하는 관계이고, 방계친은 공동시조부터 갈라져서 직하(直下)하는 다른 친계이다. 부모와 자, 조부모와 손자는 직계친의 예이고, 형제자매 · 백숙부 · 종형제자매 · 조카는 방계친의 예이다.

혈족은 모두 직계친과 방계친 가운데 어느 하나에 속하며, 이를 직계혈족 · 방계혈족이라고 한다. 그리고 배우자의 직계혈족 · 방계혈족은 다른 배우자에게는 직계인척 · 방계인척이 된다.

2) **존속친 · 비속친** 부모 및 그와 동일한 항렬(行列)에 있는 친족(즉 백숙부모 등)으로부터 상위(上位)의 친계에 있는 사를 존속친이라 하고, 자(子) 및 그와 동일한 항렬에 있는 친족(조카 · 생질 등)으로부터 하위(下位)의 친계에 있는 자를 비속친이라고 한다. 자기와 동일한 항렬에 있는 자(형제자매, 종형제자매 등)는 존속친도 비속친도 아니다. 존속친 · 비속친의 구별은 항렬에 의한 것이고 나이와는 관계가 없어서, 자기보다 나이가 적은 존속친이나 나이가 많은 비속친이 있을 수도 있다.

직계친 · 방계친은 그 각각에 대하여 존속친 · 비속친으로 나눌 수 있다. 그리하여 직계존속 · 직계비속, 방계존속 · 방계비속이 있게 된다. 그럴 경우 부모 · 조부모 · 증조부모는 직계존속이고, 자녀 · 손자녀는 직계비속이며, 백숙부 · 고모 · 이모 · 종조부는 방계존속이고, 조카 · 생질 · 종손은 방계비속이다.

3) **부계친 · 모계친** 부(父)와 그의 혈족이 부계친이고, 모(母)와 그의 혈족이 모계친이다.

〈남계친 · 여계친〉

남계친(男系親)은 혈통이 남자만에 의하여 연결되어 있는 친계이고, 여계친(女系親)은 혈통이 부계(父系)에 의하여 연결되지만 그 중간에 여자가 혈통의 연락자로 개입되어 있는 경우의 친계이다. 이는 부계(父系) · 모계(母系)와는 전혀 다른 개념이다. 예컨대 고모의 아들과는 같은 부계혈족이나, 중간에 여자(고모)가 개입되어 있으므로 여계친(女系親)이고, 남계친이 아니다. 남계친 · 여계친의 구별은 과거에 제809

조 제 2 항에서 「남계혈족의 배우자」와의 혼인을 금지하고 있어서 의미가 있었으나, 2005년에 그 규정이 개정되어 이제는 구별의 의미가 없게 되었다.

[212]

2. 촌 수

(1) 의 의

촌(寸)(원래 손마디의 뜻임)은 친족관계의 긴밀도를 측정하는 척도의 단위이다. 민법은 친족 사이에서는 촌수가 작을수록 가까운 것으로 평가하며, 그에 기초하여 여러 가지 법률효과를 부여하고 있다. 민법은 촌(寸)과 같은 의미로 친등(親等)이라는 용어도 사용하고 있다(1000조 2항).

(2) 촌수의 계산방법

직계혈족 사이에서는 자기로부터 직계존속에 이르는 세대수, 자기로부터 직계비속에 이르는 세대수를 계산하여 이를 각각 그 촌수로 한다(770조 1항). 그리하여 A와 그 부모 · 조부모는 각각 1촌 · 2촌이고, A와 그 증손과는 3촌이 된다.

방계혈족 사이에서는 자기로부터 동원(同源)(같은 뿌리)의 직계존속에 이르는 세대수와 그 동원의 직계존속으로부터 그 직계비속에 이르는 세대수를 모두 합하여 이를 그 촌수로 한다(770조 2항). 예컨대 A · B가 방계혈족인 경우에는 A · B 사이에 가장 가까운 공동시조가 C라면, A로부터 C에 이르는 세대수를 세고 또 C로부터 B에 이르는 세대수를 세어 이 두 세대수를 합하면 그것이 A · B 사이의 촌수가 된다. 그리하여 형제자매는 2촌이고, 백숙부는 3촌, 종형제자매는 4촌이다.

인척의 경우에는 배우자의 혈족에 대하여는 배우자의 그 혈족에 대한 촌수에 따른다(771조 전단). 그리하여 가령 처나 부(夫)의 부모는 인척 1촌, 처나 부(夫)의 형제자매는 인척 2촌이다. 그리고 혈족의 배우자에 대하여는 그 혈족에 대한 촌수에 따른다(771조 후단). 그리하여 가령 형수 · 제수는 인척 2촌, 백숙모는 인척 3촌이다.

양자와 양부모 및 그 혈족, 인척 사이의 친계와 촌수는 입양된 때부터 혼인 중의 출생자와 동일한 것으로 본다(772조 1항). 그리고 양자의 배우자, 직계비속과 그 배우자는 양자의 친계를 기준으로 하여 촌수를 정한다(772조 2항).

배우자와는 촌수가 없으며, 민법은 배우자에 대하여 법률효과를 부여할 경우에는 대부분 친족에 포함시키지 않고 배우자라는 용어를 별도로 사용한다. 그러나 예외가 있음을 주의하여야 한다(887조 · 936조 · 940조 · 940조의 4 · 954조 · 959조의 5 · 959조의 10 · 959조의 15 3항 · 959조의 17 2항 등 참조).

Ⅲ. 친족의 의의 및 종류 [213]

민법은 제767조에서 「배우자, 혈족 및 인척을 친족으로 한다」라고 친족의 정의를 내리고 있다. 이에 의하면, 친족은 배우자·혈족·인척을 통틀어 일컫는 말이다. 아래에서 친족을 구성하는 세 종류를 나누어 살펴보기로 한다.

1. 혈　　족

혈족은 혈연관계가 있는 친족이다.

혈족은 자연혈족·법정혈족, 직계혈족·방계혈족, 부계혈족·모계혈족으로 나누어진다.

(1) 자연혈족·법정혈족

1) 자연혈족은 자연적인 혈연관계가 있는 혈족이다. 부모·조부모·외조부모·형제자매가 그 예이다.

자연혈족관계는 출생에 의하여 발생한다. 다만, 혼인 외의 출생자는 모와의 관계에서는 출생에 의하여 혈족관계가 발생하지만, 부(父)와의 관계에서는 인지에 의하여 출생시에 소급하여 혈족관계가 발생한다(855조 1항·860조).

자연혈족관계는 당사자 일방의 사망으로 소멸한다. 그러나 사망자를 통하여 연결된 생존자 사이의 혈족관계에는 영향이 없다. 그리하여 가령 부모가 사망하여도 조부모와 손자 사이의 혈족관계는 소멸하지 않는다. 한편 혼인 외의 출생자의 경우에는 당사자 일방의 사망과 별도로 인지의 무효·인지의 취소(861조)·인지에 대한 이의(862조) 등에 의하여 부계혈족관계(父系血族關係)가 소멸한다(같은 취지: 김/김, 514면).

2) 법정혈족은 자연적인 혈연관계는 없지만 법률에 의하여 혈족으로 의제된 [214]
경우이다. 현행민법상의 법정혈족관계로는 양친자관계(養親子關係)가 있다. 과거에는 계모자관계(繼母子關係), 적모서자관계(嫡母庶子關係)도 있었으나, 1990년 개정으로 이들은 인척관계로 전환되었다.

양친자관계는 입양에 의하여 발생한다(878조). 즉 그때부터 양자와 양친 및 양친의 혈족 사이, 양친과 양자의 직계비속(출생시기를 불문함) 사이에 법정혈족관계에 있게 된다(882조의 2 1항). 입양의 경우 양자와 그의 친생부모 및 그 혈족·인척과의 친족관계는 소멸하지 않는다(882조의 2 2항). 그러나 친양자의 경우에는 원칙적으로 입양 전의 친족관계가 소멸한다(908조의 3 2항). 한편 입양이 있더라도 「양부모 및 그 혈족」과 「친생부모 및 그 혈족」 사이에는 혈족관계가 생기지 않는다.

입양 후 양부모 중 일방이 사망하여 다른 일방이 재혼한 경우(1인인 양친이 입양한 후 혼인한 경우도 같음)에 재혼한 배우자와 양자 사이에는 양친자관계가 발생하지 않고 인척이 될 뿐이다(769조 참조). 양친자관계는 입양에 의하여서만 발생하기 때문이다. 그리고 입양 후 양자나 그의 직계비속이 혼인한 경우에는 혼인한 배우자는 양자의 양친 및 혈족과 인척으로 된다(769조 참조).

입양으로 인한 친족관계 즉 양친족관계(養親族關係)는 자연혈족에서와 같이 양친자 중 일방의 사망으로 종료한다. 그러나 사망자를 통하여 발생한 법정혈족관계에는 영향이 없다. 그리고 양친족관계는 다른 한편으로 입양의 취소 또는 파양으로 인하여도 종료한다(776조). 그에 비하여 양자가 파양하지 않고 다른 사람의 양자가 된 경우에는 원래의 양친족관계가 소멸하지 않는다고 새겨야 한다(882조의 2 2항)(같은 취지: 김/김, 515면). 그리고 앞에서도 언급한 바와 같이([137] 참조), 부부 공동입양제를 채택하고 있는 현행민법 아래에서는 양부모가 이혼한 경우에도 양모자관계와 양부자관계는 소멸하지 않고 존속한다(대판(전원) 2001. 5. 24, 2000므1493).

〈판 례〉

「민법 제776조는 "입양으로 인한 친족관계는 입양의 취소 또는 파양으로 인하여 종료한다"라고 규정하고 있을 뿐 '양부모의 이혼'을 입양으로 인한 친족관계의 종료사유로 들고 있지 않고, 구 관습시대에는 오로지 가계계승(家系繼承)을 위하여만 양자가 인정되었기 때문에 입양을 할 때 처는 전혀 입양당사자가 되지 못하였으므로 양부모가 이혼하여 양모가 부(夫)의 가(家)를 떠났을 때에는 입양당사자가 아니었던 양모와 양자의 친족관계가 소멸하는 것은 논리상 가능하였으나, 처를 부와 함께 입양당사자로 하는 현행민법 아래에서는(1990. 1. 13.개정 전 민법 제874조 제1항은 "처가 있는 자는 공동으로 함이 아니면 양자를 할 수 없고 양자가 되지 못한다"고 규정하였고, 개정 후 현행민법 제874조 제1항은 "배우자 있는 자가 양자를 할 때에는 배우자와 공동으로 하여야 한다"고 규정하고 있다) 부부 공동입양제가 되어 처도 부와 마찬가지로 입양당사자가 되기 때문에 양부모가 이혼하였다고 하여 양모를 양부와 다르게 취급하여 양모자관계만 소멸한다고 볼 수는 없는 것이다.」(대판(전원) 2001. 5. 24, 2000므1493)

(2) 직계혈족 · 방계혈족

직계혈족이란 직계친의 관계에 있는 혈족을 말하며, 민법은 「자기의 직계존속과 직계비속」을 직계혈족이라고 규정한다(768조 전단). 방계혈족은 방계친의 관계에 있는 혈족이며, 민법은 「자기의 형제자매와 형제자매의 직계비속, 직계존속의 형제자매 및 그 형제자매의 직계비속」을 방계혈족이라고 규정한다(768조 후단). 여기의 형제자매는 부계 및 모계의 형제자매를 모두 포함하며, 이복형제도 이에 속한다(대판 2007. 11. 29, 2007 도7062).

(3) 부계혈족 · 모계혈족

부계친(父系親)의 관계에 있는 혈족(예: 부, 조부모, 백·숙부, 고모)이 부계혈족(父系血族)이고, 모계친(母系親)의 관계에 있는 혈족(예: 모, 외조부모, 외숙부, 이모)이 모계혈족(母系血族)이다.

2. 인 척 [215]

인척은 혼인으로 인하여 성립하는 친족이다. 민법은 혈족의 배우자(예: 계모, 적모, 형제의 처, 자매의 남편, 고모 · 이모의 남편, 백숙부의 처), 배우자의 혈족(예: 배우자의 부모나 형제자매), 배우자의 혈족의 배우자(예: 처의 자매의 남편, 남편의 형제자매의 처나 남편)를 인척으로 규정한다(769조). 1990년 민법개정 전에는 혈족의 배우자의 혈족도 인척이었으나, 삭제되었다.

인척관계는 혼인의 성립으로 발생하며, 혼인의 무효 · 취소 또는 이혼으로 인하여 종료한다(775조 1항). 그리고 부부의 일방이 사망한 경우에는 인척관계가 소멸하지 않는다. 그런데 그 경우에 생존배우자가 재혼한 때에는 인척관계가 종료한다(775조 2항).

3. 배 우 자 [216]

남녀가 혼인을 하면 서로 배우자가 되고, 친족에 속하게 된다.

〈배우자를 친족에 포함시킨 것이 무의미한지〉

민법은 제767조에서 배우자를 친족에 포함시키고 있다. 이러한 우리 민법의 태도에 대하여 우리의 문헌은 배우자를 친족에 넣는 것은 실제로 아무런 의미가 없다고 하며(김/김, 515면; 김용한, 51면; 배/최, 430면; 오시영, 385면; 이경희, 351면; 한/백, 113면), 다른 견해를 찾아볼 수가 없다. 문헌들은 그 이유로, 배우자 사이에서 발생하는 법률효과는 배우자라는 지위에서 생기는 것이며 친족의 지위에서 발생하는 것이 아니라는 점을 든다. 그런가 하면 부부에 대해서는 민법 및 기타 법령에서 특별한 효과를 규정하고 있다거나 비교법적으로 볼 때 배우자를 친족으로 규정하는 입법례는 한국과 일본(같은 법 725조 2호)밖에 없다고도 한다.

생각건대 배우자는 남남인 자였는데 혼인에 의하여 가장 가까운 특수한 관계로 된 자이며, 그 점에서 다른 친족과는 다른 원리에 입각하여 규율될 필요가 있다고 할 수 있다. 그런데 다른 한편으로 배우자도 가까운 관계에 있는 자로서 상대방배우자를 위하여 다른 친족처럼 행위해야 할 경우도 있다. 따라서 그러한 경우에 관하여 규정을 할 때에는 — 배우자를 특별하게 취급한다면 — 빠짐없이 배우자도 명시해 주어야 한다. 그러면 우리 법의 현실은 어떤가? 민법은 여러 규정에서 다른 친족과 구별하여 「배우자」를 명시해 두고 있다(예: 9조 · 10조 3항). 그러나 분명히 배우자가 포함되어야 하는데도 단순히 「친족」이라고만 규정하고 있는 것도 아주 많다(예: 936조 2항 · 940조 · 940조의 4 1항 2항 · 954조 · 959조의 5 1항 · 959조의 10 1항 · 959조의 15 3항 · 959조의 17 2항 · 1053조 1항). 그런가 하면 그런 예는 형법(예: 같은 법 151조 2항 · 155조 4항 등 다수)이나 가족등록법(예: 같은 법 85조 · 97조 1항 등 다수)과 같은 다른 법률에도 부지기수이다. 즉 「배우자」에 대하여 특별한 법률효과를 부여해야 하는 경우에 「배우자」를 명시하지 못한 민법 규정이나 다른 법령 규정이 매우 많은 것이다. 그리고 이들의 경우에는 배우자에 대하여 「친족」이라는 지위에서 일정한 법률효과를 부여하고 있다. 여기서 민법상의 「친족」에 「배우자」를 포함시키는 것은 현행 법령상 실제로 의미가 있고, 따라서 필요함을 알 수 있다.

배우자관계는 혼인의 성립에 의하여 발생하고, 당사자 일방의 사망, 혼인의 무효(혼인무효사유가 존재하는 경우의 효과에 관하여 당연무효설을 취하면 혼인무효의 경우에는 배우자관계가 처음부터 생기지 않게 된다) · 취소 또는 이혼으로 인하여 소멸한다.

[217] Ⅳ. 친족의 범위

위에서 본 친족 모두에 대하여 법률효과를 부여하는 경우는 없다. 민법은 대부분의 경우에는 개별적인 법률관계 각각에 대하여 법률효과가 인정되는 자의 범위를 따로따로 규정한다(예: 809조 · 974조 · 1000조). 그런데 다른 한편으로 일반적으로 친족의 범위를 정해 놓고서 특별한 규정이 없으면, 그에 의하여 효과를 부여하도록 하고 있는데, 그것이 바로 제777조이다.

제777조에 의하면, 친족의 범위는 ① 8촌 이내의 혈족, ② 4촌 이내의 인척, ③ 배우자이며, 친족관계로 인한 법률상의 효력은 민법 또는 다른 법률에 특별한 규정이 없는 한 이 범위에 미치게 된다.

[218] Ⅴ. 친족관계의 효과

1. 민법상의 효과

(1) 제777조의 친족 모두에게 일반적으로 인정되는 효과

① 일정한 경우 친권자 지정 청구(909조의 2 1항 · 2항, 927조의 2 1항 · 2항)

② 일정한 경우 미성년후견인 선임청구(909조의 2 3항 · 927조의 2 1항)

③ 일정한 경우 미성년후견인 대행자 선임청구(909조의 2 5항 · 927조의 2 1항)

④ 친권자의 동의를 갈음하는 재판 청구(922조의 2)

⑤ 친권의 상실선고 · 일시정지선고 청구(924조 1항)와 친권의 일시정지 기간의 연장 청구(924조 3항)

⑥ 친권의 일부제한선고 청구(924조의 2)

⑦ 미성년자인 자에 대한 친권자의 대리권과 재산관리권 상실선고 청구(925조)

⑧ 친권 또는 친권자의 대리권 · 재산관리권에 대한 실권회복선고 청구(926조)

⑨ 일정한 경우에 미성년후견인 · 성년후견인 · 한정후견인 · 특정후견인의 선임청구(932조 · 936조 · 959조의 3 · 959조의 9) 및 이들 후견인의 변경청구(940조 · 959조의 3 2항 · 959조의 9 2항)

⑩ 피후견인의 재산상황에 대한 조사청구(954조)

⑪ 미성년후견감독인 · 성년후견감독인 · 한정후견감독인 · 특정후견감독인 · 임의후견감독인의 선임청구(940조의 3 · 940조의 4 · 959조의 5 · 959조의 10 · 959조의 15 3항)

⑫ 일정한 경우에 임의후견감독인의 해임청구(959조의 17 2항)

⑬ 상속인 없는 재산에 대한 상속재산관리인 선임청구(1053조 1항) 등

(2) 일정한 범위의 친족에게만 인정되는 효과

① 성년후견 · 한정후견 · 특정후견심판의 청구 및 성년후견 · 한정후견의 종료심판청구(9조 · 11조 · 12조 · 14조 · 14조의 2)

② 증여계약의 해제사유(556조 1항 1호)

③ 생명침해로 인한 위자료청구(752조)

④ 혼인이 금지되는 범위(809조)

⑤ 혼인의 무효사유(815조 2호-4호)

⑥ 혼인의 취소사유(816조 1호)

⑦ 근친혼의 취소청구(817조 후단)

⑧ 중혼의 취소청구(818조)

⑨ 입양에 대한 동의(870조 · 871조)

⑩ 양친이 미성년자인 경우의 입양취소청구(885조)

⑪ 후견인의 결격사유(937조 9호)

⑫ 성년후견인의 권한범위가 적절하지 않게 된 경우에 그 범위의 변경청구

(938조 4항)

⑬ 임의후견감독인의 선임(959조의15 1항)

⑭ 부양의무(974조)

⑮ 상속권(1000조·1003조)

⑯ 유언 증인의 결격사유(1072조 1항 3호)

⑰ 유류분권리자(1112조) 등

[219]

2. 형법상의 효과

친족관계로 인하여 범죄가 성립하지 않거나 형벌이 감면되는 경우로 범인은닉죄(형법 151조 2항), 증거인멸죄(형법 155조 4항), 권리행사방해죄(형법 328조·323조), 절도죄(형법 344조·329조-332조), 사기죄와 공갈죄(형법 354조·347조-352조), 횡령죄와 배임죄(형법 361조·355조-360조), 장물죄(형법 365조·362조-364조) 등이 있다. 이들 가운데 범인은닉죄와 증거인멸죄는 범죄가 성립되지 않는 경우이다.

그리고 친족관계로 인하여 형벌이 가중되는 경우로 살인죄(형법 250조 2항), 상해죄(형법 257조 2항), 중상해죄(형법 258조 3항), 상해치사죄(형법 259조 2항), 폭행죄(형법 260조 2항), 유기죄(형법 271조 2항·4항), 학대죄(형법 273조 2항), 체포감금죄(형법 276조 2항), 중체포감금죄(형법 277조 2항), 협박죄(형법 283조 2항) 등이 있다. 이들 범죄에서 가중되는 경우는 모두 자기 또는 배우자의 직계존속에 대한 범죄이다.

3. 소송법상의 효과

민사소송법상의 효과로 법관 또는 법원사무관 등의 제척이유(같은 법 41조 1호 2호·50조), 증언거부권(같은 법 314조 1호), 감정인의 결격사유(같은 법 334조 2항) 등이 있다.

그리고 형사소송법상의 효과로 법관, 법원서기관·법원사무관·법원주사·법원주사보, 통역인의 제척·기피 또는 회피원인(같은 법 17조 2호·18조 1항 1호·24조 1항·25조 1항), 증언거부권(같은 법 148조), 감정·통역·번역거부권(같은 법 177조·183조) 등이 있다.

4. 기타 법상의 효과

그 밖에도 가사소송법, 비송사건절차법, 「가족관계의 등록 등에 관한 법률」, 각종 연금법 등 많은 법률과 그 시행령에는 친족관계에 특별한 효과를 인정하는 규정들이 두어져 있다.

Ⅵ. 호주제도의 폐지와 가족의 범위규정 신설 [220]

1. 호주제도의 폐지

현재는 삭제된 개념인 가(家)는 호주를 중심으로 하여 호주와 가족이라는 신분관계로 법률상 연결된 관념적인 호적상의 가족단체이다. 그리고 그 가(家)를 통솔하는 장(長) 즉 가장(家長)이 호주이며, 가(家)의 구성원으로서 호주가 아닌 자가 가족이다. 그리하여 가(家)·가족(家族)·호주(戶主)는 긴밀하게 연결되어 있는 개념이다. 이들에 관하여 민법은 과거에 제 5 편(친족) 제 2 장(호주와 가족)과 제 8 장(호주승계)에서 규율하여 왔다.

그런데 이 호주제도가 2005년 민법개정시에 폐지되었다(2008. 1. 1. 부터 시행). 이는 과거 민법제정 당시부터 그것의 부당성이 지적되어 온 데다가 2005년에는 헌법재판소에 의하여 헌법불합치 결정(헌재 2005. 2. 3, 2001헌가9 등)까지 내려진 데 따른 것이다. 사실 1990년 민법개정에 의하여 호주제도는 빈 껍질만 남아있는 형국이었었다. 그런데 이제는 그 제도가 완전히 사라지게 된 것이다. 그러면서 호주제도의 폐지로 쓸모없게 된 가제도(家制度)도 삭제되고 종래의 가족 개념도 없어지게 되었다.

2. 가족의 범위 신설 [221]

2005년 민법개정시에 민법 제 5 편 제 2 장은 제목이 「호주와 가족」에서 「가족의 범위와 자의 성과 본」으로 바뀌고 그 아래 가족의 범위에 관한 제779조와 자의 성과 본에 관한 제781조의 두 규정만이 있게 되었다. 그리고 이들 규정도 2008. 1. 1.부터 시행되고 있다. 그 가운데 후자에 관하여는 앞에서 설명하였으므로([103] 참조), 여기서는 전자에 대하여만 좀더 자세히 살펴보기로 한다.

개정민법 제779조는 다음과 같이 규정한다.

> 第779조[가족의 범위] ① 다음의 자는 가족으로 한다.
> 1. 배우자, 직계혈족 및 형제자매
> 2. 직계혈족의 배우자, 배우자의 직계혈족 및 배우자의 형제자매
>
> ② 제 1 항 제 2 호의 경우에는 생계를 같이하는 경우에 한한다.

이 규정이 두어진 이유는 호주제도의 폐지로 말미암아 가족의 해체를 가져

올지 모른다는 우려를 불식시키려는 데 있다. 따라서 여기의 가족개념은 호주제 아래에서의 그것과는 전혀 다르다.

위 규정에 의하면, ① 배우자 · 직계혈족 · 형제자매는 생계를 같이하는가에 관계없이 언제나 가족의 범위에 포함된다. 여기의 배우자는 현재 혼인관계에 있는 자만을 가리키고, 이혼한 배우자는 제외된다. 직계혈족은 생존하고 있는 한 모두 가족으로 되고 부계와 모계를 가리지 않는다(예: 부모, 조부모, 외조부모). 형제자매도 부계 · 모계를 불문한다. 그에 비하여 ② 직계혈족의 배우자(예: 계모, 계부, 며느리, 사위), 배우자의 직계혈족(예: 장인, 장모, 시부모, 배우자가 전혼에서 출생한 자녀), 배우자의 형제자매(예: 시숙, 시누이, 처남, 처제)는 생계를 같이하는 경우에 한하여 가족의 범위에 포함된다. 배우자의 형제자매에 있어서는 부계 · 모계를 묻지 않는다. 그리고 여기서 생계를 같이한다는 것은 공동의 가계에서 생활하는 것을 가리킨다고 해석하여야 하므로, 동거하면서 공동생활을 하는 경우는 물론이고 반드시 공동생활을 하고 있지 않더라도 공동의 가계에 속하고 있으면 생계를 같이한다고 보아야 한다(같은 취지: 김/김, 6면). 예컨대 처의 여동생이 학교의 기숙사에 들어가 살면서 형부로부터 기숙사비 · 용돈을 받아 생활하고 있는 경우에는 이들이 동거하면서 공동생활을 하고 있지는 않지만 생계를 같이 하는 것이고, 따라서 가족에 속한다고 보아야 할 것이다.

가족의 범위에 관한 제779조에 관하여는 그것이 민법상 의미가 없다고 하거나(김/김, 7면), 더 나아가 삭제되어야 한다는 주장이 제기되고 있다(이경희, 358면). 적어도 그 규정이 신설될 당시에는 그 규정이 정하는 가족에 대하여 민법이 법률효과를 부여하는 일이 없었기 때문이다. 문헌들은 예컨대 부양의무는 제826조 제 1 항 · 제913조 · 제974조에 근거하여 발생하며, 상속인의 순위는 제1000조 이하에 규정되어 있고, 가족의 범위에 관한 규정이 새로운 신분등록부의 편제기준이 될 것도 아니라고 한다. 그러나 그 뒤에 민법이 개정되면서 그 규정이 정하는 가족에게 법률효과를 부여하는 규정이 생겼다(940조의 5 · 959조의 5 2항 · 959조의 10 2항 · 959조의 15 5항). 따라서 이제는 제779조를 의미가 없다고 하거나 삭제하자고 할 수 없다. 그리고 이 규정은 형법과 같은 다른 법에서 일정한 규정의 기초로서 역할을 하고 있기도 하므로 주의를 할 필요가 있다. 가령 형법 제151조 제 2 항 · 제155조 제 4 항에서는 「친족 또는 동거의 가족」, 제328조와 그 규정이 준용되는 제344조 · 제354조 · 제361조 · 제365조에서는 「직계혈족, 배우자, 동거친족, 동거가족 또는 그 배우자」라는 용어를 사용하고 있기 때문이다. 그런데 제779조는 확실히 민법 친족편의 전체적 체계에 어울리는 규정이 아니다. 그리고 그 규정에서 정하는 내용이 합당한지도 깊이 검토해 볼 필요가 있다. 그 결과 그 내용이 적합하지 않으면 가능한 한 빨리 민법의 다른 규정이나 형법과 같은 다른 법률에서 「가족」에 대하여 법률효과를 부여하지 않도록 해야 할 필요가 있다. 제779조에 대한 다각적인 연구·검토가 시급한 것이다.

제 3 장 상 속 법

제 1 절 서　　설

Ⅰ. 상속 및 상속권의 의의 [222]

1. 상속의 의의

상속(相續)이란 사람이 사망한 경우에 그의 재산상의 지위(또는 권리·의무)가 법률규정에 의하여 타인에게 포괄적으로 승계되는 것을 말한다(1005조 본문 참조). 이때 사망하여 그의 재산상의 지위가 승계당하는 자를 피상속인이라고 하고(법전상 생존 중에도 피상속인이라는 표현을 쓰기도 하나(1004조·1012조 등), 이 경우에는 정확하게는 「장래 피상속인으로 되는 자」의 의미이다), 그 지위를 승계하는 자를 상속인이라고 한다.

2. 상속권의 의의

상속권의 의의에 관하여 학설은 대립하고 있다.

i) 다수설은 상속권에는 ① 상속개시 전에 상속인이 기대권으로서 가지는 상속권과 ② 상속개시 후에 상속인으로서 상속의 효과를 받을 수 있는 지위의 두 가지가 있고, 후자는 다시 승인·포기가 있기 전의 상속권(형성권적 상속권)과 승인·포기가 있은 후의 상속권(기득권적 상속권)으로 나누어진다고 한다(김/김, 551면; 김용한, 269면; 박동섭, 455면; 박병호, 299면; 배/최, 482면). 그에 비하여 ii) 소수설은 상속개시 후 확정적으로 상속인이 된 자의 법적 지위, 바꾸어 말해서 상속개시로 상속재산을 승계한 상속인의 법적 지위를 상속권이라고 한다(곽윤직, 7면).

생각건대 일본민법에서와 달리 우리 민법에서는 상속권이라는 용어를 ii)설이 주장하는 한 가지 의미로만 사용하고 있고(이는 i)설의 마지막 것임), 또 그것만이 타인의 침해를 배제할 수 있는 본래의 상속권이므로 ii)설을 따라야 할 것이다. 이를 승인 · 포기 개념을 생략하여 다르게 표현하면 「상속개시 후 상속인이 가지는 권리」라고 표현할 수도 있다(민법총칙 [41] 참조).

[223] Ⅱ. 상속의 유형

1. 제사상속 · 호주상속 · 재산상속

제사상속은 조상의 제사를 주재하는 지위를 승계하는 것이고, 호주상속은 호주 내지 가장의 지위를 승계하는 것이고, 재산상속은 피상속인의 재산을 상속하는 것이다. 이들은 과거 관습법에서는 모두 인정되었으나, 민법에서는 호주상속과 재산상속이 인정되다가, 1990년에 호주상속이 호주승계로 명칭이 바뀌어 친족편으로 옮겨졌으며, 2005년 개정시에 호주제도가 폐지되면서 호주승계제도도 삭제되었다(이들에 관한 개정규정은 2008. 1. 1.부터 시행되고 있다). 그리하여 이제는 명실공히 재산상속만이 상속으로 남게 되었다.

2. 생전상속(生前相續) · 사후상속(死後相續)

피상속인의 생존 중에 상속이 개시되는 경우가 생전상속이고, 피상속인의 사망시에 상속이 개시되는 경우가 사후상속(사망상속)이다. 상속은 사후상속이 원칙이며, 우리 민법도 사후상속만을 인정하고 있다(과거 호주상속(그리고 그 후 호주승계)에서 생전상속을 인정한 적이 있다. 2005. 3. 31. 개정 전 980조 참조).

3. 법정상속 · 유언상속

상속인이 될 자의 범위와 순위가 법률상 정해져 있는 상속이 법정상속이고, 상속인이 피상속인의 유언에 의하여 지정되는 상속이 유언상속이다. 민법은 법정상속만을 규정하며 유언에 의한 상속인의 지정을 허용하지 않는다. 다만, 민법상 유언(유증을 포함)의 자유가 인정되므로 포괄적 유증을 하면 상속인을 지정한 것과 같은 효과가 생긴다(1078조). 이 때문에 우리 법상 유언상속도 인정된다고 주장하는 견해도 있으나(김/김, 545면; 박동섭, 451면; 신영호, 294면; 이경희, 371면), 이는 정확한 것이 아니다(같은 취지: 곽윤직, 5면. 지원림, 1999면도 현행법상 유언상속이 인정되지 않는다고 함)(포괄적 유증은 상속과 여러 가지 점에서 차이도 있다. 곽윤직, 254면 참조). 어쨌든 우리 민법상 유언(유증은 그 유언 중의 일부이며 그 전부가 아님

(을 유의할 것. 850조 · 859조 2항 · 931조 등 참조)의 자유가 인정되기 때문에, 법정상속에 관한 규정은 유언이 없거나 유언이 무효인 경우에 보충적으로만 적용된다.

4. 단독상속 · 공동상속

단독상속은 상속인이 1인으로 한정되어 상속되는 것이고, 공동상속은 복수의 상속인이 공동으로 상속하는 것이다. 민법은 과거 호주상속을 단독상속제로 하였으나(호주승계제도도 같음), 재산상속은 공동상속제로 하고 있다(1000조 2항 참조).

5. 강제상속 · 임의상속

상속포기가 허용되지 않는 상속이 강제상속이고, 상속포기가 허용되는 상속이 임의상속이다. 민법은 과거 호주상속을 강제상속제로 하였으나(호주승계제도에서는 포기를 허용함. 2005. 3. 31. 개정 전 991조 참조), 재산상속은 과거부터 임의상속제를 채용하고 있다(1019조 이하 참조).

6. 균분상속 · 불균분상속

이는 공동상속에 있어서 각 상속인에게 귀속하는 상속재산의 비율이 평등한가에 의한 구별이다.

Ⅲ. 상속의 근거 [224]

상속제도를 두고 있는 이유가 무엇인지(이것이 상속의 근거의 문제이다)에 관하여는 오래 전부터 논의되고 있으며 학설도 여러 가지이다. 그런데 우리나라에서는 i) 상속(재산상속)의 근거를 상속의 생활보장적 기능에서 찾는 견해(생활 보장설)(박병호, 296면: 호주승계에 대하여는 종적 공동체설을 취함), ii) 상속재산에 대한 가족원의 기여분 청산과 피상속인의 사후 가족원의 생활보장에서 찾는 견해(기여분 청산 및 생활보장설)(김/김, 543면; 신영호, 291면), iii) 죽은 자의 의사를 추정하여 법정상속이 이루어진다는 견해(의사 추정설)(곽윤직, 17면), iv) 의사설을 원칙으로 하고 그에 일정한 제한을 가하는 것이라는 견해(의사설 원칙설)(지원림, 2002면), v) 오늘날의 상속의 근거를 유족의 생활보장, 상속인의 잠재적 지분의 청산, 거래의 안전의 보장 등에서 찾는 것이 타당하다는 견해(3근거설)(이경희, 374면), vi) 상속의 근거는 공동생활 · 생활보장 · 의사추정 · 기타 여러 가지 개인적 · 사회적 요소에 의하여 복합적으로 제공되는 것이라는 견해(복합 근거설)(김용한, 275면), vii) 민법이 상속을 인정하고 있으므로 상속제도가 존재한다는 견해(실정법설)(박동섭, 445면)가 주장되고 있다.

상속의 근거는 상속제도를 깊이있게 이해하고 올바르게 해석하기 위한 일종의 이념과 같은 존재이다. 따라서 상속제도를 해석하기 전에 반드시 생각해 보아야 할 문제이다. 그러한 점에서 볼 때 vii)설은 근거에 대한 논의가 아니다. 그리고 i), ii), iii)설은 모두 일리가 있는 주장이면서 동시에 완전하지 못한 공통점이 있다. 또한 iv)설은 상속보다는 오히려 유언에 주로 초점을 맞추고 있어서 부적당하고, v), vi)설은 상속제도의 본질을 검토한 견해라기보다 현행제도를 설명하기 위한 것으로 보인다. 결국 모든 견해가 불충분하나, 그래도 의사추정설이 상속제도의 본질을 가장 잘 이해한 것이라고 생각한다.

제2절 상 속

제1관 상속의 개시

[225] ### I. 상속개시의 원인

1. 상속개시의 의의

상속의 개시란 상속에 의한 법률효과가 발생하는 것이다.

2. 상속개시의 원인

상속개시의 원인은 피상속인의 사망이다(997조). 여기의 사망에는 자연적 사망과 법원의 실종선고에 의한 의제사망이 있다. 인정사망의 경우에는 사망의 확증은 없으나 사망이 추정되어 상속이 개시된다.

〈법인의 경우〉

사람이 사망하는 경우에는 사망시점이라는 한 순간에 상속이 일어난다. 이러한 상속은 법인의 경우에는 인정되지 않는다. 법인의 소멸은 일정한 절차를 거쳐 단계적으로 일어난다. 즉 먼저 해산을 하고, 이어서 청산으로 들어가게 되며, 청산이 종결된 때에 법인은 완전히 소멸하게 된다(자세한 점은 민법총칙 [370] 이하 참조).

Ⅱ. 상속개시의 시기 [226]

1. 서 설

상속개시의 시기는 ① 상속인의 자격·범위·순위를 결정하는 기준이 되고, ② 상속에 관한 권리의 행사기간의 기산점이 되며, ③ 상속의 효력발생, 상속재산·상속분·유류분의 기준시기가 되는 등 여러 가지 면에서 법적으로 중요하다.

2. 구체적인 시기

(1) 자연사망

사망이란 사람이 죽는 것 즉 사람의 생존이 끝나는 것을 가리킨다. 사람이 사망하면 상속이 개시된다. 그런데 사람의 사망시기가 언제인지 문제된다. 여기에 관하여 학설은 i) 생활기능이 절대적·영구적으로 정지하는 것이 사망이며, 호흡과 혈액순환이 영구적으로 멈춘 때 사망이 인정된다고 하는 견해(생활기능 정지설), ii) 뇌기능 즉 뇌피기 정지한 때에 사망한 것으로 보는 견해(뇌사설)로 나뉘어 있다. 생각건대 사람들은 신체가 조금이라도 기능하고 있으면 살아 있다고 의식하게 된다. 그러므로 법적으로도 신체기능이 완전히 멈추어 다시 소생할 수 없는 경우에만 사망한 자로 다루는 것이 타당하다. 주의할 점은, 근래 「장기 등 이식에 관한 법률」이 제정·시행되고 있으나, 그 법에서는 사망시기를 규율하고 있지 않으며, 그 법은 장기이식을 엄격한 규제 하에서 제한적으로 허용하는 내용의 법률일 뿐이라는 점이다(보다 자세한 점은 민법총칙 [298] 참조). 그러므로 그 법 때문에 사망시기에 관한 이론이 변해야 하는 것은 아니다.

사람이 사망한 때에는 사망신고 의무자(가족 85조 참조)가 사망의 사실을 안 날부터 1개월 이내에 신고하여야 한다(가족 84조 1항). 그리고 사망신고를 할 때에는 진단서 또는 검안서(부득이한 사정으로 진단서나 검안서를 얻을 수 없는 때에는 사망의 사실을 증명할 만한 서면으로 이를 갈음할 수 있음. 가족 84조 3항)를 첨부하여야 하고(가족 84조 1항), 또 사망신고서에는 사망의 연월일시를 기재하여야 하기 때문에(가족 84조 2항 2호), 보통 가족관계등록부에 기록된 사망의 연월일시가 사망시기로 된다. 그러나 가족관계등록부에 기록된 사망시기와 실제의 사망시기가 일치하지 않는 경우에는(물론 실제의 사망시기가 증

(명되어 야 함) 후자가 사망시기로 된다. 가족관계등록부에 기록된 사망시기는 확정력은 없고 추정력만 있기 때문이다.

사고 등으로 인하여 사망하여 사망시기가 명확하지 않은 때에는 추정시각으로 사망시기를 정한다. 그리고 추정시각에 폭이 있는 때(가령 15일 오후 2시부터 7시까지 사이라고 하는 때)에는 최후의 추정시각(위의 예에서는 오후 7시)이 사망추정시각이 된다(같은 취지: 곽윤직, 31면). 시각을 알 수 없을 때에는 추정일의 맨 끝 시점 즉 오후 12시를 사망시각으로 추정하고, 추정일에 폭이 있는 때에는 최후의 추정일의 맨 끝 시점이 추정사망시각이 된다.

그리고 위와 같이 정해진 사망시점을 기준으로 하여 상속이 개시된다.

(2) 실종선고

부재자의 생사불명 상태가 오랫동안 계속되어 사망의 개연성은 크지만 사망의 확증이 없는 경우에 일정한 요건 하에 실종선고를 하고, 일정시기를 표준으로 하여 사망한 것과 같은 효과를 발생하게 하는 제도를 실종선고 제도라고 한다(자세한 점은 민법총칙 [308] 이하 참조).

우리 민법상 실종선고가 확정되면 실종선고를 받은 자, 즉 실종자는 실종기간이 만료한 때에 사망한 것으로 본다(28조). 그리고 그 시점을 기준으로 하여 상속이 개시된다. 다만, 민법 시행 전에 실종기간이 만료된 때에도 민법 시행 후에 실종선고가 된 경우에는 상속순위 등에 대하여 구법이 아니고 신법이 적용되며(부칙 25조 2항), 1990. 1. 13. 민법 개정 전에 실종기간이 만료된 때에도 개정민법이 시행된 후에 실종선고가 된 경우에는 상속에 관하여 개정민법이 적용된다(1990년 개정민법 부칙 12조 2항. 같은 취지: 대판 2017. 12. 22, 2017다360 · 377. 그에 비하여 1977. 12. 31. 개정민법 부칙 6항은 당연한 것이다).

실종자가 생존하고 있거나 실종기간이 만료한 때와 다른 시기에 사망한 사실 등이 증명되면 실종선고가 취소된다(29조 1항). 그리고 실종선고가 취소되면 처음부터 실종선고가 없었던 것으로 된다. 그리하여 실종선고로 발생한 상속관계도 원상회복을 하게 된다. 그런데 민법은 상속인의 재산반환에 관하여(상속인에 대한 것만은 아님을 주의) 특별규정을 두고 있다. 그것이 제29조 제 2 항이다. 이에 따르면, 상속인과 같이 실종선고를 직접원인으로 하여 재산으로 취득한 자가 선의인 경우에는 그가 받은 이익이 현존하는 한도에서 반환할 의무가 있고, 악의인 경우에는 그가 받은 이익에 이자를 붙여서 반환하고 손해가 있으면 손해를 배상하여야 한다(29조 2항). 한편 실종선고의 취소는 실종선고 후 그 취소 전에 선의로 한 행위의 효력에 영향을 미치지 않는다. 따라서 상속인이 실종선고 후 그 취소 전에 실종선고가 사실에 반함을 모르고(선의) 상속받은 재산을 처분한 경우에 그 행위는 무효로 되지 않고 유효하다. 주의할 것은, 이때 법률행위가 계약이라면 그 상대방도 선의이어야 한다는 점이다. 즉 양 당사자가 선의이어야 하는 것이다(다수설도 같음. 자세한 점은 민법총칙 [313] 참조).

〈부재선고제도〉

「부재선고에 관한 특별조치법」에 따르면, 잔류자 즉 가족관계등록부에 군사분계선 이북 지역에 거주하는 것으로 표시된 사람(같은 법 2조)에 대하여는 법원이 가족이나 검사의 청구에 의하여 부재선고를 하여야 하고(같은 법 3조), 부재선고를 받은 사람은 제997조(상속개시의 원인)의 적용 및 혼인에 관하여는 실종선고를 받은 것으로 본다(같은 법 4조). 그 결과 이 법에 의하여 부재선고를 받게 되면 실종선고를 받은 경우와 마찬가지로 상속이 개시된다.

일정한 경우에는 부재선고가 취소될 수 있다(같은 법 5조 1항). 그런데 부재선고 취소의 경우에는 민법 제29조 제 2 항을 준용하므로, 부재선고를 원인으로 하여 상속을 받은 자는 상속받은 재산을 반환해야 하되, 반환범위는 그가 선의인지 악의인지에 따라 다르다. 그리고 부재선고가 취소되더라도 부재선고가 있은 후부터 선고가 취소되기 전까지 선의로 한 행위의 효력에는 영향을 미치지 않으므로(같은 법 5조 1항 2문), 상속인이 선고 후 취소 전에 선의로 상속받은 재산을 선의의 매수인에게 매도한 경우에 그 매매는 유효하다.

〈남북 주민 사이의 상속재산 반환청구에 관한 특례〉

남북가족특례법은 제10조에서 상속재산 반환청구에 관한 특례를 규정하고 있다.

그에 따르면, 남북이산(「남북이산」이란 그 사유와 경위를 불문하고 가족이 남한과 북한으로 흩어져 있는 것을 말한다. 같은 법 3조 5호) 후 이 법 공포일(공포일은 2012. 2. 10.임) 전에 실종선고(「부재선고에 관한 특별조치법」에 따른 부재선고를 포함함)를 받은 북한주민에 대하여 실종선고의 취소심판이 확정된 경우 실종선고의 취소심판을 받은 사람은 실종선고를 직접원인으로 하여 재산을 취득한 자(그의 상속인을 포함함)를 상대로 그 재산의 반환을 청구할 수 있다(남북가족특례법 10조 1항). 그리고 제 1 항의 경우 반환청구의 상대방이 선의인 경우에는 그 받은 이익이 현존하는 한도에서 반환할 의무가 있고, 악의인 경우에는 그 받은 이익 중에서 이 법 공포일 당시에 현존하는 이익에 이자를 붙여서 반환하고 손해가 있으면 이를 배상하여야 한다(같은 법 10조 2항). 그런가 하면 제 1 항의 사유로 실종선고가 취소된 경우 민법 제29조 제 1 항 단서에도 불구하고 그 실종선고의 취소는 이 법 공포일 전까지 한 행위와 이 법 공포일부터 실종선고 취소심판의 확정 전까지 선의로 한 행위의 효력에 영향을 미치지 않는다(같은 법 10조 3항).

한편 남북이산 후 이 법 공포일 전에 실종선고(「부재선고에 관한 특별조치법」에 따른 부재선고를 포함함) 외의 사유로 사망으로 처리된 북한주민이 생존하고 있는 경우 그 생존자는 사망처리를 직접원인으로 하여 재산을 취득한 자(그의 상속인을 포함함)를 상대로 그 재산의 반환을 청구할 수 있다(같은 법 10조 4항). 그리고 제 4 항에 따른 재산의 반환청구에 관하여는 제 2 항 및 제 3 항을 준용하며, 그 경우 제 3 항 중 「실종선고 취소심판의 확정」은 「상속재산의 반환청구」로 본다(같은 법 10조 5항).

(3) 인정사망

인정사망은 수해 · 화재나 그 밖의 재난으로 인하여 사망한 사람이 있는 경우에 그것을 조사한 관공서의 사망통보에 의하여 가족관계등록부에 사망의 기록을 하는 것을 말한다(가족 87조 · 16조). 인정사망은 가족관계등록부에 사망의 기록을 하기 위한 절차적 특례제도이어서 사망으로 의제되지는 않고 강한 사망추정적인 효과만 인정된다. 그런데 인정사망의 경우에는 사망이 추정되어서 상속이 개시된다. 만약 인정사망이 사실에 반하는 때에는 실종선고의 취소와 같은 절차를 밟을 필요가 없이(제도가 없으므로) 인정사망이 당연히 효력을 잃게 된다.

(4) 동시사망의 추정

2인 이상이 동일한 위난으로 사망한 경우에는 동시에 사망한 것으로 추정된다(30조. 민법총칙 [299] 이하 참조). 따라서 이 경우에는, 상속인은 피상속인이 사망한 때에 권리능력을 가지고 있어야만 한다는 동시존재의 원칙상, 그들 상호간에는 상속이 되지 않는다. 그러나 대습상속은 받을 수 있다(이설이 없으며, 판례도 같음. 대판 2001. 3. 9, 99다13157. [240] 참조).

[227] Ⅲ. 상속개시의 장소

상속은 피상속인의 주소지에서 개시된다(998조). 그런데 민법이 주소에 관하여 복수주의를 취하고 있어(18조 2항), 피상속인의 주소가 두 곳 이상인 경우 어느 곳을 상속개시의 장소로 할 것인지가 문제된다. 여기에 관하여 최후의 주소지를 상속개시의 장소로 보는 것이 타당하다는 견해(김용한, 284면; 박병호, 305면)도 있으나, 관할법원이 복수라고 하여야 한다(같은 취지: 곽윤직, 34면; 김/김, 560면; 윤진수, 282면; 이경희, 385면). 그리하여 민사소송사건은 그들 복수의 관할법원 중 먼저 소가 제기된 법원이 관할법원이 된다. 다만, 특별규정이 있는 때는 예외이다. 그 결과 가사비송사건은 「최초의 사건의 신청을 받은 법원」이 관할법원이 된다(가소 34조, 비송 3조).

피상속인의 주소를 알 수 없을 때에는 거소를 주소로 보고(19조), 국내에 주소가 없는 자에 대하여는 국내에 있는 거소를 주소로 보며(20조), 주소도 거소도 알 수 없는 때에는 사망지를 상속개시의 장소로 보아야 할 것이다(이설 없음).

Ⅳ. 상속에 관한 비용 [228]

상속에 관한 비용(상속비용)은 상속에 의하여 생긴 비용이며, 상속재산(상속이 개시되는 때의 피상속인의 적극·소극의 모든 재산. 다만 일신전속적인 권리·의무는 제외됨)의 관리비용(1022조 참조), 상속채무에 관한 공고·최고 또는 변제비용(1032조 이하 참조), 상속재산의 경매비용(1037조 참조), 소송비용, 재산목록 작성비용, 상속재산에 대한 조세 등 공과금 등이 그에 속한다. 유언집행비용도 상속비용이나, 그에 대하여는 별도의 규정이 있다(1107조 참조). 그리고 상속세(이는 상속재산 자체에 대한 조세와 구별됨)와 장례비용(대판 1997. 4. 25, 97다3996; 대판 2003. 11. 14, 2003다30968)도 포함된다고 하여야 한다(이설 없음). 한편 판례에 의하면, 부의금은 먼저 장례비용에 충당하고, 남는 것은 특별한 사정이 없는 한 공동상속인들이 각자의 상속분에 응하여 권리를 취득한다고 한다(대판 1992. 8. 18, 92다2998).

상속비용은 상속재산 중에서 지급한다(998조의 2). 이 규정은 상속의 한정승인·상속포기·재산분리·상속재산의 파산 등의 경우에 실익이 있다.

〈판 례〉

(ㄱ)「상속에 관한 비용은 상속재산 중에서 지급하는 것이고(민법 제998조의 2), 상속에 관한 비용이라 함은 상속재산의 관리 및 청산에 필요한 비용을 의미한다고 할 것인바, 장례비용은 피상속인이나 상속인의 사회적 지위와 그 지역의 풍속 등에 비추어 합리적인 금액 범위 내라면 이를 상속비용으로 보는 것이 옳고, 묘지구입비는 장례비용의 일부라고 볼 것이며, 상속재산의 관리·보존을 위한 소송비용도 상속에 관한 비용에 포함된다고 보는 것이 상당하다.」(대판 1997. 4. 25, 97다3996)

(ㄴ)「사람이 사망한 경우에 부조금 또는 조위금 등의 명목으로 보내는 부의금은 상호상부의 정신에서 유족의 정신적 고통을 위로하고 장례에 따르는 유족의 경제적 부담을 덜어줌과 아울러 유족의 생활안정에 기여함을 목적으로 증여되는 것으로서, 장례비용에 충당하고 남는 것에 관하여는 특별한 다른 사정이 없는 한 사망한 사람의 공동상속인들이 각자의 상속분에 응하여 권리를 취득하는 것으로 봄이 우리의 윤리감정이나 경험칙에 합치된다.」(대판 1992. 8. 18, 92다2998)

제2관 상 속 인

[229] Ⅰ. 상속인의 자격

1. 상속능력

(1) 상속능력의 의의

상속능력은 상속인이 될 수 있는 능력(지위·자격)을 말한다. 상속에 의하여 상속인은 피상속인의 권리·의무를 승계하므로, 상속능력이 있으려면 당연히 권리능력이 있어야 한다. 그리고 민법은 상속인을 피상속인의 일정한 친족에 한정하고 있으므로(1000조·1003조 참조), 자연인만이 상속인이 될 수 있고 법인은 상속인이 되지 못한다. 그런데 법인은 포괄적 유증을 받음으로써 실질적으로 상속을 받은 것과 같이 될 수 있다(1078조 참조).

(2) 동시존재의 원칙

어떤 자가 상속인으로서 상속을 받을 수 있으려면 피상속인이 사망할 당시에 생존하고 있어야 한다. 이를 동시존재의 원칙이라고 한다. 이 원칙은 재산권 이전의 경우에 널리 인정된다. 무주의 재산이 생기지 않게 하기 위해서이다(곽윤직, 38면). 이 동시존재의 원칙 때문에 상속인이 피상속인보다 먼저 사망하거나 동시에 사망한 경우(동시사망의 추정이 되는 경우도 같음)에는 상속능력이 없다.

(3) 태아의 상속능력

태아(상속개시 전에 포태되었으나 상속개시시까지 출생하지 않은 자)는 상속에 관하여는 이미 출생한 것으로 본다(1000조 3항). 이는 태아의 보호를 위하여 동시존재의 원칙에 대하여 예외를 인정한 것이다.

태아가 이미 출생한 것으로 의제된 경우에 태아의 법률상 지위에 관하여는 논란이 있다. 여기에 관하여 학설은 i) 정지조건설과 ii) 해제조건설로 나뉘어 있다. i)의 정지조건설은 태아가 태아로 있는 동안에는 권리능력(그리하여 상속능력)을 취득하지 못하지만, 그가 살아서 태어나면 그의 권리능력 취득의 효과가 문제의 사건이 발생한 시기(가령 상속개시시)까지 소급하여 생긴다고 하는 견해이다(김/김, 596면; 이경희, 390면. 민법총칙 교과서에 관하여는 민법총칙 [296] 참조). 그리고 ii)의 해제조건설은 태아를 이미 출생한 것으로 보게 되는 각 경우에 태아는 그 개별적 사항의 범위 안에서 제한된 능력을 가지며, 다만 사산(死産)인 때에는 그 권리능력 취득의 효과가 문제된 사건이 있었던 때에 소급하여 소멸한다고 하는 견해이다(곽윤직, 39면; 김용한, 305면; 박병호, 307면; 신영호, 329면. 민법총칙 교과서에 관하여는 민법총칙 [296] 참조). 한편 판례는 정지조건설을 취하고 있다(대판 1976. 9. 14, 76다1365). 이들을 검토해본다. 정지조건설은 그 이유로, 태아의 법정대리인이 존재할 수 없다는 점(판례가 특히 이 이유를 든다), 태아의 임신시기를 모를 수 있고 태아가 부(夫)의 자(子)가 아닐 수도 있으며 쌍생아이거나 사산이 될 수도 있어서 이러한 경우에는 법률관계가 복잡하게 되는 문제가 생긴다는 점을 든다. 그러나 태아에 대하여 법정대리인을 인정할 수 있고(미성년자의 규정을 유추적용), 후자의 경우들은 확률이 대단히 적은 것들이다. 무엇보다도 민법은 태아를 두텁게 보호하기 위하여 태아에게 권리능력을 인정하고 있다. 이러한 민법의 취지를 살리려면, 태아가 태아인 동안에도 그의 법정대리인에 의하여 재산이 관리·보전될 수 있는 해제조건설을 취하여야 한다.

태아는 보통의 상속뿐만 아니라 대습상속도 받을 수 있다(1001조·1000조 3항).

2. 상속결격 [230]

(1) 의 의

어떤 자에게 상속에 적합하지 않은 일정한 사유가 있는 경우에 상속인으로서의 자격을 상실하는 것을 상속결격(相續缺格)이라고 한다.

(2) 결격사유

민법은 결격사유로 5가지를 규정하고 있는데(1004조), 그것들은 크게 ① 피상속인 등에 대한 부도덕행위와 ② 피상속인의 유언에 대한 부정행위로 나누어진다. 상속결격은 법정사유가 인정되면 상속권 박탈이라는 중대한 효과가 법률상 당연히 발생하므로 그 사유를 엄격하게 해석하여야 하고, 유추에 의하여 상속결격사유를 확장하는 것은 허용되지 않는다(대판 2023. 12. 21, 2023다265731).

1) 피상속인 등에 대한 부도덕행위

(가) **「고의로 직계존속, 피상속인, 그 배우자 또는 상속의 선순위나 동순위에 있는 자를 살해하거나 살해하려 한」 경우**(1004조 1호) 여기의 「직계존속」이 행위자의 직계존속인지 피상속인의 직계존속인지 논란이 있다. 여기에 대하여 대부분의 문헌은 언급을 하지 않고 있다(박동섭, 478면만은 「상속과 관계없는 직계존속을 살해」라고 하여 피상속인의 직계존속이 아니라고 새긴다). 그 이유는 당연히 전자로 새기기 때문일 것이다. 그런데 어떤 문헌(윤진수, 298면; 지원림, 2010면)은 후자로 새길 것이라

고 한다. 그러나 그러한 해석은 일반적인 법문의 해석과 거리가 멀다. 여기의 직계존속은 상속결격이 문제되는 행위자의 직계존속을 의미한다고 새겨야 한다.

「그 배우자」가 피상속인의 배우자만을 가리키는가? 아니면 직계존속의 배우자도 포함하는가? 여기에 관하여 문헌들에서는 논의가 거의 없다. 단지 하나의 문헌(곽윤직, 40면)이 피상속인의 배우자만을 가리키는 것으로 전제하고 기술하고 있을 뿐이다(언급을 하지 않고 있는 문헌도 대체로 그런 입장인지 모르겠다)(최근에 윤진수, 298면은 저자의 견해에 반대하고 있다). 이 규정의 법문상 이와 같은 해석도 가능하다. 그런데 이 규정과 같은 용법으로 규정한(정확하게는 민법 제정 당시에 규정했던) 제140조에서는 「그 대리인」을 앞에 열거한 자 2가지(무능력자, 하자 있는 의사표시를 한 자) 모두의 대리인으로 해석한다. 따라서 그러한 방법으로 해석하는 것도 가능한 것이다. 그렇게 한다면 「직계존속의 배우자」와 「피상속인의 배우자」의 둘 모두를 가리키게 된다. 이 두 배우자는 일치할 수도 있으나 그렇지 않을 수도 있어서 어떤 의미인지를 분명히 해야 한다. 가령 계모를 살해한 뒤 아버지가 사망한 경우에 계모는 직계존속의 배우자이면서 피상속인의 배우자이다. 그런데 할아버지의 후처를 살해한 뒤 아버지가 사망하여 아버지의 재산을 상속하는 경우에는 그 후처는 직계존속의 배우자이기는 하지만 피상속인의 배우자는 아니다. 「그 배우자」를 어떻게 해석하느냐에 따라 후자의 경우에 상속을 받지 못할 수도, 받을 수도 있게 된다. 이 규정에 대한 입법자의 의사는 알 수가 없다. 그런 상황에서 사견은 직계존속의 배우자도 포함되는 것으로 새기고 싶다. 어차피 결격사유에 상속과 무관한 「직계존속」을 추가한 것은 비도덕적인 패륜자의 상속을 인정하지 않으려는 것이므로 직계존속의 배우자에 대하여 범죄를 저지를 경우까지 포함시켜도 무방하고, 또 그런 해석이 민법해석상 유례가 있기도 하기 때문이다.

살인의 기수(旣遂)·미수를 묻지 않으며, 예비·음모도 포함된다. 정범·종범·교사범도 마찬가지이다. 자살의 교사·방조(형법 252조 2항 참조)도 포함된다고 해야 한다(통설도 같음. 반대 견해: 이경희, 403면). 그것이 「살인의 죄」(형법 24장) 안에 규정되어 있을뿐더러 이 규정의 취지에 비추어 볼 때 그러한 자도 상속을 배제하는 것이 마땅하기 때문이다. 선순위 또는 동순위의 상속인이 될 태아의 낙태도 여기의 결격사유인가에 대하여는 논란이 있으나, 긍정하여야 한다(같은 취지: 김용한, 287면; 김/김, 598면; 박동섭, 478면; 박병호, 309면; 신영호, 343면. 반대 견해: 곽윤직, 41면; 이경희, 403면). 판례도 같다(대판 1992. 5. 22, 92다2127).

여기의 결격사유로 되려면 살인의 고의가 있어야 하나, 그러한 고의 외에 그

살인이 상속에 유리하다는 인식은 필요하지 않다(이설 없고, 판례도 같음. 대판 1992. 5. 22, 92다2127. 다만, 김/김, 598면은 피해자가 직계존속 · 피상속인 · 그 배우자 · 상속의 선순위자라는 사실은 알고 있어야 한다고 한다).

결격사유로 되는 행위는 상속인으로 될 자의 것에 한정되므로 제 3 자가 상속인의 이익을 위하여 결격사유로 되는 행위를 한 경우에는 그 상속인은 결격자로 되지 않는다(같은 취지: 신영호, 343면).

〈판 례〉 [231]

「먼저 원심의 판시 중 태아가 호주상속의 선순위 또는 재산상속의 선순위나 동순위에 있는 경우에 그를 낙태하면 이 사건 당시 시행되던 민법(1990. 1. 13. 법률 제4199호로 개정되기 전의 것. 이하 같다) 제992조 제 1 호 및 제1004조 제 1 호 소정의 상속결격사유에 해당한다는 부분은 옳다고 하겠다.

그러나 과연 위 민법 규정들 소정의 상속결격사유로서 '살해의 고의' 이외에 원심이 판시한 바와 같이 '상속에 유리하다는 인식'을 필요로 하는지 여부에 관하여 살피건대, ① 우선 민법 제992조 제 1 호 및 제1004조 제 1 호는 그 규정에 정한 자를 고의로 살해하면 상속결격자에 해당한다고만 규정하고 있을 뿐, 더 나아가 '상속에 유리하다는 인식'이 있어야 한다고까지는 규정하고 있지 아니하고 있으므로, 원심의 판시는 위 규정들의 명문에 반하고, ② 또한 민법은 '피상속인 또는 호주상속의 선순위자'(제992조 제 1 호)와 '피상속인 또는 재산상속의 선순위나 동순위에 있는 자'(제1004조 제 1 호) 이외에 '직계존속'도 피해자에 포함하고 있고, 위 '직계존속'은 가해자보다도 상속순위가 후순위일 경우가 있는바, 민법이 굳이 동인을 살해한 경우에도 그 가해자를 상속결격자에 해당한다고 규정한 이유는, 상속결격요건으로서 '살해의 고의' 이외에 '상속에 유리하다는 인식'을 요구하지 아니한다는 데에 있다고 해석할 수밖에 없으며, ③ 그리고 민법 제992조 제 2 호 및 이를 준용하는 제1004조 제 2 호는 '고의로 직계존속, 피상속인과 그 배우자에게 상해를 가하여 사망에 이르게 한 자'도 상속결격자로 규정하고 있는데, 이 경우에는 '상해의 고의'만 있으면 되므로, 이 '고의'에 '상속에 유리하다는 인식'이 필요 없음은 당연하므로, 이 규정들의 취지에 비추어 보아도 그 각 제 1 호의 요건으로서 '살해의 고의' 이외에 '상속에 유리하다는 인식'은 필요로 하지 아니한다고 하지 않을 수 없다.」(대판 1992. 5. 22, 92다2127)

(나) **「고의로 직계존속, 피상속인과 그 배우자에게 상해를 가하여 사망에 이르게 한」 경우**(1004조 2호) 이는 살인의 고의는 없는데 사망의 결과가 생긴 상해치사의 경우이다. 그런데 상속의 선순위자나 동순위자의 상해치사는 포함되지 않는다. 그리고 이때에도 상해의 고의만 있으면 되고, 이 고의에 상속에 유리하다는 인식은 필요하지 않다(이설 없음). 판례도 같다(대판 1992. 5. 22, 92다2127).

[232] 2) 피상속인의 유언에 대한 부정행위(不正行爲)

㈎ **「사기 또는 강박으로 피상속인의 상속에 관한 유언 또는 유언의 철회를 방해한」 경우**(1004조 3호) 「상속에 관한 유언」이란 상속재산 분할방법의 지정 또는 지정의 위탁(1012조)과 같이 상속 자체에 관한 것은 물론이고, 상속재산의 범위에 영향을 미치는 유증을 포함하는 유언(1074조), 상속인의 범위에 영향을 미치는 친생부인(850조) 또는 인지(859조)를 포함하는 유언, 재단법인을 설립하는 내용의 유언(47조 2항)도 모두 이에 해당한다. 그리하여 유언 중에 미성년후견인을 지정하는 유언(931조 1항)과 미성년후견감독인을 지정하는 유언(940조의 2)을 제외한 것은 모두 「상속에 관한 유언」이다.

여기의 유언은 유효한 것이어야 한다. 무효인 내용의 유언행위를 방해하는 것은 아무런 의미도 없기 때문이다.

사기 · 강박을 행한 자에게 2중의 고의가 필요하다. 즉 사기나 강박을 행하여 착오에 빠지게 하거나 공포심을 가지게 하려는 고의와, 특정의 유언 또는 유언철회를 방해하려는 고의가 있어야 한다(다수설도 같음. 곽윤직, 43면; 김/김, 599면; 신영호, 345면; 이경희, 404면. 반대 견해: 박동섭, 480면(사기 등의 고의와 방해행위의 인식을 요구함)).

한편 상속결격이 되려면 방해행위에 의하여 유언행위 또는 유언철회라는 결과가 일어나지 않았어야 하며, 방해를 했지만 미수에 그친 때에는 결격이 되지 않는다(이설 없음).

㈏ **「사기 또는 강박으로 피상속인의 상속에 관한 유언을 하게 한」 경우**(1004조 4호)

위의 ㈎에서 설명한 것을 참조할 것. 그 외에 사기나 강박으로 인한 유언은 제110조 제 1 항에 따라 취소할 수 있는데, 유언이 취소되더라도 사기 · 강박자는 상속자격을 잃는다. 그리하여 유언을 취소한 자가 그 후에 사망한 경우에 결격자는 그가 상속인의 최우선 순위에 있어도 상속을 하지 못한다.

㈐ **「피상속인의 상속에 관한 유언서를 위조 · 변조 · 파기 또는 은닉한」 경우**(1004조 5호)

여기의 행위는 고의에 의한 것이어야 하며, 따라서 과실로 인한 파기는 결격사유가 아니다. 그리고 일부 견해(김/김, 600면; 박병호, 310면)는 여기의 행위가 있은 후 피상속인이 그 유언을 철회한 때에는 결격이 되지 않는다고 하나, 의문이다.

〈판 례〉

「상속인 결격사유의 하나로 규정하고 있는 민법 제1004조 제 5 호 소정의 '상속에 관한 유언서를 은닉한 자'라 함은 유언서의 소재를 불명하게 하여 그 발견을 방해하는 행위를 한 자를 의미하는 것으로, 공동상속인들 사이에 그 내용이 널리 알려진 유언서에 관하여 피상속인의 사망 후 일정한 기간이 경과한 시점에서 비로소 그 존재를 주장하는 등의 사정만으로 이를 두고 유언서의 은닉에 해당한다고 단정할 수 없다.」(대판 2023. 12. 21, 2023다265731. 같은 취지: 대판 1998. 6. 12, 97다38510(피상속인이 사망한 지 6개월이 경과한 시점에서 비로소 유언서의 존재를 주장함)).

(3) 결격의 효과 [233]

1) 상속결격사유에 해당하는 행위를 한 자는 상속인이 되지 못한다(1004조). 즉 그는 상속자격을 상실한다. 이러한 결격의 효과는 법률상 당연히 발생하며, 이해관계인의 청구나 재판절차를 필요로 하지 않는다.

2) 결격사유가 상속개시 전에 생긴 때에는 결격자는 후에 상속이 개시되더라도 상속을 하지 못한다. 그리고 결격사유가 상속개시 후에 생긴 때에는 일단 개시된 상속이 소급해서 무효로 된다(절대적 효과). 따라서 결격자가 한 상속재산의 처분도 무효로 되며(선의취득을 하는 경우에는 예외이다), 진정한 상속인은 상속회복청구를 할 수 있다.

예를 들어본다. A에게 아들 B가 있고 B는 C와 혼인하였는데, B가 사망하자 C는 B 소유의 X부동산에 관하여 상속등기를 하고 나서 자신의 지분을 D에게 양도하여 등기를 마쳤다. 그 후 C는 B와의 사이에 임신한 태아를 고의로 낙태시켰다. 이러한 경우에 C가 태아를 고의로 낙태시킨 것은 상속결격사유이고(대판 1992. 5. 22, 92다2127은 태아가 호주상속의 선순위 또는 재산상속의 선순위나 동순위에 있는 경우에 그를 낙태하면 이 사건 당시 시행되던 민법(1990. 1. 13.에 개정되기 전의 것) 제992조 제 1 호 및 제1004조 제 1 호 소정의 상속결격사유에 해당한다고 한다), 그 사유가 상속개시 후에 생겼지만 상속이 소급해서 무효로 된다. 그리고 결격자인 C가 행한 지분 양도도 무효로 된다. 따라서 진정한 상속인인 A는 D에게 상속회복청구로서 X부동산의 공유지분등기의 말소를 청구할 수 있다. 그런데 진정상속인이 참칭상속인으로부터 상속재산을 양수한 제 3 자를 상대로 등기말소청구를 하는 경우에도 상속회복청구권의 단기의 제척기간이 적용되므로(대판(전원) 1981. 1. 27, 79다854), A는 낙태사실을 안 날부터 3년 내에, 낙태가 있었던 때부터 10년 내에 그 권리를 행사하여야 한다.

3) 상속결격의 효과는 특정의 피상속인에 대한 관계에만 미치며, 다른 피상속인에 대한 상속자격에는 영향이 없다. 다만, 법문상 직계존속을 살해하거나 살해하려 한 자 또는 직계존속에게 상해를 가하여 사망에 이르게 한 자는 구체적인 상속과 관계없이 언제나 상속결격이 되는 것으로 해석된다(같은 취지: 김/김, 601면; 이경희, 405면. 그러나 이는 입법론

상의 문이다). 그리고 결격의 효과는 결격자 본인에만 한정되므로 그의 직계비속이나 배우자가 대습상속을 하는 데는 지장이 없다.

4) 일부 견해(김용한, 288면; 김/김, 601면; 신영호, 347면; 지원림, 2011면)는 제1004조가 유증에 준용된다는 규정(1064조 참조)을 근거로 상속결격자는 유증을 받을 수 없다고 한다. 그러나 유증은 법정상속과 달리 유언자의 유언에 의하여 행하여지고, 유증결격자의 모든 유증을 막는 법률규정이 없으므로, 유언자가 이전에 부정행위를 한 자에 대하여 유증을 한 경우에는 유효하다고 하여야 한다(결과에서 같은 취지: 곽윤직, 44면; 이경희, 405면).

한편 피상속인이 상속결격자에 대하여 용서를 하거나 결격의 효과를 취소 또는 면제할 수 있는지가 문제된다. 여기에 관하여 학설은 i) 용서 등이 인정되지 않으나, 생전증여는 가능하므로 실제에 있어서는 의미가 없다는 견해(김/김, 602면), ii) 용서 등을 인정하는 견해(김용한, 288면; 박병호, 311면; 이경희, 406면; 지원림, 2012면), iii) 상속결격에 해당하는 행위가 있은 후에 그 사실을 알면서 피상속인이 유증을 한 때에는 이 유증에는 결격의 효과가 미치지 않아서 실질적으로 용서를 하는 것이 가능하다는 견해(곽윤직, 44면; 박동섭, 483면)로 나뉘어 있다. 생각건대 용서 등을 인정하는 명문규정이 없는 한 결격의 해소는 인정할 수 없다. 다만, 부정행위가 있었음을 알고 유증을 함으로써 실질적인 용서는 가능할 것이다.

[233-1]

3. 상속권 상실 선고

(1) 의의

실제 사회에서 자녀를 출산한 뒤에 전혀 부양을 하지 않았던 부나 모가 자녀가 직계비속 없이 사망한 경우에 그를 부양한 형제자매나 조부모를 제치고 사망한 자녀의 재산을 상속하는 일이 간혹 발생했다. 그러한 불합리를 없애고자 민법에 상속권 상실 선고제도가 신설되었다. 이는 피상속인의 직계존속이 피상속인에 대한 부양의무를 중대하게 위반한 경우와 같은 때에 피상속인의 유언 또는 공동상속인 등의 청구에 따라 가정법원이 상속권의 상실을 선고할 수 있도록 한 제도이다(1004조의 2. 세칭 '구하라'법. 2024. 9. 20. 개정, 2026. 1. 1. 시행). 상속권 상실 선고는 나류 가사소송사건이어서 조정전치주의가 적용된다(가소 2조 1항 나류사건 15)·50조).

(2) 상속권 상실 선고를 할 수 있는 경우와 그 절차

상속권 상실 선고를 할 수 있는 경우에는 다음 두 가지가 있으며, 두 경우 모두 일정한 자의 상속권 상실 청구가 있어야 한다.

1) 피상속인이 제1068조에 따른 공정증서에 의한 유언으로 상속권 상실의 의사를 표시한 경우(1004조의 2 1항) 피상속인은 상속인이 될 사람이 피상속인의 직계존속으로서 ① 피상속인에 대한 부양의무(미성년자에 대한 부양의무로 한정함)를 중대하게 위반한 경우나 ② 피상속인 또는 그 배우자나 피상속인의 직계비속에게 중대한 범죄행위(1004조의 경우는 제외함)를 하거나 그 밖에 심히 부당한 대우를 한 경우에는 제1068조에 따른 공정증서에 의한 유언으로 상속권 상실의 의사를 표시할 수 있다(1004조의 2 1항 1문).

이 경우 유언집행자는 가정법원에 그 사람의 상속권 상실을 청구하여야 한다(1004조의 2 1항 2문). 그런데 제 1 항의 유언에 따라 상속권 상실의 대상이 될 사람은 유언집행자가 되지 못한다(1004조의 2 2항).

2) 제1004조의 2 제 1 항에 따른 유언이 없었던 경우 제 1 항에 따른 유언이 없었던 경우에는, 공동상속인은 피상속인의 직계존속으로서 ① 피상속인에 대한 부양의무(미성년자에 대한 부양의무로 한정함)를 중대하게 위반하거나 ② 피상속인에게 중대한 범죄행위(1004조의 경우 즉 상속결격의 경우는 제외함)를 하거나 그 밖에 심히 부당한 대우를 한 사람이 상속인이 되었음을 안 날부터 6개월 이내에 가정법원에 그 사람의 상속권 상실을 청구할 수 있다(1004조의 2 3항). 만약 제 3 항의 청구를 할 수 있는 공동상속인이 없거나 모든 공동상속인에게 제 3 항 각 호의 사유(위 ①·②의 사유)가 있는 경우에는 상속권 상실 선고의 확정에 의하여 상속인이 될 사람이 이를 청구할 수 있다(1004조의 2 4항).

(3) 가정법원의 판단과 조치

가정법원은 상속권 상실을 청구하는 원인이 된 사유의 경위와 정도, 상속인과 피상속인의 관계, 상속재산의 규모와 형성 과정 및 그 밖의 사정을 종합적으로 고려하여 제1004조의 2 제 1 항, 제 3 항 또는 제 4 항에 따른 청구를 인용하거나 기각할 수 있다(1004조의 2 5항).

가정법원은 같은 조 제 1 항, 제 3 항 또는 제 4 항에 따른 상속권 상실의 청구를 받은 경우 이해관계인 또는 검사의 청구에 따라 상속재산관리인을 선임하거나 그 밖에 상속재산의 보존 및 관리에 필요한 처분을 명할 수 있다(1004조의 2 7항). 그리고 가정법원이 같은 조 제 7 항에 따라 상속재산관리인을 선임한 경우 상속재산관리인의 직무, 권한, 담보제공 및 보수 등에 관하여는 제24조부터 제26조까지(부재자의 재산관리인 규정임)를 준용한다(1004조의 2 8항).

(4) 상속권 상실 선고의 효과

상속개시 후에 상속권 상실의 선고가 확정된 경우 그 선고를 받은 사람은 상속이 개시된 때에 소급하여 상속권을 상실한다(1004조의 2 6항 본문). 다만, 이로써 해당 선고가 확정되기 전에 취득한 제3자의 권리를 해치지 못한다(1004조의 2 6항 단서). 만약 상속권 상실 선고가 상속개시 전에 확정되면 그때 바로 상속권을 상실할 것이나, 이 제도의 규정상 그것은 가능하지 않을 것으로 보인다.

(5) 상속권 상실 선고에 관한 적용례 및 특례

제1004조의 2의 개정규정은 2024년 4월 25일 이후 상속이 개시되는 경우로서 같은 개정규정 시행 전에 같은 조 제1항 또는 제3항 각 호에 해당하는 행위가 있었던 경우에 대해서도 적용한다(2024. 9. 20. 개정민법 부칙 2조). 그리고 2024년 4월 25일 이후 제1004조의 2의 개정규정의 시행일인 2026년 1월 1일 전에 상속이 개시된 경우로서 제1004조의 2 제3항 각 호의 사유가 있는 사람이 상속인이 되었음을 같은 개정규정 시행 전에 안 공동상속인은 같은 조 제3항 각 호 외의 부분에도 불구하고 같은 개정규정 시행일부터 6개월 이내에 상속권 상실 청구를 할 수 있고(2024. 9. 20. 개정민법 부칙 3조 1문), 같은 조 제4항에 따라 상속인이 될 사람 또한 같다(2024. 9. 20. 개정 부칙 3조 2문).

[234] Ⅱ. 상속인의 순위

1. 서 설

민법은 상속인이 될 수 있는 자가 여럿 있는 경우에 그들 사이의 분쟁을 방지하고 공평하게 하기 위하여 상속인으로 되는 자 및 그들의 순위를 정하고 있다. 그에 의하면 상속인에는 혈족상속인과 배우자상속인이 있으며, 그 가운데 혈족상속인은 피상속인과의 친소관계에 의하여 그룹별로 1순위부터 4순위까지 순위가 정하여져 있고(1000조), 배우자는 언제나 상속인이 되는 것으로 정하여져 있다(1003조). 그에 비하여 인척은 상속인으로 규정되어 있지 않으므로 상속인이 될 수 없다. 다만, 인척은 유증을 받음으로써 상속을 받는 것과 유사한 결과를 달성할 수 있다.

상속인으로 될 수 있는 자가 여럿 있는 경우에 그들 사이의 순위가 다른 때에는 최우선순위자만 상속인이 되고 후순위자는 상속에서 배제되며(1000조 1항 · 1000조 2항 참조), 동순위자가 여럿 있는 때에는 공동으로 상속한다(1000조 2항). 예컨대 제 1 순위자뿐만 아니라 제 2-제 4 순위자도 모두 있는 경우에는 제 1 순위자만이 상속인이 되고 나머지는 상속인이 되지 못한다. 그리고 상속인이 없고 또 특별연고자로서 상속재산의 분여(分與)를 청구하는 자도 없는 경우에는 상속재산은 국고에 귀속한다(1058조). 한편 피상속인이 사망하기 전에 상속인으로 될 직계비속이나 형제자매가 사망하거나 상속결격자가 된 경우에는, 그의 직계비속과 배우자가 그에 갈음하여 상속하게 되는데(1001조 · 1003조 2항), 이를 대습상속이라고 한다.

〈판 례〉

「현행 민법이 시행되기 전에 호주 아닌 기혼의 장남이 직계비속 없이 사망한 경우 그 재산은 처가 상속하는 것이 우리나라의 관습이었다.」(호주 아닌 기혼의 장남 갑이 현행 민법 시행 전 사망하였는데, 당시 유족으로 호주이자 아버지인 을, 어머니 병, 처 정이 있었고, 자녀는 없었던 사안에서, 현행 민법 시행 전의 관습에 따라 망인의 처 정이 갑의 재산을 단독으로 상속하였다고 보아야 하는 사례. 민법 부칙 25조 1항도 참조)(대판 2015. 1. 29, 2014다205683)

2. 혈족상속인 [235]

(1) 제 1 순위: 피상속인의 직계비속(1000조 1항 1호)

1) 직계비속이면 모두 여기에 해당하므로 피상속인의 자녀 외에 손자녀 · 증손자녀 등도 포함된다(대판 2005. 7. 22, 2003다43681)(다만 이들이 여럿 있는 경우에는 우선순위의 문제는 남는다). 그리고 부계혈족뿐만 아니라 모계혈족(외손자녀 · 외증손자녀)도, 자연혈족뿐만 아니라 법정혈족(양자녀 및 그의 직계비속)도 포함된다. 직계비속의 성별, 혼인 여부, 혼인 중의 자녀인지 여부, 연령의 많고 적음 등은 묻지 않는다. 입양된 자도 같다(대판 1983. 9. 27, 83다카745). 그리고 직계비속의 존재가 확실한 이상 생사불명이라고 하여 제외시켜서는 안 된다(대판 1982. 12. 28, 81다452 · 453: 피상속인의 딸이 북한에 있는 경우).

2) 직계비속이 여럿 있는 경우에 피상속인과 그들 사이의 촌수가 다르면 최근친(촌수가 가장 작은 자)이 선순위자로서 상속인이 되고(1000조 2항 전단), 최근친인 직계비속이 여럿 있는 때에는 그들은 공동상속인이 된다(1000조 2항 후단). 따라서 피상속인의 자녀 · 손자녀가 있는 경우에는 자녀만이 상속하고, 자녀가 여럿 있으면 그들이 공동으로 상속한다.

3) 피상속인의 직계비속에 관하여는 대습상속이 인정된다(1001조 · 1003조 2항 참조). 그런데 피상속인의 여러 자녀가 있었는데 이들이 상속이 개시되기 전에 모두 사망 또

는 결격된 경우에 그들의 자녀(피상속인의 손자녀)들은 본래의 고유한 상속인으로서 상속하는지 대습상속을 하는지가 문제된다. 이 문제에 대하여 어떻게 파악하느냐에 따라 상속분이 달라질 수 있다. 피상속인의 자녀들이 각기 다른 수의 자녀를 두고 있는 경우 등에서 그렇다. 여기에 관하여 학설은 i) 본래의 고유한 상속인으로서 상속한다는 견해(본위상속설 내지 비대습상속설)(김/김, 584면; 박병호, 334면)와 ii) 손자녀 이하의 직계비속은 언제나 대습해서만 상속한다는 견해(대습상속설)(곽윤직, 49면; 신영호, 333면; 이경희, 397면; 지원림, 2006면)로 나뉘어 있다. 그리고 판례는 대습상속한다는 입장이다(대판 2001. 3. 9, 99다13157. 판례가 상속포기의 경우(대판 1995. 9. 26, 95다27769 등 참조)와 다른 입장에 있음을 유의할 것). 생각건대 i)설에 의하면 사망한 자녀의 생존 배우자가 상속에서 제외되는 문제가 생기므로(김/김, 584면은 자녀의 배우자가 있으면 대습상속을 하게 된다고 하나, 배우자의 존재 여부에 따라 결과가 달라지는 근거가 없다. 같은 취지: 이경희, 397면), ii)설이 타당하다.

〈판 례〉

「피상속인의 자녀가 상속개시 전에 전부 사망한 경우 피상속인의 손자녀는 본위상속이 아니라 대습상속을 한다고 봄이 상당하다(보충상고이유서가 들고 있는 대법원판결은 상속의 포기에 관한 것이고 상속의 포기는 사망과는 달리 우리 민법상 대습상속사유가 아니므로 피대습자의 사망이라고 하는 대습상속사유가 발생한 이 사건과 같은 경우에 원용할 수 없다).」(대판 2001. 3. 9, 99다13157)

〈북한주민의 상속문제〉

북한주민이라도 상속순위에 해당하면 상속을 받는다. 그런데 남북가족특례법에 따르면, 북한주민이 상속 · 유증 등의 사유로 남한 내 재산에 관한 권리를 취득한 경우에는, 그 권리의 취득이 확정된 날부터 1개월 이내에 법원에 그 북한주민의 남한 내 재산을 관리할 재산관리인의 선임을 청구하여야 한다(같은 법 13조 1항). 그리고 그 재산관리인이 재산을 관리하도록 한다(같은 법 14조-18조 참조). 그런가 하면 상속 · 유증재산 등을 재산소유자인 북한주민으로 하여금 직접 사용 · 관리하게 하려는 자는 사전에 법무부장관의 허가를 받아야 한다(같은 법 19조 1항 1문).

[236] (2) 제 2 순위: 피상속인의 직계존속(1000조 1항 2호)

1) 직계존속이면 부계인지 모계(외조부모 등)인지, 양가(養家) 쪽인지 생가(生家) 쪽인지(대결 1995. 1. 20, 94마535)(친양자의 생가 쪽 직계존속은 상속인이 되지 못한다. 친양자의 경우에는 기존의 친족관계가 소멸하기 때문이다), 성별, 이혼했는지 여부 등을 묻지 않는다.

2) 직계존속이 여럿 있는 경우에는 최근친이 선순위가 된다는 점, 최근친인 직계존속이 여럿 있으면 공동상속인이 된다는 점은 직계비속의 경우와 마찬가지이다(1000조 2항).

3) 직계존속의 경우에는 대습상속이 인정되지 않는다. 따라서 피상속인의 부모가 최우선순위의 상속인인 경우에 모가 사망하고 있으면 모의 부모(즉 외조부모)가 생존하고 있더라도, 모의 상속분은 모의 부모나 모의 자녀(즉 피상속인의 형제자매)가 대습상속하지 않고 부가 단독으로 상속한다(곽윤직, 52면).

(3) 제 3 순위: 피상속인의 형제자매(1000조 1항 3호) [237]

1) 형제자매는 부계(父系)·모계(母系)를 모두 포함한다(이설 없음). 판례도 같은 입장이다(대판 1997. 11. 28, 96다5421). 그리하여 부(父)는 다르고 모(母)가 같은 경우(이성동복(異姓同腹))와 부가 같고 모는 다른 경우(동성이복(同姓異腹))도 포함된다. 형제자매이면 성별, 혼인 여부, 자연혈족인지 법정혈족(양자)인지 등을 묻지 않는다.

2) 형제자매가 여럿 있으면 동순위로 상속인이 된다. 그리고 형제자매에 관하여는 대습상속이 인정된다(1001조·1003조 2항 참조).

〈판 례〉

「제1000조 제 1 항 제 3 호는 제 3 순위 상속인으로서 '피상속인의 형제자매'를 들고 있는바, 여기서 '피상속인의 형제자매'라 함은, 민법개정시 친족의 범위에서 부계와 모계의 차별을 없애고, 상속의 순위나 상속분에 관하여도 남녀간 또는 부계와 모계간의 차별을 없앤 점 등에 비추어 볼 때, 부계 및 모계의 형제자매를 모두 포함하는 것으로 해석하는 것이 상당하다. 따라서 방인과 보친반을 같이하는 이성동복(異姓同腹)의 관계에 있는 원고들은 위에서 본 민법규정에 따라 망인을 상속할 자격이 있는 '피상속인의 형제자매'에 해당」한다(대판 1997. 11. 28, 96다5421).

(4) 제 4 순위: 피상속인의 4촌 이내의 방계혈족(1000조 1항 4호)

1) 방계혈족은 ① 형제자매, ② 형제자매의 직계비속, ③ 직계존속의 형제자매, ④ 직계존속의 형제자매의 직계비속인데(768조 후단), 이들 중 ①은 제 3 순위의 상속인이고 ②는 형제자매를 대습 또는 재대습상속하므로 ①②는 제 4 순위의 상속인에서 제외되며, ③④ 가운데 4촌 이내의 자가 제 4 순위의 상속인이 된다.

방계혈족이면 되고 부계(父系)인지 모계(母系)인지, 성별, 혼인 여부 등은 묻지 않는다.

2) 4촌 이내의 방계혈족이 여럿 있는 경우에는 최근친자(피상속인과 3촌인 자)가 선순위로 되고, 선순위인 자(동친등의 상속인, 즉 같은 촌수인 자)가 여럿 있으면 공동상속인이 된다(1000조 2항).

[238] ## 3. 배우자상속인

(1) 피상속인의 배우자는 피상속인의 직계비속이나 피상속인의 직계존속이 있는 때에는 그 상속인과 공동상속인이 되고, 그 상속인이 없는 때에는 단독상속인이 된다(1003조 1항).

(2) 여기의 배우자는 혼인신고를 한 법률상의 배우자만을 가리키며, 사실혼의 배우자는 포함되지 않는다(같은 취지: 곽윤직, 55면; 김용한, 306면; 김/김, 587면; 박동섭, 521면; 박병호, 331면; 신영호, 335면; 지원림, 2007면. 반대 견해: 이경희, 394면). 사실혼의 배우자는 상속인이 없는 경우에 특별연고자로서 상속재산의 전부 또는 일부의 분여를 받을 수 있을 뿐이다(1057조의 2 참조). 최근에 헌법재판소는 사실혼 배우자에게 상속권을 인정하지 않은 제1003조 제1항 중 「배우자」부분이 헌법에 위반되지 않는다는 결정을 선고하였다(헌재 2014. 8. 28, 2013헌바119). 아래에 헌법재판소 결정이유의 요지를 인용한다.

〈헌법재판소의 민법 제1003조 제1항 위헌소원 결정요지〉

이 사건 법률조항이 사실혼 배우자에게 상속권을 인정하지 아니하는 것은 상속인에 해당하는지 여부를 객관적인 기준에 의하여 파악할 수 있도록 함으로써 상속을 둘러싼 분쟁을 방지하고, 상속으로 인한 법률관계를 조속히 확정시키며, 거래의 안전을 도모하기 위한 것이다. 사실혼 부부에 대하여 획일적으로 법률이 정한 상속권을 인정하게 되면, 경우에 따라 당사자들의 의사에 반하게 될 수 있고, 사실혼관계인지 여부에 관하여 다툼이 생겨 상속을 둘러싼 법적 분쟁이 발생할 가능성이 매우 높다. 사실혼 배우자는 혼인신고를 함으로써 상속권을 가질 수 있고, 증여나 유증을 받는 방법으로 상속에 준하는 효과를 얻을 수 있으며, 근로기준법, 국민연금법 등에 근거한 급여를 받을 권리 등이 인정된다. 따라서 이 사건 법률조항이 사실혼 배우자인 청구인의 상속권을 침해한다고 할 수 없다.

또한, 법률혼주의를 채택한 취지에 비추어 볼 때 제3자에게 영향을 미쳐 명확성과 획일성이 요청되는 상속과 같은 법률관계에서는 사실혼을 법률혼과 동일하게 취급할 수 없는 점 등을 고려하면, 이 사건 법률조항이 청구인의 평등권을 침해한다고 보기 어렵다.

아울러, 법적으로 승인되지 아니한 사실혼은 헌법 제36조 제1항의 보호범위에 포함되지 아니하므로, 이 사건 법률조항은 헌법 제36조 제1항에 위반되지 않는다.

현행법상 법률상 배우자이면 사실상 이혼한 경우에도 상속권을 가지게 되나, 그때는 상속권 주장이 권리남용인지를 신중하게 검토해 볼 필요가 있다(같은 취지: 박병호, 331면)(이러한 경우와 함께 사실혼의 배우자를 보호하기 위한 입법적 조치의 연구가 필요하다. 독일민법 1933조도 참조).

(3) 혼인에 무효사유가 존재하는 경우(815조 참조) 혼인이 당연무효라고 하는 통설에 의하면, 혼인무효판결이 확정되기 전에 당사자 일방이 사망하여도 생존배우자는 상속권이 없게 된다(혼인무효소송 중에 원고가 사망하여도 소송은 종료되지 않으며 다른 제소권자(4촌 이내의 친족)가 이를 승계할 수 있다. 가소 16조 1항 · 23조 참조). 그러나 무효판결에 의하여 비로소 무효로 된다는 사견에 의하면([38] 참조), 무효판결이 확정될 때까지는 상속권을 가진다고 하겠다.

그리고 혼인에 취소사유가 있는 경우(816조 참조)에는 법원에 취소를 청구하여야 하고(816조) 또 취소의 효력은 소급하지 않으므로(824조), 취소소송의 계속 중에 배우자 일방이 사망한 때에는 설사 그 후 소송절차가 승계되어 혼인취소판결이 확정되더라도 생존배우자는 상속권을 갖는다(같은 취지: 지원림, 2007면. 반대 견해: 곽윤직, 57면; 김/김, 588면; 박병호, 331면. 그런데 김/김, 588면; 박병호, 332면은 사기 · 강박 · 악질 등을 이유로 한 취소소송에서는 승계가 인정되지 않으므로 취소할 수 없고, 따라서 생존배우자는 상속권이 있다고 한다). 이 점은 중혼의 경우에도 같다. 그러므로 중혼취소의 소송 중에 배우자 일방이 사망한 때에는 그 후에 혼인취소판결이 확정되어도 두 혼인의 배우자가 모두 상속권을 갖는다(같은 취지: 대판 1996. 12. 23, 95다48308. 반대 견해: 곽윤직, 57면; 김/김, 589면: 취소된 혼인의 배우자는 상속권이 없다고 함).

한편 부부의 일방이 이혼의 소를 제기한 후 소송계속 중 사망한 경우에는, 이혼청구권은 일신전속권이어서 상속의 대상이 되지 않고 소송승계도 인정되지 않으므로 소송은 종료되며(대판 1982. 10. 12, 81므53; 대판 1994. 10. 28, 94므246 · 253 등), 그 결과 생존배우자는 유책배우자라 하더라도 상속권이 있다(같은 취지: 곽윤직, 57면; 김/김, 588면; 박병호, 332면).

Ⅲ. 대습상속 [239]

1. 의의 및 성질

(1) 대습상속(代襲相續)이란 상속이 개시되기 전에 상속인이 될 피상속인의 직계비속 또는 형제자매가 사망하거나 결격된 경우에, 그의 직계비속과 배우자가 사망 또는 결격된 자의 순위에 갈음하여 상속하는 것을 말한다(1001조 · 1003조 2항). 이러한 대습상속을 인정하는 것은 그것이 공평의 원칙에 부합하기 때문이다.

(2) 민법상 대습상속이 인정되는 경우는 세 가지이다.

1) 상속인이 될 피상속인의 직계비속이 상속개시 전에 사망하거나 결격된

때에는 그의 직계비속이 대습상속한다(1001조·1000조 1항 1호).

2) 상속인이 될 피상속인의 형제자매가 상속개시 전에 사망하거나 결격된 때에는 그의 직계비속이 대습상속한다(1001조·1000조 1항 3호).

3) 상속인이 될 피상속인의 직계비속 또는 형제자매가 상속개시 전에 사망하거나 결격된 때에는 그의 배우자는 그의 직계비속과 공동으로 대습상속하고, 직계비속이 없으면 단독으로 상속한다(1003조 2항).

(3) 대습상속권은 피대습자(사망 또는 결격된 자)의 상속권을 대위하거나 승계한 것이 아니고, 법률이 인정하는 대습자 고유의 권리이다(이설 없음).

[240]

2. 요 건

(1) 상속인이 될 자(피대습자)가 상속개시 전에 사망하거나 결격되었어야 한다(1001조·1003조 2항).

1) 대습상속은 상속인이 될 자(사망자 또는 결격자)가 피상속인의 직계비속 또는 형제자매인 경우에 한하여 인정된다(1001조). 그에 비하여 피상속인의 배우자, 직계존속, 3·4촌인 방계혈족의 경우에는 그들이 피상속인보다 먼저 사망하거나 결격되어도 대습상속이 인정되지 않는다. 판례도, 피대습자(사망자 또는 결격자)의 배우자가 대습상속의 상속개시 전에 사망하거나 결격자가 된 경우에, 그 배우자에게 피대습자로서의 지위가 인정될 수는 없다고 한다(대판 1999. 7. 9, 98다64318·64325). 즉 A(피상속인)의 딸인 B가 C와 혼인하였고, C와 그의 전처 D 사이에 E 등의 자녀가 있는데, C가 사망하고 그 후 B도 사망한 상태에서 A가 사망하여 상속이 개시된 경우에 관하여, E 등의 직계존속인 C는 B의 남편으로서 A의 사망으로 인한 상속개시 당시에 생존해 있었다면 B를 대습하여 피상속인 A의 상속인이 될 수 있었던 자라고 하더라도 그가 B가 사망하기 전에 먼저 사망한 이상 B의 상속인이 될 수는 없고, 또한 C의 직계비속인 E 등도 B와 배우자의 관계에 있는 C를 대습하여 B의 상속인이 되거나 이를 전제로 하여 C와 B를 순차 대습하여 피상속인 A의 상속인이 될 수도 없다고 한다.

2) 우선 피대습자가 피상속인이 사망하기 전에 사망한 경우에 대습상속이 인정된다. 상속개시 전에 실종선고를 받은 경우도 포함된다.

그런데 피상속인과 그의 상속인으로 될 자(예: 자녀)가 동시에 사망한 것으로 추정되는 경우에는 대습상속이 인정되지 않는지가 문제된다. 법문으로만 보면 대습상속이 부정되어야 할 것이다. 그러나 피대습자가 피상속인보다 먼저 사망했으면 피대습자의 직계비속과 배우자가 대습상속을 했을 것이고, 또 피대습자가 피상속인보다 나중에 사망했으면 피대습자가 일단 상속한 뒤에 그의 직계비속 등에게 다시 상속되는 점을 고려할 때, 동시사망 추정이 되는 경우에는 법문에도 불구하고 대습상속이 인정되어야 한다. 학설(곽윤직, 61면; 김/김, 592면; 박동섭, 528면; 배/최, 522면; 신영호, 339면; 윤진수, 289면; 이경희, 399면)·판례(대판 2001. 3. 9, 99다13157. 이 판결은 거액의 재산을 가진 장인 및 그 가족이 비행기 사고로 모두 사망하자 그 재산을 사위 혼자 상속한 경우에 관한 것이다. 이 판결은 피상속인의 사위가 형제자매보다 우선하여 대습상속한다는 1003조 2항이 위헌이 아니라고도 한다)도 같다.

〈판 례〉

「원래 대습상속제도는 대습자의 상속에 대한 기대를 보호함으로써 공평을 꾀하고 생존배우자의 생계를 보장하여 주려는 것이고, 또한 동시사망 추정규정도 자연과학적으로 엄밀한 의미의 동시사망은 상상하기 어려운 것이나 사망의 선후를 입증할 수 없는 경우 동시에 사망한 것으로 다루는 것이 결과에 있어 가장 공평하고 합리적이라는 데에 그 입법취지가 있는 것인바, 상속인이 될 직계비속이나 형제자매(피대습자)의 직계비속 또는 배우자(대습자)는 피대습자가 상속개시 전에 사망한 경우에는 대습상속을 하고, 피대습자가 상속개시 후에 사망한 경우에는 피대습자를 거쳐 피상속인의 재산을 본위상속을 하므로 두 경우 모두 상속을 하는데, 만일 피대습자가 피상속인의 사망, 즉 상속개시와 동시에 사망한 것으로 추정되는 경우에만 그 직계비속 또는 배우자가 본위상속과 대습상속의 어느 쪽도 하지 못하게 된다면 동시사망 추정 이외의 경우에 비하여 현저히 불공평하고 불합리한 것이라 할 것이고, 이는 앞서 본 대습상속제도 및 동시사망 추정규정의 입법취지에도 반하는 것이므로, 민법 제1001조의 '상속인이 될 직계비속이 상속개시 전에 사망한 경우'에는 '상속인이 될 직계비속이 상속개시와 동시에 사망한 것으로 추정되는 경우'도 포함하는 것으로 합목적적으로 해석함이 상당하」다(대판 2001. 3. 9, 99다13157).

3) 결격은 상속이 개시되기 전에 결격된 경우뿐만 아니라 그 후에 결격이 된 경우도 포함시켜야 한다(이설 없음). 상속결격의 효과는 상속개시시에 소급하기 때문이다. [241]

4) 상속포기는 대습원인이 아니다(여기에 대하여는 입법론상 찬반의견이 있다. 찬성론: 김/김, 592면. 비판론: 곽윤직, 62면; 박병호, 334면; 이경희, 400면). 따라서 가령 피상속인의 처와 자녀들 전원이 상속포기를 한 경우에도 대습상속은 일어날 여지가 없고, 그 자녀들의 직계비속(손자녀·외손자녀)이 제 1 순위 중 후순위자로

서 상속(본위상속)을 하게 된다(이 경우의 결과에서 같은 취지: 김/김, 592면; 박동섭, 530면; 박병호, 334면; 신영호, 339면. 반대 견해: 곽윤직, 51면). 판례도 같은 견지에 있다(대판 1995. 4. 7, 94다11835; 대판 1995. 9. 26, 95다27769; 대판 2017. 1. 12, 2014다39824).

(2) 대습을 하는 것은 피대습자의 직계비속과 배우자이다(1001조·1003조 2항).

1) 결격의 경우 직계비속이 결격원인이 발생할 때 존재하여야 하는지가 문제되나, 학설은 결격 전에 태어난 자녀와 그 후에 태어난 자녀를 차별하는 것은 부당하다는 이유에서 직계비속은 상속개시시에 존재하고 있으면 충분하다고 새긴다. 따라서 결격 후 입양된 자도 대습상속을 할 수 있다. 그리고 태아는 상속순위에 관하여 이미 출생한 것으로 의제되므로(1000조 3항), 이를 유추적용하여 상속개시 당시에 포태되어 있는 경우에는 대습상속을 할 수 있다고 하여야 한다(이설 없음). 한편 배우자도 상속개시시에 존재하면 되는지에 관하여 학설은 i) 결격될 당시의 배우자에 한정된다는 견해(곽윤직, 63면: 스스로 상속한 것과 같은 결과를 이루게 된다는 이유에서)와 ii) 상속개시시에 배우자로서의 지위를 가지고 있으면 족하다는 견해(김/김, 593면; 박동섭, 534면; 이경희, 401면; 지원림, 2009면)로 나뉘나, 직계비속과 구별할 필요는 없다고 할 것이므로 ii)설이 옳다.

2) 대습상속인이 되려면 피상속인에 대하여 상속결격이 아니어야 한다(이설 없음). 그런데 피대습자에 대하여도 결격이 아니어야 하는지에 관하여는 i) 결격이 아닐 것을 요구하지 않는 견해(곽윤직, 64면; 윤진수, 294면)와 ii) 이에 반대하는 견해(김/김, 594면)로 나뉘어 있다. 생각건대 상속결격의 효과는 대인적·상대적인 것이므로 피상속인에 대하여 결격이 아니라면 대습상속이 인정되어야 한다. 주의할 것은, 가령 손자가 아버지를 살해한 뒤에 할아버지가 사망한 경우에는 그 손자는 직계존속을 살해한 자(곽윤직, 64면은 선순위상속인을 살해한 것이라 함)로서 제1004조 제1호에 의하여 피상속인에 대하여도 결격으로 되어 대습상속을 하지 못한다는 점이다(같은 취지: 곽윤직, 64면).

3) 「상속인이 될 자」 전원이 사망 또는 결격된 경우에 관하여는 앞에서 설명하였다([235] 참조).

[242] ### 3. 재(再)대습상속

피상속인의 자녀에게 대습원인이 발생한 경우에 대습상속을 해야 할 손자녀에게도 대습원인이 생기면 그 손자녀의 직계비속인 증손자녀가 다시 대습상속을 하게 되는데, 이를 재대습상속이라고 한다(증손자녀를 현(玄)손자녀가 또 대습하면 재재대습상속이 될 것이다). 가령 A의 자녀로 B·C·D가 있고 B에게 아들 E와 손자 F가 있는 경우에, A의 사망 전에 B와

E가 모두 사망한 때에는, 본래 E가 대습상속을 하여야 하는데 E가 이미 사망하였으므로 F가 다시 대습상속(재대습상속)을 하게 된다. 민법은 재대습상속에 관하여 별도의 규정을 두고 있지 않으나, 제1001조에서 대습자를 「직계비속」이라고만 규정하고 있기 때문에 학설은 재대습상속도 인정한다. 그리고 재대습상속은 상속인이 될 형제자매의 직계비속에게도 인정된다(이설 없음).

4. 대습상속의 효과

대습상속의 요건이 갖추어진 경우에는 대습자는 피대습자가 받았을 상속분을 상속하게 된다(1010조 1항). 그리고 대습자가 여럿 있는 때에는 그 상속분의 한도에서 법정상속방법에 의한다(1010조 2항).

제 3 관 상속의 효력

Ⅰ. 일반적 효과 [243]

1. 상속재산의 포괄승계의 원칙

상속인은 상속이 개시된 때에 피상속인의 재산에 관한 모든 권리 · 의무를 포괄적으로 승계한다(1005조 본문. 이 규정의 문언은 위와 같은 의미임. 이설 없음).

(1) 승계되는 것에는 적극재산(권리)뿐만 아니라 소극재산(채무)도 포함되고, 아직 구체화되지 않은 재산법적인 법률관계, 예컨대 청약을 받고 있는 지위, 매도인으로서의 담보책임을 지는 지위도 포함된다. 그러나 재산적인 권리 · 의무에 한하며, 인격권(예: 생명권 · 신체권 · 자유권)이나 친족법상의 권리(예: 친권 · 배우자의 권리 · 후견인의 권리 · 부양청구권)는 승계되지 않는다. 그리고 재산적인 권리 · 의무일지라도 피상속인의 일신에 전속한 것은 승계되지 않는다(1005조 단서). 자기의 초상을 그리게 하는 채권, 위임계약상의 당사자의 지위(690조) 등이 그 예이다.

(2) 상속재산을 구성하는 개별적인 권리 · 의무는 포괄적으로 즉 모두가 한꺼번에 승계된다(예외: 1008조의 3). 따라서 개별적인 권리에 대한 이전절차나 채무인수는 필요하지 않다. 그리고 그 승계는 특별한 의사표시가 없어도 법률규정에 의하여 당연히 일어난다. 그리하여 가령 상속되는 권리가 부동산물권인 경우에 그에 관한

이전등기가 필요하지 않고(187조 참조), 동산물권인 경우에 인도가 필요하지도 않다.

(3) 승계되는 시기는 상속이 개시된 당시, 즉 피상속인의 사망 당시이다. 이때 상속인이 상속이 개시되었다는 사실, 자기가 상속인이라는 사실, 피상속인의 적극 · 소극재산의 구체적인 내용을 알았는지는 묻지 않는다.

[244] 2. 상속재산의 범위

상속재산이란 상속인이 상속에 의하여 승계하게 될 피상속인의 권리 · 의무의 전체이다.

(1) 재산상의 권리

1) 물 권 소유권은 당연히 상속되고, 제한물권도 상속되나, 다만 담보물권은 부종성 · 수반성이 있으므로 피담보채권과 분리해서 그것만 상속될 수는 없다.

합유자의 합유지분도 상속되지 않는다(대판 1994. 2. 25, 93다39225; 대판 1996. 12. 10, 96다23238).

그리고 상속이 개시되면 피상속인이 점유하고 있던 물건은 상속인의 점유로 된다(193조). 이때 점유의 성질은 그대로 유지된다(통설 · 판례도 같음. 대판 1997. 12. 12, 97다40100 등). 그리고 점유권의 공동상속에 관하여는 상속분에 관한 규정(1009조 이하)이 적용되지 않는다(대판 1962. 10. 11, 62다460). 즉 공동점유의 경우에는 상속분이라는 것이 없다.

〈판 례〉

「부동산의 합유자 중 일부가 사망한 경우 합유자 사이에 특별한 약정이 없는 한 사망한 합유자의 상속인은 합유자로서의 지위를 승계하는 것이 아니므로, 해당 부동산은 잔존 합유자가 2인 이상일 경우에는 잔존 합유자의 합유로 귀속되고 잔존 합유자가 1인인 경우에는 잔존 합유자의 단독소유로 귀속된다.」(대판 1996. 12. 10, 96다23238)

2) 채 권 채권도 일신전속적인 것을 제외하고는 상속된다.

㈎ 임차권은 재산권이고 임차인의 사망으로 효력을 잃는다고 규정되어 있지도 않으므로, 임차인이 사망하여도 임대차는 존속하고 임차권은 상속인에게 상속된다(대판 1966. 9. 20, 66다1238). 다만, 주택의 임대차에 있어서는 임차인과 그 주택에서 가정공동생활을 하던 사실상의 혼인관계에 있는 자를 보호하기 위하여 특별법에 규정이 두어져 있다(주택임대차보호법 9조 참조).

〈임차인의 사망과 주택임차권의 승계〉

임차인이 상속인 없이 사망한 경우에는, 그 주택에서 가정공동생활을 하던 사실상의 혼인관계에 있는 자가 임차인의 권리와 의무를 승계한다(주택임대차보호법 9조 1항). 이때 임대차관계에서 이미 생긴 채권·채무는 임차인의 권리의무를 승계한 자에게 귀속된다(같은 법 9조 4항). 그러나 임차인이 사망 후 1개월 이내에 임대인에게 승계대상자가 반대의사를 표시한 경우에는, 임차인의 권리의무가 승계되지 않는다(같은 법 9조 3항).

임차인이 사망한 때에 사망 당시 상속인이 그 주택에서 가정공동생활을 하고 있지 않은 경우에는, 그 주택에서 가정공동생활을 하던 사실상의 혼인관계에 있는 자와 2촌 이내의 친족이 공동으로 임차인의 권리와 의무를 승계한다(같은 법 9조 2항). 그리고 이때에도 임대차관계에서 이미 생긴 채권·채무는 임차인의 권리의무를 승계한 자에게 귀속한다(같은 법 9조 4항). 또 임차인이 사망한 후 1개월 이내에 임대인에게 승계대상자가 반대의사를 표시하면 승계가 되지 않는다(같은 법 9조 3항).

(나) 통상의 손해배상청구권은 당연히 상속된다(1005조). 그것이 재산적 손해에 대한 배상청구권이든 정신적 손해에 대한 배상청구권이든 마찬가지이다. [245]

그런데 약혼해제(806조 3항)·혼인의 무효 취소(825조)·이혼(843조)·입양의 무효 취소(897조)·파양(908조) 등을 이유로 한 위자료청구권은 이미 그 배상에 관한 계약이 성립되거나 소를 제기한 후에만 상속된다.

생명침해의 경우에 관하여는 견해가 대립되나, 판례에 의하면 다음과 같이 된다. 우선 재산적 손해배상청구권으로 피살자에게 — 여명기간(餘命期間) 동안의 — 일실이익의 배상청구권이 발생하였다가 그가 사망할 때 상속인에게 상속된다고 하며, 치료비의 배상청구권이 발생하였으면 그것도 상속된다고 한다. 그리고 정신적 손해배상청구권과 관련하여서는, 생명침해에 의하여 피살자에게 위자료청구권이 발생하고, 그 권리는 피살자가 이를 포기했거나 면제했다고 볼 수 있는 특별한 사정이 없는 한 생전에 청구의 의사를 표시할 필요 없이 원칙적으로 상속된다고 하고, 이는 즉사의 경우에도 같다고 한다(자세한 내용은 채권법각론 [312]·[313] 참조).

(다) 생명보험금청구권에 대하여 본다. 피상속인(보험계약자)이 자기를 피보험자로 하고 상속인의 전부 또는 일부를 보험수익자로 지정한 경우에는, 수익자를 성명으로 특정한 때는 물론이고 수익자를 단순히 「상속인」이라고 지정한 때에도, 보험금청구권은 보험계약의 효력에 의한 것이어서 귀속자의 고유재산이며 상속재산으로 되지 않는다(이설이 없으며, 판례도 같음. 대판 2001. 12. 28, 2000다31502; 대판 2023. 6. 29, 2019다300934. 유사한 판결: 대판 2020. 2. 6, 2017다215728)(이는 생명보험

의 보험계약자가 스스로를 피보험자로 하면서 자신이 생존할 때의 보험수익자로 자기 자신을, 자신이 사망할 때의 보험수익자로 상속인을 지정한 후 그 피보험자가 사망하여 보험사고가 발생한 경우(즉 보험계약자가 만기 전에 사망한 경우)이든, 처음부터 상속인만을 보험수익자로 지정한 경우이든 마찬가지이다. 대판 2001. 12. 28, 2000다31502; 대판 2023. 6. 29, 2019다300934은 앞의 경우에 관하여 판시하였다). 그리고 피상속인(보험계약자)이 자기를 피보험자로 하고 상속인 이외의 제3자를 보험수익자로 지정한 계약에서 그 수익자가 보험사고(즉 피보험자의 사망)의 발생 전에 사망한 경우에, 보험계약자가 다시 보험수익자를 지정할 수 있음에도 불구하고 지정하지 않고 사망한 때에는 보험수익자의 상속인이 보험수익자로 되는데(상법 733조 3항), 이때 보험금청구권은 보험계약의 효력에 의한 것으로서 수익자의 고유재산이다(이설 없음).

판례에 의하면, 위의 생명보험금청구권의 법리는 상해의 결과로 사망한 때에 사망보험금이 지급되는 상해보험에 있어서 피보험자의 상속인을 보험수익자로 미리 지정해 놓은 경우는 물론, 생명보험의 보험계약자가 보험수익자의 지정권을 행사하기 전에 보험사고가 발생하여 상법 제733조에 의하여 피보험자의 상속인이 보험수익자가 되는 경우에도 마찬가지라고 보아야 할 것이며, 나아가 보험수익자의 지정에 관한 상법 제733조는 상법 제739조에 의하여 상해보험에도 준용되므로, 상해의 결과로 사망한 때에 사망보험금이 지급되는 상해보험에 있어서 보험수익자가 지정되어 있지 않아 위 법률규정에 의하여 피보험자의 상속인이 보험수익자가 되는 경우에도 보험수익자인 상속인의 보험금청구권은 상속재산이 아니라 상속인의 고유재산이라고 보아야 할 것이라고 한다(대판 2004. 7. 9, 2003다29463. 유사한 판결: 대판 2020. 2. 6, 2017다215728). 그리고 이때 생명보험계약이나 상해보험계약에서 보험수익자로 지정된 피보험자의 상속인 중 1인이 자신에게 귀속된 보험금청구권을 포기하더라도 그 포기한 부분이 당연히 다른 상속인에게 귀속되지는 않으며(그것은 상속재산의 포기가 아니고 고유재산의 포기이기 때문으로 생각됨: 저자 주), 그러한 법리는 단체보험에서 피보험자의 상속인이 보험수익자로 인정된 경우에도 동일하게 적용된다고 한다(대판 2020. 2. 6, 2017다215728).

한편 피상속인(보험계약자)이 자기를 피보험자인 동시에 보험수익자로 한 경우에 관하여는 학설이 i) 상속재산에 속한다는 견해(김용한, 314면; 김/김, 614면; 박병호, 339면; 이경희, 423면; 지원림, 2028면)와 ii) 상속인의 고유재산이라는 견해(곽윤직, 80면; 박동섭, 546면; 윤진수, 333면)로 나뉘어 있다. 그런데 이 경우에는 보험금청구권이 발생하는 순간에 이미 피상속인에게는 권리능력이 없으므로 i)설처럼 해석할 수는 없다(생명보험계약은 항상 제3자를 위한 계약일 수밖에 없음을 상기할 것). 그에 비하여 ii)설은 타당하다.

(라) 사망퇴직금과 유족연금은 모두 유족 고유의 권리이다(통설도 같음). 그리고 대법

원은, 피상속인이 초등학교 교사로서 퇴직 당시 퇴직일시금과 퇴직수당, 교원장기저축금 등을 받아 한국교직원공제회에 퇴직생활급여 상품으로 예치한 경우에, 그가 사망 전에 자신의 배우자인 상대방을 수급권자로 지정한 때에는, 퇴직생활급여는 상대방이 독자적으로 수령할 권한이 있는 고유재산이므로 상속재산의 범위에 포함되지 않는다고 하였다(대결 2019. 5. 17, 2017스516 · 517).

(마) 부의금(조위금)은 상주에게 하는 증여라고 보아야 하며, 따라서 상속재산이 아니다(이설 없음). 부의금의 귀속에 대하여 판례가, 그것은 먼저 장례비용에 충당하고 남는 것은 특별한 사정이 없는 한 공동상속인들이 각자의 상속에 의하여 권리를 취득한다고 하고 있음(대판 1992. 8. 18, 92다2998)은 앞에서 기술한 바와 같다([228] 참조).

3) **부양청구권 · 부양의무** 이는 일신전속적인 것이므로 상속되지 않는다. 그러나 연체된 부양료지급청구권이나 부양의무는 상속된다(통설도 같음). [246]

4) **재산분할청구권** 이에 대하여 학설은 청구의 의사표시 여부에 관계없이 상속되지만 다만 부양적 요소는 상속되지 않는다고 한다(곽윤직, 76면; 김/김, 605면; 박동섭, 544면; 이경희, 419면). 그리고 판례는 이혼소송 계속 중 배우자의 일방이 사망한 때에는 이혼소송이 종료된다고 하면서 따라서 이혼의 성립을 전제로 하는 재산분할청구도 종료한다고 한다(대판 1994. 10. 28, 94므246 · 253).

5) **지식재산권** 저작권(저작인격권을 제외한 저작재산권 · 출판권 · 저작인접권) · 특허권 · 실용신안권 · 디자인권 · 상표권도 상속대상이다.

6) **광업권 · 어업권** 광업권 · 어업권도 상속재산에 속한다.

7) **형 성 권** 취소권 · 추인권 · 해제권 · 해지권 · 예약완결권 · 상계권 등의 형성권도 상속되나, 이들은 어떤 법률관계 또는 법률상의 지위에 부수하는 것이어서 그러한 법률관계 등의 상속에 따라 일체로 되어 승계된다.

(2) 재산상의 의무 [247]

1) **일 반 론** 채무 기타 재산적 의무는 일신전속적인 것이 아닌 한 상속된다. 상속재산으로 채무만 있는 때에도 같다.

2) **등기이전의무** 피상속인이 부동산을 양도하는 계약을 체결한 뒤 등기를 이전하기 전에 사망한 때에는, 상속인이 그 등기이전의무를 승계한다. 그런데 공동상속의 경우에는 그 의무를 상속지분의 범위에서 승계한다고 할 것이다. 판례도 같은 입장이다(대판 1979. 2. 27, 78다2281).

〈판 례〉

(ㄱ) 타에 매도된 부동산의 공동상속인 중 자기 이외의 상속인들의 상속지분을 매수하여 자기 앞으로 그 매수지분에 관한 이전등기를 마친 자는, 원래의 자기 고유상속지분이 아닌 매수지분에 관하여는 의무승계의 특약의 존재 등 특단의 사정이 없는 한 당연히 다른 상속인들의 원래의 부동산 매수인에 대한 의무를 승계한다고 볼 수 없다(대판 1979. 2. 27, 78다2281).

(ㄴ) 「부동산 소유권이전등기 의무자는 특별한 사정이 없는 한 등기부상의 명의인이라고 할 것인바, 피고들이 주장하는 바와 같이 이 사건 부동산이 피고들의 협의분할에 의하여 피고 ○○○만이 단독으로 그 상속등기까지 마쳤다면 협의분할의 소급효에 의하여 피고 ○○○을 제외한 나머지 피고들은 이 사건 부동산을 상속한 것이 아니라 할 것이고 현재 등기부상 등기명의자가 아니어서 등기의무자로 될 수도 없다 할 것이므로 그에 대한 지분 소유권이전등기 의무도 없다.」(대판 1991. 8. 27, 90다8237)

(ㄷ) 「사망자 명의의 등기신청에 의하여 마쳐진 등기는 일단 원인무효의 등기라고 볼 것이어서 등기의 추정력을 인정할 여지가 없으므로 그 등기의 유효를 주장하는 자가 현재의 실체관계와 부합함을 입증할 책임이 있다.」(대판 1983. 8. 23, 83다카597)

(ㄹ) 「전 소유자가 사망한 이후에 그 명의로 신청되어 경료된 소유권이전등기는, 그 등기원인이 이미 존재하고 있으나 아직 등기신청을 하지 않고 있는 동안에 등기의무자에 대하여 상속이 개시된 경우에 피상속인이 살아 있다면 그가 신청하였을 등기를 상속인이 신청한 경우 또는 등기신청을 등기공무원이 접수한 후 등기를 완료하기 전에 본인이나 그 대리인이 사망한 경우와 같은 특별한 사정이 인정되는 경우를 제외하고는, 원인무효의 등기라고 볼 것이어서 그 등기의 추정력을 인정할 여지가 없는 것이다(대법원 2004. 9. 3. 선고 2003다3157 판결 등 참조). 따라서 구 지적법 시행령이 적용되는 구 토지대장상의 소유자 변동의 기재에 있어서도 전 명의자가 사망한 이후에 그 명의자로부터 특정인 앞으로 소유권이 이전된 것으로 등재되어 있다면, 그 특정인이 적법하게 소유권을 이전받았다는 특별한 사정이 인정되는 경우를 제외하고는 그 특정인이 소유권을 취득한 것으로 추정할 여지는 없는 것이다.」(대판 2008. 4. 10, 2007다82028)

3) 보증채무

(가) 기존 채무의 보증이나 금전소비대차상의 채무의 보증과 같이 보증인의 책임범위가 확정되어 있는 보통의 보증에 있어서의 보증채무는 상속된다.

(나) 신원보증계약은 신원보증인의 사망으로 종료하므로(신원보증법 7조), 신원보증인의 지위는 상속되지 않는다. 그러나 신원보증인이 사망하기 전에 신원보증계약으로 인하여 발생한 보증채무는 상속된다(대판 1972. 2. 29, 71다2747 등).

(다) 계속적 계약관계(예: 당좌대월계약 · 어음할인계약)에서 생기는 불확정한 채무에 관하여 행하

여지는 계속적 보증의 경우에는 보증인의 지위는 상속되지 않는다고 할 것이나 (이미 발생한 보증채무는 상속됨), 다만 보증채무의 한도액이 정해져 있는 때에는 상속을 인정하여도 무방하다(통설 · 판례도 같음. 대판 2001. 6. 12, 2000다47187; 대판 2003. 12. 26, 2003다30784)(민법상 근보증은 보증하는 채무의 최고액을 서면으로 특정하도록 하고 있음. 428조의 3).

(3) 법률상 지위 또는 계약상 지위 [248]

1) 민법상의 사단법인(비영리법인)의 사원의 지위 즉 사원권은 상속이 허용되지 않는다(56조). 그러나 이 규정은 임의규정이므로 정관으로 상속을 허용할 수는 있다(대판 1992. 4. 14, 91다26850; 대판 1997. 9. 26, 95다6205). 그리고 단체의 의사결정기관 구성원으로서의 지위는 일신전속권으로서 상속의 대상이 되지 않는다(대판 2004. 4. 27, 2003다64381).

2) 민법상 조합에서 조합원이 사망하면 당연히 탈퇴하게 되고(717조 1호), 조합원의 지위가 상속인에게 승계되지 않는다(대판 1981. 7. 28, 81다145; 대판 1987. 6. 23, 86다카2951; 대판 1994. 2. 25, 93다39225). 그러나 조합계약에서 상속인이 승계하기로 특약을 한 경우 그 특약은 유효하다(앞의 판결들 참조).

3) 무권대리인이 무권대리행위를 한 뒤에 본인이 아직 추인 또는 추인거절을 하지 않고 있는 동안 무권대리인이 본인을 상속하거나 본인이 무권대리인을 상속한 경우에 그 무권대리행위의 효력이 문제되는데, 그에 관하여는 민법총칙책에서 자세히 논하였다(민법총칙 [228] 참조). 여기서는 친족상속법 문헌만을 소개하고 간략하게 살펴보기로 한다.

먼저 무권대리인이 본인을 상속한 경우에 대하여 본다. 이 경우에 대하여 학설은 i) 신의칙상 추인을 거절할 수 없어서 무권대리행위가 당연히 유효하게 되나, 다른 공동상속인이 있는 경우에는 다른 공동상속인이 추인 또는 추인거절을 할 수 있고 따라서 그 무권대리인의 상속분의 범위 내에서만 유효하다는 견해(곽윤직, 82면; 박동섭, 551면; 이경희 426면)와 ii) 위 i)설과 앞부분은 같으면서, 공동상속인이 있는 경우에는 상속인 전원의 추인이 없으면 무권대리행위는 공동상속인에 대하여 유효로 되지 않는다는 견해(김/김, 620면)로 나뉘어 있다. 그리고 판례는 무권대리인이 본인을 「단독상속한 경우」에 관하여 무권대리행위의 무효를 주장하는 것은 금반언의 원칙이나 신의칙에 반하여 허용될 수 없다고 한다(대판 1994. 9. 27, 94다20617). 이를 검토해본다. 우선 판례는 공동상속인이 있는 경우에 대하여는 입장을 알 수 없다. 그리고 공동상속인이 있는 경우에 대하여 ii)설의 자세한 태도는 알기 어렵다. 그런데 만약 그 부분에 관한 ii)설의 입장이 i)설과 같다면 견해 대립이 없는 셈이다. 그렇지 않고 ii)설이 공동상속인이 있는 경우에는 그 전원이 추인을 하지 않는 한 전부에 관하여 유효하지 않다는 의미라면, i)설과 다른 태도가 된다. 사견은 ii)설을 후자와 같이 이해하고 있다. 그리고 그러한 입장이라면 ii)설이 타당하다고 생각한다. 그 이유는 다음과 같다. 우리 민법상 상속재산은 공동상속인의 공유에 속한다(1006조). 그리고 공유자는 다른 공유자의 동의 없이 공유물을 처분하거나 변경하지 못한다(264조). 그런데 공유자의 처분에 대한 추인이나 추인거절은 공유물의 처분·변경에 해당한다. 따라서 공유자는 다른 공유자의 동의 없이는 추인이나 추인거절을 할 수 없다. 그 결과 공유자 전원의 추인이 없는 한 무권대리행위가 유효하지 않게 된다. 각 공유자는 그의 지분에 대하여도 추인이나 추인거절을 할 수 없는 것이다. 결국 i)설처럼 새기면 안 되고, 무권대리인의 상속분의 범위 내에서도 유효하게 되지 않는다고 해석해야 한다(송덕수, 신사례, 118면도 참조).

다음에 본인이 무권대리인을 상속한 경우에 대하여 본다. 이 경우에 대하여 학설은 일치하여, 이 경우에는 추인을 거절할 수 있고, 추인을 거절하면 단독상속을 하였든 공동상속을 하였든 무권대리인으로서의 책임(135조)을 진다고 한다(곽윤직, 82면; 김/김, 620면; 박동섭, 553면; 이경희, 426면). 그리고 여기에 관한 판례는 없다. 생각건대 이러한 학설은 타당하다. 본인이 무권대리인을 상속한 경우는 그 반대의 경우와는 달리 보아야 하기 때문이다. 그리고 이 경우에 다른 공동상속인이 있으면 전원의 추인이 있어야 무권대리행위 전부가 유효하고 1인이라도 추인하지 않으면 전체가 유효하게 되지 않음을 유의하여야 한다(같은 결과: 곽윤직, 82면). 그리하여 1인이라도 추인을 하지 않으면 공동상속인이 모두 각자의 상속분의 범위에서 제135조에 의하여 — 상대방의 선택에 좇아 — 이행 또는 손해배상책임을 지게 된다.

4) 판례는 부동산명의신탁에 있어서 명의수탁자가 사망하면 그 명의신탁관계는 그 재산상속인과의 사이에 존속하게 된다고 한다(대판 1967. 11. 21, 67다1844; 대판 1981. 6. 23, 80다2809; 대판 1996. 5. 31, 94다35985). 이러한 판례는 부동산실명법상 명의신탁이 인정되는 경우에는 그대로 유지될 수 있을 것이다.

5) 소송당사자가 사망하면 소송절차는 중단되며(민소 233조 1항 1문. 그러나 소송대리인이 있는 경우에는 예외이다(민소 238조)), 이 경우 상속인·상속재산관리인, 그 밖에 법률에 의하여 소송을 계속하여 수행할 사람이 소송절차를 수계(受繼)하여야 한다(민소 233조 1항 2문). 그러나 소송의 목적인 권리가 일신전속적 성질의 것인 때(예: 이혼소송)에는 당사자의 사망으로 소송은 종료한다.

3. 제사용 재산의 특별승계 [249]

(1) 서 설

민법은 일정한 제사용 재산은 상속인에게 포괄적으로 승계되는 일반 상속재산에서 제외되는 특별재산으로 하고, 법정의 상속인이 아닌 특정의 자가 이를 승계하는 것으로 하고 있다(1008조의 3 참조). 제사용 재산의 경우에는 공동상속하게 하거나 평등분할하도록 하는 것이 조상숭배나 가통(家統)의 계승을 중시하는 우리의 습속이나 국민감정에 반한다는 이유에서이다(대판 1997. 11. 28, 96누18069).

(2) 제사용 재산의 내용

제사용 재산은 ① 분묘에 속하는 1정보 이내의 금양임야(禁養林野), ② 600평 이내의 묘토(墓土)인 농지, ③ 족보, ④ 제구(祭具)로 구성된다.

여기서 「금양임야」란 분묘 또는 그 예정지 주위의 벌목이 금지되는 임야를 가리킨다. 그리고 「묘토」는 위토라고도 하며, 그로부터의 수익으로 제사비용 등 각종 비용에 충당하는 농지이다. 판례에 따르면 이 묘토는 제사주재자 1인당 600평 이내가 아니고 봉사의 대상이 되는 분묘 1기당 600평 이내이다(대판 1996. 3. 22, 93누19269). 그리고 판례는, 분묘에 부속된 비석은 분묘와 일체를 이루는 제구로서 제사 주재자(구 민법상 호주상속인)의 소유로 된다고 한다(대판 1993. 8. 27, 93도648).

(3) 제사용 재산의 승계자(상속인) [250]

제사용 재산은 「제사를 주재하는 자」가 이를 승계한다(1008조의 3). 그런데 과연 누가 제사를 주재하는 자인지가 문제이다.

여기에 관하여 학설은 i) 원칙적으로 호주승계인을 뜻한다고 하는 견해(박병호, 287면), ii) 사실상 제사를 주재하는 자라는 견해(김/김, 623면), iii) 가족의 협의로 결정된다는 견해(곽윤직, 70면), iv) 피상속인의 의사 · 관습 · 가정법원의 결정의 순으로 정해진다는 견해(이경희, 430면 이하)로 나뉘어 있다.

판례는 이전에는, 공동상속인들 사이에 제사주재자 결정에 관한 협의가 이루어지지 않는 경우 특별한 사정이 없는 한 장남 또는 장손자 등 남성 상속인이 제사주재자로 우선한다고 하였다(대판(전원) 2008. 11. 20, 2007다27670). 그런데 최근에 판례를 변경하여, 공동상속인들 사이에 협의가 이루어지지 않는 경우에는 제사주재자의 지위를 인정할 수 없는 특별한 사정이 있지 않는 한 피상속인의 직계비속 중 남녀 ·

적서를 불문하고 최근친의 연장자가 제사주재자로 우선한다고 한다(대판(전원) 2023. 5. 11, 2018다248626. 이러한 다수의견에 대하여, 제반 사정을 종합적으로 고려하여 개별적·구체적으로 판단하여야 하며, 여기에는 배우자가 포함된다는 별개의견이 있음). 그리고 피상속인의 직계비속 중 최근친의 연장자라고 하더라도 제사주재자의 지위를 인정할 수 없는 특별한 사정이 있을 수 있는데, 이러한 특별한 사정에는, 장기간의 외국 거주, 평소 부모를 학대하거나 모욕 또는 위해를 가하는 행위, 조상의 분묘에 대한 수호·관리를 하지 않거나 제사를 거부하는 행위, 합리적인 이유 없이 부모의 유지 또는 유훈에 현저히 반하는 행위 등으로 인하여 정상적으로 제사를 주재할 의사나 능력이 없다고 인정되는 경우뿐만 아니라, 피상속인의 명시적·추정적 의사, 공동상속인들 다수의 의사, 피상속인과의 생전 생활관계 등을 고려할 때 그 사람이 제사주재자가 되는 것이 현저히 부당하다고 볼 수 있는 경우도 포함된다고 한다(대판(전원) 2023. 5. 11, 2018다248626). 한편 판례는, 피상속인이 생전행위 또는 유언으로 자신의 유체·유골을 처분하거나 매장장소를 지정한 경우에, 선량한 풍속 기타 사회질서에 반하지 않는 이상 그 의사는 존중되어야 하고 이는 제사주재자로서도 마찬가지이지만, 피상속인의 의사를 존중해야 하는 의무는 도의적인 것에 그치고, 제사주재자가 무조건 이에 구속되어야 하는 법률적 의무까지 부담한다고 볼 수는 없다고 한다(대판(전원) 2008. 11. 20, 2007다27670. 이 부분은 판례가 변경되지 않음).

생각건대 i)설은 개정 전에 이 규정이 호주상속인으로 했던 것을 제사 주재자로 바꾸었는데 동일하게 해석하는 문제가 있고, ii), iii), iv)설은 사전에 확실한 규범적 표준을 제시해 주지 못한다. 그에 비하여 판례는 따를 만하다.

[251] 〈판 례〉

(ㄱ) 「어느 토지가 민법 제1008조의 3 소정의 금양임야이거나 묘토인 농지에 해당한다면 위 규정에 정한 범위 내의 토지는 제사 주재자가 단독으로 그 소유권을 승계할 것이고 이때의 제사 주재자는 종손이 있는 경우라면 그에게 제사를 주재하는 자의 지위를 유지할 수 없는 특별한 사정이 있는 경우를 제외하고는 그가 된다 할 것이며, 그 경우 다른 상속인 등의 명의로 소유권이전등기가 경료되었다 하여도 그 부분에 관한 한은 무효의 등기에 불과하므로 그 소유권이전등기로써 제사 주재자가 승계할 금양임야가 일반 상속재산으로 돌아가는 것은 아니라 할 것이다.」(대판 1997. 11. 28, 96누18069)

(ㄴ) 「민법 제1008조의 3은 분묘에 속한 1정보 이내의 금양임야와 600평 이내의 묘토인 농지, 족보와 제구의 소유권은 제사를 주재하는 자가 이를 승계한다고 규정하고 있고, 상속세법 제 8 조의 2 제 2 항 제 2 호에서는 상속세 과세가액에 산입하지 아

니하는 재산으로서 '민법 제1008조의 3에 규정하는 재산'을 들고 있다. 위 규정은 일가의 제사를 계속하게 하기 위한 제사용 재산을 승계할 경우에는 이를 일반 상속재산과 구별되는 특별재산이라고 보아 상속세 과세가액에서 제외시키기 위한 것으로서, 금양임야 등을 소유하던 피상속인이 사망한 후 상속인들이 수인이 있을 경우 금양임야 등의 승계권을 그 금양임야로서 수호하는 분묘의 제사를 주재하는 상속인에게 귀속시키기 위한 규정이라고 보아야 할 것이고, 금양임야 등의 소유자가 사망한 후 상속인과 그 금양임야로서 수호하는 분묘의 제사를 주재하는 자가 다를 경우에는 그 금양임야 등은 상속인들의 일반 상속재산으로 돌아간다고 보아야 할 것이며 상속인이 아닌 제사를 주재하는 자에게 금양임야 등의 승계권이 귀속된다고 할 수는 없다.」(대판 1994. 10. 14, 94누4059)

(ㄷ) 「민법 제1008조의 3(구 민법 제996조) 소정의 '묘토인 농지'라 함은 그 수익으로서 분묘관리와 제사의 비용에 충당되는 농지를 말하는 것으로, 단지 그 토지상에 분묘가 설치되어 있다는 사정만으로 이를 묘토인 농지에 해당한다고 할 수는 없으며, 위 규정에 따라 망인 소유의 묘토인 농지를 제사 주재자(또는 구 민법상의 호주상속인)로서 단독으로 승계하였음을 주장하는 자는, 피승계인의 사망 이전부터 당해 토지가 농지로서 거기에서 경작한 결과 얻은 수익으로 인접한 조상의 분묘의 수호 및 관리와 제사의 비용을 충당하여 왔음을 입증하여야 할 것이다.」(대판 2006. 7. 4, 2005다45452)

(ㄹ) 그 밖에 판례는 「금양임야가 수호하는 분묘의 기지가 제 3 자에게 이전된 경우에도 그 분묘를 사실상 이전하기 전까지는 그 임야는 여전히 금양임야로서의 성질을 지니고 있다」고 한다(대판 1997. 11. 28, 96누18069: 분묘의 기지가 포함된 토지가 수용되었는데 미처 분묘를 이장하지 못하고 있던 중 피상속인이 사망한 경우에 관하여 상속세 부과가 문제되었음). 그리고 제사용 재산에는 상속세를 과세하지 않으나(대판 1997. 11. 28, 97누5961. 현재는 일정범위 내에서 비과세함), 상속세 과세가액에 산입하지 않는 「묘토」는 상속개시 당시에 이미 묘토로 사용되고 있는 것만을 가리키고 원래 묘토로 사용되지 않던 농지를 상속개시 후에 묘토로 사용하기로 한 경우는 해당하지 않는다고 한다(대판 1996. 9. 24, 95누17236). 한편 분묘의 부속시설인 비석 등 제구를 설치·관리할 권한은 분묘의 수호·관리권에 포함되어 원칙적으로 제사를 주재하는 자에게 있고, 따라서 제사 주재자 아닌 다른 후손들이 비석 등 시설물을 설치하였고 그것이 제사 주재자의 의사에 반하는 것이라 하더라도, 제사 주재자가 분묘의 수호·관리권에 기하여 철거를 구하는 것은 별론으로 하고, 그 시설물의 규모나 범위가 분묘기지권의 허용범위를 넘지 않는 한, 분묘가 위치한 토지의 소유권자가 토지소유권에 기하여 방해배제청구로서 그 철거를 구할 수는 없다고 한다(대판 2000. 9. 26, 99다14006).

(ㅁ) 「민법 제1008조의 3은 "분묘에 속한 1정보 이내의 금양임야와 600평 이내의 묘토인 농지, 족보와 제구의 소유권은 제사를 주재하는 자가 이를 승계한다"고 규정하여 일가의 제사를 계속하게 하기 위한 제사용 재산을 일반 상속재산과 구별되는 특별재산으로 보아 그 소유권을 제사 주재자가 단독상속토록 하고 있으나, 위 규정이

헌법상 재산권보장의 원칙, 평등의 원칙, 인간으로서의 존엄과 가치 및 행복추구권의 본질적인 내용을 침해하는 위헌적인 규정이라고 볼 수 없」다(대판 2008. 3. 13, 2005다5614).

[252] (4) 관련 문제

1) 제사용 재산은 일반 상속재산이 아니고 특별재산이므로 상속분이나 유류분의 산정에 있어서 상속재산에 포함되지 않는다.

2) 제사용 재산은 상속포기를 한 자도 승계할 수 있고, 한정승인이나 재산분리가 있는 경우에도 책임재산에서 제외된다.

3) 제사용 재산의 승계는 취득자의 상속분에 영향을 미치지 않는다. 즉 제사용 재산을 승계하였다고 하여 상속분이 감소되지도 않고, 또 제사용 재산을 승계하여 제사를 주재하게 되었다고 하여 특별한 상속분이 더 주어지지도 않는다(곽윤직, 70면).

4) 제사용 재산 중에는 압류가 금지되는 것이 있으며(민사집행법 195조 8호·9호 참조), 금양임야와 묘토인 농지는 2억원을 한도로 하여, 그리고 족보와 제구는 1,000만원을 한도로 하여 상속세가 부과되지 않는다(「상속세 및 증여세법」 12조 3호, 같은 법 시행령 8조 3항 참조).

5) 제사용 재산의 승계는 피상속인이 사망한 때에 일어나나, 생전승계도 인정된다(곽윤직, 71면; 박동섭, 560면; 이경희, 431면). 가령 양자가 제사용 재산을 승계한 뒤에 파양이 된 때에는, 제사용 재산을 제사를 주재할 자에게 승계해 줄 수 있다.

〈제사용 재산의 승계자에게 제사의무가 있는지 여부〉

제사용 재산을 승계한 자에게 제사의무가 있는가? 여기에 관하여 i) 하나의 견해는 부정한다(곽윤직, 71면; 이경희, 433면). 그중에 이유를 드는 문헌은, 제1008조의 3의 입법취지는 제사를 행할 것인지 여부는 각인의 신앙 내지는 사회의 풍습·습관·도덕과 관련되는 것이고 법률로부터 비롯하는 것은 아니며, 다만 제사를 행하는 자가 있는 경우에는 그 자가 상속재산 중 제사에 관계가 있는 물건의 소유권을 승계할 것을 정하고 있을 뿐이라고 한다(이경희, 433면). 이 견해는, 승계자가 실제로 제사를 거행하지 않더라도 현행법 아래에서는 어찌할 방도가 없고, 또 승계자가 승계 후에 제사용 재산을 처분하여도 그것은 적법하다고 한다(곽윤직, 71면). 그에 대하여 ii) 다른 견해는 제사용 재산의 제사의무를 인정하려고 한다(정긍식, 민사판례연구滔, 377면). 이 견해는 제사용 재산의 승계에 대하여 「제사주재자는 물론 외부적으로는 소유권을 승계하였지만, 이는 제사용 재산에 대해 일반적 의미의 소유권(211조)을 승계하는 것이 아니라, 내부적으로는 단지 관리만 위탁받았으며, 그 본래의 목적에 따라 제사를 정성스럽게 거행하여야 하는 의무를 부담하는 구속성이 있는 소유권을 승계한 것」이라고 한다. 그리고 제사용 재산은 제사 주재자가 단독으로 처분하지 못하고, 관련자들의 합의 하에 매각할 수 있다고 한다.

결론을 내리기 전에 구체적인 사안을 가지고 생각해보기로 한다. 가령 제사용 재산으로 고가인 1정보(3,000평)의 임야가 있고 5기의 분묘에 역시 고가인 3,000평의 묘토가 있는 상태에서, 상속인 중 특정인이 그 재산을 승계하였다고 하자. 그런데 그 자가 제사를 거행하지 않고 그 재산을 마음대로 처분할 수 있다고 한다면 제1008조의 3의 취지상 올바른 것인가? 그렇지 않다. 그 규정은 적어도 그 재산을 승계한 자가 제사를 거행할 것을 전제로 하고 있다고 보아야 한다. 다만, 그 규정이 그러한 취지를 살리기에 대단히 부족한 모습을 하고 있을 뿐이다. 우선 「제사를 주재하여야 할 자」라고 하지 않고, 단순히 「제사를 주재하는 자」라고 하고 있다(정긍식, 위의 논문, 378면도 참조). 그리고 제사를 거행하지 않을 경우에 그것을 되돌릴 수 있는 방법을 정해 놓지도 않았다. 그러나 그럼에도 불구하고 승계자가 제사를 거행하지 않으면 제사 주재자가 그 재산을 찾아갈 수 있어야 한다. 그 점에서 보면, 제사용 재산의 회복에 상속회복청구권의 제척기간 규정을 적용하는 판례도 재고되어야 한다(대판 2006. 7. 4, 2005다45452는 상속회복청구권의 제척기간 규정을 적용하고 있음). 무엇보다도 제1008조의 3을 보다 깊이 연구하여 바람직한 내용으로 수정 · 보완할 필요가 있다.

Ⅱ. 상속분(相續分) [253]

1. 서 설

(1) 상속분의 의의

상속분은 여러 가지 의미가 있다. ① 각 공동상속인이 상속재산에 대하여 가지는 권리 · 의무의 비율(1007조 · 1009조의 경우), ② 각 공동상속인이 승계할 상속재산의 가액(이는 상속재산의 가액에 ①의 비율을 곱하여 산정함)(1008조 · 1008조의 2의 경우), ③ 상속재산 분할 전의 각 공동상속인의 지위(1011조의 경우) 등이 그것이다. 이들 가운데 보통 상속분이라고 하면 ①을 가리킨다.

(2) 지정상속분 문제

피상속인이 유언으로 상속분을 지정할 수 있는지가 문제된다. 이에 대하여 학설은 i) 긍정설(김용한, 329면; 김/김, 631면)과 ii) 부정설(곽윤직, 86면)로 나뉘어 있다. i)설은 피상속인이 포괄적 유증을 하면 상속분의 지정과 다를 바 없다고 하며, 그때의 상속분을 지정상속분이라 한다. 그리고 ii)설은 상속분의 지정은 유언사항이 아니어서 현행법상 지정상속분은 인정되지 못한다고 한다. 생각건대 민법상 포괄적 유증이 인정되고, 그때에는 사실상 법정상속분을 변경한 것과 같은 결과를 가져올 수는 있으나(언제나 그러한 것은 아님을 주의. 박병호, 356면), 그것은 결코 유언에 의한 상속분의 지정(이는 일본민법만이 두고 있는 제도임. 같은 법 902조)은 아니다. 따라서 포괄적 유증의 경우를 놓고 지정상속분이라고 표현해서는 안 된다(같은 취지: 곽윤직, 87면; 박병호, 355면. 반대 견해: 이경희, 436면).

[254] 2. 법정상속분

(1) 혈족상속인의 상속분

동순위의 상속인이 수인인 때에는 그 상속분은 균분으로 한다(1009조 1항). 성별, 부계인지 모계인지, 혼인 중의 자인지 여부 등은 전혀 묻지 않는다.

(2) 배우자상속인의 상속분

피상속인의 배우자의 상속분은 직계비속과 공동으로 상속하는 때에는 직계비속의 상속분의 5할을 가산하고, 직계존속과 공동으로 상속하는 때에는 직계존속의 상속분의 5할을 가산한다(1009조 2항). 예컨대 A가 그의 처 B와 아들 C · D, 딸 E를 남기고 사망한 경우에는, B · C · D · E는 각각 상속재산을 1.5:1:1:1로 상속한다. 그 결과 B의 상속분은 $\frac{1.5}{4.5}$이고, C · D · E의 상속분은 모두 똑같이 $\frac{1.0}{4.5}$씩이다. 피상속인에게 배우자만 있고 직계비속도 직계존속도 없는 때에는 배우자가 단독으로 상속한다(1003조 1항).

〈중혼 배우자의 상속분〉

전술한 바와 같이, 중혼취소의 소송 중에 배우자 일방이 사망한 때에는 그 후에 혼인취소판결이 확정되어도 두 혼인의 배우자가 모두 상속권을 갖는다([238] 참조). 그런데 그 경우에 배우자들의 상속분이 얼마인지 문제된다. 여기에 대하여는 학설로서 본래 배우자의 상속분의 1/2이라고 하는 견해가 있다(김/김, 589면; 박동섭, 575면). 그리고 하급심에서 위와 동일한 판단을 한 적이 있으나(대판 1996. 12. 23, 95다48308의 원심판결), 대법원에서는 그 문제가 다루어지지 않았다. 생각건대 위의 입장은 배우자 이외의 상속인이 불이익하지 않게 하려는 것이나, 그것은 배우자들을 불이익하게 하는 것이다. 배우자 중에는 혼인이 취소되어야 할 자도 있으나 정당한 자도 있다. 그리고 민법이 혼인취소의 경우도 취소될 때까지 혼인을 유효하게 다루고 있는데(824조), 그렇다면 배우자도 유효한 배우자로 인정함이 바람직하다. 따라서 두 배우자가 모두 본래의 상속분을 취득한다고 새겨야 한다.

(3) 대습상속인의 상속분

대습상속인의 상속분은 피대습자(즉 사망 또는 결격된 자)의 상속분과 같다(1010조 1항). 그리고 대습상속의 경우에 대습상속하는 직계비속이 수인인 때, 그리고 대습상속하는 배우자(피대습자의 배우자)가 있는 때에는, 피대습자의 상속분을 상속재산으로 하여 법정상속분의 방법으로 상속분을 정한다(1010조 2항). 따라서 피대습자의 직계비속의 상속분은 균등하고(1009조 1항), 피대습자의 배우자의 상속분은 직계비속의 상속분의 5할을 가산한다(1009조 2항). 물론 직계비속이 없으면 배우자가 단독으로 대습상속한다(1003조 2항).

3. 특별수익자의 상속분 [255]

(1) 특별수익의 반환제도

공동상속인 중 1인 또는 수인이 피상속인으로부터 재산의 증여 또는 유증을 받은 경우에 그 특별수익을 고려하지 않고 상속한다면 불공평하게 된다. 그리하여 민법은 특별수익자는 그 수증재산이 자기의 상속분에 달하지 못한 때에는 그 부족한 부분의 한도에서 상속분이 있다고 규정한다(1008조). 이 규정의 의미가 분명치는 않으나, 특별수익자가 있는 경우의 구체적인 상속분의 산정방법은 다음과 같다고 하여야 한다. 먼저 피상속인이 상속개시 당시에 가지고 있던 재산(적극재산만을 의미함)의 가액에 생전증여의 가액을 가산한 후, 이 가액에 각 공동상속인별로 법정상속분율을 곱하여 상속분의 가액을 정한다. 이 가액이 각 공동상속인의 상속분이 되나, 특별수익자의 상속분은 이 가액에서 수증재산인 증여 또는 유증의 가액을 공제한 것이 된다. 통설(곽윤직, 97면; 김/김, 635면 등) · 판례(대판 1995. 3. 10, 94다16571([260]에 인용함); 대결 2022. 6. 30, 2017스98 · 99 · 100 · 101[핵심판례 472면])도 같다. 이것이 특별수익의 반환제도이다(실제로 수증재산을 반환하는 것이 아니고, 상속재산에 그 가액을 포함시킬 뿐이다).

예를 들어본다. 사망 당시 재산가액이 1억원인 A가 자녀 B · C를 남기고 사망하였는데, A는 1년 전에 B를 결혼시키면서 생활자금으로 쓰라고 2,000만원을 증여하였다. 이 경우에 특별수익의 반환제도가 없다면, B · C는 각각 5,000만원씩 상속하게 될 것이다. 그러나 특별수익의 반환제도가 있는 현행법 하에서는 상속재산은 1억원에 증여된 2,000만원이 더해져 1억 2,000만원이 되고, 그리하여 B · C의 상속분은 일단 6,000만원씩이 된다. 그런데 B의 상속분은 이 6,000만원에서 이미 증여받은 2,000만원을 뺀 4,000만원이 된다.

(2) 반환의무자 [256]

1) 공동상속인 증여나 유증을 받은 공동상속인은 반환의무가 있다. 그런데 상속을 승인(단순승인 · 한정승인 불문)한 자에 한하며, 상속을 포기한 자는 반환의무가 없다(다만 특별수익이 다른 공동상속인의 유류분을 침해한 때에 유류분반환청구의 대상은 된다). 그리고 공동상속인의 직계비속 · 배우자 · 직계

존속이 증여 또는 유증을 받은 경우에는 반환의무가 없다. 다만, 증여 또는 유증의 경위 등 여러 사정을 고려해 볼 때 실질적으로 피상속인으로부터 상속인에게 직접 증여된 것과 다르지 않다고 인정되는 경우에는 공동상속인의 직계비속·배우자·직계존속 등에게 이루어진 증여나 유증도 특별수익으로서 고려할 수 있다(대결 2007. 8. 28, 2006스3·4).

〈판 례〉

「민법 제1008조는 '공동상속인 중에 피상속인으로부터 재산의 증여 또는 유증을 받은 자가 있는 경우에 그 수증재산이 자기의 상속분에 달하지 못한 때에는 그 부족한 부분의 한도에서 상속분이 있다'고 규정하고 있는바, 이와 같이 상속분의 산정에서 증여 또는 유증을 참작하게 되는 것은 원칙적으로 상속인이 유증 또는 증여를 받은 경우에만 발생하고, 그 상속인의 직계비속, 배우자, 직계존속이 유증 또는 증여를 받은 경우에는 그 상속인이 반환의무를 지지 않는다고 할 것이나, 증여 또는 유증의 경위, 증여나 유증된 물건의 가치, 성질, 수증자와 관계된 상속인이 실제 받은 이익 등을 고려하여 실질적으로 피상속인으로부터 상속인에게 직접 증여된 것과 다르지 않다고 인정되는 경우에는 상속인의 직계비속, 배우자, 직계존속 등에게 이루어진 증여나 유증도 특별수익으로서 이를 고려할 수 있다고 함이 상당하다.」(대결 2007. 8. 28, 2006스3·4)

판례는, 상속결격사유가 발생한 이후에 결격된 자가 피상속인으로부터 직접 증여를 받은 경우에 그 수익은 상속인의 지위에서 받은 것이 아니어서 원칙적으로 상속분의 선급으로 볼 수 없고, 따라서 결격된 자의 위와 같은 수익은 특별한 사정이 없는 한 특별수익에 해당하지 않는다고 한다(대결 2015. 7. 17, 2014스206·207). 판례는 그 이유로 특별수익자에 관한 제1008조는 공동상속인 중에 피상속인으로부터 재산의 증여 또는 유증을 받은 특별수익자가 있는 경우에 공동상속인들 사이의 공평을 기하기 위하여 그 수증재산을 상속분의 선급으로 다루어 구체적인 상속분을 산정함에 있어 이를 참작하도록 하려는 데 그 취지가 있다는 점을 든다.

2) 포괄적 수증자 법정상속인 이외의 제3자가 피상속인으로부터 포괄적 유증을 받은 때에는 반환의무가 없다는 데 견해가 일치한다. 제1008조의 취지는 공동상속인 사이의 형평을 꾀하려는 것이기 때문이다.

[257] **3) 대습상속의 경우**

(가) 피대습자가 피상속인으로부터 특별수익을 한 때에는 대습상속인은 언제나 반환의무가 있다고 새겨야 한다(같은 취지: 곽윤직, 101면; 김용한, 333면; 박동섭, 583면; 박병호, 362면; 신영호, 390면; 윤진수, 366면; 지원림, 2040면. 대습상속인이 현실

적으로 경제적 이익을 얻고 있는 경우에 한정하는 견해: 김/김, 637면; 이경희, 441면). 그런데 판례는, 피대습인이 대습원인의 발생 이전에 피상속인으로부터 생전증여로 특별수익을 받은 경우 그 생전증여는 대습상속인의 특별수익으로 봄이 타당하다고 한다(대판 2022. 3. 17, 2020다267620. 이 판례는 대결 2015. 7. 17, 2014스206 · 207과 같은 맥락에 있다).

(나) 대습상속인 자신이 피상속인으로부터 특별수익을 한 때에 관하여는 학설이 대립한다. i) 하나의 견해는 대습상속인이 실제로 공동상속인의 자격을 취득하게 되는 시점(즉 피대습자가 사망 또는 결격된 때) 이전에 수익하였든 그 이후에 수익하였든 언제나 반환의무가 있다고 하나(김/김, 637면; 박동섭, 583면), ii) 다른 견해는 대습상속인이 실제로 공동상속인의 자격을 취득하게 되는 시점 이후에 수익한 경우에만 반환의무가 있다고 한다(곽윤직, 101면; 박병호, 363면). 그리고 판례는, 제1008조는 공동상속인 중에 피상속인으로부터 재산의 증여 또는 유증을 받은 특별수익자가 있는 경우 공동상속인들 사이의 공평을 기하기 위하여 수증재산을 상속분의 선급으로 다루어 구체적인 상속분을 산정함에 있어 이를 참작하도록 하려는 데 취지가 있다고 한 뒤, 대습상속인이 대습원인의 발생 이전에 피상속인으로부터 증여를 받은 경우 이는 상속인의 지위에서 받은 것이 아니므로 상속분의 선급으로 볼 수 없으며(그렇지 않고 이를 상속분의 선급으로 보게 되면, 피대습인이 사망하기 전에 피상속인이 먼저 사망하여 상속이 이루어진 경우에는 특별수익에 해당하지 아니하던 것이 피대습인이 피상속인보다 먼저 사망하였다는 우연한 사정으로 인하여 특별수익으로 되는 불합리한 결과가 발생한다고 한다), 따라서 대습상속인의 위와 같은 수익은 특별수익에 해당하지 않는다고 하여(대판 2014. 5. 29, 2012다31802), ii)설과 같다. 판례 및 ii)설에 찬성한다.

〈판례〉

「구체적 상속분 산정을 위한 분할대상 상속재산에 포함되는 증여에 해당하는지 여부를 판단할 때에는 피상속인의 재산처분행위의 법적 성질을 형식적 · 추상적으로 파악하는 데 그쳐서는 안 되고, 재산처분행위가 실질적인 관점에서 피상속인의 재산을 감소시키는 무상처분에 해당하는지 여부에 따라 판단해야 한다(대법원 2021. 8. 19. 선고 2017다230338 판결, 대법원 2022. 8. 11. 선고 2020다247428 판결 참조). 피상속인이 피대습인을 피보험자로 하되 대습상속인을 보험수익자로 지정한 생명보험계약을 체결하고 보험계약자로서 보험료를 납부하다가 피대습인이 사망하여 대습상속인이 생명보험금을 수령한 경우, 대습상속인을 보험수익자로 지정한 때 이미 실질적으로 피상속인의 재산을 감소시키는 증여가 있었다고 봄이 타당하다. 이와 같이 대습상속인이 대습원인 발생 전에 보험수익자로 지정된 이상 그 후에 피대습인의 사망이라는 조건 성취에 따라 생명보험금을 수령하였더라도, 그 보험금은 대습상속인이 상속인의 지위에서 받은 것이 아니므로 상속분의 선급인 특별수익으로 볼 수 없다.」(대결 2024. 6. 13, 2024스525·526)

4) 혼인 · 입양으로 상속인이 된 자 수익 당시에는 상속인이 될 지위에 있지 않았지만 그 후 증여자 또는 유증자(피상속인)의 배우자나 양자로 된 경우에는 반환의무가 있다(이설 없음).

[258] **(3) 특별수익의 범위**

1) 생전증여 우리의 일상생활에 비추어 볼 때 생전증여의 경우 그 전부를 반환하게 하는 것은 적절하지 않다. 그런데 어떤 범위에 한정할 것인지가 문제이다. 다른 나라와 달리 우리 민법에는 이에 대하여 명문규정이 없다. 판례에 의하면, 어떤 생전증여가 특별수익에 해당하는지는 피상속인의 생전의 자산 · 수입 · 생활수준 · 가정상황 등을 참작하고 공동상속인들 사이의 형평을 고려하여 당해 생전증여가 장차 상속인으로 될 자에게 돌아갈 상속재산 중 그의 몫의 일부를 미리 주는 것이라고 볼 수 있는지에 의하여 결정하여야 할 것이라고 한다(대판 1998. 12. 8, 97므513 · 520, 97스12; 대판 2011. 12. 8, 2010다66644; 대판 2022. 3. 17, 2021다230083 · 230090). 구체적으로 보면 사업자금 · 주택구입자금은 특별수익이나, 부양비용 · 일반적인 의료비는 아니다.

〈판 례〉

(ㄱ) 대법원은, 공동상속인이 다른 공동상속인에게 무상으로 자신의 상속분을 양도하는 것은 특별한 사정이 없는 한 유류분에 관한 제1008조의 증여에 해당한다고 하며(대판 2021. 7. 15, 2016다210498; 대판 2021. 8. 19, 2017다230338), 공동상속인 사이에 이루어진 상속재산 분할협의의 내용이 어느 공동상속인만 상속재산을 전부 취득하고 다른 공동상속인은 상속재산을 전혀 취득하지 않는 것이라면, 실질적인 관점에서 볼 때 공동상속인의 합의에 따라 상속분을 무상으로 양도한 것과 마찬가지라고 한다(대판 2021. 8. 19, 2017다230338. 상속재산 분할이 상속이 개시된 때 소급하여 효력이 있다고 해도(1015조 본문), 위와 같이 해석하는 데 지장이 없다고 함). 그런데 상속의 포기는 상속이 개시된 때에 소급하여 그 효력이 있고(1042조), 포기자는 처음부터 상속인이 아니었던 것이 되므로, 수인의 상속인 중 1인을 제외한 나머지 상속인들의 상속포기 신고가 수리되어 결과적으로 그 1인만이 단독상속하게 되었다고 하더라도 그 1인의 상속인이 상속포기자로부터 그 상속지분을 유증 또는 증여받은 것이라고 볼 수 없다고 한다(대결 2012. 4. 16, 2011스191 · 192).

(ㄴ) 「생전증여를 받은 상속인이 배우자로서 일생 동안 피상속인의 반려가 되어 그와 함께 가정공동체를 형성하고 이를 토대로 서로 헌신하며 가족의 경제적 기반인 재산을 획득 · 유지하고 자녀들에 대한 양육과 지원을 계속해 온 경우, 그 생전증여에는 위와 같은 배우자의 기여나 노력에 대한 보상 내지 평가, 실질적 공동재산의 청산, 배우자의 여생에 대한 부양의무의 이행 등의 의미도 함께 담겨 있다고 봄이 상당하므로 그러한 한도 내에서는 위 생전증여를 특별수익에서 제외하더라도 자녀인 공

동상속인들과의 관계에서 공평을 해친다고 말할 수 없다.」(대판 2011. 12. 8, 2010다66644)

(ㄷ) 「피상속인으로부터 생전증여를 받은 상속인이 피상속인을 특별히 부양하였거나 피상속인의 재산의 유지 또는 증가에 특별히 기여하였고, 피상속인의 생전증여에 상속인의 위와 같은 특별한 부양 내지 기여에 대한 대가의 의미가 포함되어 있는 경우와 같이 상속인이 증여받은 재산을 상속분의 선급으로 취급한다면 오히려 공동상속인들 사이의 실질적인 형평을 해치는 결과가 초래되는 경우에는 그러한 한도 내에서 생전증여를 특별수익에서 제외할 수 있다. 여기서 피상속인이 한 생전증여에 상속인의 특별한 부양 내지 기여에 대한 대가의 의미가 포함되어 있는지 여부는 … 등을 종합적으로 고려하여 형평의 이념에 맞도록 사회일반의 상식과 사회통념에 따라 판단하여야 한다. 다만 … 피상속인의 생전증여를 만연히 특별수익에서 제외하여 유류분제도를 형해화시키지 않도록 신중하게 판단하여야 한다.」(대판 2022. 3. 17, 2021다230083 · 230090)

2) 유　증　유증은 그 목적을 불문하고 반환의 대상이다. 그런데 유증의 목적물은 상속개시시에는 아직 상속재산에 포함되어 있으므로 생전증여의 경우처럼 그 가액을 가산할 필요가 없다.

3) 생명보험금 · 사망퇴직금 등　생명보험금(다수설은 이 경우 실제로 지급한 보험료 액이 아니고 피상속인 사망시의 해약반환액을 특별수익으로 봄. 김/김, 639면; 신영호, 391면; 이경희, 442면) · 사망퇴직금 · 유족연금 등은 상속재산에 포함되지는 않지만 특별수익에는 해당한다.

(4) 특별수익의 평가기준시기와 평가방법 [259]

1) 평가기준시기　특별수익으로서 반환되는 것은 현물이 아니라 가액이고, 생전증여는 증여시와 상속개시시 사이에 상당한 시간적 간격이 있을 수 있기 때문에, 반환재산의 가액을 어느 시점을 기준으로 하여 평가할 것인지가 문제된다. 여기에 관하여 학설은 i) 상속개시시설(김용한, 335면; 김/김, 640면; 박동섭, 586면; 신영호, 392면; 이경희, 443면; 지원림, 2043면), ii) 상속재산분할시설(박병호, 364면), iii) 증여이행시설, 즉 증여 때의 가액으로 평가하고 이를 물가지수에 따라 상속개시시의 가액으로 환산하여 평가하려는 견해(곽윤직, 108면)로 나뉘어 있다. 그리고 판례는 원칙적으로 상속개시시를 기준으로 한다(대결 1997. 3. 21, 96스62; 대결 2022. 6. 30, 2017스98 · 99 · 100 · 101[핵심판례 472면]). 사견으로는 상속개시 당시를 기준으로 가액을 평가하는 것이 가장 공평할 것이라고 생각된다.

2) 평가방법

(가) 수증자의 행위에 의하여 증여의 목적물이 멸실하거나 가액의 증감이 있는 경우에는 상속개시시에 원상태대로 존재하는 것으로 의제하여 평가한다.

(나) 천재지변 기타 불가항력으로 목적물이 멸실한 경우에는 그 가액을 가산하지 않는다. 그러지 않으면 수익자에게 가혹하기 때문이다.

(다) 불가항력에 의하여 목적물의 가액이 증감한 경우에는 상속개시시에 있어서의 그 물건의 시가로 평가한다.

(라) 목적물이 자연적으로 낡게 된 경우에는 상속개시시에 원상태대로 존재하는 것으로 의제하여 평가한다.

(마) 금전이 증여된 경우에는 상속개시시의 화폐가치로 환산평가하여야 한다.

[260] (5) 특별수익의 가액이 상속분을 초과하는 경우의 처리

특별수익의 가액이 수익자의 상속분에 미달하는 경우에는 그 부족분이 그의 상속분으로 되어 그 부분만큼 상속받게 된다. 그리고 특별수익의 가액이 수익자의 상속분을 초과하는 경우에는 수익자는 상속재산으로부터 더 이상 상속받을 수는 없다. 그런데 그 초과부분을 반환하여야 하는지가 문제된다. 여기에 관하여 학설은 i) 반환하여야 한다는 견해(반환을 금지하던 1008조 단서가 1977년의 민법개정시에 삭제되었다는 이유로)(김/김, 641면), ii) 공동상속인의 유류분을 침해한 경우에만 반환하여야 한다는 견해(김용한, 335면; 박동섭, 588면; 박병호, 365면; 이경희, 444면; 지원림, 2043면), iii) 반환할 필요가 없다는 견해(곽윤직, 109면)로 나뉘어 있다. 생각건대 과거에 있던 초과부분 반환금지규정은 유류분제도가 신설되면서 삭제되었다. 그리고 그 취지는 유류분을 침해한 액은 특별수익재산으로서 반환해야 하고 그렇지 않은 한 반환하지 않게 하려는 데 있다. 이러한 점을 고려할 때 ii)설이 타당하다.

대습상속인이 특별수익자인 경우에는 그 대습상속인은 상속을 받지 못한다. 그런데 다른 대습상속인이 있으면 그 대습상속인은 피대습자의 상속분을 상속할 수 있다고 할 것이다.

(6) 특별수익자가 있는 경우의 상속채무의 분담방법

공동상속인 중에 특별수익자가 있는 경우에도 상속채무의 분담은 법정상속분에 의한다(이설이 없으며, 판례도 같음. 대판 1995. 3. 10, 94다16571).

〈판 례〉

「민법 제1008조에서 "공동상속인 중에 피상속인으로부터 재산의 증여 또는 유증을 받은 자가 있는 경우에 그 수증재산이 자기의 상속분에 달하지 못한 때에는 그 부족한 부분의 한도에서 상속분이 있다"고 규정하고 있는바, 이는 공동상속인 중에 피상속인으로부터 재산의 증여 또는 유증을 받은 특별수익자가 있는 경우에 공동상속

인들 사이의 공평을 기하기 위하여 그 수증재산을 상속분의 선급으로 다루어 구체적인 상속분을 산정함에 있어 이를 참작하도록 하려는 데 그 취지가 있다. 위 규정의 적용에 따라 공동상속인 중에 특별수익자가 있는 경우의 구체적인 상속분의 산정을 위하여는, 피상속인이 상속개시 당시에 가지고 있던 재산의 가액에 생전증여의 가액을 가산한 후, 이 가액에 각 공동상속인별로 법정상속분율을 곱하여 산출된 상속분의 가액으로부터 특별수익자의 수증재산인 증여 또는 유증의 가액을 공제하는 계산방법에 의하여 할 것이고, 여기서 이러한 계산의 기초가 되는 "피상속인이 상속개시 당시에 가지고 있던 재산의 가액"은 상속재산 가운데 적극재산의 전액을 가리키는 것으로 보아야 옳다. 그렇지 않고 이를 상속의 대상이 되는 적극재산으로부터 소극재산, 즉 피상속인이 부담하고 있던 상속채무를 공제한 차액에 해당되는 순재산액이라고 파악하게 되면, 자기의 법정상속분을 초과하여 특별이익을 얻은 초과특별수익자는 상속채무를 전혀 부담하지 않게 되어 다른 공동상속인에 대하여 심히 균형을 잃게 되는 부당한 결과에 이르기 때문에 상속인들은 상속의 대상이 되는 적극재산에 증여재산을 합한 가액을 상속분에 따라 상속하고, 소극재산도 그 비율대로 상속한다고 보아야 할 것이다.」(대판 1995. 3. 10, 94다16571)

〈피상속인이 특별수익의 반환(조정)을 면제하는 의사표시를 한 경우〉

문헌(곽윤직, 114면; 신영호, 389면. 윤진수, 378면도 같은 입장임)에 따라서는, 피상속인이 특별수익자에 대하여 반환(조정)을 면제하는 의사표시를 한 경우에는 당연히 그 의사표시에 따라야 할 것이라고 한다. 그러면서 그 이유로, 제1008조는 각 공동상속인 사이의 공평을 꾀하려는 것이나 동시에 그것이 피상속인의 의사라고 추측하기 때문이라는 점, 많은 입법례(독일 민법 2050조 1항, 일본 민법 903조 3항)가 그러한 규정을 두고 있다는 점을 든다(곽윤직, 114면. 신영호, 390면은 피상속인의 재산처분의 자유와 유인의 지위를 고려할 때 그렇다고 함).

생각건대 위와 같은 결과를 인정하는 것은 법률규정이 없음에도 불구하고 다른 사람의 권리·의무에 영향을 미치는 한 종류의 단독행위의 효력을 인정하는 것이다. 이는 민법의 기본원칙과 법률행위의 법리에 어긋나서 허용될 수 없다(민법총칙 [83] 참조). 즉 위의 것은 입법론으로는 주장될 수 있으나, 현행 민법의 해석론으로는 받아들일 수 없다.

4. 기여분(寄與分) [261]

(1) 의 의

1) 기여분제도는 공동상속인 중에 피상속인의 재산의 유지 또는 증가에 관하여 특별히 기여하거나 피상속인을 특별히 부양한 자가 있는 경우에 상속분을 정함에 있어서 그러한 기여나 부양을 고려하는 제도이다. 구체적으로는, 상속개시 당시의 피상속인의 재산가액에서 특별기여자의 기여분을 공제한 것을 상속재

산으로 보고 각 공동상속인의 상속분을 산정한 뒤, 그 산정된 상속분에 기여분을 가산한 액을 기여자(기여분 권리자)의 상속분으로 하는 것이다(1008조의 2 1항).

2) 기여분제도는 공동상속인 사이의 실질적 공평을 도모하려고 하는 점에서 특별수익의 반환제도와 그 취지가 같다. 그러나 후자는 이미 수익을 받은 자가 있을 경우에 그의 상속분을 적게 하는 것이고, 전자는 특별기여자가 있을 경우에 그의 상속분을 높여주는 것이다.

(2) 기여분을 받기 위한 요건

1) 기여분 권리자의 범위

㈎ **공동상속인** 기여분을 받을 수 있는 자(기여분 권리자)는 상속재산의 분할에 참가하는 공동상속인에 한정된다. 따라서 피상속인의 자녀가 있으면 피상속인의 직계존속 또는 형제자매가 특별기여를 하였더라도 기여분을 청구하지 못한다(같은 취지: 대판 2001. 3. 9, 99다13157). 그리고 상속결격자(1004조 참조)·상속포기자(1041조 참조)·포괄적 수증자(1078조 참조)·사실혼의 배우자·사실상의 양자도 기여분 권리자가 아니다. 이들처럼 실질적으로는 특별한 기여를 했지만 공동상속인이 아니어서 기여분을 받을 수 없는 자는 그들의 기여로 인하여 피상속인에게 부당이득이 존재하거나 피상속인과의 공유관계가 인정되는 경우에는 부당이득의 반환청구나 공유지분 주장을 할 수 있을 뿐이다.

특별히 기여한 자가 공동상속인인 이상 그가 특별수익자이어서 구체적으로 상속받을 것이 없어도 기여분은 받을 수 있다(같은 취지: 신영호, 400면).

기여분 권리자는 1인에 한정되지 않는다. 공동상속인 중에 특별히 기여한 자가 2인 이상인 경우에는 그들 모두가 기여분 권리자로 될 수 있는 것이다(이설 없음). 물론 이들의 기여분액은 기여분 산정의 방법에 의하여 정해지며 동일한 액으로 되는 것은 아니다.

㈏ **대습상속인** 먼저 대습상속인이 그 자신의 기여를 주장하여 기여분을 청구할 수 있는가? 대습원인이 발생한 후에 한 기여는 상속자격을 취득한 후의 것이므로 당연히 주장할 수 있다. 문제는 대습원인이 발생하기 전에 한 기여도 주장할 수 있는지이다. 여기에 관하여 학설은 i) 긍정설(곽윤직, 117면; 김/김, 646면; 박동섭, 593면; 윤진수, 379면)과 ii) 부정설(신영호, 401면)로 나뉘어 있다. 생각건대 공동상속인 사이의 실질적 공평을 도모하려고 하는 기여분제도의 취지를 고려해 볼 때 기여시기가 상속자격을 취득

하기 전인지 후인지를 묻지 않고 기여를 주장할 수 있다고 하여야 한다. 결국 i)의 긍정설이 타당하다.

다음에 대습상속인은 피대습자가 한 기여도 주장할 수 있다고 해야 한다(이설 없음). 그것이 기여분제도의 취지에 맞기 때문이다. 상속결격으로 인하여 대습상속이 행하여지는 경우에도 대습상속인이 피대습자의 기여를 주장할 수 있는지에 관하여 부정하는 견해가 있을 수 있으나, 기여분제도의 취지상 긍정함이 타당하다.

㈐ **그 밖에 문제되는 경우** 상속인이 그의 처나 자녀가 피상속인의 사업에 특별히 기여한 경우에 그 기여를 주장할 수 있는가? 부정하여야 할 것이다(같은 취지: 박동섭, 593면; 신영호, 401면; 이경희, 446면). 그리고 피상속인과 혼인하여 상속인을 낳은 뒤 이혼하거나 사망한 피상속인의 처가 특별히 기여한 경우에도 그 상속인은 자신의 어머니의 기여를 주장할 수 없다고 해야 한다(같은 취지: 신영호, 401면). 어머니의 기여는 상속인 자신의 기여도 아니고 또 그가 대습상속인도 아니기 때문이다.

2) **기여의 종류와 정도** 민법은 고려되는 기여로 특별부양과 재산상의 특별기여의 두 가지를 규정하고 있다(1008조의 2 1항). 따라서 이들에 해당하지 않는 정신적인 협력이나 원조는 기여가 아니다. 그리고 여기서 특별부양 또는 특별기여라 함은 부양 또는 기여가 가족관계 내지 친족관계에 있어서 일반적으로 기대되는 공헌의 정도를 넘어서, 이를 무시하고 본래의 상속분에 따라 분할한다면 불공평하게 되는 것을 의미한다. [262]

㈎ **특별부양** 상당한 기간 동거·간호 기타의 방법으로 피상속인을 특별히 부양한 경우에는 기여분을 청구할 수 있다. 그런데 여기의 특별부양으로 되려면 친족간의 통상의 부양의무(826조 1항·913조·974조-979조 참조)의 범위를 넘는 것이어야 한다. 판례는 처가 교통사고를 당한 남편을 간병한 경우에 대하여 부부간의 부양의무 이행의 일환일 뿐 상속재산 취득에 특별히 기여한 것으로 볼 수 없다고 한다(대결 1996. 7. 10, 95스30·31). 그리고 대법원은 최근에 배우자가 장기간 동거·간호한 경우에 대하여, 먼저 기존의 판례에서 기여분을 인정하기 위해서는 공동상속인들 사이의 공평을 위하여 상속분을 조정하여야 할 필요가 있을 만큼 피상속인을 특별히 부양하였다거나 상속재산의 유지·증가에 특별히 기여하였다는 사실이 인정되어야 하고 또 기여분결정 청구를 한 공동상속인의 '신분상의 지위'에 따라 기여분 인정 여부를 달

리하지 않았다고 전제한 뒤, 배우자가 장기간 피상속인과 동거하면서 피상속인을 간호한 경우, 민법 제1008조의 2의 해석상 가정법원은 배우자의 동거 · 간호가 부부 사이의 제 1 차 부양의무 이행을 넘어서 '특별한 부양'에 이르는지 여부와 더불어 동거 · 간호의 시기와 방법 및 정도뿐 아니라 동거 · 간호에 따른 부양비용의 부담 주체, 상속재산의 규모와 배우자에 대한 특별수익액, 다른 공동상속인의 숫자와 배우자의 법정상속분 등 일체의 사정을 종합적으로 고려하여 공동상속인들 사이의 실질적 공평을 도모하기 위하여 배우자의 상속분을 조정할 필요성이 인정되는지 여부를 가려서 기여분 인정 여부와 그 정도를 판단할 것이라고 하였다(대결(전원) 2019. 11. 21, 2014스44 · 45). 그러고 나서, 배우자의 장기간 동거 · 간호에 따른 무형의 기여행위를 기여분을 인정하는 요소 중 하나로 적극적으로 고려할 수 있을 것이지만, 이러한 배우자에게 기여분을 인정하기 위해서는 앞서 본 바와 같은 일체의 사정을 종합적으로 고려하여 공동상속인들 사이의 실질적 공평을 도모하기 위하여 배우자의 상속분을 조정할 필요성이 인정되어야 할 것이라고 하였다(대결(전원) 2019. 11. 21, 2014스44 · 45. 여기에는 대법관 1인의 반대의견이 있음). 그러면서 그 결정 사안에서 처로서 간호한 것이 부부로서 부양의무를 이행한 정도에 불과하여 기여분을 인정하기에는 부족하다고 한 원심판단이 정당하다고 하였다.

특별부양이 있는 경우에는 그 부양으로 피상속인의 재산의 유지나 증가에 기여가 있을 필요는 없다(같은 취지: 김/김, 647면. 1008조의 2 1항이 개정되기 전의 대결 1996. 7. 10, 95스30 · 31; 대판 1998. 12. 8, 97므513 · 520, 97스12도 참조).

〈판　례〉

「성년(成年)인 자(子)가 부양의무의 존부나 그 순위에 구애됨이 없이 스스로 장기간 그 부모와 동거하면서 생계유지의 수준을 넘는 부양자 자신과 같은 생활수준을 유지하는 부양을 한 경우에는 앞서 본 판단기준인 부양의 시기 · 방법 및 정도의 면에서 각기 특별한 부양이 된다고 보아 각 공동상속인 간의 공평을 도모한다는 측면에서 그 부모의 상속재산에 대하여 기여분을 인정함이 상당하다고 할 것이다.」(대판 1998. 12. 8, 97므513 · 520, 97스12: 피상속인의 4녀 중 둘째딸이 결혼 이후에도 피상속인이 사망할 때까지 30년이 넘도록 동거 · 부양한 경우)

(나) 재산상의 특별기여 　가령 피상속인이 경영하는 농업 · 자영업 등의 사업에 노무를 제공하거나 또는 재산을 제공하여 피상속인의 재산을 유지 또는 증가시킨 경우가 이에 해당한다. 배우자의 가사노동은 특별한 기여가 아니다. 왜냐하면 배우자는 부부로서 동거 · 부양 · 협조의무가 있고 가사노동은 그 의무의 범

위 내의 행위에 해당하기 때문이다. 한편 기여에 대하여 상응하는 대가를 받은 경우에는 여기의 특별한 기여로 될 수 없다. 가령 고용계약이나 조합계약에 의하여 기여를 한 경우에 그렇다. 그리고 계약관계는 없었지만 피상속인이 기여에 대하여 적절한 생전증여를 한 경우에도 마찬가지이다. 그러나 받은 대가가 기여에 미치지 못한 때에는 부족액에 관하여 기여가 인정될 수 있다.

특별한 기여로 인정되려면 상속인의 기여행위와 상속재산의 유지·증가 사이에 인과관계가 있어야 한다(이설 없음).

(3) 기여분의 결정 [263]

1) 기여분은 1차적으로 모든 공동상속인의 협의에 의하여 정하고(1008조의 2 1항), 협의가 되지 않거나 협의할 수 없는 때에는 기여자의 청구에 의하여 가정법원이 심판으로 결정한다(1008조의 2 2항). 그리고 기여분을 유언으로 정할 수는 없다. 기여분 지정은 유언사항이 아니기 때문이다.

공동상속인들이 협의에 의하여 기여분을 결정하는 경우에 기여분은 금액으로 정할 수도 있고 일정한 동산이나 부동산과 같은 현물로 정할 수도 있다. 한편 상속재산 분할이 종료된 뒤에는 기여분 청구를 할 수 없다고 새겨야 한다(같은 취지: 김/김, 648면; 박동섭, 597면; 신영호, 406면). 상속재산 분할은 반드시 법정상속분에 따라서 해야 하는 것이 아니어서 상속재산 분할과정에서 기여분·특별수익이 고려되었다고 보아야 하기 때문이다.

기여분의 결정에는 조정전치주의가 적용된다(가소 2조 1항 마류사건 9)·50조). 따라서 심판에 앞서 조정을 거쳐야 한다. 그리고 기여분 결정에 관한 심판은 기여한 상속인(1인 또는 수인)이 청구하여야 한다(1008조의 2 2항, 가소규 110조). 기여분 산정에 관한 발의는 공동상속인 모두가 할 수 있으나, 심판청구권자는 기여상속인만이다. 그리고 그 심판의 상대방은 나머지 상속인 전원이다(가소 47조, 가소규 110조). 필수적 공동비송인 것이다.

2) 기여분은 상속재산 분할의 전제문제로서의 성격을 갖는 것이므로, 기여분 결정의 심판청구는 상속재산 분할의 청구(1013조 2항)나 조정신청이 있는 경우에 한하여 할 수 있고(이 두 청구는 동시에 할 수도 있다), 다만 예외적으로 상속재산 분할 후라도 피인지자(被認知者)나 재판의 확정에 의하여 공동상속인이 된 자의 상속분에 상당한 가액의 지급청구가 있는 경우(1014조)에도 할 수 있다(1008조의 2 4항). 따라서 단지 유류분반환청구만 있는 경우에는 기여분 결정청구가 허용되지 않는다(대결 1999. 8. 24, 99스28). 그리고 기여

분은 상속재산 분할의 전제문제로서의 성격을 가지는 것으로서, 상속인들의 상속분을 일정부분 보장하기 위하여 피상속인의 재산처분의 자유를 제한하는 유류분과는 서로 관계가 없으므로, 공동상속인 중에 상당한 기간 동거 · 간호 그 밖의 방법으로 피상속인을 특별히 부양하거나 피상속인의 재산의 유지 또는 증가에 특별히 기여한 사람이 있을지라도 공동상속인의 협의 또는 가정법원의 심판으로 기여분이 결정되지 않은 이상 유류분반환청구 소송에서 자신의 기여분을 주장할 수 없다(대판 1994. 10. 14, 94다8334(피고가 된 기여상속인이 상속재산 중 자신의 기여분을 공제할 것을 항변으로 주장할 수는 없다); 대판 2015. 10. 29, 2013다60753).

[264] (4) 기여분의 산정

1) **산정방법** 기여분을 산정함에 있어서는 기여의 시기 · 방법 및 정도와 상속재산의 액 기타의 사정을 참작하여야 한다(1008조의 2 2항). 그리고 기여분은 상속이 개시된 때의 피상속인의 재산가액에서 유증의 가액을 공제한 액을 넘지 못한다(1008조의 2 3항). 이는 기여분보다는 유증을 우선시키기 위한 것이다. 그러나 이 규정의 타당성은 의심스럽다.

상속채무는 기여자가 있는 경우에도 법정상속분에 따라서 분담하는 것이므로, 기여분의 산정은 상속채무와는 무관하나, 상속채무를 고려하지 않고 기여분을 정하면 기여자 이외의 공동상속인이 취득하는 적극재산보다 채무가 많아질 가능성이 커지므로, 기여분을 산정함에 있어서는 상속채무도 「기타의 사정」(1008조의 2 2항 참조)의 하나로 참작하여야 한다(같은 취지: 곽윤직, 120면; 박동섭, 598면).

[265] 2) **기여분과 특별수익** 공동상속인 가운데 기여자뿐만 아니라 특별수익자(1008조)도 있는 경우에 기여분 공제와 특별수익 가산을 어떤 순서로 할 것인지가 문제된다. 여기에 관하여 학설은 i) 두 규정을 동시에 적용하여야 한다는 견해(곽윤직, 123면; 박동섭, 600면; 박병호, 373면; 신영호, 412면; 지원림, 2046면)와 ii) 먼저 기여분을 공제하고 특별수익을 가산하여야 한다는 견해(김/김, 650면)로 나뉘어 있다. 그런데 이들 견해는 두 가지 중 어느 것을 먼저 하든 상속분을 산정하는 상속재산은 동일하게 되므로 결과에서 차이가 생기지 않는다. 논의의 실익이 없는 논란이다.

〈참 고〉

기여분 공제와 특별수익 가산의 순서에 관하여 우리나라에서 실제로 주장되고 있는 두 견해는 구체적인 계산결과에서 정확하게 일치한다(동시적용설을 취하는 곽윤직, 123면과 기여분 공제 우선설을 취하는 김/김, 650면 참조). 그리하여 저자는 어떤 견해에 따르든 차이가 없고, 따라서 논의의 실익이 없다고 하였다. 그런데 두 견해와 특별수익 가산 우선설에 의한 구체적인 계산방법을 제시하면서 그들 견해의 결과가 전혀 다르다고 기술하는 문헌이 있다(신영호, 410면 이하). 이에 의하면 우리의 학설들은 모두 동시적용설에 따른 것이 된다. 그리고 특별수익 가산 우선설(제1008조 우선 적용설)과 기여분 공제 우선설(제1008조의 2 우선적용설)에 따르면 각각 먼저 특별수익을 가산하거나 기여분은 공제하여 구체적 상속분을 계산하고 그 상속분액의 비율을 상속분으로 하여 나머지 단계(즉 각각 기여분을 공제하거나 특별수익을 가산하여)의 상속액을 정하게 된다.

동시적용설이 아닌 다른 견해가 위의 문헌의 설명과 같은 것이라면 각 견해의 결과는 같지 않다. 그러므로 그때에는 논의의 실익이 있는 것이어서 서사의 입장 결정을 해야 한다. 그렇다는 전제에서 살펴본다면 동시적용설을 취하여야 한다. 우선 다른 두 견해는 특별수익이 가산된 것과 기여분이 공제된 상태로 계산한 뒤에 정해진 상속분액의 비율이 왜 다음단계의 상속분이 되어야 하는지 이해할 수 없다. 그리고 특별수익 가산이나 기여분 공제는 그 취지가 동일하므로 함께 적용하는 것이 옳다.

〈특별상속인 · 기여상속인이 병존하는 경우의 구체적인 계산방법〉 [266]

하나의 상속에서 특별수익자와 기여상속인이 병존하는 경우에 동시적용설에 따라 구체적으로 상속분을 계산하는 방법을 예를 들어 설명하기로 한다.

다음과 같은 예가 있다고 하자. A(피상속인)가 처 B, 자녀 C · D · E를 남기고 사망하였다. 사망 당시 A의 재산 가액은 1억 1,000만원인데, C는 A의 생전에 A로부터 특별히 1,000만원의 지원을 받았고, E는 A에 대하여 3,000만원의 특별기여를 하였다. 이 경우에 A의 재산은 누구에게 얼마씩 상속되는가?

(ㄱ) 이 예에서 각 상속인의 구체적인 상속액을 산정하려면 먼저 특별수익을 가산하고 기여분을 공제하여 상속재산 가액을 산출하고 그것을 각자의 상속분과 곱하여야 한다.

- 상속재산 가액 … 1억 1,000만원 + 1,000만원(특별수익) − 3,000만원(기여분) = 9,000만원
- 각 상속인의 법정상속분 B : C : D : E = 1.5 : 1.0 : 1.0 : 1.0

$$= \frac{1.5}{4.5} : \frac{1.0}{4.5} : \frac{1.0}{4.5} : \frac{1.0}{4.5} = \frac{3}{9} : \frac{2}{9} : \frac{2}{9} : \frac{2}{9}$$

- 각 상속인의 구체적 상속분 B … 9,000만원 $\times \frac{3}{9}$ = 3,000만원

C … 9,000만원 $\times \frac{2}{9}$ = 2,000만원

D … 9,000만원 $\times \frac{2}{9}$ = 2,000만원

E … 9,000만원 $\times \frac{2}{9}$ = 2,000만원

(ㄴ) 다음에는 법정상속분에 따른 구체적 상속분에서 특별수익과 기여분을 고려하여 각 상속인이 취득할 금액을 계산한다.

• 각 상속인이 취득할 액(전체 1억 1,000만원)

B … 3,000만원

C(특별수익자) … 2,000만원 − 1,000만원(특별수익) = 1,000만원

D … 2,000만원

E(기여상속인) … 2,000만원 + 3,000만원(기여분) = 5,000만원

[267] 〈특별수익자의 특별수익이 법정상속분을 초과한 경우의 계산방법〉

특별수익이 자신의 법정상속분을 초과하고 있는 경우에 특별수익자는 상속을 받지 않을 뿐 초과액을 반환하지는 않는다. 그 결과 그러한 경우에는 상속재산 가액이 각 상속인이 취득해야 할 액에 부족하게 되는데, 그 부족액(초과분)을 각 상속인에게 어떻게 분담시키는지가 문제된다.

여기에 관한 학설로는 i) 초과분을 다른 상속인이 구체적인 상속분의 비율로 부담하여야 한다는 견해(구체적 상속분 기준설)(곽윤직, 123면)와 ii) 상속재산을 초과 특별수익자를 제외한 다른 공동상속인이 법정상속분에 따라 상속한다는 견해(초과 특별수익자 부존재 의제설)(윤진수, 민법논고(5), 231면)가 주장되고 있다. 이 두 견해는 초과 특별수익자 외에 다른 특별수익자가 없는 경우에는 원리적으로 결과에서 차이가 없다(윤진수, 민법논고(5), 227면). 그러나 다른 특별수익자가 있는 경우에는 차이를 보이는데, i)설에 따르면 다른 특별수익자에게 유리하게 되고, ii)설에 따르면 그렇지 않게 된다(구체적인 예는 윤진수, 민법논고(5), 228면 참조). 사견으로는 ii)설이 더 공평하다고 생각한다. 이 견해는 원래의 초과 특별수익자를 빼고 산정하였더니 다시 초과 특별수익자가 나올 수 있고, 그때에는 다시 그 자를 빼고 같은 방법으로 계산을 해야 하는 번거로움은 있다. 판례는, 초과특별수익자가 있는 경우, 그러한 초과특별수익자는 특별수익을 제외하고는 더 이상 상속받지 못하는 것으로 처리하되(구체적 상속분 가액 0원), 초과특별수익은 다른 공동상속인들이 그 법정상속분율에 따라 안분하여 자신들의 구체적 상속분 가액에서 공제하는 방법으로 구체적 상속분 가액을 조정하여 위 구체적 상속분 비율을 산출함이 바람직하다고 한다(대결 2022. 6. 30, 2017스98 · 99 · 100 · 101 [핵심판례 472면]. [286]에 인용함).

위의 사견에 따라 초과 특별수익자가 있을 경우의 상속분을 예를 들어 구체적으로 계산해보기로 한다. 그 예는 기여상속인이 있는 경우를 상정하려고 한다. 기여분이 있는 경우에는 기여분을 제외한 것을 상속분에 따라 나누어야 한다.

다음과 같은 예가 있다고 하자. A(피상속인)가 처 B, 자녀 C · D · E를 남기고 사망하였다. 사망 당시 A의 재산 가액은 9,000만원(D에 대한 유증액 2,000만원을 포함함)인데, A는 생전에 C에게 5,000만원을 증여하였고, D에게는 2,000만원을 유증하였다. 그리고 E는 A에게 5,000만원의 특별기여를 하였다. 이 경우에 A의 재산은 누구에게 얼마씩 상속되는가?

(ㄱ) 이 예에서 각 상속인의 구체적인 상속액을 산정하려면, 앞에서 한 것처럼([266] 참조), 먼저 특별수익을 가산하고 기여분을 공제하여 상속재산 가액을 산출하고 그것을 각자의 상속분과 곱하여야 한다. 유증한 액은 특별수익이기는 하나 상속재산에 포함되어 있어 추가되지는 않아야 한다.

• 상속재산 가액 … 9,000만원 + 5,000만원(특별수익) − 5,000만원(기여분)
= 9,000만원

• 각 상속인의 법정상속분 B : C : D : E = 1.5 : 1.0 : 1.0 : 1.0

$$= \frac{1.5}{4.5} : \frac{1.0}{4.5} : \frac{1.0}{4.5} : \frac{1.0}{4.5}$$

$$= \frac{3}{9} : \frac{2}{9} : \frac{2}{9} : \frac{2}{9}$$

• 각 상속인의 구체적 상속분 B … 9,000만원 × $\frac{3}{9}$ = 3,000만원

C · D · E 각각 … 9,000만원 × $\frac{2}{9}$ = 2,000만원

(ㄴ) 다음에는 구체적 상속분에서 특별수익과 기여분을 고려하여 각 상속인이 취득할 금액을 계산한다.

• 각 상속인이 취득할 액(전체 9,000만원 중 D에 대한 유증액 2,000만원을 제외한 7,000만원)

B … 3,000만원

C(특별수익자) … 2,000만원 − 5,000만원 = −3,000만원(초과분)

D(특별수익자) … 2,000만원 − 2,000만원 = 0

E(기여상속인) … 2,000만원 + 5,000만원 = 7,000만원

(ㄷ) 특별수익은 초과되더라도 반환하지 않기 때문에, 실질 상속재산(7,000만원)이 B · E가 취득할 액(합계 1억원)에 미달하는 문제가 생긴다. 이 경우에 사견인 초과 특별수익자 부존재 의제설에 따라 초과 특별수익자가 없는 것으로 가정하고 나머지의 상속인이 상속재산을 법정상속분에 따라 계산하여 초과분을 고려한 취득액을 계산한다. 이때 기여분은 상속재산에서 제외하고 계산한 뒤, 기여분 권리자에게 가산해야 한다.

• 기여분을 제외한 상속재산 가액 … 9,000만원 − 5,000만원
= 4,000만원

• B · D · E의 법정상속분 B : D : E = 1.5 : 1.0 : 1.0 = $\frac{3}{7} : \frac{2}{7} : \frac{2}{7}$

• 4,000만원 중 B · D · E의 구체적 상속분

B … 4,000만원 × $\frac{3}{7}$ = 17,142,857원(원 미만은 버림)

D … 4,000만원 × $\frac{2}{7}$ = 11,428,571원(원 미만은 버림)

E … 4,000만원 × $\frac{2}{7}$ = 11,428,571원(원 미만은 버림)

(ㄹ) 그런데 특별수익자인 D의 수익(2,000만원)이 취득할 액을 또 초과하게 되었다. 그래서 다시 초과 특별수익자인 D를 제외하고 2,000만원(4,000만원 중 D에게 유증된 2,000만원을 뺀 금액)을 법정상속분에 따라 계산하여야 한다.

• B · E의 법정상속분 B : E = 1.5 : 1.0 = $\frac{1.5}{2.5}$: $\frac{1.0}{2.5}$ = $\frac{3}{5}$: $\frac{2}{5}$

• 2,000만원 중 B · E의 구체적 상속분 B … 2,000만원 × $\frac{3}{5}$ = 1,200만원

E … 2,000만원 × $\frac{2}{5}$ = 800만원

• 실질 상속재산 가액 7,000만원 중 B · C · D · E 가 취득할 최종금액

B … 1,200만원

C … 0원(초과 특별수익자)

D … 0원(유증액 2,000만원은 별개임)

E … 800만원 + 5,000만원(기여분) = 5,800만원

[268] **3) 기여분과 유류분** 기여분은 유류분반환청구의 대상이 아니다. 민법이 증여와 유증만을 유류분의 반환대상으로 규정하고 있기 때문이다(1115조). 따라서 유류분을 침해하는 기여분이 정하여지더라도 유효하다. 그리고 기여분으로 인하여 유류분에 부족이 생기더라도 기여분에 대하여 반환을 청구할 수 없다(대판 2015. 10. 29, 2013다60753). 이러한 결과는 타당하다. 기여분은 특별기여에 대한 정당한 대가이기 때문이다. 그런데 문헌들은 기여분을 정함에 있어서 다른 공동상속인의 유류분을 참작할 것이라고 한다(김/김, 651면; 이경희, 449면).

4) 기여분이 있는 경우의 상속분 결정 앞에서 적은 바와 같이([261] 참조), 상속개시 당시의 피상속인의 재산가액에서 기여분을 공제한 것을 상속재산으로 하여 각 공동상속인의 상속분을 계산하고, 그 상속분에 기여분을 더한 것이 기여분 권리자의 상속분이 된다(1008조의 2 1항).

(5) 기여분의 상속 · 양도 · 포기

기여분은 상속인의 지위와 결합되어 있다. 따라서 상속이 개시되기 전에는 기여분 권리자가 상속분과 분리하여 기여분을 양도할 수도 없고, 기여분만을 제외하고 상속분만 양도할 수도 없다. 그리고 상속이 개시되기 전에는 상속을 포기할 수 없으므로 기여분 권리자가 기여분만을 포기하지도 못한다.

그에 비하여 상속이 개시된 경우에는 다르다. 그 가운데 기여분이 공동상속

인의 협의 또는 가정법원의 심판에 의하여 결정된 후에는 이를 양도할 수 있고 상속도 가능하다. 그런데 기여분이 결정되기 전에도 양도 · 상속할 수 있는지에 관하여는 학설이 대립한다. i) 다수설은 양도는 할 수 없으나 상속은 가능하다고 하나(김용한, 339면; 김/김, 652면; 박병호, 373면; 이경희, 450면), ii) 상속개시 후에는 양도 · 상속이 가능하다는 견해(곽윤직, 124면), iii) 상속분과 분리하여 기여분만의 양도나 상속을 인정하기 어렵다는 견해(신영호, 413면)도 주장되고 있다. 생각건대 기여분은 일종의 재산권이므로(금액은 결정시까지는 미정이나, 그 점은 상속되는 때에도 같나) 양도 · 상속이 모두 인정된다고 할 것이다.

상속이 개시된 뒤에는 상속의 포기를 할 수 있는 것처럼 기여분도 포기할 수 있다(이설 없음).

5. 상속분의 양도와 환수 [269]

(1) 상속분의 양도

1) 의 의 상속이 개시된 뒤 상속재산이 분할되기 전에 상속분을 양도할 수 있는가? 민법은 여기에 관하여 직접적인 규정을 두고 있지 않으나, 제1011조에서 양도를 전제로 하여 그 환수를 정하고 있다. 따라서 민법상 상속분의 양도는 허용된다. 그런데 여기서 상속분이란 적극재산과 소극재산을 모두 포함한 상속재산 전부에 관하여 공동상속인이 가지는 일정한 비율 즉 상속인으로서의 지위를 가리킨다(이설이 없으며, 판례도 같음. 대판 2006. 3. 24, 2006다2179; 대판 2021. 7. 15, 2016다210498).

상속분의 양도는 유상인가 무상인가를 묻지 않는다. 그리고 양도에 아무런 방식도 요구되지 않는다. 또한 양도당사자 사이의 합의만 있으면 충분하다. 뒤에 논의하는 바와 같이 — 사견과 달리 — 대항요건을 요구하는 입장에 서더라도 대항요건을 갖추지 못한 것이 양도 자체를 불성립 또는 무효로 만들지는 않는다.

상속분의 양도는 상속재산이 분할되기 전에 하여야 한다.

상속분의 양도는 공동상속인뿐만 아니라 제 3 자에게도 할 수 있다(같은 취지: 박동섭, 601면).

상속분의 일부양도가 가능한지에 관하여 학설은 나뉘나(인정설: 곽윤직, 125면; 김용한, 341면; 박동섭, 602면. 부정설: 김/김, 653면; 박병호, 375면; 신영호, 416면), 금지규정이 없는 한 허용할 수밖에 없다. 그러나 입법론으로는 금지함이 바람직하다(같은 취지: 곽윤직, 125면).

2) **상속분의 양수인의 지위** 상속분이 양도되면 — 상속인이 아니었던 —

양수인은 상속인과 같은 지위에 놓이게 된다. 따라서 그는 상속재산의 관리뿐만 아니라 상속재산 분할에도 참여할 수 있다. 그리고 다른 공동상속인이 상속을 포기한 때에는 증가분은 양수인에게 귀속되고 양도인이 이를 취득하는 것이 아니다(이설 없음). 한편 상속채무에 관하여는 상속분의 양도가 있어도 양도인이 채무를 면하지 못하며, 양수인이 병존적으로 채무를 인수하는 것으로 해석한다. 그렇지 않으면 채권자의 동의 없이 채무가 이전하는 것이 되어 채권자를 해할 위험이 있기 때문이다.

3) **상속분 양도의 통지가 필요한지 여부** 견해(김/김, 653면; 이경희, 452면; 신영호, 417면)에 따라서는 상속분 양도의 경우에는 채권양도의 대항요건 규정(450조)을 유추하여 다른 공동상속인에게 통지하여야 한다고 하나, 명문규정이 없는 한 그렇게 새길 수는 없다(같은 취지: 곽윤직, 126면; 박동섭, 602면; 지원림, 2048면).

[270] **(2) 상속분의 환수(還收)**

1) **의 의** 민법은 공동상속인 중에 그 상속분을 제 3 자에게 양도한 자가 있는 경우 다른 공동상속인이 그 가액과 양도비용을 상환하고 그 상속분을 되찾아올 수 있도록 하고 있다(1011조 1항). 이를 상속분의 환수라고 할 수 있다. 그런데 민법은 「그 상속분을 양수할 수 있다」라고 하고 있으며, 그 때문에 대부분의 문헌들은 상속분의 양수라고 표현하고 있다. 이 「양수」라는 표현은 부적절하며 「환수」라고 고쳐야 한다(같은 취지: 곽윤직, 126면; 박동섭, 602면; 이경희, 452면; 지원림, 2047면).

이 제도는 제 3 자가 상속재산의 분할에 참여하게 되는 불편을 막기 위한 것이나, 상속재산을 일종의 가산(家産)으로 파악하는 것으로서 바람직하지 않다. 학설도 대체로 삭제 내지 개정해야 한다는 입장이다(김/김, 654면; 박동섭, 604면; 박병호, 375면; 이경희, 452면).

2) **환수의 요건**

㈎ 어떤 공동상속인이 상속분을 무단으로 양도하였어야 한다. 여기의 상속분은 상속재산 전부에 대한 것이며, 따라서 상속재산을 구성하는 개개의 물건 또는 권리에 대한 지분은 상속분에 포함되지 않는다(대판 2006. 3. 24, 2006다2179). 그러나 상속재산 전부에 대한 상속분을 비율적으로 나누어 그 일부를 양도하는 것은 포함된다고 할 것이다(판례는 반대하는 듯함).

㈏ 공동상속인 이외의 제 3 자에게 상속분이 양도되었어야 한다. 공동상속인에게 양도하였을 경우에는 환수할 필요가 없다. 그러나 상속분을 양수한 공동상

속인이 제 3 자에게 다시 양도한 때에는 환수할 수 있다고 할 것이다. 그리고 제 3 자의 개입의 차단이라는 환수제도의 취지를 살리려면 포괄적 수증자도 여기의 제 3 자에 해당한다고 새겨야 한다(같은 취지: 곽윤직, 127면. 반대 견해: 김용한, 341면; 박병호, 375면; 신영호, 417면; 지원림, 2048면. 김/김, 654면은 불분명함). 그리하여 상속분의 양수인이 포괄적 수증자인 경우에는 다른 상속인이 포괄적 수증자로부터 상속분을 환수할 수 있다고 할 것이다(포괄적 수증자의 수증분의 환수가 아님을 주의).

공동상속인이 그의 상속분을 제 3 자에게 양도한 뒤에 그 제 3 자가 그것을 다시 다른 자에게 양도한 경우에는, 다른 공동상속인은 그 전득자에 대하여 환수할 수 있다고 새겨야 한다.

(다) 상속분의 양도가 상속재산 분할 전에 있었어야 한다.

〈판 례〉

「민법 제1011조 제 1 항은 "공동상속인 중 그 상속분을 제 3 자에게 양도한 자가 있는 때에는 다른 공동상속인은 그 가액과 양도비용을 상환하고 그 상속분을 양수할 수 있다"고 규정하고 있는바, 여기서 말하는 '상속분의 양도'란 상속재산 분할 전에 적극재산과 소극재산을 모두 포함한 상속재산 전부에 관하여 공동상속인이 가지는 포괄적 상속분, 즉 상속인 지위의 양도를 의미하므로, 상속재산을 구성하는 개개의 물건 또는 권리에 대한 개개의 물권적 양도는 이에 해당하지 아니한다.」(대판 2006. 3. 24, 2006다2179: 공동상속인들 중 일부가 상속받은 임야에 대한 상속지분을 양도한 경우)

3) 환수권의 행사 [271]

(가) 이 환수권은 형성권이므로 공동상속인이 양수인에 대하여 일방적 의사표시로 행사한다(이설 없음). 그리고 그 권리는 공동상속인 중의 1인이 단독으로 행사할 수도 있다. 환수권자는 공동상속인에 한정되므로 포괄적 수증자는 환수권이 없다.

(나) 환수제도의 취지상 양도된 상속분의 전부를 환수하여야 하며, 그중 일부만을 환수할 수는 없다. 일부만을 환수하면 나머지가 여전히 양수인에게 남아 있게 되어 상속재산의 공유관계에서 제 3 자를 배제하려는 환수제도의 목적을 달성할 수 없기 때문이다.

(다) 환수할 때에는 환수할 당시(양도시가 아님)의 상속분의 가액(시가)과 양도비용을 상환하여야 한다(1011조 1항). 상속분을 무상으로 양도했더라도 같다. 제1011조 제 1 항이 「그 가액과 양도비용을 상환하고」 그 상속분을 양수할 수 있다고 한 점에 비추어 볼 때, 그 가액과 양도비용의 제공이 있어야 환수의 효력이 생긴다(565조 1항의 해석에 관한

(채권법각론 [86]도 참조). 이 경우에 상속분의 양수인이 수령을 하지 않는다고 하여 공탁까지 하여야 할 것은 아니나, 공탁을 하면서 환수할 수 있음은 물론이다.

㈑ 환수권은 상속분이 양도된 것을 안 날부터 3개월, 양도가 있었던 때부터 1년 내에 행사하여야 한다(1011조 2항). 이 두 기간은 모두 제척기간이며, 두 기간 중 어느 하나가 경과하면 환수권은 소멸한다.

4) **환수의 효과** 환수권이 행사되면 제 3 자에게 양도되었던 상속분은 양도인 이외의 공동상속인 전부에 그 상속분에 따라 귀속한다(같은 취지: 김/김, 655면; 박동섭, 603면; 박병호, 376면; 지원림, 2049면. 그런데 곽윤직, 128면; 신영호, 418면은 상환한 가액과 비용을 분담한 비율에 따라 공유적으로 귀속한다고 새긴다). 공동상속인 중 1인이 단독으로 환수권을 행사한 때에도 같다(같은 취지: 김/김, 655면; 이경희, 453면; 지원림, 2049면. 단독소유설: 곽윤직, 128면; 박동섭, 604면; 신영호, 418면; 윤진수, 392면). 그리고 이때 환수하는 데 든 비용도 공동상속인이 그 상속분에 따라 분담한다.

[272] Ⅲ. 공동상속재산의 공동소유

1. 공동상속의 의의

상속이 개시되면 상속재산이 곧바로 상속인에게 이전되나, 상속인이 복수인 때에는 즉시 분할할 수가 없어 일단 공동으로 승계하는 수밖에 없다. 이 경우에 법률관계가 문제된다. 여기에 관하여 민법은 공동상속의 경우에 상속인은 각자의 상속분(여기의 상속분은 법정상속분을 의미함. 대판 2023. 4. 27, 2020다292626; 대판 2024. 8. 1, 2023다318857)에 따라 피상속인의 권리의무를 승계하지만(1007조), 상속재산은 그들의 공유로 한다고 규정한다(1006조).

2. 제1006조의 「공유」의 의미

(1) 학 설

제1006조가 정하는 「공유」의 의미에 관하여 학설은 i) 합유설(박병호, 349면)과 ii) 공유설(곽윤직, 129면; 김용한, 328면; 김/김, 626면; 윤진수, 359면; 지원림, 2031면)로 나뉘어 대립하고 있다.

1) **합 유 설** 합유설에 의하면, 공동상속인은 상속재산 전체에 대하여 추상적 지분을 가지고 그 상속분을 처분할 수 있지만, 상속재산을 구성하는 개개의 재산에 대한 물권적인 지분은 인정되지 않으며, 따라서 당연히 지분을 처분할 수도 없다고 한다. 그리고 채권 · 채무는 상속재산 분할까지는 당연히 분할되는 것이 아니라 불가분적으로 공동상속인 전원에게 귀속된다고 한다.

합유설은 그 이유로 ① 상속재산 분할에 소급효를 인정하는 것(1015조 본문)은 상속재산이 분할과 청산이라는 공동목적을 위하여 결합된 재산임을 의미한다는 점, ② 민법이 채권을 상속재산 분할의 대상으로 하고 있다는 점(1017조) 등을 든다.

2) 공 유 설 공유설은 상속재산의 공유는 본래의 의미의 공유와 다르지 않다고 한다. 그리하여 공동상속인은 상속재산을 구성하는 개개의 재산에 대하여 그 상속분에 따라 물권적 지분을 가지고(262조), 상속재산 분할 전이라도 그 지분을 난독으로 자유로이 처분할 수 있다고 한다(263조). 그리고 채권 · 채무가 불가분의 것이면 공유관계가 생기고, 그 목적이 가분이라면 법률상 당연히 공동상속인 사이에 분할된다고 한다(408조)(그러나 예외를 인정하기도 함).

공유설은 그 이유로 ① 민법이 상속재산 분할의 소급효를 인정하면서(1015조 본문), 동시에 제3자의 권리를 해하지 못하도록 하여(1015조 단서), 개개의 상속재산에 대한 지분의 처분을 인정하고 있다는 점, ② 민법은 상속을 가산(家産)의 승계로 보지 않고 순 개인주의적으로 각 상속인에게 재산이 취득되는 원인으로 보고 있는 점, ③ 분할금지의 유언이나 특약이 없는 경우에는 공동상속인은 언제든지 분할을 할 수 있고(1013조 1항), 분할방법에 대하여 공유물의 분할방법 규정을 준용하는 점(1013조 2항) 등을 든다.

(2) 판 례

판례는 공동상속재산은 상속인들의 공유라고 하여 공유설을 취하고 있다(대판 1993. 2. 12, 92다29801; 대판 1996. 2. 9, 94다61649).

(3) 사 견

민법이 명문으로 「공유」라고 규정하고 있고, 또 여러 곳에서 공유를 전제로 한 규정을 두고 있는 점을 고려할 때, 여기의 공유는 본래의 의미의 공유와 같다고 할 것이다.

3. 공동상속의 구체적인 경우 [273]

(1) 물건의 공동상속

공동상속인은 상속재산에 속하는 개개의 물건 위에 상속분에 따른 공유지분을 갖는다(262조 참조). 다만, 각 상속인의 지분은 균등한 것이 아니라(262조 2항 참조), 각자의 상속분에 따른다.

(2) 채권의 공동상속

1) 가분채권은 상속개시와 동시에 당연히 공동상속인 사이에서 그들의 상속분에 따라 분할되어 승계된다(408조 참조)(같은 취지: 곽윤직, 129면; 지원림, 2032면; 대판 1962. 5. 3, 4294민상1105; 대판 2023. 12. 21, 2023다221144. 합유적 귀속설: 박병호, 350면. 불가분채권설: 김/김, 629면; 이경희, 480면).

2) 불가분채권은 상속재산의 분할시까지 공동상속인 전원에게 불가분적으로 귀속하고, 각 상속인은 공동으로 또 단독으로 모든 상속인을 위하여 전액의 이행을 청구할 수 있으며, 채무자는 그중 어느 상속인에게 이행함으로써 채무를 면할 수 있다(409조 참조)(같은 취지: 곽윤직, 130면; 박동섭, 563면; 박병호, 350면).

〈판 례〉

판례에 의하면, 공동상속인들이 택지개발 예정지구 내의 이주자 택지에 관한 공급계약을 체결할 수 있는 청약권을 공동으로 상속하게 되는 경우에는 「공동상속인들이 그 상속지분 비율에 따라 피상속인의 청약권을 준공유하게 되며, 공동상속인들은 단독으로 청약권 전부는 물론 그 상속지분에 관하여도 이를 행사할 수 없고, 그 청약권을 준공유하고 있는 공동상속인들 전원이 공동으로만 이를 행사할 수 있는 것이므로 위 청약권에 기하여 청약의 의사표시를 하고, 그에 대한 승낙의 의사표시를 구하는 소송은 청약권의 준공유자 전원이 원고가 되어야 하는 고유필수적 공동소송이다.」(대판 2003. 12. 26, 2003다11738)

(3) 채무의 공동상속

1) 가분채무는 각 공동상속인에게 그의 상속분에 따라 분할된다(지원림, 2032면; 대판 1997. 6. 24, 97다8809; 대판 2013. 3. 14, 2010다42624 · 42631. 불가분채무설: 곽윤직, 130면; 김/김, 630면; 박병호, 350면; 이경희, 480면).

2) 불가분채무의 경우에는 공동상속인 각자가 불가분채무 전부에 대하여 이행의 책임을 진다(411조 · 414조 참조). 그리고 판례는, 상속에 따라 상가 건물의 임대인 지위를 공동으로 승계한 공동임대인들의 임차보증금 반환채무는 성질상 불가분채무에 해당하고, 불가분채무자가 변제 등으로 공동면책을 얻은 때에는 다른 채무자의 부담부분에 대하여 구상할 수 있으므로, 임대인 지위를 공동으로 승계한 상속인 중 1인이 변제 등으로 공동면책을 얻은 때에는 다른 공동상속인들을 상대로 법정상속분(1007조에서 말하는 상속분이 법정상속분을 의미함)에 따라 구상할 수 있다고 한다(대판 2024. 8. 1, 2023다318857).

4. 공동상속재산의 관리 · 처분 [274]

상속재산의 분할이 종료할 때까지 상속재산의 관리 · 처분에 관하여는 공유에 관한 규정이 적용된다.

(1) 공동상속재산의 관리

1) 보존행위는 각 공동상속인이 단독으로 할 수 있다(265조 단서). 따라서 공동상속인 중 1인은 공유물에 관한 원인무효의 등기 전부의 말소를 청구할 수 있다(대판 1996. 2. 9, 94다61649). 그러나 다른 공동상속인이 상속부동산 전부에 관하여 소유권이전등기를 그의 단독명의로 행한 경우에는, 각 공동상속인은 자신의 지분의 범위에서 등기말소를 청구할 수 있다고 할 것이다(물권법 [136] 참조. 그러나 판례는 명의자 지분을 제외한 나머지 전부에 관하여 말소청구를 할 수 있다고 한다. 대판 1988. 2. 23, 87다카961).

2) 이용행위와 개량행위는 공유물의 관리에 관한 사항이므로 각 공동상속인의 법정상속분의 비율의 과반수로 결정한다(265조 본문). 그러므로 공동상속인의 일부가 배타적으로 사용하는 경우에는 그것이 공유지분 과반수의 결의에 의한 것이 아닌 한 부적법하다(대판 1982. 12. 28, 81다454).

〈판　례〉

판례는 공유자가 공유물에 대한 관계에서 법률상 원인없이 이득을 하고 그로 인하여 제 3 자에게 손해를 입게 한 경우에 그 이득을 상환하는 의무는 불가분적 채무라고 보아야 한다는 입장이다(대판 1980. 7. 22, 80다649; 대판 1992. 9. 22, 92누2202). 그리고 판례는 다른 한편으로 공동상속재산은 상속인의 공유라고 하므로([272] 참조), 이러한 판례에 따르면 공동상속인들이 상속재산에 대한 관계에서 부당이득을 얻은 경우에도 부당이득 반환의무는 불가분채무가 될 것이다.

(2) 공동상속재산의 처분 [275]

상속재산에 속하는 개개의 물건 또는 권리의 처분은 공동상속인의 전원의 일치로만 할 수 있으며 각 공동상속인이 단독으로는 할 수 없다(264조). 그러나 상속재산에 속하는 개개의 물건 또는 권리에 대한 지분은 각 공동상속인이 단독으로 유효하게 처분할 수 있다(263조). 그리고 이 경우 지분의 양수인의 권리는 상속재산의 분할에 의하여도 침해되지 않는다(1015조 단서). 한편 상속재산 전체에 대한 상속분을 처분할 수 있다는 데 대하여는 앞에서 설명하였다([269] 참조).

(3) 상속과 등기

상속에 의한 등기(상속을 원인으로 한 피상속인으로부터 상속인으로의 이전등기)는 상속인이 단독으로 신청한다(부등법 23조 3항). 그런데 공동상속의 경우에는 상속인 전원이 등기권리자가 되어 단독으로 신청하여야 하며, 일부의 공동상속인만으로 등기할 수는 없다(대결 1995. 2. 22, 94마2116). 따라서 공동상속의 경우의 상속등기는 각자의 상속분을 지분으로 하는 상속인 전원에 의한 「공유의 등기」가 된다(곽윤직, 135면).

(4) 공동상속재산에 관한 소송이 필수적 공동소송인지 여부(판례)

판례에 따르면, 공동상속인이 다른 공동상속인을 상대로 어떤 재산이 상속재산이라는 것의 확인을 구하는 소는 고유필수적 공동소송이라고 한다(대판 2007. 8. 24, 2006다40980). 그리고 공동상속인들이 택지개발 예정지구 내의 이주자 택지에 관한 공급계약을 체결할 수 있는 청약권을 공동으로 상속하는 경우에 이 청약권(이는 공동상속인들이 상속지분 비율에 따라 피상속인의 청약권을 준공유한다고 함)에 기하여 청약의 의사표시를 하고 그에 대한 승낙의 의사표시를 구하는 소송은 청약권의 준공유자 전원이 원고가 되어야 하는 고유필수적 공동소송이라고 한다(대판 2003. 12. 26, 2003다11738. [273]에 인용함).

그에 비하여 공동상속재산의 지분에 관한 등기말소와 지분권 존재확인을 구하는 소송은 필요적(현행법의 표현으로는 필수적) 공동소송이 아니고 통상의 공동소송이고(대판 1965. 5. 18, 65다279), 공동상속인들을 상대로 피상속인이 이행하여야 할 부동산 소유권이전등기 절차이행을 청구하는 소도 필요적(필수적) 공동소송이 아니라고 한다(대판 1964. 12. 29, 64다1054).

〈판 례〉

「공동상속인 사이에 어떤 재산이 피상속인의 상속재산에 속하는지 여부에 관하여 다툼이 있어 일부 공동상속인이 다른 공동상속인을 상대로 그 재산이 상속재산임의 확인을 구하는 소를 제기한 경우, 이는 그 재산이 현재 공동상속인들의 상속재산 분할 전 공유관계에 있음의 확인을 구하는 소송으로서, 그 승소확정판결에 의하여 그 재산이 상속재산 분할의 대상이라는 점이 확정되어 상속재산 분할심판 절차 또는 분할심판이 확정된 후에 다시 그 재산이 상속재산 분할의 대상이라는 점에 대하여 다툴 수 없게 되고, 그 결과 공동상속인 간의 상속재산 분할의 대상인지 여부에 관한 분쟁을 종국적으로 해결할 수 있으므로 확인의 이익이 있다. …

한편, 공동상속인이 다른 공동상속인을 상대로 어떤 재산이 상속재산임의 확인을 구하는 소는 이른바 고유필수적 공동소송이라고 할 것이고, 고유필수적 공동소송에서는 원고들 일부의 소 취하 또는 피고들 일부에 대한 소 취하는 특별한 사정이 없는 한 그 효력이 생기지 않는」다(대판 2007. 8. 24, 2006다40980).

Ⅳ. 상속재산의 분할 [276]

1. 서 설

(1) 의 의

공동상속의 경우 상속이 개시되면 상속재산은 일단 공동상속인이 공유하는 상태가 된다(1006조). 이와 같은 상속재산의 공유관계를 각 공동상속인의 단독소유로 전환하기 위하여 행하여지는 분배절차를 상속재산의 분할이라고 한다.

(2) 분할절차의 종류

민법이 규정하고 있는 분할절차는 다음 세 가지이다.

1) 피상속인이 유언으로 상속재산의 분할방법을 정하거나 이를 정할 것을 제 3 자에게 위탁한 경우에는 그에 따른다(1012조 전단). 이를 지정분할(유언에 의한 분할)이라고 한다.

2) 유언에 의한 지정이 없으면 공동상속인이 협의에 의하여 분할할 수 있다(1013조 1항). 이를 협의분할이라고 한다.

3) 분할에 관하여 협의가 성립되지 않은 때(협의할 수 없는 때도 포함)에는 가정법원의 심판에 의하여 분할한다(1013조 2항 · 269조, 가소 2조 1항 마류사건 10). 이것이 심판분할이다.

(3) 분할의 요건

1) 상속재산에 관하여 공유관계가 존재하여야 한다. 상속인이 1인이면 분할의 여지가 없다.

2) 공동상속인이 확정되어야 한다. 가령 공동상속인 중의 1인 또는 수인이 상속의 승인 또는 포기를 하지 않는 동안에는 상속인이 확정되지 않아 분할을 할 수 없다. 그리고 한정승인이나 재산분리의 경우에는 상속재산 전체에 대하여 청산이 행하여지므로 분할을 할 여지가 없다(이설 없음). 그런데 판례는, 한정승인에 따른 청산절차가 종료되지 않은 경우에도 상속재산 분할청구가 가능하다고 한다(대결 2014. 7. 25, 2011스226).

3) 분할의 금지가 없어야 한다.

㈎ 피상속인은 유언에 의하여 상속이 개시된 날부터 5년을 초과하지 않는 기

간 동안 상속재산의 분할을 금지할 수 있다(1012조 후단). 분할금지는 상속재산의 전부에 대하여 뿐만 아니라 일부(여기의 일부가 상속재산을 이루는 특정재산을 가리키는가에 대하여는 견해가 나뉜다. 긍정 견해: 곽윤직, 137면. 부정 견해(비율로 표시된 일부금지도 인정): 김/김, 657면)에 대하여도 할 수 있고, 상속인의 전원에 대하여 뿐만 아니라 그 일부에 대하여도 할 수 있다. 만약 5년을 넘는 기간을 분할금지기간으로 정한 때에는 무효라고 할 것이 아니고 5년으로 단축된다고 새겨야 한다(이설 없음).

(나) 상속법에는 규정이 없으나, 상속재산의 공유에는 공유에 관한 규정이 적용되므로, 그 규정에 의하여 공동상속인들 전원의 협의로 5년 내의 기간 동안 분할을 금지할 수 있다고 할 것이다(268조 1항 단서).

(4) 분할청구권자

분할을 청구할 수 있는 자는 원칙적으로 상속을 승인한 공동상속인이나(1013조), 포괄적 수증자도 분할청구권이 있다(1078조). 그 밖에 공동상속인의 상속인·대습상속인, 상속분을 양수한 제 3 자도 분할을 청구할 수 있으며, 공동상속인의 채권자도 그 상속인을 대위하여(404조 참조) 분할청구권을 행사할 수 있다.

[277] 2. 지정분할

(1) 개관

피상속인은 유언으로 상속재산의 분할방법을 정하거나 또는 제 3 자에게 분할방법을 정할 것을 위탁할 수 있다(1012조 전단). 이에 의한 상속재산의 분할이 지정분할이다. 분할방법의 지정 또는 지정의 위탁은 유언으로 할 수 있으므로, 생전행위에 의한 분할방법의 지정은 효력이 없다(이설이 없으며, 판례도 같음. 대판 2001. 6. 29, 2001다28299).

(2) 유언에 의한 지정

피상속인의 분할방법의 지정은 모두 각 공동상속인의 법정상속분에 따른 것이어야 한다(이설 없음). 만약 법정상속분과 다른 지정을 할 경우에는 여기의 지정은 아니지만 유증으로서 유효할 수 있다(유류분을 침해하는 때에는 반환청구를 당할 수 있음)(같은 취지: 곽윤직, 139면; 박병호, 380면. 설명은 다르나 같은 결과인 견해: 김/김, 658면). 특정재산(예: 주택)을 특정의 상속인(예: 장남)에게 준다는 처분도 지정에 해당한다. 그러면서 나머지 재산을 매각하여 똑같이 나눈다고 하여도 무방하다.

(3) 제 3 자에의 지정위탁

위탁되는 제 3 자는 공동상속인이 아닌 자이어야 한다. 그리고 위탁받은 제 3 자는 반드시 법정상속분에 따라 지정하여야 한다. 그렇지 않은 경우 그 지정은 무효이다(제 3 자는 유증을할 수도 없음). 위탁을 받은 제 3 자가 수탁을 하지 않거나 지정을 하지 않는 경우에, 상속인들은 상당한 기간을 정하여 수탁이나 지정을 최고할 수 있고, 그 기간 내에 확답이 없으면 수탁을 거절한 것으로 보아 협의분할이나 심판분할을 할 수 있다고 새겨야 한다(131조 · 384조 참조)(같은 취지: 곽윤직, 140면; 김/김, 659면).

3. 협의분할 [278]

유언에 의한 분할지정이나 분할금지가 없는 때에는 공동상속인은 언제든지 그 협의에 의하여 상속재산을 분할할 수 있다(1013조 1항). 상속인이 상속의 단순승인 · 한정승인 · 포기를 할 수 있는 기간(1019조 · 1020조) 내이든 그 후이든 상관없다.

(1) 분할협의의 당사자

1) **일 반 론** 상속인 중 1인이 분할을 청구하면 다른 상속인은 분할협의를 하여야 한다. 따라서 공동상속인 전원이 협의에 참여하여야 한다. 그리고 포괄적 수증자(1078조), 상속분의 양수인도 협의의 당사자이다. 그러나 상속분을 양도한 상속인은 당사자가 아니다(반대 견해: 윤진수, 400면). 그에 비하여 상속재산을 구성하는 개개의 재산에 대한 지분만을 양도한 상속인은 당사자이다.

2) **특수한 경우**

(개) **태 아** 태아는 상속순위에 관하여는 이미 출생한 것으로 의제되나(1000조 3항), 태아가 분할협의에 참가할 방법이 정해져 있지 않아서 문제이다. 태아의 법률상 지위에 관한 i) 정지조건설에 의하면 태아는 출생할 때까지는 상속인이 아니므로 그를 제외한 상태로 상속재산을 분할하고 후에 태아가 살아서 출생하면 제1014조를 유추적용하게 된다. 그에 비하여 ii) 해제조건설에 의하면 논리적으로는 태아가 상속인으로서 분할에 참여하여야 한다고 새겨야 한다. 그런데 태아가 모체에서 사망하거나(사산(死産)) 쌍생아가 출생하는 경우에 어려움이 있다. 상속재산 분할의 협의는 이해상반행위(921조)이어서 모가 태아를 대리할 수 없고, 특별대리인이 선임되어야 하는데, 그 절차가 규정되어 있지도 않다. 그 때문에 문헌들은, 태아가 살아서 출생할 때까지는 상속인의 수와 상속분이 분명하지 않으므로 태아가 출생할 때까지 기다려서 분할하는 것이 타당하다고 한다(곽윤직, 141면; 김/김, 661면; 박동섭, 658면; 박병호, 379면; 이경희, 484면). 생각건대 태아의 권리능력에 관하여 사견은 해제조건설의 견지에 있는데([229] 참조), 그 견해의 취지를 충분히 살리기 위하여 태아가 태아인 동안

에도 상속재산 분할에 참여하여 분할을 할 수 있다고 새겨야 한다. 그러한 경우에 그 절차는 미성년자에 관한 규정을 유추적용하면 될 것이다.

(나) **공동상속인이 제한능력자인 경우** 공동상속인 중에 제한능력자가 있으면 그 자에 갈음하여 법정대리인이 협의에 참가하나, 미성년자와 그의 법정대리인인 친권자가 공동상속인인 경우(예: 부의 사망으로 모와 자가 상속하는 경우)에는 분할협의는 이해상반행위(921조)가 되므로 미성년자를 위하여 특별대리인을 선임하여야 하며, 특별대리인을 선임하지 않고서 한 분할협의는 무효이다(대판 1987. 3. 10, 85므80; 대판 1993. 3. 9, 92다18481; 대판 1993. 4. 13, 92다54524; 대판 2001. 6. 29, 2001다28299). 이때 미성년자가 여럿이면 미성년자 각자마다 특별대리인을 선임하여야 한다(위의 1993. 4. 13.자 및 2001. 6. 29.자 판결).

(다) **상속인 자격의 소멸이 다투어지고 있는 경우** 현재 상속인 자격을 가지고 있는 자에 대하여 상속결격 · 친생부인 · 친생자관계 부존재 · 인지무효 · 혼인무효 · 입양무효 등의 소가 제기되어 있는 경우에는, 그 판결의 확정으로 상속인 자격을 잃게 되는 자가 생기게 되면 그 자가 참여한 분할협의가 무효로 되므로, 그 판결이 확정될 때까지 기다려야 한다(같은 취지: 곽윤직, 142면; 박동섭, 659면; 박병호, 380면; 신영호, 422면; 이경희, 484면. 다른 견해: 김/김, 660면(조건부 진행설); 김용한, 345면(진행 후 상속회복청구 인정설)).

(라) **상속인 자격의 발생이 다투어지고 있는 경우** 현재는 상속인이 아닌 자가 인지청구, 이혼이나 파양의 무효 또는 부(父)를 정하는 소를 제기하고 있는 경우에는, 일단 이들을 제외하고 분할한다. 그리고 후에 재판에 의하여 그러한 자들이 상속인으로 확정되더라도 이미 이루어진 분할협의는 유효하고, 다만 그들에게 가액지급청구권이 인정된다(1014조).

[279] **(2) 협의의 방법과 분할의 기준**

1) 상속재산의 협의분할은 공동상속인 간의 일종의 계약으로서 공동상속인 전원이 참여해서 하여야 하며 일부 상속인만으로 한 협의분할은 무효이다(대판 1995. 4. 7, 93다54736; 대판 2004. 10. 28, 2003다65438 · 65445). 그러나 반드시 한 자리에서 이루어질 필요는 없고 순차적으로 이루어질 수도 있으며(대판 2001. 11. 27, 2000두9731; 대판 2010. 2. 25, 2008다96963 · 96970), 상속인 중 1인이 만든 분할 원안을 다른 상속인이 후에 돌아가면서 승인하여도 무방하다(대판 2004. 10. 28, 2003다65438 · 65445; 대판 2010. 2. 25, 2008다96963 · 96970). 상속재산의 일부를 먼저 분할하고 나머지를 나중에 다시 분할하기로 할 수도 있다.

2) 분할방법에는 제한이 없다. 따라서 상속인들은 현물분할 · 환가분할 · 가격

배상(가격배상은 상속인 중 1인이 다른 상속인의 지분을 매수하여 그 대금을 지급하고 단독소유자가 되는 방법이다. 이를 대상분할(代償分割)이라고도 하나, 좋지 않은 용어이다) 가운데 어느 하나를 선택할 수도 있고, 이들의 병용·절충 기타의 방법을 선택할 수도 있다.

3) 분할과 상속분의 관계 협의분할의 경우에는 반드시 법정상속분에 따라서 분할하여야 하는 것이 아니다. 그러므로 공동상속인 가운데에는 자기의 상속분보다 더 많이 받는 자와 더 적게 받는 자가 있을 수 있다. 이러한 때에는 상속인 사이에 증여가 있는 것으로 새기는 견해(이경희, 492면)가 있다. 그러나 민법상 상속재산의 분할은 상속이 개시된 때에 소급하여 효력이 있으므로(1015조) 상속개시 당시에 피상속인으로부터 승계받은 것으로 보아야 하고 다른 공동상속인으로부터 증여받은 것으로 볼 것이 아니다. 다수설(곽윤직, 138면; 김/김, 664면)과 판례(대판 1985. 10. 8, 85누70; 대판 1987. 8. 18, 87누442; 대판 1992. 10. 27, 92다32463; 대판 2002. 7. 12, 2001두441 등 다수의 판결)도 같다.

〈판 례〉

(ㄱ) 「민법 제1015조에 의하면, 상속재산의 분할은 상속개시된 때에 소급하여 그 효력이 있다고 규정하고 있는바, 이는 분할에 의하여 각 공동상속인에게 귀속되는 재산이 상속개시 당시에 이미 피상속인으로부터 직접 분할받은 자에게 승계된 것을 의미하여 분할에 의하여 공동상속인 상호간에 상속분의 이전이 생기는 것이 아니다.

그러므로 공동상속인 상호간에 상속재산에 관하여 민법 제1013조의 규정에 의한 협의분할이 이루어짐으로써 공동상속인 중 1인이 고유의 상속분을 초과하는 재산을 취득하게 되었다고 하여도 이는 상속개시 당시에 피상속인으로부터 승계받은 것으로 보아야 하고 다른 공동상속인으로부터 증여받은 것으로 볼 것이 아니」다(대판 1985. 10. 8, 85누70).

(ㄴ) 「상속재산을 공동상속인 1인에게 상속시킬 방편으로 나머지 상속인들이 한 상속포기신고가 민법 제1019조 제1항 소정의 기간을 초과한 후에 신고된 것이어서 상속포기로서의 효력이 없다고 하더라도 공동상속인들 사이에서는 1인이 고유의 상속분을 초과하여 상속재산 전부를 취득하고 나머지 상속인들은 이를 전혀 취득하지 않기로 하는 내용의 상속재산에 관한 협의분할이 이루어진 것으로 보아야 할 것」이다(대판 1996. 3. 26, 95다45545·45552·45569).

(ㄷ) 판례는, 공동상속인 사이의 상속지분의 양도는 공동상속인 전원의 약정에 기한 때에는 상속재산의 협의분할의 취지로 한 것으로 볼 수 있다고 한다(대판 1995. 9. 15, 94다23067).

(ㄹ) 「공동상속인들은 과세권자에 대한 관계에서 각자 고유의 납세의무와 함께 다른 공동상속인의 상속세에 대하여도 연대하여 납세의무를 부담하는 것이지, 공동상속인들 사이에서 다른 공동상속인 고유의 상속세에 대하여 종국적인 책임을 부담하는 것은 아니다. 따라서 공동상속의 경우 상속재산의 분할 전에 법정상속분에 따라 공동상속인 중 특정한 1인에게 귀속되는 부분이 그 특정인의 상속세 납부에 공여되었다

고 하여 이를 공동상속인들 전체의 상속비용으로 보아 분할대상 상속재산에서 제외하여서는 아니 된다.」(대결 2013. 6. 24, 2013스33 · 34)

[280] 4) 상속재산 분할의 협의는 그 성질상 재산권을 목적으로 하는 법률행위이므로 채권자취소권 행사의 대상이 될 수 있다고 하여야 한다(같은 취지: 신영호, 427면; 이경희, 492면; 대판 2001. 2. 9, 2000다51797; 대판 2007. 7. 26, 2007다29119; 대판 2024. 5. 30, 2024다208315. 소극적인 견해: 김/김, 666면). 그렇게 새기지 않으면 제도가 악용되어 채권자가 보호되기 어려울 것이다.

〈판 례〉

(ㄱ) 「상속재산의 분할협의는 상속이 개시되어 공동상속인 사이에 잠정적 공유가 된 상속재산에 대하여 그 전부 또는 일부를 각 상속인의 단독소유로 하거나 새로운 공유관계로 이행시킴으로써 상속재산의 귀속을 확정시키는 것으로 그 성질상 재산권을 목적으로 하는 법률행위이므로 사해행위취소권 행사의 대상이 될 수 있다 할 것이다. …

공동상속인의 상속분은 그 유류분을 침해하지 않는 한 피상속인이 유언으로 지정한 때에는 그에 의하고 그러한 유언이 없을 때에는 법정상속분에 의하나, 피상속인으로부터 재산의 증여 또는 유증을 받은 자는 그 수증재산이 자기의 상속분에 부족한 한도 내에서만 상속분이 있고(민법 제1008조), 피상속인의 재산의 유지 또는 증가에 특별히 기여하거나 피상속인을 특별히 부양한 공동상속인은 상속 개시 당시의 피상속인의 재산가액에서 그 기여분을 공제한 액을 상속재산으로 보고 지정상속분 또는 법정상속분에 기여분을 가산한 액으로써 그 자의 상속분으로 하므로(민법 제1008조의 2 제1항), 지정상속분이나 법정상속분이 곧 공동상속인의 상속분이 되는 것이 아니고 특별수익이나 기여분이 있는 한 그에 의하여 수정된 것이 재산분할의 기준이 되는 구체적 상속분이라 할 수 있다.

따라서 이미 채무초과 상태에 있는 채무자가 상속재산의 분할협의를 하면서 상속재산에 관한 권리를 포기함으로써 결과적으로 일반 채권자에 대한 공동담보가 감소되었다 하더라도, 그 재산분할결과가 위 구체적 상속분에 상당하는 정도에 미달하는 과소한 것이라고 인정되지 않는 한 사해행위로서 취소되어야 할 것은 아니고, 구체적 상속분에 상당하는 정도에 미달하는 과소한 경우에도 사해행위로서 취소되는 범위는 그 미달하는 부분에 한정하여야 한다. 이때 지정상속분이나 기여분, 특별수익 등의 존부 등 구체적 상속분이 법정상속분과 다르다는 사정은 채무자가 주장 · 입증하여야 할 것이다.」(대판 2001. 2. 9, 2000다51797)

(ㄴ) 「상속재산의 분할협의는 상속이 개시되어 공동상속인 사이에 잠정적 공유가 된 상속재산에 대하여 그 전부 또는 일부를 각 상속인의 단독소유로 하거나 새로운 공유관계로 이행시킴으로써 상속재산의 귀속을 확정시키는 것으로 그 성질상 재산권을 목적으로 하는 법률행위이므로 사해행위취소권 행사의 대상이 될 수 있고, 한편 채무자

가 자기의 유일한 재산인 부동산을 매각하여 소비하기 쉬운 금전으로 바꾸거나 타인에게 무상으로 이전하여 주는 행위는 특별한 사정이 없는 한 채권자에 대하여 사해행위가 되는 것이므로, 이미 채무초과 상태에 있는 채무자가 상속재산의 분할협의를 하면서 자신의 상속분에 관한 권리를 포기함으로써 일반 채권자에 대한 공동담보가 감소된 경우에도 원칙적으로 채권자에 대한 사해행위에 해당한다 할 것이다.」(대판 2007. 7. 26, 2007다29119)

5) 가분채권이 공동상속되는 경우에는 상속개시와 동시에 법정상속분에 따라 각 상속인에게 분할귀속되므로 분할협의의 대상이 될 수 없는 것이 원칙이다(대결 2016. 5. 4, 2014스122; 대결 2025. 3. 24, 2024스866 · 867 · 868). 그러나 가분채권을 일률적으로 상속재산 분할의 대상에서 제외하면 부당한 결과가 발생할 수 있다. 예를 들어 공동상속인들 중에 초과특별수익자가 있는 경우 초과 특별수익자는 초과분을 반환하지 않으면서도 가분채권은 법정상속분대로 상속받게 되는 부당한 결과가 나타난다. 그 외에도 특별수익이 존재하거나 기여분이 인정되어 구체적인 상속분이 법정상속분과 달라질 수 있는 상황에서 상속재산으로 가분채권만이 있는 경우에는 모든 상속재산이 법정상속분에 따라 승계되므로 수증재산과 기여분을 참작한 구체적 상속분에 따라 상속을 받도록 함으로써 공동상속인들 사이의 공평을 도모하려는 제1008조, 제1008조의 2의 취지에 어긋나게 된다. 따라서 이와 같은 특별한 사정이 있는 때는 상속재산 분할을 통하여 공동상속인들 사이에 형평을 기할 필요가 있으므로 가분채권도 예외적으로 상속재산 분할의 대상이 될 수 있다고 보아야 한다(대결 2016. 5. 4, 2014스122. 같은 취지: 대판 2023. 12. 21, 2023다221144; 대결 2025. 3. 24, 2024스866 · 867 · 868). 한편 상속인들의 협의에 의하여 어떤 자가 상속분을 넘는 채권을 취득할 수 있으며, 그때에는 상속인 간에 채권양도가 이루어진 것으로 보아 채무자에 대한 통지를 하여야 한다(같은 취지: 김/김, 663면). 불가분채권에 대하여는 분할협의를 할 수 있다. [281]

6) 가분채무가 공동상속되는 경우에도 상속개시와 동시에 법정상속분에 따라 각 상속인에게 분할귀속되어 분할협의의 대상이 되지 않는다(대판 1997. 6. 24, 97다8809). 그러나 상속인들의 협의로 공동상속인 중 1인이 법정상속분을 초과하여 채무를 부담할 수도 있다. 그런데 그러한 약정은 면책적 채무인수의 실질을 가지는 것이어서 그에 의하여 다른 공동상속인이 채무를 면하려면 채권자의 승낙(454조 참조)이 필요하다(같은 취지: 곽윤직, 143면; 김/김, 663면; 박동섭, 660면; 신영호, 423면; 지원림, 2052면; 대판 1997. 6. 24, 97다8809). 이때 채권자는 승낙을 하지 않고 상속분에 따른 책임을 물을 수도 있다(병존적 채무인수 인정). 한편 불가분채무에 대하여는 분할협의를

할 수 있다.

〈판 례〉

「금전채무와 같이 급부의 내용이 가분인 채무가 공동상속된 경우, 이는 상속개시와 동시에 당연히 법정상속분에 따라 공동상속인에게 분할되어 귀속되는 것이므로, 상속재산 분할의 대상이 될 여지가 없다고 할 것이다.

따라서 위와 같이 상속재산 분할의 대상이 될 수 없는 상속채무에 관하여 공동상속인들 사이에 분할의 협의가 있는 경우라면 이러한 협의는 민법 제1013조에서 말하는 상속재산의 협의분할에 해당하는 것은 아니지만, 위 분할의 협의에 따라 공동상속인 중의 1인이 법정상속분을 초과하여 채무를 부담하기로 하는 약정은 면책적 채무인수의 실질을 가진다고 할 것이어서, 채권자에 대한 관계에서 위 약정에 의하여 다른 공동상속인이 법정상속분에 따른 채무의 일부 또는 전부를 면하기 위하여는 민법 제454조의 규정에 따른 채권자의 승낙을 필요로 한다고 할 것이다. 여기에 상속재산 분할의 소급효를 규정하고 있는 민법 제1015조가 적용될 여지는 전혀 없다.」(대판 1997. 6. 24, 97다8809)

7) 상속개시 당시에는 상속재산을 구성하던 재산이 그 후 처분되거나 멸실·훼손되는 등으로 상속재산 분할 당시 상속재산을 구성하지 않게 되었다면 그 재산은 상속재산 분할의 대상이 될 수 없다(대결 2016. 5. 4, 2014스122; 대결 2022. 6. 30, 2017스98·99·100·101[핵심판례 472면]). 다만, 상속인이 그 대가로 처분대금, 보험금, 보상금 등 대상재산(代償財産)을 취득하게 된 경우에는, 대상재산은 종래의 상속재산이 동일성을 유지하면서 형태가 변경된 것에 불과할 뿐만 아니라 상속재산 분할의 본질이 상속재산이 가지는 경제적 가치를 포괄적·종합적으로 파악하여 공동상속인에게 공평하고 합리적으로 배분하는 데에 있는 점에 비추어, 그 대상재산이 상속재산 분할의 대상으로 될 수는 있다(대결 2016. 5. 4, 2014스122; 대결 2022. 6. 30, 2017스98·99·100·101[핵심판례 472면]). 그리고 상속개시 후에 상속재산으로부터 생긴 수익(예: 부동산의 차임, 예금의 이자)은 분할의 대상이 된다고 보아야 한다(같은 취지: 김/김, 664면; 박동섭, 660면; 지원림, 2053면).

[282] (3) 분할협의의 무효·취소

분할협의에 참가한 상속인이 무자격자이거나 또는 상속인의 일부를 제외하고 분할협의가 된 경우에는 분할협의는 무효이다. 공동상속인 중 한 사람의 의사표시에 대리권의 흠결이 있는 경우에도 분할협의는 무효이다(대판 1987. 3. 10, 85므80; 대판 2001. 6. 29, 2001다28299). 그러한 때에는 분할의 협의를 다시 하여야 한다(예외: 1014조). 그리고 분할협의의 의사표시에 착오나 사기·강박이 있는 경우에는 표의자는 제109조나 제110조의 요건 하에 취소할 수 있다(같은 취지: 곽윤직, 144면; 김/김, 667면).

〈판 례〉

(ㄱ) 「상속재산 분할협의에 이미 상속을 포기한 자가 참여하였다 하더라도 그 분할협의의 내용이 이미 포기한 상속지분을 다른 상속인에게 귀속시킨다는 것에 불과하여 나머지 상속인들 사이의 상속재산 분할에 관한 실질적인 협의에 영향을 미치지 않은 경우라면 그 상속재산 분할협의는 효력이 있다고 볼 수 있다.」(대판 2007. 9. 6, 2007다30447)

(ㄴ) 「상속의 포기는 상속이 개시된 때에 소급하여 그 효력이 있고(민법 제1042조), 포기자는 처음부터 상속인이 아니었던 것이 된다. 따라서 상속포기의 신고가 아직 행하여지지 아니하거나 법원에 의하여 아직 수리되지 아니하고 있는 동안에 포기자를 제외한 나머지 공동상속인들 사이에 이루어진 상속재산 분할협의는 후에 상속포기의 신고가 적법하게 수리되어 상속포기의 효력이 발생하게 됨으로써 공동상속인의 자격을 가지는 사람들 전원이 행한 것이 되어 소급적으로 유효하게 된다고 할 것이다. 이는 설사 포기자가 상속재산 분할협의에 참여하여 그 당사자가 되었다고 하더라도 그 협의가 그의 상속포기를 전제로 하여서 포기자에게 상속재산에 대한 권리를 인정하지 아니하는 내용인 경우에는 마찬가지라고 볼 것이다.」(대판 2011. 6. 9, 2011다29307)

(4) 분할협의의 합의해제 [283]

상속재산의 분할협의도 공동상속인들의 전원의 합의로 해제할 수 있다. 그 경우에는 분할협의에 의하여 일어난 물권변동이 소급해서 무효로 되나, 제548조 제 1 항의 규정상 — 보통의 합의해제의 경우와 마찬가지로 — 제 3 자의 권리를 해치지 못한다. 판례도 같다(대판 2004. 7. 8, 2002다73203).

〈판 례〉

「상속재산 분할협의는 공동상속인들 사이에 이루어지는 일종의 계약으로서, 공동상속인들은 이미 이루어진 상속재산 분할협의의 전부 또는 일부를 전원의 합의에 의하여 해제한 다음 다시 새로운 분할협의를 할 수 있고, 상속재산 분할협의가 합의해제되면 그 협의에 따른 이행으로 변동이 생겼던 물권은 당연히 그 분할협의가 없었던 원상태로 복귀하지만, 민법 제548조 제 1 항 단서의 규정상 이러한 합의해제를 가지고서는, 그 해제 전의 분할협의로부터 생긴 법률효과를 기초로 하여 새로운 이해관계를 가지게 되고 등기 · 인도 등으로 완전한 권리를 취득한 제 3 자의 권리를 해하지 못한다.」(대판 2004. 7. 8, 2002다73203)

4. 심판분할 [284]

공동상속인 사이에 분할에 관하여 협의가 성립되지 않거나 협의할 수 없는 때(이 경우는 규정에는 없지만 포함시켜야 한다)에는 가정법원이 심판으로 분할한다(1013조 2항 · 269조 1항). 공동상속인은 그러한 때에는 가사소송법이 정하는 바에 따라 가정법원에 상속재산 분할심판을 청구할 수 있을 뿐이고, 상속재산에 속하는 개별 재산에 관하여 제268조의 규정에 따라 공유물분할청구의 소를 제기할 수는 없다(대판 2015. 8. 13, 2015다18367).

공동상속인이 상속재산 분할을 청구하려면 먼저 조정을 신청하여야 하며(가소 2조 1항 마류사건 10)·50조. 조정전치주의), 조정이 성립하지 않으면 심판을 청구할 수 있다.

상속재산의 분할에 관한 심판은 상속인 중의 1인 또는 수인이 청구하여야 하고, 그 상대방은 나머지 상속인 전원이다(1013조 2항, 가소규 110조). 필수적 공동비송인 것이다.

(1) 심판분할의 전제 문제

심판분할을 하려면 상속인이 확정되어 있어야 하고, 또 상속재산의 범위와 가액이 확정되어 있어야 한다.

1) 상속인의 확정 문제가 되는 경우를 본다.

㈎ 태아가 있는 때에는 태아가 출생할 때까지 분할심판을 연기하여야 한다. 태아의 권리능력에 관한 사견인 해제조건설에 따라 이 경우에도 태아로 있는 동안에 분할심판을 할 수 있다고 새길 수도 있으나, 분할심판은 최종적인 것으로 되는 것이 바람직하므로 확실하게 하기 위하여 분할심판만은 태아가 태어날 때까지 기다렸다가 하는 것이 좋을 것이다.

㈏ 현재 상속인의 자격을 가지고 있는 자에 대하여 그의 상속인 자격의 형성이 문제되는 소(상속결격·친생자관계 부존재·인지무효·혼인무효·입양무효 등의 소)가 제기되어 있는 경우에는, 그 형성판결이 확정될 때까지는 심리를 중지하여야 한다.

㈐ 현재는 상속인이 아닌 자가 인지청구, 이혼이나 파양의 무효 또는 부(父)를 정하는 소를 제기하고 있는 경우에는, 일단은 그 자를 제외하고 분할심판을 해야 하고, 후에 공동상속인으로 확정되면 그는 그의 상속분에 상당하는 가액의 지급을 청구할 수 있다(1014조).

2) 상속재산의 범위와 가액의 확정

㈎ 특정의 재산이 상속재산인지의 여부에 관한 다툼으로 소가 제기되어 있는 경우에는, 그 판결이 확정될 때까지 심판절차를 중지하여야 한다. 그리고 상속재산에 속하는 것으로 하여 분할심판을 하였는데, 그 물건이 상속재산에 속하지 않음이 밝혀진 경우에는, 담보책임의 문제로 처리하면 된다(1016조). 다툼이 있는

상속재산을 제외하고 분할심판을 하였는데, 후에 그 물건이 상속재산에 속한다는 것이 밝혀진 경우에는, 분할 후에 상속재산에 속하는 물건이나 권리가 나타난 때와 마찬가지로, 그 물건에 관하여서만 분할하면 된다(같은 취지: 곽윤직, 146면; 김/김, 670면).

(나) 상속개시시부터 분할심판까지 사이에 상속재산을 구성하는 재산의 가격이 변동된 경우에는 상속재산을 실제로 취득하는 시점 즉 분할시를 표준으로 상속재산을 평가하여야 한다(통설·판례도 같음. 곽윤직, 147면; 김/김, 670면; 이경희, 489면; 대결 1997. 3. 21, 96스62). 구체적으로 분할을 하는 절차를 보면, 민저 상속게시 당시를 기준으로 하여 상속재산을 평가하여(대결 1997. 3. 21, 96스62; 대결 2022. 6. 30, 2017스98·99·100·101[핵심판례 472면]) 구체적인 상속분(구체적 상속분이란 공동상속인 중 일부의 수증재산과 기여분을 참작해 법정상속분을 수정한 것으로서 분할대상 상속재산에 대한 상속인별 몫을 뜻하고, 상속개시시를 기준으로 정해진다. 대결 2025. 3. 24, 2024스866·867·868)을 결정하고(이때 특별수익자가 있으면 그것도 고려한다)(상속재산 분할은 법정상속분이 아니라 특별수익(피상속인의 공동상속인에 대한 유증이나 생전 증여 등)이나 기여분에 따라 수정된 구체적 상속분을 기준으로 이루어진다. 대결 2022. 6. 30, 2017스98·99·100·101[핵심판례 472면]), 그 뒤 분할시에 상속재산을 재평가하고 그 가액을 앞에서 산출한 구체적인 상속분(정확하게는 구체적 상속분 비율)에 따라 확정하게 된다(같은 취지: 곽윤직, 147면; 김/김, 670면).

〈구체적인 계산방법의 예〉 [285]

위에서 기술한 방법에 따라 구체적으로 상속재산 분할가액을 산정해보기로 한다.

다음과 같은 예가 있다고 하자. 피상속인 A가 처 B, 자녀 C·D·E를 남기고 사망하였는데, 사망 당시에 A의 재산 가액이 8,000만원이었고, A는 생전에 장녀인 C에게 1,000만원을 증여하였다. 그 후 3년이 지나서 상속재산을 분할하려고 하니 재산 가액이 상승하여 1억 6,000만원이 되어 있었다. 이 경우에 1억 6,000만원은 어떻게 분할되어야 하는가?

(ㄱ) 이 예에서 상속인의 재산분할 가액을 산정하려면 우선 첫 단계로 피상속인이 사망할 당시의 재산 가액을 기준으로 하여 구체적인 상속분을 결정해야 한다. 그리고 이때 특별수익자가 있으면 그것도 고려하여야 한다. 위의 사례에서는 C가 1,000만원의 특별수익을 얻고 있으므로 상속분은 다음과 같이 계산된다.

- 상속재산 가액 … 8,000만원(당시 가액) + 1,000만원(C의 수증액) = 9,000만원
- 상속분 B : C : D : E = 1.5 : 1.0 : 1.0 : 1.0 = $\frac{1.5}{4.5}$: $\frac{1.0}{4.5}$: $\frac{1.0}{4.5}$: $\frac{1.0}{4.5}$
- 구체적 상속분 B … 9,000만원 × $\frac{1.5}{4.5}$ = 3,000만원

  C … 9,000만원 × $\frac{1.0}{4.5}$ − 1,000만원(특별수익) = 1,000만원

  D · E 각각 … 9,000만원 × $\frac{1.0}{4.5}$ = 2,000만원

(ㄴ) 그 다음 단계에서는 위에서 계산된 금액을 취득비율로 하여 분할시의 가액을 그 비율대로 나누도록 한다.

• 각 상속인의 취득비율 B : C : D : E = 3,000 : 1,000 : 2,000 : 2,000

$= \frac{3}{8} : \frac{1}{8} : \frac{2}{8} : \frac{2}{8}$

• 실제로 취득할 재산 가액 B … 1억 6,000만원 × $\frac{3}{8}$ = 6,000만원

C … 1억 6,000만원 × $\frac{1}{8}$ = 2,000만원

D · E 각각 … 1억 6,000만원 × $\frac{2}{8}$ = 4,000만원

[286] 〈판 례〉

(ㄱ) 「공동상속인 중에 피상속인으로부터 재산의 증여 또는 유증 등의 특별수익을 받은 자가 있는 경우에는 이러한 특별수익을 고려하여 상속인별로 고유의 법정상속분을 수정하여 구체적인 상속분을 산정하게 되는데, 이러한 구체적 상속분을 산정함에 있어서는 상속개시시를 기준으로 상속재산과 특별수익재산을 평가하여 이를 기초로 하여야 할 것이고, 다만 법원이 실제로 상속재산 분할을 함에 있어 분할의 대상이 된 상속재산 중 특정의 재산을 1인 및 수인의 상속인의 소유로 하고 그의 상속분과 그 특정의 재산의 가액과의 차액을 현금으로 정산할 것을 명하는 방법(소위 대상분할의 방법)을 취하는 경우에는, 분할의 대상이 되는 재산을 그 분할시를 기준으로 하여 재평가하여 그 평가액에 의하여 정산을 하여야 할 것이다.」(대결 1997. 3. 21, 96스62)

(ㄴ) 「가. 구체적 상속분 산정

구체적 상속분을 산정함에 있어서는, 상속개시 당시를 기준으로 상속재산과 특별수익재산을 평가하여 이를 기초로 하여야 하고(대법원 1997. 3. 21. 자 96스62 결정 등 참조), 공동상속인 중 특별수익자가 있는 경우 구체적 상속분 가액의 산정을 위해서는, 피상속인이 상속개시 당시 가지고 있던 재산 가액에 생전증여의 가액을 가산한 후, 이 가액에 각 공동상속인별로 법정상속분율을 곱하여 산출된 상속분의 가액으로부터 특별수익자의 수증재산인 증여 또는 유증의 가액을 공제하는 계산방법에 의한다(대법원 1995. 3. 10. 선고 94다16571 판결, 대법원 2014. 7. 10. 선고 2012다26633 판결 등 참조). 이렇게 계산한 상속인별 구체적 상속분 가액을 전체 공동상속인들 구체적 상속분 가액 합계액으로 나누면 상속인별 구체적 상속분 비율, 즉 상속재산분할의 기준이 되는 구체적 상속분을 얻을 수 있다.

한편 위와 같이 구체적 상속분 가액을 계산한 결과 공동상속인 중 특별수익이 법정상속분 가액을 초과하는 초과특별수익자가 있는 경우, 그러한 초과특별수익자는 특별수익을 제외하고는 더 이상 상속받지 못하는 것으로 처리하되(구체적 상속분 가액 0원), 초과특별수익은 다른 공동상속인들이 그 법정상속분율에 따라 안분하여 자신들의 구체적 상속분 가액에서 공제하는 방법으로 구체적 상속분 가액을 조정하여 위 구체적 상속분 비율을 산출함이 바람직하다. 결국 초과특별수익자가 있는 경우 그 초과된 부분은 나머지 상속인들의 부담으로 돌아가게 된다.」(대결 2022. 6. 30, 2017스98 · 99 · 100 · 101)

㈐ 분할심판의 심리과정에서 위의 전제사항(상속인의 범위, 상속재산의 범위와 가액)에 대하여 다투는 경우가 있을 수 있다. 그런데 그 전제사항 중 상속재산의 범위의 확정 즉 특정재산이 상속재산에 속하는지 여부는 민사소송의 대상이고, 상속인 자격의 확정은 가사소송의 대상이어서, 양자 모두 비송절차인 상속재산 분할을 심판하는 가정법원의 심판사항이 아니다. 따라서 그 다툼이 이유가 없음이 명백하지 않는 한 가정법원은 분할의 심판청구를 각하하여야 하고, 당사자는 판결을 얻은 뒤에 다시 분할심판을 청구하여야 한다(곽윤직, 149면. 반대 견해: 김/김, 670면; 윤진수, 409면).

(2) 분할의 방법

원칙적으로 현물분할을 하지만, 현물분할이 불가능하거나 현물분할을 하면 그 가액이 현저하게 줄어들 염려가 있는 때에는 법원은 물건의 경매를 명하여 그 대금을 분할(대금분할 내지 가액분할)할 수 있다(1013조 2항 · 269조 2항). 그리고 가사소송규칙에서는 상속재산 중 특정의 재산을 1인 또는 수인의 소유로 하고, 그의 상속분 및 기여분과 그 특정재산의 가액의 차액을 현금으로 정산하게 하는 이른바 가격배상(이를 대상분할(代償分割)이라고도 함)도 인정하고 있다(가소규 115조 2항).

한편 판례에 따르면, 법원은 여러 사정을 고려하여 상속재산 분할방법을 후견적 재량으로 결정할 수 있으나(대결 2014. 11. 25, 2012스156 · 157; 대결 2022. 7. 20, 2022스597 · 598), 분할 결과 어느 상속인이 구체적 상속분에 못 미치는 재산을 받게 된다면 그의 상속재산에 대한 권리의 침해이므로 허용될 수 없다(대결 2022. 7. 20, 2022스597 · 598).

〈판 례〉

「라. 상속재산 중 특정 재산을 일부 상속인이 소유하도록 하는 현물분할에 있어서 심리할 사항과 필요한 조치

가정법원이 상속재산 분할을 함에 있어 분할 대상이 된 상속재산 중 특정 재산을 일부 상속인 소유로 현물분할 한다면, 전체 분할 대상 재산을 분할시 기준으로 평가하여, ① 그 특정 재산 가액이 그의 구체적 상속분에 따른 취득가능 가액을 초과하는 상속인이 있는 경우 그 차액을 정산하도록 하여야 하고(대법원 1997. 3. 21. 자 96스62 결정 참조, 앞서 구체적 상속분을 산정함에 있어 유증이나 생전증여 등으로 인한 초과특별수익과 달리, 산정된 구체적 상속분에 따른 취득가능 가액을 초과하여 분할받게 되는 부분은 다른 상속인들에게 정산해야 한다), ② 그 특정 재산 가액이 그의 구체적 상속분에 따른 취득가능 가액을 초과하지 않을 경우에도 위와 같은 현물분할을 반영하여 상속인들 사이의 지분율을 다시 산정해서 남은 분할 대상 상속재산은 수정된 지분율로 분할해야 한다.

이를 위해 전체 분할 대상 상속재산의 분할 시 기준 평가액에 상속인별 구체적 상속분을 곱하여 산출된 상속인별 취득가능 가액에서 각자 소유로 하는 특정 재산의

분할 시 기준 평가액을 공제하는 방법으로 구체적 상속분을 수정한 지분율을 산정할 수 있다.」(대결 2022. 6. 30, 2017스 98 · 99 · 100 · 101[핵심판례 472면])

[287] ## 5. 상속재산 분할의 효력

(1) 소급효와 그 제한

1) 소급효

(가) 상속재산의 분할은 상속이 개시된 때에 소급하여 그 효력이 생긴다(1015조 본문). 그 결과 각 상속인은 분할에 의하여 피상속인으로부터 직접 권리를 취득한 것으로 된다(판례도 같음. [279]에 인용된 판례 참조).

〈판 례〉

(ㄱ) 「민법 제1015조에 의하면 상속재산의 분할은 상속개시된 때에 소급하여 그 효력이 있다고 규정하고 있는바, 이는 분할에 의하여 각 공동상속인에게 귀속되는 재산이 상속개시 당시에 이미 피상속인으로부터 직접 분할받은 자에게 승계된 것을 의미하므로 분할에 의하여 공동상속인 상호간에 상속분의 이전이 생기는 것은 아니라 할 것이다. 그러므로 공동상속인 상호간에 상속재산에 관하여 민법 제1013조에 의한 협의분할이 이루어짐으로써 공동상속인 중 1인이 고유의 상속분을 초과하는 재산을 취득하게 되었다 하더라도 이는 상속개시 당시에 피상속인으로부터 승계받은 것으로 보아야 하고, 따라서 협의분할에 의한 재산상속을 원인으로 피상속인으로부터 상속인 중 1인 앞으로 소유권이전등기가 이루어진 경우로서 그 부동산에 관한 피상속인 명의의 소유권등기가 원인무효의 등기라면, 협의분할에 의하여 이를 단독상속한 상속인만이 이를 전부 말소할 의무가 있고 다른 공동상속인은 이를 말소할 의무가 없다.」(대판 2009. 4. 9, 2008다87723)

(ㄴ) 대판 1991. 8. 27, 90다8237([247]의 (ㄴ) 판결).

그런데 이 소급효는 현물분할의 경우에만 인정되고, 대금분할이나 가격배상의 경우에는 인정되지 않는다(이설 없음).

(나) 상속재산 분할에 의하여 어떤 공동상속인이 특정부동산을 취득한 경우에는 피상속인으로부터 직접 이전등기를 하여야 하는가 아니면 공동상속에 의한 공유의 등기를 한 뒤에 이전등기를 하여야 하는가? 분할에 소급효를 인정하면 전자만 허용되어야 하나, 공유관계에 있었던 사실도 부인할 수는 없으므로 두 방법이 모두 가능하다고 할 것이다(같은 취지: 곽윤직, 151면; 김/김, 672면).

(다) 공동상속인이 상속재산을 공유하는 동안에 생긴 과실은 수익을 낳은 상

속재산의 취득자에게 소급적으로 귀속하는 것이 아니고 상속재산에 포함되어 분할의 대상이 된다(이설 없음). 판례도 같은 입장에 있다(대판 2018. 8. 30, 2015다27132 · 27149). 즉 판례는, 분할의 대상이 된 상속재산 중 특정 상속재산을 상속인 중 1인의 단독소유로 하고 그의 구체적 상속분과 그 특정 상속재산의 가액과의 차액을 현금으로 정산하는 방법(이른바 대상분할의 방법)으로 상속재산을 분할한 경우에, 그 특정 상속재산을 분할받은 상속인은 제1015조 본문에 따라 상속개시된 때에 소급하여 이를 단독소유한 것으로 보게 되지만, 그 상속재산 과실(상속개시 후 상속재산 분할이 완료되기 전까지 상속재산으로부터 발생하는 과실)까지도 소급하여 그 상속인이 단독으로 차지하게 된다고 볼 수는 없고, 이러한 경우 그 상속재산 과실은 특별한 사정이 없는 한, 공동상속인들이 수증재산과 기여분 등을 참작하여 상속개시 당시를 기준으로 산정되는 「구체적 상속분」의 비율에 따라 이를 취득한다고 한다(대판 2018. 8. 30, 2015다27132 · 27149. 법정상속분에 따라 취득하는 것이 아니라고 함).

2) 소급효의 제한 상속재산 분할의 소급효는 제 3 자의 권리를 해하지 못한다(1015조 단서). 여기의 제 3 자의 예로는 상속인으로부터 개개의 상속재산에 대한 지분을 양수하거나 담보로 제공받거나 또는 압류한 자를 들 수 있으며, 상속분의 양수인은 포함되지 않는다. 그리고 「제 3 자」로 되려면 권리변동의 성립요건이나 대항요건을 갖추어야 한다(판례도, 1015조 단서에서 말하는 제 3 자는 일반적으로 상속재산 분할의 대상이 된 상속재산에 관하여 상속재산 분할 전에 새로운 이해관계를 가졌을 뿐만 아니라 등기 · 인도 등으로 권리를 취득한 사람을 말한다고 하여, 같은 취지이다. 대판 2020. 8. 13, 2019다249312). 배타적인 권리를 취득했어야 하는 것이다. 따라서 상속인으로부터 토지를 매수하였으나 소유권이전등기를 하지 않은 자는 「제 3 자」가 아니다(대판 1992. 11. 24, 92다31514). 여기서 제 3 자의 선의 · 악의는 문제되지 않는다. 분할에 하자가 있는 것이 아니기 때문이다. 한편 판례는, 상속재산인 부동산의 분할 귀속을 내용으로 하는 상속재산 분할심판이 확정되면 제187조에 의하여 상속재산 분할심판에 따른 등기 없이도 해당 부동산에 관한 물권변동의 효력이 발생하지만, 제1015조 단서의 내용과 입법취지 등을 고려하면, 상속재산 분할심판에 따른 등기가 이루어지기 전에 상속재산 분할의 효력과 양립하지 않는 법률상 이해관계를 갖고 등기를 마쳤으나 상속재산 분할심판이 있었음을 알지 못한 제 3 자에 대하여는 상속재산 분할의 효력을 주장할 수 없다고 보아야 하며, 이 경우 제 3 자가 상속재산 분할심판이 있었음을 알았다는 점에 관한 주장 · 증명책임은 상속재산 분할심판의 효력을 주장하는 자에게 있다고 한다(대판 2020. 8. 13, 2019다249312). 이는 상속재산 분할 후에 권리를 취득한 제 3 자가 선의일 경우에 이미 발생한 상속

재산 분할의 효력을 근거없이 변경 또는 소멸시키는 것으로서 타당하지 않다.

〈판 례〉

「공동상속인 중 1인이 제 3 자에게 상속 부동산을 매도한 뒤 그 앞으로 소유권이전등기가 경료되기 전에 위 매도인과 다른 공동상속인들 간에 그 부동산을 위 매도인 외의 다른 상속인 1인의 소유로 하는 내용의 상속재산 협의분할이 이루어져 그 앞으로 소유권이전등기를 한 경우에 위 상속재산 협의분할은 상속개시된 때에 소급하여 효력이 발생하고 등기를 경료하지 아니한 제 3 자는 민법 제1015조 단서 소정의 소급효가 제한되는 제 3 자에 해당하지 아니하는바(대법원 1992. 11. 24. 선고 92다31514 판결 참조), 이 경우 상속재산 협의분할로 위 부동산을 단독으로 상속한 자가 협의분할 이전에 공동상속인 중 1인이 그 부동산을 제 3 자에게 매도한 사실을 알면서도 상속재산 협의분할을 하였을 뿐 아니라 위 매도인의 배임행위(또는 배신행위)를 유인, 교사하거나 이에 협력하는 등 적극적으로 가담한 경우에는 위 상속재산 협의분할 중 위 매도인의 법정상속분에 관한 부분은 민법 제103조 소정의 반사회질서의 법률행위에 해당한다.」(대판 1996. 4. 26, 95다54426 · 54433)

[288] (2) 분할 후에 피인지자 등이 분할을 청구하는 경우

1) 상속개시 후에 인지 또는 재판(친생자관계 존재 확인의 소, 피상속인과의 파양 또는 이혼무효의 소, 피상속인을 당사자로 부를 정하는 소 등)의 확정에 의하여 공동상속인으로 된 자는 당연히 상속개시시부터 공동상속인이었던 것으로 된다. 그러나 인지 또는 재판의 확정 전에 다른 공동상속인들이 이미 분할을 마친 경우에는 분할을 다시 하게 하는 것이 적절하지 않다. 그것은 제 3 자에게 해를 줄 염려가 크기 때문이다(인지의 소급효도 제한된다. 860조 단서). 그리하여 민법은 분할이 있은 후에는 분할의 효력을 유지하면서, 인지 등으로 공동상속인이 된 자에게는 그 상속분에 상당한 가액의 지급을 청구할 권리를 부여하고 있다(1014조)(다만, 앞에서 설명한 바와 같이(E－88), 판례는 혼인 외의 출생자와 생모 사이의 경우에는 1014조를 근거로 자가 모의 다른 공동상속인이 한 상속재산에 대한 분할 또는 처분의 효력을 부인할 수 있고, 이는 비록 다른 공동상속인이 이미 상속재산을 분할 또는 처분한 이후에 모자관계가 친생자관계 존재 확인판결의 확정 등으로 비로소 명백히 밝혀졌다 하더라도 마찬가지라고 한다. 대판 2018. 6. 19, 2018다1049).

2) 이 규정이 적용되려면 다른 공동상속인이 이미 「분할 기타의 처분」을 하였어야 한다. 분할은 협의분할 · 조정분할 · 심판분할의 어느 것이라도 무방하다. 그리고 「기타의 처분」의 예로는 공동상속인이 불분할계약(不分割契約)을 맺은 경우, 공동상속인의 1인이 그의 상속분을 양도하거나 또는 상속재산에 속하는 개개의 재산에 대한 지분을 처분한 경우, 공동상속인이 공동으로 상속재산을 처분한 경우를 들 수 있다. 「분할 기타의 처분」이 없거나 일부에 대하여만 있는 때에는 전부 또는 나머지에 관하여 그 상속인을 참여시켜서 분할을 하여야 한다.

3) 피인지자 등은 그의 상속분에 상당하는 가액을 청구할 수 있는데, 이때의 「상속분」은 모든 상속재산에 대한 것이 아니고 적극재산만에 대한 것을 의미한다(통설도 같음. 곽윤직, 155면; 김/김, 675면; 박병호, 387면; 지원림, 2062면). 상속채무는 피인지자 등까지 포함하여 따로 상속분에 따라서 승계하여야 하기 때문이다.

그리고 피인지자 등이 상속분의 가액지급을 청구하는 경우 상속재산의 가액은 사실심 변론종결 당시의 시가를 기준으로 하여 산정하여야 한다(대판 1993. 8. 24, 93다12; 대판 2002. 11. 26, 2002므1398).

4) 제1014조에 의하여 가액지급청구권을 가지게 되는 공동상속인은 이미 분할 기타의 처분을 한 공동상속인과 동순위의 자를 가리킨다. [289]

문제는 인지 또는 재판에 의하여 상속인으로 된 자(예: 피상속인의 자)보다 후순위 상속인들(예: 피상속인의 직계존속이나 형제자매)이 상속하여 분할을 한 경우에도 가액지급청구만이 인정되는지이다. 이에 대하여 판례는 인지의 경우에 관하여 후순위 상속인에게 제1014조를 적용할 수 없다고 한다(대판 1974. 2. 26, 72다1739; 대판 1993. 3. 12, 92다48512). 이에 의하면 후순위 상속인이 참가한 상속재산 분할은 무효로 되고, 선순위 상속권자는 후순위 상속인에 대하여 가액지급청구권이 아니고 상속회복청구권을 행사할 수 있게 된다. 그에 비하여 학설은 제1014조를 유추적용하자고 한다(곽윤직, 156면; 김/김, 675면; 박병효, 387면; 이경희, 495면). 학설은 그 이유로, 이미 분할된 재산을 양수한 제 3 자가 보호되지 못하게 되어 거래의 안전을 해하게 되고 또한 후순위 상속인은 새로운 상속인이 나타나지 않았으면 안전한 권리자가 되었을 자이어서 일반의 참칭상속인과 같다고 할 수도 없다는 것을 든다. 생각건대 제1014조의 해석상 상속재산 분할이 진행되는 도중에 인지 등의 소가 제기되어도 분할을 할 수 있고 후에 새로운 공동상속인이 된 자에게는 가액지급청구권만이 인정된다고 하는데([275]·[284] 참조), 새로운 상속권자에 우선하여 후순위 상속인까지 그와 같이 보호할 이유는 없다. 그리고 학설과 같은 해석은 법문에도 반한다. 결국 판례를 따라야 한다(같은 취지: 윤진수, 167면·415면; 지원림, 2062면).

5) 판례에 따르면, 제1014조에 의하여 가액의 지급을 청구하는 경우에 그 범위에 관하여는 부당이득 반환범위에 관한 규정을 유추적용할 수는 없고, 다른 공동상속인들이 분할 기타의 처분시에 피인지자의 존재를 알았는지의 여부에 의하여 그 지급할 가액의 범위가 달라지는 것도 아니라고 한다(대판 1993. 8. 24, 93다12)(그 이유에 대하여는 아래의 (ㄴ) 판결 참조).

또한 판례는, 제1014조에 의한 상속분 상당가액 지급청구에 있어 상속재산으로부터 발생한 과실은 그 가액산정 대상에 포함되지 않는다고 한다(대판 2007. 7. 26, 2006므2757 · 2764). 그리고 인지 이전에 공동상속인들에 의해 이미 분할되거나 처분된 상속재산은 제860조 단서가 규정한 인지의 소급효 제한에 따라 이를 분할받은 공동상속인이나 공동상속인들의 처분행위에 의해 이를 양수한 자에게 그 소유권이 확정적으로 귀속되는 것이며, 상속재산의 소유권을 취득한 자는 제102조에 따라 그 과실을 수취할 권능도 보유한다고 할 것이므로, 피인지자에 대한 인지 이전에 상속재산을 분할한 공동상속인이 그 분할받은 상속재산으로부터 발생한 과실을 취득하는 것은 피인지자에 대한 관계에서 부당이득이 된다고 할 수 없다(대판 2007. 7. 26, 2006다83796).

[290] 〈판 례〉

㈀ 대판 1993. 3. 12, 92다48512([117]에 인용).

㈁ 「상속개시 후에 인지되거나 재판이 확정되어 공동상속인이 된 자도 그 상속재산이 아직 분할되거나 처분되지 아니한 경우에는 당연히 다른 공동상속인들과 함께 분할에 참여할 수 있을 것인바, 민법 제1014조는 그와 같은 인지 이전에 다른 공동상속인이 이미 상속재산을 분할 기타의 방법으로 처분한 경우에는 사후의 피인지자는 다른 공동상속인들의 분할 기타 처분의 효력을 부인하지 못하게 하는 대신, 이들에게 그 상속분에 상당한 가액의 지급을 청구할 수 있도록 하여 상속재산의 새로운 분할에 갈음하는 권리를 인정함으로써 피인지자의 이익과 기존의 권리관계를 합리적으로 조정하는 데 그 목적이 있다 할 것이고, 따라서 그 가액의 범위에 관하여는 부당이득 반환의 범위에 관한 민법규정을 유추적용할 수는 없고, 다른 공동상속인들이 분할 기타의 처분시에 피인지자의 존재를 알았는지의 여부에 의하여 그 지급할 가액의 범위가 달라지는 것도 아니라 할 것이다.」(대판 1993. 8. 24, 93다12)

㈂ 「인지 이전에 공동상속인들에 의해 이미 분할되거나 처분된 상속재산은 이를 분할받은 공동상속인이나 공동상속인들의 처분행위에 의해 이를 양수한 자에게 그 소유권이 확정적으로 귀속되는 것이며, 그 후 그 상속재산으로부터 발생하는 과실은 상속개시 당시 존재하지 않았던 것이어서 이를 상속재산에 해당한다 할 수 없고, 상속재산의 소유권을 취득한 자(분할받은 공동상속인 또는 공동상속인들로부터 양수한 자)가 민법 제102조에 따라 그 과실을 수취할 권능도 보유한다고 할 것이며, 민법 제1014조도 '이미 분할 내지 처분된 상속재산' 중 피인지자의 상속분에 상당한 가액의 지급청구권만을 규정하고 있을 뿐 '이미 분할 내지 처분된 상속재산으로부터 발생한 과실'에 대해서는 별도의 규정을 두지 않고 있으므로, 결국 민법 제1014조에 의한 상속분 상당 가액지급청구에 있어 상속재산으로부터 발생한 과실은 그 가액산정 대상에 포함된다고 할 수 없다.」(대판 2007. 7. 26, 2006므2757 · 2764)

6) 피인지자 등의 가액지급청구권의 성질에 관하여 학설은, i) 상속회복청구

권의 일종이며 따라서 제999조 제2항 소정의 제척기간에 걸린다는 견해(김/김, 675면)와 ii) 현행법상 상속회복청구는 통상의 민사소송의 절차에 의하는 반면 제1014조의 가액지급청구는 다류 가사소송사건으로 되어 있으므로(가소규 2조), 상속재산분할청구권의 일종이라는 견해(곽윤직, 156면; 박병호, 387면)로 나뉘어 있고, 판례는 i)설과 같다(대판 1981. 2. 10, 79다2052; 대판 1993. 8. 24, 93다12; 대판 2007. 7. 26, 2006므2757 · 2764). 그리고 이와 관련하여 헌법재판소는 최근에 — 제999조 제2항이 제1014조에 의한 가액지급청구권에도 적용된다는 전제에 서서 — 상속회복청구권에 관한 10년의 제척기간 중 제1014조의 가액지급청구권에 적용되는 부분, 즉 제999조 제2항의 「상속권의 침해행위가 있은 날부터 10년」 중 제1014조에 관한 부분을 위헌이라고 결정하였고, 그러면서 과거에 해당 부분을 합헌이라고 판시한 결정(헌재 2010. 7. 29. 2005헌바89)을 변경하였다(헌재 2024. 6. 27. 2021헌마1588. 여기에는 재판관 2인의 반대의견이 있음).

(3) 공동상속인의 담보책임 [291]

민법은 공동상속인들 사이에 공평을 기하기 위하여 서로 담보책임을 부담하는 것으로 하고 있다(1016조-1018조).

1) 매도인과 동일한 담보책임 공동상속인은 다른 공동상속인이 분할로 인하여 취득한 재산에 대하여 그 상속분에 따라 매도인과 같은 담보책임이 있다(1016조). 그런데 담보책임의 내용 중 해제(재분할을 해야 함)에 관하여는 거래의 안전이 문제되므로 특히 필요한 경우에만 인정되는지에 대하여 견해 대립(긍정설: 곽윤직, 157면; 이경희, 497면. 다른 견해: 김/김, 676면; 박병호, 388면)이 있다.

2) 상속채무자의 자력에 대한 담보책임 상속재산 분할에 의하여 채권을 취득한 상속인은 채무자가 무자력일 경우 손실을 입게 된다. 그리하여 민법은 그러한 경우에는 공동상속인 전원이 채무자의 자력을 담보하도록 하고 있다(1017조). 구체적으로는, 변제기가 이미 된 채권에 대하여는 분할 당시의 채무자의 자력을 담보하고(1017조 1항), 분할할 때 아직 변제기가 되지 않은 채권이나 정지조건부 채권에 대하여는 변제를 청구할 수 있는 때(즉 변제기나 정지조건이 성취된 때)의 채무자의 자력을 담보한다(1017조 2항). 그리고 이 경우에도 상속분에 응하여 담보책임을 진다고 하여야 한다.

3) 무자력 공동상속인의 담보책임의 분담 담보책임 있는 공동상속인 중에 상환의 자력이 없는 자가 있는 때에는, 그의 부담부분은 구상권자와 자력 있

는 다른 공동상속인이 그 상속분에 응하여 분담한다(1018조 본문). 그러나 구상권자의 과실로 인하여 상환을 받지 못한 때에는 다른 공동상속인에게 분담을 청구하지 못한다(1018조 단서).

〈상속재산 분할의 경우 공동상속인 사이의 구상관계(판례)〉

「2. 임대차보증금 반환 관련

… 상속재산 분할심판에서 분할대상 상속재산 중 특정 상속재산을 공동상속인 중 1인의 단독소유로 하고 그의 구체적 상속분과 그 특정 상속재산의 가액과의 차액을 현금으로 정산하는 방법(이른바 대상분할의 방법)으로 상속재산을 분할하였는데 그 특정 상속재산이 상가임대차법 제3조 제1항이 정한 대항요건을 갖춘 임대차의 목적물인 경우 그 공동상속인은 임대차보증금 반환채무를 면책적으로 인수하고 다른 공동상속인들은 임대차관계에서 탈퇴하여 임차인에 대한 임대차보증금 반환채무를 면하게 된다(대법원 2013. 1. 17. 선고 2011다49523 전원합의체 판결 참조). 그런데 상속재산 분할심판에서 임대차보증금 반환채무가 분할대상에서 제외된 가운데 임대차 목적물을 단독으로 상속받게 된 공동상속인이 그 임대차보증금 반환채무를 면책적으로 인수하면서 다른 공동상속인들에게는 이러한 채무인수를 고려하지 않은 방식에 따라 산정된 차액을 지급하게 되면, 그는 본래 상속재산 분할에서 의도되었던 것보다 과도한 부담을 안을 수 있어 부당하다. 이러한 경우 다른 공동상속인들이 임대차보증금 반환채무를 면하는 것을 정당화할 만한 특별한 사정이 없는 한 공동상속인들 사이에서는 임대차보증금 반환채무에 관하여 법정상속분에 따른 내부적 부담부분이 그대로 유지되고, 그 임대차 목적물을 단독 소유하게 된 공동상속인이 나중에 임대차보증금을 반환한 때에는 다른 공동상속인들을 상대로 구상할 수 있다. …

3. 재산세 관련

… 위와 같이 공동상속인들이 각자의 법정상속분에 따라 상속재산을 공유하는 동안 상속재산에 부과된 재산세는 공동상속인들이 연대하여 납부할 의무를 지고(근거: 지방세기본법 44조 1항·5항 등: 저자 주), 그중 1인이 위 재산세를 납부함으로써 공동면책을 얻었다면 그 공동상속인은 특별한 사정이 없는 한 다른 공동상속인들을 상대로 각자의 법정상속분에 따라 구상할 수 있다. 그리고 구상을 하지 않은 상태에서 상속재산 분할 절차가 진행되는 경우 그 절차에서 위와 같이 납부된 재산세가 고려될 수 있으나, 이에 대한 고려가 이루어지지 않았다면 그 상속재산을 재산세를 납부한 공동상속인의 단독 소유로 하는 내용의 상속재산 분할이 이루어졌다고 해도 여전히 다른 공동상속인들을 상대로 구상할 수 있다.」(대판 2024. 8. 1, 2023다318857. 민법 1015조가 상속재산 분할의 소급효를 인정하고 있으나, 상속재산 분할에 소급효가 인정된다고 하더라도, 상속개시 이후 공동상속인들이 상속재산의 공유관계에 있었던 사실 자체가 소급하여 소멸하는 것은 아니라고 함. 위 '3. 재산세 관련' 부분과 같은 취지: 대결 2025. 3. 24, 2024스866·867·868)

V. 상속회복청구권 [292]

1. 의 의

상속회복청구권이란 상속권이 진정하지 않은 상속인 즉 참칭상속인에 의하여 침해되었을 때 일정한 기간 내에 그 회복을 청구할 수 있는 권리이다. 민법은 이에 대하여 간단한 1개 조문만을 두고 있다(999조).

〈북한주민의 상속회복청구권〉

남북가족특례법은, 남북 이산으로 인하여 피상속인인 남한주민으로부터 상속을 받지 못한 북한주민(북한주민이었던 사람을 포함한다) 또는 그 법정대리인이 제999조 제1항에 따라 상속회복청구를 할 수 있고, 이 경우 다른 공동상속인이 이미 분할, 그 밖의 처분을 한 경우에는 그 상속분에 상당한 가액으로 지급할 것을 청구할 수 있다고 규정한다(같은 법 11조 1항). 그리고 그 경우에 기여상속인이 있으면 기여분을 공제한 것을 상속재산으로 보고 상속회복청구권자의 상속분을 산정한다고도 한다(같은 법 11조 2항. 기여분에 관한 같은 법 11조 3항·4항도 참조).

2. 법적 성질

상속이 개시되면 피상속인의 권리·의무가 상속인에게 포괄적으로 승계되므로, 진정상속인은 상속을 침해한 자에 대하여 자신에게 소유권 등이 있음을 이유로 물권적 청구권 등을 행사하여 상속재산의 회복을 꾀할 수 있다. 그럼에도 불구하고 민법은 이와는 별도로 상속회복청구권을 인정하고 있다. 여기서 상속회복청구권의 본질이 무엇이고 그것과 개별적인 권리가 어떠한 관계에 있는지 문제된다.

(1) 학 설

1) 상속자격확정설 상속회복청구권은 개개의 상속재산에 대한 청구권이 아니라 진정상속인의 상속자격 즉 상속권의 일반적 확정을 구하는 권리라고 하는 견해이다(상속회복의 소는 상속권의 확인을 구하는 확인의 소로서 판결의 기판력은 상속권 유무에만 미친다고 함)(박영식, "상속회복청구권의 성질," 민사판례연구(3), 114면 이하). 이에 의하면, 진정상속인은 상속회복청구와 동시에 또는 별도로 상속재산 반환청구를 할 수 있고, 그 경우에는 제척기간의 적용을 받지 않게 된다.

2) 집합권리설 상속회복청구권은 단일·독립의 청구권이 아니라 상속재산을 구성하는 개개의 재산에 대한 개별적인 청구권의 집합에 불과하다고 하는 견해이다(김/김, 564면; 윤진수, 311면). 이 견해는 상속을 이유로 상속재산의 반환을 청구하는 소는 그것이 포괄적으로 행하여지든 상속재산 중의 개별재산에 대하여 개별적으로 행하

여지든, 모든 참칭상속인에 대하여 행하여지든 제 3 취득자에 대하여 행하여지든 상속회복청구권의 행사로 보며 물권적 반환청구권과의 경합을 인정하지 않는다.

3) 독립권리설 상속회복청구권은 개별적 청구권과는 구별되는 단일의 권리이며 상속재산 전체의 회복을 청구하는 포괄적 권리라고 보는 견해이다(곽윤직, 164면; 김용한, 293면; 박병호, 316면). 이 견해는 상속회복청구권과 개별적 청구권의 경합을 인정한다(물권적 청구권을 행사하는 경우에는 제척기간의 제한을 받지 않는다고 함)(다만 곽윤직, 164면은 개별적 청구권의 행사를 부정한다).

4) 소 권 설 상속회복청구의 소에서는 권원의 존부가 쟁점이 아니기 때문에, 소유권 등의 실체적 권리를 바탕으로 하는 청구권의 행사가 아니고, 오히려 상속재산의 점유를 둘러싸고 다투는 당사자 쌍방의 상속자격의 존부를 결정함으로써 다툼을 처리하기 위한 특수한 소권이라는 견해이다(이경희, 501면).

[293] (2) 판 례

판례는 집합권리설의 입장인 것으로 보인다(대판 1978. 12. 13, 78다1811; 대판(전원) 1981. 1. 27, 79다854; 대판(전원) 1991. 12. 24, 90다5740; 대판 2006. 7. 4, 2005다45452 등 다수의 판결)(곽윤직, 162면은 판례가 독립권리설의 입장이라고 한다).

〈판 례〉

「자신이 진정한 상속인임을 전제로 그 상속으로 인한 소유권 또는 지분권 등 재산권의 귀속을 주장하면서 참칭상속인 또는 참칭상속인으로부터 상속재산에 관한 권리를 취득하거나 새로운 이해관계를 맺은 제 3 자를 상대로 상속재산인 부동산에 관한 등기의 말소 등을 청구하는 경우에는, 그 소유권 또는 지분권이 귀속되었다는 주장이 상속을 원인으로 하는 것인 이상 그 청구원인 여하에 관계없이 이는 민법 제999조 소정의 상속회복청구의 소에 해당하고(대법원 1984. 2. 14. 선고 83다600, 83다카2056 판결, 대법원 1991. 12. 24. 선고 90다5740 전원합의체 판결 등 참조), 상속회복청구권의 제척기간에 관한 민법 제999조 제 2 항은 이 경우에도 적용된다(대법원 1981. 1. 27. 선고 79다854 전원합의체 판결 참조).」(대판 2010. 1. 14, 2009다41199)

(3) 검토 및 사견

상속자격확정설은 상속회복청구의 소가 확인의 소라고 하는데, 만약 그렇다면 통상의 확인소송 외에 따로 상속회복청구권 제도를 둘 이유가 없다. 독립권리설은 상속회복청구권을 독립한 청구권이라고 파악한 점에서는 옳으나, 개별적인 청구권을 행사하는 경우에 제척기간의 적용을 받지 않게 하는 점에서(일부 견해는 아님) 신속 확정이라는 민법의 취지에 반한다. 집합권리설은 상속회복청구권을 상속재산의 반환청구권의 집합이라고 보는데, 그렇다면 그것을 위하여서는 필요하다면 기존의 반환청구권에 대하여 권리행사기간 제한만 두면 될텐데 왜 별도의 권리를 두고 있는지를 설명하지 못하게 된다. 소권설은 상속회복청구의 소가 소유권 등의 권원에 대하여 다투는 것이 아니라는 이유로 소권이라고 하는데, 그러한 논리라면 점유보호청구권도 모두 실체법상의 권리가 아닌지 의문이다. 상속회복청구권은 엄연한 민법상의 권리인 것이다.

사견에 의하면 상속회복청구권은 상속침해가 있는 경우에 개별적인 청구권과는 별도로 반환청구를 할 수 있는 독립한 권리라고 하여야 한다. 그런데 반환청구는 상속재산 전부에 대하여뿐만 아니라 그것을 구성하는 개별적인 권리에 대하여도 할 수 있다고 할 것이다. 그리고 물권적 청구권 등은 상속회복청구권과는 별개의 것이어서 두 권리는 경합할 수 있으나, 다만 개별적인 청구권을 행사하더라도 상대방이 상속회복청구권의 상대방(참칭상속인)인 한 상속회복청구권의 제척기간의 적용을 받는다고 하여야 한다. 그렇지 않으면 상속에 대한 다툼을 조기에 종식시키려는 상속회복청구권의 취지를 살릴 수 없기 때문이다.

3. 당 사 자 [294]

(1) 회복청구권자

1) 상속회복청구권을 가지는 자는 상속재산의 점유를 잃고 있는 진정한 상속인(상속권자) 또는 그 법정대리인이다(999조 1항)(999조는 포괄적 유증의 경우에도 유추적용되므로 포괄적 수증자도 상속회복청구권을 행사할 수 있다. 대판 2001. 10. 12, 2000다22942).

상속인의 지위를 포괄적으로 승계하고 있는 「상속분의 양수인」은 상속인에 준하여 상속회복청구권을 행사할 수 있으나, 상속재산의 특정승계인은 청구권자가 아니다(이설 없음). 상속회복청구권은 일신전속권이기 때문이다.

상속권을 침해당한 상속인이 상속회복청구를 하지 않고 사망한 경우에 관하여는 i) 그 권리가 그의 상속인에게 상속된다는 견해(김용한, 294면)와 ii) 상속회복청구권은 당연히 소멸하여 그 상속인에게 승계되지 않고 다만 그 상속인이 자기의 상속권이 침해되었음을 이유로 고유의 상속회복청구권을 가지게 된다는 견해(곽윤직, 165면; 김/김, 567면; 박병호, 318면)가 대립되는데(두 견해는 상속회복청구권의 존속기간에서 차이를 보이며, ii)설이 진정상속인에게 더 유리함), ii)설이 타당하다.

2) 공동상속인이 상속회복청구의 소를 제기하는 경우에 공동상속인은 각자가 또는 공동으로 그 소를 제기할 수 있다. 필수적 공동소송이 아닌 것이다(같은 취지: 박동섭, 493면).

[295] (2) 상대방

1) 참칭상속인 상속회복청구에 있어서 전형적인 상대방은 참칭상속인이다. 여기서 참칭상속인이라 하면 재산상속인임을 신뢰하게 하는 외관(가족관계등록부 등 공부상 상속인으로 기재되거나 상속을 원인으로 등기가 행하여진 경우 등)을 갖추고 있거나 상속인이라고 참칭(분수에 넘치는 칭호를 스스로 사용함)하여 상속재산의 전부 또는 일부를 점유하는 등의 방법에 의하여 진정한 상속인의 상속권을 침해하는 자를 가리킨다(통설·판례도 같음. 대판 1991. 2. 22, 90다카19470; 대판 1992. 5. 22, 92다7955; 대판 1994. 11. 18, 92다33701; 대판 1998. 3. 27, 96다37398; 대판 2011. 9. 29, 2009다78801). 상속인 아닌 자가 자신이 상속인이라고 주장하거나 또는 공동상속인 중 1인이 자신이 단독상속인이라고 주장하였다 하더라도 상속권의 침해가 없다면 그러한 자는 참칭상속인이 아니다(대판 1992. 5. 22, 92다7955; 대판 1994. 11. 18, 92다33701). 그때는 상속회복청구권이 아니고 물권적 청구권과 같은 민법상의 다른 권리를 행사할 수 있으며, 또한 그때는 제척기간이 적용되지 않는다.

그리고 상속재산인 부동산에 관하여 공동상속인 중 1인 명의로 소유권이전등기가 된 경우 그 등기가 상속을 원인으로 경료된 것이라면 그 등기명의인은 재산상속인임을 신뢰하게 하는 외관을 갖추고 있는 자로서 참칭상속인에 해당한다(대판 2010. 1. 14, 2009다41199. 이 판결은 공동상속인 중 1인이 상속등기에 갈음하여 구 「부동산소유권 이전등기 등에 관한 특별조치법」(법률 제4502호)에 따라 그 명의의 소유권이전등기를 경료한 경우에 그 이전등기가 무효라는 이유로 다른 공동상속인이 그 등기의 말소를 청구하는 소는 상속회복청구의 소에 해당한다고 한다).

또한 참칭상속인의 상속인도 참칭상속인이며, 그가 상속재산을 점유하고 있는 한 상속회복청구의 상대방이 된다(이설 없음).

이들 참칭상속인이 선의인지 악의인지, 과실이 있는지 무과실인지는 묻지 않는다.

[296] 〈판 례〉

(ㄱ) 판례에 의하면, 피상속인의 전처의 아들이 피상속인의 호적에 친생자로 등재되어 있었던 경우(대판(전원) 1981. 1. 27, 79다854), 피상속인이 호주상속인이 없이 무후가 되자 문중 종손 2인이 적법한 재산상속인이라고 믿고 상속부동산에 상속등기에 갈음하여 「임야소유권이전등기 등에 관한 특별조치법」에 따라 소유권보존등기를 한 경우(대판 1984. 2. 14, 83다600, 83다카2056)는 참칭상속인이라고 한다. 그러나 피상속인이 사망한 후 사후양자로 선정된 것처럼 사후양자 입양신고를 한 자(대판 1987. 7. 21, 86다카2952), 사망자의 상속인이 아닌 자가 상속인인 것처럼 허위기재된 위조의 제적등본·호적등본 등을 기초로 상속인인 것처럼 꾸며서 상속등기가 이루어진 경우(대판 1993. 11. 23, 93다34848), 제 3 자가 특정한 공동상속인의 의사와 상관없이 관계서류를 위조하여 그 상속인 1인의 단독 명의로 소유권보존등기

를 한 경우(공동상속인 1인이 자기만이 상속권이 있다고 참칭하는 경우에도 참칭상속인에 포함된다고 보기는 함)(대판 1994. 3. 11, 93다24490), 단순히 무허가건물대장에 건물주로 기재되어 있는 경우(대판 1998. 6. 26, 97다48937)에는 참칭상속인이 아니라고 한다. 그리고 상속재산인 미등기 부동산을 임의로 매도한 자가 아무 근거 없이 피상속인의 호적에 호주상속신고를 한 것으로 기재되어 있으나, 상속재산인 미등기 부동산에 관하여 상속인이라고 참칭하면서 등기를 마치거나 점유를 한 바가 없고, 또한 피상속인의 호적에 의하더라도 피상속인의 시동생의 손자로서 피상속인의 법정상속인에 해당할 여지가 없어 그 유산에 대하여 상속권이 없음이 명백한 경우에는, 그 자는 참칭상속인이 아니라고 한다(대판 1998. 3. 27, 96다37398).

(ㄴ) 「피상속인 사망 후 공동상속인 중 1인이 다른 공동상속인에게 자신의 상속지분을 중간생략등기 방식으로 명의신탁하였다가 그 명의신탁이 부동산실명법이 정한 유예기간의 도과로 무효가 되었음을 이유로 명의수탁자를 상대로 상속지분의 반환을 구하는 경우, 그러한 청구는 명의신탁이 유예기간의 도과로 무효로 되었음을 원인으로 하여 소유권의 귀속을 주장하는 것일 뿐 상속으로 인한 재산권의 귀속을 주장하는 것이라고 볼 수 없고, 나아가 명의수탁자로 주장된 피고를 두고 진정상속인의 상속권을 침해하고 있는 참칭상속인이라고 할 수도 없으므로, 위와 같은 청구가 상속회복청구에 해당한다고 할 수 없다(대법원 2009. 2. 12. 선고 2007다76726 판결 참조).」(대판 2010. 2. 11, 2008다16899)

(ㄷ) 「공동상속인 중 1인이 협의분할에 의한 상속을 원인으로 하여 상속부동산에 관한 소유권이전등기를 마친 경우에 그 협의분할이 다른 공동상속인의 동의 없이 이루어진 것으로 무효라는 이유로 다른 공동상속인이 그 등기의 말소를 청구하는 소 역시 상속회복청구의 소에 해당한다.」(대판 2011. 3. 10, 2007다17482)

(ㄹ) 「상속을 유효하게 포기한 공동상속인 중 한 사람이 그 사실을 숨기고 여전히 공동상속인의 지위에 남아 있는 것처럼 참칭하여 그 상속지분에 따른 소유권이전등기를 한 경우에도 참칭상속인에 해당할 수 있으나, 이러한 상속을 원인으로 하는 등기가 그 명의인의 의사에 기하지 않고 제 3 자에 의하여 상속 참칭의 의도와 무관하게 이루어진 것일 때에는 위 등기명의인을 상속회복청구의 소에서 말하는 참칭상속인이라고 할 수 없다(대법원 1994. 3. 11. 선고 93다24490 판결, 대법원 1997. 1. 21. 선고 96다4688 판결 등 참조). 그리고 수인의 상속인이 부동산을 공동으로 상속하는 경우 그와 같이 공동상속을 받은 사람 중 한 사람이 공유물의 보존행위로서 공동상속인 모두를 위하여 상속등기를 신청하는 것도 가능하므로, 부동산에 관한 상속등기의 명의인에 상속을 포기한 공동상속인이 포함되어 있다고 하더라도 그 상속을 포기한 공동상속인 명의의 지분등기가 그의 신청에 기한 것으로서 상속 참칭의 의도를 가지고 한 것이라고 쉽게 단정하여서는 아니 된다.」(대판 2012. 5. 24, 2010다33392)

2) 자기의 상속권을 주장하지 않고 다른 권원을 주장하는 자 이러한 자는 보통의 재산권 침해자이므로 단기의 제척기간으로 보호될 이유가 없으며, 따라서 회복청구의 상대방이 아니고 물권적 청구권의 상대방이 된다(같은 취지: 김용한, 295면; 박병 [297]

호, 319면; 윤진수, 316면. 집합권리설의 입장에서 상대방이 된다는 견해: 김/김, 577면). 판례도 같다(아래에 인용된 판결들 참조).

〈판 례〉

판례는 공동상속인이 피상속인으로부터 특정부동산을 매수한 사실이 없음에도 불구하고 「임야 소유권이전등기 등에 관한 특별조치법」에 의하거나(대판 1982. 1. 26, 81다851 · 852; 대판 1993. 9. 14, 93다12268) 등기서류를 위조하여(대판 1987. 6. 23, 86다카1407) 또는 이미 사망한 자를 상대로 제기한 사위소송에서 얻은 확정판결에 의하여(대판 1991. 11. 8, 91다27990) 자신의 명의로 소유권이전등기를 한 자에 대하여 등기의 원인무효임을 이유로 그 말소를 구하고 있는 것이라면 상속회복의 소에 해당하지 않는다고 한다. 그리고 상속인이 아닌 자가 특별조치법상의 허위의 보증서에 기하여 소유권보존등기를 한 경우(대판 1992. 9. 25, 92다18085), 공동상속인이 공동상속한 부동산을 다른 공동상속인의 승낙 없이 타인에게 매도하고 피상속인의 인감증명서 등을 위조하여 소유권이전등기를 한 경우(대판 1986. 2. 11, 85다카1214), 공동상속인이 피상속인의 인감증명서와 피상속인 명의의 등기서류를 위조하여 아무런 원인도 없이 제 3 자 앞으로 소유권이전등기를 해 준 경우(대판 1991. 10. 22, 91다21671), 공동상속인 중 1인이 부동산을 피상속인으로부터 매수한 사실이 없는데도 등기서류를 위조하여 그 앞으로 소유권이전등기를 한 뒤 그 부동산을 전전매각한 경우(대판 1998. 10. 27, 97다38176)에 대하여도 똑같이 판단한다.

상속재산을 점유하고 있는 자가 상속을 원인으로 주장하더라도 피상속인이 다른 사람인 경우에는 상대방이 아니라고 하여야 한다. 판례도 같다(대판 1994. 1. 14, 93다49802; 대판 1994. 4. 15, 94다798(피상속인이 동명이인인 경우); 대판 1995. 4. 14, 93다5840; 대판 1995. 7. 11, 95다9945).

[298] **3) 다른 상속인의 상속분을 침해하는 공동상속인** 공동상속인은 참칭상속인의 범위에서 제외하여야 한다는 견해가 있으나(김용한, 296면; 박병호, 320면), 공동상속인의 1인이 자기만이 상속인이라고 주장하여 상속재산을 점유하거나 또는 자기의 상속분을 넘는 상속재산을 점유하고 있는 경우에 자기의 상속분을 초과하여 상속재산을 점유하는 한도에서는 보통의 참칭상속인과 다를 것이 없으므로 참칭상속인에 해당한다고 할 것이다(같은 취지: 곽윤직, 160면; 김/김, 571면; 박동섭, 495면; 이경희, 503면). 판례도 같은 입장이다([293]에 인용된 판결 및 대판 1990. 6. 26, 88다카20095; 대판 1997. 1. 21, 96다4688 (부동산에 관하여 공동상속인 중 1인의 명의로 등기된 경우) 참조) (일단 적법하게 공동상속등기가 마쳐진 부동산에 관하여 상속인 중 1인이 자기 단독명의로(대판 2011. 9. 29, 2009다78801) 또는 상속인 중 1인과 제 3 자들 명의로(대판 1987. 5. 12, 86다카2443 · 2444) 소유권이전등기를 한 경우에 다른 상속인들이 그 이전등기가 원인 없이 마쳐진 것이라 하여 말소를 구하는 소는 상속회복청구의 소가 아니다).

상속재산 분할이 있기 전에 초과 특별수익자에게 법정상속분에 따라 마쳐진 소유권이전등기에 대하여 상속회복청구권을 행사하여 무효라고 주장할 수 있는가? 여기에 관하여 판례는, 공동상속인들은 상속이 개시되어 상속재산의 분할이 있을 때까지 제1007조에 기하여 각자의 법정상속분에 따라서 이를 잠정적으로 공유하다가 특별수익 등을 고려한 구체적 상속분에 따라 상속재산을 분할함으로써 위와 같은 잠정적 공유상태를 해소하고 최종적으로 개개의 상속재산을 누구에게 귀속시킬 것인지를 확정하게 된다고 한 뒤, 따라서 공동상속인들 사이에서 상속재산의 분할이 마쳐지지 않았음에도 특정 공동상속인에 대하여 특별수익 등을 고려하면 그의 구체적 상속분이 없다는 등의 이유를 들어 그 공동상속인에게는 개개의 상속재산에 관하여 법정상속분에 따른 권리승계가 아예 이루어지지 않았다거나, 부동산인 상속재산에 관하여 법정상속분에 따라 마쳐진 상속을 원인으로 한 소유권이전등기가 원인무효라고 주장하는 것은 허용될 수 없다고 한다(대판 2023. 4. 27, 2020다292626. 상속재산의 분할 절차에서 구체적 상속분에 따라 개개의 상속재산이 자신들에게 최종적으로 귀속되었음을 주장할 수 있음은 별개의 문제임).

제사용 재산도 상속회복청구에 관하여는 일반 상속재산과 구별할 이유가 없으므로, 제사용 재산을 제사를 주재하는 자 이외의 자가 일반 상속재산으로 공동상속한 경우에는 그 공동상속인을 상대로 회복청구를 할 수 있다(같은 취지: 대판 2006. 7. 4, 2005다45452).

〈판 례〉

(ㄱ) 「상속회복청구의 상대방이 되는 참칭상속인이라 함은, 재산상속인인 것을 신뢰케 하는 외관을 갖추고 있는 자나 상속인이라고 참칭하여 상속재산의 전부 또는 일부를 점유하는 자를 가리키는 것으로서, 공동상속인의 한 사람이 다른 상속인의 상속권을 부정하고 자기만이 상속권이 있다고 참칭하는 경우도 여기에 해당한다 할 것이고, 이와 같은 요건을 충족하면서 진정한 상속인의 상속권(또는 상속분)을 침해하기만 하면 참칭상속인은 별다른 요건을 필요로 하지 아니하고 상속회복청구의 상대방이 될 수 있는 것이다. 또한 재산상속에 관하여 진정한 상속인임을 전제로 그 상속으로 인한 소유권 또는 지분권 등 재산권의 귀속을 주장하고, 참칭상속인을 상대로 또는 자기만이 재산상속을 하였다고 하는 공동상속인이나 그들로부터 상속재산을 양수한 제 3 자를 상대로, 상속재산인 부동산에 관한 등기의 효력을 다투는 경우에도 그 소유권 또는 지분권의 귀속을 내세우는 근거가 상속을 원인으로 하는 것인 이상, 그 권리행사의 방식 여하에 불구하고 이는 위 법조 소정의 상속회복청구권의 행사라고 해석함이 상당하다 할 것이다.」(대판 1991. 2. 22, 90다카19470)

(ㄴ) 민법 제1014조에 의하여, 상속개시 후의 인지 또는 재판의 확정에 의하여 공동상속인이 된 자가 분할을 청구할 경우에 다른 공동상속인이 이미 분할 기타 처분을 한 때에는 그 상속분에 상당한 가액의 지급을 청구할 권리가 있는바, 이 가액청구권은 상속회복청구권의 일종이다(대판 1993. 8. 24, 93다12).

4) 참칭상속인으로부터 상속재산을 취득한 제 3 자

[299] 통설(곽윤직, 160면; 김용한, 296면; 김/김, 574

면; 박동섭, 496면; 지원림, 2019면. 좁게 인정하는 다른 견해: 박병호, 323면) · 판례(대판(전원) 1981. 1. 27, 79다854; 대판 1984. 2. 14, 83다600, 83다카2056; 대판 1993. 2. 26, 92다3083 등)는 참칭상속인으로부터 상속재산을 전득(양수)한 제 3 자도 회복청구의 상대방이 된다고 한다. 그에 의하면 이때에도 단기의 제척기간이 적용되게 된다. 이러한 통설 · 판례는 타당하다.

〈판 례〉

(ㄱ) 「진정상속인이 참칭상속인으로부터 상속재산을 양수한 제 3 자를 상대로 등기말소청구를 하는 경우에도 상속회복청구권의 단기의 제척기간이 적용되는 것으로 풀이하여야 할 것이다. 왜냐하면 상속회복청구권의 단기의 제척기간이 참칭상속인에게만 인정되고 참칭상속인으로부터 양수한 제 3 자에게는 인정되지 않는다면 거래관계의 조기안정을 의도하는 단기의 제척기간제도가 무의미하게 될 뿐만 아니라 참칭상속인에 대한 관계에 있어서는 제척기간의 경과로 참칭상속인이 상속재산상의 정당한 권원을 취득하였다고 보면서 같은 상속재산을 참칭상속인으로부터 전득한 제 3 자는 진정상속인의 물권적 청구를 감수하여야 한다는 이론적 모순이 생기기 때문이다.」(대판(전원) 1981. 1. 27, 79다854)

(ㄴ) 「참칭상속인의 최초 침해행위가 있은 날로부터 10년이 경과한 이후에는 비록 제 3 자가 참칭상속인으로부터 상속재산에 관한 권리를 취득하는 등의 새로운 침해행위가 최초 침해행위시로부터 10년이 경과한 후에 이루어졌다 하더라도 상속회복청구권은 제척기간의 경과로 소멸되어 진정상속인은 더 이상 제 3 자를 상대로 그 등기의 말소 등을 구할 수 없다 할 것이며, 이는 진정상속인이 참칭상속인을 상대로 제척기간 내에 상속회복청구의 소를 제기하여 승소의 확정판결을 받았다고 하여 달리 볼 것은 아니라 할 것이다.」(대판 2006. 9. 8, 2006다26694)

5) 제1014조의 가액지급의무자 제1014조에 의한 피인지자 등의 가액지급청구권을 일종의 상속회복청구권이라고 보는 판례([289] 참조)에 의하면, 가액지급의무자도 상대방이 된다(대판 1981. 2. 10, 79다2052는 피인지자의 가액지급청구권에 대한 지연손해금 청구채권도 상속회복청구권의 확장이므로 단기의 제척기간이 적용된다고 한다).

[300]

4. 상속회복청구권의 행사

(1) 행사방법

상속회복청구는 재판상으로는 물론이고 재판 외에서도 할 수 있다(다수설도 같음. 소제기에 의해야 한다는 견해: 윤진수, 316면). 그런데 판례는 재판상으로 행사하여야 한다는 입장에 있는 것으로 보인다(대판 1993. 2. 26, 92다3083). 회복청구를 할 때 청구하는 상속인은 자기가 상속권을 가지는 사실과 청구의 목적물이 상속개시 당시에 피상속인의 점유에 속하였던 사실을 증명하여야 한다(통설도 같음). 그러나 피상속인에게 소유권 등의 본권이 있다는 것을 증명할 필요는 없다. 상대방이 청구를 배척하려면 자신이 당해 목적물에 대하여 특정의 권원을 가지고 있음을 증명하여야 한다.

(2) 행사의 효과

1) **당사자 사이의 효과** 상속회복청구의 재판에서 원고승소판결이 확정되면 참칭상속인은 진정상속인에게 그가 점유하는 상속재산을 반환하여야 한다. 그런데 그 판결의 기판력은 청구된 목적물에 관하여만 미친다(같은 취지: 김/김, 579면; 대판 1980. 4. 22, 79다2141; 대판 1981. 6. 9, 80므84-87).

반환할 목적물의 범위에 관하여는 제201조 내지 제203조를 유추적용하여야 한다. 다만 상속재산으로부터 생긴 과실(천연과실 · 법정과실)이나 사용이익은 상속재산에 속한다고 하여야 하므로 참칭상속인은 그가 선의이더라도 그것이 현존하는 한 반환하여야 한다(학설도 결과에서 같다. 현존이익의 언급이 없는 견해: 곽윤직, 166면; 박병호, 324면. 선의의 경우에는 실종선고 취소의 경우에 준하여 현존하는 한도 내에서만 반환의무가 있다는 견해: 김/김, 580면).

2) **제 3 자에 대한 효과** 상속회복의 효과는 제 3 자에게도 미치게 되어 제 3 자 보호가 문제된다. 특히 제 3 자가 참칭상속인으로부터 부동산을 양수한 경우에 그렇다(등기의 공신력 인정 내지 제 3 자 보호의 입법조치가 필요하다). 그러나 양수한 재산이 동산 · 지시채권 · 무기명채권 · 지명소지인 출급채권 또는 유가증권이면 선의취득이 인정되어(249조 · 514조 · 524조 · 525조, 어음법 16조, 수표법 21조) 일정한 요건 하에 권리를 취득할 수 있게 된다. 양수인이 선의취득이 인정되지 않는 때에는 그는 양도인에 대하여 담보책임을 묻는 수밖에 없다.

피상속인의 채무자가 선의이며 과실없이 참칭상속인에게 변제한 경우에는 그 변제는 채권의 준점유자에 대한 변제로서 유효하게 된다(470조)(대판 1995. 3. 17, 93다32996). 따라서 진정한 상속인은 참칭상속인에 대하여 부당이득의 반환청구(또는 사정에 따라 불법행위로 인한 손해배상청구)를 하여야 한다.

5. 상속회복청구권의 소멸 [301]

(1) 제척기간의 경과

1) 상속회복청구권은 그 침해를 안 날부터 3년, 상속권의 침해행위가 있은 날부터(과거에는 「상속이 개시된 날부터」라고 하였으나, 그 부분이 위헌이라고 하여(헌재 2001. 7. 19, 99헌바9 · 26 · 84 등) 2002년에 현재처럼 개정하였다) 10년이 경과하면 소멸된다(999조 2항)(현행 규정의 「침해를 안 날부터 3년」, 「상속권의 침해가 있은 날부터 10년」 부분은 위헌이 아니라고 한다. 헌재 2002. 11. 28, 2002헌마134; 헌재 2004. 4. 29, 2003헌바5). 여기서 「상

속권의 침해를 안 날」이라 함은 자기가 진정상속인임을 알고 또 자기가 상속에서 제외된 사실을 안 때를 가리킨다(대판 1981. 2. 10, 79다2052; 대판 2007. 10. 25, 2007다36223). 그리고 판례는 혼인 외의 자가 인지청구를 하였을 때에는 인지심판이 확정된 날부터 그 기간을 기산한다고 한다(대판 1977. 2. 22, 76므55; 대판 1978. 2. 14, 77므21; 대판 1982. 9. 28, 80므20; 대판 2007. 7. 26, 2006므2757 · 2764). 한편 이 3년 또는 10년의 기간은 제척기간이다(통설 · 판례도 같음. 대판 1978. 12. 13, 78다1811 등). 그리고 판례는, 이 기간은 제소기간으로 보아야 하므로, 상속회복청구의 소에 있어서는 법원이 제척기간의 준수 여부에 관하여 직권으로 조사한 후 기간 경과 후에 제기된 소는 부적법한 소로서 흠결을 보정할 수 없으므로 각하하여야 한다고 한다(대판 1993. 2. 26, 92다3083; 대판 2010. 1. 14, 2009다41199).

판례에 따르면, 제척기간의 준수 여부는 상속회복청구의 상대방별로 각각 판단하여야 할 것이어서, 진정한 상속인이 참칭상속인으로부터 상속재산에 관한 권리를 취득한 제 3 자를 상대로 제척기간 내에 상속회복청구의 소를 제기한 이상 그 제 3 자에 대하여는 제999조에서 정하는 상속회복청구권의 기간이 준수되었으므로, 참칭상속인에 대하여 그 기간 내에 상속회복청구권을 행사한 일이 없다고 하더라도 그것이 진정한 상속인의 제 3 자에 대한 권리행사에 장애가 될 수는 없다고 한다(대판 2009. 10. 15, 2009다42321).

[302] 〈판 례〉

(ㄱ) 「상속회복청구권의 제척기간의 기산점이 되는 민법 제999조 제 2 항 소정의 '상속권의 침해를 안 날'이라 함은 자기가 진정한 상속인임을 알고 또 자기가 상속에서 제외된 사실을 안 때를 가리키는 것으로서, 단순히 상속권 침해의 추정이나 의문만으로는 충분하지 않다 할 것이며, 언제 상속권의 침해를 알았다고 볼 것인지는 개별적 사건에 있어서 여러 객관적 사정을 참작하고 상속회복청구가 사실상 가능하게 된 상황을 고려하여 합리적으로 인정하여야 할 것인바, 공동상속인 중 1인이 나머지 공동상속인들을 상대로 제기한 상속재산 분할심판 사건에서 공동상속인 일부의 소송대리권이 흠결된 채로 소송대리인 사이에 재판상 화해나 조정이 성립되어 화해조서 또는 조정조서가 작성되고, 그 조서에 기하여 공동상속인 중 1인 명의로 상속재산 협의분할을 원인으로 한 소유권이전등기가 경료된 경우, 위와 같은 화해나 조정은 무효라 할 것이나, 그 조서에 확정판결과 같은 효력이 있는 이상 그 조서가 준재심에 의해 취소되기 전에는 당사자들로서는 위 화해나 조정의 무효를 확신할 수 없는 상태에 있다고 할 것이고, 그 후 소송대리권의 흠결 여부가 다투어진 끝에 준재심에 의해 화해조서나 조정조서가 취소되었다면, 나머지 공동상속인들은 그 준재심의 재판이 확정된 때에 비로소 공동상속인 중 1인에 의해 자신들의 상속권이 침해된 사실을 알

게 되었다고 봄이 상당하므로, 상속회복청구권의 제척기간은 그때부터 기산된다고 할 것이다.」(대판 2007. 10. 25, 2007다36223)

(ㄴ) 「상속회복청구권의 경우 상속재산의 일부에 대해서만 제소하여 제척기간을 준수하였을 때에는 청구의 목적물로 하지 않은 나머지 상속재산에 대해서는 제척기간을 준수한 것으로 볼 수 없고, 민법 제1014조에 의한 상속분 상당 가액지급청구권의 경우도 민법 제999조 제 2 항의 제척기간이 도과되면 소멸하므로 그 기간 내에 한 청구채권에 터잡아 제척기간 경과 후 청구취지를 확장하더라도 그 추가 부분의 청구권은 소멸한다고 할 것이나, 만일 상속분 상당 가액지급청구권의 가액산정 대상 재산을 인지 전에 이미 분할 내지 처분된 상속재산 전부로 삼는다는 뜻과 다만 그 정확한 권리의 가액을 알 수 없으므로 추후 감정결과에 따라 청구취지를 확장하겠다는 뜻을 미리 밝히면서 우선 일부의 금액만을 청구한다고 하는 경우 그 청구가 제척기간 내에 한 것이라면, 대상 재산의 가액에 대한 감정결과를 기다리는 동안 제척기간이 경과되고 그 후에 감정결과에 따라 청구취지를 확장한 때에는, 위와 같은 청구취지의 확장으로 추가된 부분에 관해서도 그 제척기간은 준수된 것으로 봄이 상당하다 할 것이다.」(대판 2007. 7. 26, 2006므2757 · 2764)

(ㄷ) 「제정 민법(1958. 2. 22. 법률 제471호로 공포되어 1960. 1. 1.부터 시행된 것) 부칙 제25조 제 1 항은 '본법 시행일 전에 개시된 상속에 관하여는 본법 시행일 후에도 구법의 규정을 적용한다'라고 규정하고 있는바, 제정 민법 시행 전에 개시된 상속에 관한 상속회복청구권은 위 부칙 제25조 제 1 항에 의하여 제정 민법 시행 전의 구법인 구 관습법의 적용을 받고, 구 관습법상 상속회복청구권은 상속인이 상속권의 침해 사실을 안 때로부터 6년이 경과하면 소멸한다고 할 것이다.」(대판 2007. 4. 26, 2004다5570)

〈남북주민의 상속회복청구권의 제척기간에 관한 판례〉

「상속회복청구에 관한 제척기간의 취지, 남북가족특례법의 입법 목적 및 관련 규정들의 내용, 가족관계와 재산적 법률관계의 차이, 법률해석의 한계 및 입법적 처리 필요성 등의 여러 사정을 종합하여 보면, 남북가족특례법 제11조 제 1 항은 피상속인인 남한주민으로부터 상속을 받지 못한 북한주민의 상속회복청구에 관한 법률관계에 관하여도 민법 제999조 제 2 항의 제척기간이 적용됨을 전제로 한 규정이라 할 것이며, 따라서 남한주민과 마찬가지로 북한주민의 경우에도 다른 특별한 사정이 없는 한 상속권이 침해된 날부터 10년이 경과하면 민법 제999조 제 2 항에 따라 상속회복청구권이 소멸한다고 해석된다.」(대판(전원) 2016. 10. 19, 2014다46648) 이러한 다수의견에 대하여 대법관 5인은 소수의견으로 다음과 같이 주장한다. 남북가족특례법 제11조 제 1 항의 해석상 북한주민의 상속회복청구권의 제척기간의 연장에 관하여 별도의 규정이 없는 법률의 흠결이 존재하기 때문에 가장 유사한 취지의 규정을 유추하여 흠결된 부분을 보충하는 법률해석이 가능하며, 남북이산으로 인하여 피상속인인 남한주민으로부터 상속을 받지 못한 북한주민이었던 사람은 남한의 참칭상속인에 의하여 상속권이 침해되어 10년이 경과한 경우에도 민법상 상속회복청구권의 제척기간이 연장되어 남한에 입국한 때부터 3년 내에 상속회복청구를 할 수 있다.

[303] 2) 상속회복청구권이 제척기간의 경과로 소멸하게 되면 상속인은 상속인으로서의 지위, 즉 상속에 따라 승계한 개개의 권리의무도 또한 총괄적으로 상실하게 되고(개별적인 청구권도 제척기간의 적용을 받아 소멸한다), 그 반사적 효과로서 참칭상속인의 지위는 확정되어 참칭상속인이 상속개시시에 소급하여 상속인으로서의 지위를 취득한다(대판 1994. 3. 25, 93다57155; 대판 1998. 3. 27, 96다37398). 그 결과 상속재산은 상속개시일부터 참칭상속인의 소유였던 것이 된다.

(2) 상속회복청구권의 포기

상속회복청구권은 포기할 수 있다. 다만, 피상속인 등의 압박에 의하여 포기하는 것을 막기 위하여 상속개시 전에는 포기할 수 없다고 하여야 한다(같은 취지: 곽윤직, 167면; 김/김, 581면; 박동섭, 500면; 신영호, 325면; 이경희, 506면; 지원림, 2022면).

제4관 상속의 승인과 포기

[304] Ⅰ. 서 설

1. 상속의 승인 · 포기의 자유

민법은 한편으로 상속에 의한 권리 · 의무의 당연승계를 인정하면서(1005조 본문), 다른 한편으로 이를 승인하거나 포기할 수 있도록 하고 있다(1019조 이하). 상속인에게 권리취득 또는 불이익부담(채무가 적극재산보다 많은 경우)을 강요하지 않기 위해서이다. 이것이 상속의 승인 · 포기의 자유이다. 승인 · 포기할 수 있는 상속에는 대습상속도 당연히 포함된다(대판 2017. 1. 12, 2014다39824도 같은 견지에서 대습상속의 경우에도 특별한정승인에 관한 1019조 3항, 상속포기의 절차 · 방식 · 효력에 관한 민법규정이 대습상속에도 적용된다고 함).

그런데 민법이 규정하는 승인에는 단순승인과 한정승인의 두 가지가 있다. 단순승인은 권리 · 의무 승계의 전면적인 승인이고, 한정승인은 피상속인의 채무를 상속재산의 한도 내에서 변제하겠다는 유보 하에 상속을 승인하는 것이다.

민법은 상속의 단순승인 · 한정승인 · 포기 가운데 단순승인을 원칙으로 한다. 포기 · 한정승인이 없으면 단순승인한 것으로 인정되기 때문이다(1026조 참조).

2. 승인 · 포기행위의 성질

(1) 상속의 승인 · 포기는 모두 하나의 의사표시이면서 동시에 법률행위 즉 상대방 없는 단독행위이다. 그런데 상속의 한정승인과 포기는 법원에 대하여 신고로써 하여야 한다(1030조 · 1041조의 특별규정이 있기 때문이다)(관청의 수령을 요하는 의사표시임). 즉 이 둘은 요식행위이다. 그에 비하여 단순승인에 대하여는 제한이 없으므로 그것은 불요식행위라고 할 것이다.

(2) 상속의 승인 · 포기는 재산법상의 행위이므로 그것이 유효하려면 상속인에게 행위능력이 있어야 한다. 만약 상속인이 제한능력자이면 법정대리인의 동의를 얻어서 하거나 법정대리인이 대리하여 하여야 한다. 그리고 법정대리인인 친권자가 미성년자에 갈음하여 승인 또는 포기를 하는 경우에는 이해상반행위가 될 수 있으며, 그러한 때에는 법원에 특별대리인의 선임을 청구하여야 한다(921조). 그리고 후견인이 피후견인을 대리하여 승인 또는 포기를 하거나 피후견인인 미성년자 · 피한정후견인이 승인 또는 포기하는 데 동의를 할 때에는, 후견감독인이 있으면 그의 동의를 받아야 한다(950조 1항 3호 · 959조의 6).

(3) 상속인의 임의대리인도 위임에 의하여 상속인을 대리하여 승인이나 포기를 할 수 있다.

(4) 상속의 승인 · 포기는 상속이 개시된 후에 하여야 하며, 상속개시 전에 한 승인 · 포기는 무효이다(이설 없음). 판례도 이러한 견지에서 상속개시 전에 한 포기약정은 무효라고 한다(대판 1994. 10. 14, 94다8334; 대판 1998. 7. 24, 98다9021).

〈판 례〉

「유류분을 포함한 상속의 포기는 상속이 개시된 후 일정한 기간 내에만 가능하고 가정법원에 신고하는 등 일정한 절차와 방식에 따라야만 그 효력이 있다 할 것인데 피고 주장의 위 상속포기약정은 이 사건 상속개시 전에 이루어진 것으로서 위와 같은 절차와 방식에 따르지도 아니하여 그 효력이 없다.」(대판 1994. 10. 14, 94다8334)

(5) 상속의 승인 · 포기는 포괄적으로 하여야 하고 특정재산에 대하여 선택적으로 할 수 없다(이설이 없으며, 판례도 같음. 대판 1995. 11. 14, 95다27554). 그것은 한정승인도 마찬가지이다.

그런가 하면 상속의 승인 · 포기에는 조건이나 기한을 붙이지도 못한다. 한정승인도 변제책임에 제한을 하는 것에 불과하며, 조건부 승인이 아니다. 어떤 사실의 성취 여부에 의하여 한정승인의 효력발생이 좌우되지 않기 때문이다.

(6) 승인 · 포기를 할 수 있는 권리는 행사상의 일신전속권이므로 채권자대위권의 목적이 될 수 없으며, 채권자취소권의 목적도 될 수 없다(같은 취지: 김/김, 681면; 박병호, 390면. 채권법총론 [134] 도 참조). 판례도 상속의 포기는 제406조 제 1 항에서 정하는 「재산권에 관한 법률행위」에 해당하지 않아 사해행위 취소의 대상이 되지 못한다고 한다(대판 2011. 6. 9, 2011다29307).

(7) 상속인들 사이에 또는 어느 상속인과 제 3 자 사이에 상속의 승인 · 포기에 관하여 계약을 체결하여도 그 계약은 무효이고, 피상속인이 승인 · 포기를 금지하는 유언을 하여도 그 유언은 무효이다.

[305] 3. 승인 · 포기의 고려기간

(1) 고려기간의 내용

상속인은 상속개시 있음을 안 날부터 3개월 내에 단순승인 · 한정승인 또는 포기를 할 수 있다(1019조 1항 본문). 그리고 상속인은 승인 또는 포기를 하기 전에 상속재산을 조사할 수 있다(1019조 2항). 이 3개월의 기간은 상속인이 상속재산을 조사해 보고 승인이나 포기를 할 수 있도록 부여된 것으로서 고려기간(또는 숙려기간)이라고 한다. 그 기간의 법적 성질은 제척기간이다(이설 없음. 대결 2003. 8. 11, 2003스32는 1019조 3항의 기간에 관하여 제척기간이라고 한다).

상속인이 이 기간 내에 승인이나 포기를 하지 않으면 단순승인을 한 것으로 의제된다(1026조 2호)(입법론으로 한정승인으로 의제하는 것이 바람직하다는 견해도 있다. 김용한, 350면; 박병호, 391면. 반대 견해: 김/김, 679면).

(2) 고려기간의 기산점

1) 3개월의 고려기간은 「상속개시 있음을 안 날」부터 기산한다(1019조 1항 본문). 판례에 의하면, 「상속개시 있음을 안 날」이란 상속개시의 원인되는 사실의 발생을 알고 또 이로써 자기가 상속인이 되었음을 안 날을 의미하고(대결 1964. 4. 3, 63마54; 대판 1969. 4. 22, 69다232; 대판 2005. 7. 22, 2003다43681(피상속인의 처와 자녀가 상속을 포기한 경우 피상속인의 손자녀가 자신들이 상속인이 되었다는 사실까지 안다는 것은 오히려 이례에 속하고, 따라서 이와 같은 과정에 의해 피상속인의 손자녀가 상속인이 된 경우에는 상속인이 상속개시의 원인사실을 아는 것만으로 자신이 상속인이 된 사실을 알기 어려운 특별한 사정이 있다고 본 사례)), 「상속재산이 있음을 안 날」(대결 1984. 8. 23, 84스17-25), 「상속재산의 유무를 안 날」(대결 1986. 4. 22, 86스10; 대결 1988. 8. 25, 88스10-13), 「상속포기제도를 안 날」(대결 1988. 8. 25, 88스10-13) 또는 「상속재산 또는 상속채무의 존재」를 안 날(대결 1996. 6. 11, 91스1)을 의미하는 것이 아니라고 한다. 이에 대하여 상속인에게 가혹하지 않게 하기 위하여 상속개시의 사실과 자기가 상속인으로 되었다는 사실 외에 상속재산의 전부 또는 일부의 존재를 인식한 때부터 진행한다고 새기는 견해가 있다(곽윤직, 172면).

상속인이 수인 있는 경우 고려기간은 각 상속인에 대하여 따로따로 기산한다. 그리고 상속의 제 1 순위자 전원이 상속을 포기하여 제 2 순위자가 상속인으로 되는 경우에 제 2 순위 상속인의 고려기간은 제 1 순위자 전원이 포기하여 자기가 상속인이 되었음을 안 날부터 기산한다(대판 2005. 7. 22, 2003다43681도 참조. 피상속인의 처와 자녀가 상속을 포기한 경우 피상속인의 손자녀가 자신들이 상속인이 되었다는 사실까지 알기는 어렵다고 함).

2) 위의 원칙에 대하여는 특칙이 있다. 상속인이 제한능력자인 경우에는, 고려기간은 그의 친권자 또는 후견인이 상속이 개시된 것을 안 날부터 기산한다(1020조). 그리고 상속인이 승인이나 포기를 하지 않고 고려기간 내에 사망한 때에는, 그의 상속인이 자기의 상속이 개시되었음을 안 날부터 3개월의 고려기간을 기산한다(1021조). [306]

(3) 고려기간의 연장

3개월의 고려기간은 이해관계인 또는 검사의 청구에 의하여 가정법원이 이를 연장할 수 있다(1019조 1항 단서).

(4) 특별한정승인 제도 신설

민법은 2002년에 제1019조의 규정에도 불구하고 일정한 경우에는 한정승인을 할 수 있도록 하는 제도를 신설하였다(2002. 1. 14). 그에 의하면, 상속인은 상속채무가 상속재산을 초과하는 사실(상속채무 초과사실)을 중대한 과실없이 제1019조 제 1 항의 기간 내에 알지 못하고 단순승인(1026조 1호 및 2호에 따라 단순승인한 것으로 보는 경우를 포함한다)을 한 경우에는, 그 사실을 안 날부터 3개월 내에 한정승인을 할 수 있다(1019조 3항). 이 경우에 3개월의 기간도 제척기간이다(대결 2003. 8. 11, 2003스32; 대판(전원) 2020. 11. 19, 2019다232918). 그리고 2022년에는 미성년자인 상속인을 위해 두 번째의 특별한정승인 제도를 신설하였다(2022. 12. 13). 그에 의하면, 미성년자인 상속인이 상속채무가 상속재산을 초과하는 상속을 성년이 되기 전에 단순승인(1026조 1호 · 2호에 따라 단순승인한 것으로 보는 경우를 포함한다)한 경우에는 성년이 된 후 그 상속의 상속채무 초과사실을 안 날부터 3개월 내에 한정승인을 할 수 있고, 이는 미성년자인 상속인이 제1019조 제 3 항에 따른 한정승인을 하지 않았거나 할 수 없었던 경우에도 또한 같다(1019조 4항). 이 두 특별한정승인에 대하여는 뒤에 자세히 설명한다([317] · [318] 참조).

〈제1019조 제 3 항의 신설경과 및 판례〉 [307]

개정 전 민법은 상속인이 고려기간 내에 한정승인 또는 포기를 하지 않은 때에는 언제나 단순승인을 한 것으로 보았다(1026조 2호). 이에 대하여 헌법재판소는 「상속인이 아무런 귀책사유 없이 상속채무가 적극재산을 초과하는 사실을 알지 못하여 고려기간 내에 한정승인 또는 포기를 하지 못한 경우에도」 단순승인을 한 것으로 본 것은 재산권을 보장한 헌법 제23조 제 1 항, 사적 자치권을 보장한 헌법 제10조 제 1 항에 위반된다고 하였다(헌재 1998. 8. 27, 96헌가22 등). 그러자 민법을 개정하여 제1019조 제 3 항을 신설하였고, 아울러 헌재의 결정으로 효력이 상실된 제1026조 제 2 호를 종전과 동일한 내용으로 다시 규정하였다(2002. 1. 14).

한편 이와 같이 민법을 개정하면서 부칙에서, 이 개정민법은 종전의 규정에 의하여 생긴 효력에 영향을 미치지 않는다고 하여(그 부칙 2항) 원칙적으로 개정 전 민법에 의하여 형성된 상속에 관한 법률관계에 영향을 미치지 않도록 하였다. 그리고 1998년 5월 27일부터(이 날을 적용기산일로 삼은 이유는 헌법불합치결정 당일(1998. 8. 27)을 기준으로 3개월의 고려기간을 역산한 시점(1998. 5. 27)부터 사실상 1026조 2호가 적용되지 않기 때문이다) 이 법 시행(2002. 1. 14) 전까지 상속개시가 있음을 안 자 중 상속채무가 상속재산을 초과하는 사실을 중대한 과실없이 제1019조 제 1 항의 기간 내에 알지 못하다가 이 법 시행 전에 그 사실을 알고도 한정승인신고를 하지 않은 자는 이 법 시행일부터 3개월 내에 제1019조 제 3 항의 개정규정에 의한 한정승인을 할 수 있다고 하였다(그 부칙 3항). 이 부칙 제 3 항과 관련하여 대법원은, ① 헌법불합치 결정을 하게 된 당해 사건 및 위 헌법불합치 결정 당시에 개정 전 민법 제1026조 제 2 호의 위헌 여부가 쟁점이 되어 법원에 계속 중인 사건에 대하여는 그것이 비록 개정민법 부칙 제 3 항의 경과조치의 적용범위에 포함되어 있지 않더라도 개정민법의 규정이 적용되는 것으로 보아야 할 것이라고 하며(대판 2002. 4. 2, 99다3358; 대판 2002. 5. 14, 2000다62476; 대판 2002. 11. 8, 2002다21882), ② 부칙 제 3 항의 요건에 해당하는 상속인은 한정승인신고를 개정민법 시행일부터 3개월 내에 행하면 되고 제1019조 제 3 항에 따라 상속채무가 상속재산을 초과한 사실을 안 날부터 3개월 내에 행하여야 하는 것은 아니라고 하며(대결 2002. 11. 8, 2002스70), ③ 1998. 5. 27.부터 개정민법 시행 전까지 상속개시가 있음을 안 자 중 상속채무가 상속재산을 초과하는 사실을 중대한 과실없이 민법 제1019조 제 1 항의 기간 내에 알지 못하다가 개정민법 시행 전에 그 사실을 알고 한정승인신고를 한 자는 부칙 제 3 항에 따른 한정승인을 한 것으로 보아야 할 것이라고 한다(대결 2002. 1. 17, 2001스16). 그리고 ④ 상속인이 1998. 5. 27. 이후에 상속개시 있음을 알게 되었지만 개정민법 시행 후에 중대한 과실없이 상속채무 초과사실을 알게 된 때에는 개정민법 제1019조 제 3 항에 따라 3개월 내에(개정민법 시행일부터 3개월이 아니고 상속채무 초과를 안 날로부터 3개월 내에) 한정승인을 할 수 있다고 한다(대판 2005. 4. 14, 2004다56912). 그 밖에 ⑤ 상속인이 상속채무가 상속재산을 초과한 사실을 중대한 과실없이 고려기간 내에 알지 못하였다는 점의 증명책임은 채무자인 피상속인의 상속인에게 있다고 한다(대판 2003. 9. 26, 2003다30517).

그런데 위 개정민법 부칙 제 3 항에 대하여는 부분적으로 위헌결정이 내려졌다. 헌법재판소는 부칙 제 3 항이 특별한정승인의 소급적용의 범위에 1998. 5. 27. 전에 상속개시 있음을 알았으나 위 일자 이후에 상속채무 초과사실을 안 상속인을 포함하지 않은 것은 헌법상 평등의 원칙에 위반된다고 하였다(헌재 2004. 1. 29, 2002헌가22 등). 그러자 부칙에

제 4 항을 신설하여(2005. 12. 29), 1998. 5. 27. 전에 상속개시가 있음을 알았으나 상속채무 초과사실을 중대한 과실없이 제1019조 제 1 항의 기간 내에 알지 못하다가 1998. 5. 27. 이후에 상속채무 초과사실을 안 자는 ① 2005. 12. 29. 민법 개정법률 시행 전에 상속채무 초과사실을 알고도 한정승인을 하지 않은 자는 개정법률 시행일부터 3개월 이내에, ② 개정법률 시행 이후 상속채무 초과사실을 알게 된 자는 그 사실을 안 날부터 3개월 이내에 제1019조 제 3 항의 규정에 의한 한정승인을 할 수 있다고 하였다. 그 뒤 대법원은, 여기에 해당하는 상속인에 관하여 원심판결이 개정 전 부칙에 의하여 한정승인의 효력을 부인한 것을 개정된 부칙 제 4 항을 근거로 파기·환송하였다(대판 2006. 1. 12, 2003두9169).

한편 대법원은, ① 1998. 5. 27. 전에 이미 상속개시 있음과 상속채무 초과사실을 모두 알았던 상속인에게는 제1019조 제 3 항이 적용되지 않으므로, 이러한 상속인은 특별한정승인을 할 수 없다고 한다(대판(전원) 2020. 11. 19, 2019다232918). 나아가 ② 상속인이 미성년인 경우 제1019조 제 3 항이나 그 소급 적용에 관한 민법 부칙(2002. 1. 14. 개정 법률 부칙 중 2005. 12. 29.에 개정된 것) 제 3 항·제 4 항에서 정한 「상속채무가 상속재산을 초과하는 사실을 중대한 과실없이 제 1 항의 기간 내에 알지 못하였는지 여부」와 「상속채무 초과사실을 안 날이 언제인지」를 판단할 때에는 법정대리인의 인식을 기준으로 삼아야 하고, 따라서 미성년 상속인의 법정대리인이 1998. 5. 27. 전에 상속개시 있음과 상속채무 초과사실을 모두 알았다면, 앞서 본 민법 부칙 규정에 따라 그 상속인에게는 제1019조 제 3 항이 적용되지 않으므로, 이러한 상속인은 특별한정승인을 할 수 없다고 한다(대판(전원) 2020. 11. 19, 2019다232918). 또한 ③ 법정대리인이 상속채무 초과사실을 안 날이 1998. 5. 27. 이후여서 상속인에게 제1019조 제 3 항이 적용되더라도, 법정대리인이 위와 같이 상속채무 초과사실을 안 날을 기준으로 특별한정승인에 관한 3월의 제척기간이 지나게 되면, 그 상속인에 대해서는 기존의 단순승인의 법률관계가 그대로 확정되는 효과가 발생한다고 한다(대판(전원) 2020. 11. 19, 2019다232918).

4. 승인 · 포기의 철회금지와 취소 · 무효 [308]

(1) 승인 · 포기의 철회금지

상속인이 승인이나 포기를 하고 나면 고려기간 내에도 이를 철회하지 못한다(1024조 1항은 「취소하지 못한다」고 규정하나, 여기의 취소는 흠이 있는 경우에 인정되는 취소가 아니고 철회의 의미이다). 이는 이해관계인의 신뢰를 보호하기 위한 것이다.

(2) 승인 · 포기의 취소

승인·포기의 철회는 금지되나, 총칙편의 규정에 의한 승인·포기의 취소는 금지되지 않는다(1024조 2항 본문). 주의할 것은, 고려기간 내에 한정승인 또는 포기가 없어서 단순승인으로 의제되는 경우에 그 단순승인은 의사표시가 아니기 때문에(의제된 의사표시. 민법총칙 [80] 참조) 취소할 수 없다는 점이다(결과에서 같은 취지: 김/김, 690면; 지원림, 2073면. 반대 견해: 윤진수, "상속채무를 뒤늦게 발견한 상속인의 보호," 서울대 법학 38권 3·4호, 218면).

1) 취소의 원인 미성년자나 피한정후견인이 법정대리인의 동의 없이 승인·포기를 한 경우(5조·13조), 피성년후견인이 승인·포기를 한 경우(10조), 착오·사기·강박에 의하여 승인·포기를 한 경우(109조·110조)에 승인·포기를 취소할 수 있다.

2) 취소의 방식 한정승인과 포기의 취소는 한정승인·포기의 신고를 했던 가정법원에 일정한 사항을 기재한 서면으로 신고하는 방식으로 한다(가소규 76조. 민법에는 취소의 방식에 관한 규정이 없다(1030조·1041조 참조)). 그에 비하여 단순승인의 취소는 방식에 제한이 없다.

3) 취소의 효과 승인·포기가 취소되면 이들은 소급해서 무효로 된다(141조 본문). 문제는 제109조 제 2 항 및 제110조 제 3 항의 「선의의 제 3 자에 대항하지 못한다」는 규정이 여기에도 적용되는지이다. 상속의 승인·포기는 재산행위라고 할 것이므로 선의의 제 3 자 보호규정이 적용되어야 한다(같은 취지: 곽윤직, 175면; 김/김, 691면; 윤진수, 432면; 지원림, 2073면. 반대 견해: 박병호, 395면(신분행위라는 이유); 박동섭, 621면).

취소 후의 승인·포기에 관하여 민법에는 규정이 없으나, 취소 후 지체 없이 승인 또는 포기하여야 한다고 할 것이다(통설도 같음).

4) 취소권의 소멸 상속의 승인·포기의 취소권은 추인할 수 있는 날부터 3개월 내에, 승인·포기한 날부터 1년 내에 행사하여야 한다(1024조 2항 단서). 민법은 이 기간을 소멸시효의 기간처럼 표현하고 있으나, 취소권은 형성권이어서 소멸시효에 걸리지 않으며, 따라서 3개월·1년의 기간은 제척기간이라고 새겨야 한다(같은 취지: 곽윤직, 175면; 이경희, 458면. 소멸시효설: 김/김, 691면; 윤진수, 431면; 지원림, 2074면).

(3) 승인·포기의 무효

민법은 승인·포기의 무효에 관하여 명문의 규정을 두고 있지 않으나, 승인·포기는 모두 법률행위이므로 총칙편의 규정에 의한 무효의 주장도 당연히 인정된다(같은 취지: 곽윤직, 176면; 김/김, 691면; 박동섭, 622면; 이경희, 458면; 지원림, 2074면). 의사무능력의 상태에서 승인·포기를 하였거나 무권대리인이 승인·포기를 한 경우가 그 예이다.

5. 승인 · 포기 전의 상속재산의 관리 [309]

(1) 상속인의 관리의무

상속이 개시되면 상속재산은 일단 상속인에게 포괄적으로 승계되나, 상속인이 승인 또는 포기를 하여 상속인이 확정될 때까지는 상속재산은 그 귀속이 불확정한 상태로 된다. 민법은 이 불확정한 기간 동안 상속인이 상속재산을 관리하도록 하고 있다. 그 경우 상속인은 「그 고유재산에 대하는 것과 동일한 주의」로 상속재산을 관리하여야 한다(1022조 본문). 그러나 단순승인 또는 포기한 때에는 그렇지 않다(1022조 단서).

상속인이 단순승인을 하게 되면 상속인이 상속재산의 주체로 되므로 관리의무가 없게 된다. 그리고 상속을 포기한 경우에는 소급해서 상속인의 지위를 잃게 되어(1042조) 역시 관리의무가 소멸할 것이나(1022조 단서), 민법은 그 포기로 인하여 새로이 상속인이 된 자가 상속재산을 관리할 수 있을 때까지는 제1022조의 주의로 관리를 계속하도록 규정한다(1044조). 한편 한정승인을 한 경우에는 명문의 규정은 없으나, 상속재산의 청산이 종료할 때까지(공동상속의 경우 법원에 의하여 관리인이 선임될 때에는 그때까지. 1040조) 제1022조의 주의로 관리를 계속하여야 한다고 새길 것이다(같은 취지: 곽윤직, 176면; 김/김, 687면).

(2) 상속재산에 대한 필요처분

상속인의 관리의무와는 별도로 가정법원은 이해관계인 또는 검사의 청구에 의하여 상속재산의 보존에 필요한 처분을 명할 수 있다(1023조 1항). 여기서 「이해관계인」이란 상속채권자 · 공동상속인 · 상속포기로 인하여 상속인이 될 자와 같이 널리 법률상 이해관계가 있는 자를 의미한다. 그리고 「보존에 필요한 처분」은 재산관리인의 선임, 재산의 환가, 기타의 처분금지, 재산목록의 작성 등이다. 이러한 처분의 하나로 법원이 재산관리인을 선임한 경우에는 부재자의 재산관리인에 관한 제24조 내지 제26조가 준용된다(1023조 2항).

〈판 례〉

「상속포기나 한정승인을 할 수 있는 고려기간 중에 하는 상속재산 관리에 관한 처분은 상속개시 후 그 고려기간이 경과되기 전에 한하여 청구할 수 있고, 그 심판에서 정한 처분의 효력은 심판청구를 할 수 있는 시적 한계시(고려기간을 가리킴: 저자 주)까지만 존속한다고 할 것이다.」(대결 1999. 6. 10, 99으1)

(3) 변제거절권

상속인이 승인·포기를 하기 전에 상속채권자로부터 청구를 받은 경우에는 이를 거절할 수 있다고 하여야 한다(통설도 같음. 김/김, 688면; 박병호, 394면). 만약 상속인에게 변제거절권이 없다고 하면, 상속인이 그러한 처분행위를 할 경우 단순승인으로 의제되어 상속인에게 불이익하게 되기 때문이다(1026조 1호 참조).

[310] ## Ⅱ. 단순승인

1. 단순승인의 의의

단순승인은 상속의 승인 가운데 무제한적인 것이다. 즉 피상속인의 권리·의무가 제한없이 승계되는 것을 승인하는 상속인의 의사표시이다. 단순승인의 방식에 관하여는 제한이 없다(1030조(한정승인)·1041조(포기) 참조). 따라서 그 의사가 어떤 형식으로든 외부에 표시되면 충분하다(단순승인은 묵시적으로도 할 수 있다). 그런데 실제에 있어서는 단순승인의 의사표시가 행하여지는 일이 거의 없으며, 고려기간 내에 한정승인이나 포기를 하지 않거나 그 밖의 일정한 사유가 있어 단순승인으로 의제되는 경우(1026조 참조)가 대부분이다.

[311] ### 2. 법정 단순승인

민법은 다음의 사유가 있는 경우에는 상속인에게 단순승인의 의사가 있는지를 묻지 않고 단순승인을 한 것으로 본다(1026조).

(1) 상속인이 상속재산에 대한 처분행위를 한 때(1026조 1호)

1) 여기의 처분행위는 한정승인 또는 포기를 하기 전에 한 것만이며, 그 후에 한 처분행위에는 제1026조 제3호가 적용될 수 있을 뿐이다(대판 2004. 3. 12, 2003다63586; 대판 2016. 12. 29, 2013다73520). 그런데 상속의 한정승인이나 포기는 상속인의 의사표시만으로 효력이 발생하는 것이 아니라 가정법원에 신고를 하여 가정법원의 심판을 받아야 하며, 그 심판은 당사자가 이를 고지받음으로써 효력이 발생한다(대판 2016. 12. 29, 2013다73520). 따라서 상속인이 가정법원에 상속포기의 신고를 하였다고 하더라도 이를 수리하는 가정법원의 심판이 고지되기 이전에 상속재산을 처분하였다면, 이는 상속포기의 효력 발생 전에 처분행위를 한 것에 해당하므로 제1026조 제1호에 따라 상속의 단순

승인을 한 것이 된다(대판 2016. 12. 29, 2013다73520). 그러나 수인의 상속인 중 1인을 제외한 나머지 상속인 모두가 상속을 포기하기로 하였으나 그 상속포기 신고가 수리되기 전에 피상속인 소유의 미등기 부동산에 관하여 상속인들 전원 명의로 법정상속분에 따른 소유권보존등기가 경료되자 위와 같은 상속인들의 상속포기의 취지에 따라 상속을 포기하는 상속인들의 지분에 관하여 상속을 포기하지 않은 상속인 앞으로 지분이전등기를 한 것이고 그 후 상속포기 신고가 수리되었다면, 이를 상속의 단순승인으로 간주되는 제1026조 제 1 호 소정의 「상속재산에 대한 처분행위」가 있는 경우라고 할 수 없다(대결 2012. 4. 16, 2011스191 · 192).

2) 여기의 처분행위는 상속재산의 전부에 대한 것과 일부에 대한 것, 사실적인 것(예: 고의로 상속재산을 파괴하는 행위)과 법률적인 것(예: 재산의 매각, 대물변제, 채무의 변제)을 모두 포함한다. 다만, 과실(過失)에 의한 물건의 훼손은 여기의 처분행위가 아니다. 한편 판례는 상속인이 피상속인의 채권을 추심하여 변제받는 것도 상속재산에 대한 처분행위에 해당한다고 한다(대판 2010. 4. 29, 2009다84936: 상속인이 피상속인의 갑에 대한 손해배상채권을 추심하여 변제받은 행위는 상속재산의 처분행위에 해당하고, 그것으로써 단순승인을 한 것으로 간주되었다고 할 것이므로, 그 이후에 한 상속포기는 효력이 없다고 한 사례).

3) 상속인에게는 상속재산의 관리의무가 있으므로(1022조) 관리행위, 예컨대 상속인의 상속 등기 등의 보존행위, 단기 임대차계약 체결, 장례비용의 지출은 처분행위에 해당하지 않는다.

4) 상속인이 피상속인의 사망사실을 알고 한 행위이어야 한다. 상속이 개시되었는지를 모르고 행위를 한 자에게 「상속」의 승인을 의제할 수는 없기 때문이다.

5) 처분행위가 무효 · 취소된 경우에도 단순승인이 의제되어야 하는가? 여기 [312]
에 관하여 학설은 나뉘어 있다. i) 다수설은 처분행위가 무효이거나 취소되더라도 단순승인의 효과는 소멸하지 않는다고 한다(곽윤직, 180면; 박동섭, 628면; 박병호, 397면; 이경희, 460면). 그런가 하면 소수설로 ii) 처분행위가 무효인 경우에는 단순승인이 되지 않으며, 취소할 수 있는 행위인 경우에는 제1024조 제 2 항 단서의 단기 소멸시효기간(시효기간설의 입장임)을 준용할 것이라는 견해(김/김, 694면), iii) 처분행위가 무효이거나 취소되더라도 원칙적으로 단순승인 의제의 효과는 변함이 없지만, 처분행위가 사기 · 강박, 특히 이른바 절대적 폭력에 의한 경우에도 그렇게 볼 것인지는 검토를 요한다는 견해(지원림, 2076면)도 주장된다.

생각건대 i)의 다수설이 타당하다. 그 이유는 다음과 같다. 첫째로 제1026조 제 1 호는 처분행위가 있었는지만 문제삼고 그것의 무효 · 취소는 문제삼지 않고 있다. 둘째로 이 사유는 상속이 개시되었음을 알면서 상속재산에 대하여 처분행위를 한 경우에 단순승인의 의사를 추정하여 단순승인으로 의제하는 것이므로, 여기서 중요한 것은 처분행위가 있었는지이고 그 행위가 유효한지는 아니다. 셋째로 다수설처럼 해석하지 않으면 처분행위가 무효이거나 취소된 경우에 — 상속재산에서 적극재산보다 소극재산이 많은 경우에는 — 그 처분행위의 당사자(상속인)가 특별한 이유 없이 보호받는 결과로 된다. 넷째로 가령 상속인이 속인 경우처럼 무효 · 취소사유가 처분행위의 상대방에게 있는 경우에도 상속인이 보호받는 불합리한 결과가 발생한다. 다섯째로 ii)설은 처분행위의 무효를 중요한 요인으로 보고 있는데 그것은 바람직하지 않고, 또 그 견해가 제1024조 단서가 정하는 기간을 시효기간이라고 새기는 점에서도 옳지 않다. 여섯째로 iii)설은 사기 · 강박에 의한 경우에 대하여 주저하고 있으나, 그 경우도 사기나 강박은 당했을지언정 상속재산에 대하여 처분행위가 있었던 점은 같으며, 그러한 경우에 상속인은 상속포기나 한정승인을 할 수도 있었으므로 특별히 취급할 필요가 없다. 그리고 그 견해는 절대적 폭력의 경우에는 더욱 주저하고 있는데, 그 경우에는 행위의사가 없어서 의사표시의 존재가 인정되지 않아야 하고(민법총칙 [77] · [172] 참조), 따라서 처분행위 자체가 없어서 단순승인이 의제될 여지가 없다. 결국 처분행위가 무효이든 취소가 되었든 단순승인의 효과가 소멸하지 않는다고 하여야 한다.

[313] 6) 상속인의 법정대리인이 상속인에 갈음하여 상속재산을 처분한 경우에도 단순승인의 효과가 생긴다(같은 취지: 곽윤직, 180면; 김/김, 694면; 박동섭, 628면; 이경희, 460면).

7) 공동상속인 중 일부가 처분행위를 한 때에는 그 자만이 단순승인한 것으로 되며, 다른 공동상속인에게는 영향이 없다(이설 없음). 따라서 다른 공동상속인은 여전히 한정승인 또는 포기를 할 수 있다.

8) 판례는, 제1026조 제 1 호는 상속인이 상속재산에 대한 처분행위를 한 때에는 단순승인을 한 것으로 본다고 정하고 있으므로 그 후에 상속포기 신고를 하여 그 신고가 수리되었다고 하더라도 상속포기로서의 효력은 없으나(대판 2010. 4. 29, 2009다84936; 대판 2023. 12. 28, 2023다269399), 위 규정의 입법취지가 상속재산을 처분하는 상속인은 통상 단순승인하는 의사를 가진다고 추인할 수 있는 점, 그 처분 후 한정승인이나 포기를 허용하면 상속채권자나 공동상속인 또는 차순위 상속인에게 불의의 손해를 끼칠

우려가 있다는 점, 상속인의 처분행위를 믿은 제 3 자의 신뢰도 보호될 필요가 있다는 점 등에 있음을 고려할 때, 상속인 중 일부가 상속을 포기하기로 하고, 상속포기 신고가 수리되어 고지되기 전에 상속포기의 취지에 따라 상속재산 분할 협의 등을 한 경우라면 이를 상속의 단순승인으로 간주되는 제1026조 제 1 호에서 규정한 「상속재산에 대한 처분행위를 한 때」에 해당한다고 할 수 없다고 한다(대판 2023. 12. 28, 2023다269399). 그리고 여기서 상속포기에 관한 사정을 판단하면서는 상속재산 분할 협의 등의 내용, 상속인과 피상속인의 의사, 상속인이 상속포기와 양립하기 어려운 행위를 하였는지 여부 등을 고려하여야 할 것이라고 한다(대판 2023. 12. 28, 2023다269399).

〈판 례〉

(ㄱ) 「민법 제1026조 제 1 호는 상속인이 한정승인 또는 포기를 하기 이전에 상속재산을 처분한 때에만 적용되는 것이고, 상속인이 한정승인 또는 포기를 한 후에 상속재산을 처분한 때에는 그로 인하여 상속채권자나 다른 상속인에 대하여 손해배상책임을 지게 될 경우가 있음은 별론으로 하고, 그것이 위 제 3 호에 정한 상속재산의 부정소비에 해당되는 경우에만 상속인이 단순승인을 한 것으로 보아야」한다(대판 2004. 3. 12, 2003다63586).

(ㄴ) 「피고인을 포함한 공동재산상속인이 협의하여 상속재산을 분할한 때는 민법 제1026조 제 1 호에 규정된 상속재산에 대한 처분행위를 한 때에 해당되어 피고인은 단순승인을 한 것으로 보게 될 것이니 이와 같은 상속승인이 있은 후에는 기간 내라 할지라도 이를 취소할 수 없는 것이므로(민법 제1024조 제 1 항 참조) 피고인이 소할 가정법원에 상속포기신고를 하여 수리되었다 하여도 포기의 효력이 생기지 아니한다.」(대판 1983. 6. 28, 82도2421)

(ㄷ) 판례는, 「권원 없이 공유물을 점유하는 자에 대한 공유물의 반환청구는 공유물의 보존행위라 할 것이므로」, 상속인들이 상속포기신고를 하기에 앞서 점유자를 상대로 피상속인의 소유였던 주권에 관하여 주권 반환청구소송을 제기한 것은 제1026조 제 1 호가 정하는 상속재산의 처분행위에 해당하지 않는다고 한다(대판 1996. 10. 15, 96다23283). 그리고 생명보험의 보험계약자가 보험수익자를 지정하기 전에 보험사고가 발생하여 상법 제733조 · 제739조에 의해 피보험자의 상속인이 보험수익자가 되는 경우 보험수익자인 상속인의 보험금청구권은 상속재산이 아니라 상속인의 고유재산이고, 따라서 그가 사망보험금을 수령한 행위는 제1026조 제 1 호에 정한 단순승인 사유에 해당하지 않는다고 한다(대판 2004. 7. 9, 2003다29463).

(2) 상속인이 3개월의 고려기간 내에 한정승인 또는 포기를 하지 않은 때 (1026조 2호) [314]

이는 상속인이 제한능력자인 경우에도 적용되나, 제한능력자에게 법정대리인이 없는 때에는 법정대리인이 선임되고 그 법정대리인이 상속개시 사실을 안 날부터 고려기간이 진행한다고 새겨야 할 것이다(같은 취지: 김/김, 695면; 박병호, 397면 등).

〈북한주민에 대한 특례〉

남북가족특례법은 민법 제1026조 제 2 호에 관한 특례도 규정하고 있다. 그 법에 따르면, 상속개시 당시 북한주민(북한주민이었던 사람을 포함한다)인 상속인이 분단으로 인하여 민법 제1019조 제 1 항의 기간 내에 한정승인 또는 포기를 하지 못한 경우에는, 민법 제1026조 제 2 호에도 불구하고 상속으로 인하여 취득할 재산의 한도에서 피상속인의 채무와 유증을 변제할 책임이 있다고 한다(같은 법 12조). 그리하여 북한주민에 대하여는 단순승인이 아니고 한정승인의 결과를 인정하는 셈이다.

(3) 상속인이 한정승인 또는 포기를 한 후에 상속재산을 은닉하거나 부정소비하거나 고의로 재산목록에 기입하지 않은 때(1026조 3호)

1) 이는 한정승인이나 포기를 한 뒤에 부정행위를 하는 경우에 한정승인 등을 그대로 유효하게 하면 상속채권자나 후순위 상속인 등의 이익을 해치게 되므로 부정행위를 한 상속인에게 상속채무에 대한 무한책임을 지게 하려는 취지의 것이다(곽윤직, 181면).

2) 「은닉」은 상속재산을 감추어서 쉽게 그 존재를 알 수 없게 만드는 것이다.

「부정소비」는 정당한 사유 없이 상속재산을 소비함으로써 그 재산적 가치를 상실시키는 것이다(대판 2004. 3. 12, 2003다63586; 대판 2004. 12. 9, 2004다52095; 대판 2010. 4. 29, 2009다84936). 이에 대하여 통설은 상속채권자의 불이익을 의식하고 상속재산을 소비하는 것이라고 한다(김/김, 696면; 박병호, 398면).

재산목록에의 불기입은 재산목록을 작성하여야 하는 한정승인에서만 문제되며(1030조), 「고의로 재산목록에 기입하지 아니한 때」란 한정승인을 함에 있어서 상속재산을 은닉하여 상속채권자를 사해할 의사로써 상속재산을 재산목록에 기입하지 않는 것을 의미한다(대판 2003. 11. 14, 2003다30968(피상속인의 보험계약 해약환급금을 상속재산목록에 기재하지 않고 장례비용으로 지출한 것이 여기에 해당하지 않는다고 함); 대판 2010. 4. 29, 2009다84936; 대판 2021. 1. 28, 2015다59801. 같은 취지: 김/김, 696면; 박병호, 398면. 그러나 곽윤직, 182면; 이경희, 462면은 「고의」를 사해의 의사로 해석할 근거가 없다고 한다). 따라서 그 경우에 해당하기 위해서는 상속인이 어떠한 상속재산이 있음을 알면서 이를 재산목록에 기입하지 않았다는 사정만으로는 부족하고, 상속재산을 은닉하여 상속채권자를 사해할 의사, 즉 그 재산의 존재를 쉽게 알 수 없게 만들려는 의사가 있을 것을 필요로 한다(대판 2022. 7. 28, 2019다29853). 그리고 위 사정은 이를 주장하는 측에서 증명하여야 한다(대판 2022. 7. 28, 2019다29853). 아주 적은 금액의 재산을 기입하지 않은 경우에도 이 사유에 해당하는 것으로 보아야 하는가? 이에 관하여 학설은 나뉘어 있다. i) 다수설은 단순승인의 효과를 발생케 하는 것이 상속인에게 가혹하다고 생각되는 정도의 적은 금액의 재산을 기입하지 않은 것은 여기의 단순승인이 되지 않는다고 한다(곽윤직, 182면; 김/김, 697면; 이경희, 462면). 그에 대하여 ii) 소수설은 상속재산 액수의 다소는 불문하고 고의의 목록 불기입은 단순승인으로 보아야 한다고 주장한다(박동섭, 630면). 이 견해는 그 이유로, 피상속인의 거액의 채무를 상속인이 떠맡지 않게 하려고 한정승인 제도를 두고 있는 한 위와 같이 보아야 한다고 하며, 재산의 다소라는 개념도 너무 상대적이고 애매하기 때문에 예외를 인정할 수 없다고 한다. 생각건대 소수설의 지적이 일리가 있고, 특히 「고의」를 사해의 의사로 해석할 때에는 더욱 예외를 인정해서는 안 될 것이다. 다만, 다수설이 말하는 경우는 사정에 따라서 신의칙이 적용될 여지는 있다.

3) 상속인이 상속을 포기하여 새로이 상속인으로 된 자가 승인을 한 때에는, [315]
포기자가 부정행위를 하더라도 단순승인으로 의제되지 않는다(1027조). 이때에도 단순승인을 의제하면 제 2 상속인의 상속권이 침해되기 때문이다. 그리고 이 경우 제 2 의 상속인은 제 1 의 상속인에 대하여 은닉한 재산의 반환이나 부정소비에 의한 손해의 배상을 청구할 수 있다.

〈판 례〉

판례는 ① 상속인이 상속재산(농지)을 처분하여 그 처분대금 전액을 우선변제권자(농업기반공사)에게 귀속시킨 행위(대판 2004. 3. 12, 2003다63586), ② 상속부동산에 대하여 이미 상당한 금액의 근저당권이 설정되어 있어서 일반 상속채권자들에게는 강제집행을 통하여 배당될 금액이 전혀 없거나 그 지목이 하천 및 제방이어서 강제집행의 실익이 없는 때에 상속인들이 한정승인의 신고 후에 그중 1인에게만 상속부동산에 대하여 협의분할에 의한 소유권이전등기를 한 경우(대판 2004. 12. 9, 2004다52095), ③ 상속포기를 한 자가 망인과 함께 종전부터 거주해오던 임차주택에서 퇴거하지 않고 계속 거주하면서 차임을 연체한 것(대판 2010. 9. 9, 2010다30416. 상속포기한 상속인이 상속재산을 자신의 고유채무 변제에 사용하였다면 그것은 상속재산의 부정소비에 해당한다고 함)은 상속재산의 부정소비에 해당하지 않는다고 한다.

3. 단순승인의 효과 [316]

단순승인의 경우에는 상속인은 피상속인의 권리 · 의무를 제한없이 승계한다(1025조). 그 결과 상속인은 피상속인의 소극재산이 그의 적극재산을 넘는 때에도 변제를 거절하지 못한다. 그리고 상속채권자(피상속인의 채권자)는 상속인의 고유재산에 대하여 강제집행할 수 있으며, 상속인의 채권자는 상속재산에 대하여 강제집행할 수 있다. 한편 단순승인(1026조 1호·2호에 의한 단순승인 의제의 경우 포함)을 한 후에도 제한된 범위에서 한정승인을 할 수 있다는 것은 앞에서 설명한 바와 같다(1019조 3항. [306]·[307] 참조).

[317] Ⅲ. 한정승인

1. 서 설

(1) 의 의

한정승인은 상속으로 취득하게 될 재산의 한도에서 피상속인의 채무와 유증을 변제할 것을 조건으로 상속을 승인하는 의사표시이다(1028조). 상속인이 수인인 때(공동상속)에는 각 상속인은 그 상속분에 응하여 취득할 재산의 한도에서 그 상속분에 응한 피상속인의 채무와 유증을 변제할 것을 조건으로 상속을 승인(한정승인)할 수 있다(1029조). 이러한 한정승인은 상속재산이 채무초과 상태인지 불분명한 경우에 유용하게 이용할 수 있는 제도이다(채무초과가 확실한 경우에는 상속의 포기를 하면 될 것이다).

(2) 한정승인을 할 수 있는 경우

1) 보통의 한정승인 한정승인은 원칙적으로 상속인이 상속개시 있음을 안 날부터 3개월 내에 할 수 있다(1019조 1항 본문).

2) 특별한정승인 민법은 근래 두 차례의 개정을 통하여 두 가지의 특별한정승인 제도를 신설하였다([306]·[307] 참조).

(개) 제1019조 제 3 항의 특별한정승인 제도(2002. 1. 14. 신설) 상속인은 상속채무가 상속재산을 초과하는 사실(상속채무 초과사실)을 중대한 과실없이 고려기간 내에 알지 못하고 단순승인을 하였거나 또는 제1026조 제 1 호(상속재산에 대한 처분행위를 한 때)·제 2 호(고려기간 내에 한정승인·포기를 하지 않은 때)에 따라 단순승인한 것으로 보게 된 경우에는, 그 사실을 안 날부터 3개월 내에 한정승인을 할 수 있다(1019조 3항). 그리고 판례는 상속인들이 협의분할을 통하여 이미 상속재산을 처분한 바 있더라도 제1019조 제 3 항에 의하여 한정승인을 할 수 있다고 한다(대판 2006. 1. 26, 2003다29562).

이 조항에서 「상속채무가 상속재산을 초과하는 사실을 중대한 과실로 알지 못한다」 함은 상속인이 조금만 주의를 기울였다면 상속채무가 상속재산을 초과

한다는 사실을 알 수 있었음에도 이를 게을리함으로써 그러한 사실을 알지 못한 것을 뜻하고, 상속인이 상속채무가 상속재산을 초과하는 사실을 중대한 과실 없이 제1019조 제 1 항의 기간 내에 알지 못하였다는 점에 대한 증명책임은 상속인에게 있다(대판 2010. 6. 10, 2010다7904; 대판 2021. 1. 28, 2015다59801). 그리고 상속인이 제한능력자인 경우 「상속채무가 상속재산을 초과하는 사실을 중대한 과실 없이 제 1 항의 기간 내에 알지 못하였는지 여부」와 「상속채무 초과사실을 안 날이 언제인지」를 판단할 때에는 그의 법정대리인을 기준으로 삼아야 한다(대판 2012. 3. 15, 2012다440; 대판(전원) 2020. 11. 19, 2019다232918(미성년자의 경우)).

(나) **제1019조 제 4 항의 특별한정승인 제도**(2022. 12. 13. 신설) 미성년자인 상속인이 상속채무가 상속재산을 초과하는 상속을 성년이 되기 전에 단순승인(1026조 1호 및 2호에 따라 단순승인한 것으로 보는 경우를 포함한다)한 경우에는 성년이 된 후 그 상속의 상속채무 초과사실을 안 날부터 3개월 내에 한정승인을 할 수 있다(1019조 4항 1문). 그리고 이는 미성년자인 상속인이 제1019조 제 3 항에 따른 한정승인을 하지 않았거나 할 수 없었던 경우에도 또한 같다(1019조 4항 2문). 이 제도가 신설되기 전에 우리 대법원은, 미성년 상속인의 법정대리인이 인식한 바를 기준으로 살폈을 때 특별한정승인 규정이 애당초 적용되지 않거나 특별한정승인의 제척기간이 이미 지난 것으로 판명되면, 상속인이 성년에 이르더라도 상속인 본인 스스로의 인식을 기준으로 제척기간이 별도로 기산되어야 함을 내세워 새롭게 특별한정승인을 할 수는 없다고 하였다(대판(전원) 2020. 11. 19, 2019다232918). 민법은 그러한 불합리한 점을 이 제도를 신설하여 입법적으로 해결하였다.

(다) 특별한정승인의 경우에 이전에 행하여진 단순승인이나 단순승인 의제는 법률규정(1019조 3항)에 의하여 무효로 된다고 새겨야 한다(그러나 곽윤직, 186면은 착오취소로 설명한다).

(3) 한정승인의 방법 [318]

한정승인을 하려면 상속인이 제1019조 제 1 항 · 제 3 항 또는 제 4 항의 기간 내에 상속재산의 목록을 첨부하여 가정법원에 한정승인의 신고를 하여야 한다(1030조 1항). 그리고 제1019조 제 3 항 또는 제 4 항에 따라 한정승인을 한 경우 상속재산 중 이미 처분한 재산이 있는 때에는 그 목록과 가액을 함께 제출하여야 한다(1030조 2항). 한정승인신고를 함에 있어서 상속재산을 고의로 재산목록에 기입하지 않으면 단순승인으로 의제된다(1026조 3호).

한정승인의 신고는 상속의 한정승인을 하는 뜻을 비롯하여 일정한 사항을 기재하고 한정승인 신고인 또는 대리인이 기명날인 또는 서명한 서면으로 하여야 한다(가소 36조 3항, 가소규 75조 1항). 그리고 그 신고서에는 신고인 또는 대리인의 인감증명서를 첨부하여야 한다(가소규 75조 2항).

가정법원이 한정승인의 신고를 수리하면, 형식적으로 신고서가 적법한지를 심사하고, 적법하다고 판단되면 심판서를 작성한다(가소 39조, 가소규 75조 3항). 한정승인 심판의 효력은 심판을 받을 사람이 심판을 고지받음으로써 발생한다(가소 40조 본문, 가소규 25조)(대판 2016. 12. 29, 2013다73520).

〈판 례〉

(ㄱ) 「재산상속의 한정승인의 신고는 민법 제1030조, 가사심판규칙 제91조(현행 가사소송규칙 75조: 저자 주)에 따라 승인서에 의하여 신고하게 되어 있어서 신고를 받은 법원은 전연 신고서라고 볼 수 없는 신고가 아닌 한 다소의 미비한 신고서라 하더라도 이를 수리한 후에 추완시키는 등으로 이를 될 수 있는 대로 유효하게 해석하여야 할 것이고, 신고를 각하하는 방법으로 처리하여서는 아니 되리니 신고로서 상속에 관하여 민법 제1028조의 효과가 생기는 중대한 의사표시이기 때문이다.」(대결 1978. 1. 31, 76스3)

(ㄴ) 「가정법원의 한정승인신고 수리의 심판은 일응 한정승인의 요건을 구비한 것으로 인정한다는 것일 뿐 그 효력을 확정하는 것이 아니고 상속의 한정승인의 효력이 있는지 여부의 최종적인 판단은 실체법에 따라 민사소송에서 결정될 문제이므로(대법원 2002. 11. 8. 선고 2002다21882 판결 참조), 민법 제1019조 제 3 항에 의한 한정승인신고의 수리 여부를 심판하는 가정법원으로서는 그 신고가 형식적 요건을 구비한 이상 상속채무가 상속재산을 초과하였거나 상속인이 중대한 과실없이 이를 알지 못하였다는 등의 실체적 요건에 대하여는 이를 구비하지 아니하였음이 명백한 경우 외에는 이를 문제삼아 한정승인신고를 불수리할 수 없다고 할 것이다.」(대결 2006. 2. 13, 2004스74)

(ㄷ) 「민법 제1019조 제 3 항이 적용되는 사건에서 상속인이 단순승인을 하거나 민법 제1026조 제 1 호, 제 2 호에 따라 단순승인한 것으로 간주된 다음 한정승인신고를 하여 이를 수리하는 심판을 받았다면, 상속채권에 관한 청구를 심리하는 법원은 위 한정승인이 민법 제1019조 제 3 항에서 정한 요건을 갖춘 특별한정승인으로서 유효한지 여부를 심리 · 판단하여야 한다.」(대판 2021. 2. 25, 2017다289651)

[319]
2. 한정승인의 효과

(1) 물적 유한책임

한정승인을 한 상속인(공동상속인 포함)은 상속으로 인하여 취득할 적극재산(공동상속인의 경우에는 상속분에 의하여 취득할 적극재산)의 한도에서 피상속인의 채무와 유증을 변제하면 된다(1028조 · 1029조). 이는 상속채무는 전부 승계하지만 책임의 범위가 상속재산에 한정된다는 의미이다(물적 유한책임)(그 결과 상속채권자는 특별한 사정이 없는 한 상속인의 고유재산에 대하여 강제집행을 할 수 없으며 상속재산으로부터만 채권의 만족을 받을 수 있다. 대판 2016. 5. 24, 2015다250574). 따라서 상속채권자는 한정승인자에 대하여도 채무 전부에 관하여 이행을 청구할 수 있으며(이때 법원은 상속재산이 없거나 상속재산이 상속채무의 변제에 부족하더라도 상속채무 전부에 대하여 이행판결을 선고하여야 하고, 다만 집행력을 제한하기 위하여 이행판결의 주문에 상속재산의 한도에서만 집행할 수 있다는 취지를 명시하여야 한다. 대판 2003. 11. 14, 2003다30968), 한정승인자가 초과부분에 대하여 임의로 변제하면 비채변제가 아니고 유효한 변제로 된다. 그리고 피상속인의 채무와 유증을 변제하고 남은 재산은 한정승인을 한 상속인에게 귀속한다.

한편 판례는, 한정승인자로부터 상속재산에 관하여 저당권 등의 담보권을 취득한 사람과 상속채권자 사이의 우열관계는 민법상의 일반원칙에 따라야 하고, 상속채권자가 한정승인의 사유만으로 우선적 지위를 주장할 수는 없으며(대판 2016. 5. 24, 2015다250574), 그러한 이치는 한정승인자가 그 저당권 등의 피담보채무를 상속개시 전부터 부담하고 있었다고 하여 달리 볼 것이 아니라고 한다(대판(전원) 2010. 3. 18, 2007다77781)(이러한 판례는, 1026조 3호 외에는 한정승인자의 상속재산 처분행위가 제한되지 않고, 따라서 한정승인자의 담보권 설정행위가 유효하다는 전제에 서 있다). 이러한 판례는 타당하다.

〈판 례〉

(ㄱ) 「민법 제1028조는 "상속인은 상속으로 인하여 취득할 재산의 한도에서 피상속인의 채무와 유증을 변제할 것을 조건으로 상속을 승인할 수 있다"고 규정하고 있다. 이에 따라 법원이 한정승인신고를 수리하게 되면 피상속인의 채무에 대한 상속인의 책임은 상속재산으로 한정되고, 그 결과 상속채권자는 특별한 사정이 없는 한 상속인의 고유재산에 대하여 강제집행을 할 수 없다(대법원 2003. 11. 14. 선고 2003다30968 판결 참조).

그런데 민법은 한정승인을 한 상속인(이하 '한정승인자'라 한다)에 관하여 그가 상속재산을 은닉하거나 부정소비한 경우 단순승인을 한 것으로 간주하는 것(제1026조 제 3 호) 외에는 상속재산의 처분행위 자체를 직접적으로 제한하는 규정을 두고 있지 않기 때문에, 한정승인으로 발생하는 위와 같은 책임제한 효과로 인하여 한정승인자의 상속재산 처분행위가 당연히 제한된다고 할 수는 없다.

또한 민법은 한정승인자가 상속재산으로 상속채권자 등에게 변제하는 절차는 규정하고 있으나(제1032조 이하), 한정승인만으로 상속채권자에게 상속재산에 관하여 한정승인자로부터 물권을 취득한 제 3 자에 대하여 우선적 지위를 부여하는 규정은 두고 있지 않으며, 민법 제1045조 이하의 재산분리 제도와 달리 한정승인이 이루어진 상속재산임을 등기하여 제 3 자에 대항할 수 있게 하는 규정도 마련하고 있지 않다.

따라서 한정승인자로부터 상속재산에 관하여 저당권 등의 담보권을 취득한 사람과 상속채권자 사이의 우열관계는 민법상의 일반원칙에 따라야 하고, 상속채권자가 한정승인의 사유만으로 우선적 지위를 주장할 수는 없다고 할 것이다. 그리고 이러한 이치는 한정승인자가 그 저당권 등의 피담보채무를 상속개시 전부터 부담하고 있었다고 하여 달리 볼 것이 아니다.」(이러한 다수의견에 대하여 상속채권자는 상속재산에 대하여 우선적 권리를 가진다고 하는 소수의견이 있음)(대판(전원)

(대판 2010. 3. 18, 2007다77781)

(ㄴ) 「상속재산에 관하여 담보권을 취득하였다는 등 사정이 없는 이상, 한정승인자의 고유채권자는 상속채권자가 상속재산으로부터 그 채권의 만족을 받지 못한 상태에서 상속재산을 고유채권에 대한 책임재산으로 삼아 이에 대하여 강제집행을 할 수 없다고 보는 것이 형평의 원칙이나 한정승인제도의 취지에 부합하며, 이는 한정승인자의 고유채무가 조세채무인 경우에도 그것이 상속재산 자체에 대하여 부과된 조세나 가산금, 즉 당해세에 관한 것이 아니라면 마찬가지라고 할 것이다.」(대판 2016. 5. 24, 2015다250574)

(ㄷ) 「한정승인에 의한 책임의 제한은 상속채무의 존재 및 범위의 확정과는 관계가 없고 다만 판결의 집행대상을 상속재산의 한도로 한정함으로써 판결의 집행력을 제한할 뿐이다. 특히 채권자가 피상속인의 금전채무를 상속한 상속인을 상대로 그 상속채무의 이행을 구하여 제기한 소송에서 채무자가 한정승인 사실을 주장하지 않으면, 책임의 범위는 현실적인 심판대상으로 등장하지 아니하여 주문에서는 물론 이유에서도 판단되지 않는 것이므로 그에 관하여는 기판력이 미치지 않는다. 그러므로 채무자가 한정승인을 하고도 채권자가 제기한 소송의 사실심 변론종결시까지 그 사실을 주장하지 아니하는 바람에 책임의 범위에 관하여 아무런 유보가 없는 판결이 선고되어 확정되었다고 하더라도, 채무자는 그 후 위 한정승인 사실을 내세워 청구에 관한 이의의 소를 제기하는 것이 허용된다고 봄이 옳다.」(대판 2006. 10. 13, 2006다23138. 같은 취지: 대판 2009. 5. 28, 2008다79876(이 판결은 이어서, 위와 같은 기판력에 의한 실권효 제한의 법리는 채무의 상속에 따른 책임의 제한 여부만이 문제되는 한정승인과 달리 상속에 의한 채무의 존재 자체가 문제되어 그에 관한 확정판결의 주문에 당연히 기판력이 미치게 되는 상속포기의 경우에는 적용될 수 없다고 함))

[320] ### (2) 상속재산과 고유재산의 분리

상속인이 한정승인을 한 때에는 피상속인에 대한 상속인의 권리 · 의무는 소멸하지 않는다(1031조. 단순승인의 경우에는 혼동으로 소멸함). 따라서 상속인이 피상속인에 대하여 채권을 가지고 있으면 다른 상속채권자와 함께 변제배당에 참가할 수 있고, 피상속인이 상속인에 대하여 채권이 있으면 상속인은 추심을 당하게 된다(같은 취지: 곽윤직, 189면; 김/김, 700면). 한편 판례는, 상속채권자가 상속이 개시된 후 한정승인 이전에 피상속인에 대한 채권을 자동채권으로 하여 상속인에 대한 채무에 대하여 상계하였더라도, 그 이후 상속인이 한정승인을 하는 경우에는 제1031조의 취지에 따라 상계가 소급하여 효력을 상실하고, 상계의 자동채권인 상속채권자의 피상속인에 대한 채권과 수동채권인 상속인에 대한 채무는 모두 부활한다고 한다(대판 2022. 10. 27, 2022다254154 · 254161).

(3) 상속재산의 관리

한정승인한 상속인은 그 고유재산에 대하는 것과 동일한 주의로 상속재산의 관리를 계속하여야 한다(1022조 단서의 반대해석). 그리고 한정승인자가 수인인 경우에는 가정법원은 각 상속인 기타 이해관계인의 청구에 의하여 공동상속인 중에서(공동상속인 아닌 다른 사람을 선임한 결정은 위법하다. 대결 1979. 12. 27, 76그2) 상속재산관리인을 선임할 수 있다(1040조 1항). 가정법원이 선임한 관리인은 공동상속인을 대표하여 상속재산의 관리와 채무의 변제에 관한 모든 행위를 할 권리 · 의무가 있다(1040조 2항). 이 관리인은 그 고유재산에 대하는 것과 동일한 주의로 상속재산을 관리하여야 하며(1040조 3항 · 1022조), 청산에 관하여는 — 단독으로 한정승인을 한 상속인이 청산을 하는 경우와 마찬가지이므로 — 제1032조 내지 제1039조가 준용된다(1040조 3항).

(4) 상속재산의 청산 [321]

1) **채권자에 대한 공고와 최고** 한정승인자는 한정승인을 한 날부터(공동상속의 경우에 선임된 상속재산관리인이 공고하는 때에는, 관리인이 그 선임을 안 날부터. 1040조 3항 단서 · 1032조 1항) 5일 이내에 일반 상속채권자와 유증받은 자에 대하여 한정승인의 사실과 일정한 기간 내에 그 채권 또는 수증을 신고할 것을 공고하여야 한다(1032조 1항 1문). 신고기간은 2개월 이상이어야 한다(1032조 1항 2문). 그리고 이 경우에는 청산법인의 공고 · 최고에 관한 제88조 제 2 항 · 제 3 항, 제89조가 준용된다(1032조 2항).

2) 청산방법

㈎ 한정승인자는 신고기간이 만료되기 전에는 상속채권의 변제를 거절할 수 있다(1033조).

㈏ (a) 한정승인자는 신고기간이 만료된 후에 그 기간 내에 신고한 채권자와 한정승인자가 알고 있는 채권자에 대하여 상속재산으로써 각 채권액의 비율로 변제를 하여야 하나(1034조 1항 본문), 우선권 있는 채권자의 권리를 해하지 못한다(1034조 1항 단서). 그 결과 질권 · 저당권 등 우선권 있는 채권자에게 먼저 변제하고, 그 뒤에 신고한 채권자와 알고 있는 채권자에게 배당변제를 하여야 한다. 그리고 판례는, 제1034조 제 1 항에 따라 배당변제를 받을 수 있는 「한정승인자가 알고 있는 채권자」에 해당하는지 여부는 한정승인자가 채권신고의 최고를 하는 시점이 아니라 배당변제를 하는 시점을 기준으로 판단하여야 하며, 따라서 한정승인자가 채권신고의 최고를 하는 시점에는 알지 못했더라도 그 이후 실제로 배당변제를 하기 전까지 알게 된 채권자가 있다면 그 채권자는 제1034조 제 1 항에 따라 배당변제를 받을 수 있는 「한정승인자가 알고 있는 채권자」에 해당한다고 한다(대판 2018. 11. 9, 2015다75308).

제1019조 제 3 항 또는 제 4 항에 따라 한정승인을 한 경우에는, 그 상속인은

상속재산 중에서 남아 있는 상속재산과 함께 이미 처분한 재산의 가액을 합하여 위의 변제를 하여야 한다(1034조 2항 본문). 다만, 한정승인을 하기 전에 상속채권자나 유증받은 자에 대하여 변제한 가액은 이미 처분한 재산의 가액에서 제외한다(1034조 2항 단서).

한정승인자는 변제기에 이르지 않은 채권에 대하여도 그 전액에 관하여 배당변제를 하여야 하며(1035조 1항), 조건 있는 채권이나 존속기간이 불확정한 채권은 법원이 선임한 감정인의 평가에 의하여 변제하여야 한다(1035조 2항).

〈판 례〉

「상속부동산에 관하여 민사집행법 제274조 제 1 항에 따른 형식적 경매절차(이 경매절차에 민법 1037조에 기한 경매도 포함됨: 저자 주)가 진행된 것이 아니라 담보권 실행을 위한 경매절차가 진행된 경우에는 비록 한정승인 절차에서 상속채권자로 신고한 자라고 하더라도 집행권원을 얻어 그 경매절차에서 배당요구를 함으로써 일반채권자로서 배당받을 수 있다.」(대판 2010. 6. 24, 2010다14599)

(b) 한정승인자는 유증받은 자에 대하여는 (a)의 방법에 의하여 상속채권자에게 변제를 완료하고 잔여재산이 있는 경우에만 변제를 할 수 있다(1036조). 잔여재산으로 모든 수증자에게 변제하는 데 부족할 때에는 유증액의 비율에 따라 배당변제하여야 한다.

(c) 신고기간 내에 신고하지 않은 상속채권자 및 유증받은 자로서 한정승인자가 알지 못한 자는 위 (a)(b)에 의하여 변제를 하고 잔여재산이 있는 경우에 한하여 변제를 받을 수 있다(1039조 본문). 그러나 상속재산에 대하여 특별담보권이 있는 자는 신고기간 내에 신고를 하지 않았고 한정승인자가 알지 못하였더라도 그 담보권의 범위에서 우선변제를 받는다(1039조 단서).

(다) 위 (나)에 의한 변제를 하기 위하여 상속재산의 전부나 일부를 매각할 필요가 있는 때에는 민사집행법에 의하여 경매하여야 한다(1037조).

〈판 례〉

「민법 제1037조에 근거하여 민사집행법 제274조에 따라 행하여지는 상속재산에 대한 형식적 경매는 한정승인자가 상속재산을 한도로 상속채권자나 유증받은 자에 대하여 일괄하여 변제하기 위하여 청산을 목적으로 당해 재산을 현금화하는 절차이므로, 그 제도의 취지와 목적, 관련 민법규정의 내용, 한정승인자와 상속채권자 등 관련자들의 이해관계 등을 고려할 때 일반채권자인 상속채권자로서는 민사집행법이 아닌 민법 제1034조, 제1035조, 제1036조 등의 규정에 따라 변제받아야 한다고 볼 것이고, 따라서 그 경매에서는 일반채권자의 배당요구가 허용되지 아니한다고 할 것이다.」(대판 2013. 9. 12, 2012다33709)

3) 부당변제로 인한 책임 한정승인자가 제1032조에 의한 공고(채권·유증을 신고하라는 공고)나 최고를 해태하거나 제1033조(신고기간 만료 전의 변제거절) 내지 제1036조(수증자에의 변제)에 위반하여 어느 상속채권자나 유증받은 자에게 변제함으로 인하여 다른 상속채권자나 유증받은 자에 대하여 변제할 수 없게 된 때에는, 한정승인자는 그 손해를 배상하여야 한다(1038조 1항 1문). 이 경우 변제를 받지 못한 상속채권자나 유증받은 자는 그 사정을 알고 변제를 받은 상속채권자나 유증받은 자에 대하여 구상권을 행사할 수 있다(1038조 2항 1문). [322]

제1019조 제 3 항에 의하여 한정승인을 한 경우 그 이전에 상속채무가 상속재산을 초과함을 알지 못한 데 과실이 있는 상속인이 상속채권자나 유증받은 자에게 변제한 때에도 한정승인자는 그 손해를 배상하여야 한다(1038조 1항 2문). 그리고 제1019조 제 3 항 또는 제 4 항에 따라 한정승인을 한 경우 그 이전에 상속채무가 상속재산을 초과함을 알고 변제받은 상속채권자나 유증받은 자가 있는 때에도, 변제를 받지 못한 상속채권자나 유증받은 자는 위의 자에 대하여 구상권을 행사할 수 있다(1038조 2항 2문).

위의 손해배상청구권과 구상권에 대하여는 제766조가 적용된다(그리하여 3년 · 10년의 시효에 걸림. 채권법각론 [316] 이하 참조)(1038조 3항).

Ⅳ. 상속의 포기 [323]

1. 서　설

(1) 의　의

상속의 포기란 자기를 위하여 개시된 불확정한 상속의 효력을 확정적으로 소멸하게 하는 일방적 의사표시이다. 포기는 단독상속인은 물론 공동상속인도 할 수 있다. 그리고 포기는 포괄적 · 무조건적으로만 할 수 있으며, 일부의 포기나 조건부 포기는 인정되지 않는다(대판 1995. 11. 14, 95다27554). 포기는 상속개시 후 일정한 기간 내에 하여야 하며, 상속개시 전에 한 포기는 무효이다. 상속개시 전에 제3자와 행한 상속포기약정도 기간·절차·방식에 따르지 않는 것이어서 무효이다(대판 1994. 10. 14, 94다8334).

〈판 례〉

「상속의 포기는 상속인이 법원에 대하여 하는 단독의 의사표시로서 포괄적·무조건적으로 하여야 하므로, 상속포기는 재산목록을 첨부하거나 특정할 필요가 없다고 할 것이고, 상속포기서에 상속재산의 목록을 첨부했다 하더라도 그 목록에 기재된 부동산 및 누락된 부동산의 수효 등과 제반사정에 비추어 상속재산을 참고자료로 예시한 것에 불과하다고 보여지는 이상, 포기 당시 첨부된 재산목록에 이 사건 재산이 포함되어 있지 않았다 하더라도 상속포기의 효력은 이 사건 재산에 미친다.」(대판 1995. 11. 14, 95다27554)

(2) 상속포기의 방법

상속인이 상속을 포기할 때에는 3개월의 고려기간 내에 가정법원에 포기의 신고를 하여야 한다(1041조). 따라서 그 기간 후에 한 포기는 무효이다. 그런데 판례는 고려기간이 지난 뒤에 상속재산을 공동상속인 1인에게 상속시킬 방편으로 나머지 상속인들이 상속포기신고를 한 경우에 대하여 상속포기로서는 효력이 없더라도 상속재산에 관한 협의분할이 이루어진 것으로 이해한다(대판 1989. 9. 12, 88누9305; 대판 1991. 12. 24, 90누5986; 대판 1996. 3. 26, 95다45545·45552·45569([279]에 인용됨)).

상속포기의 신고는 상속의 포기를 하는 뜻을 비롯하여 일정한 사항을 기재하고, 상속포기 신고인 또는 대리인이 기명날인 또는 서명한 서면으로 하여야 한다(가소 36조 3항, 가소규 75조 1항). 그리고 그 신고서에는 신고인 또는 대리인의 인감증명서를 첨부하여야 한다(가소규 75조 2항).

가정법원이 상속포기의 신고를 수리하면, 형식적으로 신고서가 적법한지를 심사하고, 적법하다고 판단되면 심판서를 작성한다(가소 39조, 가소규 75조 3항), 상속포기 심판의 효력은 심판을 받을 사람이 심판을 고지받음으로써 발생한다(가소 40조 본문, 가소규 25조)(대판 2016. 12. 29, 2013다73520; 대판 2021. 9. 15, 2021다224446).

[324] 2. 상속포기의 효과

(1) 포기의 소급효

상속의 포기는 상속이 개시된 때에 소급하여 그 효력이 있다(1042조). 그 결과 포기자는 처음부터 상속인이 아니었던 것으로 된다(대판 2011. 6. 9, 2011다29307; 대판 2022. 3. 17, 2020다267620). 주의할 점을 설명한다.

공동상속인 중 일부가 상속을 포기한 경우에 그 포기자의 직계비속은 포기자를 대습상속하지 않는다(같은 취지: 곽윤직, 194면; 김/김, 711면; 박병호, 405면; 이경희, 475면). 민법이 피대습자의 상속개시 전의 사망과 결격만을 대습원인으로 규정하고 있기 때문이다(입법론상 비판적인 견해: 박병호, 405면; 이경희, 475면).

상속인 전원이 상속을 포기하면, 그 전원이 상속개시시부터 상속인이 아니었던 것과 같은 지위에 놓이게 되므로, 다음 순위에 있는 자가 본위 상속인으로서(이 경우도 포기의 경우이므로 대습상속이 일어날 여지가 없음) 상속하게 된다(통설 · 판례도 같음. 대판 1995. 4. 7, 94다11835; 대판 1995. 9. 26, 95다27769; 대판 2017. 1. 12, 2014다39824).

상속포기의 효력은 피상속인의 사망으로 개시된 상속에만 미치는 것이고, 그 후 피상속인을 피대습자로 하여 개시된 대습상속에까지 미치지는 않는다(대판 2017. 1. 12, 2014다39824). 대습상속은 상속과는 별개의 원인으로 발생하는 것인 데다가 대습상속이 개시되기 전에는 이를 포기하는 것이 허용되지 않기 때문이다. 이는 종전에 상속인의 상속포기로 피대습자의 직계존속이 피대습사를 상속한 경우에도 마찬가지이며, 피대습자의 직계존속이 사망할 당시 피대습자로부터 상속받은 재산 외에 적극재산이든 소극재산이든 고유재산을 소유하고 있었는지 여부에 따라 달리 볼 이유도 없다(대판 2017. 1. 12, 2014다39824). 따라서 피상속인의 사망 후 상속채무가 상속재산을 초과하여 상속인인 배우자와 자녀들이 상속포기를 하였는데, 그 후 피상속인의 직계존속이 사망하여 대습상속이 개시된 경우에, 대습상속인이 민법이 정한 절차와 방식에 따라 한정승인이나 상속포기를 하지 않으면 단순승인을 한 것으로 간주된다(대판 2017. 1. 12, 2014다39824).

상속포기의 효과는 절대적이고, 따라서 등기를 하지 않았더라도 포기를 가지고 제 3 자에게도 대항할 수 있다(같은 취지: 박동섭, 639면; 이경희, 474면).

〈판 례〉

(ㄱ) 「상속포기는 가정법원이 상속인의 포기신고를 수리하는 심판을 하여 이를 당사자에게 고지한 때에 효력이 발생하므로, 상속인은 가정법원의 상속포기신고 수리 심판을 고지받을 때까지 민법 제1022조에 따른 상속재산 관리의무를 부담한다.

이와 같이 상속인은 아직 상속 승인, 포기 등으로 상속관계가 확정되지 않은 동안에도 잠정적으로나마 피상속인의 재산을 당연 취득하고 상속재산을 관리할 의무가 있으므로, 상속채권자는 그 기간 동안 상속인을 상대로 상속재산에 관한 가압류결정을 받아 이를 집행할 수 있다. 그 후 상속인이 상속포기로 인하여 상속인의 지위를 소급하여 상실한다고 하더라도 이미 발생한 가압류의 효력에 영향을 미치지 않는다. 따라서 위 상속채권자는 종국적으로 상속인이 된 사람 또는 민법 제1053조에 따라 선임된 상속재산관리인을 채무자로 한 상속재산에 대한 경매절차에서 가압류채권자로서 적법하게 배당을 받을 수 있다.」(대판 2021. 9. 15, 2021다224446)

(ㄴ) 「채무명의에 표시된 채무자의 상속인이 상속을 포기하였음에도 불구하고, 집행채권자가 동인에 대하여 상속을 원인으로 한 승계집행문을 부여받아 동인의 채권에 대한 압류 및 전부명령을 신청하고, 이에 따라 집행법원이 채권압류 및 전부명령을 하여 그 명령이 확정되었다고 하더라도, 채권압류 및 전부명령이 집행채무자 적격이 없는 자를 집행채무자로 하여 이루어진 이상, 피전부채권의 전부채권자에게의 이전이라는 실체법상의 효력은 발생하지 않는다고 할 것이다. 이는 집행채무자가 상속포기 사실을 들어 집행문 부여에 대한 이의신청 등으로 집행문의 효력을 다투어 그 효력이 부정되기 이전에 채권압류 및 전부명령이 이루어져 확정된 경우에도 그러하다고 할 것이다.」(대판 2002. 11. 13, 2002다41602)

(ㄷ) 「상속포기는 자기를 위하여 개시된 상속의 효력을 상속개시시로 소급하여 확정적으로 소멸시키는 제도로서(민법 제1019조 제 1 항, 제1042조 등) 피해자의 사망으로 상속이 개시되어 가해자가 피해자의 자신에 대한 손해배상청구권을 상속함으로써 위의 법리에 따라 그 손해배상청구권과 이를 전제로 하는 직접청구권이 소멸하였다고 할지라도 가해자가 적법하게 상속을 포기하면 그 소급효로 인하여 위 손해배상청구권과 직접청구권은 소급하여 소멸하지 않았던 것으로 되어 다른 상속인에게 귀속되고, 그 결과 위에서 본 '가해자가 피해자의 상속인이 되는 등 특별한 경우'에 해당하지 않게 되므로 위 손해배상청구권과 이를 전제로 하는 직접청구권은 소멸하지 않는다.」(대판 2005. 1. 14, 2003다38573 · 38580)

[325] (2) 포기자의 상속분의 귀속

상속인이 수인인 경우에 어느 상속인이 상속을 포기한 때에는, 그 상속분은 다른 상속인의 상속분의 비율로 그 상속인에게 귀속된다(1043조). 이때에는 포기한 자가 상속개시시부터 상속인이 아니었던 것으로 보고 그를 제외하고서 법정상속분의 비율에 따라 상속분을 계산한다(같은 취지: 곽윤직, 195면; 김/김, 712면; 박병호, 406면; 이경희, 474면. 포기상속분을 혈족상속인 사이에서만 균분하자는 견해: 김용한, 365면).

여기의 「다른 상속인」에 피상속인의 배우자가 포함되는가? 문헌(김용한, 365면)에 따라서는 여기의 「다른 상속인」에 유처(遺妻)는 포함되지 않는다고 한다. 이 견해에 따르면 피상속인의 배우자(처만을 언급한 것은 잘못임)는 다른 상속인이 포기한 상속분을 전혀 취득하지 못하게 된다. 그에 대하여 다수설은 피상속인의 배우자가 당연히 포함된다고 한다(곽윤직, 196면; 김/김, 712면; 박동섭, 644면; 신영호, 445면; 이경희, 474면; 지원림, 2084면). 생각건대 여기의 「다른 상속인」에서 피상속인의 배우자를 배제하여야 할 근거는 전혀 없다. 오히려 배우자도 상속인으로서 당연히 보호되어야 한다. 따라서 다수설이 타당하다. 이러한 사견에 의하면, 피상속인의 직계비속과 배우자 중 포기자가 생기면 그 자가 없는 것으로 생각하고 남은 상속인이 상속재산을 법정상속분에 따라 추가로 상속하게 된다. 피상속인에게 아들 A · B와 처 C가 있고, 또 A에게 그의 직계비속으로 A-1이 있는데, A · B가 모두 상속을 포기하면, A · B의 상속분은 누구에게 귀속되는가? 여기에 관하여는 A-1과 C가 공동상속한다고 하는 견해가 있을 수 있다(신영호, 445면이 그러한 견해로 보인다). 그러나 A-1은 제1043조의 「다른 상속인」에 포함되지 않고, 유일한 상속인인 C가 단독으로 상속한다고 새겨야 한다. 이에 대하여 제1042조를 근거로 공동상속을 주장할 것도 아니다. 그 규정은 상속재산 귀속의 공백을 방지하기 위한 것일 뿐이기 때문이다. 한편 대법원은 얼마 전에는, 피상속인의 배우자와 자녀 중 자녀 전부가 상속을 포기한 경우에는 배우자와 피상속인의 손자녀 또는 직계존속이 공동으로 상속인이 되고, 피상속인의 손자녀와 직계존속이 존재하지 아니하면 배우자가 단독으로 상속인이 된다고 하였다(대판 2015. 5. 14, 2013다48852). 그런데 최근에 판례를 변경하여, 피상속인의 배우자와 자녀 중 자녀 전부가 상속을 포기한 경우에는 배우자가 단독상속인이 된다고 하였다(대결(전원) 2023. 3. 23, 2020그42[핵심판례 484면]). 현재의 판례가 타당하다.

〈포기자의 상속분의 귀속에 관한 계산의 예〉 [326]

구체적인 예를 가지고 포기자의 상속분이 어떻게 귀속되는지 살펴보기로 한다.

가령 피상속인 A가 7,000만원의 재산을 남기고 사망하였는데, 그에게는 배우자 B와 직계비속 C · D가 있었다고 하자. 이 경우에 B · C · D의 구체적인 상속분을 계산하면 다음과 같다.

- B · C · D의 법정상속분 $B : C : D = 1.5 : 1.0 : 1.0 = \frac{1.5}{3.5} : \frac{1.0}{3.5} : \frac{1.0}{3.5} = \frac{3}{7} : \frac{2}{7} : \frac{2}{7}$
- B · C · D의 구체적 상속분 B … 7,000만원 $\times \frac{3}{7} =$ 3,000만원

  C · D 각각 … 7,000만원 $\times \frac{2}{7} =$ 2,000만원

그런데 위의 예에서 C가 그의 상속분을 포기하면 그의 상속분은 누구에게 귀속되는가? 이때에는 C가 처음부터 없었던 것으로 보고 B · D가 법정상속분에 따라 상속

재산을 상속한다. 그 계산방법은 다음과 같다.

• B · D의 법정상속분　B : D = 1.5 : 1.0 = $\frac{1.5}{2.5}$: $\frac{1.0}{2.5}$ = $\frac{3}{5}$: $\frac{2}{5}$

• B · D의 구체적 상속분　B … 7,000만원 × $\frac{3}{5}$ = 4,200만원

D … 7,000만원 × $\frac{2}{5}$ = 2,800만원

피상속인의 자녀와 배우자 모두가 상속을 포기하면 손자녀가 직계비속으로서 상속하게 된다(1000조 · 1003조)(대판 1995. 4. 7, 94다11835). 만약 손자녀가 상속을 포기하고 다른 직계비속이 없으면 직계존속이 상속하게 된다. 그 뒤에는 제 3 순위인 형제자매, 제 4 순위인 4촌 이내의 방계혈족의 순으로 상속하는데, 그들도 모두 상속을 포기하면 상속인의 부존재로 된다(1053조 이하).

[327] (3) 기　타

공동상속인 중의 특정인에게 귀속시킬 목적으로 하는 상속의 포기는 허용되지 않는다(이설 없음). 그러한 목적으로는 상속분의 양도제도(1011조 참조)나 상속재산의 협의분할제도(1013조 참조)를 활용하면 될 것이다. 그리고 상속을 포기한 자는 상속재산의 관리의무를 면하지만(1022조 단서), 민법은 포기로 인하여 상속인이 된 자가 상속재산을 관리할 때까지는 그 재산의 관리를 계속하도록 하고 있다(1044조 1항). 이때에는 제1022조(「그 고유재산에 대하는 것과 동일한 주의」로 관리)와 제1023조(상속재산 보존에 필요한 처분)가 준용된다(1044조 2항).

〈판　례〉

상속인들이 적법하게 상속포기를 한 경우, 피상속인이 납부하여야 할 양도소득세를 승계하여 납부할 의무가 없다고 한 원심의 판단을 수긍한 사례(대결 2006. 6. 29, 2004두3335).

제 5 관　재산의 분리

[328] ### Ⅰ. 서　설

1. 의　의

재산의 분리란 상속이 개시된 후에 상속채권자나 유증받은 자 또는 상속인의 채권자의 청구에 의하여 상속재산과 상속인의 고유재산을 분리하는 제도이다

(1045조 1항 참조). 상속에 의하여 상속재산과 상속인의 고유재산이 혼합되는 경우에, 상속인이 채무초과이면 상속채권자 및 유증을 받은 자는 불이익을 입게 되고, 상속재산이 채무초과이면 상속인의 채권자가 불이익을 입게 된다(이 뒤의 경우에 상속인은 물론 한정승인이나 포기를 할 수 있다. 그러나 한정승인 등을 하지 않거나 그것이 무효로 되는 수가 있어 다른 제도가 필요하게 된다). 이러한 때에 상속재산과 상속인의 고유재산을 분리할 수 있다면 상속채권자 · 유증을 받은 자 또는 상속인의 채권자가 보호될 수 있을 것이다. 그리하여 인정된 것이 재산분리제도이다. 그런데 이 제도는 실세에서는 거의 이용되지 않고 있다.

2. 다른 제도와의 관계

(1) 재산분리는 상속재산과 상속인의 고유재산이 분리되는 점에서 한정승인과 같다. 그러나 한정승인은 상속재산이 채무초과이거나 불확실한 경우에 상속인의 보호를 목적으로 하는 것이고, 재산분리는 상속채권자 · 유증받은 자 · 상속인의 채권자를 위한 것이다. 그리고 한정승인은 채권자가 배당변제를 받음으로써 상속인이 더 이상 강제집행을 당하지 않게 되나(문헌들은 채권이 소멸해 버린다고 하나, 이는 잘못이다), 재산분리는 상속재산과 상속인의 고유재산을 일단 분리하여 변제의 우선순위를 정하는 것일 뿐이므로, 채권자가 우선순위를 가지는 재산에서 완전히 변제를 받지 못하는 경우에는 다른 재산으로도 변제를 받을 수 있고 또한 강제집행도 할 수 있다(무한책임).

재산분리가 한정승인과 구별되지만, 한정승인이 있는 경우에는 상속재산과 상속인의 고유재산이 이미 분리되어 있으므로 재산분리를 할 필요가 없다. 그리고 상속이 포기된 경우에는 상속인에 변경이 생겨서 재산분리의 필요성이 없게 될 수도 있다. 그러나 한정승인이나 상속포기가 후에 무효로 될 수도 있으므로(1026조 3호 참조), 한정승인 등의 절차가 진행 중이거나 한정승인 등이 결정되었더라도 상속채권자 등은 재산분리를 청구할 수 있다.

재산분리가 있은 후에도 상속인은 한정승인이나 포기를 할 실익이 있다. 재산분리의 경우에는 상속인이 무한책임을 지기 때문이다. 따라서 고려기간 내이면 상속인은 한정승인 · 상속포기를 할 수 있다고 새길 것이다. 그때에는 재산분리 절차는 정지된다.

(2) 「채무자회생 및 파산에 관한 법률」은 상속재산의 파산(같은 법 299조 · 300조 · 389조 · 438조 등)

과 상속인의 파산(같은 법 434조 등)제도를 두면서, 그 경우에 있어서 채권자 사이의 우선순위와 재산분리 절차의 중지에 관하여도 규정하고 있다(같은 법 435조 · 443조 · 444조 · 346조 참조).

[329] ## 3. 재산분리의 절차

(1) 청구권자

재산분리의 청구권자는 상속채권자 · 유증을 받은 자 또는 상속인의 채권자이다(1045조 1항). 여기의 상속인의 채권자는 상속개시 후에 새로 채권을 취득한 자를 포함한다. 그리고 포괄적 수증자에 대하여는 그가 상속인과 동일한 지위를 가진다는 이유로 재산분리청구권이 없다는 견해(곽윤직, 200면; 김/김, 717면; 신영호, 447면; 이경희, 509면; 지원림, 2086면)도 있으나, 포괄적 수증자와 함께 상속인이 있는 경우에는 포괄적 수증자도 특정적 수증자와 마찬가지로 보호할 필요가 있으므로, 포괄적 수증자도 청구권자에 포함시켜야 한다(같은 취지: 김용한, 368면; 박병호, 409면).

(2) 상 대 방

이에 대하여는 명문의 규정이 없으나, 상속인 또는 상속재산관리인(상속인을 알 수 없을 때)이 상대방이라고 할 것이다. 상속인이 수인 있는 때에는 그 전원이 상대방으로 된다.

(3) 청구기간

청구기간은 상속이 개시된 날부터(상속개시가 있음을 안 날부터가 아님) 3개월 내이다(1045조 1항). 그러나 상속인이 상속의 승인이나 포기를 하지 않는 동안(1019조 1항 참조)은 3개월의 기간이 경과한 후에도 재산분리를 청구할 수 있다(1045조 2항).

(4) 심 판

상속재산의 분리 청구는 상속개시지의 가정법원에 하고, 분리 결정은 심판으로 한다(가소 2조 1항 라류사건 35) · 44조 6호 · 39조). 가정법원이 재산분리 청구를 받으면 상속재산이나 상속인의 고유재산이 채무초과의 상태에 있는지와 그 밖의 사정을 종합적으로 고려하여 분리가 필요하다고 인정되면 분리의 심판을 하여야 한다.

Ⅱ. 재산분리의 효력 [330]

1. 고유재산과의 분리

재산분리의 심판이 확정되면 상속재산과 상속인의 고유재산은 분리되어 존재하는 것으로 된다. 그리하여 피상속인에 대한 상속인의 재산상의 권리의무는 혼동으로 소멸하지 않고 존속한다(1050조).

2. 상속재산의 관리

상속인은 단순승인을 한 후에도 재산분리의 명령이 있는 때에는 상속재산에 대하여 자기의 고유재산과 동일한 주의로 관리하여야 한다(1048조 1항). 이 경우의 재산관리에는 수임인의 권리의무에 관한 제683조 내지 제685조 및 제688조 제1항·제2항이 준용된다(1048조 2항).

가정법원이 재산분리를 명한 때에는 상속재산의 관리에 관하여 필요한 처분을 명할 수 있다(1047조 1항). 그리고 그 처분으로 법원이 재산관리인을 선임한 경우에는, 부재자의 재산관리인에 관한 제24조 내지 제26조가 준용된다(1047조 2항).

3. 재산분리의 대항요건

재산의 분리는 상속재산이 부동산인 경우에는 이를 등기하지 않으면 제3자에게 대항하지 못한다(1049조). 재산분리 명령이 있은 후의 상속재산의 처분행위가 무효인데다가 부동산에 관하여는 동산과 달리 선의취득제도(249조)도 없기 때문에 특별규정을 둔 것이다. 여기의 제3자는 상속인의 채권자뿐만 아니라 모든 제3자를 가리킨다. 그런데 이 등기에 관하여 부동산등기법이 구체적인 규정을 두고 있지 않아서 문제이다.

4. 청 산 [331]

(1) 재산분리의 공고 및 최고

가정법원이 재산의 분리를 명한 때에는, 그 청구자는 5일 내에 일반 상속채권자와 유증받은 자에 대하여 재산분리의 명령 있는 사실과 일정한 기간 내에 그 채권 또는 수증을 신고할 것을 공고하여야 한다(1046조 1항 1문). 신고기간은 2개월 이상이어야 한다(1046조 1항 2문). 그리고 이 경우에는 청산법인의 채권신고의 공고·최고에 관한 제88조 제 2 항·제 3 항과 제89조가 준용된다(1046조 2항).

(2) 청산방법

1) 상속인은 재산분리를 청구할 수 있는 기간(1045조 1항 참조. 상속개시된 날부터 3개월) 및 상속채권자와 유증받은 자에 대하여 공고한 신고기간(1046조 1항 참조)이 만료하기 전에는 상속채권자와 유증받은 자에 대하여 변제를 거절할 수 있다(1051조 1항).

2) 위의 두 기간이 만료된 뒤에 상속인은 질권·저당권 등의 우선권 있는 채권자에게 먼저 변제하고(1051조 2항 단서), 그 후 재산분리의 청구 또는 그 기간 내에 신고한 상속채권자·유증받은 자와 상속인이 알고 있는 상속채권자·유증받은 자에 대하여 상속재산으로써 각 채권액 또는 수증액의 비율로 변제하여야 한다(1051조 2항 본문).

이 경우에는 그 밖에 한정승인에 관한 제1035조 내지 제1038조가 준용된다(1051조 3항. [321]·[322] 참조).

5. 고유재산으로부터의 변제

상속채권자와 유증받은 자는 상속재산으로부터 전액의 변제를 받을 수 없는 경우에 한하여 상속인의 고유재산으로부터 그 변제를 받을 수 있다(1052조 1항)(물론 이는 상속인이 한정승인을 하지 않은 때에만 그렇다). 다만, 상속인의 고유재산에 대하여는 상속인의 채권자가 이들보다 우선변제를 받게 된다(1052조 2항).

제 6 관 상속인의 부존재

[332] ## Ⅰ. 서 설

1. 의 의

「상속인의 부존재」란 상속인의 존부(存否)가 분명하지 않은 것이다(1053조 1항 참조). 민법은 상속인의 존부가 분명하지 않은 경우 한편으로는 상속인을 수색하면서, 다른 한편으로는 상속재산을 관리하고 청산하도록 하고 있다(1053조-1059조).

2. 「상속인의 부존재」의 경우

본래 「상속인의 부존재」는 상속인의 존부가 분명하지 않은 것이나, 상속인이 없다는 것이 확정되어 있는 경우에도 상속재산의 청산절차가 필요하므로 그 경우 역시 「상속인의 부존재」로 다루어야 한다.

그러한 견지에서 「상속인의 부존재」의 예를 열거하면 ① 신원불명자가 사망한 경우, ② 상속을 하고 있는 자가 참칭상속인이고 진정한 상속인의 존부가 불분명한 경우, ③ 유일한 상속인이 상속결격자이거나 동시사망한 것으로 추정되는 경우, ④ 상속인 전원이 상속을 포기한 경우 등이 있다.

그에 비하여 상속인이 존재하는 것은 명백한데 그 행방이나 생사가 불명인 경우는 「상속인의 부존재」에 해당하지 않는다. 그 경우는 부재자의 재산관리제도(22조 이하)나 실종선고제도(27조 이하)에 의하여 처리되어야 한다.

상속인은 없고 포괄적 수증자만 있는 경우는 어떤가? 여기에 관하여는 학설이 대립하고 있다. i) 하나의 견해는, 포괄적 수증자가 상속재산 전부를 유증받은 경우에는 상속인 부존재의 절차를 밟을 필요가 없으나, 일부분만 유증받고 있는 경우에는 부존재 절차를 밟아야 할 것이라고 한다(김/김, 723면; 신영호, 450면). 이 견해는, 포괄적 수증자는 상속인과 동일한 권리의무가 있기 때문에 상속인이 있는 것과 동일하며, 따라서 상속채권자의 보호에는 아무 지장이 없다고 한다. 그에 대하여 ii) 다른 견해는, 포괄적 수증자가 상속재산 전체를 유증받은 경우에도 상속인 부존재의 절차를 밟아야 한다고 한다(곽윤직, 205면; 박동섭, 679면). 이 견해는 그 이유로, ① 제1053조 제 1 항의 「이해관계인」에 유증을 받은 수증자(포괄적 유증 또는 특정유증)가 포함됨은 제1054조의 규정상 명백하다는 점, ② 수증자는 상속채권자에게 변제한 후가 아니면 변제받을 수 없는 것으로 되어 있는 점(1056조 2항 · 1036조)을 든다. 생각건대 ii)설이 타당하다.

Ⅱ. 상속재산의 관리 · 청산과 상속인의 수색 [333]

1. 상속재산의 관리

상속인의 존부가 분명하지 않은 때에는, 가정법원은 제777조의 규정에 의한 피상속인의 친족 기타 이해관계인 또는 검사의 청구에 의하여 상속재산관리인을 선임하고, 지체 없이 이를 공고하여야 한다(1053조 1항). 여기의 「이해관계인」은 상속재산의 귀속에 관하여 법률상 이해관계를 갖는 자이다. 예를 들면 유증받은 자, 상속채권자, 상속채무자, 상속재산상의 담보권자, 피상속인의 채무의 보증인, 특별연고자가 그렇다.

판례에 따르면, 재산상속인의 존재가 분명하지 않은 상속재산에 관한 소송에 있어서 정당한 피고는 법원에서 선임된 상속재산관리인이라고 한다(대판 1976. 12. 28, 76다797; 대판 2007. 6. 28, 2005다55879).

선임된 재산관리인(대판 1977. 1. 11, 76다184 · 185는 상속재산의 관리인이 구태여 상속인일 필요가 없다고 하나, 여기의 관리인은 오히려 상속인일 수가 없다)에게는 부재자의 재산관리인에 관한 제24조 내지 제26조가 준용된다(1053조 2항). 그리고 관리인은 상속채권자나 유증받은 자의 청구가 있는 때에는, 언제든지 상속재산의 목록을 제시하고 그 상황을 보고하여야 한다(1054조).

관리인의 임무는 상속인이 나타나 상속의 승인을 한 때에 종료한다(1055조 1항). 이와 같이 승인을 한 때로 한 이유는 상속인이 포기함으로써 다시 상속인의 부존재 상태로 되지 않게 하기 위해서이다. 상속인이 승인하면 관리인은 지체 없이 그 상속인에 대하여 관리의 계산을 하여야 한다(1055조 2항).

[334]

2. 상속재산의 청산

(1) 채권신고의 공고

상속재산관리인의 선임공고가 있은 날부터 3개월 내에 상속인의 존부를 알 수 없는 때에는, 관리인은 지체 없이 일반 상속채권자와 유증받은 자에 대하여 일정한 기간 내에 그 채권 또는 수증을 신고할 것을 공고하여야 한다(1056조 1항 1문). 이 때 신고기간은 2개월 이상이어야 한다(1056조 1항 2문). 그리고 이 경우에는 청산법인의 채권신고의 공고 · 최고에 관한 제88조 제 2 항 · 제 3 항과 제89조가 준용된다(1056조 2항).

(2) 청산방법

청산방법에 대하여는 한정승인에 있어서의 청산방법에 관한 제1033조 내지 제1039조가 준용된다(1056조 2항. [321] · [322] 이하 참조).

3. 상속인의 수색

관리인이 상속채권자와 유증받은 자에 대하여 채권 또는 수증을 신고하도록 2개월 이상으로 정한 기간이 경과하여도 상속인의 존부를 알 수 없는 때에는, 법원은 관리인의 청구에 의하여 상속인이 있으면 일정한 기간 내에 그 권리를 주장할 것을 공고하여야 한다(1057조 1문). 이때 그 기간은 1년 이상이어야 한다(1057조 2문). 그런데 이 공고는 청산의 결과 남은 재산이 있는 경우에만 하여야 하며, 남은 재산이 없으면 필요하지 않다(이설 없음).

이 공고에서 정한 기간이 경과하여도 상속인이 나타나지 않으면 「상속인의 부존재」가 확정된다.

Ⅲ. 특별연고자(特別緣故者)에 대한 재산분여(財産分與) [335]

1. 제도의 취지

1990년 민법개정 전에는 상속인 수색공고로 정한 기간 내에 상속권을 주장하는 자가 없으면 상속재산을 국가에 귀속시켰다. 그 결과 피상속인의 사실상의 배우자와 같이 피상속인과 매우 가까우면서도 상속권이 없는 자는 상속인이 전혀 없는데도 상속재산에서 아무것도 받을 수 없었다. 이것이 부당하다고 여겨져 1990년 민법개정시에 특별연고자에 대하여 재산을 분여하는 제도를 신설하였다(1057조의 2).

2. 특별연고자의 지위

어떤 자가 특별연고자로서 재산분여를 받는 지위가 하나의 권리인가? 여기에 관하여는 학설이 대립하고 있다. i) 하나의 견해는, 특별연고자가 가정법원에 재산분여청구를 한 경우에 법원은 상속재산이 남아 있고 특별연고자에게 상속결격자에 준하는 사유가 없을 때에는 재산분여 심판을 하지 않을 수 없다고 생각되므로, 그 한도에서는 특별연고자에게 기대권이 있다고 보아야 한다고 주장한다(김/김, 729면; 박동섭, 686면). 그에 대하여 ii) 다른 견해는, 상속인의 부존재가 있으면 그 재산은 국가에 귀속하여야 하는 것이지만 국가의 정책적 배려에 의하여 특히 특별연고자에게 주는 것이므로, 특별연고자의 지위를 반드시 기대권적 지위로 보기는 어렵다고 한다(이경희, 411면). 생각건대 특별연고자에 대한 재산분여제도는 법률상 당연한 것이어서 인정된 것이 아니고 특별연고자를 배려하기 위하여 정책적으로 인정된 것이다. 그리고 어떤 자가 특별연고가 있다고 하여 당연히 재산분여가 되지도 않는다. 제1057조의 2가 가정법원이 재산분여를 「할 수 있다」고 규정하고 있기 때문이다. 그렇지만 이 제도가 법률에 명문으로 규정되어 있으므로 그것은 하나의 권리로 보기에 부족하지 않다. 그런 점에서 기대권이라고 보는 i)설이 타당하다.

재산분여를 받을 수 있는 권리 즉 일종의 기대권은 일신전속권이라고 보아야 한다. 따라서 그 지위는 양도나 상속되지 않는다. 학설도 같은 결과를 인정한다(신영호, 453면. 곽윤직, 211면은 청구권을 인정하는 것이 아니라 은혜적으로 재산을 취득케 하기 때문이라고 하며, 김/김, 732면은 심판청구가 없는 한 특별연고자가 아니라고 한다). 그런데 특별연고자가 재산분여청구를 한 뒤에 사망하였으면 그의 지위가 상속된다고 보아야 한다(같은 취지: 신영호, 453면; 윤진수, 463면).

[336] 3. 특별연고자의 범위

민법은 재산분여를 받을 수 있는 자를 「피상속인과 생계를 같이 하고 있던 자, 피상속인의 요양 간호를 한 자 기타 피상속인과 특별한 연고가 있던 자」라고 규정한다(1057조의 2 1항). 특별연고자인지 여부는 추상적인 친족관계의 원근이 아니라 실질적 · 구체적인 관계에 의하여 결정하여야 한다(이설 없음). 그런데 여기의 재산분여는 상속이 아니므로 법인이나 권리능력 없는 사단도 받을 수 있다고 할 것이다. 요양원 · 양로원이 그 예이다(통설도 같음). 그리고 특별연고가 피상속인이 사망한 때 있어야만 하는 것은 아니므로, 과거의 어느 시기에 특별연고가 있었어도 특별연고자로 될 수 있다. 그러나 피상속인의 사망 후에 연고를 맺은 자는 특별연고자로 될 수 없다.

4. 재산분여의 절차

피상속인과 특별한 연고가 있다고 생각하여 피상속인이 남긴 재산으로부터 분여받기를 원하는 자는 상속인 수색공고로 정해진 기간이 만료된 후 2개월 이내에 가정법원에 재산분여청구를 하여야 한다(1057조의 2 1항 · 2항).

재산분여청구는 상속개시지의 가정법원에 청구한다(가소 2조 1항 라류 사건 39) · 44조 6호).

특별연고자에 해당하는지, 재산분여에 상당성이 있는지는 가정법원이 여러 가지 사정을 참작하여 자유롭게 결정한다. 가정법원의 재산분여 결정은 심판으로 한다(가소 39조).

5. 분여의 대상

특별연고자에게 분여될 수 있는 것은 청산 후에 잔존하는 상속재산의 전부 또는 일부이다(1057조의 2 1항). 상속재산이 공유재산인 경우에는, 제267조의 규정 때문에 다른 공유자에게 귀속하는지가 문제되는데, 학설은 공유지분도 분여의 대상이라고 새긴다(곽윤직, 212면; 김/김, 732면; 박동섭, 690면). 그러나 특별연고자는 상속인이 아니므로 상속채무 등의 의무는 승계하지 않는다(이설 없음).

Ⅳ. 상속재산의 국가귀속 [337]

(1) 특별연고자에 대한 분여가 되지 않은 상속재산은 국가에 귀속한다(1058조 1항). 이 경우 관리인의 임무도 종료하므로, 관리인은 지체 없이 관할 국가기관에 대하여 관리의 계산을 하여야 한다(1058조 2항 · 1055조 2항).

(2) 국가귀속의 법적 성질에 관하여는 i) 법률규정에 의한 원시취득이라는 견해(김용한, 379면; 김/김, 727면; 박동섭, 691면; 박병호, 422면; 신영호, 454면; 이경희, 414면)와 ii) 청산 후에 남은 상속재산을 법률규정에 의하여 국가가 포괄승계하는 것이라는 견해(곽윤직, 215면; 윤진수, 464면)가 대립되나, 법률관계가 유지되어야 하기 때문에 ii)설이 옳다.

(3) 국가귀속의 시기에 관하여는 i) 상속재산관리인이 잔여재산을 국가에 인계한 때라는 견해(김/김, 728면; 박동섭, 692면; 윤진수, 464면; 지원림, 2091면. 이 견해는 그래야 물권변동에 관한 성립요건주의에 맞는다고 함)와 ii) 상속재산의 귀속에 관한 공백상태가 생기는 것을 막기 위해서는 상속이 개시된 때에 국가에 귀속한다고 새겨야 한다는 견해(곽윤직, 215면; 이경희, 414면)가 대립된다. 생각건대 ii)설이 드는 이유는 정당하다. 그런데 그것은 「상속인의 부존재」가 확정되는 때, 즉 상속권을 주장하는 자가 없으면 1057조의 2에 따른 특별연고자의 재산분여청구기간 2개월이 만료하는 때(1057조에 따른 1년 이상의 상속인 수색 공고기간이 지났어야 함은 물론이다)이고, 재산분여청구자가 있는 때에는 분여의 심판이 확정되는 때에 상속개시시에 소급해서 국가에 귀속된다고 하여야 한다.

(4) 상속재산이 국가에 귀속한 때에는 상속재산으로 변제를 받지 못한 상속채권자나 유증을 받은 자가 있는 때에도 국가에 대하여 그 변제를 청구하지 못한다(1059조).

제3절 유 언

[338] ### Ⅰ. 서 설

1. 유언의 의의 및 법적 성질

(1) 의 의

유언(遺言)은 사람(법인은 유언을 할 수 없음)이 그의 사후의 법률관계 중 일정사항에 관하여 정하는 일방적인 의사표시이다.

(2) 법적 성질

1) 유언은 하나의 의사표시이면서 동시에 법률행위이다. 유언은 법률행위 중에 가장 대표적인 상대방 없는 단독행위이다. 따라서 유증의 경우 유증을 받은 자의 승낙은 물론이고 그에 대하여 표시하는 것도 필요하지 않다. 다만 유증을 받은 자가 유증을 거절할 수는 있다(1074조).

유언은 법률행위이기 때문에 거기에는 법률행위에 관한 법률규정과 이론이 적용된다. 그리하여 가령 유언자 A가 B의 사기 또는 강박에 의해 B를 수증자로 하는 유언을 하였다면, A는 사기나 강박을 이유로 그 유언을 취소할 수 있다(110조 1항). 그리고 A가 사망한 후에는 A의 상속인이 포괄승계인으로서 취소할 수 있다(140조). 그러나 A가 생전에 그 유언을 추인하였으면, A의 상속인은 취소하지 못한다(143조 1항).

2) 유언은 요식행위이며(1065조 이하 참조), 그 방식에 따르지 않은 유언은 무효이다(1060조). 이와 같이 유언을 요식행위로 규정한 이유는 유언이 유언자의 사망 후에 효력이 생기기 때문에 미리 본인의 진의를 확보해 두기 위해서이다.

3) 유언은 유언자의 독립한 의사에 의하여 행하여져야 하는 행위이다. 따라서 유언의 대리는 허용되지 않으며, 유언자가 제한능력자라도 법정대리인의 동의를 필요로 하지 않는다.

4) 유언은 유언자의 사망으로 효력이 생기는 사인행위(사후행위)이다. 이 점에서 유언은 사인증여와 같으나, 사인증여는 계약인 점에서 유언과 다르다.

유언에 의하여 이익을 받는 자(예: 유증 받는 자)는 유언의 효력이 생기기 전까지는 아무런 법률상의 권리(조건부 권리)도 취득하지 못한다.

5) 유언은 유언자가 언제든지 철회할 수 있는 행위이다(1108조 이하 참조). 이렇게 철회의 자유를 인정한 것은 유언자의 최종의사를 존중하기 위해서이다.

6) 유언은 법정사항에 한하여 할 수 있는 행위이다. 그 이외의 사항에 대한 유언자의 의사표시(예: 장례에 관한 지시 · 유훈(遺訓))는 유언이 아니며 무효이다.

법률이 정하는 유언사항으로는 다음의 것이 있다.

① 재단법인의 설립을 위한 재산출연행위(47조 2항)

② 친생부인(850조)

③ 인지(859조)

④ 후견인의 지정(931조 1항)

⑤ 미성년후견감독인의 지정(940조 의 2)

⑥ 상속재산의 분할방법의 지정 또는 위탁(1012조 전단)

⑦ 상속재산의 분할금지(1012조 후단)

⑧ 유증(1074조 이하)

⑨ 유언집행자의 지정 또는 위탁(1093조)

⑩ 신탁의 설정(신탁법 3조)

2. 유언과 법정상속의 관계 [339]

(1) 우리 법상 인정되는 사적 자치(민법총칙 [71] 이하 참조)의 한 내용으로 유언의 자유가 인정된다. 따라서 유언능력이 있는 자는 언제든지 자유롭게 유언을 할 수 있고, 그 유언을 변경 · 철회할 수 있으며, 특히 유산의 처분에 관하여 자유롭게 결정할 수 있다.

그런데 우리 민법은 유산처분의 방법으로 유증만을 인정할 뿐 유언상속은 인정하지 않는다. 상속으로는 법정상속만 있는 것이다. 그리하여 우리 법상 유언으로 상속인을 지정하지 못한다. 그리고 유언으로 법정상속인의 상속분을 변경하는 것도 허용되지 않는다. 다만, 유언자가 포괄적 유증을 함으로써 실질적으로 상속인의 지정이나 상속분의 변경과 같은 결과를 달성할 수는 있다. 이 때문에 문헌에 따라서는 우리 법에서도 유언상속이 인정된다고 하기도 하나, 그것이 옳지 않음은 앞에서 설명한 바 있다([223] 참조).

(2) 민법이 정하는 법정상속은 유증이 없거나 무효인 부분에 관하여만 일어나게 된다.

[340] ## 3. 유언능력

유언능력은 유언을 유효하게 할 수 있는 능력이다. 우리 민법상 유언능력은 구체적으로 어떠한 것인가? 민법은 17세에 달하지 못한 자는 유언을 하지 못한다고 하고(1061조), 행위능력에 관한 규정(5조·10조·13조)은 유언에는 적용하지 않는다고 하며(1062조), 피성년후견인도 그 의사능력이 회복된 때에는 유언을 할 수 있다고 한다(1063조 1항). 이들 규정을 종합하여 보면, 우리 민법에 있어서는 「17세에 달하고 의사능력이 있는 것」이 유언능력이라고 할 수 있다(의사능력은 유언이 법률행위이어서 당연히 있어야 되는 것이기도 하다).

(1) 우리 법상 17세 미만의 자는 유언을 할 수 없다(1061조). 그리고 17세 이상의 자라도 의사능력이 없는 상태에서는 유효하게 유언을 할 수 없다.

(2) 미성년자는 17세에 달한 뒤에는 법정대리인의 동의 없이 모든 유언사항에 대하여 유언을 할 수 있으며, 법정대리인의 동의가 없음을 이유로 취소할 수 없다(1062조·5조).

(3) 피성년후견인은 의사능력이 회복된 때에만 유언을 할 수 있다(1063조 1항). 피성년후견인이 유언을 하는 경우에는, 의사가 심신회복(心神回復)의 상태를 유언서에 부기(附記)하고 서명날인하여야 한다(1063조 2항). 그리고 피성년후견인이 적법하게 한 유언은 취소할 수 없다(1062조·10조). 한편 판례는, 후견심판 사건에서 가사소송법 제62조 제 1 항에 따른 사전처분으로 후견심판이 확정될 때까지 임시후견인이 선임된 경우, 사건본인은 의사능력이 있는 한 임시후견인의 동의가 없이도 유언을 할 수 있다고 보아야 하고, 아직 성년후견이 개시되기 전이라면 의사가 유언서에 심신 회복 상태를 부기하고 서명날인하도록 요구한 민법 제1063조 제 2 항은 적용되지 않는다고 한다(대판 2022. 12. 1, 2022다261237).

(4) 피한정후견인은 17세에 달하고 있으면 — 한정후견인의 동의가 유보된 경우에도 — 단독으로 유효하게 유언을 할 수 있으며(판례도, 피성년후견인 또는 피한정후견인은 의사능력이 있는 한 성년후견인 또는

한정후견인의 동의 없이도 유언을 할 수 있다고 한다. 대판 2022. 12. 1, 2022다261237), 그의 유언은 동의가 없음을 이유로 취소할 수 없다(1062조·13조).

(5) 유언능력은 유언 당시에 존재하여야 하며, 유언의 효력발생시에는 없어도 무방하다.

〈이른바 수유능력 논의〉

일부 문헌(박동섭, 703면; 신영호, 458면; 지원림, 2094면)은 유언능력에 이어서 유증을 받을 수 있는 능력 내지 시위를 의미하는 이른바 수유능력(受遺能力)에 관하여 논의하고 있다. 그러면서 수유능력은 의사능력을 필요로 하지 않으며, 권리능력이 있으면 되고, 따라서 의사무능력·법인·태아·17세 미만인 자도 수유능력이 있다고 한다.

그런데 이 문제를 논의할 때 우선 주의할 필요가 있다. 유언능력은 유언사항 전체에 관한 능력의 문제이며, 유증에 한정되는 것이 아니다. 그런데 여기의 수유능력은 유언사항의 한 가지인 유증에 관한 것이다. 그럼에도 불구하고 그 용어는 전체 유언사항에 관한 것으로 오해하게 할 우려가 있다. 가령 후견인·후견감독인·유언집행자는 의사능력만 있다고 하여 유언으로 지정될 수 없으니, 여기의 수유능력이 유언사항 전체에 관한 것이 아님이 분명하므로, 유언에 관하여 일반적으로 설명하는 부분에서 그러한 논의를 하는 것은 좋지 않다.

다음에 우리 민법은 유증을 받을 자를 「수증자」라고 표현하고 있다(1076조 이하). 그러므로 유증을 받을 능력도 유증의 수증능력이라고 함이 우리 민법전에 부합한다. 일본 민법은 유증을 받은 자를 수유자라고 하고 있어서(일본민법 986조 이하), 일본에서는 유증을 받을 능력을 수유능력이라고 하고 있는데, 그것을 따라서 하는 것은 부적절하다. 증여를 받을 능력과 구별하기 위해서라고 해도 그렇다.

Ⅱ. 유언의 방식 [341]

1. 서 설

(1) 유언의 요식성(要式性)

유언은 유언자가 사망한 때에 효력이 발생하므로, 유언의 존재 및 내용에 관하여 다툼이 생기면 본인에게 이를 확인할 수가 없다. 그리하여 민법은 유언자의 진의를 명확하게 하고 분쟁과 혼란을 예방하기 위하여 유언은 일정한 방식에 따라서만 하도록 규정하고 있다(1065조 이하 참조). 그 방식에 따르지 않은 유언은 설사 유언자의 진정한 의사에 합치하더라도 무효이다(대판 2006. 3. 9, 2005다57899; 대판 2007. 10. 25, 2007다51550·51567; 대판 2009. 5. 14, 2009다9768; 대판

(2008. 8. 11, 2008다1712).

(2) 유언방식의 종류

민법이 정하는 유언의 방식에는 다섯 가지가 있다. 자필증서 · 녹음 · 공정증서 · 비밀증서 · 구수증서(口授證書)가 그것이다(1065조). 이 중에 앞의 넷은 통상의 경우에 사용하는 방식이고, 구수증서는 질병 기타 급박한 사유로 보통의 방식에 의할 수 없는 경우에 사용하는 방식이다(1070조 1항 참조).

(3) 증인의 결격

1) 자필증서 유언을 제외한 나머지 유언의 경우에는 증인이 참여하게 된다. 그런데 유언에 참여한 증인의 서명 · 기명날인 · 구술은 유언의 유효 · 무효를 판단하는 자료로 된다. 그리하여 민법은 유언의 정확성을 보장하기에 부적절한 일정한 자를 증인결격자로 규정하고 있다(1072조).

㈎ 다음의 사람은 유언에 참여하는 증인이 되지 못한다(1072조 1항).

(a) 미성년자(1072조 1항 1호) 미성년자는 모두 증인결격자이다. 법정대리인의 동의가 있어도 같다. 그러나 혼인에 의하여 성년으로 의제된 자(826조의 2)는 증인이 될 수 있다.

(b) 피성년후견인과 피한정후견인(1072조 1항 2호) 피성년후견인은 의사능력을 회복하여도 증인이 될 수 없다. 그리고 피한정후견인은 한정후견인의 동의가 있어도 역시 증인이 될 수 없다.

(c) 유언에 의하여 이익을 받을 사람, 그의 배우자와 직계혈족(1072조 1항 3호) 유언에 의하여 이익을 받을 사람에게 증인자격을 허용하면 자기의 이익을 꾀하고 유언을 제대로 증명해주지 않을 가능성이 있기 때문에 결격자로 규정하였다. 「유언에 의하여 이익을 받을 사람」으로는 유언자의 상속인, 유증을 받게 될 수증자를 들 수 있다. 그러나 유언집행자(대판 1999. 11. 26, 97다57733)는 증인이 될 수 있다.

(d) 그에 비하여 파산선고를 받은 자는 규정에 없으며, 따라서 증인결격자가 아니다.

㈏ 공정증서에 의한 유언에는 공증인법에 의한 결격자는 증인이 되지 못한다(1072조 2항). 그리고 공증인법은 다음에 해당하는 사람을 참여인이 될 수 없다고 규정한다(같은 법 33조 3항 본문).

① 미성년자, ② 피성년후견인 또는 피한정후견인, ③ 시각장애인이거나 문

자를 해득하지 못하는 사람, ④ 서명할 수 없는 사람, ⑤ 촉탁사항에 관하여 이해관계가 있는 사람, ⑥ 촉탁사항에 관하여 대리인 또는 보조인이거나 대리인 또는 보조인이었던 사람, ⑦ 공증인의 친족, 피고용인 또는 동거인, ⑧ 공증인의 보조자.

다만, 유언자가 참여인의 참여를 청구한 경우에는 위의 사람들도 참여인이 될 수 있다(공증인법 33조 3항 단서). 따라서 공증참여자가 유언자와 친족의 관계가 있다 하더라도 유언자의 청구에 의할 경우에는 공증인법에 의한 공증참여인 결격자가 아니라고 보아야 한다(대판 1992. 3. 10, 91다45509). 그리고 공증인이나 촉탁인의 피고용인 또는 공증인의 보조자는 촉탁인이 증인으로 참여시킬 것을 청구한 경우를 제외하고는 공정증서에 의한 유언에서 증인도 될 수 없다(대결 2014. 7. 25, 2011스226).

2) 법률에 결격자로 규정되어 있지 않지만 사실상 유언의 방식에서 정하고 있는 증인의 역할을 수행할 수 없는 자가 있다.

(a) 서명을 할 수 없거나 문자를 이해할 능력이 없는 자 　공정증서 유언, 비밀증서 유언, 구수증서 유언의 경우에 증인은 서명 또는 기명날인을 하여야 한다. 따라서 서명할 수 없거나 문자를 이해할 능력이 없는 자는 이들 유언의 증인이 될 수 없다.

(b) 유언자의 구수(口授)를 이해할 수 없는 자 　구수증서 유언의 경우에는 2인 이상의 증인 중 1인이 구수한 유언을 필기낭독하여야 하므로, 구수를 이해할 수 없는 자는 구수증서 유언의 증인이 될 수 없다. 유언자의 언어를 이해할 수 없는 자, 청취능력이 없는 자, 제한능력자로 되지는 않았지만 정신병에 걸린 자가 그에 해당한다.

(c) 필기가 정확한 것임을 승인할 능력이 없는 자 　공정증서 유언과 구수증서 유언의 경우에는 증인이 필기의 정확함을 승인하여야 하므로, 필기가 정확한 것임을 승인할 능력이 없는 자는 이들 유언의 증인이 될 수 없다.

(d) 녹음된 유언을 이해할 수 없는 자 　녹음 유언의 경우에는 녹음된 유언을 이해할 수 없는 자는 증인이 될 수 없다.

3) 결격자가 참여한 유언은 그 전체가 무효로 된다. 문제는 결격자가 한 명이라도 참여한 경우에는 유언이 항상 무효로 되는지이다. 여기에 관하여, 결격자를 제외하더라도 소정의 증인 수에 달하고 있으면 유언의 효력에는 영향이 없고,

다만 결격자인 증인이 기타의 증인에게 실질적인 영향력 내지 지배력을 가지는 것이 외견상 명백한 경우에는 유언이 무효라는 견해가 주장되고 있다(김/김, 741면; 이경희, 542면). 증인결격자가 있지만 나머지 증인으로 유언의 진정성을 보장할 수 있을 경우에는 유언의 효력을 인정하는 것이 좋을 것이다. 대법원도 구수증서 유언의 경우에 결격자가 1인 있었지만 나머지 4인의 증인이 있었던 경우에 유언의 유효성을 인정한 적이 있다(대판 1977. 11. 8, 776므15).

[342] ## 2. 자필증서에 의한 유언

(1) 의 의

자필증서에 의한 유언은 유언자가 그 전문(全文)과 연월일 · 주소 · 성명을 자서(自書)(스스로 씀)하고 날인함으로써 성립하는 유언이다(1066조 1항). 이 유언은 간편하나, 문자를 모르는 자가 이용할 수 없고 유언자의 사망 후 유언서의 존부가 쉽게 판명되지 않을 수 있으며 위조 · 변조의 위험성이 있다.

(2) 요 건

1) 유언서 전문의 자서 유언자가 유언서의 전문을 직접 써야 하며, 타자기 · 점자기 · 컴퓨터 등을 이용하거나 타인에게 대필하게 한 것은 무효이다. 유언서의 일부를 컴퓨터 등을 이용하거나 대필하게 한 경우에도 원칙적으로 유언서 전체가 무효이다. 다만, 컴퓨터 등을 이용하거나 대필하게 한 부분이 부수적인 내용에 지나지 않고 그 부분을 제외하더라도 유언의 취지가 충분히 표현되어 있으면 자서한 부분은 유효하다고 하여야 한다(같은 취지: 박동섭, 713면; 박병호, 432면; 신영호, 461면; 이경희, 528면). 전자복사기를 이용한 복사본도 자서한 것이 아니다(대판 1998. 6. 12, 97다38510). 타인의 도움을 받아 필기를 한 유언도 유효한가? 여기에 관하여 긍정하는 문헌이 많이 있다(곽윤직, 229면; 김/김, 741면; 신영호, 461면; 이경희, 528면). 그러나 그러한 경우에 유효성을 쉽게 인정해서는 안 된다. 그 경우는 도움을 받은 것이 「자서」를 해치지 않는지에 따라 다르게 판단되어야 할 것이다. 즉 타인의 도움이 유언자의 자서에 영향을 주지 않는 정도의 보조에 그친 때에는 유효하나, 보조자의 힘이 필기에 영향을 준 때에는 무효라고 하여야 한다(같은 취지: 박동섭, 717면). 그러니까 유언의 필체가 필적감정 결과 유언자의 필체로 인정될 경우에 한하여 자서로 인정된다. 자서이기만 하면 외국어 · 약자 · 약호 · 속기문자에 의한 것이라도 유효하다.

유언서의 용지나 형식에는 제한이 없다. 따라서 유언서 전문을 1장의 종이에 적어도 되고, 여러 장에 적어도 유효하다. 용지가 여러 장이더라도 그것이 한 개의 유언서로 확인되면 충분하며, 거기에 반드시 계인(契印)이나 편철(編綴)이 있어야 하는 것도 아니다. 형식에도 제한이 없어서 가령 특정인 앞으로 보내는 편지형식이어도 유언으로서의 요건을 갖추고 있으면 유효한 유언이 될 수 있다. 유언서가 반드시 종이어야 하는 것도 아니고, 종이의 종류도 묻지 않는다. 그리고 유인서를 봉투에 넣어서 봉했어야 할 필요도 없다.

2) 유언서 작성연월일의 자서 유언서의 작성연월일이 자서되지 않은 유언은 무효이다(통설 · 판례도 같다. 대판 2009. 5. 14, 2009다9768). 유언의 성립시기는 유언자의 유언능력 유무, 유언의 선후(복수의 유언이 있는경우에는 최후의 유언이 유효함. 1109조 참조) 등을 결정하는 중요한 기준이 되기 때문이다. 그리고 자필유언증서의 연월일은 이와 같이 중요한 기준이 되므로, 그 작성일을 특정할 수 있게 기재하여야 한다. 따라서 연 · 월만 기재하고 일의 기재가 없는 자필유언증서는 그 작성일을 특정할 수 없어서 효력이 없다(대판 2009. 5. 14, 2009다9768: 2002년 12월이라고 작성연월만 기재된 자필유언증서를 무효라고 함). 연월일을 자서한 것이 아니고 날짜 스탬프를 찍은 것은 무효이다. 그런데 연월일은 「회갑일」과 같이 시기를 특정할 수 있게 기재하면 되고, 반드시 정확하게 날짜를 적어야 하는 것은 아니다. 연도를 서기로 하지 않고 단기(檀紀)로 적거나 불기(佛紀)로 적어도 확실한 연도를 알 수 있으면 유효하다. 그리고 연월일은 유언서의 본문이나 발미에 기재하여도 되고, 유언증서를 담은 봉투에 기재하여도 무방하다. 하나의 유언서에 두 개 이상의 연월일이 기재되어 있는 경우에는 무효로 볼 것이 아니고, 반증이 없는 한 최후의 일자에 작성한 것으로 해석하여야 한다(통설도 같음).

〈판 례〉

「유언자가 이 사건 자필유언증서에 2005. 5. 17. 발급받은 자신의 인감증명서를 첨부하고 그 인감증명서의 사용용도 란에 '02-12-유언서 사실확인용'이라고 자서하였다 하더라도 민법 제1066조 제2항이 정한 방식에 따라 '2002년 12월' 중의 특정한 날이 그 작성일로 삽입되었거나 그 작성의 연월일을 '2005. 5. 17.'로 변경하였다고 볼 수 없으므로, 이로써 이 사건 자필유언증서가 유효하게 된다고 볼 수 없다.」(대판 2009. 5. 14, 2009다9768)

3) 주소 · 성명의 자서와 날인 유언자의 주소(유언서의 작성지가 아님)를 자서하여야 한 [343]

다. 유언자가 주소를 자서하지 않은 경우에는 유언이 무효이며, 유언자의 특정에 지장이 없다고 해도 같다(대판 2014. 9. 26, 2012다71688). 그리고 자서가 필요한 주소는 반드시 주민등록법에 의하여 등록된 곳일 필요는 없으나, 적어도 민법 제18조에서 정한 생활의 근거되는 곳으로서 다른 장소와 구별되는 정도의 표시를 갖추어야 한다(대판 2014. 9. 26, 2012다71688). 주소는 연월일과 마찬가지로 유언서를 담은 봉투에 기재하여도 무방하다(대판 1998. 5. 29, 97다38503; 대판 1998. 6. 12, 97다38510).

성명도 자서하여야 한다. 그런데 성명은 반드시 가족관계등록부상의 것을 기재하여야 하는 것은 아니며, 유언자의 동일성을 알 수 있는 것이면 호(號)·자(字)·예명을 적거나 성 또는 이름만을 적어도 된다. 가까운 친족들 사이에 통상적으로 사용되는 이름을 적어도 무방하다. 그러나 성명의 자서를 새긴 도장을 날인한 것은 자서가 아니다.

유언서에는 유언자의 날인이 있어야 하며, 유언자의 날인이 없는 유언장은 자필증서에 의한 유언으로서의 효력이 없다(대판 2006. 9. 8, 2006다25103·25110). 일부 문헌은, 날인을 요구하는 것은 유언자의 동일성과 유언이 그의 진의에 의한 것임을 밝히기 위한 것인데, 그러한 목적은 유언서 전문의 자서와 성명의 자서에 의하여 충분히 달성되므로, 그 밖에 날인은 불필요한 것이고, 따라서 날인이 없더라도 자필증서에 의한 유언은 유효하게 성립한다고 새기는 것이 타당하다고 한다(곽윤직, 230면; 이경희, 529면(이 문헌은 유언의 자유의 제약을 우려함)). 그러나 민법이 날인을 요구한 것은 유언서의 진정성과 증명력을 한 단계 더 높이려는 데 있고, 또 그런 취지에서 둔 방식에 관한 명문규정을 무시해서도 안 된다. 따라서 날인이 없는 유언서는 무효라고 해야 한다.

날인은 타인이 하여도 무방하다. 가령 유언자의 부탁으로 병상 곁에 있던 다른 사람이나 상속인이 그 면전에서 또는 다른 곳에서 날인한 경우에는 유언자 자신이 날인한 것과 동일시할 수 있다(박동섭, 716면). 그리고 날인하는 인장은 행정청에 신고한 인감일 필요가 없으며, 값싼 목도장이어도 되고, 무인(拇印)이라도 상관없다(통설·판례도 같음. 대판 1998. 5. 29, 97다38503; 대판 1998. 6. 12, 97다38510). 물론 그 무인이 유언자의 것이라고 인정될 수 없으면 유언이 무효이다(대판 2007. 10. 25, 2006다12848).

헌법재판소는 자필증서 유언의 경우에 제1066조 제 1 항 중 「날인」 부분은 헌법을 위반한 것이 아니라고 한다(헌재 2008. 3. 27, 2006헌바82).

4) 유언서가 여러 장으로 되어 있어도 연월일과 주소·성명의 자서와 날인

을 반드시 각 장에 할 필요는 없고, 유언증서나 봉투 중 어느 한 군데에 하면 충분하다.

(3) 변경의 경우 [344]

자필증서에 문자의 삽입, 삭제 또는 변경을 할 때에는 유언자가 이를 자서(自書)하고 날인하여야 한다(1066조 2항). 다만, 증서의 기재 자체로 보아 명백한 오기(誤記)를 정정하는 것에 불과한 경우에는 그 정정부분에 날인을 하지 않았더라도 유언의 효력에는 영향이 없다(대판 1998. 5. 29, 97다38503; 대판 1998. 6. 12, 97다38510). 여기의 날인은 성명 아래에 찍은 것과 동일한 것이어야 한다.

자필증서에 문자의 삽입 · 삭제 · 변경을 한 것이 명백한 오기의 정정이 아님에도 제1066조 제 2 항의 요건을 갖추지 못한 경우에는 그 유언 전체가 무효로 된다고 할 것이다. 다만, 그 부분이 부수적인 내용에 지나지 않은 때에는 삽입 · 삭제 · 변경이 없는 유언으로 다루는 것이 적절하다(같은 취지: 신영호, 463면).

〈판 례〉

(ㄱ) 「민법 제1066조에서 규정하는 자필증서에 의한 유언은, 유언자가 그 전문과 연월일, 주소 및 성명을 자서(自書)하는 것이 절대적 요건이므로 전자복사기를 이용하여 작성한 복사본은 이에 해당하지 아니함은 소론과 같으나, 그 주소를 쓴 자리가 반드시 유언 전문 및 성명이 기재된 지편이어야 하는 것은 아니고 유언서의 일부로 볼 수 있는 이상 그 전문을 담은 봉투에 기재하더라도 무방하며, 그 날인은 인장 대신에 무인에 의한 경우에도 유효하다.

자필증서에 의한 유언에 있어서 그 증서에 문자의 삽입, 삭제 또는 변경을 함에는 민법 제1066조 제 2 항의 규정에 따라 유언자가 이를 자서하고 날인하여야 함은 소론과 같으나, 자필증서 중 증서의 기재 자체에 의하더라도 명백한 오기를 정정한 것에 지나지 아니한다고 보인다면 설령 그 수정방식이 위 법조항에 위배된다고 할지라도 유언자의 의사를 용이하게 확인할 수 있으므로 이러한 방식의 위배는 유언의 효력에 영향을 미치지 아니한다고 볼 것이다.」(대판 1998. 6. 12, 97다38510)

(ㄴ) 자필증서에 의한 유언의 방식으로 전문(全文)과 성명의 자서(自書)에 더하여 '날인'을 요구하고 있는 민법 제1066조 제 1 항 중 '날인' 부분(이하 '이 사건 법률조항 부분'이라 한다)은 자필증서 유언의 방식을 엄격하게 하여 유언자의 사후 발생하기 쉬운 법적 분쟁과 혼란을 예방하고 사유재산제도의 근간이 되는 상속제도를 건전하게 보호하고자 하는 공익을 추구하는 것으로서, 사익인 유언자의 유언의 자유가 제한되는 정도와 종합적으로 비교하였을 때 그 달성하고자 하는 공익이 더욱 크다고 할 것이므로 법익의 균형성도 갖추었다.

그렇다면 이 사건 법률조항 부분은 헌법 제23조에 의하여 보장되는 유언자의 재산권과 헌법 제10조에 의해서 보장되는 일반적 행동자유권을 제한함에 있어 헌법 제37조 제 2 항을 위반하였다고 할 수 없다(헌재 2008. 3. 27, 2006헌바82).

[345] ### 3. 녹음에 의한 유언

녹음에 의한 유언은 유언자가 유언의 취지, 그 성명과 연월일을 구술하고 이에 참여한 증인이 유언의 정확함과 그 성명을 구술함으로써 성립하는 유언이다(1067조). 이 유언은 문자를 모르는 자도 이용할 수 있으나, 위조 · 변조가 용이하다는 문제점이 있다.

녹음은 음향을 음반(record) · 테이프(tape) · 필름(film) 등에 기록하는 것이다. 이와 같이 음향을 기록하는 것이면 어느 것이든 여기의 녹음이 된다. 종래에는 가장 일반적인 것이 녹음기(tape recorder)에 의한 녹음이었다. 그런데 요즈음에는 디지털 기기에 의한 녹음이 더 일반화되어 있다. 그리고 오늘날에는 전자기기의 발달로 음향과 함께 영상도 함께 기록되어 음향 · 영상을 함께 재생해 볼 수 있는 녹화기가 널리 보급되었다. 이러한 녹화가 여기의 녹음에 포함됨은 물론이다. 음향이나 영상이 테이프에 기록되었는지 디지털 파일로 기록되었는지는 묻지 않는다.

민법은 녹음 유언의 경우에는 몇 명의 증인이 필요한지에 대하여 특별히 명시하지 않고 있다. 그리하여 학자들의 논란이 있다. i) 하나의 견해는 민법이 밝히고 있지 않으므로 증인은 1명이면 된다고 새기는 수밖에 없다고 한다(곽윤직, 232면; 윤진수, 479면). 그에 비하여 ii) 다른 견해는, 증인을 요하는 다른 유언의 경우 2인 이상의 증인을 요하고 있고 증인을 요하는 이유는 유언자의 사후에 유언의 진정성을 확보하고자 하는 점을 고려할 때, 역시 2인의 증인이 필요하다고 보아야 할 것이라고 한다(이경희, 530면). 생각건대 민법은 녹음 유언의 경우에는 직접 유언자의 육성을 들을 수 있어서 본인의 증명이 쉽다고 생각하여 증인을 2인 이상으로 규정하지 않은 듯하다. 그리고 그러한 민법의 규정과 다르게 해석하는 것은 옳지 않다. 따라서 증인은 1명이어도 충분하다고 새길 것이다. 그러나 녹음 유언의 경우라도 녹음의 위조 · 변조가 용이하여 증인이 1명만 있는 것은 바람직하지 않다. 그러므로 공정증서 유언 · 비밀증서 유언 · 구수증서 유언의 경우처럼 녹음 유언의 경우에도 증인이 2명 이상 참여하여야 하는 것으로 규정하는 것이 바람직하다(같은 취지: 곽윤직, 232면).

피성년후견인이 녹음 유언을 할 때에는 의사가 심신회복의 상태를 구술하여 녹음하여야 한다(1063조 2항).

녹음에 의한 유언이 성립한 후에 녹음테이프나 녹음파일 등이 멸실 또는 분실되었다는 사유만으로 유언이 실효되는 것은 아니고 이해관계인은 녹음의 내용을 증명하여 유언의 유효를 주장할 수 있다(대판 2023. 6. 1, 2023다217534. 유언증서의 경우에도 같은 취지임: 대판 2023. 6. 1, 2023다217534([349] 참조)).

4. 공정증서에 의한 유언 [346]

(1) 의 의

공정증서에 의한 유언은 유언자가 증인 2인이 참여한 공증인의 면전에서 유언의 취지를 구수(口授)(말로 진술함)하고 공증인이 이를 필기낭독하여 유언자와 증인이 그 정확함을 승인한 후 각자 서명 또는 기명날인함으로써 성립하는 유언이다(1068조). 이 유언은 가장 확실한 방법이나, 복잡하고 비용이 들며 유언 내용이 누설되기 쉬운 단점이 있다.

(2) 요 건

공정증서 유언의 요건은 ① 증인 2인의 참여가 있을 것, ② 유언자가 공증인의 면전에서 유언의 취지를 구수할 것, ③ 공증인이 유언자의 구수를 필기해서(필기는 사무원에게 시켜도 무방함) 이를 유언자와 증인에게 낭독할 것, ④ 유언자와 증인이 공증인의 필기가 정확함을 승인한 후 각자 서명 또는 기명날인할 것 등이다.

한편 판례는, ②의 요건과 관련하여, 유언자가 말을 하지 못하는 상태에서 공증인의 물음에 고개만 끄덕거린 경우에는 유언자가 구수한 것이라고 볼 수 없어 무효라고 한다(대판 1980. 12. 23, 80므18; 대판 1993. 6. 8, 92다8750; 대판 1996. 4. 23, 95다34514).

공증인이 작성하는 증서에는 국어를 사용하여야 하고, 다만 촉탁인의 요구가 있는 경우에는 외국어를 병기할 수 있다(공증인법 26조 1항). 이는 공정증서 유언도 마찬가지이다. 그리고 공증인은 본래 그 사무소에서 직무를 수행하여야 하는데(공증인법 17조 3항), 이 규정은 공증인이 유언서를 작성할 때에는 적용하지 않으므로(공증인법 56조 전단), 공증인이 유언자의 자택이나 병원에 가서 유언서를 작성하여도 무방하다.

〈판 례〉

(ㄱ) 대법원은, 공정증서에 기재된 내용과 같은 유언의 구수가 있었는지에 관하여 강력한 의심이 들 뿐만 아니라, 유언의 구수가 있었다고 하더라도 '공증인이 유언자의 구술을 필기해서 이를 유언자와 증인에게 낭독할 것'과 '유언자와 증인이 공증인의 필기가 정확함을 승인할 것'이라는 요건을 갖추지 못하였고, '유언자가 서명 또는 기명날인할 것'이라는 요건도 갖추지 못하여 민법 제1068조 소정의 '공정증서에 의한 유언'의 방식에 위배되었다는 이유로 공정증서에 의한 유언을 무효라고 한 적도 있다(대판 2002. 10. 25, 2000다21802).

그에 비하여 공증인이 유언자의 의사에 따라 유언의 취지를 작성하고 그 서면에 따라 유언자에게 질문을 하여 유언자의 진의를 확인한 다음 유언자에게 필기된 서면을 낭독하여 주었고, 유언자가 유언의 취지를 정확히 이해할 의사식별능력이 있고 유언의 내용이나 유언경위로 보아 유언 자체가 유언자의 진정한 의사에 기한 것으로 인정할 수 있는 경우에는, 위와 같은 「유언취지의 구수」 요건을 갖추었다고 볼 것이라고 한다(대판 2007. 10. 25, 2007다51550 · 51567: 공증변호사가 미리 작성하여 온 공정증서에 따라, 의식이 명료하고 언어소통에 지장이 없는 유언자에게 질문하여 유증의사를 확인하고 그 증서의 내용을 읽어주어 이의 여부도 확인한 다음 자필서명을 받은 경우, 위 공정증서에 의한 유언은 1068조에서 정한 요건을 모두 갖추었다고 한 사례. 같은 취지: 대판 2008. 2. 28, 2005다75019 · 75026; 대판 2008. 8. 11, 2008다1712).

(ㄴ) 유언장에 대하여 공증사무실에서 인증을 받았으나 그 유언장이 증인 2명의 참여가 없고 자서된 것도 아니라면 공정증서에 의한 유언이나 자필증서에 의한 유언으로서의 방식이 결여되어 있으므로 유언으로서의 효력을 발생할 수 없다(대판 1994. 12. 22, 94다13695).

[347] 5. 비밀증서에 의한 유언

(1) 비밀증서에 의한 유언은 유언자가 유언의 취지와 필자의 성명을 기입한 증서를 엄봉날인(嚴封捺印)하고 이를 2인 이상의 증인의 면전에 제출하여 자기의 유언서임을 표시한 후 그 봉서 표면에 제출연월일을 기재하고 유언자와 증인이 각자 서명 또는 기명날인한 다음 일정기간 내에 확정일자를 받음으로써 성립하는 유언이다(1069조 1항). 이 유언은 유언의 존재는 분명히 하면서 그 내용은 비밀로 하고 싶을 때 유용하게 쓸 수 있는 것인데, 비밀증서의 성립에 다툼이 생기기 쉽고 분실 · 훼손의 위험이 있다.

비밀증서 유언에서는 유언자가 증서 그 자체를 자서(自書)할 필요는 없으나, 증서에 필자의 성명은 반드시 기재하여야 하므로, 타인에게 필기를 부탁한 경우에는 그 타인의 성명을 기재하여야 한다. 그리고 이 유언은 연월일과 주소의 기재는 필요하지 않다. 증서의 엄봉(嚴封: 단단히 봉함) · 날인은 유언자가 스스로 하여야 한다(같은 취지: 곽윤직, 236면; 박병호, 435면; 지원림, 2098면.). 이에 대하여 엄봉은 유언자가 하여야 하지만 날인은 반드시 본인이 할 필요가 없다는 견해(김/김, 747면; 이경희, 533면), 엄봉과 날인을 모두 남에게 시켜서 해도 무방하다는 견해(박동섭, 724면)도 주장된다. 그러나 비밀증서 유언은 증서를 유언자가 자서할 필요가 없기 때문에 진정성 확보를 위하여 엄봉·날인을 유언자 자신이 직접 해야 하는 것으로 새겨야 한다.

비밀증서 유언방식에 의한 유언봉서는 그 표면에 기재된 날부터 5일 내에 공증인 또는 법원서기에게 제출하여 그 봉인상(封印上)에 확정일자인을 받아야 한다(1069조 2항).

(2) 비밀증서에 의한 유언이 그 방식에 흠결이 있는 경우에 그 증서가 자필증서의 방식에 적합한 때에는 자필증서에 의한 유언으로 본다(1071조).

6. 구수증서에 의한 유언 [348]

(1) 구수증서에 의한 유언은 질병 기타 급박한 사유로 인하여 자필증서·녹음·공정증서·비밀증서의 방식에 의한 유언을 할 수 없는 경우에, 유언자가 2인 이상의 증인의 참여로 그 1인에게 유언의 취지를 구수하고 그 구수를 받은 자가 이를 필기·낭독하여, 유언자와 증인이 그 정확함을 승인한 후 각자 서명 또는 기명날인함으로써 성립하는 유언이다(1070조 1항). 판례는, 이 유언에서 「유언취지의 구수」라 함은 말로써 유언의 내용을 상대방에게 전달하는 것을 뜻하는 것이므로, 증인이 제 3 자에 의하여 미리 작성된, 유언의 취지가 적혀 있는 서면에 따라 유언자에게 질문을 하고 유언자가 동작이나 간략한 답변으로 긍정하는 방식은, 유언 당시 유언자의 의사능력이나 유언에 이르게 된 경위 등에 비추어 그 서면이 유언자의 진의에 따라 작성되었음이 분명하다고 인정되는 등의 특별한 사정이 없는 한 제1070조 소정의 유언취지의 구수에 해당한다고 볼 수 없다고 한다(대판 2006. 3. 9, 2005다57899(망인이 유언취지의 확인을 구하는 변호사의 질문에 대하여 고개를 끄덕이거나 "음," "어"라고 말한 것만으로는 1070조 소정의 유언의 취지를 구수한 것으로 볼 수 없다는 사례)).

이 유언은 보통의 방식에 의한 유언이 가능한 경우에는 허용되지 않는다(대판 1999. 9. 3, 98다17800). 그리고 이 유언은 실질에 있어서 보통의 방식에 의한 유언과 다르므로 유언요건을 완화하여 해석하여야 한다(대판 1977. 11. 8, 76므15).

〈판 례〉

(ㄱ) 갑이 입원하고 있던 병원에서 그가 대표이사로 재직하던 회사의 부사장과 비서인 을을 참석하게 하여 을로 하여금 계쟁토지를 병의 단독 소유로 한다는 등의 유언

을 받아쓰게 하여 유언서를 작성한 후 갑이 사망하자 을은 그 사망 직후 같은 회사 직원으로 하여금 위 유언서를 정서하게 하였고 정서된 유언서는 합동법률사무소에서 갑의 처의 촉탁에 의하여 그 사본이 원본과 상위 없다는 내용의 인증을 받은 경우 갑의 유언은 민법 제1070조 제 1 항에 정한 구수증서에 의한 유언인데 같은 조 제 2 항에 따라 유언의 증인 또는 이해관계인이 급박한 사정이 종료한 날로부터 7일 이내에 법원의 검인을 받았다고 인정할 증거가 없어 갑의 유언은 그 효력이 없다고 한 사례(대판 1992. 7. 14, 91다39719).

(ㄴ) 「민법 제1070조 소정의 '구수증서에 의한 유언'은 유언자가 2인 이상의 증인의 참여로 그 1인에게 유언의 취지를 구수하고 그 구수를 받은 자가 이를 필기 낭독하여 유언자와 증인이 그 정확함을 승인한 후 각자 서명 또는 기명날인하여야 하는 것인바, 여기서 '유언취지의 구수'라 함은 말로써 유언의 내용을 상대방에게 전달하는 것을 뜻하는 것이므로, 증인이 제 3 자에 의하여 미리 작성된, 유언의 취지가 적혀 있는 서면에 따라 유언자에게 질문을 하고 유언자가 동작이나 간략한 답변으로 긍정하는 방식은, 유언 당시 유언자의 의사능력이나 유언에 이르게 된 경위 등에 비추어 그 서면이 유언자의 진의에 따라 작성되었음이 분명하다고 인정되는 등의 특별한 사정이 없는 한 민법 제1070조 소정의 유언취지의 구수에 해당한다고 볼 수 없다 할 것이다.

그런데 기록에 의하면, 망인은 이 사건 유언을 할 무렵 만성 골수성 백혈병 및 위암 등의 병과 고령으로 건강이 극도로 악화되어 식사를 하지 못함은 물론 다른 사람이 부축하여 주지 않고서는 일어나 앉지도 못하였고, 큰며느리인 소외 4를 몰라보거나 천장에 걸린 전기줄을 뱀이라고 하는 등 헛소리를 하기도 하였으며, 이 사건 유언 당시에도 고개를 끄덕이거나 "음," "어" 정도의 말을 할 수 있었을 뿐 자신의 의사를 제대로 말로 표현할 수 없었던 사실, 소외 5는 이 사건 유언 당일 변호사 3인을 망인의 병실로 오게 하여 자신이 미리 재산내역을 기재하여 작성한 쪽지를 건네주었고, 변호사들 중 한 사람이 그 쪽지의 내용에 따라 유언서에 들어갈 내용을 불러주면 망인은 고개를 끄덕이거나 "음," "어" 하는 정도의 말을 한 사실, 망인은 이혼한 전처와 사이에 아들 소외 6(원고들의 부)을, 후처인 소외 5와 사이에 2남 2녀를 각 두었으나, 이 사건 유언의 내용은 망인의 모든 재산을 소외 5에게 상속하게 한다는 것으로서 전처 소생인 소외 6을 상속에서 완전히 배제하는 내용인 사실, 소외 6의 처 소외 4는 당시 병원에서 망인을 간호하고 있었는데 이 사건 유언은 소외 4가 없는 자리에서 이루어진 사실 등이 인정되는바, 위 인정사실을 앞서 본 법리에 비추어 보면, 망인이 유언취지의 확인을 구하는 변호사의 질문에 대하여 고개를 끄덕이거나 "음," "어"라고 말한 것만으로는 민법 제1070조 소정의 유언의 취지를 구수한 것으로 볼 수는 없다고 할 것이다.」(대판 2006. 3. 9, 2005다57899)

(2) 피성년후견인이 구수증서 유언을 하는 경우에는 의사능력이 회복되어 있

어야 하나, 의사가 심신회복의 상태를 유언서에 부기하고 기명날인할 필요는 없다(1070조 3항).

(3) 구수증서에 의한 유언은 그 증인 또는 이해관계인이 급박한 사유가 종료한 날부터 7일 내에 법원에 그 검인을 신청하여야 한다(1070조 2항). 여기서 「이해관계인」이란 상속인 · 유증받은 자 · 유언집행자로 지정된 자 등 그 유언에 관하여 법적인 이해관계가 있는 자이다. 여기의 「검인」은 자필증서 유언 · 녹음 유언 · 비밀증서 유언의 집행 전에 준비절차로서 하는 제1091조의 검인과는 다른 성질의 것이며, 구수증서의 유언이 있은 후 그 유언이 유언자의 진의에서 나온 것임을 확정하는 절차이다(대결 1986. 10. 11, 86스18). 그러나 그 유언이 유언자의 진실한 의사에 기한 것인지를 일응 판정할 뿐이며, 유언의 유효 · 무효를 판단하는 것은 아니다. 따라서 검인을 거쳤다고 하여 유언이 유효한 것으로 확정되지는 않는다. 그리고 판례는, 특별한 사정이 없는 한 유언이 있은 날에 급박한 사유가 종료하였다고 할 것이므로 유언이 있은 날부터 7일 이내에 검인을 신청할 것이라고 한다(대결 1986. 10. 11, 86스18; 대결 1989. 12. 13, 89스11; 대결 1994. 11. 3, 94스16). 검인신청기간 내에 검인신청을 하지 않은 구수증서 유언은 무효이다.

제1070조 제 2 항에 따른 검인은 라류 가사비송사건으로서(가소 2조 1항 라류사건 40) 상속개시지 또는 유언자 주소지의 가정법원이 관할한다(가소 44조 7호 단서). 유언을 검인함에 있어서는 가정법원은 유언방식에 관한 모든 사실을 조사하여야 한다(가소규 85조 1항). 검인 결정은 심판으로 한다(가소 39조 1항).

Ⅲ. 유언의 철회 [349]

1. 유언철회의 자유

유언은 사람의 최종의사를 존중하는 제도이므로, 유언자가 유효하게 유언을 했더라도 그 유언을 언제든지 철회할 수 있도록 하여야 한다. 그리하여 민법은 유언자의 유언철회의 자유를 인정하고(1108조 1항), 그 자유를 보장하기 위하여 유언자가 유언을 철회할 권리를 포기하지 못한다고 규정한다(1108조 2항). 유언자는 유언을 철회할 권리를 포기하지 못하므로, 유언자가 수증자와의 사이에 유언을 철회하지 않는다는 내용의 계약을 체결하여도 그 계약은 무효이다.

2. 유언철회의 방식

(1) 임의철회

유언자는 언제든지 유언 또는 생전행위로써 유언의 전부나 일부를 철회할 수 있다(1108조 1항). 유언으로 철회하는 경우 철회유언도 유언의 방식에 의하여야 하나, 철회될 유언과 같은 방식으로 할 필요는 없다.

(2) 법정철회

1) 전후의 유언이 저촉되는 경우, 예컨대 A에게 X부동산을 준다고 유언한 후, B에게 X부동산을 준다고 유언한 경우에는, 그 저촉된 부분의 전 유언은 철회한 것으로 본다(1109조). 유언자가 전·후의 두 유언이 저촉되는지를 알았든 몰랐든 철회가 의제된다. 「저촉」이란 내용상 양립할 수 없는 것을 가리킨다. 따라서 뒤에 한 유언이 앞에 한 유언에 조건을 붙인 것이라고 볼 수 있는 경우에는 철회의 문제가 생기지 않는다.

전의 유언에 저촉되는 유언을 하면서 전의 유언을 철회하지 않는다는 뜻을 명시한 경우에도 철회가 인정되어야 한다(같은 취지: 박동섭, 733면). 제1109조는 강행규정인데, 저촉되는 유언을 하면서 철회하지 않는다고 하는 의사표시는 그 규정에 어긋나는 것이어서 무효이기 때문이다.

2) 유언 후의 생전행위가 유언과 저촉되는 경우에는, 그 저촉된 부분의 전 유언은 철회한 것으로 본다(1109조). 여기의 「생전행위」는 유언자가(타인이 유언자 명의를 이용하여 한 처분은 아님. 대판 1998. 6. 12, 97다38510) 생존 중에 유언의 목적인 특정의 재산에 대하여 한 처분을 가리키며, 유상·무상을 불문한다. 「저촉」의 의미는 위 1)에서와 같다(대판 1998. 6. 12, 97다38510).

〈판 례〉

(ㄱ) 「유언 후의 생전행위가 유언과 저촉되는 경우에는 민법 제1109조에 의하여 그 저촉된 부분의 전(前) 유언은 이를 철회한 것으로 봄은 소론과 같으나, 이러한 생전행위를 철회권을 가진 유언자 자신이 할 때 비로소 철회 의제 여부가 문제될 뿐이고 타인이 유언자의 명의를 이용하여 임의로 유언의 목적인 특정재산에 관하여 처분행위를 하더라도 유언철회로서의 효력은 발생하지 아니하며, 또한 여기서 말하는 '저촉'이라 함은 전의 유언을 실효시키지 않고서는 유언 후의 생전행위가 유효로 될 수 없음을 가리키되 법률상 또는 물리적인 집행불능만을 뜻하는 것이 아니라 후의 행위

가 전의 유언과 양립될 수 없는 취지로 행하여졌음이 명백하면 족하다고 할 것이고, 이러한 저촉 여부 및 그 범위를 결정함에 있어서는 전후 사정을 합리적으로 살펴 유언자의 의사가 유언의 일부라도 철회하려는 의사인지 아니면 그 전부를 불가분적으로 철회하려는 의사인지 여부를 실질적으로 그 집행이 불가능하게 된 유언부분과 관련시켜 신중하게 판단하여야 한다.」(대판 1998. 6. 12, 97다38510)

(ㄴ) 「원심이, 유언 후의 생전행위가 유언과 저촉되는 경우에는 민법 제1109조에 의하여 그 저촉된 부분의 전 유언은 이를 철회한 것으로 본다고 전제하고서, 망인이 이 사건 유언증서를 작성한 후 재혼하였다거나, 이 사건 유언증서에서 피고에게 유증하기로 한 소외 ○○여객운송 주식회사의 주식을 처분한 사실이 있다고 하여 이 사건 제 1 토지에 관한 유언을 철회한 것으로 볼 수 없다고 판단한 것은 정당」하다(대판 1998. 5. 29, 97다38503).

3) 유언자가 고의로 유언증서 또는 유증의 목적물을 파훼(破毁)한 때에는, 그 파훼한 부분에 관한 유언은 철회한 것으로 본다(1110조). 파훼는 유언자 자신이 고의로 하여야 하므로, 제 3 자에 의한 파훼(유언자의 의사에 의한 것이 아닐 때)나 유언자의 과실에 의한 파훼 또는 불가항력에 의한 파훼의 경우에는 철회의 효력이 생기지 않는다.

한편 판례는, 유언자가 유언을 철회한 것으로 볼 수 없는 이상, 유언증서가 그 성립 후에 멸실되거나 분실되었다는 사유만으로 유언이 실효되는 것은 아니고, 이해관계인은 유언증서의 내용을 증명하여 유언의 유효를 주장할 수 있다고 한다(대판 1996. 9. 20, 96다21119).

3. 철회의 효과 [350]

(1) 유언이 철회되면 철회된 유언(또는 유언의 철회된 부분)은 처음부터 없었던 것으로 된다.

철회의 효과는 언제 발생하는가? 여기에 관하여 학설은 i) 유언자의 사망시라는 견해(이경희, 554면), ii) 철회와 동시에 철회의 효과가 발생한다는 견해(박동섭, 736면)로 나뉘어 있다. 생각건대 이에 대하여 민법이 명문의 규정을 두고 있지 않으므로 해석으로 결정하여야 한다. 사견은 철회의 효력 발생시기는 철회의 종류에 따라 다르고, 임의철회의 경우에는 더 나아가 철회를 생전행위에 의하여 하느냐 유언에 의하여 하느냐에 따라 다르다고 생각한다. 우선 법정철회의 경우에는, 제1109조·제1110조가 일정한 요건이 갖추어지면 철회한 것으로 보므로, 그 요건이 구비된 때에 철회의 효력이 생긴다. 그에 비하여 임의철회의 경우는 철회행위의 효력발생시기에 철회의 효력도 발생한다고 하여야 하므로, 철회행위가 생전행위인지 유언인지에 달라질 수밖에 없다. 생전행위로 한 때에는 그 행위가 즉시 효력을 발생하므로(통상의 행위일 때) 철회의 효과도 생전행위시에 발생한다. 그러나 철회의 유언을 한 때에는 그 유언의 효력이 생기는 때인 유언자 사망시에 철회의 효력이 발생한다.

(2) 유언을 철회한 후 그 철회를 다시 철회하는 경우에 처음의 유언의 효력이 되살아나는가?

여기에 관한 입법례로는 부활주의(독일민법 2257조·2258조)와 비부활주의(일본민법 1025조)가 있는데, 우리 민법에는 명문의 규정이 없다. 그런 상태에서 i) 통설은 철회된 유언이 유효하다고 새긴다(곽윤직, 244면; 김/김, 754면; 박병호, 443면; 이경희, 554면). 그런가 하면 ii) 앞의 철회가 법정철회라면 당초의 유언이 부활하나 앞의 철회가 임의철회라면 당초의 유언이 부활하지 않는다는 견해(지원림, 2103면), iii) 유언자의 최종 진의가 무엇인지에 따라 결정할 문제라는 견해(박동섭, 736면; 신영호, 471면)도 주장된다. 생각건대 여기에 관하여 명문의 규정이 있으면 그에 따라서 결정될 것이나, 명문규정이 없으면 해석에 의하여 정하여야 하고, 그 때는 철회의 효력이 이미 발생하여 처음의 유언이 영향을 받았는지에 달려있다고 할 것이다. 따라서 위에서 논의한 바와 같이, 법정철회의 경우나 임의철회를 생전행위로 한 경우에는 철회의 효과가 이미 발생하여서 철회의 철회는 불가능하나, 임의철회를 유언으로 한 경우에는 철회의 유언이 아직 효력발생 전이기 때문에 철회의 유언을 다시 철회하여 처음의 유언을 유효하게 할 수 있다.

(3) 유언의 철회가 착오·사기 또는 강박에 의하여 행하여진 경우에는, 총칙편의 규정(109조·110조)에 의하여 취소할 수 있다(같은 취지: 곽윤직, 244면; 지원림, 2103면). 일부 문헌(김/김, 754면; 박동섭, 737면; 이경희, 554면)은, 「그 내용이」(그 내용이 처음의 유언의 내용인지 철회의 내용인지 불분명하나 전자인 듯함) 신분상의 것일 때에는 제861조·제884조 제3호가 유추적용되어야 하고, 그 내용이 재산상의 것일 때에는 민법총칙상의 일반원칙에 의하여 취소할 수 있다고 하는데, 그렇게 해석할 근거나 이유가 없으므로, 그렇게 새길 것이 아니다.

Ⅳ. 유언의 효력 [351]

1. 유언의 일반적 효력

(1) 유언의 효력발생시기

1) **보통의 유언** 유언은 유언자가 사망한 때부터 그 효력이 생긴다(1073조 1항).

2) **조건부 또는 기한부 유언** 유언은 성질상 허용되지 않는 경우(예: 인지의 유언)를 제외하고는 조건이나 기한을 붙일 수 있다.

(가) 유언에 정지조건이 붙은 경우에 그 조건이 유언자의 사망 후에 성취된 때에는, 그 조건이 성취된 때부터 효력이 생긴다(1073조 2항). 이는 조건의 법리(147조 1항)상 당연한 것이다. 이 경우 유언자가 유언으로 조건성취의 효력을 그 성취 전에 소급할 수는 있으나(147조 3항), 유언자의 사망 이전까지 소급할 수는 없다(같은 취지: 곽윤직, 245면; 이경희, 545면). 정지조건부의 유언에 있어서 유언자의 사망 이전에 조건이 성취되면 조건 없는 유언이 되고(151조 2항), 조건이 불성취로 확정되면 그 유언은 무효로 된다(151조 3항).

유언에 해제조건이 붙은 경우에 관하여 민법은 특별규정을 두고 있지 않다. 그러나 조건의 일반규정에 의하여, 해제조건부 유언은 유언자가 사망한 때 효력이 발생하고, 그 조건이 유언자의 사망 후에 성취되면 효력을 잃는다(147조 2항). 해제조건부 유언에 있어서 유언자의 사망 전에 조건이 성취되면 유언은 무효로 되고(151조 2항), 조건의 불성취가 확정되면 조건 없는 유언으로 된다(151조 3항).

(나) 유언에 시기(始期)가 붙은 경우에는 그 시기(始期)의 내용에 따라 기한이 도래한 때부터 유언의 효력이 생기거나 또는 이행을 청구할 수 있게 된다(152조 1항). 그리고 유언에 종기(終期)가 붙은 경우에는 유언은 유언자가 사망한 때부터 효력이 생기며 기한이 도래한 때에 그 효력을 잃는다(152조 2항). 그리고 기한의 효력은 유언에 의하여 소급시킬 수 없다. 한편 유언자의 사망 전에 기한이 도래한 경우에는, 그 기한이 시기(始期)이면 기한 없는 유언이 되고, 종기이면 유언은 무효로 된다고 할 것이다.

3) **그 밖의 특수한 경우** 유언의 내용에 따라서는 유언자의 의사표시만 [352]
으로는 유언자가 사망한 때에 완전한 효력이 생기지 않는 경우도 있다.

(가) 유언으로 재단법인을 설립하는 경우에는 유언자가 사망한 때에 바로 재단법인이 성립하지 않으며, 유언집행자 또는 상속인이 주무관청의 허가를 얻어

설립등기를 하여야만 비로소 성립한다(32조·33조). 그 경우에 출연재산이 재단법인에 귀속하는 시기에 관하여는 민법 제48조 제 2 항이 「유언의 효력이 발생한 때」라고 명문으로 규정하고 있다. 그런데 이 규정에도 불구하고 출연재산이 부동산인 때에는, 그것이 현실로 재단법인에 이전하는 것은 부동산에 관하여 재단법인 앞으로 등기를 한 때라고 주장하는 소수설이 있고, 판례는 재산출연자와 법인과의 관계에서는 유언의 효력이 발생한 때 법인에게 귀속되나 제 3 자에 대한 관계에서는 법인 앞으로 등기를 한 때라고 한다(대판 1993. 9. 14, 93다 8054)(자세한 내용은 민법총칙 [336] 이하 참조). 사견은 — 부동산의 경우에도 — 제48조 제 2 항에 따라 해석해야 한다는 다수설과 같은 입장이다.

(나) 부(夫) 또는 처(妻)가 유언으로 친생부인의 의사를 표시한 때에는 유언집행자가 부인의 소를 제기하여야 하며(850조), 그 판결의 확정으로 자(子)는 모(母)의 혼인 외의 출생자가 된다.

(다) 유언으로 인지(認知)를 한 때에는 유언집행자가 이를 신고하여야 한다(859조 2항 2문). 통설은 이 경우 인지의 효력은 신고를 한 때가 아니고 유언자가 사망한 때에 생기고, 제860조에 의하여 그 자(子)의 출생시에 소급한다고 새긴다(곽윤직, 246면; 김/김, 754면; 박병호, 438면; 신영호, 471면; 이경희, 544면).

[353] (2) 유언의 무효 · 취소

1) 유언도 법률행위의 일종이므로, 법률행위의 무효 · 취소에 관한 총칙편의 규정이 적용된다. 다만, 친족법적인 의사표시에 대하여는 원칙적으로 총칙편의 규정이 적용되지 않는다고 하여야 한다.

유언의 무효 · 취소는 주로 유언자가 사망한 후에 문제된다. 유언자의 생존 중에는 유언의 철회나 유효한 유언을 다시 하면 될 것이기 때문이다.

2) 유언이 무효인 경우로는 ① 방식을 갖추지 않은 유언(1060조), ② 17세 미만의 자의 유언(1061조), ③ 의사능력이 없는 자의 유언, ④ 수증결격자에 대한 유언(1064조), ⑤ 사회질서나 강행법규에 위반되는 유언, ⑥ 법정사항 이외의 사항을 내용으로 하는 유언 등이 있다.

3) 유언은 유언자의 제한능력을 이유로 취소할 수는 없으나(1062조), 착오 · 사기 · 강박을 이유로는 취소할 수 있다. 이때 취소권은 유언자와 상속인에게 있다고 할 것이다(곽윤직, 247면은 유언집행자에게도 있다고 한다).

2. 유　　증 [354]

(1) 서　　설

1) 유증의 의의

(가) 유증(遺贈)이란 유언에 의하여 재산상의 이익을 타인에게 무상으로 주는 단독행위이다.

(a) 유증은 자기의 재산을 무상으로 주는 점에서 증여 · 사인증여와 같으나, 뒤의 것들은 계약이어서 단독행위인 유증과 다르다(그리하여 사인증여의 경우에도 수증자와의 의사의 합치가 필요하다. 대판 2023. 9. 27, 2022다302237).

(b) 유증은 유언자가 사망한 때에 효력이 생기는 사인행위(사후행위)이고, 그 점에서 사인증여와 같다. 사인증여는 그것이 계약이라는 점을 빼고는 유증과 비슷하여, 거기에는 유증에 관한 규정이 준용된다(562조)(채권법각론 [78] 참조).

(c) 유증의 목적인 권리는 원칙적으로 상속재산에 속하는 것이어야 하나(1087조 1항 본문), 일정한 때에는 상속재산에 속하지 않는 권리도 예외적으로 유증의 목적이 될 수 있다(1087조 1항 단서).

(d) 적극재산을 주는 것뿐만 아니라 채무를 면제하는 것도 유증이 된다. 그러나 수증자에게 채무만을 부담하게 하는 것은 유증이 아니다.

(e) 유증에는 조건이나 기한을 붙일 수 있다(1073조 2항 참조).

(나) 유증은 원칙적으로 자유롭게 행하여질 수 있다(유언의 자유의 한 내용으로서 유증의 자유). 그러나 여기에는 제한이 있으며, 그중 가장 중요한 것이 유류분제도에 의한 제한이다.

2) 유증의 종류 [355]

(가) 유증은 포괄적 유증과 특정유증(특정적 유증)으로 나누어진다. 포괄적 유증은 유증의 목적의 범위를 상속재산의 전부 또는 그에 대한 비율로 표시하는 유증이고, 특정유증은 유증의 목적이 특정되어 있는 유증이다. 유증의 객체가 특정물인 경우만 특정유증인 것이 아니고, 특정물 외에 금전 또는 종류물을 목적으로 하는 것도 특정유증이다.

〈판　례〉

「당해 유증이 포괄적 유증인가 특정유증인가는 유언에 사용한 문언 및 그 외 제반 사정을 종합적으로 고려하여 탐구된 유언자의 의사에 따라 결정되어야 하고, 통상은 상속재산에 대한 비율의 의미로 유증이 된 경우는 포괄적 유증, 그렇지 않은 경우는 특정유증이라고 할 수 있지만, 유언공정증서 등에 유증한 재산이 개별적으로 표시되었다는 사실만으로는 특정유증이라고 단정할 수는 없고 상속재산이 모두 얼마나 되는지를 심리하여 다른 재산이 없다고 인정되는 경우에는 이를 포괄적 유증이라고 볼 수도 있다고 할 것이다.」(대판 2003. 5. 27, 2000다73445)

(ㄴ) 유증에는 조건부 유증, 기한부 유증, 부담부 유증도 있다.

3) 수증자와 유증의무자

(가) **수 증 자** 수증자(이를 증여를 받는 자와 구별하기 위하여 수유자(受遺者)라고 표현하기도 하나, 그것은 일본민법상의 용어이다)는 유증을 받는 자로 유언에 지정되어 있는 자이다.

(a) 자연인뿐만 아니라 법인, 권리능력 없는 사단 · 재단, 기타의 단체나 시설도 수증자가 될 수 있다.

(b) 수증자는 유언이 효력을 발생하는 때 즉 유언자가 사망하는 때에 권리능력을 갖추고 있어야 한다(자연인의 생존, 법인의 존재)(동시존재의 원칙). 유언자의 사망 전에 수증자가 사망한 경우에는 유증의 효력은 생기지 않는다(1089조 1항. 수증자의 상속인에 의한 수증자의 지위의 승계(즉 대습수증)는 인정되지 않는다(다만 1090조 단서의 예외가 있음)). 그리고 이는 유증자와 수증자가 동시사망한 경우에도 마찬가지라고 하여야 한다(통설도 같음).

(c) 태아는 유증에 관하여도 이미 출생한 것으로 본다(1064조 · 1000조 3항). 그러나 유언자가 사망할 때까지 포태되지 않은 자는 태아가 아니므로 수증능력이 없다(결과에서 이설 없음)(장차 포태될지 모를 자를 수증자로 하는 유증은 조건부 유증으로 검토될 수 있으나, 무효라고 하여야 한다. 같은 취지: 곽윤직, 252면).

(d) 상속결격사유가 있는 자는 수증자로 되지 못한다(1064조 · 1004조). 그러나 유증자가 그 사유가 있음을 알고 유증한 경우에는 유증이 유효하다고 해야 한다(이설 있음. [233] 참조). 그 결과 상속결격사유 있는 자가 수증자로 되지 못하는 것은 이미 유증이 있은 후에 그 사유가 생긴 경우와 유증자가 수증자에게 그 사유가 있음을 모르고 유증한 경우에 한하게 된다.

(ㄴ) **유증의무자** 유증의무자는 유증을 실행할 의무를 지는 자이다. 원칙적으로는 상속인이 유증의무자이나, 포괄적 수증자(1078조) · 상속인의 존부가 불분명한 경우의 상속재산관리인(1056조) · 유언집행자(1103조 · 1101조)도 유증의무자로 된다.

[356] (2) 포괄적 유증

1) 의 의 포괄적 유증은 유언자가 상속재산(적극재산은 물론, 소극재산까지도 포괄한다. 대판 2025. 5. 29, 2022다220014)의 전부 또는 그 일정비율을 유증하는 것이다. 포괄적 수증자는 상속인과 동

일한 권리 · 의무가 있다(1078조).

2) 포괄적 수증자의 권리 · 의무

(가) 유증이 효력을 발생하면 포괄적 수증자는 상속인과 마찬가지로 유증사실을 알든 모르든 수증분에 해당하는 유증자의 권리 · 의무(일신전속권은 제외된다. 1005조 단서)를 법률상 당연히 포괄적으로 승계한다(1005조 본문). 따라서 유증의무자의 이행행위는 필요하지 않으며, 물권이나 채권의 경우 등기 · 인도나 채권양도의 대항요건을 갖출 필요도 없나(대판 2003. 5. 27, 2000다 73445(부동산의 경우)).

(나) 포괄적 수증자 외에 다른 상속인이나 포괄적 수증자가 있는 경우에는 공동상속인 사이의 관계와 마찬가지의 상태로 된다(상속재산의 공유(1006조), 분할의 협의(1013조)).

(다) 포괄적 유증의 승인 · 포기에 대하여는 상속의 승인 · 포기에 관한 규정(1019조-1044조)이 적용되고, 유증의 승인 · 포기에 관한 규정(1074조-1077조)이 적용되지 않는다. 후자는 특정유증에 관한 것이기 때문이다.

(라) 상속인의 상속회복청구권 및 그 제척기간에 관한 제999조는 포괄적 유증의 경우에 유추적용된다(대판 2001. 10. 12, 2000다22942).

〈판 례〉

「무릇 포괄적 유증이란 적극재산은 물론, 소극재산 즉 채무까지도 포괄하는 상속재산의 전부 또는 일부의 유증을 말하는 것이고, 포괄적 수증자는 재산상속인과 동일한 권리 의무가 있는 것으로서(민법 제1078조), 따라서 어느 망인의 재산 전부(적극재산 및 소극재산)가 다른 사람에게 포괄적으로 유증이 된 경우에는 그 망인의 직계비속이라 하더라도 유류분제도가 없는 한, 그가 상속한 상속재산(적극재산 및 소극재산)이 없는 것이므로 그 망인의 생전 채무를 변제할 의무가 없다.」(대판 1980. 2. 26, 79다2078)

3) 포괄적 유증과 상속의 차이점 포괄적 유증은 상속과 여러 가지 점 [357]
에서 차이가 있다.

(가) 포괄적 수증자는 자연인 외에 법인 등도 될 수 있다.

(나) 대습상속이 인정되지 않는다(1089조 · 1090조 참조).

(다) 포괄적 유증에는 상속과 달리 조건 · 기한 · 부담 등의 부관을 붙일 수 있다.

(라) 포괄적 수증자에게는 유류분권이 없다. 따라서 포괄적 수증자의 수증분의 2분의 1을 넘는 특정유증이 있어도 유류분의 반환청구권을 행사하지 못한다.

(마) 포괄적 유증이 무효이거나 수증자가 수증을 포기한 경우에 유증의 목적

인 재산은 상속인에게 귀속하고(1090조 본문. 다만, 유언자가 유언으로 다른 의사를 표시한 때에는 그 의사에 의함(1090조 단서)), 그때 상속인이 수인이면 그의 상속분의 비율로 귀속하게 된다(1043조). 그리고 상속인 외에 다른 포괄적 수증자(1인 또는 수인)가 있어도 유증의 목적인 재산은 상속인에게만 그의 상속분의 비율로 귀속하며, 포괄적 수증자의 수증분은 증가하지 않는다(같은 취지: 곽윤직, 254면; 박병호, 454면; 윤진수, 498면; 이경희, 574면. 상속인과 다른 포괄적 수증자에게 상속분 또는 수증분의 비율로 귀속한다는 다른 견해: 김/김, 763면). 상속인 중의 일부가 상속을 포기한 때에도 같다.

(바) 포괄적 수증자는 상속인과 달리 상속분의 환수권(1011조 1항)이 없다. 상속분이 포괄적 수증자에게 양도된 경우에 환수당한다는 것은 앞에서 설명하였다([270] 참조. 이설 있음).

[358] (3) 특정유증

1) 의 의 특정유증은 상속재산 가운데 특정재산을 목적으로 하는 유증이다. 특정유증의 목적이 되는 특정재산은 특정물 · 불특정물 등의 물건일 수도 있고, 채권 등의 권리일 수도 있다.

2) **특정유증의 효력**(이에 관한 규정들은 대부분 임의규정인 점에서 강행규정이 많은 상속법에서 특색을 보인다)

(가) **유증목적물의 귀속시기** 특정유증의 경우에는 포괄적 유증과 달리 목적 재산권이 일단 상속인에게 귀속하고, 수증자는 유증의무자에 대하여 유증을 이행할 것을 청구할 수 있는 채권만을 취득하게 된다(채권적 효력)(이설이 없으며, 판례도 같음. 대판 2003. 5. 27, 2000다73445; 대판 2010. 12. 23, 2007다22859; 대판 2025. 7. 16, 2024다293313). 그리고 이 이행청구권을 행사하여 이행이 완료되는 때에 수증자에게 귀속하게 된다. 그리하여 부동산의 경우 등기시, 동산의 경우 인도시, 채권의 경우 양도시이다(그 밖에 대항요건 필요). 그러나 채무면제와 같이 의사표시만으로 효력이 생기는 것은 물권적 효력이 있다.

〈판 례〉

「포괄적 유증을 받은 자는 민법 제187조에 의하여 법률상 당연히 유증받은 부동산의 소유권을 취득하게 되나, 특정유증을 받은 자는 유증의무자에게 유증을 이행할 것을 청구할 수 있는 채권을 취득할 뿐이므로, 특정유증을 받은 자는 유증받은 부동산의 소유권자가 아니어서 직접 진정한 등기명의의 회복을 원인으로 한 소유권이전등기를 구할 수 없다.」(대판 2003. 5. 27, 2000다73445)

(나) **과실취득권** 특정물의 수증자는 유증의 이행을 청구할 수 있는 때, 그리하여 보통의 유증에서는 유언자의 사망시, 정지조건부 유증에서는 조건성취시, 시기부 유증에서는 시기가 도래한 때부터 그 목적물의 과실(천연과실 · 법정과실)을 취득한다

(1079조 본문). 그러나 유언자가 유언으로 다른 의사를 표시한 때에는 그 의사에 의한다(1079조 단서).

(다) **비용상환청구권** 유증의무자가 유언자의 사망 후에 그 목적물의 과실을 수취하기 위하여 필요비를 지출한 때에는, 그 과실의 가액의 한도에서 과실을 수취한 수증자에게 상환을 청구할 수 있다(1080조).

유증의무자가 유증자의 사망 후에 그 목적물에 대하여 비용을 지출한 때에는, 제325조의 규정을 준용한다(1081조). 따라서 유증의무자가 필요비를 지출한 때에는 수증자에게 그것의 상환을 청구할 수 있고(325조 1항), 유익비를 지출한 때에는 그 가액의 증가가 현존한 경우에 한하여 수증자의 선택에 좇아 그 지출한 금액이나 증가액의 상환을 청구할 수 있다(325조 2항 본문).

(라) **상속재산에 속하지 않은 권리의 유증** 특정유증의 목적이 된 권리가 유언 [359]
자의 사망 당시에 상속재산에 속하지 않은 때에는, 유증은 효력이 없다(1087조 1항 본문). 그러나 유언자가 자기의 사망 당시에 그 목적물이 상속재산에 속하지 않은 경우에도 유언의 효력이 있게 할 의사인 때에는, 유증의무자는 그 권리를 취득하여 수증자에게 이전할 의무가 있다(1087조 1항 단서). 그런데 이 경우에 그 권리를 취득할 수 없거나 그 취득에 과다한 비용을 요할 때에는, 그 가액으로 변상할 수 있다(1087조 2항).

제1087조는 특정유증의 목적물이 특정물인 경우뿐만 아니라 불특정물인 경우에도 적용된다. 제1087조가 특정물에 한정하고 있지 않을 뿐만 아니라, 불특정물이 상속재산에 속하지 않은 때에도 특정물이 그러한 때처럼 원칙적으로 유언의 효력을 소멸시키는 것이 옳기 때문이다(아래의 담보책임 논의도 참조). 이에 대하여 일부 문헌은 유증의 목적이 금전 기타 불특정물인 경우에는 제1087조 제 1 항이 적용되지 않고 항상 유효하다고 한다(김/김, 769면; 박동섭, 764면; 이경희, 581면)(윤진수, 502면은 1087조 1항은 불특정물의 유증에는 적용될 수 없고, 다만 유언자가 자신의 상속재산에 있는 불특정물 가운데 일부를 유증하겠다고 한 경우에만 적용될 수 있다고 한다). 이 견해에 의하면 부당하게도 다른 유언자와 상속인을 해하게 된다. 그리고 이 견해는 「금전 100만원을 주겠다」고 하는 경우를 예로 들고 있으나, 그것은 대단히 부적절하다. 금전은 언제나 점유자에게 소유권이 있어서 상속재산에 속하고 있는지를 따질 수 있는 성격의 것이 아니기 때문이다. 그리하여 금전의 유증은 — 다른 물건의 유증과 달리 — 언제나 유효하다고 새겨진다.

(마) **권리소멸청구권의 부인** 유증의 목적인 물건이나 권리가 유언자의 사망 당시에 제 3 자의 권리(예: 지상권 · 저당권 · 임차권)의 목적인 경우에는, 수증자는 유증의무자에

대하여 그 제 3 자의 권리를 소멸시킬 것을 청구하지 못한다(1085조). 유언자가 사망할 당시의 상태대로 받으라는 의미이다. 따라서 유증의 목적물이 유언자의 사망 당시에 제 3 자의 권리의 목적인 경우에는 그와 같은 제 3 자의 권리는 특별한 사정이 없는 한 유증의 목적물이 수증자에게 귀속된 후에도 그대로 존속하는 것으로 보아야 한다(대판 2018. 7. 26, 2017다289040). 한편 유언자가 유언으로 다른 의사를 표시한 때에는 그 의사에 의한다(1086조).

[360] (바) **불특정물유증에 있어서 유증의무자의 담보책임** 불특정물을 유증의 목적으로 한 경우에는, 유증의무자는 그 목적물에 대하여 매도인과 같은 담보책임이 있다(1082조 1항). 그 경우에 목적물에 하자가 있는 때에는, 유증의무자는 하자 없는 물건으로 인도하여야 한다(1082조 2항).

이 규정의 해석을 둘러싸고 논란이 있다. 제1082조가 불특정물 유증의 경우에 권리의 하자에 대한 담보책임을 인정한 것인지, 제1082조 제 2 항이 어떤 의미를 가지고 있는 것인지, 제1082조가 입법상 문제가 있는지 등에 관하여서이다.

일부 문헌은 제1082조 제 1 항이 분명히 「매도인과 같은 담보책임이 있다」고 했지 하자담보책임을 진다고 규정하고 있지 않다고 하면서, 제1082조 제 1 항을 규정한 취지는 「유증의무자로부터 받은 물건이 상속재산에 속하지 않고 타인의 권리에 속하기 때문에 추탈당했을 경우 담보책임을 지도록 하기 위한 규정이라고 한다(김/김, 769면 본문 및 주 24. 같은 취지: 박동섭, 765면; 이경희, 578면). 그에 대하여 다른 문헌은, 불특정물 매매에 있어서 매도인의 담보책임을 정하는 규정으로는 하자담보책임에 관한 제581조만 있을 뿐이라고 한다(곽윤직, 260면). 이 견해는 결국 불특정물 유증에서는 권리의 하자에 대한 담보책임은 인정될 여지가 없다는 것이다. 이를 검토해본다. 본래 권리의 하자에 대한 담보책임 규정(570조-578조)은 매매의 목적물이 특정물인 경우에 관한 것이고, 불특정물인 경우에 관한 것일 수가 없다. 불특정물은 특정이 되어 있지 않아서 그 소유권의 「권리」에서의 하자를 따질 수가 없기 때문이다. 그에 비하여 불특정물을 매매한 경우에도 후에 목적물이 특정되어 인도된 때에는 물건의 하자에 대하여 책임을 논의할 수 있고, 그것을 인정하고 있는 것이 제581조이다. 그러고 보면 유증에서도 「매도인과 같은 담보책임이 있다」고 하는 한 불특정물 유증의 경우에는, 물건의 하자에 대한 담보책임만이 문제된다고 하여야 한다.

그런데 만약 유증이 「내가 가지고 있는 쌀 100가마 중에 10가마를 주겠다」

고 하는 것과 같이 일종의 재고채권(한정 종류채권)을 발생시켰고, 그것을 이행하였는데 그 쌀들이 모두 제 3 자의 소유이어서 그 소유자에게 되돌려준 경우가 문제이다. 위의 첫째 견해는 그런 경우에 제1082조 제 1 항에 기하여 손해배상책임을 진다고 하는 것이다. 그러나 그런 경우에는 전술한 제1087조가 적용되어야 한다. 그 규정이 유증의 목적물이 특정물인 경우에 한정되어 적용되는 것이 아닐 뿐만 아니라, 모든 불특정물이 상속재산에 속하지 않는다면 특정물이 그러한 경우와 똑같이 다루는 것이 타당하기 때문이다. 즉 그런 경우에는 원칙적으로 유언의 효력이 없다고 해야 한다(1087조 1항 본문).

불특정물의 물건에 하자가 있는 경우에 준용되어야 할 제581조의 규정상 담보책임으로 손해배상청구와 완전물급부청구만 할 수 있다. 유증은 계약이 아니어서 계약의 해제는 인정될 여지가 없기 때문이다. 이러한 내용은 제1082조 제 2 항이 없어도 당연히 도출될 수 있다. 여기서 일부 문헌은 제1082조 제 2 항이 제581조 제 2 항과 동일한 내용이어서 불필요한 것이고, 따라서 삭제하는 것이 옳다고 한다(곽윤직, 261면). 그에 대하여 다른 문헌은, 제1082조 제 2 항이 있으므로 완전물급부를 우선해서 청구할 것이라고 한다(이경희, 587면). 그리고 완전물급부를 할 수 없으면 손해배상책임이 있다고 한다. 즉 상속재산 중의 다른 물건에도 모두 하자가 있는 경우에는 담보책임이 없으나, 하자 없는 물건을 처분해 버렸으면 손해배상책임을 진다고 한다(김/김, 769면; 이경희, 578년). 생각건대 제1082조 제 2 항을 위의 견해처럼 새길 여지가 있기는 하나, 오히려 제581조 제 2 항을 주의적으로 규정한 것으로 보는 것이 더 자연스럽다(윤진수, 503면은, 1082조 2항은 매수인의 선택권을 인정하고 있는 581조 2항과는 차이가 있으므로, 이를 주의적으로 규정한 것이라고 볼 수는 없다고 한다). 그리고 수증자에게 손해배상청구권과 완전물급부청구권 중에 자유롭게 선택할 수 있도록 하는 것이 바람직하고, 후자를 우선시키는 것은 불필요한 제한이 된다. 그러고 보면 1082조 제 2 항은 필요하지 않은 규정이고, 그러므로 삭제하는 것이 더 낫다.

(사) **유증의 물상대위성** 유증자가 유증목적물의 멸실 · 훼손 또는 점유의 침해로 인하여 제 3 자에게 손해배상을 청구할 권리가 있는 때에는, 그 권리를 유증의 목적으로 한 것으로 본다(1083조). 그러나 유언자가 유언으로 다른 의사를 표시한 때에는 그 의사에 의한다(1086조).

채권을 유증의 목적으로 한 경우에, 유언자가 그 변제를 받은 물건이 상속재산 중에 있는 때에는, 그 물건을 유증의 목적으로 한 것으로 본다(1084조 1항). 금전지급을 목적으로 하는 채권을 유증의 목적으로 한 경우에는, 그 변제받은 채권액에 상당하는 금전이 상속재산 중에 없는 때에도 그 금액을 유증의 목적으로 한 것으로 본다(1084조 2항). 그리고 이들 경우에도 유언자가 유언으로 다른 의사를 표시한 때에는 그 의사에 의한다(1086조).

[361] 3) 특정유증의 승인 · 포기

(가) 승인 · 포기의 자유 유증을 받을 자는 유언자의 사망 후에 언제든지 유증을 승인 또는 포기할 수 있고(1074조 1항), 그 승인이나 포기는 유언자가 사망한 때에 소급하여 효력이 생긴다(1074조 2항). 유증의 승인 · 포기의 자유는 단독행위에 의한 권리취득을 강요하지 않기 위한 것이다. 승인 · 포기의 방법에는 제한이 없다. 따라서 가정법원에 신고할 것이 필요하지도 않고, 유증의무자 또는 유언집행자에 대한 의사표시만으로 충분하다. 그리고 특정유증의 내용이 가분인 때에는 일부만의 포기도 가능하다.

(나) 수증자의 상속인의 승인 · 포기 수증자가 승인이나 포기를 하지 않고 사망한 때에는, 그 상속인은 상속분의 한도에서 승인 또는 포기할 수 있다(1076조 본문). 그러나 유언자가 유언으로 다른 의사를 표시한 때에는 그 의사에 의한다(1076조 단서).

(다) 유증의무자의 최고권 유증의무자나 이해관계인은 상당한 기간을 정하여 그 기간 내에 승인 또는 포기를 확답할 것을 수증자 또는 그 상속인에게 최고할 수 있고(1077조 1항), 그 기간 내에 수증자 또는 상속인이 유증의무자에 대하여 최고에 대한 확답을 하지 않은 때에는 유증을 승인한 것으로 본다(1077조 2항).

(라) 유증의 승인 · 포기의 효력 일단 유증을 승인 또는 포기하면 이를 철회하지 못한다(1075조 1항). 제1075조 제 1 항은 「취소하지 못한다」고 하나, 여기의 취소는 철회의 의미이다. 그러나 제한능력 · 착오 · 사기 · 강박 등으로 승인이나 포기 자체에 흠이 있는 때에는, 총칙편의 규정에 의하여 취소할 수 있다(1075조 2항 · 1024조 2항).

수증자나 그의 상속인이 유증을 포기한 때에는, 유증의 목적인 재산은 상속인에게 귀속한다(1090조 본문). 그러나 유언자가 유언으로 다른 의사를 표시한 때에는 그 의사에 의한다(1090조 단서).

(마) 유증의 포기가 사해행위 취소의 대상이 되는지 여부 판례는, 채무초과 상태에 있는 채무자라도 자유롭게 유증을 받을 것을 포기할 수 있고, 또한 채무자

의 유증 포기가 직접적으로 채무자의 일반재산을 감소시켜 채무자의 재산을 유증 이전의 상태보다 악화시킨다고 볼 수도 없으므로, 유증을 받을 자가 이를 포기하는 것은 사해행위 취소의 대상이 되지 않는다고 한다(대판 2019. 1. 17, 2018다260855. 특정유증에 관한 사안임). 이러한 판례는 타당하다(채권법총론 [134]도 참조).

(4) 부담부 유증 [362]

1) 의　　의　　부담부 유증이란 유언자가 유언으로 수증자에게 유언자 본인, 상속인 또는 제 3 자를 위하여 일정한 법률상의 의무를 부담시키는 유증이다.

부담부 유증은 포괄적 유증이나 특정유증 어느 것이라도 무방하다. 그리고 부담은 유증의 목적물과 전혀 관계없는 사항이어도 된다. 한편 수익자는 유언자 자신일 수도 있고, 상속인이나 제 3 자이어도 무방하며, 제 3 자일 경우 불특정 다수인이어도 된다.

〈판　례〉

「유언자가 부담부 유증을 하였는지 여부는 유언에 사용한 문언 및 그 외 제반 사정을 종합적으로 고려하여 탐구된 유언자의 의사에 따라 결정되어야 하는데, 유언자가 임차권 또는 근저당권이 설정된 목적물을 특정유증하였다면 특별한 사정이 없는 한 유증을 받은 자가 그 임대보증금 반환채무 또는 피담보채무를 인수할 것을 부담으로 정하여 유증하였다고 볼 수 있다.」(대판 2022. 1. 27, 2017다265884)

2) 부담의 무효와 부담부 유증의 효력　　부담의 내용이 불능이거나 사회질서에 반하는 등의 경우에는 그 부담은 무효이다. 그 경우 부담부 유증이 무효로 되는지에 관하여는 민법에 규정이 없으나, 그 부담이 없었으면 유증을 하지 않았을 것이라고 인정되는 때에는 유증 자체가 무효로 되고, 다른 때에는 부담 없는 유증이 된다고 할 것이다(통설도 같음).

3) 부담의 이행　　부담의 이행의무자는 수증자 또는 그 상속인(유증을 승인하였거나(1076조) 유증을 승인한 자로부터의 상속을 승인한 자)이다. 그리고 부담의 이행을 청구할 수 있는 자는 상속인 또는 유언집행자이다(1111조). 한편 수익자도 이행청구권을 가지는가에 관하여는 i) 긍정설(곽윤직, 262면; 김/김, 776면; 박동섭, 769면; 윤진수, 505면; 이경희, 588면)과 ii) 부정설(김용한, 415면; 박병호, 458면; 지원림, 2109면)이 대립되나, 이를 인정하지 않을 경우 부담부 유증의 실효성을 기대하기 어려우므로 i)설을 따라야 할 것이다.

4) 수증자의 책임범위　　부담부 유증을 받은 자는 유증의 목적의 가액을

초과하지 않는 한도에서 부담한 의무를 이행할 책임이 있다(1088조 1항). 그리고 부담부 유증의 목적의 가액이 한정승인 또는 재산분리로 인하여 감소된 때에는 수증자는 그 감소된 한도에서 부담할 의무를 면한다(1088조 2항).

5) 부담부 유증의 취소 부담부 유증을 받은 자가 그 부담의무를 이행하지 않은 때에는, 상속인 또는 유언집행자는 상당한 기간을 정하여 이행할 것을 최고하고 그 기간 내에 이행하지 않은 때에는, 법원에 유언의 취소를 청구할 수 있다(1111조 본문). 그러나 제 3 자의 이익을 해하지 못한다(1111조 단서).

부담부 유증의 취소는 상속 개시지의 가정법원의 관할에 속한다(가소 2조 1항 라류 사건 48)·44조 7호). 그 취소의 결정은 심판으로 한다(가소 39조). 부담부 유언의 취소심판을 할 때에는 수증자를 절차에 참가하게 하여야 한다(가소규 89조 1항).

[363] **(5) 유증의 무효·취소**

1) 유증은 유언의 일종이므로 유언의 무효·취소원인에 의하여 유증이 무효로 될 수 있다([353] 참조).

〈판례〉

대법원은, 유언자인 망인이 자신의 상속인인 여러 명의 자녀들에게 재산을 분배하는 내용의 유언을 하였으나 민법상 요건을 갖추지 못하여 유언의 효력이 부정되는 경우, 특별한 사정이 없는 한 유언을 하는 자리에 동석하였던 일부 자녀와 사이에서만 「청약」과 「승낙」이 있다고 보아 사인증여로서의 효력을 인정하는 판단에는 신중을 기해야 한다고 하였다(대판 2023. 9. 27, 2022다302237).

2) 유증에 특유한 무효·취소의 원인이 있다.

㈎ 수증자가 유언자보다 먼저 사망한 경우에는 유증은 무효이다(1089조 1항). 그러나 유언자가 유언으로 다른 의사를 표시한 때에는 그 의사에 의하며(1090조 단서), 유증이 무효로 되지 않는다.

㈏ 정지조건부 유증에 있어서 조건성취 전에 수증자가 사망한 경우에는 유증은 무효이다(1089조 2항). 그러나 이 경우에도 유언자가 유언으로 다른 의사를 표시한 때에는 그 의사에 의하며(1090조 단서), 유증이 무효로 되지 않는다.

㈐ 유증의 목적이 된 권리가 유언자의 사망 당시에 상속재산에 속하지 않은 경우에는 유증은 무효이다(1087조 1항 본문). 그러나 유언자가 자기의 사망 당시에 그 목적물이 상속재산에 속하지 않은 경우에도 유언의 효력이 있게 할 의사인 때에는 유

증의무자는 그 권리를 취득하여 수증자에게 이전할 의무가 있으며(1087조 1항 단서), 유증이 무효로 되지 않는다.

㈑ 부담부 유증에 있어서 수증자가 그 부담을 이행하지 않은 경우에는 상속인 또는 유언집행자는 일정한 요건 하에 유언의 취소를 청구할 수 있다(1111조).

Ⅴ. 유언의 집행 [364]

1. 의 의

유언의 집행이란 유언이 효력을 발생한 후 그 내용을 실현하기 위하여 하는 행위 또는 절차이다. 유언 중에는 후견인의 지정(931조 1항)·상속재산의 분할금지(1012조) 등과 같이 유언의 효력발생으로 당연히 실현되어 따로 집행할 필요가 없는 것도 있으나, 친생부인(850조)·인지(859조)와 같이 소제기 또는 「가족관계의 등록 등에 관한 법률」상의 신고 등의 행위를 하여야 하는 것도 있다. 후자에 있어서 유언의 실현행위 내지 절차가 유언의 집행인 것이다.

2. 유언집행의 준비절차(개봉과 검인)

민법은 유언을 확실하게 보존하고 그 내용을 이해관계인이 알 수 있도록 유언의 검인·개봉제도를 두고 있다.

(1) 유언의 검인(檢認)

유언의 증서나 녹음을 보관한 자 또는 이를 발견한 자는 유언자의 사망 후 지체 없이 법원에 제출하여 그 검인을 청구하여야 한다(1091조 1항). 그러나 공정증서 유언이나 구수증서 유언의 경우에는 그러한 의무가 없다(1091조 2항). 공정력이 있는 공정증서는 검인이 필요하지 않고, 구수증서 유언은 이미 검인을 받았기 때문이다(1070조 2항 참조). 여기의 「검인」은 일종의 검증절차 내지는 증거보전절차로서, 유언이 유언자의 진의에 의한 것인지 여부나 적법한지 여부를 심사하는 것도 아니고 직접 유언의 유효·무효 여부를 판단하는 심판도 아니다(대결 1980. 11. 19, 80스23; 대판 1998. 5. 29, 97다38503; 대판 1998. 6. 12, 97다38510).

제1091조에 따른 유언의 증서 또는 녹음의 검인은 상속 개시지의 가정법원의 관할에 속한다(가소 2조 1항 라류사건 41)·44조 7호 본문). 그에 대한 가정법원의 결정은 심판으로 한다

(가소 39조). 유언의 증서 또는 녹음을 검인함에 있어서는 유언방식에 관한 모든 사실을 조사하여야 한다(가소규 86조 3항). 그리고 검인에 관하여는 조서를 작성하여야 한다(가소규 87조 1항).

[365] (2) 유언증서의 개봉

법원이 봉인된 유언증서를 개봉할 때에는 유언자의 상속인, 그 대리인 기타 이해관계인의 참여가 있어야 한다(1092조). 그러나 개봉기일에 상속인이나 그 대리인이 출석하지 않은 때에는 이들의 참여 없이 개봉할 수 있다(이설 없음). 그리고 적법한 유언은 검인이나 개봉절차를 거치지 않더라도 유언자의 사망에 의하여 곧바로 그 효력이 생긴다(대판 1998. 5. 29, 97다38503; 대판 1998. 6. 12, 97다38510).

제1092조에 따른 유언증서의 개봉은 상속 개시지의 가정법원의 관할에 속한다(가소 2조 1항 라류사건 42)·44조 7호 본문). 그에 대한 결정은 심판으로 한다(가소 39조). 봉인한 유언증서를 개봉하고자 할 때에는 미리 그 기일을 정하여 상속인 또는 그 대리인을 소환하고, 기타 이해관계인에게 통지하여야 한다(가소규 86조 2항). 그리고 유언증서의 개봉에 관하여는 조서를 작성하여야 한다(가소규 87조 1항).

〈판 례〉

「민법 제1091조에서 규정하고 있는 유언증서에 대한 법원의 검인은, 유언증서의 형식·태양 등 유언의 방식에 관한 모든 사실을 조사·확인하고, 그 위조·변조를 방지하며, 또한 보존을 확실히 하기 위한 일종의 검증절차 내지는 증거보전절차로서, 유언이 유언자의 진의에 의한 것인지 여부나 적법한지 여부를 심사하는 것이 아님은 물론 직접 유언의 유효 여부를 판단하는 심판이 아니고, 또한 민법 제1092조에서 규정하는 유언증서의 개봉절차는 봉인된 유언증서의 검인에는 반드시 개봉이 필요하므로 그에 관한 절차를 규정한 데에 지나지 아니하므로, 적법한 유언은 이러한 검인이나 개봉절차를 거치지 않더라도 유언자의 사망에 의하여 곧바로 그 효력이 생기는 것이며, 검인이나 개봉절차의 유무에 의하여 유언의 효력이 영향을 받지 아니한다.」(대판 1998. 6. 12, 97다38510)

[366] 3. 유언집행자

유언집행자란 유언의 집행업무를 담당하는 자이다. 유언의 집행이 필요한 경우에는 유언집행자가 있어야 하며(친생부인(850조)·인지(859조 2항)의 경우에는 반드시 유언집행자가 있어야 하나, 그 외에도 같다), 경우에 따라서는 상속인이 유언집행자가 되기도 한다(1095조 참조).

(1) 유언집행자의 결정

먼저 유언자가 지정한 자 또는 유언자로부터 위탁받은 자가 지정한 자가 유언집행자로 되며(지정 유언집행자)(1093조·1094조), 지정 유언집행자가 없으면 상속인이 유언집행자가 되고(법정 유언집행자)(1095조), 유언집행자가 없거나 없게 된 때에는 마지막으로 가정법원이 유언집행자를 선임하게 된다(선임 유언집행자)(1096조).

1) **지정 유언집행자** 유언자는 유언으로 유언집행자를 지정할 수 있고, 그 지정을 제 3 자에게 위탁할 수 있다(1093조). 유언집행자 지정의 위탁을 받은 제 3 자는 그 위탁 있음을 안 후 지체 없이 유언집행자를 지정하여 상속인에게 통지하여야 하며, 그 위탁을 사퇴할 때에는 이를 상속인에게 통지하여야 한다(1094조 1항). 위탁을 받은 제 3 자가 지정도 사퇴도 하지 않는 경우 상속인 기타 이해관계인은 상당한 기간을 정하여 그 기간 내에 유언집행자를 지정할 것을 위탁받은 자에게 최고할 수 있고, 그 기간 내에 지정의 통지를 받지 못한 때에는 그 지정의 위탁을 사퇴한 것으로 본다(1094조 2항).

유언자 또는 위탁받은 제 3 자의 지정에 의하여 유언집행자로 된 자는 유언자의 사망 후 지체 없이 이를 승낙하거나 사퇴할 것을 상속인에게 통지하여야 한다(1097조 1항). 지정 유언집행자가 승낙도 사퇴도 하지 않는 경우 상속인 기타 이해관계인은 상당한 기간을 정하여 그 기간 내에 승낙 여부를 확답할 것을 최고할 수 있고, 그 기간 내에 최고에 대한 확답을 받지 못한 때에는 유언집행자가 그 취임을 승낙한 것으로 본다(1097조 3항).

2) **법정 유언집행자**(상속인) 유언자 또는 위탁받은 제 3 자의 지정에 [367]
의한 유언집행자가 없는 때에는, 상속인이 유언집행자가 된다(1095조).

지정 유언집행자가 없는 경우로는 ① 유언집행자에 관한 유언이 없는 때, ② 지정을 위탁받은 제 3 자가 사퇴한 때, ③ 지정된 유언집행자가 취임을 사퇴하거나 결격사유(1098조 참조)를 가지고 있는 때 등이다.

그런데 판례는, 유언자가 지정 또는 지정위탁에 의하여 유언집행자의 지정을 한 이상 그 유언집행자가 사망·결격 기타 사유로 자격을 상실하였다고 하더라도 상속인은 제1095조에 의하여 유언집행자가 될 수는 없다고 한다(대판 2010. 10. 28, 2009다20840). 유언집행자로 지정된 자가 취임의 승낙을 하였는지를 묻지 않는다(대결 2007. 10. 18, 2007스31). 그리고 그러한 경우에는 제1096조에 의하여 이해관계인이 법원에 유언집행자의 선임을 청구할 수 있다고 한다(대결 2007. 10. 18, 2007스31).

〈판 례〉

「유증 등을 위하여 유언집행자가 지정되어 있다가 그 유언집행자가 사망·결격 기타 사유로 자격을 상실한 때에는 상속인이 있더라도 유언집행자를 선임하여야 하는 것이므로, 유언집행자가 해임된 이후 법원에 의하여 새로운 유언집행자가 선임되지 아니하였다고 하더라도 유언집행에 필요한 한도에서 상속인의 상속재산에 대한 처분권은 여전히 제한되며 그 제한 범위 내에서 상속인의 원고적격 역시 인정될 수 없다.」(대판 2010. 10. 28, 2009다20840)

[368] **3) 선임 유언집행자** 유언집행자가 없거나 사망·결격 기타 사유로 없게 된 때에는, 가정법원은 이해관계인의 청구에 의하여 유언집행자를 선임하여야 한다(1096조 1항). 여기서 유언집행자가 없는 때란 상속인이 없는 경우를 가리킨다. 판례에 따르면, 누구를 유언집행자로 선임하느냐의 문제는 제1098조 소정의 유언집행자의 결격사유에 해당하지 않는 한 법원의 재량에 속한다(대결 1995. 12. 4, 95스32). 가정법원에 의하여 선임된 유언집행자는 선임의 통지를 받은 후 지체 없이 이를 승낙하거나 사퇴할 것을 법원에 통지하여야 한다(1097조 2항, 가소 2조 1항 라류사건 44). 이 통지가 없는 경우 상속인 기타 이해관계인은 상당한 기간을 정하여 그 기간 내에 승낙 여부를 확답할 것을 최고할 수 있고, 그 기간 내에 최고에 대한 확답을 받지 못한 때에는 유언집행자가 그 취임을 승낙한 것으로 본다(1097조 3항).

가정법원이 유언집행자를 선임한 경우에는 그 임무에 관하여 필요한 처분을 명할 수 있다(1096조 2항).

제1096조에 따른 유언집행자의 선임 및 그 임무에 관한 처분은 상속 개시지의 가정법원의 관할에 속한다(가소 2조 1항 라류사건 43)·44조 7호 본문). 그에 대한 결정은 심판으로 한다(가소 39조).

〈판 례〉

「민법 제1096조에 의한 법원의 유언집행자 선임은 유언집행자가 전혀 없게 된 경우뿐만 아니라 유언집행자의 사망, 사임, 해임 등의 사유로 공동유언집행자에게 결원이 생긴 경우와 나아가 결원이 없어도 법원이 유언집행자의 추가선임이 필요하다고 판단한 경우에 이를 할 수 있는 것이고, 이때 누구를 유언집행자로 선임하느냐는 문제는 민법 제1098조 소정의 유언집행자의 결격사유에 해당하지 않는 한 당해 법원의 재량에 속하는 것」이다(대결 1995. 12. 4, 95스32).

(2) 유언집행자의 결격 [369]

제한능력자, 즉 미성년자 · 피성년후견인 · 피한정후견인과 파산선고를 받은 자는 유언집행자가 되지 못한다(1098조). 다수의 문헌(김/김, 783면; 박동섭, 780면; 박병호, 465면; 신영호, 487면; 이경희, 601면)은 정신병자 · 백치와 같은 의사무능력자도 유언집행자가 될 수 없다고 한다. 이러한 주장이 이해가 되기는 하나, 그것은 의사능력의 개념상 주장될 수 없는 이론이다. 의사능력의 유무는 각 행위자의 구체적 행위에 대하여 개별적으로 살피는 것이기 때문에 「의사무능력자」라고 하는 자가 따로 있지 않기 때문이다. 결격자를 유언집행자로 지정하는 경우 그 지정은 무효이며, 가정법원도 결격자를 유언집행자로 선임하지 못한다. 어떤 자가 유언집행자로 선임된 후 성년후견개시 또는 한정후견개시의 심판을 받으면 유언집행자의 지위를 잃는다.

한편 친생부인(850조)과 인지(859조 2항)의 경우에는 유언집행자의 직무가 상속인의 이해와 상반되므로 상속인은 유언집행자가 될 수 없다고 하여야 한다(같은 취지: 곽윤직, 269면. 반대 견해: 김/김, 782면(문제점은 인정하면서 해결책은 제시하지 않음)).

(3) 유언집행자의 법적 지위

민법은 지정 유언집행자와 선임 유언집행자는 상속인의 대리인으로 본다고 규정한다(1103조 1항). 이 규정의 의미는 유언집행자의 행위의 효과가 상속인에게 귀속한다는 의미이지 실제로 상속인의 대리인으로 한다는 것이 아니다(같은 취지: 곽윤직, 272면; 박병호, 465면; 대판 2001. 3. 27, 2000다26920. 그러나 김/김, 784면은 유언집행자를 유언자의 대리인으로 본다). 따라서 유언집행자는 상속인의 대리인임을 밝혀서 행위할 필요가 없으며, 자기의 이름으로 행위를 하여야 하고, 그러면 그 행위의 효과가 직접 상속인에게 귀속하게 되는 것이다.

민법은 유언집행자를 상속인의 대리인으로 보면서, 그의 업무처리에 관하여는 위임에 관한 제681조 내지 제685조 · 제687조 · 제691조 · 제692를 준용한다(1103조 2항).

(4) 유언집행자의 권리 · 의무 [370]

유언집행자가 그 취임을 승낙한 때에는 지체 없이 그 임무를 이행하여야 한다(1099조).

〈판례〉

「지정에 의한 유언집행자는 유언자 사망 후 지체 없이 이를 승낙하거나 사퇴할 것을 상속인에게 통지해야 하고(민법 제1097조 제1항), 취임을 승낙한 때에는 지체 없이 그 임무를 이행해야 한다(민법 제1099조). 여기서 '지체 없이 그 임무를 이행해야 한다.'는 것은 재산목록을 작성하여 상속인에게 교부하거나(민법 제1100조 제1항), 유언의 집행에 필요한 행위(민법 제1101조)를 하는 것과 같이 유언집행자가 유언 집행을 준비하거나 집행에 착수하여야 함을 의미할 뿐이므로, 피상속인이 사망한 때 또는 유언집행자 취임을 승낙한 때 곧바로 유증의무의 이행기가 도래한다고 볼 수는 없다. 지정에 의한 유언집행자가 특정유증을 받은 자에게 유증을 이행할 의무는 유언자가 유언으로 달리 정하였다는 등의 특별한 사정이 없는 한 이행기한의 정함이 없는 채무이므로, 유언집행자가 그 의무에 대한 이행청구를 받은 때에 비로소 지체책임을 진다.」(대판 2025. 7. 16, 2024다293313)

1) 재산목록의 작성 유언이 재산에 관한 것인 때에는 지정 유언집행자나 선임 유언집행자는 지체 없이 그 재산목록을 작성하여 상속인에게 교부하여야 한다(1100조 1항). 그리고 상속인의 청구가 있는 때에는 재산목록의 작성에 상속인을 참여하게 하여야 한다(1100조 2항).

2) 관리 · 집행행위 유언집행자는 유증의 목적인 재산의 관리 기타 유언의 집행에 필요한 행위를 할 권리 · 의무가 있다(1101조). 그리고 유언집행자는 유언집행에 필요한 행위를 함에 있어서 소송의 당사자가 될 수도 있다(법정소송담당)(대판 1999. 11. 26, 97다57733; 대판 2001. 3. 27, 2000다26920; 대판 2010. 10. 28, 2009다20840).

〈판 례〉

(ㄱ) 「유언집행자는 유증의 목적인 재산의 관리 기타 유언의 집행에 필요한 모든 행위를 할 권리의무가 있으므로(민법 제1101조), 유증목적물에 관하여 경료된, 유언의 집행에 방해가 되는 다른 등기의 말소를 구하는 소송에 있어서는 유언집행자가 이른바 법정소송담당으로서 원고적격을 가진다고 할 것이고(대법원 1999. 11. 26. 선고 97다57733 판결 참조), 유언집행자는 유언의 집행에 필요한 범위 내에서는 상속인과 이해상반되는 사항에 관하여도 중립적 입장에서 직무를 수행하여야 하므로, 유언집행자가 있는 경우 그의 유언집행에 필요한 한도에서 상속인의 상속재산에 대한 처분권은 제한되며 그 제한범위 내에서 상속인은 원고적격이 없다고 할 것이다. 민법 제1103조 제 1 항은 "지정 또는 선임에 의한 유언집행자는 상속인의 대리인으로 본다"고 규정하고 있으나, 이 조항은 유언집행자의 행위의 효과가 상속인에게 귀속함을 규정한 것이지, 유언집행자의 소송수행권과 별도로 상속인 본인의 소송수행권도 언제나 병존함을 규정한 것은 아니라고 해석된다.」(대판 2001. 3. 27, 2000다26920. 같은 취지: 대판 2010. 10. 28, 2009다20840)

(ㄴ) 「유언집행자는 유언집행을 위한 등기의무자로서 등기권리자인 포괄적 수증자와 함께 유증을 원인으로 하는 소유권이전등기를 공동으로 신청할 수 있고, 그러한 등기를 마치는 것에 관하여 다른 상속인들의 동의나 승낙을 받아야 하는 것은 아니

다.」(대판 2014. 2. 13, 2011다74277)

3) 상속인에 의한 상속재산 처분의 제한 유언의 집행에 필요한 한도에서 유언집행자에게 상속재산에 대한 관리처분권이 인정되므로, 유언집행자의 권한과 충돌하는 상속인의 처분권은 제한되어야 한다(곽윤직, 275면). 그런데 민법은 그에 대한 규정을 두지 않았다. 따라서 상속인이 이를 위반하여 처분행위를 하여도 그 처분을 무효라고 할 수는 없으며, 단지 상속인에게 책임을 추궁할 수 있다고 하여야 할 것이다(같은 취시. 곽윤직, 275면; 김/김, 786면). [371]

4) 유언의 공동집행 유언집행자가 수인인 경우에는 임무의 집행은 그 과반수의 찬성으로 결정한다(1102조 본문). 그러나 보존행위는 각자가 할 수 있다(1102조 단서).

〈판 례〉

(ㄱ) 「유언집행자가 2인인 경우 그중 1인이 나머지 유언집행자의 찬성 내지 의견을 청취하지 아니하고도 단독으로 법원에 공동유언집행자의 추가선임을 신청할 수 있다 할 것이고, 이러한 단독신청행위가 공동유언집행방법에 위배되었거나 기회균등의 헌법정신에 위배되었다고 볼 수 없다.」(대결 1987. 9. 29, 86스11)

(ㄴ) 「상속인이 유언집행자가 되는 경우를 포함하여 유언집행자가 수인인 경우에는, 유언집행자를 지정하거나 지정위탁한 유언자나 유언집행자를 선임한 법원에 의한 임무의 분장이 있었다는 등의 특별한 사정이 없는 한, 유증 목석물에 내한 관리처분권은 유언의 본지에 따른 유언의 집행이라는 공동의 임무를 가진 수인의 유언집행자에게 합유적으로 귀속되고, 그 관리처분권 행사는 과반수의 찬성으로써 합일하여 결정하여야 하므로, 유언집행자가 수인인 경우 유언집행자에게 유증의무의 이행을 구하는 소송은 유언집행자 전원을 피고로 하는 고유필수적 공동소송으로 봄이 상당하다.」(대판 2011. 6. 24, 2009다8345)

5) 유언집행자의 보수 유언자가 유언으로 그 집행자의 보수를 정하지 않은 경우에는, 법원은 상속재산의 상황 기타 사정을 참작하여 지정 유언집행자 또는 선임 유언집행자의 보수를 정할 수 있다(1104조 1항).

제1104조 제 1 항에 따른 유언집행자에 대한 보수의 결정은 상속 개시지의 가정법원의 관할에 속한다(가소 2조 1항 라류사건 45)·44조 7호 본문). 그리고 그 결정은 심판으로 한다(가소 39조).

유언집행자가 보수를 받는 경우에는, 집행사무를 완료한 후가 아니면 이를 청구하지 못하나(1104조 2항·686조 2항 본문). 기간으로 보수를 정한 때에는 그 기간이 경과한 때

청구할 수 있다(1104조 2항 · 686조 2항 단서). 그리고 유언집행 중에 유언집행자의 책임없는 사유로 인하여 유언집행이 종료된 때에는 처리한 사무의 비율에 따른 보수를 청구할 수 있다(1104조 2항 · 686조 3항).

6) 유언집행의 비용　유언의 집행에 관한 비용은 상속재산 중에서 이를 지급한다(1107조).

[372] (5) 유언집행자의 임무종료

유언집행자의 임무종료원인에는 유언집행의 완료, 유언집행자의 사망 또는 결격사유 발생 외에 사퇴와 해임도 있다.

지정 유언집행자나 선임 유언집행자는 정당한 사유(예: 질병 · 장기여행)가 있는 때에는 법원의 허가를 얻어 그 임무를 사퇴할 수 있다(1105조). 유언집행자의 사퇴에 대한 허가는 상속 개시지의 가정법원의 관할에 속한다(가소 2조 1항 라류사건 46) · 44조 7호 본문). 그 결정은 심판으로 하며(가소 39조), 그 심판의 효력은 심판을 받을 사람이 심판을 고지받음으로써 발생한다(가소 40조 본문).

지정 유언집행자나 선임 유언집행자가 그 임무를 해태하거나 적당하지 않은 사유가 있는 때에는, 법원은 상속인 기타 이해관계인의 청구에 의하여 유언집행자를 해임할 수 있다(1106조). 그리고 판례에 따르면, 유언집행자가 유언의 해석에 관하여 상속인과 의견을 달리한다거나 혹은 유언집행자가 유언의 집행에 방해되는 상태를 야기하고 있는 상속인을 상대로 유언의 충실한 집행을 위하여 자신의 직무권한 범위에서 가압류신청 또는 본안소송을 제기하고 이로 인해 일부 상속인들과 유언집행자 사이에 갈등이 초래되었다는 사정만으로는 유언집행자의 해임사유인 「적당하지 아니한 사유」가 있다고 할 수 없다고 한다(대결 2011. 10. 27, 2011스108). 한편 유언집행자의 해임은 상속개시지의 가정법원의 관할에 속한다(가소 2조 1항 라류사건 47) · 44조 7호 본문). 해임 결정은 심판으로 하며(가소 39조), 그 심판의 효력은 심판을 받을 사람이 심판을 고지받음으로써 발생한다(가소 40조 본문).

〈판　례〉

「지정 또는 선임에 의한 유언집행자에게 임무해태 또는 적당하지 아니한 사유가 있는 때에는 법원은 상속인 기타 이해관계인의 청구에 의하여 유언집행자를 해임할 수가 있으나(민법 제1106조), 유언집행자는 유증의 목적인 재산의 관리 기타 유언의 집행에 필요한 모든 행위를 할 권리의무가 있을 뿐만 아니라(민법 제1101조) 유언의 집행에 필요한 범위 내에서는 상속인과 이해상반되는 사항에 관하여도 중립적 입장에서 직무를 수행하여야 하므로(대법원 2001. 3. 27. 선고 2000다26920 판결, 대법원 2010. 10. 28. 선고 2009다20840 판결 등 참조), 유언집행자가 유언의 해석에 관하여 상속인과 의견을 달리한다거나 혹은 유언집행자가 유언의 집행에 방해되는 상태를 야기하고 있는 상속인을 상대로 유언의 충실한 집행을 위하여 자신의 직무권한 범위에서 가압류신청 또는 본안소송을 제기하고 이로 인해 일부 상속인들과 유언집행자 사이에 갈등이 초래되었다는 사정만으로는 유언집행자의 해임사유인 '적당하지 아니한 사유'가 있다고 할 수 없으며, 일부 상속인에게만 유리하게 편파적인 집행을 하는 등으로 공정한 유언의 실현을 기대하기 어려워 상속인 전원의 신뢰를 얻을 수 없음이 명백하다는 등 유언집행자로서의 임무수행에 적당하지 아니한 구체적 사정이 소명되어야 할 것이다.」(대결 2011. 10. 27, 2011스108)

유언집행자의 사퇴나 해임으로 유언집행자가 없게 된 경우 법원은 이해관계인의 청구에 의하여 유언집행자를 선임하여야 한다(1096조 1항). 그리고 임무가 종료된 유언집행자는 급박한 사정이 있는 때에는 새로운 유언집행자가 선임되어 유언집행사무를 처리할 수 있을 때까지 그의 임무를 계속 수행하여야 한다(1103조 2항 · 691조).

제4절 유류분

Ⅰ. 시 설 [373]

1. 의 의

유류분(遺留分)은 법률상 상속인에게 귀속되는 것이 보장되는 상속재산에 대한 일정비율을 가리키며, 민법은 일정한 범위의 상속인에게 이러한 유류분을 인정하고 있다(1977년 민법 개정시에 신설함).

민법은 한편으로 법정상속을 규정하면서, 다른 한편으로 유산처분의 자유도 인정하고 있다. 그 결과 유증이 없으면 법정상속이 일어나게 되어 피상속인의 혈족과 배우자가 상속재산 전부를 법률상 당연히 승계하게 된다. 그런데 피상속인이 그의 재산을 상속인 이외의 자에게 생전에 증여하거나 유증한 때에는 극단적인 경우 상속인이 되었을 자가 전혀 상속을 받지 못할 수도 있다. 여기서 민법은 한편으로 피상속인의 유산처분의 자유를 빼앗지 않으면서, 일정범위의 상속인에게는 최소한의 생활보장 내지 부양을 위하여 유류분제도를 인정하고 있는 것이다.

2. 유류분권과 그 포기

(1) 유류분권

상속이 개시되면 일정범위의 상속인은 상속재산에 대한 일정비율을 취득할 수 있는 지위를 가지게 되는데, 이를 유류분권이라고 한다. 그리고 이 유류분권으로부터 유류분을 침해하는 증여 또는 유증의 수증자에 대하여 부족분의 반환을 청구할 수 있는 유류분반환청구권이 생긴다.

유류분권은 상속이 개시된 뒤에 발생하는 것이며, 상속이 개시되기 전에는 일종의 기대에 지나지 않는다.

[374] ### (2) 유류분권의 포기

유류분권이 발생한 후에는 그것은 하나의 재산권이므로 유류분권자(유류분권리자)가 이를 포기할 수 있다. 그럼에 있어서 특정의 처분행위에 대한 특정의 반환청구권을 포기할 수도 있고, 일괄하여 유류분권 전체를 포기할 수도 있다.

유류분권자가 유류분권을 포기하면 다른 공동상속인의 유류분에 영향을 미치는가? 여기에 관하여 i) 하나의 견해는, 유류분권을 포기하면 처음부터 유류분권자가 없었던 것으로 하여 유류분액을 산정하여야 한다고 주장한다(김/김(제 8 판), 744면; 박병호, 474면). 그런가 하면 ii) 유류분의 포기는 상속의 포기가 아니므로 다른 공동상속인이 유류분에 영향을 미치지 않는다는 견해도 있으며, 이 견해가 다수설이다(김/김, 794면; 박동섭, 794면; 신영호, 494면; 이경희, 614면; 지원림, 2117면). 이 견해는, 유류분액을 상속재산에 대한 비율로 정하는 법제에서와 달리 우리 민법은 개인의 법정상속분에 대한 비율로 정하고 있으므로, 상속의 포기가 없는 한 유류분권만의 포기는 다른 유류분권자에게 영향을 미치지 않는다고 한다. 그러나 상속을 포기하면 그의 유류분은 다른 상속인에게 귀속된다고 한다. 생각건대 ii)설이 타당하다.

상속이 개시되기 전에는 유류분권을 포기할 수 없다(통설도 같음. 곽윤직, 282면; 김/김, 794면; 박병호, 473면; 윤진수, 519면). 그렇게 새기지 않으면 피상속인이나 공동상속인이 포기를 강요할 가능성이 있고, 자녀의 균분상속과 배우자의 상속권 보장이라는 민법의 취지가 몰각될 우려가 있기 때문이다. 뿐만 아니라 그래야 상속의 사전포기를 인정하지 않는 것과도 균형이 맞는다.

한편 판례에 따르면, 유류분은 상속분을 전제로 한 것으로서 상속이 개시된 후 일정한 기간 내에 적법하게 상속포기 신고가 이루어지면 포기자의 유류분반환청구권은 당연히 소멸하게 된다고 한다(대결 2012. 4. 16, 2011스191 · 192).

Ⅱ. 유류분의 범위 [375]

1. 유류분권자와 그의 유류분

(1) 유류분권자

1) 유류분을 가지는 자는 피상속인의 직계비속 · 배우자 · 직계존속이다(1112조). 과거에 제1112조 제 4 호가 피상속인의 형제자매도 유류분권자로 규정하고 있었으나, 그 조항은 헌법재판소의 위헌결정으로 효력을 상실하였고(헌재 2024. 4. 25, 2020헌가4 등), 그 후 민법 개정시에 삭제되었다(2024. 9. 20.). 그리고 헌법재판소는 제1112조 제 1 호부터 제 3 호에 대하여 그 규정들은 모두 헌법에 합치되지 않으나, 2025. 12. 31.을 시한으로 입법자가 개정할 때까지 계속 적용하도록 하였다(헌재 2024. 4. 25, 2020헌가4 등).

〈헌법재판소 판례〉

「2. 유류분권리자와 유류분을 개별적으로 적정하게 입법하는 것이 현실적으로 매우 어려운 점, 법원이 구체적 사정을 고려하여 정하도록 하는 것은 법원의 과도한 부담 등을 초래할 수 있는 점 등을 고려하면, 민법 제1112조가 유류분권리자와 유류분을 획일적으로 규정한 것이 매우 불합리하다고 단정하기 어렵다. 그러나 패륜적인 상속인의 유류분을 인정하는 것은 일반 국민의 법감정과 상식에 반한다고 할 것이므로, 민법 제1112조 제 1 호부터 제 3 호가 유류분상실사유를 별도로 규정하지 아니한 것은 불합리하고 기본권제한 입법의 한계를 벗어나 헌법에 위반된다. 또한 상속재산 형성에 대한 기여나 상속재산에 대한 기대 등이 거의 인정되지 않는 피상속인의 형제자매에게까지 유류분을 인정하는 민법 제1112조 제 4 호 역시 불합리하고 기본권제한 입법의 한계를 벗어나 헌법에 위반된다. …

7. 형제자매의 유류분을 규정한 민법 제1112조 제 4 호는 위헌결정을 통하여 재산권에 대한 침해를 제거함으로써 합헌성이 회복될 수 있으므로 단순위헌을 선언한다. 하지만 민법 제1112조 제 1 호부터 제 3 호와 기여분에 관한 제1008조의 2를 유류분에 준용하는 규정을 두지 아니한 민법 제1118조에 대하여 위헌결정을 선고하여 효력을 상실시키면, 법적 혼란이나 공백 등이 발생할 우려가 있으므로, 위 조항들에 대하여는 2025. 12. 31.까지 계속적용을 명하는 헌법불합치 결정을 선고하기로 한다.」

(헌재 2024. 4. 25. 2020헌가4 등)

2) 유류분권을 행사할 수 있으려면 최우선순위의 상속인이어서 상속권이 있어야 한다. 따라서 피상속인의 자녀와 부모가 있는 경우 부모는 유류분권을 행사할 수 없다.

3) 대습상속에 관한 규정(1001조 · 1010조. 1118조가 1003조 2항은 빠뜨렸음)이 유류분에도 준용되므로(1118조), 피상속인의 직계비속의 대습자(피대습자의 직계비속과 배우자)도 유류분권자에 포함된다.

4) 태아는 상속에 관하여 이미 출생한 것으로 보므로 유류분권을 가진다(이설 없음).

5) 상속결격자와 상속포기자는 상속인이 아니므로 유류분권이 없다. 그리고 결격자의 경우에는 대습자가 유류분권을 가지나, 상속포기의 경우는 대습이 인정되지 않는다.

6) 포괄적 유증을 받은 자는 상속인과 동일한 권리의무가 있지만(1078조) 유류분권은 없다.

(2) 유류분권자의 유류분

유류분권자의 유류분은 피상속인의 직계비속과 배우자는 그 법정상속분의 2분의 1이고(1112조 1호 · 2호), 피상속인의 직계존속은 그 법정상속분의 3분의 1이다(1112조 3호).

대습상속인의 유류분은 피대습자의 유류분과 같다. 그리고 이때 대습상속인이 수인인 경우에는 피대습자의 유류분을 그들의 법정상속분에 따라 나눈다.

[376] 2. 유류분액의 산정

(1) 유류분 산정의 기초가 되는 재산

유류분 산정의 기초가 되는 재산은 피상속인이 상속개시시에 있어서 가지고 있던 재산의 가액에 증여재산의 가액을 가산하고 채무의 전액을 공제하여 산정한다(1113조 1항)(대판 2025. 5. 29, 2022다220014).

재산평가의 방법은 상속분의 산정에서와 같으나, 조건부 권리 또는 존속기간이 불확정한 권리는 가정법원이 선임한 감정인의 평가에 의하여 그 가격을 정한다(1113조 2항).

위의 산정에 있어서 피상속인의 재산의 가액이나 증여재산의 가액(대판 1996. 2. 9, 95다17885; 대판 2005. 6. 23, 2004다51887; 대판 2015. 11. 12, 2010다104768; 대판 2022. 2. 10, 2020다250783)은 모두 상속개시 당시를 기준으로 하여야 한다.

따라서 그 증여받은 재산이 금전일 경우에는 그 증여받은 금액을 상속개시 당시의 화폐가치로 환산하여 이를 증여재산의 가액으로 봄이 상당하고, 그러한 화폐가치의 환산은 증여 당시부터 상속개시 당시까지 사이의 물가변동률을 반영하는 방법으로 산정하는 것이 합리적이다(대판 2009. 7. 23, 2006다28126). 다만, 증여 이후 수증자나 수증자로부터 증여재산을 양수받은 자가 자기의 비용으로 증여재산의 성상(性狀) 등을 변경하여 상속개시 당시 그 가액이 증가되어 있는 경우, 위와 같이 변경된 성상 등을 기준으로 상속개시 당시의 가액을 산정하면 유류분권리자에게 부당한 이익을 주게 되므로, 이러한 경우에는 그와 같은 변경을 고려하지 않고 증여 당시의 성상 등을 기준으로 상속개시 당시의 가액을 산정하여야 한다(대판 2015. 11. 12, 2010다104768; 대판 2022. 2. 10, 2020다250783). 반면 유류분 부족액 확정 후 증여재산별로 반환 지분을 산정할 때 기준이 되는 증여재산의 총가액에 관해서는 상속개시 당시의 성상 등을 기준으로 상속개시 당시의 가액을 산정함이 타당하다. 이 단계에서는 현재 존재하는 증여재산에 관한 반환 지분의 범위를 정하는 것이므로 이와 같이 산정하지 않을 경우 유류분권리자에게 증여재산 중 성상 등이 변경된 부분까지도 반환되는 셈이 되어 유류분권리자에게 부당한 이익을 주게 되기 때문이다(대판 2022. 2. 10, 2020다250783). 한편 수증자가 증여받은 재산을 상속개시 전에 처분하였거나 증여재산이 수용되었다면 제1113조 제 1 항에 따라 유류분을 산정함에 있어서 그 증여재산의 가액은 증여재산의 현실 가치인 처분 당시의 가액을 기준으로 상속개시까지 사이의 물가변동률을 반영하는 방법으로 산정하여야 한다(대판 2023. 5. 18, 2019다222867).

1) **상속개시시에 가진 재산** 이는 상속재산 중 적극재산만을 의미한다. 그리고 유증이나 사인증여(대판 2001. 11. 30, 2001다6947)한 재산은 상속개시시에 현존하는 재산으로 다루어지며, 증여계약이 체결되었으나 아직 이행되지 않은 채로 상속이 개시된 재산도 여기의 재산에 포함된다(대판 1996. 8. 20, 96다13682; 대판 2012. 12. 13, 2010다78722). 그러나 분묘에 속한 1정보 이내의 금양임야와 600평 이내의 묘토인 농지, 족보와 제구의 소유권은 상속재산을 구성하지 않으므로(1008조의 3), 여기의 재산에 포함되지 않는다.

〈판 례〉

유류분 산정의 기초가 되는 재산의 범위에 관한 민법 제1113조 제 1 항에서의 '증여재산'이란 상속개시 전에 이미 증여계약이 이행되어 소유권이 수증자에게 이전된 재산을 가리키는 것이고, 아직 증여계약이 이행되지 아니하여 소유권이 피상속인에게 남아 있는 상태로 상속이 개시된 재산은 당연히 '피상속인의 상속개시시에 있어서 가진 재산'에 포함되는 것이므로, 수증자가 공동상속인이든 제 3 자이든 가리지 아니하고 모두 유류분 산정의 기초가 되는 재산을 구성한다(대판 1996. 8. 20, 96다13682).

[377] **2) 증여재산의 가산**(加算) 민법은 피상속인이 생전처분에 의하여 유류분제도를 회피할 것을 우려하여 일정한 범위의 생전처분은 유류분 산정의 기초가 되는 재산에 산입한다.

(가) 상속개시 전의 1년간에 행한 증여의 경우에는 그 가액을 산입한다(1114조 1문). 여기의 증여는 민법상의 증여에 한하지 않고 널리 모든 무상처분, 예컨대 재단법인 설립을 위한 출연, 무상의 채무면제, 무상의 인적·물적 담보제공을 가리키는 것으로 해석한다(곽윤직, 285면; 김/김, 796면; 박병호, 476면). 그리고 증여와 같은 실질을 가지는 제 3 자를 위한 무상의 사인처분(死因處分)도 산입하여야 한다. 가령 피상속인이 부동산을 타인에게 매도하면서 매수인으로 하여금 매매대금을 피상속인 사망시에 제 3 자에게 지급하도록 한 경우에 그렇다. 생명보험계약에서 상속인이나 제 3 자를 보험수익자로 지정한 경우에는, 보험금청구권은 상속재산은 아니나([245] 참조), 증여와 실질이 같으므로, 유류분 산정 기초재산에 산입하여야 한다. 구체적인 산입액은 피상속인 사망시의 해약반환금만큼이다. 그러나 일상생활에서의 의례상의 증여는 제외된다. 이와 관련하여 판례는, 피상속인이 자신을 피보험자로 하되 공동상속인이 아닌 제 3 자를 보험수익자로 지정한 생명보험계약을 체결하거나 중간에 제 3 자로 보험수익자를 변경하고 보험회사에 보험료를 납입하다 사망하여 그 제 3 자가 생명보험금을 수령하는 경우, 피상속인은 보험수익자인 제 3 자에게 유류분 산정의 기초재산에 포함되는 증여를 하였다고 봄이 타당하며, 이것은 공동상속인이 아닌 제 3 자에 대한 증여이므로 제1114조에 따라 보험수익자를 그 제 3 자로 지정 또는 변경한 것이 상속개시 전 1년간에 이루어졌거나 당사자 쌍방이 그 당시 유류분권리자에 손해를 가할 것을 알고 이루어졌어야 유류분 산정의 기초재산에 포함되는 증여가 있었다고 볼 수 있다고 한다(대판 2022. 8. 11, 2020다247428). 그리고 이때 유류분 산정의 기초재산에 포함되는 증여 가액은 특별한 사정이 없으면 이미 납입된 보험료 총액 중 피상속인이 납입한 보험료가 차지하는 비율을 산정하여 이를 보험금액에 곱하여 산출한 금액으로 할 수 있다고 한다(대판 2022. 8. 11, 2020다247428).

1년이라는 기간은 증여계약(내지 무상행위)의 이행시기가 아니고 체결시기를 기준으로 한다.

(나) 증여계약의 당사자 쌍방이 유류분권자에게 손해를 준다는 것을 알면서 증여를 한 때에는 1년 전에 한 것도 가산한다(1114조 2문). 이 경우에 유류분권자를 해할 목적이나 의도까지 있을 필요는 없다(이설 없음). 그리고 통설은 유상행위라도 대가가 상당하지 않은 경우에는 제1114조 제 2 문을 유추하여 실질적 증여액을 산입시킬 것이라고 한다(김/김, 798면; 박병호, 477면; 이경희, 623면).

여기의 증여와 관련하여 판례는, 증여 당시 법정상속분의 2분의 1을 유류분으로 갖는 배우자나 직계비속이 공동상속인으로서 유류분권리자가 되리라고 예상할 수 있는 경우에, 제 3 자에 대한 증여가 유류분권리자에게 손해를 가할 것을 알고 행해진 것이라고 보기 위해서는, 당사자 쌍방이 증여 당시 증여재산의 가액이 증여하고 남은 재산의 가액을 초과한다는 점을 알았던 사정뿐만 아니라, 장래 상속개시일에 이르기까지 피상속인의 재산이 증가하지 않으리라는 점까지 예견하고 증여를 행한 사정이 인정되어야 하고(대판 2012. 5. 24, 2010다50809; 대판 2022. 8. 11, 2020다247428; 대판 2023. 6. 15, 2023다203894), 이러한 당사자 쌍방의 가해의 인식은 증여 당시를 기준으로 판단하여야 하는데(대판 2012. 5. 24, 2010다50809; 대판 2022. 8. 11, 2020다247428), 그 증명책임은 유류분반환청구권을 행사하는 상속인에게 있다고 한다(대판 2022. 8. 11, 2020다247428). 그리고 유류분권리자가 피상속인으로부터 그 소유 부동산의 등기를 이전받은 제 3 자를 상대로 등기의 무효 사유를 주장하며 소유권이전등기의 말소를 구하는 소를 제기하고 관련 증거를 제출하였으나, 오히려 증여된 것으로 인정되어 무효 주장이 배척된 판결이 선고되어 확정된 경우라면, 특별한 사정이 없는 한 그러한 판결이 확정된 때에 비로소 증여가 있었다는 사실 및 그것이 반환하여야 할 것임을 알았다고 보아야 한다고 한다(대판 2023. 6. 15, 2023다203894).

(다) 유류분에 관한 제1118조가 제1008조를 준용하고 있으므로, 공동상속인 [378]
중에 피상속인으로부터 재산의 생전증여로 제1008조의 특별수익을 받은 사람이 있으면 제1114조가 적용되지 않고, 따라서 그 증여가 상속개시 1년 이전의 것인지 여부 또는 당사자 쌍방이 유류분권리자에 손해를 가할 것을 알고서 하였는지 여부와 관계없이 증여를 받은 재산이 유류분 산정을 위한 기초재산에 산입된다(대판 1995. 6. 30, 93다11715; 대판 1996. 2. 9, 95다17885; 대판 2021. 7. 15, 2016다210498; 대판 2021. 8. 19, 2017다230338; 대판 2022. 3. 17, 2020다267620). 그리고 판례는, 공동상속인이 다른 공동상속인에게 무상으로 자신의 상속분을 양도하는 것은 특별한 사정이 없는 한 유류분에 관한 제1008조의 증여에 해당하므로, 그 상속분은 양도인의 사망으로 인한 상속에서 유류분 산정을 위한 기초재산에 산입된다고 한다(대판 2021. 7. 15, 2016다210498(유류분 산정의 기초재산에 산입되는 증여에 해당하는지는 재산처분행위가 실질적인 관점에서 피상속인의 재산을 감소시키는 무상처분에 해당하는지 여부에 따라 판단해야 함. 대판 2024. 6. 13, 2023다304568도 같은 취지임); 대판 2021. 8. 19, 2017다230338). 나아가, 이러한 법리는 상속재산 분할협의의 실질적 내용이 어느 공동상속인이 다른 공동상속인에게 자신의 상속분을 무상으로 양도하는 것과 같은 때에도 마찬가지로 적용되므로, 상속재산 분할협의에 따라 무상으로 양도된 것으로 볼 수 있는 상속분은 양도인의 사망으로 인한 상속에서 유류분 산정을 위한 기초재산에 포함된다고 한다(대판 2021. 8. 19, 2017다230338).

한편 판례는, 피상속인으로부터 특별수익인 생전증여를 받은 공동상속인이 상속을 포기한 경우에는 제1114조가 적용되므로, 그 증여가 상속개시 전 1년간에 행한 것이거나 당사자 쌍방이 유류분권리자에 손해를 가할 것을 알고 한 경우에만 유류분 산정을 위한 기초재산에 산입된다고 한다(대판 2022. 3. 17, 2020다267620). 제1008조에 따라 구체적인 상속분을 산정하는 것은 상속인이 피상속인으로부터 실제로 특별수익을 받은 경우에 한정되는데, 상속의 포기는 상속이 개시된 때에 소급하여 그 효력이 있고(1042조), 상속포기자는 처음부터 상속인이 아니었던 것이 되므로, 상속포기자에게는 제1008조가 적용될 여지가 없다는 이유에서이다. 그리고 이와 같은 법리는 피대습인이 대습원인의 발생 이전에 피상속인으로부터 생전증여로 특별수익을 받은 이후 대습상속인이 피상속인에 대한 대습상속을 포기한 경우에도 그대로 적용된다고 한다(대판 2022. 3. 17, 2020다267620).

〈유류분제도 신설 전에 증여계약이 체결된 경우에 관한 판례〉

대법원(대판 2012. 12. 13, 2010다78722; 대판 2015. 11. 12, 2010다104768; 대판 2018. 7. 12, 2017다278422)은, 유류분제도가 생기기 전에 피상속인이 상속인이나 제 3 자에게 재산을 증여하고 그 이행을 완료하여 소유권이 수증자에게 이전된 때에는, 피상속인이 개정 민법 시행 이후에 사망하여 상속이 개시되더라도 소급하여 그 증여재산이 유류분제도에 의한 반환청구의 대상이 되지는 않는다고 한다. 그러한 증여에까지 개정 민법을 적용하면 수증자의 기득권을 소급입법에 의하여 제한 또는 침해하는 것이 되어 유류분제도를 신설한 개정 민법 부칙 제 2 항의 취지에 반한다는 이유에서이다. 그리고 개정 민법 시행 전에 이미 법률관계가 확정된 증여재산에 대한 권리관계는 유류분 반환청구자이든 반환의무자이든 동일해야 하므로, 유류분 반환청구자가 개정 민법 시행 전에 피상속인으로부터 증여받아 이미 이행이 완료된 경우에는 그 재산 역시 유류분 산정을 위한 기초재산에 포함되지 않는다고 한다(대판 2018. 7. 12, 2017다278422). 그런데 개정 민법 시행 전에 이행이 완료된 증여 재산이 유류분 산정을 위한 기초재산에서 제외된다고 하더라도, 위 재산은 당해 유류분 반환청구자의 유류분 부족액 산정 시 특별수익으로 공제될 것이라고 한다(대판 2018. 7. 12, 2017다278422).

한편 개정 민법 시행 이전에 증여계약이 체결되었더라도 그 이행이 완료되지 않은 상태에서 개정 민법이 시행되고 그 이후에 상속이 개시된 경우에는, 상속 당시 시행되는 개정 민법에 따라 위 증여계약의 목적이 된 재산도 유류분 반환의 대상에 포함된다고 한다(개정 민법 부칙 5항 참조). 그리고 증여계약의 이행이 개정 민법 시행 이후에 된 것이면 그것이 상속 개시 전에 되었든 후에 되었든 같다고 한다.

3) 채무 전액의 공제 공제되어야 할 채무는 피상속인의 채무 즉 상속채무를 가리킨다. 그리고 그 채무에는 사법상의 채무뿐만 아니라 공법상의 채무(세금·벌금 등)도 포함한다. 한편 판례는, 여기의 공제할 채무는 상속개시 당시 피상속인이 종국적으로 부담하여야 할 것이 확실한 채무라야 하므로, 피상속인이 제 3 자를 위하여 연대보증채무를 부담하고 있는 경우에는, 주채무자가 변제불능의 무자력 상태에 있기 때문에 피상속인이 그 채무를 이행한 후 주채무자에게 구상권을 행사하더라도 변제받을 가능성이 없다는 등의 특별한 사정이 없는 한 유류분 산정을 위한 기초재산에서 그 채무 금액을 공제할 수 없으며, 이러한 법리는 상속개시 당시 피상속인이 제 3 자를 위하여 물상보증인으로서 책임을 지고 있는 경우에도 적용된다고 한다(대판 2025. 7. 16, 2024다308079).

상속재산에 관한 비용(상속세·관리비용·소송비용 등)이나 유언집행에 관한 비용(유언의 검인신청비용·재산목록 작성비용 등)과 같이 상속재산이 부담할 비용도 여기의 채무에 포함시켜야 한다(같은 취지: 곽윤직, 286면; 박동섭, 805면; 지원림, 2121면. 반대 견해: 김/김, 799면; 박병호, 477면; 신영호, 497면; 이경희, 625면). 그런데 판례는 상속세, 상속재산의 관리·보존을 위한 소송비용 등 상속재산에 관한 비용은 포함되지 않는다고 한다(대판 2015. 5. 14, 2012다21720).

4) 기여분 공제의 배제 기여분은 유류분과는 서로 관계가 없으므로, 설령 공동상속인의 협의 또는 가정법원의 심판으로 기여분이 결정되었다고 하더라도 유류분을 산정함에 있어 기여분을 공제할 수 없다(대판 2015. 10. 29, 2013다60753)(사실상의 기여분 인정에 관한 대판 2011. 12. 8, 2010다66644; 대판 2022. 3. 17, 2021다230083·230090(이 두 판결은 [258]에 직접 인용함)도 참조).

(2) 유류분액의 계산 [379]

유류분권자의 유류분액은 위와 같이 산정된 「유류분 산정의 기초가 되는 재산」에 유류분권자의 유류분율을 곱한 것이다(대판 2022. 1. 27, 2017다265884; 대판 2023. 6. 15, 2023다203894; 대판 2025. 5. 29, 2022다220014; 대판

(2025. 7. 16, 2024다308079). 일부 문헌은 유류분권자에게 증여 또는 유증이 행하여진 경우에는 특별수익으로서 그 액만큼 공제한다고 하나(곽윤직, 287면; 박동섭, 799면; 박병호, 477면), 그것은 유류분 침해를 계산할 때 고려하여야 한다.

유류분을 계산하는 식은 다음과 같다.

유류분＝유류분 산정 기초재산×상속인의 유류분율

유류분 산정 기초재산＝적극 상속재산＋1년간의 증여액＋1년 전의 악의의 증여액＋공동상속인에의 모든 증여액－상속채무

상속인의 유류분율＝당해 상속인의 법정상속분×그의 유류분 비율

〈유류분 계산의 구체적인 예〉

예를 들어 유류분을 계산해보기로 한다.

다음의 예가 있다고 하자. 피상속인 A가 자녀 B · C를 남기고 사망하였다. 사망 당시 A의 적극재산은 9,000만원이고 채무는 3,000만원이다. 그리고 A는 사망하기 6개월 전에 D에게 2억원을 증여하였고, 2년 전에 B에게 4,000만원을 증여하였다. 이 경우에 B · C의 유류분은 얼마인가?

• 유류분 산정 기초재산 … 9,000만원(적극재산)＋2억원(1년 간의 증여액)＋4,000만원(공동상속인에의 증여액)－3,000만원(채무액)＝3억원
• B · C 각각의 유류분율 … $\frac{1}{2}$(법정상속분)×$\frac{1}{2}$(유류분 비율)＝$\frac{1}{4}$
• B · C 각각의 유류분 … 3억원(유류분 산정 기초재산)×$\frac{1}{4}$(유류분율)＝7,500만원

위의 예에서 B · C의 유류분은 각각 7,500만원이다. 이 유류분을 계산할 때 공동상속인의 특별수익을 공제할 것은 아니다. 즉 B가 증여를 받은 것은 유류분 계산시에 반영할 필요가 없는 것이다. 그것은 그의 유류분에 부족이 생겼는지를 검토할 때 고려하여야 한다.

[380] Ⅲ. 유류분의 보전(保全)

1. 유류분반환청구권

(1) 유류분의 침해와 보전

유류분권자가 피상속인의 증여 또는(및) 유증으로 인하여 그의 유류분에 부족이 생긴 때에는, 그는 부족한 한도에서 증여 또는(및) 유증된 재산의 반환을 청

구할 수 있다(1115조 1항). 유류분을 침해하는 유증이나 증여가 당연히 무효로 되는 것이 아니고, 유류분권자에게 유류분반환청구권이 생기게 될 뿐이다. 그리고 유류분권자는 이 권리를 의무적으로 행사하여야 하는 것이 아니고, 그 행사 여부를 자유롭게 결정할 수 있다.

(2) 유류분 침해액의 산정

유류분의 침해액(부족액)은 유류분액에서 상속인의 특별수익액(수증액 또는 유증액)(부담부 유증의 경우에는 유증 전체의 가액에서 부담의 가액을 공제한 차액 상당을 유증 받은 것으로 보아야 함. 대판 2022. 9. 29, 2022다203583)과 순상속분액을 공제한 액이다(같은 취지: 대판 2021. 8. 19, 2017다235791; 대판 2022. 8. 11, 2020다247428; 대판 2023. 6. 15, 2023다203894; 대판 2025. 5. 29, 2022다220014; 대판 2025. 7. 16, 2024다308079). 그리고 순상속분액은 상속받은 적극재산액에서 분담한 상속채무를 뺀 금액이다. 여기의 「상속받은 적극재산액」은 당해 유류분권리자의 특별수익을 고려한 구체적인 상속분을 가리키고(법정상속분이 아님. 대판 2021. 8. 19, 2017다235791), 공제할 순상속분액은 그 상속분에서 유류분권리자가 부담하는 상속채무를 공제하여 산정하는데, 이때 유류분권리자의 구체적인 상속분보다 유류분권리자가 부담하는 상속채무가 더 많다면 그 초과분을 유류분액에 가산하여 유류분 부족액을 산정하여야 한다(대판 2022. 1. 27, 2017다265884; 대판 2022. 8. 11, 2020다247428). 다만, 유류분권리자의 구체적인 상속분보다 유류분권리자가 부담하는 상속채무가 더 많은 경우라도 유류분권리자가 한정승인을 했다면, 그 초과분을 유류분액에 가산해서는 안 되고 순상속분액을 0으로 보아 유류분 부족액을 산정해야 한다(대판 2022. 8. 11, 2020다247428).

유류분 부족액을 계산하는 식은 다음과 같다.

유류분 부족액 = 유류분액 − 특별수익액 − 순상속분액
특별수익액: 공동상속인이 증여받거나 유증받은 금액
순상속분액 = 상속받은 적극재산액 − 상속채무 분담액

이렇게 계산하여 그 수가 +이면 그만큼 부족한 것이고, 0이나 −이면 부족분이 없는 것이다.

〈유류분 부족액 계산의 구체적인 예〉 [381]

위의 유류분 계산의 예([379] 참조)에서 공동상속인들의 유류분이 부족한지, 부족하다면 그 액이 얼마인지를 구체적으로 계산해보기로 한다.

그 예에서 B · C의 유류분은 각각 7,500만원이었다. 이제 그들의 유류분 부족 여부

및 부족액을 살펴보기로 한다.

먼저 B · C의 특별수익액은 다음과 같다.

- B의 특별수익액 … 4,000만원
- C의 특별수익액 … 없음

다음에 B · C가 상속으로 취득할 금액을 보기로 한다.

- 상속재산 가액 … 9,000만원(적극재산) + 4,000만원(B의 특별수익)
  = 1억 3,000만원
- B · C의 법정상속분 B : C = 1.0 : 1.0 = $\frac{1}{2}$: $\frac{1}{2}$
- 적극재산 중 B · C 각각의 상속분 B · C 각각 … 1억 3,000만원 × $\frac{1}{2}$ = 6,500만원
- B · C가 취득할 금액(특별수익 고려) B … 6,500만원 − 4,000만원 = 2,500만원
  C … 6,500만원

이제 상속채무 중 B · C가 분담할 금액을 보기로 한다.

- B · C 각각 … 3,000만원 × $\frac{1}{2}$ = 1,500만원

그러면 B · C의 순상속분액은 다음과 같이 된다.

- B … 2,500만원 - 1,500만원 = 1,000만원
- C … 6,500만원 - 1,500만원 = 5,000만원

이상의 것을 기초로 B · C의 유류분 부족 여부 및 부족액을 계산해본다.

- B … 7,500만원(유류분액) − 4,000만원(특별수익액) − 1,000만원(순상속분액)
  = 2,500만원
- C … 7,500만원 − 5,000만원 = 2,500만원

결론적으로 B · C는 모두 각각 2,500만원만큼 유류분의 부족이 있다. 이 부족액을 누구로부터 반환받는지는 뒤에 「반환청구권의 행사」에서 논의하게 된다.

〈판 례〉

(ㄱ) 「금전채무와 같이 급부의 내용이 가분인 채무가 공동상속된 경우, 이는 상속개시와 동시에 당연히 공동상속인들에게 법정상속분에 따라 상속된 것으로 봄이 상당하므로(대법원 1997. 6. 24. 선고 97다8809 판결 참조), 그 법정상속분 상당의 금전채무는 유류분권리자의 유류분 부족액을 산정함에 있어서 고려하여야 할 것이나, 공동상속인 중 1인이 자신의 법정상속분 상당의 상속채무 분담액을 초과하여 유류분권리자의 상속채무 분담액까지 변제한 경우에는 그 유류분권리자를 상대로 별도로 구상권을 행사하여 지급받거나 상계를 하는 등의 방법으로 만족을 얻는 것은 별론으로 하고, 그러한 사정을 유류분권리자의 유류분 부족액 산정시 고려할 것은 아니다.」(대판 2013. 3. 14, 2010다42624 · 42631)

(ㄴ) 「유언자가 자신의 재산 전부 또는 전 재산의 비율적 일부가 아니라 일부 재산을 특정하여 유증한 특정유증의 경우에는, 유증 목적인 재산은 일단 상속재산으로서

상속인에게 귀속되고 유증을 받은 자는 유증의무자에 대하여 유증을 이행할 것을 청구할 수 있는 채권을 취득하게 된다(대법원 2010. 12. 23. 선고 2007다22859 판결 등 참조). 유언자가 임차권 또는 근저당권이 설정된 목적물을 특정유증하면서 유증을 받은 자가 그 임대차보증금 반환채무 또는 피담보채무를 인수할 것을 부담으로 정한 경우에도 상속인이 상속개시 시에 유증 목적물과 그에 관한 임대차보증금 반환채무 또는 피담보채무를 상속하므로 이를 전제로 유류분 산정의 기초가 되는 재산액을 확정하여 유류분액을 산정하여야 한다. 이 경우 상속인은 유증을 이행할 의무를 부담함과 동시에 유증을 받은 자에게 유증 목적물에 관한 임대차보증금 반환채무 등을 인수할 것을 요구할 수 있는 이익 또한 얻었다고 할 수 있으므로, 결국 그 특정유증으로 인해 유류분권리자가 얻은 순상속분액은 없다고 보아 유류분 부족액을 산정하여야 한다. 나아가 위와 같은 경우에 특정유증을 받은 자가 유증 목적물에 관한 임대차보증금 반환채무 또는 피담보채무를 임차인 또는 근저당권자에게 변제하였다고 하더라도 상속인에 대한 관계에서는 자신의 채무 또는 장차 인수하여야 할 채무를 변제한 것이므로 상속인에 대하여 구상권을 행사할 수 없다고 봄이 타당하다. 위와 같은 법리는 유증 목적물에 관한 임대차계약에 대항력이 있는지 여부와 무관하게 적용된다.」(대판 2022. 1. 27, 2017다265884)

(ㄷ) 「포괄적 유증을 받은 사람이 승계하는 소극재산은 유류분 산정의 기초가 되는 재산액을 산정할 때 전액 공제되므로, 공제 후 남은 적극재산 중 유류분 부족액에 해당하는 범위 내에서 유증은 효력을 상실하게 된다. 따라서 포괄적 유증을 받은 사람이 승계하는 소극재산 중 일부가 유류분제도 존재나 유류분반환청구권 행사로 인해 유류분권리자에게 승계된다고 볼 수 없다.」(대판 2025. 5. 29, 2022다220014)

(3) 반환청구권의 법적 성질 [382]

1) 학 설 유류분반환청구권의 법적 성질에 관하여 학설은 i) 형성권설과 ii) 청구권설로 나뉘어 대립하고 있다.

i) 형성권설에 의하면, 반환청구권을 행사하면 유증 또는 증여계약은 유류분을 침해하는 한도에서 실효하고 목적물 위의 권리는 당연히 유류분권자에게 복귀하며(물권적 효력), 유증 또는 증여가 아직 이행되지 않았을 때에는 반환청구권자는 이행을 거절하는 항변권을 취득하고, 이미 이행되었을 때에는 물권적 청구권에 기하여 목적재산의 반환을 청구할 수 있다고 한다(김/김, 800면; 박병호, 480면). 이 견해는 그 이유로 유류분권자를 두텁게 보호하기 위하여 필요하다는 점, 청구권설은 증여 등이 이행되기 전에는 부적당하다는 점 등을 든다. 이 견해에 의하면, 유류분반환청구권을 행사할 경우 목적물 위의 권리가 당연히 유류분권자에게 복귀하므로 수증자가 파산한 때에는 유류분권자는 환취권을 행사할 수 있고, 수증자의 일반

채권자가 수증목적물에 대하여 강제집행한 때에는 제 3 자이의의 소를 제기할 수 있게 된다.

그에 비하여 ii) 청구권설은 반환청구권이 유증 또는 증여받은 자에 대하여 유류분이 부족한 만큼의 재산의 인도나 반환을 요구하는 순수한 채권적 청구권이라고 한다(곽윤직, 294면; 박동섭, 812면; 윤진수, 539면; 이경희, 633면; 지원림, 2123면). 이 견해는 — 프랑스민법(개정 전 같은 법 920조-930조) 및 일본민법(같은 법 1031조-1041조)과 달리 — 우리 민법에서는 유류분반환청구권을 형성권으로 새길 근거가 전혀 없고, 더구나 거래안전을 위한 적절한 대비를 하지 않고 있는 우리 민법에서 형성권으로 새길 수 없다고 하며(곽윤직, 293면 · 294면), 우리 민법이 물권변동에 있어서 형식주의(성립요건주의)로 전환함으로써 형성권설의 이론적 모순과 거래안전상의 취약점이 노출되었다고도 한다(이경희, 633면). 이 견해에 의하면, 반환청구권이 행사되어도 증여 등은 효력을 잃지 않게 된다.

[383] **2) 판 례** 판례의 태도는 분명치 않다. 유류분반환청구권의 행사기간을 소멸시효기간이라고 한 점(대판 1993. 4. 13, 92다3595)에서는 청구권설에 가까운 것으로 보이나, 유증 또는 증여된 재산이 타인에게 양도된 경우에 양수인에 대하여도 그가 악의인 때에는 그 재산의 반환을 청구할 수 있다고 한 점(대판 2002. 4. 26, 2000다8878)에서는 형성권설에 가깝기 때문이다. 그런데 유류분권리자가 반환의무자를 상대로 유류분반환청구권을 행사하는 경우 그의 유류분을 침해하는 증여 또는 유증은 소급적으로 효력을 상실한다고 하는 점(대판 2013. 3. 14, 2010다42624 · 42631; 대판 2025. 5. 29, 2022다220014)에서 볼 때, 전체적으로 형성권설의 입장에 있는 것으로 보인다.

〈판 례〉

「유류분반환청구권의 행사에 의하여 반환하여야 할 유증 또는 증여의 목적이 된 재산이 타인에게 양도된 경우 그 양수인이 양도 당시 유류분권리자를 해함을 안 때에는 양수인에 대하여도 그 재산의 반환을 청구할 수 있다고 보아야 할 것이다.

기록에 의하면, 피고는 망인의 사망 직후 소외 3으로부터 그가 소유한 이 사건 주식 중 10,550주를 증여받을 당시 이로 인하여 원고의 유류분을 침해하게 된다는 사정을 알고 있었던 것으로 보이므로, 이에 대하여도 원고의 유류분반환청구권 행사는 허용되어야 할 것이다.

다만, 기록에 의하면, 별지 제 2 목록 순번 24, 25 기재 각 부동산의 경우에는 1995. 7. 31. 상속재산 분할협의시 원고를 포함한 망인의 유족들 사이에 이를 피고의 소유로 하기로 합의가 이루어졌고, 같은 목록 순번 1 내지 3, 31, 32 기재 각 부동산의 경우에는 피고의 나이 33세부터 40세 사이에 그에 관한 소유권이전등기가 경료되었음을 알 수 있는바, 그렇다면 전자의 경우에는 이로 인하여 원고의 유류분이 침해되었다 하더라도 그 침해분에 대하여는 원고가 유류분반환청구권을 포기한 것으로 봄이 상당하고, 후자의 경우에는 원고의 주장 자체에 의하더라도 이를 망인에 의하여 증여된 재산이라고 보기는 어려우므로, 상고이유 중 이 점에 관한 부분은 이유 없다.」(대판 2002. 4. 26, 2000다8878)

3) 사 견 생각건대 유류분반환청구권을 형성권으로 볼 법적 근거가 없다는 점, 형성권설에 의하면 부동산 거래의 경우 거래의 안전을 기할 수 없다는 점(김/김, 801면은 그 경우는 1014조를 유추적용하자고 하는데 무슨 근거에서 그럴 수 있는지 알 수 없다)에 비추어 볼 때, 우리 법상 형성권으로 새길 수는 없으며, 그 권리는 채권적 청구권이라고 하여야 한다.

2. 유류분반환청구권의 행사 [384]

(1) 반환청구의 당사자

반환청구권자는 유류분권자와 그로부터 반환청구권을 승계한 포괄승계인·특정승계인이다(반환청구권은 일신전속권이 아니어서 양도·상속될 수 있다). 그리고 단순승인한 유류분권자의 채권자는 반환청구권을 대위행사할 수 있다. 그런데 판례는 유류분반환청구권은 행사상의 일신전속성을 가지므로 유류분권자에게 그 권리행사의 확정적 의사가 있다고 인정되는 경우가 아니라면 채권자대위권의 목적이 될 수 없다고 한다(대판 2010. 5. 27, 2009다93992).

〈판 례〉

「유류분반환청구권은 그 행사 여부가 유류분권리자의 인격적 이익을 위하여 그의 자유로운 의사결정에 전적으로 맡겨진 권리로서 행사상의 일신전속성을 가진다고 보아야 하므로, 유류분권리자에게 그 권리행사의 확정적 의사가 있다고 인정되는 경우가 아니라면 채권자대위권의 목적이 될 수 없다.」(대판 2010. 5. 27, 2009다93992)

반환청구의 상대방은 반환청구의 대상으로 되는 증여 또는 유증의 수증자와 그 포괄승계인, 유언집행자이다. 일부 학설(김/김, 802면; 박병호, 481면)과 판례(대판 2002. 4. 26, 2000다8878; 대판 2015. 11. 12, 2010다104768)는 목적재산의 양수인도 악의인 때, 즉 양수인이 양도 당시 유류분권리자를 해함을 안 때에는 상대방이 된다고 하나, 이는 옳지 않다.

(2) 반환청구권의 행사방법 [385]

1) 반환청구권의 행사는 재판상 또는 재판 외에서 상대방에 대한 의사표시

로 할 수 있고, 이 경우 그 의사표시는 침해를 받은 유증 또는 증여행위를 지정하여 이에 대한 반환청구의 의사를 표시하면 그것으로 족하고, 그로 인하여 생긴 목적물의 이전등기청구권이나 인도청구권 등을 행사하는 것과 달리 그 목적물을 구체적으로 특정하여야 하는 것이 아니다(대판 1995. 6. 30, 93다11715; 대판 2001. 9. 14, 2000다66430 · 66447; 대판 2002. 4. 26, 2000다8878; 대판 2012. 5. 24, 2010다50809).

〈판 례〉

(ㄱ) 「구체적으로 유류분반환청구 의사가 표시되었는지 여부는 법률행위 해석에 관한 일반원칙에 따라 그 의사표시의 내용과 아울러 의사표시가 이루어진 동기 및 경위, 당사자가 의사표시에 의하여 달성하려고 하는 목적과 진정한 의사 및 그에 대한 상대방의 주장 · 태도 등을 종합적으로 고찰하여 사회정의와 형평의 이념에 맞도록 논리와 경험의 법칙, 그리고 사회일반의 상식에 따라 합리적으로 판단하여야 한다(대법원 1992. 5. 26. 선고 91다35571 판결 등 참조). 상속인이 유증 또는 증여행위가 무효임을 주장하여 상속 내지는 법정상속분에 기초한 반환을 주장하는 경우에는 그와 양립할 수 없는 유류분반환청구권을 행사한 것으로 볼 수 없을 것이나(대법원 2001. 9. 14. 선고 2000다66430, 66447 판결 참조), 상속인이 유증 또는 증여행위의 효력을 명확히 다투지 아니하고 수유자 또는 수증자에 대하여 재산의 분배나 반환을 청구하는 경우에는 유류분반환의 방법에 의할 수밖에 없을 것이므로 비록 유류분의 반환을 명시적으로 주장하지 않는다고 하더라도 그 청구 속에는 유류분반환청구권을 행사하는 의사표시가 포함되어 있다고 해석함이 상당한 경우가 많을 것이다.」(대판 2012. 5. 24, 2010다50809)

(ㄴ) 유류분권리자가 소멸시효기간의 경과 이전에 사인증여가 무효라고 주장하면서 이를 전제로 수증자에게 수증자가 보관중인 망인 명의의 예금통장 및 인장의 교부와 망인 소유의 금원 중 수증자가 임의로 소비한 금액의 반환을 구하였다 하더라도, 이러한 주장이나 청구 자체에 그와 반대로 위 사인증여가 유효임을 전제로 그로써 자신의 유류분이 침해되었음을 이유로 하는 유류분반환의 청구가 포함되어 있다고 보기는 어렵다고 한 사례(대판 2001. 9. 14, 2000다66430).

2) 반환청구권은 유류분이 부족한 한도에서 행사하여야 한다(1115조 1항).

3) 반환청구의 대상이 되는 증여와 유증이 병존하는 경우에는, 먼저 유증에 대하여 반환을 청구하고, 부족한 부분에 한하여 증여에 대하여 반환을 청구하여야 한다(1116조). 이때 사인증여는 유증과 같은 것으로 보아야 한다(대판 2001. 11. 30, 2001다6947).

[386] 4) 증여 또는 유증을 받은 자가 수인인 때에는 유증 · 증여의 순서로 각자가 받은 가액의 비례로 반환하여야 한다(1115조 2항). 그리하여 유증을 받은 자도 다수이

고 증여를 받은 자도 다수이면, 먼저 유증을 받은 자들의 수증액으로부터 그 가액에 비례하여 유류분 부족액을 반환한다. 예컨대 A의 유류분 부족액이 3,000만원이고, B가 5,000만원의 유증을 받고 C가 2,500만원의 유증을 받았으면, A는 B로부터 2,000만원($=3{,}000\text{만원(유류분 부족액)}\times\frac{5{,}000\text{만원}}{5{,}000\text{만원}+2{,}500\text{만원}}$)을, 그리고 C로부터 1,000만원($=3{,}000\text{만원}\times\frac{2{,}500\text{만원}}{5{,}000\text{만원}+2{,}500\text{만원}}$)을 반환받는다. 유증을 받은 자들의 수증액이 유류분 부족액을 넘고 있으면 증여를 받은 자는 전혀 반환당하지 않는다. 유증을 받은 자들의 수증액이 유류분 부족액에 미달하면 그 미달액에 한하여 증여를 받은 자가 반환당한다. 그리고 증여를 받은 자는 증여를 받은 시기에 관계없이 증여가액에 비례하여 반환당하게 된다(이경희, 641면은 증여시기를 불문하는 점에서 입법론상 문제가 있다고 한다).

5) 유류분권자가 수인 있을 경우 각자가 가지는 반환청구권은 독립한 것이므로, 따로따로 행사하여야 하고, 1인이 행사하더라도 다른 자에게 영향을 미치지 않는다(이설 없음).

(3) 반환청구권 행사의 효과 [387]

1) 반환청구권이 행사되면 유류분권자는 반환청구권 또는 이행거절권(이행되기 전인 경우)을 취득한다(청구권설)(형성권설에서는 목적물의 권리가 즉시 유류분권자에게 귀속한다고 한다. 박병호, 482면. 그런데 김/김, 804면은 소유권이전채무가 있다고 하여 자체 모순을 보인다). 그리고 재산이 반환되면 일단 상속재산을 구성하며, 공동상속인 사이에 상속재산 분할의 대상이 된다.

2) 유류분권자가 반환을 청구하는 것은 원칙적으로 증여 또는 유증된 인물 자체이고, 원물반환이 불가능한 경우에는 그 가액 상당액을 반환청구할 수 있다(통설·판례도 같음. 대판 2005. 6. 23, 2004다51887; 대판 2006. 5. 26, 2005다71949; 대판 2013. 3. 14, 2010다42624·42631; 대판 2022. 2. 10, 2020다250783). 그리고 판례는, 원물반환이 가능하더라도 유류분권리자와 반환의무자 사이에 가액으로 이를 반환하기로 협의가 이루어지거나 유류분권리자의 가액반환청구에 대하여 반환의무자가 이를 다투지 않은 경우에는 법원은 그 가액반환을 명할 수 있지만, 유류분권리자의 가액반환청구에 대하여 반환의무자가 원물반환을 주장하며 가액반환에 반대하는 의사를 표시한 경우에는 반환의무자의 의사에 반하여 원물반환이 가능한 재산에 대하여 가액반환을 명할 수 없다고 한다(대판 2013. 3. 14, 2010다42624·42631). 그런가 하면, 증여나 유증 후 그 목적물에 관하여 제 3 자가 저당권이나 지상권 등의 권리를 취득한 경우에는 원물반환이 불가능하거나 현저히 곤란하므로, 반환의무자가 목적물을 저당권 등의 제한이 없는 상태로 회복하여 이전해 줄 수 있다는 등의 예외적인

사정이 없는 한 유류분권리자는 반환의무자를 상대로 원물반환 대신 그 가액의 반환을 구할 수 있으나, 그렇다고 해서 유류분권리자가 스스로 위험이나 불이익을 감수하면서 원물반환을 구하는 것까지 허용되지 않는다고 볼 것은 아니므로, 그 경우에도 법원은 유류분권리자가 청구하는 방법에 따라 원물반환을 명할 것이라고 한다(대판 2014. 2. 13, 2013다65963(유류분반환의 목적물에 부동산과 금원이 혼재되어 있다거나 유류분권리자에게 반환되어야 할 부동산의 지분이 많지 않다는 사정은 원물반환을 명함에 아무런 지장이 되지 아니함이 원칙이다); 대판 2022. 2. 10, 2020다250783). 한편 가액반환을 하는 경우 그 가액은 사실심 변론종결시를 기준으로 산정하여야 한다(대판 2005. 6. 23, 2004다51887).

〈판 례〉

(ㄱ) 「우리 민법은 유류분제도를 인정하여 제1112조부터 제1118조까지 이에 관하여 규정하면서도 유류분의 반환방법에 관하여 별도의 규정을 두지 않고 있는바, 다만 제1115조 제 1 항이 "부족한 한도에서 그 재산의 반환을 청구할 수 있다"고 규정한 점 등에 비추어 반환의무자는 통상적으로 증여 또는 유증대상 재산 그 자체를 반환하면 될 것이나 위 원물반환이 불가능한 경우에는 그 가액 상당액을 반환할 수밖에 없을 것이다.

한편 유류분 반환범위는 상속개시 당시 피상속인의 순재산과 문제된 증여재산을 합한 재산을 평가하여 그 재산액에 유류분청구권자의 유류분 비율을 곱하여 얻은 유류분액을 기준으로 하는 것인바, 이와 같이 유류분액을 산정함에 있어 피고들이 증여받은 재산의 시가는 상속개시 당시를 기준으로 산정하여야 할 것이고(대법원 1996. 2. 9. 선고 95다17885 판결 참조), 당해 피고에 대하여 반환하여야 할 재산의 범위를 확정한 다음 위에서 본 바와 같이 그 원물반환이 불가능하여 가액반환을 명하는 경우에는 그 가액은 사실심 변론종결시를 기준으로 산정하여야 할 것이다.」(유류분으로 반환하여야 할 대상이 주식인 경우, 반환의무자가 피상속인으로부터 증여받은 주권 그 자체를 보유하고 있지 않다고 하더라도 그 대체물인 주식을 제 3 자로부터 취득하여 반환할 수 없다는 등의 특별한 사정이 없는 한 원물반환의무의 이행이 불가능한 것은 아니라고 한 사례)(대판 2005. 6. 23, 2004다51887)

「유류분 반환제도는 피상속인의 증여 및 유증으로 그 유류분에 부족이 생긴 유류분권자에게 그 부족한 한도 내에서 이를 회복하기 위하여 마련된 것이고 원물반환이나 가액반환은 부족한 유류분의 한도로 재산을 반환받는 방법만 다를 뿐이므로 어느 방법이든지 반환되는 재산의 가치는 사실심 변론종결시를 기준으로 동일하게 유지되어야 한다. 따라서 원물반환이 불가능한지 여부에 따라 반환할 가액의 산정 기준이 달라지지 아니한다(대법원 2021. 6. 10. 선고 2021다213514 판결 참조).」(대판 2024. 5. 17, 2023다316851)

(ㄴ) 「유류분권리자가 반환의무자를 상대로 유류분반환청구권을 행사하고 이로 인하여 생긴 목적물의 이전등기의무나 인도의무 등의 이행을 소로써 구하는 경우에는

그 대상과 범위를 특정하여야 하고, 법원은 처분권주의의 원칙상 유류분권리자가 특정한 대상과 범위를 넘어서 그 청구를 인용할 수 없다.」(대판 2013. 3. 14, 2010다42624 · 42631)

3) 유류분반환청구권의 행사로 인하여 생기는 원물반환의무나 가액반환의무는 이행기한의 정함이 없는 채무이므로, 반환의무자는 그 의무에 대한 이행청구를 받은 때에 비로소 지체책임을 진다(대판 2013. 3. 14, 2010다42624 · 42631). [388]

4) 수증자가 증여의 목적물을 제 3 자에게 양도한 경우에는 유류분권자는 제 3 자에게 추급할 수 없고, 수증자에 대하여 가액의 반환을 청구할 수 있을 뿐이다. 그러나 판례(대판 2002. 4. 26, 2000다8878)와 일부 학설(김/김, 804면; 박병호, 481면. 이들은 모두 형성권설의 입장임)은 증여의 목적이 된 재산이 타인에게 양도된 경우에 그 양수인이 양도 당시 유류분권자를 해함을 안 때에는 양수인에 대하여도 그 반환을 청구할 수 있다고 한다. 이는 명문의 규정이 있는 일본민법(같은 법 1040조 1항 단서)에서와 같은 결과를 취한 것인데, 우리 법상은 전혀 근거가 없는 것이다.

5) 반환청구를 받은 수증자가 무자력인 경우에는 유류분권자가 손실을 부담하여야 한다(같은 취지: 김/김, 805면; 박병호, 483면; 윤진수, 548면. 반대 견해: 곽윤직, 296면).

6) 수증자가 수증재산을 반환할 때 그로부터 생긴 과실은 반환할 필요가 없다(같은 취지: 곽윤직, 296면; 박동섭, 820면, 반환청구를 받은 날 이후의 과실은 반환하여야 한다는 견해: 김/김, 804면; 박병호, 483면; 윤진수, 547면). 그런데 판례는, 과실과 유사한 목적물의 사용이익에 관하여, 반환의무자가 악의의 점유자라는 사정이 증명되지 않는 한 반환의무자는 그 목적물에 대하여 과실수취권이 있다고 할 것이어서 유류분권리자에게 그 목적물의 사용이익 중 유류분권리자에게 귀속되었어야 할 부분을 부당이득으로 반환할 의무가 없으나, 반환의무자가 악의의 점유자라는 점이 증명된 경우에는 그 악의의 점유자로 인정된 시점부터, 그렇지 않다고 하더라도 본권에 관한 소에서 종국판결에 의하여 패소로 확정된 경우에는 그 소가 제기된 때로부터 악의의 점유자로 의제되어 각 그때부터 유류분권리자에게 그 목적물의 사용이익 중 유류분권리자에게 귀속되었어야 할 부분을 부당이득으로 반환할 의무가 있다고 한다(대판 2013. 3. 14, 2010다42624 · 42631).

〈판 례〉

「유류분권리자가 반환의무자를 상대로 유류분반환청구권을 행사하는 경우 그의 유류분을 침해하는 증여 또는 유증은 소급적으로 효력을 상실하므로, 반환의무자는 유류분권리자의 유류분을 침해하는 범위 내에서 그와 같이 실효된 증여 또는 유증의 목적물을 사용·수익할 권리를 상실하게 되고, 유류분권리자의 그 목적물에 대한 사용·수익권은 상속개시의 시점에 소급하여 반환의무자에 의하여 침해당한 것이 된다. 그러나 민법 제201조 제1항은 "선의의 점유자는 점유물의 과실을 취득한다"고 규정하고 있고, 점유자는 민법 제197조에 의하여 선의로 점유한 것으로 추정되므로, 반환의무자가 악의의 점유자라는 사정이 증명되지 않는 한 반환의무자는 그 목적물에 대하여 과실수취권이 있다고 할 것이어서 유류분권리자에게 그 목적물의 사용이익 중 유류분권리자에게 귀속되었어야 할 부분을 부당이득으로 반환할 의무가 없다. 다만 민법 제197조 제2항은 "선의의 점유자라도 본권에 관한 소에 패소한 때에는 그 소가 제기된 때로부터 악의의 점유자로 본다"고 규정하고 있고, 민법 제201조 제2항은 "악의의 점유자는 수취한 과실을 반환하여야 하며 소비하였거나 과실로 인하여 훼손 또는 수취하지 못한 경우에는 그 과실의 대가를 보상하여야 한다"고 규정하고 있으므로, 반환의무자가 악의의 점유자라는 점이 증명된 경우에는 그 악의의 점유자로 인정된 시점부터, 그렇지 않다고 하더라도 본권에 관한 소에서 종국판결에 의하여 패소로 확정된 경우에는 그 소가 제기된 때로부터 악의의 점유자로 의제되어 각 그때부터 유류분권리자에게 그 목적물의 사용이익 중 유류분권리자에게 귀속되었어야 할 부분을 부당이득으로 반환할 의무가 있다.」(대판 2013. 3. 14, 2010다42624·42631)

[389] (4) 공동상속인들 사이의 유류분반환청구

1) 반환범위 공동상속에 있어서 상속인 중의 1인 또는 수인이 과다하게 증여 또는 유증을 받음으로써 다른 상속인의 유류분을 침해하는 경우가 생길 수 있다. 이 경우에도 유류분권이 인정된다(민법은 1008조를 준용한다고만 규정한다. 1118조). 그런데 이때에는, 반환청구의 대상으로 되는 것은 증여·유증을 받은 상속인의 유류분액을 초과한 부분만이며, 그 부분 가운데 다른 공동상속인에 대한 유류분 침해의 한도에서만 반환하면 된다(박병호, 484면. [260]도 참조).

판례도 기본적으로 같은 견지에 있다. 판례는, 유류분 권리자가 유류분반환청구를 함에 있어 증여 또는 유증을 받은 다른 공동상속인이 수인일 때에는 민법이 정한 유류분 제도의 목적과 위 제1115조 제2항의 취지에 비추어 다른 공동상속인들 중 각자 증여받은 재산 등의 가액이 자기 고유의 유류분액을 초과하는 상속인만을 상대로 하여 그 유류분액을 초과한 금액의 비율에 따라서 반환청구를 할 수 있다고 한다(대판 1995. 6. 30, 93다11715; 대판 1996. 2. 9, 95다17885). 그리고 공동상속인과 공동상속인이 아닌 제3자가 있는 경우에는 그 제3자에게는 유류분이라는 것이 없으므로 공동상속인은 자기 고유의 유류분액을 초과한 금액을 기준으로 하여, 제3자는 그 수

증가액을 기준으로 하여 각 그 금액의 비율에 따라 반환청구를 할 수 있다고 한다(대판 1996. 2. 9, 95다17885; 대판 2006. 11. 10, 2006다46346).

한편 판례는, 증여 또는 유증을 받은 재산 등의 가액이 자기 고유의 유류분액을 초과하는 수인의 공동상속인이 유류분권리자에게 반환하여야 할 재산과 그 범위를 정함에 있어서, 수인의 공동상속인이 유증받은 재산의 총 가액이 유류분권리자의 유류분 부족액을 초과하는 경우에는 그 유류분 부족액의 범위 내에서 각자의 수유재산(受遺財産)을 반환하면 되는 것이지 이를 놓아두고 수증재산(受贈財産)을 반환할 것은 아니라고 한다(대판 2013. 3. 14, 2010다42624 · 42631). 그리고 이 경우 수인의 공동상속인이 유류분권리자의 유류분 부족액을 각자의 수유재산으로 반환함에 있어서 분담하여야 할 액은 각자 증여 또는 유증을 받은 재산 등의 가액이 자기 고유의 유류분액을 초과하는 가액의 비율에 따라 안분하여 정하되, 그중 어느 공동상속인의 수유재산의 가액이 그의 분담액에 미치지 못하여 분담액 부족분이 발생하더라도 이를 그의 수증재산으로 반환할 것이 아니라, 자신의 수유재산의 가액이 자신의 분담액을 초과하는 다른 공동상속인들이 위 분담액 부족분을 위 비율에 따라 다시 안분하여 그들의 수유재산으로 반환할 것이라고 한다(대판 2013. 3. 14, 2010다42624 · 42631). 나아가 어느 공동상속인 1인이 수개의 재산을 유증받아 그 각 수유재산으로 유류분권리자에게 반환하여야 할 분담액을 반환하는 경우에, 반환하여야 할 각 수유재산의 범위는 특별한 사정이 없는 한 제1115조 제2항을 유추적용하여 그 각 수유재산의 가액에 비례하여 안분하는 방법으로 정할 것이라고 한다(대판 2013. 3. 14, 2010다42624 · 42631). 이러한 법리는 여러 부동산을 증여받아 그 증여재산으로 유류분 부족액을 반환하는 경우에도 마찬가지이고, 따라서 유류분반환 의무자는 증여받은 모든 부동산에 대하여 각각 일정 지분을 반환해야 하는데, 그 지분은 모두 증여재산의 상속개시 당시 총가액에 대한 유류분 부족액의 비율이 된다(대판 2022. 2. 10, 2020다250783).

〈공동상속인들 사이의 유류분 반환범위의 계산 예〉

예를 들어 보기로 한다. 피상속인 A가 자녀 B · C · D를 남겨두고 사망하였다. A의 사망 당시 A에게는 재산이 없었고, 2년 전에 B에게 2,000만원을, C에게 1,000만원을 증여하였다. 이 경우에 누구의 유류분에 부족이 있는가? 만약 있다면 누구로부터 얼마씩 받을 수 있는가?

• B · C · D 각각의 유류분 … {0(상속재산) + 2,000만원 + 1,000만원} × $\frac{1}{3}$ × $\frac{1}{2}$

=500만원

•B · C · D의 유류분 부족 여부 B … 500만원 − 2,000만원
= − 1,500만원(부족분 없음)
C … 500만원 − 1,000만원= − 5,00만원(부족분 없음)
D … 500만원(모두 부족분임)

D가 B · C에게 유류분반환청구를 할 수 있는데 그 금액은 다음과 같이 계산된다.

•B의 반환한도 … 2,000만원(수증액) − 500만원(유류분액) = 1,500만원

•C의 반환한도 … 1,000만원(수증액) − 500만원(유류분액) = 500만원

B와 C는 각각 1,500만원, 500만원의 범위에서 D의 유류분 500만원을 가액에 비례하여 반환하여야 한다. 구체적인 금액은 다음과 같다.

•B … $500만원 \times \frac{1,500만원}{1,500만원 + 500만원} = 375만원$

•C … $500만원 \times \frac{500만원}{1,500만원 + 500만원} = 125만원$

[390] 〈공동상속인과 제 3 자가 있는 경우의 유류분 반환범위의 계산 예〉

예를 들어본다. 피상속인 A가 자녀 B · C · D를 남겨두고 사망하였다. A의 사망 당시 A에게는 재산이 전혀 없었고, 2년 전에 B에게 2,000만원을, C에게 1,000만원을 증여하였고, 6개월 전에 제 3 자인 E에게 3,000만원을 증여하였다. 이 경우에 유류분 침해가 있는가? 있다면 누구에게 얼마씩 반환받아야 하는가?

•B · C · D 각각의 유류분 … $\{0(상속재산) + 2,000만원 + 1,000만원 + 3,000만원\} \times \frac{1}{3} \times \frac{1}{2} = 1,000만원$

•B · C · D의 유류분 부족 여부 B … 1,000만원 − 2,000만원
= − 1,000만원(부족분 없음)
C … 1,000만원 − 1,000만원 = 0(부족분 없음)
D … 1,000만원(모두 부족분임)

•B · C의 반환한도 B … 2,000만원(수증액) − 1,000만원(유류분액) = 1,000만원
C … 1,000만원(수증액) − 1,000만원(유류분액) = 0

그리고 역시 증여를 받은 E는 3,000만원 전액의 한도에서 반환청구를 당한다.

이들은 반환한도액의 가액비율로 반환하여야 한다. 구체적으로는 다음과 같이 된다.

•B … $1,000만원(D의\ 유류분액) \times \frac{1,000만원}{1,000만원 + 3,000만원} = 250만원$

•E … $1,000만원(D의\ 유류분액) \times \frac{3,000만원}{1,000만원 + 3,000만원} = 750만원$

결론적으로 D는 B로부터 250만원, E로부터 750만원을 반환받을 수 있다.

[392] **2) 기여분과의 관계** 기여분이 공동상속인의 유류분에 어떤 영향을 주

는가?

(가) 기여분이 존재하더라도 유류분을 산정할 때 그것을 공제하지 않는다(판례도 같은 취지임. 대판 2015. 10. 29, 2013다60753). 제1118조가 — 특별수익에 관한 제1008조와는 달리 — 기여분에 관한 제1008조의 2는 유류분에 준용하고 있지 않기 때문이다. 그 결과 기여분은 유류분 산정에 전혀 영향을 주지 않는다.

(나) 기여분은 상속재산 가액에서 유증의 가액을 공제한 액의 범위 내에서만 인정된다(1008조의 2 3항). 따라서 피상속인이 전 재산을 유증하면 기여분은 인정되지 못한다. 기여분이 유증에는 우선하지 못하는 것이다.

(다) 기여분은 유류분반환청구의 대상이 아니다(1115조 참조). 그러므로 공동상속인 중 1인에게 높은 액의 기여분이 인정되어 다른 공동상속인의 취득액이 유류분에 미달하더라도 그것은 유류분의 침해가 아니고, 반환청구도 할 수 없다(판례도 같은 취지임. 대판 2015. 10. 29, 2013다60753). 즉 기여분이 유류분에 우선한다(같은 취지: 김/김, 808면; 박동섭, 789면; 이경희, 645면). 그리고 대법원은, 상속재산 분할의 협의로 기여분이 결정되었다면 그로 인하여 공동상속인의 유류분이 침해되었다고 하더라도 그 침해분에 대하여는 그 공동상속인이 유류분 반환청구권을 포기한 것으로 보아야 한다고 판시한 적이 있다(대판 2002. 4. 26, 2000다8878).

3. 반환청구권의 소멸시효 [393]

(1) 반환청구권은 유류분권자가 상속의 개시와 반환하여야 할 증여 또는 유증을 한 사실을 안 때부터 1년 내에 행사하지 않으면 시효에 의하여 소멸한다(1117조 1문). 1년의 기간은 소멸시효기간이다(대판 1993. 4. 13, 92다3595). 그리고 이 1년의 시효기간의 기산점은 상속개시와 증여 · 유증의 사실뿐만 아니라 이것이 반환하여야 할 것임을 안 때라고 해석하여야 한다(대판 2001. 9. 14, 2000다66430 · 66447; 대판 2006. 11. 10, 2006다46346; 대판 2015. 11. 12, 2010다104768; 대판 2023. 6. 15, 2023다203894. 같은 취지: 박병호, 486면. 반대 견해: 김/김(제 8 판), 756면; 이경희, 648면). 한편 유류분권리자가 언제 위와 같은 사실을 알았는지에 관한 증명책임은 시효이익을 주장하는 자에게 있다(대판 2015. 11. 12, 2010다104768).

(2) 반환청구권은 다른 한편으로 상속이 개시된 때부터 10년이 경과하여도 소멸한다(1117조 2문). 그리고 이는 상속재산의 증여에 따른 소유권이전등기가 이루어지지 아니한 경우에도, 그 소멸시효 완성의 항변이 신의성실의 원칙에 반한다고 하는 등의 특별한 사정이 존재하지 않는 한, 그대로 적용된다(대판 2008. 7. 10, 2007다9719). 이 10년의 기간도 소멸시효기간이다(대판 1993. 4. 13, 92다3595; 곽윤직, 297면; 지원림, 2130면. 제척기간설: 김/김, 810면; 박병호, 486면; 이경희, 647면).

(3) 판례는, 유류분반환청구권을 형성권이라고 보는 입장에서, 유류분반환청구권의 행사는 재판상 또는 재판 외에서 상대방에 대한 의사표시의 방법으로 할 수 있고, 이 경우 그 의사표시는 침해를 받은 유증 또는 증여행위를 지정하여 이에 대한 반환청구의 의사를 표시하면 그것으로 족하며, 그로 인하여 생긴 목적물의 이전등기청구권이나 인도청구권 등을 행사하는 것과는 달리 그 목적물을 구체적으로 특정하여야 하는 것은 아니고, 제1117조에 정한 소멸시효의 진행도 그 의사표시로 중단된다고 한다(대판 1995. 6. 30, 93다11715; 대판 2002. 4. 26, 2000다8878). 그러나 소멸시효의 중단은 제168조가 정하는 사유가 있는 경우에만 일어난다고 해야 하며(윤진수, 602면도 소멸시효가 의사표시에 의하여 중단될 근거가 없다고 한다), 다만 판례가 말하는 의사표시는 제174조의 최고에 해당할 수 있을 뿐이다. 따라서 그 의사표시가 있었더라도 6월 내에 재판상 청구 등을 하지 않으면 시효중단의 효력이 없다고 할 것이다.

(4) 판례는, 유류분반환청구권을 행사함으로써 발생하는 목적물의 이전등기청구권 등은 유류분반환청구권과는 다른 권리이므로, 그 이전등기청구권 등에 대하여는 제1117조 소정의 유류분반환청구권에 대한 소멸시효가 적용될 여지가 없고, 그 권리의 성질과 내용 등에 따라 별도로 소멸시효의 적용 여부와 기간 등을 판단할 것이라고 한다(대판 2015. 11. 12, 2011다55092 · 55108).

민법규정 색인

(왼쪽의 숫자는 민법규정이고, 오른쪽의 숫자는 본문 옆에 붙인 일련번호 즉 옆번호임)

판례 색인

(오른쪽의 숫자는 옆번호임)

사항 색인

(오른쪽의 숫자는 옆번호임)

저자약력

서울대학교 법과대학, 동 대학원 졸업
법학박사(서울대)
경찰대학교 전임강사, 조교수
이화여자대학교 법과대학/법학전문대학원 조교수, 부교수, 교수
Santa Clara University, School of Law의 Visiting Scholar
사법시험 · 행정고시 · 외무고시 · 입법고시 · 감정평가사시험 · 변리사시험 위원
현재: 이화여자대학교 법학전문대학원 명예교수

주요저서

錯誤論
民法注解[Ⅱ], [Ⅷ], [Ⅸ], [ⅩⅢ](초판)(각권 공저)
註釋民法 債權各則(7)(공저)
법학입문(공저)
法律行爲와 契約에 관한 基本問題 硏究
代償請求權에 관한 理論 및 判例硏究
不動産 占有取得時效와 自主占有
法律行爲에 있어서의 錯誤에 관한 判例硏究
契約締結에 있어서 他人 名義를 사용한 경우의 法律效果
흠있는 意思表示 硏究
民法改正案意見書(공저)
제 3 자를 위한 契約 硏究
民法事例演習
民法講義(上)
民法講義(下)
債權의 目的 硏究
不法原因給與에 관한 理論 및 判例 硏究
法官의 職務上 잘못에 대한 法的 責任 硏究
시민생활과 법(공저)
신민법강의
기본민법
신민법사례연습
신민법입문
민법 핵심판례240선(공저)
민법총칙
물권법
채권법총론
채권법각론
친족상속법
민법전의 용어와 문장구조
나의 민법 이야기

제 8 판

친족상속법

초판발행 2015년 1월 20일
제8판발행 2026년 1월 5일

지은이 송덕수
펴낸이 안종만 · 안상준

편 집 김선빈
기획/마케팅 조성호
표지디자인 이수빈
제 작 고철민 · 김원표

펴낸곳 (주) 박영사
서울특별시 금천구 가산디지털2로 53, 210호(가산동, 한라시그마밸리)
등록 1959. 3. 11. 제300-1959-1호(倫)

전 화 02)733-6771
f a x 02)736-4818
e-mail pys@pybook.co.kr
homepage www.pybook.co.kr

ISBN 979-11-303-9878-5 93360

정 가 34,000원